Britta Kunze

Überwachung operationeller Risiken bei Banken

GABLER EDITION WISSENSCHAFT

Britta Kunze

Überwachung operationeller Risiken bei Banken

Interne und externe Akteure im Rahmen qualitativer und quantitativer Überwachung

Mit einem Geleitwort von Prof. Dr. Thorsten Poddig

Deutscher Universitäts-Verlag

Bibliografische Information Der Deutschen Nationalbibliothek
Die Deutsche Nationalbibliothek verzeichnet diese Publikation in der Deutschen Nationalbibliografie; detaillierte bibliografische Daten sind im Internet über <http://dnb.d-nb.de> abrufbar.

Dissertation Universität Bremen, 2006

1. Au
1. Auflage Januar 2007

Lektorat: Brigitte Siegel / Stefanie Brich

Der Deutsche Universitäts-Verlag ist ein Unternehmen von Springer Science+Business Media.
www.duv.de

Umschlaggestaltung: Regine Zimmer, Dipl.-Designerin, Frankfurt/Main
Gedruckt auf säurefreiem und chlorfrei gebleichtem Papier
Printed in Germany

ISBN 978-3-8350-0643-0

Geleitwort

Mit der neuen Baseler Eigenkapitalvereinbarung, in der Öffentlichkeit besser unter dem Stichwort „Basel II" bekannt, stehen zahlreiche Änderungen in den bankenaufsichtsrechtlichen Regelungen bevor. In der öffentlichen Diskussion dominieren die neuen Regelungen zur Unterlegung der Kreditrisiken mit Eigenkapital und die daraus erwachsenden betriebs- und volkswirtschaftlichen Auswirkungen. Daneben spielen aber diejenigen Regelungen eine mindestens ebenso bedeutsame Rolle, mit denen erstmalig die operationellen Risiken des Bankgeschäfts erfasst und mit Eigenkapital unterlegt werden sollen. Dabei ist der Begriff der operationellen Risiken gar nicht so eindeutig; der Baseler Ausschuss für Bankenaufsicht versteht darunter „die Gefahr von Verlusten, die in der Folge der Unangemessenheit oder des Versagens von internen Verfahren, Menschen und Systemen oder in Folge externer Ereignisse eintreten". Diese eher diffuse Definition könnte bei näherer Betrachtung zum einen das interne Organisationsrisiko einer Bank, als auch das allgemeine externe unternehmerische Risiko umfassen und ist damit nicht unbedingt bankspezifisch. Was genau unter „operationellem Risiko" sinnvollerweise verstanden werden sollte, bedarf aber einer näheren wissenschaftlich fundierten Analyse, die u.a. Gegenstand der vorgelegten Arbeit ist.

Ungeachtet der näheren begrifflichen Klärung besteht auf jeden Fall Handlungsbedarf. Zahlreiche spektakuläre nationale oder internationale Verlustfälle der letzten Jahre, so z.B. im Zusammenhang mit der Dr. Jürgen Schneider AG, der Flowtex Technologie GmbH & Co. KG, der Baring Brothers & Co. Ltd. oder der Allied Irish Bank, unterstreichen dies deutlich. Wie ist aber – aus der Perspektive der Bankenaufsicht – eine geeignete Überwachung operationeller Risiken vorzunehmen? Dies berührt zahlreiche Fragen im Detail. Dies sind z.B.:

- Wie stellt sich das bereits bestehende Geflecht aufsichtsrechtlicher Regelungen zur Reglementierung, Umgang und Überwachung mit operationellen Risiken dar?
- Welche zukünftigen Änderungen sind beabsichtigt?
- Welches sind die Adressaten der aufsichtsrechtlichen Regelungen?
- Welche spezifischen Aufgaben und Pflichten ergeben sich für die einzelnen Überwachungsträger im weitesten Sinne?

- Wie sind die Regelungen zu beurteilen? Sind sie vollständig? Erfüllen sie ihren Zweck? Sind Lücken im Regelungsgeflecht erkennbar? Wenn ja, welche?
- In welchem Verhältnis stehen qualitative und quantitative Regelungen bzw. Überwachungsmaßnahmen zueinander? Können sie einander sinnvoll ergänzen?

Dieser Fragenkatalog versteht sich als exemplarisch, verdeutlicht aber ansatzweise den Gegenstand der Arbeit. Der Gegenstandsbereich der Arbeit bewegt sich dabei im Grenzbereich zwischen Rechtswissenschaft, Prüfungswesen und Betriebswirtschaftslehre. Dementsprechend schwierig und anspruchsvoll ist die Materie. Die Verfasserin konnte diese fachlich sehr undurchsichtige Grauzone nur durch umfassende Literaturarbeit bewältigen, indem sie dort in einem anderen Kontext vertretene Ansichten und Aussagen auf den betrachteten Analysebereich sachgerecht und sinnvoll projizieren musste. Dies ist ihr in bemerkenswerter Weise gelungen.

Die vorgelegte Arbeit leistet eine umfassende Darstellung und Analyse operationeller Risiken sowie den damit verbunden Überwachungsmaßnahmen zum wirkungsvollen Umgang mit ihnen. Neu ist, dass es bisher an einer umfassenden Analyse dieser „neuen“ Risikoart im Sinne der Bankenüberwachung und dem damit in Zusammenhang stehenden Regelungsgeflecht fehlte. Die vorgelegte Arbeit zeigt erstmals in sehr eindrucksvoller, detailreicher Analyse, wie dieses Regelungsgeflecht aussieht und wie es in Bezug auf den verfolgten Zweck zu beurteilen ist. Mit der vorliegenden Arbeit wird ein höchst diffuses Problem in systematischer Weise aufgearbeitet und wesentlich zu dessen Verständnis beigetragen.

Prof. Dr. Thorsten Poddig

Vorwort

Den Anstoß für die vorliegende Arbeit erhielt ich während meiner Tätigkeit als wissenschaftliche Mitarbeiterin von Herrn Prof. Dr. Thorsten Poddig am Lehrstuhl für Allgemeine Betriebswirtschaftslehre, insbesondere Finanzwirtschaft, der Universität Bremen. Um wissenschaftliches Arbeiten und praktische Erfahrungen zu verbinden, setzte ich die Bearbeitung parallel zu einer Tätigkeit im Risikocontrolling der Bremer Landesbank fort. Die Arbeit wurde im Sommersemester 2006 vom Fachbereich Wirtschaftswissenschaft der Universität Bremen als Dissertation angenommen und das Promotionsverfahren mit einem Kolloquium am 12. Juli 2006 beendet.

Zum Gelingen dieser Arbeit haben zahlreiche Personen beigetragen, bei denen ich mich sehr herzlich bedanken möchte. Besonderer Dank gebührt meinem Doktorvater Herrn Prof. Dr. Thorsten Poddig für die Betreuung der Arbeit und seine Bereitschaft, diese auch nach meinem Wunsch, in die Praxis zu wechseln, weiter mit Interesse und vielen hilfreichen Anregungen zu begleiten. Mein Dank gilt auch Herrn Prof. Dr. Franz Jürgen Marx für die Übernahme des Zweitgutachtens und seine Gesprächsbereitschaft in verschiedenen Phasen der Arbeit.

Ganz herzlich möchte ich mich auch bei meinen ehemaligen Kollegen vom Lehrstuhl bedanken. Mein besonderer Dank gilt Frau Dr. Kerstin Petersmeier und Frau Dipl.-Geogr. Dipl.-Oek. Irina Sidorovitch für die freundschaftliche Zusammenarbeit und die zahlreichen wertvollen Anregungen. Frau Petra Sebbes hat mich in allen organisatorischen Fragen unterstützt. Mein Dank geht auch an Herrn Dr. Christoph Löffler vom Lehrstuhl für Betriebliche Steuerlehre und Wirtschaftsprüfung für viele hilfreiche fachliche Hinweise.

Ebenfalls sehr herzlich möchte ich mich bei der Bremer Landesbank, und hier besonders bei meinen ehemaligen Vorgesetzten und Kollegen, für die stets sehr angenehme Arbeitsatmosphäre bedanken und dafür, dass sie es mir mit einer Teilzeitstelle ermöglicht haben, während der Doktorandenzeit mit einem Fuß in der Praxis zu bleiben.

Frau Dipl.-Kffr. Katrin Voigt danke ich für die sorgfältige Durchsicht des Manuskripts, für die sie sich trotz ihrer großen Arbeitsbelastung die Zeit genommen hat.

Ganz besonders danke ich meinem Lebensgefährten Stefan für seine unendliche Geduld und seine Unterstützung. Insbesondere in der Endphase der Arbeit hat er mich liebevoll versorgt. Darüber hinaus war er mir in allen dv-technischen Fragen eine große Hilfe.

Mein größter Dank gilt meinen Eltern, die mich stets rückhaltlos und in jeder Hinsicht unterstützt haben. Ohne ihr Vertrauen, ihre nicht nachlassende Diskussionsbereitschaft und ihren immer wieder ermutigenden Zuspruch wäre die Erstellung dieser Arbeit nicht möglich gewesen.

Britta Kunze

Inhaltsverzeichnis

Abbildungsverzeichnis

Tabellenverzeichnis

Abkürzungsverzeichnis

AAA	American Accounting Association
ABl.	Amtsblatt
Abs.	Absatz
Abschn.	Abschnitt
Abt.	Abteilung
AG	Aktiengesellschaft
AIB	Allied Irish Bank
AICPA	American Institute of Certified Public Accountants
AIG	Accord Implementation Group
AktG	Aktiengesetz
AMA	Advanced Measurement Approach
Anh.	Anhang
Anm.	Anmerkung
Aufl.	Auflage
BaFin	Bundesanstalt für Finanzdienstleistungsaufsicht
BaKred	Bundesaufsichtsamt für das Kreditwesen
BAnz.	Bundesanzeiger
BCCI	Bank of Credit und Commerce International
Bd.	Band
BDI	Bundesverband der Deutschen Industrie e.V.
begr.	begründet
BetrVG	Betriebsverfassungsgesetz
BFS	Boos/Fischer/Schulte-Mattler
BGB	Bundesgesetzbuch
BGBl.	Bundesgesetzblatt
BIA	Basisindikatoransatz
BilKoG	Bilanzkontrollgesetz
BilReG	Bilanzrechtsreformgesetz
BIZ	Bank für Internationalen Zahlungsausgleich
BMF	Bundesministerium der Finanzen
BMJ	Bundesministerium der Justiz

BR-Drucksache	Bundesrat-Drucksache
BT	Besonderer Teil
BT-Drucksache	Bundestag-Drucksache
BTO	Besonderer Teil zur Aufbau- und Ablauforganisation
BTR	Besonderer Teil zu den Risikosteuerungs- und Controllingprozessen
BVerfG	Bundesverfassungsgericht
BWL	Betriebswirtschaftslehre
bzw.	beziehungsweise
ca.	circa
CAD	Capital Adequacy Directive
CEBS	Committee of European Banking Supervisors
CEIOPS	Committee of European Insurance and Occupational Pensions
CESR	Committee of European Securities Regulators
CICA	Canadian Institute of Chartered Accountants
COSO	Committee of Sponsoring Organizations of the Treadway Commission
CP	Consultation Paper
CRD	Capital Requirements Directive
D&O	Directors and Officers
d.h.	das heißt
DCF	Discounted Cash Flow
DCGK	Deutscher Corporate Governance Kodex
DM	Deutsche Mark
DRS	Deutscher Rechnungslegungs Standard
DRSC	Deutsches Rechnungslegungs Standards Committee e.V.
DRÄS	Deutschen Rechnungslegungs Änderungsstandard
DSGV	Deutscher Sparkassen- und Giroverband
DV	Datenverarbeitung
E-IPS	Entwurf IDW-Prüfungsstandard zur ISA-Ergänzung
E-SolvV	Entwurf Solvabilitätsverordnung
e.V.	eingetragener Verein
EBC	European Banking Committee
ed.	edited
EdB	Entschädigungseinrichtung deutscher Banken GmbH
EDV	elektronische Datenverarbeitung
EEC	European Economic Community
EFCC	European Financial Conglomerates Committee
EG	Europäische Gemeinschaft
Einf.	Einführung
EIOPC	European Insurance and Pensions Committee
EL	Expected Loss
endg.	endgültig

EPS	Entwurf IDW Prüfungsstandard
ESAEG	Einlegersicherungs- und Anlegerentschädigungsgesetzes
ESC	European Securities Committee
etc.	et cetera
EU	Europäische Union
EWG	Europäische Wirtschaftsgemeinschaft
f.	folgende
FAQs	frequetly asked questions
FAZ	Frankfurter Allgemeine Zeitung
FEI	Financial Executives International
ff.	fortfolgende
Fn.	Fußnote
gem.	gemäß
GenG	Genossenschaftsgesetz
GG	Grundgesetz
ggf.	gegebenenfalls
GmbH	Gesellschaft mit beschränkter Haftung
GoA	Grundsätze ordnungsmäßiger Abschlussprüfung
GoF	Grundsätze ordnungsmäßiger Unternehmungsführung
GoU	Grundsätze ordnungsmäßiger Unternehmensleitung
GoÜ	Grundsätze ordnungsmäßiger Überwachung
GS	Grundsatz
GuV	Gewinn- und Verlustrechnung
GZ	Geschäftszeichen
h.M.	herrschende Meinung
HdJ	Handbuch des Jahresabschlusses
HFLS	High Frequency/Low Severity
HGB	Handelsgesetzbuch
HGrG	Haushaltsgrundsätzegesetz
Hrsg.	Herausgeber
hrsg. v.	herausgegeben von
i.d.R.	in der Regel
i.e.S.	im engeren Sinne
i.S.d.	im Sinne des
i.S.v.	im Sinne von
i.V.m.	in Verbindung mit
i.w.S.	im weiteren Sinne
IAASB	International Auditing and Assurance Standards Board
IAPS	International Auditing Practice Statements
IAS	International Accounting Standard
IASB	International Accounting Standard Board

IASC	International Accounting Standards Committee
ICAAP	Internal Capital Adequacy Assessment Process
IDW	Instituts der Wirtschaftsprüfer in Deutschland e.V.
IDW FAIT	Fachausschuss Informationstechnologie des IDW
IFAC	International Federation of Accountants
IFRS	International Financial Reporting Standard
IG	Internal Governance
IIA	Institute of Internal Auditors
IIR	Deutsches Institut für Interne Revision e.V.
IKS	Internen Kontrollsystems
IMA	Institute of Management Accountants
inkl.	inklusive
IPS	Prüfungsstandard des IDW zur ISA-Ergänzung
IRB	Internal Ratings Based
ISA	International Standards on Auditing
IT	Informationstechnologie
IÜS	Internes Überwachungssystem
Jg.	Jahrgang
Kap.	Kapitel
KG	Kommanditgesellschaft
KonTraG	Gesetz zur Kontrolle und Transparenz im Unternehmensbereich
KWG	Kreditwesengesetz
Lat.	Lateinisch
LB	Landesbank
LFHS	Low Frequency/High Severity
LiqV	Liquiditätsverordnung
LPM	Lower Partial Moment
Ltd.	Limited
m.w.N.	mit weiteren Nachweisen
MaH	Mindestanforderungen an das Betreiben von Handelsgeschäften der Kreditinstitute
MaIR	Mindestanforderungen an die Ausgestaltung der Internen Revision der Kreditinstitute
MaIT	Mindestanforderungen an die Ausgestaltung der Informationstechnologie
MaK	Mindestanforderungen an das Kreditgeschäft der Kreditinstitute
MaRisk	Mindestanforderungen an das Risikomanagement
Mio.	Millionen
MitbestG	Mitbestimmungsgesetz
MLM	Maximum-Likelihood-Methode
Mrd.	Milliarden

MünchKommHGB	Münchener Kommentar zum Handelsgesetzbuch
n.F.	neue Fassung
Nr.	Nummer
NRW	Nordrheinwestphalen
NSpG	Niedersächsisches Sparkassengesetz
NZZ	Neue Züricher Zeitung
OECD	Organisation for Economic Co-operation and Development
OTC-Geschäfte	„Over the Counter"-Geschäfte
PrüfbV	Prüfungsberichtsverordnung
PS	Prüfungsstandard
RAROC	Risk Adjusted Return on Capital
RARORAC	Risk Adjusted Return on Risk Adjusted Capital
RAS	Risk Assessment System
Rdn.	Randnummer
RORAC	Return on Risk Adjusted Capital
RS	Stellungnahme des IDW zur Rechnungslegung
S.	Seite
Sept.	September
SolvV	Solvabilitätsverordnung
Sp.	Spalte
SREP	Supervisory Review and Evaluation Process
SRP	Supervisory Review Process
STA	Standardansatz
SZ	Süddeutsche Zeitung
TransPubG	Transparenz- und Publizitätsgesetz
Tz.	Textziffer
TÜV	Technischer Überwachungsverein
u.a.	unter anderem
U.S.	United States
u.ä.	und ähnliches
UL	Unexpected Loss
URL	Uniform Resource Locators
USA	United States of America
USD	United States Dollar
usw.	und so weiter
VaR	Value at Risk
Verf.	Verfasserin
vgl.	vergleiche
Vol.	Volume
VÖB	Bundesverband öffentlicher Banken Deutschlands
WP	Wirtschaftsprüfer

WPK	Wirtschaftsprüferkammer
z.B.	zum Beispiel
ZfbF	Zeitschrift für betriebswirtschaftliche Forschung

Kapitel A

Einleitung

1 Problemstellung

Untersuchungen von Bankenkrisen und Verlustfällen bei Banken haben operationelle Risiken in den letzten Jahren deutlich in den Fokus von Managern, Gesetzgebern, Bankenaufsicht und Öffentlichkeit gerückt. Zwar sind sich Unternehmen im Allgemeinen und Banken im Besonderen seit vielen Jahren der Risiken und Unsicherheiten bewusst, die von Faktoren wie der IT-Infrastruktur, menschlicher Motivation, Betrugsfällen, Geschäftsunterbrechungen, Schadensersatzklagen und ähnlichem ausgehen. Dennoch erfahren diese nunmehr unter der Bezeichnung „operationelle Risiken" eine neue Sichtbarkeit und Aufmerksamkeit. Hinzu kommt, dass aufgrund der hohen Innovationsgeschwindigkeit im Finanzbereich, die sich etwa in dem vermehrten Einsatz derivativer Finanzinstrumente und von IT-Systemen äußert, derartigen Risiken eine wachsende Bedeutung beigemessen wird. Indem gleichzeitig vielfach eine Verbindung zwischen operationellen Risiken und der Qualität der gesamten internen Corporate Governance einer Bank gezogen wird, erhalten diese „alten" Risiken nunmehr einen neuen Stellenwert, sowohl bei den Entscheidungsträgern der Banken als auch in den Erwartungen unternehmensexterner Gruppen.

> *„ [...] op risk has undergone a transformation, and is now viewed as vital to the successful management of a business. It has moved from the back office to the executive office."*[1]

Neu sind mithin nicht die betrachteten Risiken, auch wenn aktuelle Marktentwicklungen deren Bedeutung verstärken, sondern vielmehr das Bewusstsein für eine auf den ersten Blick

---

[1] Morisson (2005), S. 26.

nicht offensichtlich eigenständige oder gar leicht zu spezifizierenden Risikoart. Diese neue Popularität zuvor allzu gerne in den Hintergrund gedrängter Probleme nutzen daher auch interne Funktionsträger der Banken, um ihre Überwachungstätigkeiten im Namen des Managements operationeller Risiken neu zu „erfinden" oder diese als Plattform für die Stärkung und Ausweitung ihrer eigenen Positionen zu nutzen.[2] Der Begriff der operationellen Risiken steht mithin auch für eine Vielzahl bekannter Probleme, Methoden und Verfahren in einem nur schwer fassbaren Bereich und weckt gleichzeitig Erwartungen an deren Management sowie an neue Wege in der Bankenüberwachung.

Operationelle Risiken als Verursacher von Bankenkrisen äußern sich nach einer Studie des Baseler Ausschusses für Bankenaufsicht aus dem Jahr 1998 vor allem in einem Versagen interner Kontrollen und Führungsstrukturen, mithin also in allgemeinen Managementfehlern, die sich auf sämtliche Bereiche der Geschäftstätigkeit einer Bank erstrecken können.[3] In diesem Sinne erfordert das Management operationeller Risiken eine Überwachung „höherer Ordnung", welche die gesamte interne Organisation einer Bank, inklusive aller Überwachungs- und Risikomanagementprozesse selbst umfasst und damit nicht, wie das Management von Markt- und Kreditrisiken, auf abgegrenzte Tätigkeitsbereiche beschränkt bleibt.[4] Folgendes kurzes Beispiel soll dies verdeutlichen:[5] Stresstests von Marktrisikomodellen sind grundsätzlich ein wesentlicher Bestandteil des Marktrisikomanagements. Hingegen stellen ausbleibende oder unzureichende Stresstests eine Form des operationellen Risikos dar. Das Gleiche gilt z.B. für unzureichende Ratingverfahren im Rahmen des Kreditrisikomanagements.

Operationelle Risiken umschließen damit auch organisatorische Aspekte des Managements anderer Risikoarten. POWER bezeichnet in diesem Zusammenhang das Management operationeller Risiken als „management of risk management"[6] im Sinne einer übergeordneten Unternehmensführungsaufgabe. Diese Sichtweise basiert vornehmlich auf der Erkenntnis, dass der Ausgangspunkt jeglicher Überlegungen zum Management operationeller Risiken als integrierte Funktion das im Rahmen der betrieblichen Rechnungslegung und der Wirtschaftsprüfung entwickelte Konzept der „Internal Control" sein sollte.[7] BOLTON/BERKEY sprechen in diesem Zusammenhang von „twin challenges".[8] Die Bedeutung von „Internal Control-Systems", korrekterweise zu übersetzen mit „Interne Überwachungssysteme",[9] wird dabei zunächst vorran-

---

2 Vgl. Power (2003), S. 3.

3 Vgl. Basel Committee on Banking Supervision (1998b), S. 1.

4 MARSHALL führt an, dass das Management operationeller Risiken „suggests a potential framework in which to integrate all the other exposures. To a large extent, operational risk provides a useful banner behind which managers can communicate and enforce a more consistent and inclusive perspective toward all risks throughout the organization." Marshall (2001), S. 25.

5 Vgl. Power (2003), S. 8.

6 Power (2003), S. 15.

7 Vgl. Wilson (2000), S. 378; ähnlich auch Blunden (2003), S. 229 f.

8 So Bolton/Berkey (2005), S. 237.

9 Die ebenfalls vorzufindende Bezeichnung „Interne Kontrollsysteme" ist hingegen missverständlich, da dieser Begriff im Rahmen der betriebswirtschaftlichen Überwachungstheorie bereits belegt und wesentlich enger gefasst ist als der anglo-amerikanische „Internal Control"-Begriff.

gig in der Sicherstellung der Zuverlässigkeit, Vollständigkeit und Aktualität der Finanz- und Managementinformationen gesehen, die Geschäftsleitern, Aufsichtsorgan, Eigentümern und Aufsichtsbehörde als Entscheidungsgrundlage dienen. Das Interne Überwachungssystem hat hierbei sicherzustellen, dass ein getreues Bild der Vermögens-, Finanz- und Ertragslage des Unternehmens vermittelt wird, das auf klar definierten Rechnungslegungsgrundsätzen und -vorschriften beruht.[10] Die enge Verwandtschaft Interner Überwachungssysteme mit dem Management operationeller Risiken wird jedoch unmittelbar deutlich, wenn man sich vor Augen führt, dass mit einem angemessenen und funktionsfähigen Internen Überwachungssystem gleichzeitig weitergehende Ziele erreicht werden können, wie der Schutz einer Bank vor Verlusten und die Einhaltung einschlägiger Gesetze und Vorschriften. So hebt daher auch der Baseler Ausschuss in seinen im Februar 2003 veröffentlichten „Sound Practices for the Management and Supervision of Operational Risk“ die Bedeutung Interner Überwachungssysteme für das Management operationeller Risiken hervor, indem er ausdrücklich auf die Relevanz seines „Rahmenkonzepts für interne Kontrollsysteme in Bankinstituten“ für den Umgang mit operationellen Risiken hinweist.[11] Vor diesem Hintergrund ist der Ausgestaltung des Internen Überwachungssystems einer Bank im Zusammenhang mit operationellen Risiken eine exponierte Stellung einzuräumen.

Wenngleich somit allgemeine Managementfehler und damit interne Faktoren unstrittig als primäre Ursache für Bankenkrisen und Verlustfälle anzusehen sind (Krisenursachen i.e.S.), so darf dies gleichwohl nicht darüber hinwegtäuschen, dass neben diesen unmittelbaren internen Krisenursachen zusätzlich externe Faktoren als Ursachenverstärker (Krisenursachen i.w.S.) eine nicht zu unterschätzende Rolle spielen. Nach den Erkenntnissen von BONN sind Mängel in der externen Bankenüberwachung mit für das Entstehen von Verlustfällen und Krisen verantwortlich.[12] So nennt dieser Defekte im Regulierungssystem, Mängel bei externen Prüfungen sowie zersplitterte Aufsichtsstrukturen als Ursachenverstärker für die Entstehung akuter Krisen. Will man sich daher umfassend mit der Vermeidung von Verlustfällen und Bankenkrisen aufgrund operationeller Risiken befassen, darf man die Rollen überwachungsrelevanter externer Institutionen und Gruppen nicht außer Acht lassen.

Die weltweit umfassendsten Impulse für das Management operationeller Risiken gehen vom Baseler Ausschuss für Bankenaufsicht aus, der mit der Veröffentlichung von Grundsatzpapieren zu aufsichtsrechtlichen Fragestellungen erheblichen Einfluss auf die Ausgestaltung der Bankenüberwachung durch die nationalen Aufsichtsbehörden ausübt. So verwundert es nicht, dass insbesondere die Vorschläge des Baseler Ausschusses die zahlreichen und zum Teil kontroversen Diskussionen in Theorie und Praxis zur Schaffung der erforderlichen Rahmenbedingungen und zur Implementierung geeigneter Instrumente und Methoden zum Management operationeller Risiken erheblich vorangetrieben haben. Die Entwicklung aufsichtsrechtlicher

10 Vgl. IDW [Hrsg.], (2001), PS 260, Tz. 8.
11 Vgl. Basel Committee on Banking Supervision (2003b), Tz. 2.
12 Vgl. Bonn (1999), S. 531 f.

Standards für das Management operationeller Risiken fällt dabei in die Phase einer grundsätzlichen Neuausrichtung aufsichtsrechtlicher Bankenüberwachung. Stand bis vor wenigen Jahren noch die Regulierung des Eigenkapitals gemäß der 1988 verabschiedeten Baseler Eigenkapitalvereinbarung und damit eine reaktiv-sanktionierende sowie nahezu ausschließlich kontrollierende Überwachung deutlich im Zentrum aufsichtsrechtlicher Aktivitäten, finden nunmehr zunehmend Elemente der sogenannten „staatlich veranlassten Selbstregulierung" („enforced self-regulation") Eingang in die Grundsätze des Baseler Ausschusses.[13] Hinter dieser Entwicklung steht die Erkenntnis, dass Banken ihre Risikopositionen selbst am Besten einschätzen können, weshalb zwar einerseits weiterhin regulatorisches Eigenkapital vorgehalten werden muss, dessen Höhe jedoch andererseits - bislang zumindest bereits für die Marktrisikopositionen - durch die Banken mit eigenen Modellen ermittelt werden kann.[14] Mit der Zulassung solcher internen Modelle für die Kapitalermittlung wird gleichzeitig ein neuer Akzent auf die Internen Überwachungssysteme der Banken gesetzt. So ist es der jeweiligen Aufsichtsbehörde vorbehalten, in Abhängigkeit von der Qualität des internen Überwachungsumfelds einer Bank bestimmte Multiplikatoren auf den durch das interne Modell ermittelten Kapitalbetrag festzusetzen. Zum Zwecke der Beurteilung der Internen Überwachungssysteme werden parallel zu den quantitativen Anforderungen an die internen Modelle zudem qualitative Mindestanforderungen an deren Überwachungsumgebung gestellt.[15] Mit dieser Form der beurteilenden Überwachungstätigkeit durch die Aufsichtsinstanzen entwickelt sich die Bankenüberwachung zunehmend zu einer proaktiv-vorbeugenden Überwachung mit deutlich ausgeweiteten Eingriffen in die internen Überwachungsstrukturen der Banken.

Dieser Strategiewechsel bankaufsichtlicher Einflussnahme äußert sich derzeit am deutlichsten in der neuen Baseler Eigenkapitalvereinbarung (Basel II), die im Kern der Überarbeitung der Eigenkapitalvereinbarung aus dem Jahr 1988 dient und dabei den aktuellen Veränderungen in der Bankenaufsicht Rechnung trägt.[16] So wird zwar auch weiterhin an dem traditionellen Schwerpunkt der Bankenregulierung, nämlich den Eigenkapitalanforderungen zur Abfederung unerwarteter Verluste festgehalten (Säule 1). Bei diesen besteht jedoch für die Banken nach der neuen Eigenkapitalvereinbarung umfassender als bisher die Möglichkeit, ihre Verfahren zur Ermittlung des Kapitalbedarfs entlang eines Kontinuums zunehmend risikosensitiver Methoden fortzuentwickeln, wobei bei den fortgeschrittenen Methoden auch die Ergebnisse interner Systeme der Banken Verwendung finden. Die unterschiedlichen Methoden sind dabei jeweils mit spezifischen quantitativen und qualitativen Mindestanforderungen verbunden. Darüber hinaus sind auch übergeordnete interne Überwachungs- und Risikomanagementprozesse Gegenstand der neuen Eigenkapitalvereinbarung (Säule 2) sowie zudem erheb-

[13] Vgl. Burgi (2001), S. 310; Power (2003), S. 5.
[14] Dies gilt allerdings vorbehaltlich der Genehmigung durch die jeweilige nationale Aufsichtsbehörde.
[15] Vgl. § 36 Grundsatz I KWG für qualitative Anforderungen an die Verwendung eigener Risikomodelle für die Ermittlung der Anrechnungsbeträge für Marktrisikopositionen.
[16] Vgl. Basel Committee on Banking Supervision (1988).

lich erweiterte Offenlegungspflichten der Banken hinsichtlich der Prozesse zum Management und zur Überwachung der Risiken mit dem Ziel einer Stärkung der Marktdisziplin (Säule 3). Während dieser weit reichenden Veränderungsprozesse in der Bankenregulierung ist nun die Thematik operationeller Risiken verstärkt in den Fokus gerückt worden, und so finden sich in allen drei Säulen von Basel II explizite Vorschriften für die Messung und das Management operationeller Risiken als eigenständige Risikoart. Dabei handelt es sich einerseits erstmalig um explizite Eigenkapitalanforderungen für operationelle Risiken, für deren Ermittlung, der Philosophie von Basel II entsprechend, grundsätzlich sowohl einfache Standardverfahren als auch fortgeschrittene interne Verfahren zugelassen werden. Darüber hinaus werden ebenfalls explizit qualitative Mindestanforderungen an das Management operationeller Risiken formuliert, die zudem durch die bereits erwähnten, flankierend zu Basel II veröffentlichten „Sound Practices for the Management and Supervision of Operational Risk" ergänzt werden. An dieser Stelle muss indes unmissverständlich darauf hingewiesen werden, dass wegen des übergreifenden Charakters operationeller Risiken im Grunde sämtliche qualitativen Anforderungen, also auch diejenigen, die sich vordergründig auf Markt- und Kreditrisikobereiche oder übergeordnete Überwachungs- und Risikomanagementprozesse beziehen, bei der Handhabung dieser Risikoart eine Rolle spielen. Man denke hier nur etwa an die oben aufgeführten Beispiele zum Stresstesting von Marktrisikomodellen und zu internen Ratingverfahren im Kreditrisikomanagement. Zusammenfassend zeichnet sich ab, dass im Zuge der Überwachung operationeller Risiken durch die Bankenregulierung neue Wege des Eingreifens in die innersten Strukturen und Prozesse der Institute und gleichermaßen auch in deren Prüfung durch interne und externe Überwachungsträger beschritten werden.

Neben dem zweifelsohne bedeutenden Einfluss des Baseler Ausschusses darf nicht übersehen werden, dass darüber hinaus wichtige Impulse für das Management operationeller Risiken von den allgemeinen Bemühungen um eine wirkungsvolle Corporate Governance der Unternehmen ausgehen. Ein Blick in die Vergangenheit zeigt, dass Unternehmenskrisen verschiedenster Branchen weltweit zu einem Vertrauensverlust hinsichtlich der Verlässlichkeit von Kapitalmarktinformationen und der Wirksamkeit der Unternehmensüberwachung geführt haben.[17] Unter anderem als Konsequenz aus diesen[18] wurden weltweit Initiativen zur Verbesserung der Corporate Governance durch eine Stärkung der unternehmensinternen und unternehmensexternen Überwachung angegangen. Im Mai 1999 veröffentlichte die OECD „Principles of Corporate Governance", in deren Folge im September 1999 der „Turnbull Report" in England, im Februar 2002 der „Deutsche Corporate Governance Kodex" und im Juli 2002 der „Sarbanes-Oxley Act" in den USA verabschiedet wurden. In Deutschland sind in diesem Zusammenhang darüber hinaus auch Gesetzesinitiativen, wie z.B. das KonTraG oder das BilKoG von Bedeutung.[19] Hauptanliegen dieser inzwischen zum Teil bereits mehrfach überar-

[17] Exemplarisch seien hier die Fälle Metallgesellschaft, Enron und Worldcom aufgeführt.
[18] Daneben ist sicherlich auch die fortschreitende Globalisierung der Güter- und Kapitalmärkte als ein bedeutender Treiber der umfassenden Reformvorhaben anzusehen.
[19] Zu einer ausführlichen Auflistung vgl. Freidank/Paetzmann (2004), S. 4.

beiteten Grundsätze sind die Effizienzsteigerung der Leitungs- und Überwachungsstrukturen sowie eine transparente und prospektive Informationspolitik der Unternehmen. Dabei hat sich auch in diesem Zusammenhang unabhängig von den konkreten Ausprägungen der Corporate Governance-Regeln, die jeweils länder- und rechtsraumspezifische Besonderheiten zu berücksichtigen haben, die Auffassung durchgesetzt, dass ein wesentlicher Beitrag zur Vermeidung von Unternehmenskrisen von den Internen Überwachungssystemen der Unternehmen ausgeht.[20] Nicht allein aus diesem Grund sind für Fragen der Behandlung operationeller Risiken daher stets auch die nationalen Gegebenheiten der Corporate Governance sowie die Reformen zu deren Verbesserung zu berücksichtigen. Diese determinieren darüber hinaus die Rechte und Pflichten unternehmensinterner wie -externer überwachungsrelevanter Gruppen.

Die Methoden und Instrumente für einen wirkungsvollen Umgang mit operationellen Risiken, die in Theorie und Praxis Gegenstand zahlreicher Fachbeiträge sowie von Kommentierungen der neuen Eigenkapitalvereinbarung sind und sich zudem in den in der Bankenpraxis bereits implementierten oder geplanten Verfahren widerspiegeln, lassen sich in ihrer jeweiligen Tendenz grundsätzlich einem von zwei idealtypischen Ansätzen zuordnen, die im Kern gegensätzliche Auffassungen zum Umgang mit operationellen Risiken repräsentieren:[21]

1. Der erste Ansatz ist der des **quantitativ orientierten** „calculative idealism". Die Vertreter dieses Ansatzes vertrauen auf die Messung operationeller Risiken und verfolgen das Ziel, auf der Basis von Verlustverteilungen eine realistische Abschätzung der Kosten des zur Abfederung von Verlusten aus operationellen Risiken tatsächlich erforderlichen ökonomischen Kapitals zu erhalten. Zu diesem Zweck werden auf operationelle Risiken bekannte Messverfahren angewandt, die überwiegend auf Value at Risk-Techniken basieren und ursprünglich für die Messung von Marktrisiken entwickelt wurden. Die Anhänger der Verwendung dieser quantitativen Verfahren haben häufig eine eher begrenzte, einseitige Sicht auf operationelle Risiken. Ihr vorrangiges Interesse gilt der Robustheit und Zuverlässigkeit der verwendeten Daten.

2. Der zweite Ansatz ist der des **qualitativ orientierten** „calculative pragmatism". Die Vertreter dieses Ansatzes sehen die Messung operationeller Risiken mit Hilfe statistischer Verfahren lediglich als Hilfsmittel an, um die Aufmerksamkeit auf bestimmte Problembereiche zu lenken. Ansonsten bezweifeln sie, dass derartige Modelle im Falle der operationellen Risiken tatsächlich in der Lage sind, die Realität zuverlässig abzubilden. In ihren Augen verlangt das Management operationeller Risiken einen pluralistischen Ansatz, der etwa Kontroll- und Prüfungselemente sowie Erkenntnisse des Organisations-, Prozess- und Personalmanagements vereint.[22] Bei den Anhängern dieses Ansatzes bestehen daher erhebliche Bedenken gegen die in Basel II erkennbare konzeptionelle Dominanz der quan-

[20] Vgl. Waldersee/Ranzinger (2003), S. 476; Wolfram (2001), S. 42.
[21] Vgl. zum Folgenden Power (2003), S. 14 f.; Hoffman (2002), S. 186 f.
[22] Vgl. ähnlich auch Marshall (2001), S. 26 f.

titativ orientierten Kapitalunterlegung. Nach ihrer Auffassung hat für das Management operationeller Risiken die Ausgestaltung Interner Überwachungssysteme Priorität vor der Quantifizierung zur Ermittlung der Höhe eines Kapitalpuffers.[23]

Die bisherigen Beiträge im Fachschrifttum sind in der Regel entweder der einen oder der anderen Sichtweise zuzuordnen, wobei zunächst der Eindruck entstehen könnte, bislang liege ein deutlicher Schwerpunkt auf der Entwicklung quantitativer Messmethoden und der Schaffung der hierfür erforderlichen Rahmenbedingungen im Sinne von Basel II. Es drängt sich daher die Vermutung auf, dass hinsichtlich qualitativer Verfahren für den Umgang mit operationellen Risiken ein deutliches Defizit besteht. Allerdings darf nicht außer Acht gelassen werden, dass die Grenzen zwischen dem Management operationeller Risiken einerseits und der wesentlich weiter gefassten Corporate Governance von Unternehmen fließend sind und weit reichende Interdependenzen bestehen. Dies wirkt sich nicht nur auf ein klares und einheitliches Begriffsverständnis, sondern mit möglicherweise weit reichenden Konsequenzen auch auf die Entwicklung geeigneter Methoden und Instrumente zum Umgang mit operationellen Risiken aus. Hierdurch wird eine deutlich breitere Analyse des Schrifttums erforderlich, als dies bisher weitläufig der Fall ist.

Vor diesem Hintergrund mangelt es bislang an einer ausführlichen wissenschaftlichen Auseinandersetzung, die umfassend und systematisch die Möglichkeiten und Grenzen beider Grundideen des Umgangs mit operationellen Risiken analysiert, beurteilt sowie diese auf etwaige Interdependenzen bzw. Widersprüche hin untersucht. Zudem fehlt es weitestgehend an einer über die Pflichten der Geschäftsführung der Institute hinausgehenden Betrachtung des Einflusses weiterer interner sowie externer Überwachungsträger vor dem Hintergrund der diesen gesetzlich zugedachten Rollen. Eine differenzierte Analyse der jeweiligen Aufgaben sowie des Zusammenwirkens unternehmensinterner und -externer Überwachung erscheint mit Blick auf die aus vergangenen Krisen gewonnenen Erkenntnisse jedoch dringend geboten.

2 Zielsetzung und Gang der Untersuchung

Das Anliegen der vorliegenden Arbeit ist es, im Wege einer umfassenden Betrachtung zu untersuchen, welche Lösungsalternativen zur Verhinderung von Verlustfällen und Bankenkrisen aufgrund operationeller Risiken seitens des Gesetzgebers, der Bankenaufsicht sowie weiterer nationaler und internationaler Institutionen angestrebt und wie diese durch die beteiligten Gruppen umgesetzt werden. Dabei gilt es auch zu beurteilen, ob die einzelnen Maßnahmen vor dem Hintergrund der spezifischen Eigenschaften operationeller Risiken sachgerecht sind.

23 Vgl. auch Cagan (2001), S. 2.

Gegenüber bisherigen Untersuchungen wird in dieser Arbeit auf das Gesamtgefüge der Bankenüberwachung abgestellt. Neben der Geschäftsführung der Banken gelten als deren weitere Bestandteile insbesondere die internen und externen Revisoren, der Aufsichtsrat, die Bankenaufsicht und der Kapitalmarkt. Ausgehend von den umfassenden regulierenden Eingriffen des Gesetzgebers auf gesellschafts- sowie aufsichtsrechtlicher Ebene sind die diesen Gruppen rechtlich jeweils zugedachten Aufgaben zu analysieren und - sofern vorhanden - unter Zuhilfenahme berufsständischer Auslegungen zu konkretisieren, um die Funktions- und Leistungsfähigkeit der relevanten Überwachungsträger im Hinblick auf das Management operationeller Risiken zu beurteilen. In diesem Zusammenhang ist auch zu untersuchen, ob eine Diskrepanz zwischen den ökonomisch zweckmäßigen und den rechtlich gewollten Aufgaben der Überwachungsträger besteht. Dabei werden auch die aufgrund der internationalen Harmonisierungsbestrebungen im Bereich der Bankenaufsicht erörterten Lösungsalternativen aufgegriffen sowie die jüngsten (geplanten) Reaktionen des deutschen Gesetzgebers auf diesen Prozess untersucht und einer Wertung unterzogen.

Das Ziel der vorliegenden Arbeit ist es, die Wirkungsweise aktueller bzw. geplanter gesetzlicher Vorschriften sowie deren betriebswirtschaftlicher und (aufsichts-)rechtlicher Konkretisierungen auf die Vermeidung von Verlustfällen und die Verhinderung von Bankenkrisen aufgrund operationeller Risiken zu untersuchen, dabei Schwächen und Lücken zu identifizieren und anhand dieser Ansatzpunkte für eine Fortentwicklung der Bankenüberwachung im Hinblick auf den Umgang mit operationellen Risiken offenzulegen. Dabei bewegt sich die Untersuchung thematisch zwischen betriebswirtschaftlichen Gestaltungserfordernissen und den durch das Gesellschafts- und Aufsichtsrecht vorgegebenen Überwachungspflichten. In den Rechtswissenschaften soll auf diese Weise das Verständnis für die betriebswirtschaftlichen Möglichkeiten und Grenzen bestimmter Methoden und Instrumente für den Umgang mit operationellen Risiken gefördert werden, während den betriebswirtschaftlichen Disziplinen der rechtlich zulässige Gestaltungsspielraum verdeutlicht werden soll. Die Arbeit will mithin für den zu untersuchenden Bereich die vielfach bemängelte „Verständnislücke"[24] zwischen Betriebswirten und Rechtswissenschaftlern verringern und dort eine Brücke schlagen, wo die wissenschaftlichen Einzeldisziplinen Fragen offen lassen. Insofern will die Arbeit auch zu einem Zuwachs an interdisziplinärem Verständnis bei den beteiligten Akteuren (Gesetzgeber, Mitarbeitern der Aufsichtsinstanzen, Mitgliedern der Geschäftsleitung, internen Revisoren, Mitgliedern des Aufsichtsrats, Abschlussprüfern sowie der Öffentlichkeit) beitragen.

Die Untersuchung ist in sieben Kapitel untergliedert.

In **Kapitel B** werden zunächst die Grundlagen für eine systematische Analyse gelegt. Nach der grundsätzlichen Einordnung operationeller Risiken in die Risikopositionen einer Bank bildet eine exemplarische Darstellung vergangener Verlustfälle die Basis für die Herausarbei-

---

24 Vgl. hierzu Theisen (1995), S. 194.

tung der Bedeutung und Charakteristika dieser Risikoart. Dabei wird einerseits eine ursachenorientierte Betrachtung vorgenommen, welche sowohl die Zusammenhänge zwischen den heterogenen Risikoereignissen und -ursachen beleuchtet als auch die Bedeutung des Zusammenwirkens von Mängeln in der internen und externen Überwachung für die Entstehung von Verlustfällen und Bankenkrisen beschreibt. Die zweite, wirkungsbezogene Betrachtung geht demgegenüber auf das Verhältnis operationeller Risiken zu anderen Risikoarten sowie auf Häufigkeit und Frequenz des Auftretens von Verlustfällen ein. Hierauf aufbauend wird hervorgehoben, dass für ein qualitatives Management operationeller Risiken vorrangig auf deren Ursachen abzustellen ist, während Ausgangspunkt für die quantitative Messung in der Regel die Wirkungen operationeller Risiken sind. Das Kapitel schließt mit der Betrachtung von Definitionsansätzen für operationelle Risiken.

Ausgehend von der Erkenntnis, dass sowohl die interne als auch die externe Bankenüberwachung (Corporate Governance) eine Rolle bei dem Umgang mit operationellen Risiken der Banken spielt, werden in **Kapitel C** die einzelnen Überwachungsträger einer Bank vor dem Hintergrund des in Deutschland geltenden dualen Prinzips der Corporate Governance sowie der spezifischen gesellschaftsrechtlichen Gegebenheiten deutscher Banken betrachtet. Dabei werden zunächst noch deren grundsätzliche Rechte und Pflichten im Rahmen der Bankenüberwachung herausgestellt sowie die Beziehungen der Überwachungsträger untereinander betrachtet. Es zeigt sich, dass die umfassende Regulierung der Banken einen weit reichenden Einfluss auf die Tätigkeit aller weiteren Überwachungsträger ausübt. Damit wird gleichermaßen die Basis für die sich anschließende Analyse konkreter Überwachungsmaßnahmen für den Umgang mit operationellen Risiken gelegt. Den beiden Stoßrichtungen in der Bankenregulierung folgend, sind diese einerseits auf qualitativen, andererseits auf quantitativen Normen basierenden Maßnahmen Gegenstand der beiden nachfolgenden Kapitel D und E.

Kapitel D widmet sich den Möglichkeiten und Grenzen der in Kapitel C beschriebenen Überwachungsträger, im Rahmen einer „qualitativen Überwachung" eine Begrenzung operationeller Risiken und damit eine Verhinderung von Verlust- und Krisenfällen zu erreichen. Zentraler Ausgangspunkt der Betrachtung sind diejenigen Normen, die im Sinne einer Regulierung der internen Organisation der Banken die Einrichtung und Prüfung des in diesem Zusammenhang als wesentlich identifizierten internen Überwachungs- bzw. Risikomanagementsystems fordern. Hierbei handelt es sich einerseits um gesellschaftsrechtliche Vorgaben, die ihren Ursprung in den allgemeinen Reformbemühungen um eine Verbesserung der Corporate Governance haben, sowie andererseits um aufsichtsrechtliche Normen, die demgegenüber spezifische Regelungen für Banken treffen. In beiden Teilgebieten des Rechts finden sich Vorschriften für die Ausgestaltung und Prüfung ein und desselben Regelungsbereichs. Insofern ist es notwendig, im Rahmen der Untersuchung auch auf möglicherweise divergierende Systemverständnisse einzugehen. Dabei finden neben betriebswirtschaftlichen Interpretationen des nationalen Rechts auch internationale Entwicklungen Beachtung. Die relevanten

Normen sowie deren Implikationen für die Überwachungsträger werden einer kritischen Analyse unterzogen.

In **Kapitel E** wird auf Methoden zur Messung operationeller Risiken im Rahmen der „quantitativen Überwachung" sowie die hiermit verbundenen Pflichten der einzelnen Überwachungsträger eingegangen. Den Ausgangspunkt bilden diejenigen Normen, die die Regulierung des Eigenkapitals zum Gegenstand haben. Neben aufsichtsrechtlichen Standardmethoden werden auch ausgewählte Ansätze interner Messmethoden vorgestellt. Vor dem Hintergrund der in Kapitel B herausgearbeiteten Besonderheiten operationeller Risiken werden die Methoden einer kritischen Beurteilung unterzogen.

Kapitel F enthält eine kritische Reflexion der grundsätzlichen Verhaltenswirksamkeit qualitativer und quantitativer Rechtsnormen im Hinblick auf einen effektiven Umgang mit operationellen Risiken. Hierauf aufbauend werden Fortentwicklungspotenziale aufgezeigt, die Aspekte der Schaffung einer Risiko- und Überwachungskultur, der Berücksichtigung von Wechselwirkungen qualitativer und quantitativer Überwachungsmaßnahmen sowie einer intensivierten Zusammenarbeit einzelner Überwachungsträger im Sinne einer integrierten Überwachung betreffen.

Kapitel G schließt die Untersuchung mit einer Zusammenfassung und einer Schlussbemerkung ab.

Die nachfolgende Abbildung 1 fasst den Untersuchungsverlauf noch einmal zusammen.

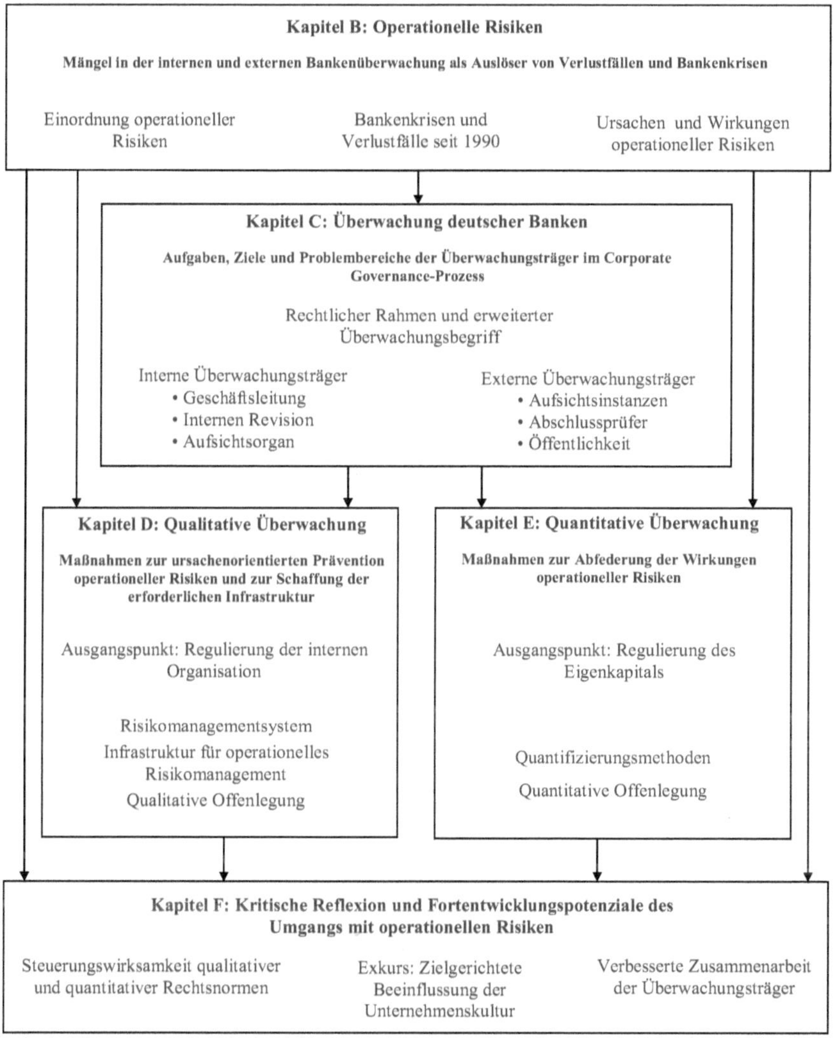

Abbildung 1: Gang der Untersuchung

Die Aktualität der Thematik hat teilweise zu rasch aufeinander folgenden Neufassungen von Gesetzen (vor allem des Kreditwesengesetzes) sowie weiterer Normen geführt. Die berücksichtigte Gesetzgebung und Literatur befinden sich auf dem Stand vom 31.12.2005. Darüber hinaus wird auf geplante Gesetzesänderungen eingegangen, sofern diese für die untersuchte Fragestellung relevant sind und die entsprechenden Entwürfe bis zum 31.12.2005 veröffentlicht waren.

Kapitel B

Operationelle Risiken

Mängel in der internen und externen Bankenüberwachung als Auslöser von Verlustfällen und Bankenkrisen

Das Ziel dieses Kapitels ist es, ein umfassendes Verständnis für die in der vorliegenden Arbeit zu untersuchenden operationellen Risiken zu schaffen. Es wird dargestellt, welche Bedeutung operationelle Risiken für Banken haben und welche Besonderheiten diese charakterisieren. Hierzu findet zunächst eine Einordnung in den Gesamtrahmen der Risikopositionen einer Bank statt, bevor auf der Basis exemplarisch dargestellter Verlustfälle der Vergangenheit die Besonderheiten operationeller Risiken herausgearbeitet werden sowie eine Definition vorgenommen wird.

1 Einordnung operationeller Risiken

1.1 Risikobegriffe

Der Begriff „Risiko“ wird in der Betriebswirtschaftslehre wie auch in anderen Disziplinen unterschiedlich verwendet. In Abhängigkeit von der jeweiligen Fragestellung ergeben sich verschiedene Risikobegriffe, die nebeneinander bestehen, ohne dass sie stets auf ein einheitliches Grundverständnis zurückgehen. Erschwerend kommt hinzu, dass häufig zwar dieselben Bezeichnungen Verwendung finden, diese jedoch unterschiedlich belegt sind. Allerdings lässt sich durchaus eine gewisse Systematik aufzeigen, in die sich die im Wesentlichen verwendeten Risikobegriffe einordnen lassen.

Hierfür ist Risiko zunächst einmal mit WOSSIDLO allgemein als die **Gefahr des Misslingens** zu verstehen.[1] Eine grundlegende Differenzierung des Risikobegriffs kann nach diesem Verständnis danach erfolgen, ob nach dem „Warum" des Misslingens gefragt wird und somit eine ursachenorientierte Betrachtung vorliegt, oder ob vielmehr die Folgen des Misslingens betrachtet werden und daher eine Ergebnisorientierung im Vordergrund steht.[2]

Risiko als Möglichkeit ungünstiger zukünftiger Entwicklungen (Ursachenorientierter Risikobegriff)

In bankbetrieblichen Risikobetrachtungen findet sich nicht selten eine reine Ursachenorientierung. Hierbei wird eine nicht näher bestimmte Unsicherheitssituation selbst als Ursache des Misslingens und damit als Auslöser des Risikos angesehen, ohne dass näher danach gefragt wird, worin das „Misslingen" eigentlich besteht. Risiko resultiert in diesem Sinne aus der **generellen Unsicherheit über zukünftige Ereignisse**.[3] Eine weitergehende Differenzierung des Risikobegriffs ergibt sich bei dieser Betrachtung aus den der Unsicherheit im Einzelnen zu Grunde liegenden Bestimmungs- bzw. Einflussfaktoren, wie beispielsweise Schwankungen von Währungen, Aktienkursen und Zinssätzen, die Frage der zukünftigen Zahlungsfähigkeit einer Gegenpartei, die DV-System-Sicherheit oder das nicht regelkonforme Verhalten eines Mitarbeiters.[4] Je nach Bestimmungsfaktor wird eine Spezifizierung des Risikobegriffs vorgenommen. In diesem Zusammenhang wird üblicherweise der Begriff der Risikoarten verwendet.[5]

In der ursachenorientierten Risikosicht ist es nicht erforderlich, dass eine konkrete Entscheidungssituation vorliegt. So besteht etwa das Risiko eines Brandschadens unabhängig von einer ausdrücklichen unternehmerischen Entscheidung, sondern vielmehr durch die bloße Existenz eines Gebäudes.[6] Dagegen ist es durchaus Voraussetzung für das Vorliegen eines Risikos, dass die Bank überhaupt über ein Gefahrenpotenzial (Exposure) verfügt, d.h. dass durch eine negative Veränderung eines Einflussfaktors auch tatsächlich eine negative Auswirkung auf die Vermögens-, Finanz- oder Ertragslage der Bank zu erwarten ist.[7]

---

1 Vgl. Wossidlo (1970), S. 42.
2 Vgl. Schmidt-von Rhein (1996), S. 159.
3 Vgl. Bitz (2000), S. 235.
4 Vgl. Liekweg (2003), S. 63 f.
5 Vgl. Oehler/Unser (2002), S. 14.
6 Vgl. Braun (1984), S. 25. Dem steht nicht entgegen, dass die Erbauung des Gebäudes zuvor einmal die Folge einer Entscheidung war. Vgl. Liekweg (2003), S. 64.
7 Vgl. Weber et al. (1999), S. 1711. So stellen z.B. Dollarschwankungen nur dann ein Risiko dar, wenn das Ergebnis der Bank auch tatsächlich vom Dollar abhängt. Vgl. Liekweg (2003), S. 64.

Risiko als Möglichkeit einer negativen Zielverfehlung (Ergebnisorientierter Risikobegriff)

Im Unterschied zur Ursachenorientierung steht bei der ergebnisorientierten Begriffsverwendung die Risikowirkung und damit das Misslingen selbst im Vordergrund der Betrachtung. Während bei der ursachenorientierten Begriffsverwendung keine konkrete Entscheidungssituation vorliegen muss, wird bei der ergebnisorientierten Sichtweise Risiko stets im Zusammenhang mit einer zu Grunde liegenden Entscheidungssituation und in Bezug auf eine bestimmte Zielgröße gesehen.[8] Die Unsicherheit allein begründet in diesem Verständnis mithin noch kein Risiko, sondern sie ist lediglich Vorbedingung für die Notwendigkeit einer Entscheidung.[9] Risiko entsteht erst bei der Entschlussfassung selbst und bedeutet, „dass als Folge der Entscheidung Ergebnisse eintreten können, welche für das Unternehmen ungünstiger sind als die Ergebnisse, die ohne diese Entscheidung zu erwarten gewesen wären."[10] In diesem Verständnis wird Risiko als **Verlustgefahr infolge einer Fehlentscheidung** interpretiert, wobei es sich nicht ausschließlich um die Gefahr eines Verlusts im buchhalterischen Sinn handeln muss, sondern es sich ganz allgemein um die Gefahr eines bedürfnisbefriedigungsmindernden Zustands handeln kann.[11]

Um die Abweichung von einem gewünschten Zustand feststellen und damit beurteilen zu können, ob ein Ergebnis tatsächlich „ungünstig" ist, wird eine Bezugsgröße in Form eines von dem Entscheidungsträger angestrebten Ziels benötigt. Grundsätzlich sind verschiedene Zieltypen denkbar:[12]

- Punktziele,
- Anspruchsniveauziele (Mindest- oder Höchstanspruchsniveau),
- Intervallziele (geschlossenes oder offenes Intervall),
- Optimierungsziele (Maximierung, Minimierung).

In der neueren Bankbetriebslehre wird in der Regel von dem in der klassischen Bankbetriebslehre angenommenen monovariablen Ziel der Gewinnmaximierung Abstand genommen, und es werden stattdessen verschiedene Anspruchsniveauziele nebeneinander formuliert, wie beispielsweise die Erzielung eines angemessenen Gewinns, die Erreichung eines angestrebten Eigenkapitals oder die Erhöhung von Marktanteilen.[13] Dabei wird jedoch häufig das Rentabi-

8 Vgl. z.B. Bamberg (2001), Sp. 1836; Döhring (1996a), S. 63; Oehler/Unser (2002), S. 10; Dombret/Thiede (2001), Sp. 1856.
9 Bei Vorliegen von Sicherheit wäre hingegen die Rangfolge von Entscheidungen vollständig determiniert. Vgl. Wossidlo (1970), S. 39.
10 So Jacob (1971), S. 270.
11 Vgl. Schmidt-von Rhein (1996), S. 161.
12 Vgl. Wossidlo (1970), S. 43 f.
13 Vgl. Büschgen (1998), S. 509.

litätsziel an die Spitze des Zielsystems gestellt.[14] Das Sicherheitsziel besitzt in solchen Fällen insofern keine Eigenständigkeit als es aus übergeordneten Primärzielen abgeleitet ist.[15]

Das Ausmaß des Risikos wird sowohl durch die Höhe potenzieller Verluste als auch durch die Wahrscheinlichkeit, dass ein Verlust tatsächlich eintritt bestimmt, indem eine multiplikative Verknüpfung dieser beiden Komponenten vorgenommen wird.[16] Dies verdeutlicht, dass eine Quantifizierung des Risikos grundsätzlich nur dann möglich sein kann, wenn sowohl der mögliche Verlust als auch die Intensität der Gefahr beziffert werden können, eine Bedingung, die in der Realität jedoch nicht immer erfüllt ist, wie noch zu zeigen sein wird.

Je nach Ausprägung der einer Entscheidungssituation zu Grunde liegenden Unsicherheit kann im Zusammenhang mit dem ergebnisorientierten Risikobegriff weiter in entscheidungslogisches Risiko und Informationsrisiko unterteilt werden.[17] Bei dem **entscheidungslogischen Risiko** weiß der Entscheider, dass ein künftiger Umweltzustand aus einer Menge bekannter möglicher Umweltzustände eintreten wird und zu welchen Zielbeiträgen jeder dieser bekannten Zustände führt. Der Begriff des entscheidungslogischen Risikos setzt mithin voraus, dass vollständige Gewissheit über die Unsicherheit besteht.[18] Hingegen ist nicht bekannt, welcher der für möglich gehaltenen Zustände eintreten wird. Dieser entscheidungslogische Risikobegriff liegt der betriebswirtschaftlichen Entscheidungstheorie zu Grunde. In Abhängigkeit davon, ob Wahrscheinlichkeiten für das Eintreten der verschiedenen Zustände angegeben werden können oder nicht, findet sich in der Literatur zurückgehend auf die Sichtweise von KNIGHT eine weitergehende Unterscheidung in eine „**Risikosituation**", in einem engen Begriffsverständnis, und zwar bei Kenntnis der Eintrittswahrscheinlichkeiten der Umweltzustände, und in eine „**Ungewissheitssituation**" bei Unkenntnis der Eintrittswahrscheinlichkeiten.[19] Üblicherweise wird heute in Abweichung von KNIGHT, der lediglich im Fall objektiver Wahrscheinlichkeiten von einer Risikosituation spricht, davon ausgegangen, dass sowohl objektive als auch subjektive Wahrscheinlichkeiten geeignet sind, eine Risikosituation im engeren Sinne zu begründen.[20] Objektivierte Eintrittswahrscheinlichkeiten können dabei aufgrund von historischen Erfahrungen, denen auch für die Zukunft Gültigkeit zugeschrieben wird, oder durch eine Anzahl von Zufallsexperimenten ermittelt werden, während subjektive Eintritts-

14 Vgl. hierzu Schierenbeck (2003a), S. 1 f.
15 Vgl. Braun (1984), S. 43 f.
16 Allerdings kann das subjektive Risikoempfinden durchaus von der ermittelten Risikogröße abweichen. Vgl. hierzu Kupsch (1971), S. 13 f.
17 Vgl. Schneider (1983), S. 8.
18 Vgl. Schneider (1983), S. 9.
19 Vgl. Knight (1985), S. 197 ff. sowie z.B. Bamberg/Coenenberg (2002), S. 19; Oehler/Unser (2002), S. 11; Bamberg (2001), Sp. 1836; Dombret/Thiede (2001), Sp. 1856. Je nachdem welche der beiden Situationen vorliegt, können unterschiedliche Entscheidungsregeln angewandt werden: für Risikosituationen sind dies vor allem das Bernoulli-Prinzip, das μ–σ-Prinzip und die Bayes-Regel, für Ungewissheitssituationen die Maximin-Regel, die Maximax-Regel, die Savage-Niehans-Regel, die Hurwicz-Regel sowie die Laplace-Regel. Vgl. zu diesen z.B. Bamberg/Coenenberg (2002), S. 76 ff. bzw. S. 126 ff. oder Adam (1996), S. 231 ff. bzw. S. 238 ff.
20 Vgl. Bamberg (2001), Sp. 1838; Büschgen (1998), S. 866; Oehler/Unser (2002), S. 11; Bamberg/Coenenberg (2002), S. 19.

wahrscheinlichkeiten nicht auf statistisch-exakten oder objektivierbaren Größen basieren, sondern vielmehr intuitiv bestimmt werden. Die Wahrscheinlichkeitsverteilung gibt mögliche Ausprägungen der jeweils relevanten Zielgröße an. Hier ersetzt üblicherweise der Erwartungswert der Wahrscheinlichkeitsverteilung als Punktziel eventuell zu Grunde liegende Mindestanspruchsniveauziele. Aus diesem Verständnis ergibt sich das in der Literatur häufig verwendete Begriffsverständnis vom Risiko als **negativer Abweichung von einem erwarteten Wert**, auch als „Downside"-Risiko bezeichnet, während eine positive Abweichung als Chance bzw. „Upside"-Risiko bezeichnet wird.[21]

Ausgehend von einer Risikosituation im engeren Sinne finden zwei weitere Risikobegriffe zunehmend Verwendung im Zusammenhang mit finanzwirtschaftlichen Fragestellungen. Hierbei handelt es sich um die Begriffe des „materiellen" und des „formalen Risikos". Diese gehen ebenfalls auf die Ausführungen von KNIGHT zurück, nach dem beim Vorliegen objektiver Wahrscheinlichkeiten und einer großen Zahl gleichartiger Entscheidungen die Ergebnisse insgesamt in eine quasi fixe Größe übergehen und damit die Unsicherheit eliminiert wird.[22] Allerdings darf auch diese Größe nicht zu einer negativen Abweichung von einem gesetzten Referenzwert führen. Daher wird das **materielle Risiko** als die Gefahr definiert, dass ein im Durchschnitt zu erwartendes Gesamtergebnis bei häufigem Treffen einer Entscheidung, repräsentiert durch den Erwartungswert einer Wahrscheinlichkeitsverteilung, von einem Referenzwert negativ abweicht. Dieses stellt im Fall der entsprechenden Berücksichtigung durch sogenannte materielle Risikoprämien in der Preisfestsetzung jedoch kein eigentliches Risiko mehr dar. Demgegenüber bezeichnet das **formale Risiko** die zufällige Abweichung des tatsächlich realisierten Ergebnisses von dem Erwartungswert, und damit ein Schwankungsrisiko. Dieses resultiert daraus, dass in einer Periode eben nicht eine unendlich große Zahl von Entscheidungen getroffen wird, bei denen sich als Ergebnis der Erwartungswert einstellen würde, sondern lediglich eine endliche Zahl, die ein anderes Ergebnis hervorbringt als die Grundgesamtheit.[23]

Im Gegensatz zu dem entscheidungslogischen Risikobegriff wird der Begriff des **Informationsrisikos** verwendet, wenn der Entscheidende unsicher ist, ob er in seinem Entscheidungsmodell den künftig tatsächlich eintretenden Umweltzustand berücksichtigt hat, d.h. es sind nicht alle zukünftig möglichen Umweltzustände bekannt. In derartigen Fällen sind die Voraussetzungen für die Anwendung entscheidungslogischer Regeln nicht erfüllt, da eine unscharfe Entscheidungssituation, auch bezeichnet als „offenes Entscheidungsfeld", vorliegt.[24]

---

21 Vgl. z.B. Oehler/Unser (2002), S. 21; Dombret/Thiede (2001), Sp. 1856. LÜCK/HENKE/GAENSLEN verwenden in diesem Zusammenhang die Begriffe „reines" und „spekulatives" Risiko. Das reine Risiko umfasst lediglich die Gefahr eines Vermögensverlustes (als Beispiele werden Feuer- oder Sturmschäden angeführt), während das spekulative Risiko, das aus dem unternehmerischen Handeln resultiert, sich sowohl vermögensmindernd als auch vermögensmehrend auswirken kann und somit neben Risiken auch Chancen beinhaltet. Vgl. Lück/Henke/Gaenslen (2002), S. 230.

22 Vgl. Knight (1985), S. 233 f.

23 Vgl. Döhring (1996a), S. 23 ff.; Büschgen (1998), S. 866 f.

24 Vgl. zum Begriff des offenen Entscheidungsfelds Adam (1996), S. 16 ff.

Informationsrisiko entsteht insbesondere durch das sich im Zeitablauf ändernde Wissen, aber auch durch menschliches Versagen bei der Informationsbeschaffung, wenn der Entscheidungsträger objektiv erlangbare Informationen nicht einholt, erlangte Informationen nicht berücksichtigt oder aus diesen falsche Schlussfolgerungen zieht.[25] Der Begriff des Informationsrisikos ist somit in der Nähe des ursachenorientierten Risikobegriff anzuordnen, bei dem ebenfalls die Unvollkommenheit von Informationen über zukünftige Sachverhalte das Risiko bestimmt, allerdings, wie dargestellt, ohne dass dort eine konkrete Entscheidungssituation vorliegen muss.

In der vorliegenden Arbeit wird in Abhängigkeit von der jeweils zu untersuchenden Teilfrage sowohl der ursachenorientierte als auch der ergebnisorientierte Risikobegriff zu Grunde gelegt. Eine ursachenorientierte Risikosicht steht in denjenigen Abschnitten der Untersuchung im Vordergrund, in denen es der Frage nachzugehen gilt, woraus operationelle Risiken resultieren und welche Maßnahmen ergriffen werden können, um diese einzudämmen. Eine ursachenorientierte Betrachtung rechtfertigt sich hier insbesondere dadurch, dass bei dieser dem Erkennen von Unsicherheitsursachen[26] und deren Abhängigkeiten untereinander eine wesentlich höhere Relevanz zukommt, als dies bei den entscheidungstheoretischen Betrachtungen der Fall ist.[27] Hinzu kommt, dass, wie noch zu zeigen sein wird, gerade bei den hier zu betrachtenden operationellen Risiken für das Vorliegen eines Risikos nicht notwendigerweise eine konkrete bzw. direkt zuzuordnende Entscheidungssituation zu Grunde liegt.[28] Auf der anderen Seite findet auch eine ergebnisorientierte Risikobetrachtung statt. Dies ist an den Stellen der Untersuchung der Fall, wo die Erkenntnisse der Entscheidungstheorie die Grundlage für Fragen der Quantifizierung operationeller Risiken sowie für wirkungsbezogene Maßnahmen bilden.

Für eine generelle Übersicht findet im nächsten Abschnitt eine grundsätzliche Einordnung operationeller Risiken in die Risikopositionen einer Bank statt.

1.2 Risikoarten

Banken nehmen in einer Volkswirtschaft die Rolle von Finanzintermediären wahr, indem sie Leistungen erbringen, durch welche die Vorstellungen von Kapitalgebern und Kapitalnehmern in Übereinstimmung gebracht werden.[29] Auf diese Weise treten Banken an die Stelle des Finanzmarkts, mit dem Vorteil, dass sie Transaktionswünsche effizienter erfüllen können als der Markt selbst. Banken reduzieren dabei bestehende Marktunvollkommenheiten in der

---

25 Vgl. Schneider (1983), S. 9; Döhring (1996a), S. 16.
26 Weber/Weißenberger/Liekweg (1999), S. 1711 sprechen von „Einflussfaktoren".
27 Vgl. Schneider (1997), S. 235.
28 Vgl. allgemein Braun (1984), S. 25 sowie auch Liekweg (2003), S. 64.
29 Vgl. Hartmann-Wendels/Pfingsten/Weber (2004), S. 5 ff.

Form asymmetrischer Informationsverteilung und die mit diesen verbundenen Kosten.[30] Sie nehmen Finanzmittel von Geldgebern mit Finanzmittelüberschüssen entgegen und stellen diese Geldnehmern mit finanziellem Defizit zur Verfügung. Banken treten somit zugleich als Geldnehmer und als Geldgeber auf und werden auf eigene Rechnung und im eigenen Namen tätig.[31] Dies geschieht auf Basis von Kreditvereinbarungen und führt so zu einer Transaktionskostenreduzierung aus Sicht der Bankkunden, für die auf diese Weise die eigene Suche nach adäquaten Marktpartnern entfällt.[32] Obgleich die Einschaltung in den Transaktionsprozess bereits ein wesentliches Bestimmungsmerkmal der Finanzintermediäre darstellt, liegt ihre volkswirtschaftliche Bedeutung insbesondere in ihrer Funktion innerhalb des sogenannten Transformationsprozesses begründet. In diesem gleichen Banken Friktionen zwischen dem Finanzierungsmittelangebot und der Finanzierungsmittelnachfrage aus. Konkret geschieht dies durch Losgrößentransformation[33], Fristentransformation[34] und Risikotransformation[35], bei denen ein Ausgleich der Beträge, der Laufzeiten bzw. der Sicherheitsgrade der Einlagewünsche auf der einen Seite und der Kreditbedarfe auf der andere Seite stattfindet.[36] Die aus den Transformationsfunktionen resultierenden Risiken werden üblicherweise als **bankspezifische Risiken** bezeichnet.[37] So können sich etwa aus der Fristentransformation Liquiditätsprobleme ergeben, da die Bank hierbei Gelder mit einer anderen Laufzeit entgegennimmt, als sie diese ausleiht. Es besteht das Risiko, dass ein Abzug von Einlagen weitere Geldabzüge nach sich zieht und so eine mögliche Illiquidität schlimmstenfalls zum Zusammenbruch der Bank führt. Zudem kann es durch die Fristentransformation zu Ertragsproblemen kommen, da sich die Bank dem Zinsänderungsrisiko aussetzt.[38] Weitere Risiken resultieren insbesondere aus der Übernahme der Risikotransformationsfunktion. Durch Portefeuillebildung, Überwa-

---

30 Vgl. hierzu und im Folgenden Büschgen (1998), S. 34 ff.; Bitz (1989), S. 430. In einer Welt vollkommener Märkte hätten im Gegensatz dazu Finanzintermediäre keine Existenzberechtigung. Vgl. Santos (2000), S. 2; Büschgen (1998), S. 35.

31 Dies kennzeichnet Banken als Finanzintermediäre im engeren Sinne, die in der vorliegenden Arbeit betrachtet werden, in Abgrenzung zu Finanzintermediären im weiteren Sinne, die lediglich den Abschluss von Finanzkontrakten z.B. durch Informationsleistungen vereinfachen, jedoch nicht selbst Vertragspartner werden. Vgl. Stillhart (2002), S. 9; Bitz (1989), S. 431 f.

32 Im Einzelnen werden Such- und Informationskosten, Kosten für Vertragsverhandlungen, Vertragsabschluss, physische Vertragserfüllung sowie Vertragsüberwachung reduziert. Allerdings entsteht hierdurch ein erneutes Kooperationsproblem in der Form, dass nun die Vertragsbeziehung zwischen Kapitalgebern und Finanzintermediär durch asymmetrische Information belastet sein kann. Der einfache informationsökonomische Erklärungsansatz erscheint insofern zu kurz gegriffen. Hierauf weisen HARTMANN-WENDELS ET AL. hin. Vgl. Hartmann-Wendels/Pflingsten/Weber (2004), S. 111 f. mit Verweisen auf weiterführende Arbeiten zur Existenzerklärung von Finanzintermediären.

33 Losgrößentransformation findet dadurch statt, dass Banken eine Vielzahl kleiner Einlagen in einem großen Betrag an Kreditnehmer ausleihen oder umgekehrt eine große Einlage in mehreren Kleinkrediten wieder herausgeben.

34 Fristentransformation entsteht, wenn Banken Beträge von Geldgebern mit anderen Fristen entgegennehmen, als sie diese den Geldnehmern überlassen.

35 Den Ausgleich zwischen sicherheitsorientierten Einlegern und den Nachfragern grundsätzlich risikobehafteter Kredite stellen Banken durch die Risikotransformation dar.

36 Vgl. ausführlich zu den einzelnen Transformationsfunktionen Bitz (1989), S. 433 f.; Büschgen, (1998), S. 39 ff.

37 Dem steht nicht entgegen, dass auch die Unternehmen anderer Branchen Marktpreis-, Ausfall- und Liquiditätsrisiken ausgesetzt sind, jedoch haben diese dort nicht dieselbe Bedeutung wie bei Kreditinstituten, weshalb bei diesen üblicherweise von bankspezifischen Risiken gesprochen wird.

38 Vgl. Hartmann-Wendels/Pfingsten/Weber (2004), S. 14.

chung der Kredite und Haftung mit ihrem Eigenkapital reduziert eine Bank das Risiko der einzelnen Kredite und kann so Kapitalanlagemöglichkeiten mit weitaus geringerem Risiko anbieten. Damit verbleibt jedoch das Ausfallrisiko bei der Bank.[39]

Neben diesen bankspezifischen Risiken sind Banken zudem den **allgemeinen Risiken** ausgesetzt, die jede Art von Unternehmen treffen können. Hierbei handelt es sich insbesondere um die im Rahmen der vorliegenden Arbeit in erster Linie interessierenden operationellen Risiken. Diese entstehen bereits durch die bloße Aufnahme der Geschäftstätigkeit.[40] Darüber hinaus zählen auch die strategischen Risiken zu den allgemeinen Risiken. Für die verschiedenen Risikoarten finden sich in der Literatur zahlreiche Systematisierungsansätze. In der folgenden Abbildung 2 wird die der vorliegenden Arbeit zu Grunde gelegte Systematisierung dargestellt.

<table>
<tr><td rowspan="2">Strategische Risiken</td><td rowspan="2">Operationelle Risiken</td><td colspan="3">Finanzielle Risiken</td></tr>
<tr><td>Kreditrisiken</td><td>Marktpreis-risiken</td><td>Liquiditäts-risiken</td></tr>
<tr><td colspan="2">Allgemeine Risiken</td><td colspan="3">Bankspezifische Risiken</td></tr>
</table>

Abbildung 2: Systematisierung der Risikoarten

Die bankspezifischen Kredit-, Marktpreis- und Liquiditätsrisiken werden in Abgrenzung zu den operationellen Risiken auch als finanzielle Risiken bezeichnet.[41]

Über die dargestellte Systematik hinausgehend kann weiter zwischen Erfolgs- und Liquiditätsrisiken unterschieden werden. Erfolgsrisiken, zu denen in der Regel die Kreditrisiken, die Marktpreisrisiken und die operationellen Risiken gezählt werden, mindern, sofern sie schlagend werden, den Erfolg einer Bank oder führen gar zu einem Verlust. Liquiditätsrisiken betreffen dagegen die jederzeitige Zahlungsfähigkeit einer Bank.

Strategische Risiken

Strategische Risiken resultieren aus der Gefahr, dass eine strategische Entscheidung nicht zu dem gewünschten strategischen Erfolg führt. Sie haben daher ebenfalls wie die Entscheidung selbst langfristigen Charakter, fallen vergleichsweise selten an und sind daher zumeist jeweils einzigartig.[42] So beziehen sie sich auf geschäftspolitische Fragestellungen, wie beispielsweise die Rechtsform, den Standort oder die Geschäftsfelder.[43] Konkret kann ein strategisches Risi-

39 Vgl. Büschgen (1998), S. 40.
40 Vgl. Rolfes/Kirmße (2000), S. 625.
41 Vgl. z.B. van Greuning/Bratanovic (2003), S. 3 f.
42 Vgl. Büschgen (1998), S. 881.
43 Vgl. Boos/Fischer/Schulte-Mattler (im Folgenden BFS)-KWG/Braun (2004), § 25a KWG, Rdn. 40.

ko z.B. in der Gefahr bestehen, dass die verfolgte Geschäftsstrategie nicht den optimalen Ertrag auf das eingesetzte Kapital erzielt.[44]

Die aus der Unsicherheit über die Absatzmenge der Leistungen eines Unternehmens und über den hierfür erzielbaren Preis resultierenden Risiken werden auch als **Markterfolgsrisiken** bezeichnet und hier der Gruppe der strategischen Risiken zugeordnet. Abweichungen in der Menge oder im Preis können ihre Ursache etwa in einer veränderten Konkurrenzsituation, in Veränderungen im Nachfrageverhalten sowie in neuen gesetzlichen Regelungen haben.[45] Diese können dazu führen, dass sich die Annahmen, welche den strategischen Entscheidungen zugrunde lagen, im Nachhinein als falsch erweisen.[46]

Kreditrisiken

Unter den Begriff der Kreditrisiken fallen sowohl das Ausfallrisiko als auch das Bonitätsänderungsrisiko. Das **Ausfallrisiko** bezeichnet die Gefahr, dass Kreditnehmer, Wertpapieremittenten oder Vertragspartner im Derivativgeschäft ihren vereinbarten Verpflichtungen nicht nachkommen.[47] Liegt eine Kreditposition zugrunde, handelt es sich um ein Erfüllungsrisiko, bei einem Termingeschäft liegt dagegen ein Eindeckungsrisiko vor, da seitens der Bank noch keine Vorleistung erbracht wurde und daher die Wiederbeschaffungskosten relevant sind, die entstehen, um unerwünschte offene Positionen zu schließen.[48] Das **Bonitätsänderungsrisiko** umschreibt die Gefahr, dass sich die Bonität des Vertragspartners nach Beginn der Kreditlaufzeit bzw. nach dem Kauf eines Wertpapiers verschlechtert, ohne dass jedoch bereits ein Ausfall vorliegt. Bei Aktien- und Anleihepositionen führt eine Bonitätsverschlechterung des Emittenten zu einem Rückgang des Aktien- oder Anleihekurses.[49]

Besteht das Risiko nicht in einer Bonitätsveränderung des Geschäftspartners, sondern darin, dass dieser seine Verpflichtungen aufgrund von staatlich eingeleiteten Maßnahmen, wie Devisentransferbeschränkungen oder länderspezifischen ökonomischen Faktoren (z.B. einer Währungsabwertung) nicht erfüllen kann, spricht man von einem **Länderrisiko**.[50]

---

44 Vgl. Burgi (2001), S. 309; Rolfes/Kirmße (2000), S. 627.
45 Vgl. Rolfes/Kirmße (2000), S. 627.
46 Vgl. Büschgen (1998), S. 882.
47 Vgl. Hartmann-Wendels/Pfingsten/Weber (2004), S. 505.
48 Vgl. Oehler/Unser (2002), S. 14; Peter/Vogt/Kraß (2000), S. 658. In der Praxis ist das Eindeckungsrisiko lediglich bei OTC-Geschäften von Bedeutung, da über eine Börse abgeschlossene Termingeschäfte als bonitätsrisikofrei gelten. Vgl. Büschgen (1998), S. 935.
49 Vgl. Rolfes/Kirmße (2000), S. 631; Schierenbeck (2003b), S. 5.
50 Vgl. Krumnow (2002), Sp. 2048 f.

Marktpreisrisiken

Marktpreisrisiken entstehen aus der Unsicherheit über künftige Marktpreise bezogen auf Zinssätze, Aktienkurse, Wechselkurse und Rohstoffpreise.[51] Bei ihnen handelt es sich überwiegend um Risiken struktureller Art, die nicht aus einem einzelnen Geschäft heraus ermittelt werden können, sondern voraussetzen, dass in dem jeweiligen Objekt eine offene Position gehalten wird und somit eine unerwartete Markpreisänderung sich nicht auf der Aktiv- und Passivseite ausgleicht.[52] Neben bilanzwirksamen Geschäften können auch bilanzunwirksame Geschäfte ursächlich für Marktpreisrisiken sein.

Das **Zinsänderungsrisiko** resultiert aus der Fristentransformation der Banken. Es bezeichnet die Gefahr der Verringerung einer erwarteten Zinsergebnisgröße und tritt daher als Zinsspannenrisiko auf, wenn eine Zinsänderung zu Lasten der Zinsspanne geht. Daneben kann sich das Zinsänderungsrisiko aber auch als Marktwertrisiko äußern, wenn Änderungen des Zinsniveaus die Marktwerte von Aktiv- oder Passivpositionen negativ beeinflussen. Ein **Aktienkursrisiko** liegt dementsprechend vor, wenn sich der Kurswert eines Portfolios aus Aktien oder Finanzderivaten auf Aktien aufgrund von Marktbewegungen vermindert. Der Kurswert ist dabei abhängig von Angebot und Nachfrage, wobei deren Höhe u.a. von unternehmensbezogenen, branchenspezifischen, gesamtwirtschaftlichen und markttechnischen Faktoren beeinflusst wird.[53]

Hält eine Bank offene Währungspositionen, so besteht ein **Währungsrisiko**, da in diesem Fall Fremdwährungsaktiva bei Aufwertung der heimischen Währung zu einem Verlust führen und umgekehrt Fremdwährungspassiva bei deren Abwertung. Offene Positionen können zum einen durch betragsmäßige Inkongruenzen zwischen aktivischen und passivischen Fremdwährungspositionen gleicher Fristigkeit entstehen, wobei man von einem Devisenkursrisiko spricht, oder aber sie ergeben sich aufgrund zeitlicher Inkongruenzen durch die unterschiedliche Fälligkeit der Liefer- und Abnahmeverpflichtung, wodurch ein Swapsatzrisiko begründet wird. Weiterhin wird das Goldpreisrisiko zum Währungsrisiko gerechnet, während die übrigen Edelmetallrisiken zu den **Rohstoffpreisrisiken** zählen.[54]

---

51 Vgl. Büschgen (1998), S. 998.

52 Vgl. Rolfes/Kirmße (2000), S. 628; Büschgen (1998), S. 998 f.

53 Vgl. Rolfes/Kirmße (2000), S. 629. Hier wird die Verknüpfung zum Ausfallrisiko deutlich, da das emittentenspezifische Risiko ebenfalls Einfluss auf den Kurswert haben kann. Dies gilt genauso für Preisschwankungen bei festverzinslichen Wertpapieren, die ebenfalls sowohl auf die Veränderung des Zinssatzes als auch auf die Veränderung der Bonität des Emittenten zurückzuführen sein können. Vgl. Schierenbeck (2003b), S. 5.

54 Vgl. hierzu und zum Folgenden Schierenbeck (2003b), S. 6.

Liquiditätsrisiken

Liquiditätsrisiken ergeben sich, wie die Zinsänderungsrisiken, vor allem aus der Fristentransformation der Bank, allerdings hier genau genommen aus der Kapitalbindungsfristentransformation,[55] wenn nämlich Banken Kredite mit längerer durchschnittlicher Fristigkeit herausgeben als sie Gelder auf der Passivseite hereinnehmen. Des Weiteren können unerwartete Dispositionen der Kunden zu Liquiditätsengpässen führen. Den unterschiedlichen Kapitalbindungsfristen auf Aktiv- und Passivseite kommt daher eine erhebliche Bedeutung zu.[56]

Es ist zwischen verschiedenen Arten von Liquiditätsrisiken zu unterscheiden. **Terminrisiken** entstehen, wenn im Aktivgeschäft Verzögerungen oder Ausfälle von Zins- und Tilgungszahlungen auftreten bzw. wenn im Passivgeschäft Einleger vor der vertraglichen Fälligkeit über ihre Einlagen verfügen wollen. Demgegenüber spricht man von **Abrufrisiken**, wenn vertragskonform offene Kreditlinien unerwartet in Anspruch genommen werden bzw. Einlagen unerwartet abgezogen werden und somit Bodensatzschwankungen entstehen.[57] Der Begriff des Liquiditätsrisikos umfasst darüber hinaus das **Risiko der Anschlussfinanzierung**, wenn aus der erzwungenen Aufnahme von Geldern zu überhöhten Zinssätzen Verluste entstehen können, sowie das **Marktliquiditätsrisiko**, da bei der Liquidation von Positionen auf Grund unzureichender Markttiefe mit Verlusten gerechnet werden muss.[58] Liquiditätsrisiken können mithin auch erfolgswirksam werden. Umgekehrt spricht man von liquiditätswirksamen Erfolgsrisiken, wenn schlagend gewordene Ausfall-, Marktpreis- oder operationelle Risiken zu Liquiditätsproblemen führen.[59] Es hängt allerdings von der Bonität einer Bank ab, inwieweit diese durch eine mögliche Illiquidität tatsächlich bedroht wird. Eine Bank guter Bonität kann sich i. d. R. jederzeit ohne Probleme Geld am Kapitalmarkt beschaffen.[60]

Operationelle Risiken

Die vorstehend beschriebenen Risikoarten der Kredit-, Marktpreis- und Liquiditätsrisiken betreffen allesamt den externen Leistungsbereich einer Bank, also den liquiditätsmäßig-finanziellen Bereich, der das System der Bestands- und Stromgrößen umfasst, die mit der Leistungserstellung und dem Leistungsabsatz einer Bank im Zusammenhang stehen. Daneben stehen die Risiken des internen Leistungsbereichs, die üblicherweise als operationelle Risiken bezeichnet werden.[61] Dieser Begriff umfasst alle diejenigen Risiken, die mit der Beschaffung

55 Im Gegensatz hierzu ist die Zinsbindungsfristentransformation für das unter die Marktpreisrisiken fallende Zinsänderungsrisiko relevant. Vgl. Büschgen (1998), S. 899.

56 Vgl. Krumnow (2002), Sp. 2049.

57 Vgl. Büschgen (1998), S. 900 sowie weiterführend zur Bodensatztheorie Hartmann-Wendels/Pfingsten/Weber (2004), S. 417 f.

58 Vgl. Schierenbeck (2003b) S. 6; Krumnow (2002), Sp. 2049.

59 Vgl. Büschgen (1998), S. 901.

60 Vgl. Rolfes/Kirmße (2000), S. 627 f.

61 Bisweilen finden sich auch die Begriffe „Betriebsrisiko“, so z.B. bei Büschgen (1998), S. 885 ff. oder „Organisationsrisiko, z.B. bei Scharpf (1999), S. 197.

und dem Einsatz von Mitarbeitern und Betriebsmitteln zusammenhängen bzw. die sich aus deren Zusammenwirken im Betriebsablauf ergeben. Operationelle Risiken betreffen daher das System derjenigen Faktoren, die für die Aufrechterhaltung der Leistungsbereitschaft erforderlich sind. Zunehmend werden zudem auch externe Risiken unter den Begriff der operationellen Risiken gefasst.[62]

Als allgemeines Unternehmensrisiko weist das operationelle Risiko eine weniger starke Verwandtschaft mit den Kredit-, Marktpreis- und Liquiditätsrisiken der Banken auf, als vielmehr mit entsprechenden Risiken in Industriebetrieben. Aus dieser Risikoart ergeben sich daher Aspekte, die mit dem Qualitäts- und Prozessmanagement in Verbindung gebracht werden.[63] Operationelle Risiken hängen mit der gesamten Organisation einer Bank zusammen sowie mit dem Funktionieren interner Systeme, mit der Befolgung von Grundsätzen, Vorschriften und Verfahrensweisen und mit Maßnahmen gegen Missmanagement und Betrug.[64] Wenngleich es sich um eine allgemeine Risikoart handelt, so hat diese doch in Banken aufgrund der Besonderheiten der Bankgeschäfte eine hervorzuhebende Bedeutung. Da sich operationelle Risiken durch sämtliche Geschäfte und Funktionen der Bank ziehen, gibt es zahlreiche Überschneidungen mit den übrigen genannten Risikoarten. Dies belegen auch die im Folgenden exemplarisch beschriebenen Verlustfälle.

2 Beispiele für Bankenkrisen und Verlustfälle als Folge operationeller Risiken

2.1 Kreditverluste als Folge operationeller Risiken

Trotz der hohen Bedeutung, die bankspezifische Risiken ohne Zweifel für Banken haben, belegen zahlreiche Verlustfälle und Bankenkrisen der Vergangenheit deutlich, welche Gefahren insbesondere operationelle Risiken für Banken mit sich bringen. So hat es in dem für Banken traditionell sehr bedeutsamen Kreditgeschäft immer wieder Beispiele für Ereignisse gegeben, die sich zwar vordergründig in erheblichen Kreditverlusten äußerten, jedoch bei näherer Betrachtung die Konsequenz nicht beherrschter operationeller Risiken waren. Als Ursachen für Verluste im Kreditgeschäft finden sich hierbei vor allem Fälle unsorgfältiger Ausleihungspraxis, mangelhafter Dokumentation und Abwicklung sowie eine unzureichende Überwachung der Geschäfte und Kompetenzüberschreitungen. Diese können sich beispielsweise in Schwächen bei der Bonitätsprüfung und -überwachung, in Mängeln in den Internen Kontrollsystemen, in der unseriösen Vergabe von Organkrediten oder Krediten an nahestehende bzw. verbundene Unternehmen oder der Nichtdurchsetzbarkeit von Sicherheiten wegen mangelhafter Verträge äußern. Zwei prominente Beispiele sind der Fall des Immobilienunternehmers Dr. Jürgen Schneider sowie der Fall der Flowtex Technologie GmbH & Co. KG.

---

62 Vgl. Büschgen (1998), S. 869 sowie S. 885.
63 Vgl. Piaz (2002), S. 64.
64 Vgl. van Greuning/Bratanovic (2003), S. 3 f.

Dr. Jürgen Schneider AG (1994)

Dr. Jürgen Schneider kaufte alte Immobilien, renovierte und verkaufte diese wieder, allerdings in der Regel ohne Gewinn. Die Projekte waren dabei systematisch überfinanziert, wozu Schneider vielfach Nutzungsangaben manipulierte.[65] Ein Beispiel[66]: Für eine Finanzierung wurde für eine einzige Immobilie in zentraler Lage in Frankfurt am Main eine vermietbare Fläche von 20.000 m^2 und eine erzielbare Jahresmiete von 57 Mio. DM zu Grunde gelegt. Tatsächlich vermietbar war jedoch lediglich eine Fläche von 9.000 m^2, eine Größenordnung, auf die auch das Baustellenschild hinwies. Die realisierbaren Einnahmen betrugen dem entsprechend nur 8 Mio. DM. Hier hätte insbesondere von Seiten der betroffenen Banken eine intensivere bzw. eine überhaupt durchgeführte Prüfung der Richtigkeit der angegebenen Sachverhalte möglicherweise erheblichen Schaden verhindern können. Im Nachhinein entstand offenbar sogar der Eindruck, Schneider hätte sich bewusst an Großbanken gewandt, da diese Beleihungen vermeintlich weniger fundiert prüften als beispielsweise Sparkassen.[67]

Von dem Zusammenbruch des Immobilienunternehmens Dr. Jürgen Schneider AG waren mehr als 40 Kreditinstitute betroffen. Der Schaden belief sich auf ca. 2,5 Mrd. DM.

Flowtex Technologie GmbH & Co. KG (2000)

Flowtex vertrieb spezielle Bohrmaschinen mit einem sehr begrenzten Einsatzzweck, nämlich zur Verlegung von Rohren und Kabeln unter Straßen und Bürgersteigen ohne Erdarbeiten. Es existierten einige hundert dieser Maschinen, die jedoch immer wieder neu belastet wurden, so dass der Eindruck erweckt wurde, Flowtex besäße tatsächlich mehrere tausend dieser Maschinen. Fraglich ist zwar, ob Betrügereien wie in diesem Fall überhaupt von den Banken und Leasinggesellschaften entdeckt werden können, offensichtlich gab es jedoch Anhaltspunkte, die Misstrauen hätten hervorrufen können. Hinzu kommt, dass durch die komplizierte Gesellschaftsstruktur und das Fehlen einer konsolidierten Bilanz die betroffenen Institute die tatsächlichen Verhältnisse der Gesellschaft wohl kaum beurteilen konnten.[68] Dass dennoch immer wieder Verträge abgeschlossen wurden, deutet auf mangelnde Sorgfalt bei den Kreditvergabeprozessen hin.

2.2 Verluste im Handelsbereich als Folge operationeller Risiken

Auch bei Handelsgeschäften spielen neben Markt- und Kreditrisiken operationelle Risiken eine wesentliche Rolle. Es gibt zahlreiche Fälle, in denen Verluste im Handelsbereich ursäch-

---

[65] Vgl. Schäfer (2001), S. 29.
[66] Vgl. SZ (2.10.1997), S. 15.
[67] Vgl. NZZ (23.4.1994), S. 37.
[68] Vgl. Die Zeit (2.3.2000), S. 27.

lich auf operationelle Unzulänglichkeiten wie beispielsweise unautorisierten Handel, fehlende Limite sowie fehlende Überwachung und eine mangelhafte Abwicklung der Geschäfte zurückzuführen sind. Neben Beispielen für unbewusstes Fehlverhalten von Mitarbeitern, fehlerhafte Systeme und Prozesse sowie externe Ereignisse als Verlustursachen waren häufig große Verluste auf einzelne Personen zurückzuführen, die vorhandene Führungs- und Überwachungsschwächen bewusst ausnutzten. Der wohl bekannteste und am besten dokumentierte Fall ist der Zusammenbruch der Barings Bank 1995.[69]

Baring Brothers & Co. Ltd (1995)

Nick Leeson war Händler bei Baring Futures in Singapur. Mit unautorisierten Future- und Optionsgeschäften generierte er einen Verlust von insgesamt mehr als 1,3 Mrd. USD.[70] Um die Verluste, die er mit diesen Geschäften erwirtschaftete, zu verstecken, eröffnete Leeson 1992 ein Konto mit der Nummer „88888“. Dieses versteckte er so, dass die immer größer werdende Verlustposition weder dem Management noch den Prüfern bekannt wurden. Ermöglicht wurde dies durch massive Kontroll- und Führungsschwächen bei Barings. Die Kontrollen und Überwachungen scheiterten sogar auf verschiedenen Ebenen und an mehreren Orten. Sowohl das Management in Singapur und London als auch die Interne Revision, die Abschlussprüfer und die Bankenaufsicht spielten eine bedeutende Rolle in diesem Fall.[71] Zahlreiche Warnsignale hätten die Beteiligten auf die Gefahr hinweisen müssen. So bestand im Fall Leeson beispielsweise keine Funktionstrennung, wodurch dieser sowohl für das Front Office als auch für das Backoffice verantwortlich war. Diese Tatsache wurde zwar bereits 1994 in einem Bericht der Internen Revision nach einer Prüfung beanstandet, allerdings wurde die Empfehlung, hier eine Trennung der Verantwortlichkeiten vorzunehmen, nie umgesetzt und es fand auch keine Überprüfung der Umsetzung statt. Der Abschlussprüfer beanstandete die fehlende Trennung gar nicht und bescheinigte Barings Futures Singapur eine zufriedenstellende Kontrollumgebung. Die immer größeren Summen, die Leeson benötigte, um die Margin-Calls auf seine Positionen zu bedienen, bekam er zudem, ohne dass in London bekannt war, ob das Geld für Kunden- oder eigene Geschäfte benötigt wurde oder gegebenenfalls für die Geschäfte welcher Kunden das Geld bestimmt war. Auch wunderte sich niemand über die hohen Erträge, die in Singapur mit, wie man in London dachte, überwiegend risikolosen Arbitragegeschäften erwirtschaftet wurden.

---

69 Weitere, hier nicht näher beschriebene Fälle sind z.B.: unerlaubter Handel bei der Daiwa Bank von 1984-1995, Betrugsfall bei Morgan Grenfell Asset Management im Jahr 1996, unerlaubter Handel in Kupfer bei der Sumitomo Corporation von 1986-1996 sowie unautorisierte Handelsgeschäfte bei der National Australia Bank im Jahr 2004. Vgl. zu diesen Marshall (2001), S. 27; Doerig (2003), S. 27 f.; Peachey (2002), S. 338 ff. sowie Handelsblatt (28.1.2004), S. 23.

70 Vgl. zu diesem Beispiel Waring/Glendon (1998), S. 212 ff.; Instefjord/Jackson/Perraudin (1998), S. 608 f.; Reason (1997), S. 28 ff.; Peachey (2002), S. 337 f.

71 Vgl. hierzu und zum Folgenden Bank of England (1995), Tz 1.70 ff.

Allied Irish Bank (2002)

Der Devisenhändler John Rusnak hat bei Allfirst, einer Tochtergesellschaft der Allied Irish Bank in den USA, über Jahre hinweg millionenschwere Devisenverluste kaschiert. Seit 1997 hatten sich Verluste in Höhe von 691 Mio. USD angehäuft. Rusnak gab zwar vor, risikolose Arbitragegeschäfte mit Devisen abzuschließen, tatsächlich jedoch spekulierte er auf dem Währungsmarkt. Um die entstehenden Verluste zu verschleiern, schloss Rusnak fiktive Optionsgeschäfte ab, fälschte Bestätigungen anderer Banken und manipulierte Berechnungen seiner Risikomanager.[72] Ermöglicht wurde dies auch hier durch unzureichende Kontrollen sowie Vorgesetzte, die die Geschäfte Rusnaks nicht verstanden und seine Betrügereien nicht bemerkten. Er hatte es mit „inkompetenten, unerfahrenen und faulen Kontrolleuren zu tun".[73] Auch aus diesem Fall muss die Lehre gezogen werden, dass ernsthafte Schwächen in Kontrollumfeld und Risikomanagement den Betrug überhaupt erst ermöglichten. Dies geht auch an die Adresse der internen und externen Prüfer, die über das Kontrollumfeld zu berichten hatten.[74]

2.3 Verluste im Privatkundenbereich aufgrund operationeller Risiken

Auch im Privatkunden- und Dienstleistungsbereich von Banken finden sich Beispiele für Verluste aus operationellen Risiken, wie etwa die Unterschlagung von Kundengeldern in der Vermögensverwaltung, die durch mangelhafte interne Abläufe ermöglicht wird und zu Schadensersatzforderungen gegen die Bank führen kann.

Deutsche Bank (2001)

Im April 2001 wurde bekannt, dass Eduardo Del Rio, ein Mitarbeiter des Privatkundengeschäfts bei der Deutschen Bank in New York, über einen Zeitraum von sechs Jahren Kundengelder in Höhe von 8,5 Millionen Dollar gestohlen hatte, darunter vor allem Gelder der Thyssen-Familie. Del Rio soll sich bei insgesamt 90 verschiedenen Kunden bedient haben, indem er diesen fiktive Gebühren in Rechnung stellte und diese auf seine Privatkonten bei anderen Banken überwies, auf den Namen der Kunden ausgestellte Schecks der Deutschen Bank für seine Zwecke nutzte und Gelder von Konten entnahm. Möglich war dies offenbar unter anderem durch ein zwar vorhandenes, aber in diesen Fällen nicht eingehaltenes Vieraugenprinzip. Dieser Fall wirft kein gutes Licht auf die internen Kontrollen der Deutschen Bank, die nach diesem Vorfall nach eigener Aussage extensive Kontrollen implementierte, die den Missbrauch und den Diebstahl von Kundengeldern in Zukunft verhindern sollen.[75]

---

72 Vgl. Banks (2004), S. 192 ff.; Handelsblatt (8.2.2002), S. 23; Handelsblatt (15.3.2002), S. 29.
73 Handelsblatt (15.3.2002), S. 29.
74 Vgl. Bhandari (2002), S. 128.
75 Vgl. FAZ (12.4.2001), S. 17; Peachey (2002), S. 345.

Lehman Brothers (2002)

Der Vermögensverwalter Frank Gruttadauria, Geschäftsführer der Lehman-Brothers-Niederlassung in Cleveland/Ohio, betrog seine Kunden bei Lehman Brothers und vorher bei anderen Banken 15 Jahre lang um hohe Millionensummen. Er schichtete vermutlich Bargeld und Wertpapiere seiner Kunden auf eigene Konten um. Um dies zu vertuschen, hatte er die echten Kontoauszüge an das Postfach einer Briefkastenfirma geschickt und stattdessen gefälschte Auszüge auf Lehman-Briefpapier an seine Kunden geschickt. Auch in diesem Fall wurden offensichtlich alarmierende Anzeichen nicht beachtet, wie z.B. die Tatsache, dass der Broker im Büro sein eigenes Laptop benutzte, obwohl dies bei Lehman Brothers verboten war, gerade um Betrug und den Missbrauch von Kundendaten zu verhindern.[76]

3 Charakteristika operationeller Risiken

Die Beispiele des vorangehenden Abschnitts dokumentieren eindrucksvoll die besondere Bedeutung, die operationellen Risiken bei Banken zukommt und lassen zugleich auf deren Charakteristika schließen. Dabei ist anzumerken, dass neben den aufgeführten, vergleichsweise schweren Verlustfällen, die aufgrund ihrer Auswirkungen öffentlich bekannt wurden, eine Vielzahl weiterer Beispiele für Verlustfälle aus operationellen Risiken existiert, die zwar unter Umständen mit weit weniger schwerwiegenden Konsequenzen einhergehen, mit denen Banken dafür jedoch mitunter täglich konfrontiert werden. Die Beispiele sind vielfältig und reichen von Scheckbetrug über Buchungsfehler bis hin zu Verlusten aus Naturkatastrophen. Einen Eindruck von der Vielfältigkeit möglicher Ereignisse erhielt die Risk Management Group des Baseler Ausschusses durch eine im Jahr 2002 durchgeführte Verlustdatenerhebung, an der weltweit 89 Banken teilnahmen und insgesamt 47.000 individuelle Verlustereignisse aus operationellen Risiken meldeten. In ihrem Bericht führt die Risk Management Group aus: „[...] even this very large database almost certainly fails to provide a fully comprehensive sense of the range of potential operational risk loss events experienced by banks, […].“[77] Bei der Beschäftigung mit der Vielzahl unterschiedlichster Vorfälle und Beispiele ist man daher zunächst geneigt, ONG zuzustimmen, der operationelle Risiken insofern recht zutreffend als „one big confused blob“ bezeichnet.[78] Bei näherer Betrachtung gelingt es indes, die vielfältigen und heterogenen Komponenten dieser Risikoart zu identifizieren und zu ordnen. Grundsätzlich ist dabei zwischen einer ursachenbezogenen und einer wirkungsbezogenen Sicht zu differenzieren.

76 Vgl. Handelsblatt (11.2.2002), S. 10.
77 Basel Committee on Banking Supervision (2003a), S. 2.
78 So Ong (1998), S. 181.

3.1 Ursachenbezogene Sicht

Betrachtet man die vorstehenden Verlustfälle wird deutlich, dass es häufig nicht „die eine" Ursache für einen Verlust gibt, sondern dass vielmehr eine Kombination aus organisatorischen Gegebenheiten und individuellen Ereignissen zu diesem geführt hat. Es stellt sich daher die Frage, wie diese Faktoren zusammenhängen und ob sich eine Ursachenhierarchie ermitteln lässt, denn es ist unmittelbar einsichtig, dass für ein nachhaltig effektives Management operationeller Risiken insbesondere die Kenntnis der zugrunde liegenden Ursachen und deren Zusammenwirken von entscheidender Bedeutung ist.

Wie bereits die geschilderten Vorfälle belegen, spielen Menschen und deren Verhalten eine wichtige Rolle. Dabei ist zwischen Mitarbeitern und externen Dritten zu unterscheiden. Mitarbeiterrisiken entstehen durch den Einsatz oder die Neueinstellung von Mitarbeitern.[79] Sie äußern sich beispielsweise in einer unzulänglichen Aufgabenerfüllung, Nachlässigkeit oder in Betrugsfällen. Die Ursachen hierfür sind wiederum vielfältig. Sie können in der Überlastung der Mitarbeiter, z.B. wegen unzureichender Personalausstattung oder Überforderung aufgrund mangelnder Qualifikation oder Erfahrung, liegen. Auch mangelnde Motivation aufgrund von Unterforderung oder Führungsschwächen sind als Ursachen denkbar. VAN GISTEREN unterscheidet zwischen Lücken-, Beziehungs- und Kompetenzrisiken.[80] Erstere beziehen sich auf die qualitative und quantitative Ausstattung, die für die Aufgabenerfüllung notwendig ist. Beziehungsrisiken können dagegen durch Defizite in der Führung, aber auch durch ein schlechtes Betriebsklima und zwischenmenschliche Konflikte entstehen. Kompetenzrisiken sind insbesondere vor dem Hintergrund immer komplizierter werdender Produkte und Prozesse und immer schneller veralternden Wissens von zunehmender Bedeutung.[81]

Neben den Mitarbeitern können auch externe Personen ein operationelles Risiko darstellen. Hier ist vor allem an Betrug durch Dritte oder an Banküberfälle zu denken, oder aber die Leistungen externer Dienstleister erfüllen nicht die an diese gestellten Anforderungen. Auch weitere externe Ereignisse zählen zu den operationellen Risiken. Dabei sind einerseits rechtliche Risiken zu nennen, die durch eine Nichtbeachtung der gültigen Normen, eine veränderte Gesetzgebung oder Rechtsprechung sowie durch Rechtsstreitigkeiten entstehen können.[82] Zum anderen zählt auch das Risiko von Katastrophen, wie Naturkatastrophen oder Terroranschläge zu den operationellen Risiken. Diese entziehen sich allerdings fast vollständig dem Einflussbereich der Unternehmung.[83] Verlusten kann hier allenfalls mit Hilfe geeigneter Notfallpläne im Rahmen einer umfassenden Kontinuitätsplanung entgegengewirkt werden.[84] So

---

79 Vgl. Büschgen (1998), S. 886.
80 Vgl. Gisteren, van (2002), S. 419 ff.; Gisteren, van (2001), S. 607 ff.
81 Vgl. auch van den Brink (2001), S. 4 f.
82 Vgl. Kuhn (2003), S. 606; Oehler/Unser (2002), S. 15. Zu einer ausführlichen Auseinandersetzung mit Rechtsrisiken als Unterkategorie operationeller Risiken vgl. Hadjiemmanuil (2003), S. 75 ff.
83 Vgl. Einhaus (2002), S. 488.
84 Vgl. hierzu Marshall (2001), S. 33; BaFin (2002a), S. 14 f.

verstanden lassen sich diese externen Ereignisse wiederum ebenfalls dem internen Leistungsbereich einer Bank zuordnen.

Weitere operationelle Risiken, denen ein Institut ausgesetzt ist, stehen im Zusammenhang mit der eingesetzten Informationstechnologie. In jedem Bankbetrieb besteht eine erhebliche Abhängigkeit von dem reibungslosen Funktionieren zahlreicher Systeme. Hier muss unterschieden werden zwischen Hardware- und Softwarerisiken, Netzwerkrisiken und Datenrisiken.[85] Zudem sind Aspekte der IT-Sicherheit von Bedeutung, bei denen es insbesondere um den Zugang zu Systemen und Daten sowie eine ausreichende Datensicherheit geht. Ein weiteres Risiko bergen die im Kredit- und Finanzdienstleistungsbereich häufig verwendeten quantitativen Modelle, mit deren Hilfe die wesentlichen Variablen eines Systems und deren Beziehungen untereinander nachgebildet werden sollen, um dann als Entscheidungshilfen Verwendung zu finden. Bei diesen können Risiken, unabhängig von deren technischer Einbindung, auch in dem reinen Modellierungsvorgang, in der Verwendung von Theorien sowie in deren praktischer Anwendung im Geschäftsablauf liegen.[86]

Die Bedeutung organisatorischer Faktoren (Interne Überwachung)

Den bislang aufgeführten Risikoursachen ist eines gemein: sie sind intern beeinflussbar. Damit unterscheiden sich operationelle Risiken im Fokus deutlich von den Marktpreis- und Kreditrisiken, bei denen die Unsicherheit über unternehmensexterne Entwicklungen, wie adverse Marktbewegungen, unabhängig von der das Risiko übernehmenden Bank entsteht.[87] Im Gegensatz dazu kann das Wirken und Zusammenwirken von Mitarbeitern und Systemen wie auch die Reaktion auf externe Ereignisse durch die Bank selbst gestaltet werden. Hierfür sind etwa Faktoren wie die personelle und technische Ausstattung, die Festlegung der Organisationsstruktur und die Implementierung interner Kontrollen und Prüfungen relevant. Konkret können hier z.B. die Regelungen zur Aufgaben- und Kompetenzzuordnung, deren Dokumentation sowie die Festlegung von Berichtspflichten und Berichtswegen genannt werden. Dies wird durch die Erkenntnisse des Board of Banking Supervision der Bank von England unterstrichen, welche dieses in seiner Untersuchung der Umstände des Kollapses der Barings Bank gewinnt. Folgende Lehren werden aus diesem Fall für das Management und die Überwachung von Banken gezogen:[88]

- Das Management muss ein umfassendes Verständnis für sämtliche in seinen Verantwortungsbereich fallende Geschäfte besitzen;
- die Verantwortlichkeiten müssen für alle Geschäftsaktivitäten klar geregelt und kommuniziert werden;

---

85 Vgl. Kuhn (2003), S. 606.

86 Vgl. Krämer-Eis (2003), S. 26; Derman (2003), S. 134 ff.

87 Vgl. Stögbauer (2002), S. 184; Piaz (2002), S. 64.

88 Vgl. Bank of England (1995), Tz. 14.2. Ähnlich auch Peachey (2002), S. 329.

- eine klare Funktionstrennung der Verantwortlichkeiten ist wesentlich für jedes effektive Überwachungssystem;
- eine angemessene interne Überwachung, inklusive eines unabhängigen Risikomanagements, muss für alle Geschäftsaktivitäten eingerichtet sein;
- die Geschäftsführung muss dafür Sorge tragen, dass wesentliche Schwächen, die ihr durch interne Prüfungen oder auf anderem Wege bekannt werden, unverzüglich behoben werden.

Der Ursprung von Verlustfällen aus operationellen Risiken findet sich folglich i.d.R. in allgemeinen Managementfehlern, wie Mängeln in den Internen Kontrollsystemen, einer unzureichenden Überwachung, mangelhaften Systemen, einer unklaren Organisationsstruktur, unzureichender Ausstattung oder Schwächen bei der Bonitätsprüfung- und Überwachung, mithin in Faktoren, die prinzipiell unabhängig von negativen Umfeldentwicklungen auftreten.[89] Es handelt sich vielmehr um Mängel in der allgemeinen Unternehmensführung und -überwachung. Diese Interpretation der Risikoursachen deckt sich mit der These von PEACHEY, nach dem Verluste aus „normalen" operationellen Risiken vermieden werden können, wenn das Management die Arbeitsabläufe entsprechend kontrolliert.[90] Wie gut die Kontroll- und Prozessumgebung einer Bank ist bzw. wie gut letztlich insgesamt das Management seinen Überwachungsaufgaben nachkommt, hat einen erheblichen Einfluss auf Höhe und Anzahl operationeller Risiken. Unterstrichen wird dies zudem durch die Aussage von HOFFMAN, der bemerkt:

> *"What becomes clear immediately is that senior managers and the board already share many of the same risk sensitivities as operational risk managers."*[91]

Und HOLMES führt an:

> *„Ultimately, good operational risk management is just good management."*[92]

Die Ausgestaltung der organisatorischen Faktoren wirkt sich wiederum auf die individuellen Arbeitsbedingungen aus und kann so, in Kombination mit den gegebenen Eigenschaften von Menschen und Systemen, z.B. ein unautorisiertes Handeln der Mitarbeiter oder eine Überlastung von EDV-Systemen ermöglichen oder gar provozieren. In diesem Sinne können derartige Ereignisse grundsätzlich eher als Konsequenz denn als primäre Risikoursache angesehen

---

89 Vgl. Bonn (1999), S. 530 ff.

90 Als "wahres" operationelles Risiko bezeichnet PEACHEY dagegen „etwas, was zuschlägt, wenn man es überhaupt nicht erwartet hat und wogegen man keine Vorkehrungen treffen kann." Vgl. Peachey (2002), S. 330.

91 Hoffman (2002), S. 106.

92 Holmes (2003a), S. 27.

werden.[93] Dieses auf WOODS zurückgehende Verständnis wurde von REASON (1997) aufgegriffen, der einen umfassenden Ansatz zur Erklärung und zum Management von Risiken aufgrund von „Organizational Accidents“, im Gegensatz zu solchen, die ausschließlich individuell verursacht werden, entwickelt hat.

Hintergrund von REASONS Überlegungen ist die Tatsache, dass jedes Unternehmen zur Absicherung gegen Vermögensverluste bestimmte Abwehrmechanismen („defences“) besitzt.[94] Diese sollten in mehreren Schichten derart hintereinander angeordnet sein, dass eine Schicht im Idealfall das Versagen der vorangegangenen Schichten aufdecken und abwehren kann. Die „defences“ erfüllen in diesem Sinne jeweils eine oder mehrere der folgenden Funktionen:

- Schaffung eines umfassenden Verständnisses und Bewusstseins für mögliche Gefahren,
- Formulierung klarer Anweisungen für ordnungsgemäße Geschäftsabläufe,
- Sicherstellen von Warnsystemen, um eintretende Risikosituationen zu erkennen,
- Eingrenzen und Eliminieren von erkannten Risiken,
- Einrichten von Ausweich- oder Sicherungsmaßnahmen für den Fall, dass Risiken von den anderen Barrieren nicht aufgehalten wurden.

Um diese Funktionen zu erfüllen, können Abwehrmaßnahmen grundsätzlich in unterschiedlicher Form implementiert werden. In Banken spielen neben den sogenannten „harten“ Abwehrmaßnahmen wie Zugangssicherung, sichere Aufbewahrung und Alarmsysteme insbesondere auch „weiche“ Abwehrmechanismen eine entscheidende Rolle. Diese umfassen etwa klare interne Regeln, Abläufe und Anweisungen, Mitarbeiterschulungen sowie Kontrollen und Revisionen. Um beispielsweise eine Bank vor einem Rogue Trader[95] zu schützen, sollten die „internen Schichten“ eine angemessene Funktionstrennung, eine unabhängige Händlerüberwachung, Bestätigungen der Geschäfte, ein unabhängiges Risikocontrolling und Risikoreporting sowie angemessene Prüfungen durch die Interne Revision beinhalten.[96]

Die einzelnen Schichten der „defences“ wären nun im Idealfall undurchlässig und würden so das Entstehen von Verlusten vollständig verhindern können. In der Realität weisen diese jedoch Lücken auf, die einerseits unterschiedliche Größen aufweisen können und andererseits einem ständigen Wandel unterliegen, indem sich sowohl deren Lage als auch Größe im Zeitablauf verändern können, z.B. durch veränderte Marktbedingungen, Geschäftspraktiken oder Regulierung (vgl. Abbildung 3).

---

93 Vgl. Reason (1997), S. 16 ff. Dies gilt zwar nicht für externe Ereignisse, bei denen eine interne Beeinflussbarkeit naturgemäß nicht gegeben ist. Allerdings können, wie bereits dargelegt, auch hier interne Vorkehrungen getroffen werden, damit diese Ereignisse nicht zu einem Verlust führen.

94 Vgl. hierzu und zum Folgenden Reason (1997), S. 7 ff.

95 Der Begriff des "Rogue Traders" wird üblicherweise für einen Händler verwendet, der eigenmächtig und i.d.R. zum Nachteil seines Arbeitgebers sowie von dessen Kunden handelt. In den meisten Fällen werden hoch riskante Handelsgeschäfte abgeschlossen, die zu hohen Verlusten führen können.

96 Vgl. zu diesem Beispiel Holmes (2003a), S. 25.

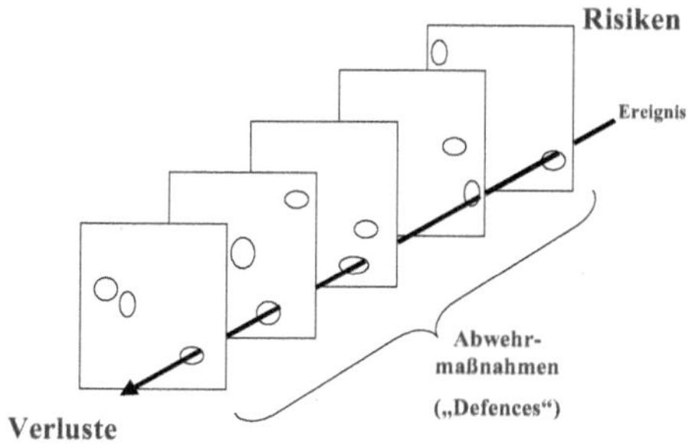

Abbildung 3: „Swiss Cheese"-Modell nach Reason[97]

Die Lücken werden vor allem durch Mängel in den „defences" hervorgerufen, sogenannten „latent conditions", die mitunter für einen langen Zeitraum vorhanden sein können, ohne dass diese bemerkt werden oder zu einem Schaden führen. Zu den „latent conditions" gehören beispielsweise Lücken in den Kontroll- oder Überwachungsprozessen, eine unangemessene Geschäftsorganisation, schlecht geregelte Arbeitsabläufe sowie eine unzureichende Ausstattung und Mitarbeiterqualifikation. Diese organisatorischen Faktoren („organizational factors") wirken sich auf die individuellen Arbeitsbedingungen („local workplace factors") der Mitarbeiter aus, welche dann zu konkreten Ereignissen, wie etwa unautorisierten Handlungen der Mitarbeitern („unsafe acts") oder Geschäftsunterbrechungen („active failures") führen können.

„Latent Conditions" entstehen jedoch nicht nur aus strategischen oder anderen „top-level" – Entscheidungen der Geschäftsführung der Banken. Sie werden vielmehr auch erheblich durch bankexterne Gruppen wie den Gesetzgeber, die Aufsichtsinstanzen sowie Abschlussprüfer beeinflusst. Aus diesem Grund darf die Analyse der „defences" bzw. deren Lücken nicht auf eine rein unternehmensinterne Betrachtung beschränkt bleiben, sondern muss sich vielmehr auch auf externe Faktoren erstrecken.

Die Bedeutung externer Faktoren (Externe Überwachung)

Neben den internen Abwehrmechanismen kommt auch externen „defences" bzw. Lücken in diesen eine nicht zu unterschätzenden Rolle als Mitverursacher von Verlusten aus operationellen Risiken zu. So können Mängel in Rechnungslegungs- und Publizitätsvorschriften, fehlende Regulierungen oder durch die Regulierung nicht erfasste Risiken sowie auch laxe, oberflächliche, sporadische oder lückenhafte Prüfungen durch externe Revisoren oder Nachsicht bei der Behandlung von Problemfällen mit für Verluste oder Schieflagen von Banken verant-

97 Quelle: in Anlehnung an Reason (1997), S. 9.

wortlich sein, wie auch die Beispiele des zweiten Abschnitts zeigen.[98] Bei einer Befragung des Baseler Ausschusses zu operationellen Risiken verwiesen Banken explizit auf wichtige externe Impulse, die z.B. von den externen Revisoren und den verschiedenen Aufsichtsinstanzen ausgehen.[99]

Als zusätzliche „weiche"Abwehrmechanismen im Sinne des Modells von REASON nehmen daher Gesetzgebung, aufsichtliche Regulierung und Beaufsichtigung sowie die Überwachung durch Abschlussprüfer Einfluss auf die Ausgestaltung der organisatorischen Faktoren der Banken. Greift man das obige Beispiel des Rogue Traders noch einmal auf, könnten die „externen Schichten" des Abwehrsystems etwa in entsprechenden regulatorischen Vorgaben z.B. über die vorzunehmende Funktionstrennung, die Einrichtung einer unabhängigen Händlerüberwachung und eines unabhängigen Risikocontrollings sowie in der Prüfung der Einhaltung dieser Vorschriften durch den Abschlussprüfer bestehen.

Zusammengenommen handelt es sich bei den verschiedenen Schichten von „defences" um Überwachungsmaßnahmen im Rahmen der Unternehmensführung und -überwachung von Banken, die im Allgemeinen auch unter dem Begriff der Corporate Governance zusammengefasst werden. Dabei geht es einerseits um die Ausgestaltung der Überwachung des Unternehmens **durch die** Geschäftsführung als Bestandteil der Unternehmensführung[100] sowie andererseits um die Überwachung **der** Geschäftsführung etwa durch den Aufsichtsrat oder externe Institutionen und Gruppen. DOERIG spricht beispielsweise im Zusammenhang mit der Verhinderung von Verlusten aus operationellen Risiken von „six tiers of defence"[101] und nennt im Einzelnen:

1. die Geschäftsfelder mit ihrer primären Verantwortung für die Übernahme und das Management von Risiken;
2. unterstützende Funktionen, wie Risikomanagement und Recht;
3. Geschäftsführung und Aufsichtsorgan, mit dem Fokus auf das Risikoprofil der Bank;
4. interne und externe Revision, mit dem Fokus auf Schwächen in Aufbau- und Ablauforganisation sowie Regelwerken;
5. Aufsichtsbehörde;
6. Anteilseigner und die übrigen Stakeholder.

---

98 Vgl. Bonn (1999), S. 531 f. Ähnlich stellt auch BLUMER fest, dass Vorfälle unsorgfältiger Ausleihungspraxis sowie mangelhafter Dokumentation, Abwicklung und Überwachung die Notwendigkeit einer der Geschäftstätigkeit entsprechenden Organisation verdeutlichen, die zudem durch die Revisionsgesellschaften und die Bankenaufsicht zu prüfen ist. Vgl. Blumer (1996), S. 198.

99 Vgl. Basel Committee on Banking Supervision (1998b), S. 9.

100 Im Zusammenhang mit operationellen Risiken ist die Präventivfunktion der Überwachung besonders hervorzuheben, durch die nach allgemeinem Verständnis a priori Abweichungen zwischen Planung und Realisation als Teilphasen betrieblicher Handlungsabläufe verhindert werden sollen. Vgl. hierzu etwa Schlömer (1985), S. 25; Freiling/Lück (1986), S. 998. Als weitere Funktionen unternehmerischer Überwachung gelten die Informationsfunktion sowie die Beseitigungsfunktion.

101 Doerig (2003), S. 44.

Jede überwachungsrelevante Bezugsgruppe einer Bank ist mithin im Rahmen des Corporate Governance-Prozesses für eine bestimmte Dimension der Überwachung operationeller Risiken zuständig und trägt damit auch eine eigene Verantwortung.[102] Von Bedeutung ist jedoch nicht nur die Verantwortung, die jedem einzelnen Überwachungsträger zukommt, sondern auch deren erfolgreiches Zusammenwirken.[103] In dem Maße, in dem ein Verantwortlicher seiner Funktion in dem Überwachungsprozess nicht nachkommt oder erwartet wird, dass er dies nicht tun wird, müssen andere diese Lücke kompensieren, indem sie ihre eigene Rolle intensivieren.[104] Insofern handelt es sich bei den Lücken in den Abwehrmaßnahmen um Faktoren, die bereits im Zusammenhang mit der seit einigen Jahren intensiv geführten Corporate Governance-Diskussion eine wesentliche Rolle spielen. Bei dieser geht es insbesondere um die Verbesserung der Leitung und Überwachung von Unternehmen, um Unternehmenszusammenbrüche bzw. -schieflagen, wie sie in der Vergangenheit bei Banken ebenso wie bei Nichtbanken auftraten, für die Zukunft zu vermeiden. Der gemeinsame Fokus von Corporate Governance als „System der Unternehmensführung und -überwachung"[105] und dem Management operationeller Risiken, welche, wie dargelegt, im Wesentlichen aus Mängeln in eben diesem System resultieren, verdeutlicht, dass die beiden Aufgabenbereiche von den Beteiligten nicht als zwei isoliert nebeneinander stehende Herausforderungen angesehen werden dürfen, sondern dass diese vielmehr, wenn auch teils auf unterschiedlichen Ebenen, als Einheit betrachtet werden müssen.[106] So führt auch der Baseler Ausschuss in seinen „Core Principles for Effective Banking Supervision" an:

> *„The most important types of operational risk involve breakdowns in internal controls and corporate governance."*[107]

3.2 Wirkungsbezogene Sicht

Wenn aufgrund operationeller Risiken Schadensfälle entstehen, können sich die Wirkungen in unterschiedlicher Art und Weise manifestieren. Entweder führen operationelle Risiken direkt zu unerwarteten Kredit- bzw. Marktpreisverlusten, zu Abschreibungen, Schadensersatzzahlungen, Mehrkosten oder Mindererlösen oder sie schlagen sich indirekt als Reputationsverluste auf den Wert der zukünftigen Cash Flows nieder.[108] Operationelle Risiken teilen sich mit-

---

102 Vgl. Banks (2004), S. 106: „Ultimately, the responsibility for trying to find weak points falls on many parties: internal and external auditors, employees, activist shareholders, regulators, risk managers, executive managers, and board directors. Each comes into contact with different aspects of the corporate process, and may have a unique view on whether a company's governance framework is dysfunctional (or, indeed, whether external forces are ineffective)."

103 Vgl. hierzu Kap. F.

104 Vgl. van Greuning/Bratanovic (2003), S. 31.

105 So das Committee on the Financial Aspects of Corporate Governance (1992) im sogenannten „Cadbury Report", Tz. 2.5.

106 Vgl. auch Kaiser/Köhne (2004), S. 63.

107 Basel Committee on Banking Supervision (1997), S. 22.

108 Vgl. Geiger/Piaz (2001), S. 795 f.; Büschgen (1998), S. 885.

hin die wirkungsbezogenen Verlustkategorien mit anderen Risikoarten, wodurch eine klare Abgrenzung zu diesen nicht immer ohne weiteres möglich ist. So gibt es zahlreiche Wechselwirkungen, die dazu führen, dass die Wirkungen operationeller Risiken häufig nicht isoliert betrachtet werden können.[109] Wie die Beispiele des zweiten Abschnitts dieses Kapitels zeigen, kann etwa ein eintretender Kreditverlust ganz oder teilweise ursächlich auf operationelle Risiken zurückzuführen sein und nicht ausschließlich auf unsichere Informationen über die Gegenpartei oder einen Geschäftseinbruch bei dem Kreditnehmer. In den Grenzbereich zwischen Kreditrisiko und operationellem Risiko fallen zudem z.B. nicht durchsetzbare Sicherheitenverträge oder Abwicklungsprobleme. Ähnliches ist auch bei anderen eintretenden Verlusten zu beobachten. Bei den Marktpreisrisiken wäre etwa die Verwendung falscher Berechnungsparameter oder Fehler in den Marktrisikomodellen denkbar.[110] Die Frage der Abgrenzung operationeller Risiken von anderen Risikoarten stellt sich somit offenbar nicht als Frage nach „entweder - oder", sondern vielmehr als solche nach „Ursache - Wirkung".[111] Eine operationelle Ursache kann zu den Wirkungen Kredit-, Markt-, Reputations- oder operationeller Verlust führen, von denen die drei erstgenannten gleichermaßen auch Wirkung der bankspezifischen Risiken sein können.

Die Risikoereignisse können sich voneinander deutlich in der Frequenz, in der diese auftreten, sowie in der Höhe der Verluste, die aus ihnen entstehen können, unterscheiden. Man muss daher zwischen sogenannten „High Frequency/Low Severity" (HFLS)- und „Low Frequency/High Severity" (LFHS)-Ereignissen differenzieren (vgl. Abbildung 4).

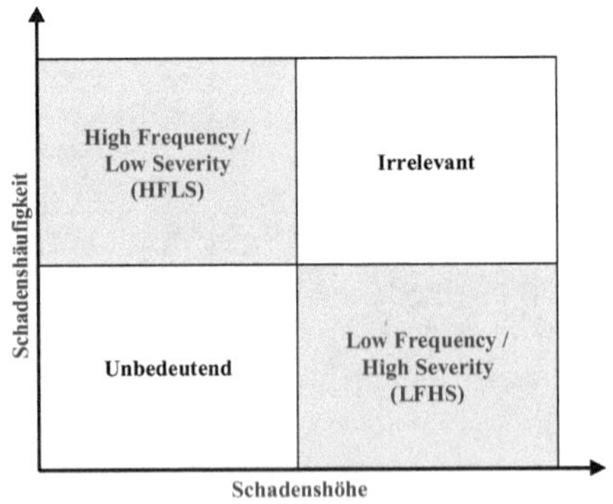

Abbildung 4: Beurteilung operationeller Risiken nach Schadenshäufigkeit und Schadenshöhe[112]

109 Vgl. BFS-KWG/Braun (2004), § 25a KWG, Rdn. 85.
110 Vgl. Davies et al. (1998), S. 66 f.
111 Vgl. Geiger (2000), S. 6 ff.; Geiger/Piaz (2001), S. 794 f.; van den Brink (2003), S. 105.
112 Vgl. ähnlich Holmes (2003a), S. 24. In der Literatur finden sich auch abweichende Darstellungen, die alle vier Quadranten einbeziehen. So z.B. Laycock (1998), S. 137; Geiger/Piaz (2001), S. 798; Piaz (2002), S. 51 ff., der als dritte Dimension die Entdeckungswahrscheinlichkeit betrachtet; Schiller/Bitz (2003), S. 37 ff.

HFLS-Ereignisse treten vergleichsweise häufig auf, führen jedoch jeweils nur zu geringen Verlusten, wie z.B. regelmäßig auftretende Abwicklungsfehler. Sie bedrohen nicht die Existenz der Bank, sind allerdings durchaus im Zusammenhang mit der Frage nach Qualitätsverbesserungen der internen Abläufe von Bedeutung. Dagegen treten LFHS-Ereignisse nur selten auf, können aber zu hohen Verlusten und im Extremfall zu einem Zusammenbruch der Bank führen. Deren Management sollte daher das primäre Ziel für den Umgang der Banken mit operationellen Risiken darstellen. Die Risiken in den beiden verbleibenden Quadranten können dagegen vernachlässigt werden. Entweder sind diese unbedeutend, da sie nur selten auftreten und gleichzeitig lediglich zu geringen Schäden führen oder irrelevant, da häufige extreme Schadensfälle unrealistisch sind und eine Bank in einem solchen Fall in kurzer Zeit aus dem Markt austreten würde.[113]

Da sich Verluste aus operationellen Risiken niemals vollständig vermeiden lassen werden – hierfür müsste im Grunde der gesamte Bankbetrieb eingestellt werden – bzw. eine Bank nach einer Kosten-Nutzen-Abwägung ursachenreduzierender Maßnahmen auch bewusst Risiken eingehen kann, muss dafür Sorge getragen werden, dass eventuell eintretende Verluste nicht zu einer Existenzgefährdung führen. Als Maßnahme hierfür ist etwa die Bildung eines entsprechenden Eigenkapitalpuffers oder der Abschluss von Versicherungen denkbar. Voraussetzung ist allerdings, dass sich die etwaigen Verluste aus operationellen Risiken messen lassen. Die bisherigen Ausführungen machen jedoch deutlich, dass es sich bei den operationellen Risiken offensichtlich nicht um im Einzelfall bewusst zur Ertragserzielung eingegangene Risiken handelt, wie dies grundsätzlich bei den Marktpreis- und Kreditrisiken der Fall ist, sondern vielmehr um Risiken, die bereits durch die bloße Geschäftstätigkeit entstehen. Dies hat zur Folge, dass es häufig keinen eindeutigen Entscheidungspunkt für das Eingehen operationeller Risiken gibt.[114] Die Ursachen des Risikos liegen vielmehr in Faktoren wie beispielsweise der Unsicherheit über das regelkonforme und integere Verhalten der Mitarbeiter, über die Zuverlässigkeit der vorhandenen DV-Systeme oder das Entstehen eines Brandschadens. Die zugehörigen Entscheidungssituationen liegen somit in den meisten Fällen in der Vergangenheit, als die Mitarbeiter eingestellt, das DV-System angeschafft und das Gebäude erbaut wurde. Für den jeweils aktuellen Zeitpunkt lassen sich allenfalls Handlungsalternativen im Zusammenhang mit Entscheidungen über die Anzahl und Qualifikation neuer Mitarbeiter oder über die Neufestlegung der Aufbau- und der Ablauforganisation, über den Kauf einer neuen und vermeintlich sichereren EDV-Anlage sowie die Überarbeitung von Notfallplänen der Bank nennen. Diesen steht dann wiederum jeweils eine Vielzahl möglicher relevanter Umweltzustände gegenüber, wie beispielsweise trotz der Maßnahmen eintretende Delikte durch Mitarbeiter oder Bearbeitungsfehler, denen, soweit die möglichen Umweltzustände überhaupt bekannt sind, jedoch nur schwerlich Reinvermögensänderungen und Eintrittswahr-

113 Vgl. Samad-Khan (2005), S. 25.
114 Vgl. Holmes (2003a), S. 24.

scheinlichkeiten zuzurechnen sein werden.[115] Sofern Verluste aufgrund operationeller Risiken eintreten, ist dies daher zumeist auf nicht mit in Betracht gezogene Umweltzustände oder unterschätzte Wahrscheinlichkeiten zurückzuführen und nicht auf zufällige Ereignisse im Rahmen einer bewussten (quantifizierbaren) Risikoübernahme.[116]

Auf Basis der in den letzten beiden Unterabschnitten herausgearbeiteten ursachen- und wirkungsbezogenen Charakteristika operationeller Risiken wird im Folgenden auf ausgewählte Ansätze zu deren Definition eingegangen.

4 Ansätze zur Definition und Kategorisierung operationeller Risiken

Lange Zeit war die Definition operationeller Risiken in Literatur und Praxis unklar. Sofern in der Vergangenheit überhaupt eine Befassung mit operationellen Risiken stattgefunden hatte, herrschte zumeist keine Einheitlichkeit bei deren Definition. Vielfach wurde diese nur schwierig greifbare Risikoart lediglich negativ abgegrenzt, indem alle diejenigen Risiken, die nicht dem Kredit-, Marktpreis- oder Liquiditätsrisiko zuzuordnen waren, als operationelle Risiken definiert wurden.[117] Eine derart weite und zugleich undifferenzierte Definition ist für eine nähere Betrachtung operationeller Risiken jedoch unbrauchbar. Vielmehr ist hier eine konkrete Definition erforderlich. In den letzten Jahren werden daher konsequenterweise zunehmend auch positive Definitionen vorgenommen.[118]

Am weitesten verbreitet scheint, vornehmlich getrieben durch die intensive aufsichtsrechtliche Beschäftigung mit operationellen Risiken, die Definition des Basler Ausschusses für Bankenaufsicht[119] zu sein.[120] Dieser definiert operationelle Risiken wie folgt:

> *„Operationelles Risiko ist die Gefahr von Verlusten, die in Folge der Unangemessenheit oder des Versagens von internen Verfahren, Menschen und Systemen oder in Folge externer Ereignisse eintreten.“*[121]

---

115 Vgl. Döhring (1996b), S. 73 f.; Geiger/Piaz (2001), S. 796. Entscheidungstheoretische Regeln werden daher für diese Risikoart lediglich bedingt eingesetzt werden können, da die Bedingungen an das Vorliegen einer Risikosituation in der Regel nicht erfüllt sein werden, sondern eher Ungewissheitssituationen bzw. offene Entscheidungsfelder vorliegen. So auch Kuhn (2002), S. 156. Aus der fehlenden Risikosituation im entscheidungstheoretischen Sinne ergeben Probleme bei der Quantifizierung operationeller Risiken, auf die an dieser Stelle lediglich hingewiesen sei. Vgl. ausführlich Abschn. E1.1.3.

116 Vgl. Döhring (1996b), S. 75.

117 Vgl. Cruz (2002), S. 9; Piaz (2002), S. 18; Schierenbeck (2003b), S. 481.

118 So definiert beispielsweise LAYCOCK (1998), S. 131: „Operational risk is the potential for adverse fluctuations in the profit-and-loss statement or the cashflow of the firm due to effects that are attributable to customers, inadequately defined controls, systems or control failures, and unmanageable events.“ Ähnliche Definitionen finden sich bei zahlreichen Vertretern in Theorie und Praxis. Für eine Auflistung verschiedener positiver Definitionen vgl. Piaz (2002), S. 60 f.

119 Vgl. zu diesem Abschn. C3.1.4.

120 Vgl. Hoffman (2002), S. XXII; Piaz (2002), S. 63 f.

121 Basel Committee on Banking Supervision (2004a), Tz. 644.

Die Definition des Baseler Ausschusses nimmt eine Kategorisierung nach den Ursachen operationeller Risiken vor. Diese können hiernach sowohl interner als auch externer Natur sein. Eine solche Kategorisierung wird wegen der Vielfalt möglicher Ereignisse häufig als hilfreich angesehen. Die Frage der Definition wird mithin auch als Frage nach einer geeigneten Kategorisierung aufgefasst.[122] Eine Kategorisierung kann dabei grundsätzlich einerseits bei den Ursachen bzw. bei den Ereignissen oder andererseits bei deren rechtlichen und buchhalterischen Wirkungen ansetzen.[123] Dabei stellen die Ereignisse gewissermaßen die Verbindung zwischen Risikoursache und Risikowirkung dar. Beispielsweise führt ein Händler unautorisierte verlustreiche Geschäfte durch, ein wichtiges System fällt aus, eine Kundenprüfung wird nicht ordnungsgemäß durchgeführt oder das Rechenzentrum der Bank wird durch einen Brand zerstört.

Der Baseler Ausschuss nimmt eine nach Ursachen und Ereignissen getrennte Kategorisierung vor. Neben den in der Definition genannten, vom Baseler Ausschuss allerdings nicht näher konkretisierten vier Ursachenkategorien („Interne Verfahren", „Menschen", „Systeme", „Externe Ereignisse") wird eine detaillierte Kategorisierung der Ereignisse („Event Types") vorgenommen, die der folgenden Tabelle 1 zu entnehmen ist.

122 Vgl. Marshall (2001), S. 25.
123 Vgl. Hadjiemmanuil (2003), S. 75.

Ereigniskategorie (1. Ebene)	Definition	Ereigniskategorie (2. Ebene)	Beispiele (3. Ebene)
Interne betrügerische Handlungen	Verluste aufgrund von Handlungen mit betrügerischer Absicht, Veruntreuung, Umgehung von Vorschriften, Gesetzen oder internen Bestimmungen, an denen mindestens eine interne Partei beteiligt ist; ausgenommen sind Ereignisse, die auf Diskriminierung oder (sozialer und kultureller) Verschiedenheit beruhen	Unbefugte Handlungen	Nicht gemeldete Transaktionen (vorsätzlich) Unzulässige Transaktionen (mit finanziellem Schaden) Falschbezeichnung einer Position (vorsätzlich)
		Diebstahl und Betrug	Betrug / Kreditbetrug / Einlagen ohne Wert Diebstahl / Erpressung / Unterschlagung / Raub Veruntreuung von Vermögenswerten Böswillige Vernichtung von Vermögenswerten Fälschung Scheckbetrug Schmuggel Kontoübernahme / Identitätstäuschung / usw. Steuerdelikt / Steuerhinterziehung (vorsätzlich) Bestechung / Schmiergeldzahlung Insidergeschäft (nicht auf Rechnung des Arbeitgebers)
Externe betrügerische Handlungen	Verluste aufgrund von Handlungen mit betrügerischer Absicht, Veruntreuung oder der Umgehung von Gesetzen durch einen Dritten	Diebstahl und Betrug	Diebstahl / Raub Fälschung Scheckbetrug
		Systemsicherheit	Schäden durch Hackeraktivitäten Diebstahl von Informationen (mit finanziellem Schaden)
Beschäftigungspraxis und Arbeitsplatzsicherheit	Verluste aufgrund von Handlungen, die gegen Beschäftigungs-, Gesundheits- oder Sicherheitsvorschriften bzw. -abkommen verstossen; Verluste aufgrund von Zahlungen aus Ansprüchen wegen Körperverletzung; Verluste aufgrund von Diskriminierung bzw. sozialer und kultureller Verschiedenheit	Ereignisse in Verbindung mit Arbeitnehmern	Ereignisse im Zusammenhang mit Löhnen und Gehältern, Sozialleistungen, Beendigung des Arbeitsverhältnisses Gewerkschaftsaktivitäten
		Sicherheit des Arbeitsumfeldes	Allgemeine Haftpflicht (Ausrutschen und Stürzen usw.) Verstoss gegen Gesundheits- und Sicherheitsbestimmungen Kompensations-/Schadensersatzzahlungen an Arbeitnehmer
		soziale und kulturelle Verschiedenheit/Diskriminierung	jede Art von Diskriminierung

Tabelle 1: Kategorisierung von Verlustereignissen nach Basel II (Fortsetzung der Tabelle auf der folgenden Seite)

Ereigniskategorie (1. Ebene)	**Definition**	**Ereigniskategorie (2. Ebene)**	**Beispiele (3. Ebene)**
Kunden, Produkte und Geschäftsgepflogenheiten	Verluste aufgrund einer unbeabsichtigten oder fahrlässigen Nichterfüllung geschäftlicher Verpflichtungen gegenüber bestimmten Kunden (einschl. treuhänderischer und auf Angemessenheit beruhender Verpflichtungen); Verluste aufgrund der Art oder Struktur eines Produkts	Angemessenheit, Offenlegung und treuhänderische Pflichten	Verstoss gegen treuhänderische Pflichten / Verletzung von Richtlinien Angelegenheiten in Bezug auf Angemessenheit und Offenlegung („Know your customer"-Regelungen usw.) Verletzung von Informationspflichten gegenüber Verbrauchern/Privatkunden Verletzung von Datenschutzbestimmungen Aggressive Verkaufspraktiken Provisionsschneiderei Missbrauch vertraulicher Informationen Haftung des Darlehensgebers
		Unzulässige Geschäfts- oder Marktpraktiken	Kartell Unzulässige Geschäfts-/Marktpraktiken Marktmanipulationen Insidergeschäfte (auf Rechnung des Arbeitgebers) Nicht genehmigte Geschäftstätigkeit Geldwäsche
		Produktfehler	Produktmängel (unbefugt usw.) Modellfehler
		Kundenauswahl, Kreditbetreuung und Kreditumfang	Versagen bei der Kundenprüfung gemäss Richtlinien Überschreitung des Kundengesamtlimits
		Beratungstätigkeiten	Auseinandersetzungen über Erfolg der Beratung
Sachschäden	Verluste aufgrund von Beschädigungen oder Verlust von Sachvermögen durch Naturkatastrophen oder andere Ereignisse	Katastrophen und andere Ereignisse	Verluste durch Naturkatastrophen Personenschäden aufgrund von externen Ereignissen (Terrorismus, Vandalismus)
Geschäftsunterbrechungen und Systemausfälle	Verluste aufgrund von Geschäftsunterbrechungen oder Systemausfällen	Systeme	Hardware Software Telekommunikation Ausfall/Störung der Stromversorgung

Fortsetzung der Tabelle 1

Zu der Definition und Kategorisierung des Baseler Ausschusses sind zwei wesentliche Kritikpunkte anzuführen:

- Zum einen hat es der Ausschuss in seiner Definition versäumt, die besondere Bedeutung der Unternehmensführung und -überwachung als Ganzes als Risikoursache deutlich herauszustellen. So sind wichtige Bestandteile wie beispielsweise die Aufbauorganisation, die Unternehmenskultur und die Qualität interner Kontrollen lediglich implizit Bestandteil der Kategorie „interne Verfahren", deren Bezeichnung jedoch in diesem Fall zu kurz gegriffen erscheint. Dies ist bedauerlich, zumal der Ausschuss noch in seiner Veröffentlichung zum „Operational Risk Management" im September 1998 vom Versagen der internen Kontrollen und der Führungsstrukturen als „wichtigste Arten" des operationellen Risikos gesprochen hat.[124] Eine entsprechende Erweiterung der Risikoursachen erscheint mit Blick auf die Erfahrungen der Vergangenheit umso wichtiger, als es gerade Schwächen in der Unternehmensführung und -organisation, in den internen Kontrollen und interner sowie externer Überwachung sowie eine nicht vorhandene Risikokultur waren, die zum Eintreten bedeutender Verluste aus operationellen Risiken führten.

- Zum anderen kann die getrennte Kategorisierung von Ursachen und Ereignissen zu Verwirrungen führen. So wird vom Baseler Ausschuss nicht der Versuch unternommen, die Beziehung zwischen den einzelnen Ursachenkategorien bzw. zwischen den Ursachenkategorien und den Ereigniskategorien zu erläutern. Dies führt dazu, dass in Literatur und Praxis häufig eine Vermischung beider Kategorisierungen vorgenommen wird, indem den vier Ursachenkategorien die Ereignisse der sieben Ereigniskategorien zugeordnet werden. Beispielsweise werden der Ursachenkategorie „Menschen" die Ereignisse „unbefugte Handlungen", „Diebstahl", „Betrug", „fehlerhafte Bearbeitung" und „unzulässige Geschäftspraktiken" zugeordnet und in der Ursachenkategorie „Systeme" finden sich „Hardware- und Softwareprobleme", „Telekommunikationsstörungen" und „Modellfehler".[125]

  Gegen eine derartige Konkretisierung der Ursachenkategorien ist auf den ersten Blick nichts einzuwenden, sind doch die Ereignisse letztlich ebenfalls den Ursachen von Verlusten aus operationellen Risiken zuzuordnen. Allerdings werden hier mögliche Zusammenhänge zwischen den einzelnen Ursachen- bzw. Ereigniskategorien vernachlässigt, die Aufschluss über die Wirkungsweise der verschiedenen Risikoursachen geben könnten. Insbesondere wird nicht der Tatsache Rechnung getragen, dass die drei Ursachenkategorien „Menschen", „Systeme" und „externe Ursachen" maßgeblich durch Elemente der Kategorie „interne Verfahren" beeinflusst werden. So ist z.B. die Ursachenkategorie Mensch sicherlich zum einen unter verhaltensorientierten Gesichtspunkten zu betrachten, wobei

---

124 Vgl. Basel Committee on Banking Supervision (1998b), S. 1.

125 Derartige kombinierte Kategorisierungen nehmen beispielsweise vor: Scharpf (1999), S. 197; Doerig (2003), S. 21; Kuhn (2003), S. 606; Balduin, von (2003), S. 39; Schierenbeck (2003b), S. 482.

beispielsweise Erkenntnisse der Behavioral Finance und der Psychologie herangezogen werden können.[126] Gleichzeitig spielt aber auch die qualitative und quantitative Ausstattung mit Mitarbeitern eine wichtige Rolle, die wiederum organisatorische Managemententscheidungen betrifft, sowie das Zusammenwirken der Mitarbeiter, das z.B. durch die Festlegung bestimmter Prozesse geregelt werden kann.

Ein anderer Ansatz, operationelle Risiken zu definieren, verzichtet daher zunächst auf die explizite Formulierung einschränkender Kategorisierungen. Dieser Ansatz begibt sich damit nicht in die Gefahr, die Berücksichtigung wesentlicher Kausalitäten von vornherein zu verhindern. Einen solchen Ansatz bietet die folgende Definition:

> *„Operational risk is the risk of adverse impact to business as a consequence of conducting it in an improper manner and may result from external factors."*[127]

Diese einerseits zunächst möglicherweise wenig konkret erscheinende Definition spricht andererseits genau die im dritten Abschnitt dieses Kapitels herausgearbeiteten primären Risikoursachen an. Die Verantwortung des Managements, für eine angemessene Organisation und Ausstattung der Bank zu sorgen, wird in den Vordergrund gestellt. Die Definition unterstreicht, dass es sich beim Management operationeller Risiken um nicht weniger als die Herausforderungen eines „guten Managements" handelt. Es lässt sich sogar noch weitergehend die These formulieren, dass es sich letztlich um „gute und verantwortungsvolle Corporate Governance" handelt, folgt man dem Begriffsverständnis „Management is about running the business, governance is about seeing that it is running properly".[128]

5 Zusammenfassung und Fazit

1. Der Blick in die jüngere Vergangenheit zeigt, dass operationelle Risiken für eine Vielzahl, teilweise vordergründig auf andere Risikoarten zurückgeführte Verlustfälle in Banken verantwortlich sind. Insbesondere diese Erkenntnis hat dazu geführt, dass operationelle Risiken nunmehr als separate Risikoart neben den Markt-, Kredit- und Liquiditätsrisiken wahrgenommen werden. Als allgemeine Risikoart weisen operationelle Risiken spezifische Merkmale auf, die sie teilweise erheblich von den (bankspezifischen) finanziellen Risiken unterscheiden.

2. Bei der Betrachtung der Ursachen operationeller Risiken wird deutlich, dass, im Unterschied zu Markt- und Kreditrisiken, hier vornehmlich interne Aspekte im Vordergrund

---

126 Vgl. z.B. Müller (2001), S. 435.

127 Doerig (2003), S. 20. So verwendet z.B. von der Credit Swiss Group. In Abgrenzung zu anderen Risikoarten wird operationelles Risiko als „the risk of losses from 'not doing things right'" bezeichnet. Vgl. derselbe, S. 22.

128 Macdonalt/Beattie (1993), S. 304.

stehen, die durch die Banken selbst beeinflusst werden können. Für das Eintreten von Verlusten aufgrund der zwar auf den ersten Blick durchaus heterogenen Risikoereignisse (Betrug oder Bearbeitungsfehler durch Mitarbeiter, Ausfall eines wichtigen EDV-Systems, Naturkatastrophen etc.) sind bei genauer Betrachtung insbesondere Mängel in der internen und externen Überwachung der Banken verantwortlich. Mithin ist die Qualität des internen wie externen Überwachungssystems (Corporate Governance) der maßgebliche Faktor, welcher die operationelle Risikosituation einer Bank bestimmt. Hieraus ergibt sich u.a. die Notwendigkeit, spezifische Maßnahmen des Managements operationeller Risiken mit den allgemeinen Bemühungen um eine wirkungsvolle Unternehmensüberwachung im Rahmen der aktuellen Corporate Governance-Diskussionen zu integrieren. Letztlich unterstreicht damit die ursachenorientierte Betrachtung in besonderem Maße die Notwendigkeit einer interdisziplinären Untersuchung, wie sie die vorliegende Arbeit vornimmt.

Die Risikoursachen sind üblicherweise zugleich der Anknüpfungspunkt für die Definition operationeller Risiken. Dass sich hierüber in Theorie und Praxis gleichwohl bislang noch kein Konsens gebildet hat, zeigen allein die beiden besprochenen Definitionsansätze.

3. Die Wirkungen operationeller Risiken weisen im Gegensatz zu deren Ursachen teilweise Überschneidungen mit den Wirkungen anderer Risikoarten auf. So lässt sich ein Verlust in vielen Fällen allein über die Frage nach den konkreten Ursachen ganz oder teilweise dem Bereich der operationellen Risiken zuordnen. Ein wesentliches Kennzeichen operationeller Risiken aus wirkungsbezogener Sicht ist die Tatsache, dass diese i.d.R. nicht im Sinne eines bewussten „risk taking" zum Zweck der Ertragserzielung übernommen werden, sondern lediglich deren negative Komponente im Rahmen einer Abschätzung von Eintrittswahrscheinlichkeiten und Verlusthöhen betrachtet wird.

4. Unterscheidet man, wie in der vorliegenden Untersuchung, zwischen Maßnahmen des (qualitativen) Managements operationeller Risiken einerseits und solchen der (quantitativen) Messung andererseits, so kann die folgende Beziehung unterstellt werden: Die Kenntnis der Ursachen ist unabdingbare Voraussetzung für das Management operationeller Risiken und Ansatzpunkt für jede qualitative Maßnahme. Gleichzeitig haben diese Maßnahmen vorrangig das Ziel, ein Institut vor dem Eintreten von Verlusten zu schützen und dienen damit der Prävention. Im Gegensatz dazu ist eine Betrachtung der Wirkungen die Basis für eine mögliche Quantifizierung eintretender Verluste. Eine solche kann im Wesentlichen jedoch nur noch Maßnahmen der Abfederung oder Abwälzung der Risikowirkungen zur Vermeidung des Zusammenbruchs der Bank unterstützen, das Eintreten von Verlusten dagegen nicht mehr verhindern.[129] Für derartige quantitative Maßnahmen

129 Vgl. Dowd (2003), S. 36 f.; Ong (1998), S. 181.

ist die Analyse der Verlustursachen wenig hilfreich, weshalb hierbei auf die Wirkungen (ggf. in Verbindung mit den Risikoereignissen) operationeller Risiken abgestellt wird.

Bevor auf die Maßnahmen des Managements und der Messung operationeller Risiken im Einzelnen eingegangen wird, wird zuvor in dem folgenden Kapitel die Grundlage für die angestrebte interdisziplinäre Betrachtung gelegt. Hierfür werden die einzelnen Disziplinen des Gesamtgefüges der Bankenüberwachung, repräsentiert durch deren jeweilige Akteure, unter Zugrundelegung der in Deutschland geltenden gesellschafts- und aufsichtsrechtlichen Rahmenbedingungen vorgestellt sowie zunächst deren generelle Ziele und Aufgaben im Rahmen der Corporate Governance aufgezeigt. Ziel ist es, ein Verständnis dafür zu schaffen, welche der im Folgenden auch als Überwachungsträger bezeichneten Gruppen Einfluss auf die Ausgestaltung der organisatorischen Faktoren einer Bank nehmen (können), wie weit die Einflussnahme jeweils reicht und worin eventuelle Mängel bestehen können.

Kapitel C

Überwachung deutscher Banken

Aufgaben, Ziele und Problembereiche der Überwachungsträger im Corporate Governance-Prozess

Für eine umfassende Analyse ist es erforderlich, die einzubeziehenden Disziplinen bzw. die diese repräsentierenden Gruppen zu identifizieren und deren Aufgaben in ihren Grundzügen zu umreißen. Als Rahmen für die Betrachtung der internen und externen Überwachungsträger wird der mit dem Begriff der Corporate Governance bezeichnete rechtliche und faktische Ordnungsrahmen für eine verantwortungsvolle Unternehmensleitung und Unternehmensüberwachung herangezogen. Dabei wird insbesondere auf die sich für den Bankensektor ergebenden Besonderheiten eingegangen. Hierzu gehört auch eine Analyse der eigentumsrechtlichen Verhältnisse und der aktuellen ordnungspolitischen Änderungen im Bankensektor.

1 Rechtlicher Rahmen der Unternehmensführung und -überwachung deutscher Banken

1.1 Definition und Bereiche der Corporate Governance

Der rechtliche Ordnungsrahmen für eine verantwortungsbewusste Unternehmensleitung und Unternehmensüberwachung wird durch das nationale Verständnis und die Ausgestaltung der Corporate Governance geprägt.[1] Wenngleich es für den Terminus „Corporate Governance“ kein einheitliches Begriffsverständnis gibt, werden doch üblicherweise Themen der Interessenkoordination, der Interessenkonfliktlösung und der Überwachung der Interessenwahrung

---

[1] Vgl. IDW [Hrsg.] (2002b), S. 9.

der an einem Unternehmen beteiligten Personen und Gruppen unter diesem Begriff zusammengefasst.[2] Das Erfordernis der Corporate Governance geht grundsätzlich auf das Koalitionsmodell der Unternehmung zurück, nach dem jeder Teilnehmer an einer Koalition „Unternehmung" nur solange bereit ist, seine Beiträge zu leisten, wie er bestimmte Anreize zur Teilnahme erhält.[3] Ausgangspunkt des Koalitionsmodells ist die Trennung von Kapitalbereitstellung und Kapitalverwendung und die Tatsache, dass die Teilnehmer das Unternehmen zur Wahrung ihrer eigenen Interessen benötigen.[4] Die Abgrenzung der Koalitionsteilnehmer ist grundsätzlich offen. In einem weiten Verständnis sind dies alle Individuen oder Gruppen[5], „die mit ihren Interessen, Zielen und Erwartungen auf die Handlungen des Unternehmens in irgendeiner Form einwirken können bzw. die von Unternehmensentscheidungen betroffen werden."[6] Es werden mithin sowohl interne als auch externe Individuen und Gruppen eingeschlossen. Dabei besitzen interne Koalitionsteilnehmer, die von den externen Teilnehmern mit der Wahrnehmung ihrer Interessen beauftragt werden, gegenüber ihren Auftraggebern einen Informationsvorsprung. Aus dieser im Rahmen der Principal-Agent-Theorie diskutierten Problematik resultiert letztlich die Notwendigkeit von Regeln für eine verantwortungsvolle Corporate Governance.[7]

Corporate Governance umfasst zwei Teilbereiche, in denen zugleich die im Schrifttum verwendeten unterschiedlichen Sichtweisen dieses Begriffs zum Ausdruck kommen.[8] Der **Innensicht** der Corporate Governance liegt ein rechtlich-institutionelles Verständnis zu Grunde, bei dem es um Fragen der Rollen, Kompetenzen und Funktionsweisen sowie des Zusammenwirkens der Unternehmensorgane geht. Im Vordergrund steht die Aufbau- und Ablauforganisation innerhalb des Unternehmens. Dieser Teilbereich umschließt damit die Überwachungsaufgabe der Geschäftsführung selbst und damit auch die Organisation und Führung von Unternehmen. Die Überwachungsaufgabe der Geschäftsführung ergibt sich unter anderem aus deren Sorgfaltspflicht und ist eine Folge der in Unternehmen einer gewissen Größe erforderlichen Arbeitsteilung und der damit verbundenen Delegation von Verantwortung. In der **Außensicht** der Corporate Governance geht es dagegen vornehmlich um das Verhältnis der Träger der Unternehmensführung zu den wesentlichen Bezugsgruppen des Unternehmens. Bei diesem ökonomisch-interaktiven Verständnis sind einerseits Fragen der Leitung von Unternehmen im Sinne eines Interessenausgleichs zwischen den beteiligten Gruppen von Bedeutung und andererseits Fragen der Überwachung der Geschäftsführung zur Wahrung dieser In-

---

2 Vgl. Franz (2000), S. 43; Wolfram (2001), S. 14.
3 Vgl. hierzu und im Folgenden Orth (2000), S. 11 ff.
4 Vgl. grundlegend Berle/Means (1968), S. 3 ff.
5 Für diese finden sich im Schrifttum auch die Begriffe „Stakeholder", „Anspruchsgruppen" oder „Interessengruppen".
6 So Orth (2000), S. 12.
7 Vgl. Franz (2000), S. 43; Scheffler (2005), S. 478.
8 Vgl. hierzu und zum Folgenden von Werder (2003), S. 4; Schneider (2000), S. 2413; Dörner/Orth (2005), S. 7; Franz (2000), S. 43 ff., der allerdings keine explizite Abgrenzung der beiden Sichtweisen der Corporate Governance vornimmt.

teressen. Es geht insbesondere um die Art der Überwachungsobjekte, der Überwachungsform und der Überwachungsträger sowie die Art und Weise ihrer Zusammenarbeit.

Die Überwachung der Geschäftsführung kann in Abhängigkeit von einer Reihe von Kontextfaktoren in unterschiedlicher Weise ausgestaltet sein. In markwirtschaftlich ausgeprägten Systemen steht eher die Überwachung durch den Kapitalmarkt im Vordergrund, während bei einem höheren Grad staatlicher Einflussnahme rechtliche Regelungen einen höheren Stellenwert besitzen.[9] In den angelsächsischen Ländern wird grundsätzlich der Überwachungsfunktion des Marktes und der den Kapitalmarkt beaufsichtigenden Institutionen stärker vertraut, als dies beispielsweise in Deutschland derzeit noch der Fall ist. Eine disziplinierende Wirkung des Kapitalmarkts auf das Management ergibt sich einerseits direkt durch eine Erhöhung der Kapitalkosten, sofern die Risikolage durch die Investoren negativ eingeschätzt wird. Zudem ist auch eine indirekte Disziplinierung durch den sogenannten „Markt für Unternehmenskontrolle“ denkbar, vorausgesetzt es findet ein tatsächlicher Handel mit Aktien in größerem Umfang an der Börse statt.[10] Soll eine Übernahme verhindert werden, muss für einen hohen Aktienkurs und damit für die Zufriedenheit der Anteilseigner gesorgt werden. In Deutschland ist die Kapitalmarktrolle bisher als eher eingeschränkt zu bezeichnen, da hohe Anteilseignerkonzentrationen zu einer gewissen Stabilität am Kapitalmarkt und einer stärkeren Verbreitung der direkten Überwachung über hohe Stimmrechtskonzentrationen führen. Allerdings ist, getrieben durch den Wandel der bislang auf die Vergabe von Fremdkapital fixierten deutschen Universalbanken zur verstärkten Hinwendung zum Investment Banking eine zunehmende Annäherung an das marktorientierte System erkennbar.[11]

Unabhängig von der Rolle des Kapitalmarkts verzichtet gleichwohl kein Wirtschaftsraum auf die Festlegung rechtlicher Rahmenbedingungen.[12] Diese beziehen sich unter anderem auf die finanzielle Stabilität, Rechnungslegungs- und Offenlegungsstandards, Codes of Conduct und Ethics sowie Überwachungs- und Risikomanagementprozesse.[13] Die Diskussion um erforderliche Anpassungen in der Corporate Governance von Unternehmen hat in den letzten Jahren infolge zahlreicher Unternehmenszusammenbrüche sowohl im angelsächsischen als auch im kontinentaleuropäischen Raum deutlich zugenommen. Dies ist insbesondere an den durch die verschiedenen Gesetzgeber initiierten Reformen erkennbar. So hat beispielsweise der amerikanische Gesetzgeber vornehmlich als Reaktion auf die vorangegangenen Unternehmensskandale im Zusammenhang mit den Unternehmen Enron und Worldcom im Juli 2002 den **Sarbanes-Oxley-Act** verabschiedet, welcher vorrangig das Ziel hat, das Vertrauen der Investoren wieder herzustellen. Dies soll insbesondere durch eine verbesserte interne Überwachung

9 Vgl. Franz (2000), S. 45 ff.; Banks (2004), S. 25 ff.

10 Der Markt für Unternehmenskontrolle beinhaltet sämtliche Aktivitäten auf dem Gebiet der Unternehmenszusammenschlüsse, Unternehmenskäufe und Restrukturierungen wie z.B. freundliche und feindliche Übernahmen. Vgl. Banks 2004, S. 61 ff.

11 Vgl. Steiger (2001), Sp. 538.

12 Vgl. Franz (2000), S. 48.

13 Vgl. Banks (2004), S. 55.

und weit reichende Dokumentationen, zusätzliche Offenlegungspflichten sowie die Trennung und Überwachung bestimmter Funktionsbereiche in den Unternehmen erreicht werden.[14]

In Deutschland finden sich rechtliche Regelungen zur Corporate Governance zusammengefasst in dem **Deutschen Corporate Governance Kodex (DCGK)**. Dieser wurde am 26. Februar 2002 von der durch die Bundesministerin für Justiz eingesetzte Regierungskommission verabschiedet und liegt nunmehr in der Fassung vom 2. Juni 2005 vor.[15] Diese nach ihrem Vorsitzenden, Gerhard Cromme, benannte „Cromme-Kommission" folgte der Regierungskommission „Corporate Governance", die unter dem Vorsitz von Theodor Baums seit Juni 2000 Empfehlungen zur Weiterentwicklung der deutschen Corporate Governance erarbeitet hatte.[16] Ziel des deutschen Corporate Governance Kodex ist es, die in Deutschland geltenden Regeln für die Unternehmensleitung und -überwachung für nationale und internationale Investoren transparent zu machen und das Vertrauen in die Unternehmensführung deutscher Gesellschaften zu stärken.[17] Der Kodex geht auf die wesentlichen Kritikpunkte an der deutschen Unternehmensverfassung ein, die sich u.a. auf die in Deutschland vorgeschriebene duale Unternehmensverfassung mit Vorstand und Aufsichtsrat[18], die unzureichende Transparenz deutscher Unternehmensführung, die mangelnde Unabhängigkeit deutscher Aufsichtsräte sowie die eingeschränkte Unabhängigkeit der Abschlussprüfer beziehen.[19]

Der DCGK gibt wesentliche gesetzliche Vorschriften zur Leitung und Überwachung deutscher Aktiengesellschaften wieder und enthält darüber hinaus Empfehlungen, die als Anregungen für eine gute und verantwortungsvolle Unternehmensführung und -überwachung zu verstehen sind.[20] Die Regeln richten sich zunächst an börsennotierte Gesellschaften, jedoch wird auch nicht börsennotierten Unternehmen empfohlen, diese zu beachten.[21] Schließlich sind z.B. Fragen der Kapitalbeschaffung auch für nicht börsennotierte Gesellschaften von Bedeutung, weshalb auch kleine und mittelständische sowie öffentliche Unternehmen von einer guten Corporate Governance profitieren.[22] Die in dem Kodex enthaltenen gesetzlichen Vorschriften sind darüber hinaus im deutschen Gesellschaftsrecht verankert: im Handelsgesetzbuch, im Aktiengesetz und im GmbH-Gesetz. Diese Gesetze haben im Hinblick auf eine Verbesserung der Corporate Governance durch das am 1. Mai 1998 in Kraft getretene „Gesetz zur Kontrolle und Transparenz im Unternehmensbereich" (KonTraG) teilweise bedeutende

14 Vgl. Emmerich/Schaum (2003), S. 677; Hütten/Stromann (2003), S. 2223.
15 Vgl. Regierungskommission Deutscher Corporate Governance Kodex (2005).
16 Vorarbeit hierzu hatten bereits die Frankfurter Grundsatzkommission Corporate Governance mit ihrem „Code of Best Practice", dessen Grundlage die im Mai 1999 vorgestellten „OECD Principles of Corporate Governance" waren, sowie der Berliner Initiativkreis Corporate Governance mit dem „German Code of Corporate Governance" geleistet. Vgl. IDW [Hrsg.] (2002b), S. 14; Pfitzer/Oser/Orth (2002), S. 157 f.; Dörner/Orth (2005), S.18 f. sowie Volk (2001), S. 412.
17 Regierungskommission Deutscher Corporate Governance Kodex (2005), Präambel.
18 Vgl. hierzu den folgenden Abschn. C1.2.
19 Vgl. Seibert (2002), S. 581; von Werder (2002), S. 802.
20 Vgl. IDW [Hrsg.] (2002b), S. 10; Regierungskommission Deutscher Corporate Governence Kodex (2005), Präambel.
21 Vgl. IDW [Hrsg.] (2002b), S. 15.
22 Vgl. Dörner/Orth (2004), S. 68.

Änderungen erfahren. Mit dem KonTraG wurden zahlreiche Maßnahmen zur Verbesserung der deutschen Unternehmensführung und -überwachung umgesetzt. Besonderes hervorzuheben ist im Zusammenhang mit der vorliegenden Arbeit die Aufmerksamkeit, die hierbei dem Umgang mit unternehmerischen Risiken zukommt.[23]

Hinsichtlich der Frage, welche Kriterien für eine gute Corporate Governance maßgeblich sind, ist zu beachten, dass einheitliche Kriterien zur Beurteilung der Corporate Governance eines Unternehmens nur schwer zu ermitteln sind, da diese von den spezifischen Erwartungen der einzelnen Bezugsgruppen abhängen. Auch wenn diese im Grundsatz übereinstimmend ein Interesse an einer nachhaltig positiven wirtschaftlichen Entwicklung des Unternehmens haben, ist doch von individuell bzw. gruppenspezifisch unterschiedlichen Zielsetzungen auszugehen.[24] Gleichwohl können z.B. die vom Baseler Ausschuss für Bankenaufsicht aufgestellten Grundsätze für eine gute Corporate Governance bei Banken als Anhaltspunkt herangezogen werden. Kernelemente guter Corporate Governance sind demnach:[25]

- Unternehmenswerte und Verhaltensregeln, die ein integeres Verhalten der Mitarbeiter fördern sowie Maßnahmen zu deren Einhaltung;
- eine klar formulierte Unternehmensstrategie, an welcher der Erfolg der Bank und der Beitrag eines jeden Mitarbeiters gemessen werden kann;
- die eindeutige Zuordnung von Verantwortlichkeiten und Kompetenzen;
- Etablieren von Interaktions- und Kooperationsmechanismen zwischen dem Aufsichtsorgan, der Geschäftsleitung und den Abschlussprüfern;
- ein wirksames Überwachungssystem, das sowohl interne als auch externe Überwachungsfunktionen, unabhängige Risikomanagementfunktionen und andere Kontrollen beinhaltet;
- eine gesonderte Überwachung von Risikopositionen, bei denen Interessenkonflikte wahrscheinlich sind, wie beispielsweise Geschäftsbeziehungen mit verbundenen Unternehmen, großen Anteilseignern, der Geschäftsleitung oder anderen wesentlichen Entscheidungsträgern (z.B. Händlern);
- ein Anreizsystem für alle Mitarbeiter, z.B. in Form finanzieller Kompensation oder Beförderung;
- Transparenz sowie ein angemessenes internes und externes Berichtswesen.

---

23 Vgl. Hommelhoff/Mattheus (2000), S. 8.

24 Vgl. Dörner/Orth (2005), S. 9; von Werder (2003), S. 10.

25 Vgl. Basel Committee on Banking Supervision (1999a), S. 3 f. Zusammenfassung und Übersetzung durch die Verfasserin. Im Juli 2005 wurde durch den Basel Committee on Banking Supervision der Entwurf für eine Neufassung dieses Papiers zur Konsultation veröffentlicht auf http://www.bis.org. Vgl. zu ähnlichen Kriterien guter Corporate Governance auch van Greuning/Bratanovic (2003), S. 32 sowie Strenger (2001), S. 2225.

1.2 Das duale System der Corporate Governance in Deutschland

Kennzeichnend für das in Deutschland vorgeschriebene duale System der Corporate Governance mit Vorstand und Aufsichts- bzw. Verwaltungsrat ist die Trennung von Geschäftsführung und Überwachung der Geschäftsführung durch die Institutionalisierung zweier getrennter Gremien. Im Gegensatz zu diesem, auch als Trennmodell bezeichneten dualen System, herrscht vor allem in den angelsächsischen Ländern das monistische System, auch Vereinigungsmodell genannt, mit dem Board of Directors vor. In Großbritannien z.B. werden üblicherweise ein oder mehrere geschäftsführende Mitglieder des Board als Executive Directors benannt, während die Non-executive Directors nebenamtlich tätig sind und dem Aufsichtsrat deutscher Gesellschaften ähneln. Vorteilhaft im Vergleich zu dem deutschen System ist die engere Einbindung der Non-executive Directors in die Leitung der Gesellschaft, die jedoch gleichzeitig mit der Gefahr einer mangelnden Neutralität erkauft wird.[26] Im Zuge der anhaltenden Reformbemühungen um eine Verbesserung der Corporate Governance ist zu beobachten, dass sich die beiden Basissysteme durch unterschiedliche nationale Initiativen immer stärker aufeinander zu bewegen. Evident wird dies beispielsweise durch eine Intensivierung des Zusammenwirkens von Vorstand und Aufsichtsrat in Deutschland sowie durch die verstärkte Einrichtung von Audit Committees zur Sicherstellung der Überwachung der geschäftsführenden Board-Mitglieder in den USA.[27]

Die gesellschaftsrechtlichen Organe der deutschen Banken ergeben sich aufgrund deren jeweiliger Rechtsform. Banken können neben der Aktiengesellschaft in unterschiedlichen Rechtsformen organisiert sein. Im Hinblick auf die eigentumsrechtliche Zuordnung spricht man für den deutschen Bankensektor vom sogenannten „Dreisäulensystem", das private Geschäftsbanken, öffentlich-rechtliche sowie genossenschaftliche Kreditinstitute unterscheidet.[28] Diese historisch gewachsene Dreiteilung spiegelt die unterschiedlichen Zielsetzungen und Aufgaben der Bankengruppen wider. Während private Banken sich grundsätzlich ausschließlich an der Gewinnmaximierung orientieren, haben öffentlich-rechtliche Kreditinstitute zudem öffentliche Aufgaben zu erfüllen, wie u.a. die Förderung von Sparsinn und Vermögensbildung von kleinen und mittelständischen Unternehmen, Existenzgründung sowie die Finanzierung öffentlicher Aufgaben. Kreditgenossenschaften basieren im Gegensatz dazu auf der Idee, den Erwerb und die Wirtschaft ihrer Mitglieder zu fördern. Die jeweilige Rechtsform eines Kreditinstituts ist eng mit der Zugehörigkeit zu einer der drei Säulen verbunden. Dies gilt insbesondere für öffentlich-rechtliche Kreditinstitute und Kreditgenossenschaften. Private

---

26 Vgl. Franz (2000), S. 50 sowie eingehender zu den Vor- und Nachteilen der beiden Systeme Orth (2000), S. 88.

27 Vgl. Orth (2000), S. 88 ff. sowie derselbe S. 114 ff.

28 Genau genommen bezieht sich der Begriff des Dreisäulensystems auf Universalbanken, die grundsätzlich alle Bankgeschäfte betreiben und allen Kundengruppen offen stehen. Spezialbanken, die im Gegensatz dazu ihre Aktivitäten auf bestimmte Geschäftsfelder konzentrieren, wie z.B. Hypothekenbanken und Bausparkassen, werden von diesem Begriff nicht erfasst. Vgl. hierzu und zum Folgenden Deutsches Institut für Wirtschaftsforschung (2004), S. 18 ff.

Banken sind grundsätzlich frei in ihrer Rechtsformwahl. Eine Ausnahme bildet lediglich die Rechtsform des Einzelkaufmanns, die gemäß § 2a KWG für Kreditinstitute nicht zulässig ist. Neben der Aktiengesellschaft finden sich daher Gesellschaften mit beschränkter Haftung, Kommanditgesellschaften auf Aktien sowie Personengesellschaften in der Form der offenen Handelsgesellschaft oder der Kommanditgesellschaft.

Im Zusammenhang mit der Corporate Governance sieht das Aktiengesetz für **Aktiengesellschaften** zwingend drei Organe vor: den Vorstand als Geschäftsführungsorgan, den Aufsichtsrat als Überwachungsorgan und die Hauptversammlung als oberstes Verfassungsorgan, wobei die beiden erstgenannten die Verwaltung der Aktiengesellschaft bilden.[29] Gesellschaften mit beschränkter Haftung müssen bzw. können neben der Geschäftsführung als weiteres Organ entweder zwingend aufgrund ihrer Größe[30] oder aber freiwillig einen Aufsichtsrat bilden. Dessen Rechte und Pflichten richten sich nach den einschlägigen Vorschriften des Aktiengesetzes, sofern der Gesellschaftsvertrag bei einem fakultativen Aufsichtsrat nichts anderes bestimmt. Bei Personengesellschaften, die von ihren Gesellschaftern vertreten werden, wird häufig ein aufsichtsratähnlicher Beirat gewählt, der jedoch in der Regel eher eine beratende als eine überwachende Funktion besitzt.

Die **Genossenschaftsbanken** werden in der Rechtsform der eingetragenen Genossenschaft geführt und unterliegen damit dem Genossenschaftsgesetz. Dieses schreibt in Anlehnung an das Aktiengesetz ebenfalls die drei Verfassungsorgane Vorstand, Aufsichtsrat und Generalversammlung vor.

Für **öffentlich-rechtliche Kreditinstitute** existiert hingegen kein allgemeines Organisationsgesetz. Die Sparkassen und Landesbanken werden zumeist als Anstalten öffentlichen Rechts geführt.[31] Jedes der Institute verfügt über ein eigenes Gründungs- oder Errichtungsgesetz und/oder eine eigene, vorwiegend die innere Organisation regelnde Satzung. Bei den Gesetzen handelt es sich grundsätzlich um Landesgesetze, mit Ausnahme derer die den jeweiligen Zentralinstituten zu Grunde liegen.[32] Trotz der zahlreichen Rechtsgrundlagen hat sich ein in seinen Grundzügen einheitliches Organisationsrecht herausgebildet.[33] Hierbei wurde ebenfalls weitgehend die Organisationsform des Aktienrechts nachvollzogen. So sehen auch die Verfassungen der Landesbanken, Sparkassen sowie Zentralinstitute einen den Aktiengesellschaf-

---

29 Vgl. hierzu und zum Folgenden Scheffler (2000), S. 839 f.

30 Bei mehr als 500 Beschäftigten nach § 77 BetrVG 1952 bzw. bei mehr als 2000 Beschäftigten nach § 25 Abs. 1 Ziffer 2 MitbestG.

31 Eine Ausnahme bilden hier diejenigen freien Sparkassen, die als wirtschaftlicher Verein (z.B. Frankfurter Sparkasse) oder als Aktiengesellschaft (z.B. Sparkasse Bremen) geführt werden.

32 Die dem Bundesrecht unterliegenden Zentralinstitute sind bei den Genossenschaftsbanken die aus dem Zusammenschluss von GZ Bank und DG Bank am 1. September 2001 hervorgegangene DZ-Bank und die regional auf das Rheinland und Westfalen konzentrierte WGZ Bank sowie in der Sparkassenorganisation die zum Jahresanfang 1999 aus der Fusion von Deutsche Girozentrale - Deutsche Kommunalbank und DekaBank GmbH hervorgegangene DekaBank.

33 Vgl. hierzu und zum Folgenden Wulf (1992), S. 12 f.

ten vergleichbaren dreiteiligen Organaufbau mit Vorstand, Aufsichts- bzw. Verwaltungsrat[34] und Anstalts- bzw. Hauptversammlung vor. Wesentliche Charakteristika öffentlich-rechtlicher Kreditinstitute sind bislang neben deren Zielsetzung auch die Gewährträgerhaftung und die Anstaltslast gewesen, die den Instituten eine unbeschränkte Bestandsgarantie zusicherte.[35] Seit jedoch 1999 die Europäische Kommission diese Bestandsgarantie für nicht mit den Prinzipien des gemeinsamen Marktes vereinbar erklärt hat und im Sommer 2001 eine Einigung über die Abschaffung der Gewährträgerhaftung und eine Modifikation der Anstaltslast mit einer Übergangsfrist bis 2005 erzielt wurde, ergeben sich bei den öffentlich-rechtlichen Kreditinstituten nunmehr verstärkt eigentumsrechtliche Veränderungen. So werden Sparkassengesetze neu formuliert und die staatlichen Haftungsgarantien aufgehoben. Bei den Landesbanken gibt es insbesondere zwei Umstrukturierungsmodelle: das Aufspaltungsmodell und das Finanzholding-Modell. Bei dem Aufspaltungsmodell werden aus einer Landesbank zwei rechtlich selbständige Institute gegründet. Dabei übernimmt eine Landesbank AG das operative Geschäft, während eine Landesbank als Anstalt öffentlichen Rechts, die weiterhin mit Gewährträgerhaftung und Anstaltslast ausgestattet ist, als spezielles Förderinstitut betrieben wird.[36] Bei dem Finanzholding-Modell wird dagegen eine Landesbank-Holding AG als Dachgesellschaft mit staatlicher Mehrheitsbeteiligung gegründet, die als beliehener Anstaltsträger der Landesbank fungiert. Die Landesbank selbst wird als Anstalt öffentlichen Rechts ohne Gewährträgerhaftung und Anstaltslast fortgeführt.[37]

Im Hinblick auf die Relevanz deutscher Corporate Governance-Regeln für die Überwachung von Banken folgt aus den eigentumsrechtlichen Verhältnissen im Bankensektor, dass diese auch für diejenigen Kreditinstitute, die nicht in der Rechtsform einer Aktiengesellschaften geführt werden, aufgrund des in den meisten Fällen einer Aktiengesellschaft vergleichbaren Organaufbaus durchaus für die große Zahl der Kreditinstitute unmittelbare Bedeutung besitzen. Dies wird auch durch die Tatsache unterstrichen, dass bei Änderungen der Sparkassengesetze explizit eine Orientierung an dem Deutschen Corporate Governance Kodex vorgenommen wird.[38] Hinzu kommt, dass bei Banken die Forderung nach einer guten Corporate Governance insofern verstärkt wird, als durch die spezielle Bedeutung, die diesen innerhalb einer Volkswirtschaft zukommt, besondere Anforderungen an deren Corporate Governance zu stellen sind. So führt auch der Baseler Ausschuss für Bankenaufsicht aus:

> *„The importance of banks to national economies is underscored by the fact that banking is virtually universally a regulated industry and that banks have access to*

---

[34] Obwohl sich bei dem überwiegenden Teil der Landesbanken und Sparkassen der Begriff des Verwaltungsrats findet, schließt in der weiteren Verwendung der Begriff des Aufsichtsrats auch das Überwachungsorgan der öffentlich-rechtlichen Kreditinstitute mit ein.

[35] Vgl. hierzu und zum Folgenden Deutsches Institut für Wirtschaftsforschung (2004), S. 20 ff.

[36] Ein Beispiel für dieses Modell ist die Aufspaltung der West LB Girozentrale in die WestLB AG und die Landesbank NRW zum 1. August 2002.

[37] Als Beispiel für dieses Modell kann die Gründung der Finanzholding AG in Bayern angeführt werden.

[38] Vgl. z.B. Möllring (2004), S. 1 f. anlässlich der Verabschiedung des Niedersächsischen Sparkassengesetzes durch das Niedersächsische Finanzministerium.

government safety nets. It is of crucial importance therefore that banks have strong corporate governance."[39]

Neben den gesellschaftsrechtlichen Organen gelten als weitere Akteure im Rahmen der Corporate Governance die Anteilseigner, Mitarbeiter und darüber hinaus weitere Interessengruppen, wie etwa der Abschlussprüfer eines Unternehmens.[40] Die OECD spricht von einem Geflecht von Beziehungen zwischen allen unmittelbar und mittelbar an der unternehmerischen Entscheidungsfindung beteiligten Akteuren, die durch die institutionellen Rahmenbedingungen sowie durch das Regulierungsumfeld geprägt werden.[41] Wegen der herausragenden Bedeutung des Bankensektors ergeben sich hierbei Besonderheiten im System der Corporate Governance, die im Folgenden näher betrachtet werden.

1.3 Erweiterter Überwachungsbegriff bei Banken

Die Besonderheiten des Finanzsektors führen dazu, dass zu den Stakeholdern neben den gesellschaftsrechtlichen Organen, den Anteilseignern und den Abschlussprüfern bei Banken insbesondere auch die Bankenaufsichtsbehörde zu zählen ist. Deren vorrangige Aufgabe ist es in diesem Zusammenhang, den gesetzlichen Rahmen der Corporate Governance im Hinblick auf Banken zu konkretisieren und zu überwachen. Die Bankenaufsicht nimmt damit eine zentrale Rolle in dem Corporate Governance-Prozess der Banken ein, indem sie sowohl einen maßgeblichen Einfluss auf die Banken selbst als auch auf weitere Stakeholder, und hier insbesondere die Abschlussprüfer, ausübt.[42]

Einhergehend mit der Erweiterung der Überwachungsträger in der Corporate Governance um die Bankaufsicht, zeigt sich zugleich eine Erweiterung des Überwachungsbegriffs für den Bankbereich. Die Überwachungstheorie versteht den Begriff der Überwachung als das „(...) Wiederanschauen und zwar von vollzogenen betrieblichen Sachverhalten und ihrer Dokumentation durch unternehmensinterne oder -externe Personen oder Institutionen zur Beurteilung, ob sie ordnungsgemäß abgewickelt und dokumentiert wurden. Das geschieht entweder ex-post (Prüfung) oder innerhalb betrieblicher Abläufe (Kontrolle) gemäß einer vorgegebenen Ordnung oder allgemeinen ökonomischen Beurteilungskriterien."[43] Kontrolle findet demnach innerhalb der Bank gegenwartsbezogen, d.h. arbeitsbegleitend, bzw. vor- oder nachgelagert statt und ist eine ständige, in die Arbeitsabläufe integrierte Einrichtung, bei der der Überwacher für die Ergebnisse des überwachten Prozesses verantwortlich ist.[44] Im Gegensatz dazu

39 Basel Committee on Banking Supervision (1999a), S. 3.
40 Vgl. Langenbucher/Blaum (1994), S. 2197.
41 Vgl. OECD [Hrsg.] (2004), S. 11 f.
42 Vgl. van Greuning/Bratanovic (2003), S. 5.
43 Leffson/Meyer zu Lösebeck (1992), Sp. 1639.
44 Vgl. hierzu und zum Folgenden Baetge (1993), S. 179; Schewe/Littkemann/Beckmeier (1999), S. 1484; Blumer (1996), S. 45. Eine hiervon abweichende Begriffsdefinition nimmt z.B. Theisen (1987), S. 66 vor.

sind Prüfungen in der Regel vergangenheitsbezogen und damit den Kontrollen nachgelagert. Der Überwacher ist nicht für die Ergebnisse des überwachten Prozesses verantwortlich. Prüfungen stellen jeweils einen einmaligen Vorgang dar. Das Hauptmerkmal der Prüfung ist der Soll-Ist-Vergleich, bei dem der Prüfer durch Vergleich eines Istobjekts mit einem vorgegebenen oder zuvor zu ermittelnden Sollobjekt das Ziel verfolgt, ein vertrauenswürdiges Urteil über einen gegebenen Sachverhalt zu gewinnen.[45] In Deutschland finden Prüfungen bei Banken in der Regel zum einen extern durch Wirtschaftsprüfer und zum anderen intern durch die Interne Revision statt.

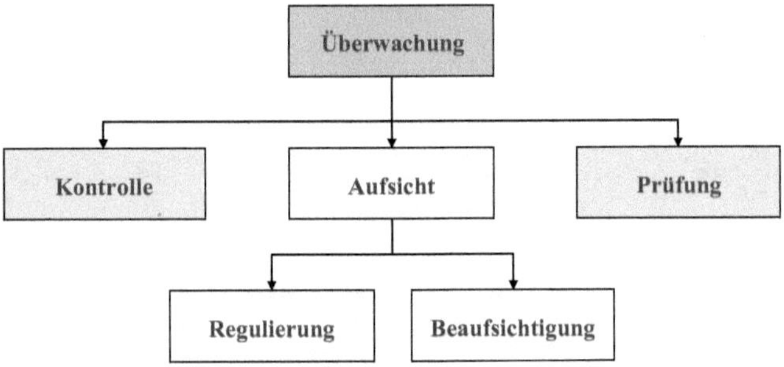

Abbildung 5: Überwachungsbegriff in Banken[46]

Im Bankensystem wird nun dieser Überwachungsbegriff dahingehend erweitert, dass unter den Oberbegriff der Überwachung neben Kontrolle und Prüfung zudem der Begriff der Aufsicht fällt (vgl. Abbildung 5).[47] Bei dieser ist weitergehend zwischen Regulierung und Beaufsichtigung zu unterscheiden. Unter Regulierung wird die Verankerung der staatlichen Aufgaben in Gesetzen, Verordnungen usw. verstanden, während die Aufsichtsbehörden im Rahmen der Beaufsichtigung dafür zu sorgen haben, dass die Normen auch eingehalten werden.[48] Der Begriff der Beaufsichtigung ist daher hier mit dem der Prüfung gleichzusetzen.[49] Aufsicht findet zum einen bei vermuteten Unregelmäßigkeiten statt, zum anderen aber auch periodisch im Ermessen der Aufsichtsbehörde.

45 Vgl. Leffson (1988), S. 13. BAETGE fasst auch Ist-Ist-Vergleiche unter den Begriff der Überwachung, die notwendig sind, wenn der Überwacher kein Soll-Vergleichsobjekt besitzt. Gleichwohl weist er darauf hin, dass hierfür zuvor eine Mindestzuverlässigkeit der Istobjekte ermittelt worden sein muss. Vgl. Baetge (1993), S. 179.

46 Quelle: in Anlehnung an Blumer (1996), S. 43 ff.

47 Vgl. Heinhold/Wotschofsky (2002), S. 1217; Blumer (1996), S. 43.

48 Vgl. Huang (1992), S. 11 f. Im angelsächsischen Sprachgebrauch finden sich die Begriffe „Regulation" und „Supervision". Vgl. auch Blumer (1996), S. 46.

49 Als weiteres Synonym wird die Bezeichnung „Revision" verwendet.

Die wesentlichen Akteure im Zusammenhang mit der Überwachung einer Bank, die im weiteren Untersuchungsverlauf eingehender betrachtet werden, sind daher:[50]

- die Geschäftsführung,
- die Interne Revision,
- das Aufsichtsorgan,
- der Gesetzgeber und die Aufsichtsbehörde,
- der Abschlussprüfer,
- die Öffentlichkeit (Kapitalmarkt).

Mit Öffentlichkeit sind hier insbesondere die Gruppen der Investoren und Einleger sowie der Finanzanalysten, wie beispielsweise Rating-Agenturen, bezeichnet.

Für eine Beschreibung des Systems der Unternehmensüberwachung wird üblicherweise eine Kategorisierung der Überwachungsträger vorgenommen. Diese können grundsätzlich nach verschiedenen Kriterien differenziert werden. Im Zusammenhang mit der hier interessierenden Fragestellung kommt insbesondere eine Unterscheidung nach:

a) formal-rechtlichen
b) funktional-organisatorischen

Kriterien in Betracht.[51] Erstere nehmen eine Einteilung in „interne" und „externe" Überwachungsträger vor, wobei für die Zuordnung zu einer der beiden Kategorien entscheidend ist, ob der Überwachungsträger dem Unternehmen angehört oder unternehmensfremd ist.[52] Für die zweite, funktionsbezogene Unterscheidung ist das relevante Kriterium die Stellung des Überwachungsträgers zur Unternehmensführung. Als „unternehmensführungsinterne" Überwachungsträger werden in diesem Sinne diejenigen Überwachungsträger bezeichnet, die als Element der Unternehmensführung selbst angesehen werden können, während alle übrigen als „unternehmensführungsexterne" Überwachungsträger gekennzeichnet werden.[53]

Die nächsten Abschnitte widmen sich einer eingehenden Betrachtung der Rollen der jeweiligen Akteure in dem Corporate Governance-Prozess der Banken. Ziel ist es, ein grundlegendes Verständnis für die jeweiligen Aufgabe, Ziele und Überwachungsobjekte der einzelnen Überwachungsträger zu schaffen, vor dessen Hintergrund im Anschluss daran die konkreten Aufgaben im Zusammenhang mit spezifischen Überwachungsmaßnahmen für operationelle

---

[50] Auf die Haupt- bzw. General- oder Anstaltsversammlung als weitere Interessengruppen wird in der vorliegenden Arbeit nicht näher eingegangen, da diesen für die hier zu untersuchende Fragestellung eine untergeordnete Bedeutung zukommt. Vgl. hierzu z.B. Schlömer (1985), S. 70 ff.

[51] Vgl. zu dieser Unterscheidung Theisen (1987), S. 54 f. Weitere Möglichkeiten zur Differenzierung des Systems unternehmerischer Überwachung finden sich bei Schlömer (1985), S. 43.

[52] Vgl. Schlömer (1985), S. 43.

[53] Vgl. Theisen (1987), S. 54 f.

Risiken diskutiert werden. Grundsätzlich wird für die Systematisierung der weiteren Untersuchung eine formal-rechtliche Unterscheidung der Überwachungsträger vorgenommen, wobei jedoch auch auf funktionsbezogene Aspekte eingegangen wird, sofern dies im Einzelfall relevant ist.

2 Interne Überwachungsträger

2.1 Geschäftsführung

Nach dem Deutschen Corporate Governance Kodex leitet[54] der Vorstand das Unternehmen in eigener Verantwortung.[55] Gesetzlich ist dies in § 76 Abs. 1 AktG niedergelegt. Dabei hat der Vorstand gemäß § 93 Abs. 1 Satz 1 AktG[56] die Sorgfalt eines ordentlichen und gewissenhaften Geschäftsleiters anzuwenden. Aus diesen beiden Normen werden als originäre Führungsfunktionen üblicherweise die Unternehmensplanung, die Unternehmenskoordinierung, die Unternehmenskontrolle und die Führungspostenbesetzung abgeleitet.[57] § 93 AktG konkretisiert die Vorschrift des § 76 AktG insofern, als er dessen objektive Verhaltenspflichten regelt. Allerdings sind die Anforderungen angesichts der heterogenen Unternehmenslandschaft und der Fortentwicklung betriebswirtschaftlicher Methoden zwangsläufig recht allgemein gehalten.[58] Um dennoch eine Beurteilung der Geschäftsleitung hinsichtlich der geforderten sorgfältigen Unternehmensleitung vornehmen zu können, ist eine Spezifizierung der Anforderungen erforderlich. Hierzu können die Vorschläge von Werders zur Formulierung von „Grundsätzen ordnungsmäßiger Unternehmensleitung" herangezogen werden.[59] Dieser unterscheidet zwischen „allgemeinen" und „besonderen" Grundsätzen. Erstere beziehen sich auf die rechtliche Zulässigkeit und die ökonomische Zweckmäßigkeit der Unternehmensleitung sowie deren Verträglichkeit mit moralischen Normen. Die besonderen Grundsätze umfassen zum einen „Handlungsgrundsätze", die Leitregeln für die Art der Erfüllung der Managementhandlungen im Rahmen ihrer Aufgabenerfüllung umreißen. Als ordnungsmäßig kann eine Entscheidung demnach dann angesehen werden, wenn sie dem Grundsatz der Rationalität genügt, der verlangt, dass Managemententscheidungen durch eine systematische Ausschöpfung des Stands des zugänglichen Wissens analytisch vorbereitet bzw. fundiert werden und damit objektiv nachvollziehbar kommentiert werden können. Zum anderen beinhalten die besonderen Grundsätze „Systemgrundsätze", welche die Organisation und personelle Zusammensetzung der Unternehmensleitung („Organisations-„ und „Personalgrundsätze"), die Zusammenarbeit

---

54 Die Begriffe „Leitung" und „Geschäftsführung" werden in der vorliegenden Arbeit synonym verwendet. Für eine Analyse der Frage nach der Deckungsgleichheit beider Begriffe vgl. ausführlich Semler (1996), S. 5 ff.

55 Vgl. Regierungskommission Deutscher Corporate Governance Kodex (2005), Textziffer 4.1.1.

56 Die entsprechende Vorschrift in § 34 GenG wurde durch das Reformgesetz vom 9. Oktober 1973 weitgehend der Regelung des § 93 AktG angepasst. Vgl. Müller (1996), § 34 GenG, Rdn. 1.

57 Vgl. Hüffer (2004), § 76 AktG, Rdn. 8; Semler (1996), S. 10 ff.

58 Vgl. Schäfer (2001), S. 52 f.

59 Vgl. hierzu und zum Folgenden von Werder (1996b), S. 34 ff.

der Unternehmensleitung mit dem Aufsichtsrat sowie auch mit externen Dritten, wie etwa dem Wirtschaftsprüfer („Kooperationsgrundsätze"), sowie schließlich die Zuständigkeiten und Kompetenzen der Unternehmensleitung („Aufgabengrundsätze") betreffen.

Im Hinblick auf die personelle Besetzung der Unternehmensleitung von Kreditinstituten gelten neben der allgemeinen Leitregel, nur Personen mit den erforderlichen Fach- und Führungsqualifikationen zu berufen, spezifische Anforderungen des Kreditwesengesetzes (KWG[60]), die sich auf die Zuverlässigkeit[61] und fachliche Eignung[62] der Geschäftsleiter beziehen.[63] Letztere setzt nach § 33 Abs. 2 KWG voraus, dass die Geschäftsleiter in ausreichendem Maße theoretische und praktische Kenntnisse in den betreffenden Geschäften sowie Leitungserfahrung besitzen. Dies ist regelmäßig dann anzunehmen, wenn eine mindestens dreijährige leitende Tätigkeit bei einem Institut vergleichbarer Größe und Geschäftsart nachgewiesen werden kann. Bei Kredit- und Finanzdienstleistungsinstituten, die befugt sind, sich Eigentum oder Besitz an Geldern oder Wertpapieren von Kunden zu verschaffen, wurde hinsichtlich der Organisation der Unternehmensleitung das Prinzip der mehrköpfigen Unternehmensleitung umgesetzt, indem mindestens zwei Geschäftsleiter (nicht nur ehrenamtlich) für das Institut tätig sein müssen.[64]

Die Kooperation der Geschäftsleiter mit dem Aufsichtsorgan ist grundsätzlich in § 90 AktG geregelt. Dort werden ausdrückliche Berichtspflichten festgelegt, die einerseits den Kontakt zwischen den Gesamtgremien festlegen (§ 90 Abs. 1 Satz 1 AktG) sowie andererseits eine besondere Berichtspflicht an den Aufsichtsratsvorsitzenden in Ausnahmesituationen vorsehen (§ 90 Abs. 1 Satz 3 AktG).[65]

Die Aufgaben der Unternehmensleitung lassen sich im Kern aus den drei Phasen des betrieblichen Handlungsablaufs - „Planung", „Realisation" und „Überwachung" - ableiten.[66] Dabei manifestiert sich die Planung in Entscheidungshandlungen, die neben Einzelentscheidungen insbesondere Richtungsentscheidungen und Infrastrukturentscheidungen umfassen.[67] Zu den Richtungsentscheidungen zählt die Bestimmung der obersten Ziele im Sinne eines mehrdimensionalen **Zielsystems** sowie der strategischen Ausrichtung des Unternehmens. Hierbei hat sich die Unternehmensleitung an den Prinzipien des Wertmanagements zu orientieren, d.h.,

60 Gesetz über das Kreditwesen, in der Fassung der Bekanntmachung vom 9. Sept. 1998, zuletzt geändert durch Art. 4a des Gesetzes vom 22. Sept. 2005. Vgl. Bundesregierung (1998b).
61 Vgl. § 33 Abs. 1 Nr. 2 KWG.
62 Vgl. § 33 Abs. 1 Nr. 4 KWG.
63 Die Anforderungen stellen grundsätzlich Erlaubnisvoraussetzungen für das Betreiben von Bankgeschäften dar. Vgl. hierzu auch A3.1.3.
64 Vgl. § 33 Abs. Nr. 5 KWG.
65 Vgl. zur Kritik an darüber hinaus fehlenden Regelungen für Interaktionen unterhalb der Ebene der Gesamtgremien von Werder (1996b), S. 62.
66 Zu den Phasen betrieblicher Entscheidungsprozesse vgl. z.B. Korndörfer (1999), S. 66 f.
67 Vgl. von Werder (1996b), S. 44 ff.

sie ist einer nachhaltigen Optimierung des Eigentümerwerts des Unternehmens verpflichtet.[68] Dabei ist eine Wertorientierung nicht nur für private Banken von Bedeutung. Vielmehr müssen auch öffentlich-rechtliche Institute und Genossenschaftsbanken die Profitabilität ihrer Geschäftstätigkeit sicherstellen, da sie das für die Zukunft benötigte Eigenkapital zumeist unmittelbar aus der eigenen Ertragskraft bilden müssen, wobei die Rentabilitätsanforderungen weitgehend den Kapitalmarktbedingungen entsprechen.[69] Ziel der Wertmanagementkonzepte ist es, in diejenigen Geschäfte zu investieren, die den Unternehmenswert steigern. Generieren einzelne Geschäftsfelder keine kapitalmarktgerechte Rentabilität, sind diese konsequenterweise neu zu organisieren oder aufzugeben. Verbleibt Eigenkapital, das innerhalb des Unternehmens keiner der Renditeerwartung entsprechenden Verwendung zugeführt werden kann, so ist dieses an die Eigentümer zurückzugeben.[70] In diesem Zusammenhang ist es entscheidend, dass über eine sichere Kapitalmarktrendite hinaus eine marktkonforme Risikoprämie erwirtschaftet werden muss, damit sich die Anlage für den Eigenkapitalgeber lohnt.[71] Für eine wertorientierte Steuerung auf allen Ebenen der Bank, und damit auch in allen Geschäftsfeldern, sind interne Kennzahlen erforderlich.[72] Hierzu dienen bei Banken risikoadjustierte Renditekennzahlen, wie beispielsweise der Return on Risk Adjusted Capital (RORAC)[73]. Diese Kennzahlen vergleichen das Ergebnis je Geschäftsbereich mit dem diesem allokierten Risikokapital und geben so Auskunft über die Verzinsung des eingesetzten Eigenkapitals.[74] An der Spitze eines an der Wertsteigerung des Eigenkapitals orientierten Zielsystems einer Bank kann in Übereinstimmung mit der Konzeption des ertragsorientierten Bankmanagements nach

---

68 Vgl. Krammer et al. (2001), S. 1446; Regierungskommission Deutscher Corporate Governance Kodex (2005), Tz. 4.1.1. Der Marktwert des Eigenkapitals resultiert aus Sicht des Eigentümers im Wesentlichen aus Kursveränderungen und Dividendenzahlungen. Konzepte zur Steuerung des Marktwerts des Eigenkapitals sind insbesondere unter den Stichworten „wertorientierte Unternehmensführung" und „Shareholder Value-Ansatz" bekannt. Zur Bestimmung des Shareholder Value eines Unternehmens vgl. Rappaport (1986), S. 50 ff. sowie Rappaport (1999), S. 39 ff. Diese Ansätze wurden in den USA entwickelt und zunächst vorwiegend in internationalen Industrieunternehmen eingesetzt. Sie haben jedoch zunehmend auch für europäische Banken an Bedeutung gewonnen, da auch auf diese der Druck gestiegen ist, den Investoren attraktive Verzinsungen zu bieten und den Marktwert entsprechend zu steigern. Der Grund hierfür liegt insbesondere in der zunehmenden Mobilität des Kapitals. Vgl. Seidel (2000), S. 42; Krammer et al. (2001), S. 1446; Rolfes (1999), S. 1.

69 Vgl. Rolfes (1999), S. 2 f.; Everling (2002), S. 38.

70 Vgl. Rolfes (1999), S. 2.

71 Eine Wertsteigerung auf Gesamtbankebene lässt sich bei Aktiengesellschaften in Form der Aktienrendite z.B. im Verhältnis zu der Entwicklung des relevanten Börsenindexes beurteilen. Die Aktienrendite wird als Verhältnis von Kursgewinnen und Dividenden einer Periode relativ zum Marktwert zu Beginn der Periode berechnet und auch als Total Shareholder Return bezeichnet.

72 Überwiegend werden zur Bestimmung des Wertes von Unternehmensbereichen oder Unternehmen Discounted Cash Flow- (DCF-)Verfahren bzw. Ertragswertverfahren angewendet, bei denen die diskontierten freien Cash Flows vermindert um den Wert des Fremdkapitals bzw. die diskontierten zukünftigen Gewinne herangezogen werden. Vgl. zu einer Darstellung der gängigen Methoden z.B. Pfaff/Bärtl (1999), S. 85 ff. Der entscheidende Nachteil dieser Verfahren ist, dass sie auf zukünftigen Erwartungen basieren, die durch zu ambitionierte Planungen einzelner Geschäftsbereiche zu falschen Steuerungsimpulsen führen können. Vgl. Krammer et al. (2001), S. 1451.

73 Der RORAC wird wie folgt berechnet: RORAC = Überschuss/Risikokapital. Daneben gibt es weitere Varianten der Kennzahl, wie etwa den RAROC™ von Bankers Trust oder den RARORAC. Vgl. z.B. Ballwieser/Kuhner (2000), S. 368 ff

74 Vgl. Krammer et al. (2001), S. 1449. Auf diese Weise soll berücksichtigt werden, dass neue Geschäfte die Risikosituation und den Verbrauch knapper Ressourcen verändern und nur im Hinblick hierauf positiv zu bewertende Geschäfte abgeschlossen werden. Vgl. Hartmann-Wendels/Pfingsten/Weber (2004), S. 348.

SCHIERENBECK die Rentabilität gesehen werden.[75] Diesem Primärziel wird das Sicherheitsziel gewissermaßen als Nebenbedingung untergeordnet,[76] denn die Übernahme von Risiken kann nur durch die hierbei zu erwartenden Ertragsmöglichkeiten gerechtfertigt werden. Daher muss grundsätzlich eine Abstimmung der Risiken mit den aus deren Übernahme erwarteten Chancen erfolgen. Darüber hinaus sind bei Banken durchaus auch eigenständige Sicherheitsziele denkbar, wie die Einhaltung der aufsichtsrechtlichen Grundsätze über das Eigenkapital und die Liquidität der Kreditinstitute.

Neben der Bestimmung des Zielsystems der Bank ist es die Aufgabe der Unternehmensleitung, die **Organisationsstruktur** festzulegen, die sich aus Regelungen der Aufbau- und Ablauforganisation zusammensetzt und die Kompetenzen und Kommunikationsbeziehungen der Organisationseinheiten sowie die Abfolge der Arbeitsprozesse determiniert. Dabei sind die Organisationsstrukturen derart zu gestalten, dass eine effiziente und effektive Leistungserstellung möglich ist.[77] Die Zuständigkeiten müssen den Betroffenen zudem jeweils bekannt sein. Die Festlegung der Organisationsstruktur umschließt die Einrichtung der erforderlichen Systeme, die sich grob in das Planungssystem und das Interne Überwachungssystem, inklusive des klassischen Rechnungswesens, einteilen lassen. Die Überwachung als Führungsfunktion ist im Zusammenhang mit der hier behandelten Fragestellung besonders hervorzuheben. Als eine der Phasen betrieblichen Handelns ist es die Aufgabe der Überwachung, die Einhaltung gesetzlicher,[78] aufsichtsrechtlicher und innerbetrieblicher Vorschriften, die Ausschaltung und zukünftige Vermeidung von Fehlerquellen, den Schutz des Vermögens sowie die Ertragssicherung zu gewährleisten.[79] Insgesamt wird es damit als die Aufgabe und Verantwortung der Geschäftsleitung angesehen, durch eine risikoorientierte Unternehmensführung die Risiken der unternehmerischen Betätigung in vertretbaren Grenzen zu halten.[80] Ebenfalls im Zusammenhang mit dem Überwachungssystem ist die Verpflichtung zur Rechenschaftslegung der Kreditinstitute zu sehen. Gemäß § 340a Abs. 1 HGB haben diese unabhängig von Rechtsform und Größe ihren Jahresabschluss nach den Vorschriften für große Kapitalgesellschaften zu erstellen. Dies bedeutet, dass gem. § 264 HGB die Bilanz und GuV um einen Anhang zu ergänzen sind sowie ein Lagebericht nach den Vorschriften des § 289 HGB aufzustellen ist.[81]

Um ihrer eigenen Überwachungsfunktion gerecht zu werden, kann die Unternehmensleitung grundsätzlich Überwachungsaufgaben an hierarchisch nachgeordnete Institutionen delegieren. Allerdings hat sie auch dann ihrer Aufsichtspflicht nachzukommen und sich davon zu über-

75 Vgl. Schierenbeck (2003a), S. 1 ff.
76 Vgl. auch Döhring (1996a), S. 36, der an dieser Stelle auf den hier nicht zu vertiefenden Streit um die relative Bedeutung der beiden Formalziele Rendite und Sicherheit zueinander hinweist.
77 Vgl. hierzu und zum Folgenden Schäfer (2001), S. 62 f.; von Werder (1996b), S. 48 f.
78 Vgl. auch Regierungskommission Deutscher Corporate Governance Kodex (2005), Textziffer 4.1.3; IDW [Hrsg.] (2002b), S. 11.
79 Vgl. Korndörfer (1999), 180.
80 Vgl. von Werder (1996a) S. 5.
81 Für den Konzernabschluss gilt entsprechend § 340i HGB i.V.m. § 290 und § 315 HGB.

zeugen, dass gesetzliche sowie interne Vorgaben eingehalten werden.[82] Bei den nachgeordneten Institutionen, die mit Überwachungsaufgaben betraut werden, handelt es sich im Wesentlichen um das Controlling sowie die Interne Revision. Ob diese Institutionen als eigenständige Überwachungsträger agieren oder lediglich eine Servicefunktion im Interesse der Unternehmensführung erfüllen, ist grundsätzlich danach zu beurteilen, ob diesen weitergehend auch die Funktion der Überwachung der Unternehmensführung zugestanden wird.

Für das Controlling ist dies grundsätzlich zu verneinen. Die Aktivitäten des Controlling zielen vielmehr auf die Koordination von Planung, Informationsversorgung, Kontrolle und Steuerung.[83] Damit ist Controlling als Institution mit ZIENER als Fachinstanz zu verstehen, die aus der Abspaltung bestimmter, ursprünglich der Unternehmensführung zugerechneter Aufgaben entstanden ist.[84] Im Verhältnis zur Unternehmensführung kommt dem Controlling mithin eine Unterstützungs- und Entlastungsfunktion zu, nicht jedoch die Aufgabe, die Unternehmensführung selbst zu überwachen.[85] Anders stellt sich die Situation hingegen bei der im nachfolgenden Abschnitt 2.2 betrachteten Internen Revision dar.

Zuvor ist jedoch noch im Hinblick auf die operationelle Risikosituation einer Bank auf mögliche **Corporate Governance-Probleme** einzugehen, die sich aus den Leitungspflichten ergeben können. Im Verantwortungsbereich der Geschäftsleitung lassen sich die im Folgenden aufgeführten Problembereiche identifizieren, wobei die Auflistung keinen Anspruch auf Vollständigkeit erheben kann, sondern lediglich die am bedeutendsten erscheinenden Punkte aufführen will:[86]

- **Schwaches Überwachungsumfeld**, z.B. durch das Fehlen einer klar definierten und angemessenen Organisationsstruktur mit einer eindeutigen Festlegung von Verantwortlichkeiten, die fehlende Hervorhebung der Bedeutung interner Kontroll- und Überwachungsmaßnahmen, falsche Anreizsysteme oder das Fehlen ausreichender Kenntnisse der getätigten Geschäfte auf Seiten der Geschäftsleitung. Auch mangelndes Führungsverhalten im Hinblick auf ethische und moralische Grundsätze, die einen Mangel an Integrität und Respekt sowie die Verletzung von Vorschriften durch die Mitarbeiter hervorrufen können, stellen nicht zu unterschätzende Schwachstellen dar.
- **Fehlende Kontrollmaßnahmen und Aufgabentrennung**, z.B. durch Zuständigkeit einer Person sowohl für Front- als auch für Backoffice-Aufgaben oder Beurteilung eines Kreditantrags und nachfolgende Überwachung des Engagements durch dieselbe Person.
- **Unzulängliche Risikoerkennung und -einschätzung** wegen des Fehlens unabhängiger Risikomanagementfunktionen, fehlender Mechanismen und Prozesse zur Risikoidentifika-

[82] Vgl. Orth (2000), S. 97; Schäfer (2001), S. 62 f.
[83] Vgl. Scheffler (2004), S. 98 sowie zu den Aufgaben im Einzelnen mit weiteren Literaturhinweisen Lück (1999a), S. 158 ff.
[84] Vgl. Ziener (1985), S. 45.
[85] Vgl. Theisen (1987), S. 59 ff.; Freidank/Paetzmann (2004), S. 1 f.
[86] Vgl. auch Basel Committee on Banking Supervision (1998a), S. 29 ff. sowie Banks (2004), S. 115 ff.

tion sowie nicht erfolgte Anpassungen von Systemen und Verfahren bei neuen, komplexeren oder anspruchsvolleren Produkten.

- **Unvollständige oder unzuverlässige interne Informationen**. Hierzu gehört die Meldung unrichtiger Finanzinformation, die Verwendung falscher Datenreihen für die Bewertung von Finanzpositionen oder fehlende Informationen über wesentliche Tätigkeitsbereiche.
- **Unzulängliche Kommunikationswege**, wie etwa die Bekanntgabe geschäftspolitischer Grundsätze über Kanäle, bei denen nicht sichergestellt ist, dass die Grundsätze auch gelesen, verstanden und beachtet werden (z.B. via E-Mail) sowie das Fehlen von Kommunikationswegen, z.B. für die Meldung vermuteten Fehlverhaltens für eine zeitnahe Information der Geschäftsleitung.
- **Unzureichende Geschäftsüberwachung und Mängelbehebung**, z.B. keine ausreichende Ressourcenallokation für besonders risikoreiche Tätigkeitsbereiche, fehlende Reaktion auf ungewöhnliche Aktivitäten (Limitüberschreitungen, Auftauchen von Kundenkonten in Eigengeschäften) sowie auf Warnungen interner oder externer Prüfer. Auch fehlende Notfall- und Kontinuitätsplanungen im Falle von Geschäftsunterbrechungen oder Katastrophen können zu einer überhöhten Risikoübernahme führen.
- **Undurchsichtige Offenlegung** gegenüber dem Aufsichtsrat, internen und externen Prüfern sowie der Öffentlichkeit, die es diesen erschwert, sich ein Urteil darüber zu bilden, ob die Geschäftsleitung mit Risiken angemessen umgeht.

2.2 Interne Revision

Die Interne Revision nimmt im Auftrag der Geschäftsführung zu deren Entlastung Überwachungsaufgaben wahr, wodurch letztere jedoch nicht von ihrer generellen Überwachungspflicht entbunden wird.[87] Die Interne Revision ist als Instrument der Unternehmensführung direkt der Unternehmensleitung zu unterstellen, um deren Unabhängigkeit zu gewährleisten. Ferner ist eine strikte Trennung zwischen Interner Revision und operativen Tätigkeiten sicherzustellen, so dass eine uneingeschränkte Objektivität bei den Prüfungen gewährleistet ist. Bei den Tätigkeiten der Internen Revision handelt es sich mithin um eine prozessunabhängige Überwachung, bei der die Überwachungsmaßnahmen durch Personen, die nicht in den Arbeitsablauf einbezogen sind und die keine Verantwortung für das Ergebnis des überwachten Prozesses haben, durchgeführt werden.[88]

Die Aufgabenschwerpunkte der Internen Revision haben sich im Laufe der Zeit verändert und sind dabei erheblich umfassender geworden.[89] Während bis etwa 1900 die Aufgabe der Inter-

---

[87] Vgl. Hofmann (1992), Sp. 855; Eichner/Roese (2001), S. 383.
[88] Vgl. IDW [Hrsg.] (2000a), WP-Handbuch, Abschnitt P, Rdn. 59 f.; Lück/Henke/Gaenslen (2002), S. 233.
[89] Vgl. hierzu und zum Folgenden Hofmann (1992), S. 857 ff.; Heinhold/Wotschofsky (2002), S. 1218 f.

nen Revision vorwiegend in der Aufdeckung doloser[90] Handlungen und Buchungsfehler gesehen wurde, fand in der Folge eine Erweiterung der Prüfungstätigkeit um die Prüfung der Einhaltung der Grundsätze ordnungsgemäßer Buchführung und das Aufdecken von Organisationslücken und Unregelmäßigkeiten statt. Diesen auch als „Financial Auditing" bezeichneten Prüfungen, die im Kern die Ordnungsmäßigkeit im Finanz- und Rechnungswesen zum Gegenstand haben, kommt auch heute noch ein hoher Stellenwert zu. Es erfolgte jedoch zusätzlich eine Weiterentwicklung und Ergänzung der Aufgaben um weitere Prüfungsobjekte im Bereich der internen Kontrollen, Organisation, Planung, Investitionen und des Personals, die im Schrifttum üblicherweise unter dem Begriff „Operational Auditing" zusammengefasst werden. Diese Prüfungen im organisatorischen Bereich weisen eine starke Verfahrens- und Prozessorientierung auf und beinhalten neben Zweckmäßigkeitsbeurteilungen auch die Erarbeitung von Verbesserungsvorschlägen. Hiermit eng verbunden ist das sogenannte „Management Auditing", dessen Prüfungsobjekt die Unternehmensführung selbst ist.[91] Hierbei gilt es zu beurteilen, inwiefern das vorhandene Führungs- und Überwachungsinstrumentarium geeignet ist, nachgeordnete Unternehmensbereiche zu wirtschaftlichem und zielkonformem Handeln anzuhalten. Neben der Beurteilung der betrieblichen Planungs- und Entscheidungsprozesse werden auch konkrete Führungsentscheidungen einer Analyse der Mittel-Zweck-Relation unterzogen. Aus sich gegebenenfalls ergebenden Verbesserungsvorschlägen resultiert als weiteres Aufgabengebiet der Internen Revision die interne Beratung.

Im Unterschied zum Controlling ergibt sich bei der Internen Revision in funktionaler Hinsicht mithin keine Einschränkung auf die Entlastungsfunktion im Rahmen der Überwachungstätigkeit **durch die** Unternehmensführung. Vielmehr wird deutlich, dass die Interne Revision als eigenständiger Überwachungsträger mit spezifischen Aufgaben auch bei Überwachung **der** Unternehmensführung tätig wird. Insofern nimmt die Interne Revision in funktionaler Hinsicht eine Doppelrolle sowohl als unternehmensführungsinterner als auch als unternehmensführungsexterner Überwachungsträger ein.[92]

Für die operationelle Risikosituation einer Bank relevante **Corporate Governance-Probleme** im Zusammenhang mit den Überwachungsaufgaben der Internen Revision können sich insbesondere in folgender Form darstellen:[93]

---

90 Lat. für arglistig, mit bösem Vorsatz. Vgl. zur Prüfung doloser Handlungen Barthel/Schielin (2002), S. 201 ff.

91 Neben dieser traditionellen Systematisierung der Aufgaben der Internen Revision, findet sich vereinzelt auch eine alternative Einteilung in Ordnungsmäßigkeits-, Risiko-, Sicherheits-, Wirtschaftlichkeits-, Zweckmäßigkeitsprüfungen sowie Prüfungen der Zukunftssicherung. Vgl. IIR [Hrsg.] (2001a), S. 34; Lück (2001a), S. 146.

92 Vgl. Theisen (1987), S. 58 f. Dieser weist darauf hin, dass die Interne Revision jedoch selbst im Falle einer organisatorischen Trennung von der Unternehmensführung nicht ihren Charakter als unternehmensführungsinterner Überwachungsträger verliert.

93 Vgl. Basel Committee on Banking Supervision (1998a), S. 33; Banks (2004), S. 135.

- **Stückwerkhafte Revisionen** als Folge einer Reihe von Einzelrevisionen, die den Blick auf die Gesamtzusammenhänge versperren und damit eine vollständige und umfassende Prüfung nicht gewährleisten können. In der Konsequenz fehlt der Internen Revision die Fähigkeit zu beurteilen, ob die von der Geschäftsleitung eingerichteten Prozesse und Verfahren angemessen und sicher sind und ob die vorhandenen Kontrollen ausreichen oder die Implementierung weiterer Maßnahmen erforderlich ist, um Schlupflöcher zu schließen oder Fehler zu korrigieren.
- **Unzureichende personelle Ausstattung**: Mangelhafte Ausbildung und Kenntnisse der Revisoren im Hinblick auf die Geschäftsvorgänge und verwendeten Informationssysteme sowie aus der Unsicherheit resultierendes Zögern, Fragen zu stellen bzw. Antworten erneut zu hinterfragen verhindern ebenfalls eine umfassende Beurteilung der Prozesse, Verfahren und Kontrollen.
- **Ungenügendes Handeln bei festgestellten Problemen**, insbesondere fehlende zeitnahe Information der Geschäftsleitung über kritische Fragen und erforderliche Korrekturmaßnahmen.

2.3 Aufsichts- bzw. Verwaltungsrat

Die Aufgabe des Aufsichts- bzw. Verwaltungsrats ergibt sich aus § 111 Abs. 1 AktG bzw. aus § 38 Abs. 1 GenG.[94] Demnach hat das Aufsichtsorgan den Vorstand bei der Leitung des Unternehmens regelmäßig zu überwachen sowie gemäß Tz. 5.1.1 DCGK darüber hinaus auch zu beraten. Das Aufsichtsorgan hat zu überprüfen, ob der Vorstand tatsächlich die Sorgfalt eines ordentlichen und gewissenhaften Geschäftsleiters walten lässt, wobei es gemäß § 116 i.V.m. § 93 AktG sowie Tz. 3.8 des DCGK selbst ebenfalls dieselbe Sorgfalt anzuwenden hat.

Die Überwachungspflicht des Aufsichtorgans umfasst insbesondere die Wahrung des Unternehmensinteresses sowie die Rechtmäßigkeit, Zweckmäßigkeit und Wirtschaftlichkeit der Geschäftsführung.[95] Die Rechtmäßigkeit betrifft die Einhaltung der relevanten Gesetze, der aufsichtsrechtlichen Normen sowie der Satzung, während die Zweckmäßigkeit sich vornehmlich auf eine der Art und Größe des Unternehmens angemessene Aufbau- und Ablauforganisation bezieht. Um die langfristige Überlebensfähigkeit des Unternehmens sicherzustellen, ist zudem auf Wirtschaftlichkeit durch eine sparsame Leistungserstellung sowie zielgerichtete und effiziente Entscheidungen und Maßnahmen zu achten. Eine wirksame Überwachung setzt insbesondere voraus, dass sich das Aufsichtsorgan mit der Unternehmensplanung sowie mit der internen Überwachung durch die Geschäftsleitung auseinandersetzt und diese beurteilt. Die Überwachung soll sich dabei nicht auf ein bloßes Nachvollziehen der Tätigkeiten der Ge-

---

94 Vgl. zudem beispielhaft für eine entsprechende Vorschrift für Sparkassen § 16 Abs. 1 NSpG.

95 Vgl. hierzu und zum Folgenden IDW [Hrsg.] (2002b), S. 11; von Werder (1996b), S. 31; Scheffler (2000), S. 843; Orth (2000), S. 101 ff.

schäftsleitung beschränken, sondern das Aufsichtsorgan hat vielmehr der Geschäftsleitung in übergeordneten Fragen zur Unternehmensführung auch beratend zur Seite zu stehen. Insofern wird üblicherweise zwischen der „gestaltenden Überwachung", die insbesondere die Bestellung und Abberufung der Vorstandsmitglieder umfasst, der „begleitenden Überwachung", welche die laufende Geschäftsführung des Vorstandes zum Gegenstand hat und der „prüfenden Überwachung", die vorwiegend die Prüfung des Jahresabschlusses und des Lageberichts betrifft, unterschieden.[96] Damit ist die Überwachung durch den Aufsichtsrat nicht auf vergangenheitsbezogene Betrachtungen beschränkt, sondern wird um ein zukunftsorientiertes Begleiten von Geschäftsführungsentscheidungen ergänzt.[97] In diesem Zusammenhang wird zutreffend auf die Möglichkeit einer faktischen Aushebelung der Unternehmensüberwachung hingewiesen, wenn der Aufsichtsrat bereits bei den Entscheidungen selbst mitgewirkt hat und so die vom dualen System vorgesehene strikte Funktionstrennung zwischen Geschäftsführung und Überwachung nicht mehr besteht.[98]

Die Sorgfaltspflicht des Aufsichtsrats umfasst gemäß § 116 Satz 2 AktG auch dessen Verpflichtung zur Verschwiegenheit. Auf die Bedeutung einer umfassenden Wahrung der Vertraulichkeit für die erforderliche offene Diskussion zwischen Vorstand und Aufsichtsrat sowie innerhalb dieser Gremien weist auch Tz. 3.5 des DCGK ausdrücklich hin. Vertrauliche Informationen im Sinne der Vorschrift sind alle Betriebs- und Geschäftsgeheimnisse. Diese dürfen gegenüber Dritten, d.h. nicht zum Vorstand oder Aufsichtsrat gehörenden Personen, wie etwa Aktionären, Anlegern, Ratingagenturen, Mitarbeitern und Gläubigern des Unternehmens nicht preisgegeben werden.[99] Eine im Falle der Banken relevante Ausnahme bilden indes hoheitliche Auskunftsrechte der Aufsichtsbehörden. Gemäß § 44 KWG sind der Bundesanstalt für Finanzdienstleistungsaufsicht (BaFin)[100] auf Verlangen Auskünfte über alle Geschäftsangelegenheiten zu erteilen und Unterlagen vorzulegen. Die Auskunftspflicht besteht auch gegenüber Personen und Einrichtungen, deren sich die BaFin bei der Durchführung ihrer Aufgaben bedient sowie gegenüber der Deutschen Bundesbank.

Die persönlichen Voraussetzungen für Aufsichtsratsmitglieder regelt § 100 AktG. Diese beziehen sich auf das Erfordernis der Geschäftsfähigkeit, die maximal zulässige Anzahl von Aufsichtsratsmandaten, das Gebot der Organintegrität sowie das Verbot sogenannter Überkreuzverflechtung. Während nach dem Gebot Organintegrität der gesetzliche Vertreter eines abhängigen Unternehmens nicht in den Aufsichtsrat der Obergesellschaft gewählt werden darf, soll das Verbot der Überkreuzverflechtung verhindern, dass der gesetzliche Vertreter einer anderen Kapitalgesellschaft, deren Aufsichtsrat ein Vorstandsmitglied der in Frage ste-

---

96 Vgl. Potthoff (2003), S. 106; Scheffler (2000), S. 843 f.
97 Vgl. Boujong (1995), S. 203 f.
98 Vgl. Orth (2000), S. 101 f.
99 Vgl. Bellavite-Hövermann/Lindner/Lüthje (2005), S. 36 ff.
100 In dieser Arbeit wird als Bezeichnung für die nationale Aufsichtsbehörde durchgehend die Abkürzung BaFin verwendet. Je nach Kontext ist damit auch die Vorgängerinstitution, das Bundesaufsichtsamt für das Kreditwesen (BaKred), gemeint. Vgl. auch Abschn. C3.1.2.

henden Gesellschaft angehört, zum Überwacher des Überwachers wird.[101] Über die notwendige fachliche Eignung der Aufsichtsratsmitglieder macht das Aktiengesetz hingegen keine Angaben. Allgemein gilt jedoch, dass jedes Aufsichtsratsmitglied über die zur Wahrnehmung des Amts nötigen Mindestkenntnisse verfügen muss, d.h. über alle Qualifikationen, die erforderlich sind, um der Überwachungs- und Beratungsaufgabe gerecht zu werden.[102] Hierzu gehört etwa die Kenntnis der relevanten Gesetze, um die Rechtmäßigkeit der Geschäftsführung beurteilen zu können.[103] Darüber hinaus sind weitergehende Fachkenntnisse erforderlich, um komplizierte oder besondere Unternehmensprobleme oder Geschäftsvorfälle beurteilen zu können, wie etwa steuerliche oder bilanzielle Fragestellungen.

Hinsichtlich der Organisation des Aufsichtsrats ist hervorzuheben, dass gemäß § 107 Abs. 3 AktG Ausschüsse (sog. Audit Committees) gebildet werden können, mit denen eine optimierte Zusammensetzung hinsichtlich der Fachkompetenz und Mitgliedergröße erreicht werden soll.[104] Grundsätzlich ist zwischen verschiedenen Arten von Ausschüssen zu unterscheiden: „vorbereitende Ausschüsse" sollen dem Plenum des Aufsichtsrats eine fundierte Verhandlungs- oder Beschlussvorlage liefern, während „überwachenden Ausschüssen" spezielle Aufgaben der Geschäftsführungsüberwachung im Hinblick auf die Ausführung von Beschlüssen übertragen werden. In beiden Fällen verbleibt jedoch die Beschlusskompetenz beim Plenum. Darüber hinaus kann es indes auch „beschließende Ausschüsse" geben, denen zusätzlich die Entscheidungsbefugnis in einer Sache übertragen wird.[105] Allerdings müssen zentrale Aufgaben, wie beispielsweise die Bestellung und Abberufung von Vorstandsmitgliedern in der Zuständigkeit des Plenums verbleiben. Der DCGK fordert in Abhängigkeit von den spezifischen Gegebenheiten eines Unternehmens und der Anzahl seiner Mitglieder explizit die Bildung fachlich qualifizierter Ausschüsse, um die Effizienz der Aufsichtsratsarbeit und der Behandlung komplexer Sachverhalte zu steigern.[106] Der vielfach geäußerten Kritik[107] an der Überwachung durch das Aufsichtsorgan im Zusammenhang mit der Qualifikation und Auswahl der Aufsichtsratsmitglieder sowie der mangelnden Effizienz in der Folge großer Mitgliederzahlen wird daher die Möglichkeit der Ausschussbildung zur Optimierung der Zusammensetzung des Aufsichtsorgans entgegengehalten. Mit diesem Hinweis wurden auch etwaige Vorschriften für eine Verkleinerung des Gremiums im Rahmen des KonTraG abgelehnt.

Der Aufsichtsrat nimmt gewissermaßen eine „Zwischenstellung"[108] zwischen interner und externer Überwachung ein. Formal-rechtlich handelt es sich um ein Organ der Bank, woraus

---

101 Vgl. Hüffer (2004), § 100 AktG, Tz. 6.
102 Vgl. Bellavite-Hövermann/Lindner/Lüthje (2005), S. 17.
103 Vgl. zu den Mindestkenntnissen im Einzelnen Potthoff/Trescher (2003), S. 205 f.
104 Vgl. Langenbucher/Blaum (1994), S. 2199 ff.; Orth (2000), S. 107.
105 Vgl. Potthoff/Trescher (2003), S. 285; Bellavite-Hövermann/Lindner/Lüthje (2005), S. 75.
106 Vgl. Regierungskommission Deutscher Corporate Governance Kodex (2005), Tz. 5.3.1.
107 Vgl. Scheffler (2000), S. 845 sowie ausführlich zu den einzelnen Kritikpunkten und entsprechenden Reformvorschlägen Orth (2000), S. 103 ff.
108 So Blumer (1996), S. 67.

konsequenterweise die Zuordnung zu den internen Überwachungsträgern folgt.[109] Unter funktional-organisatorischen Gesichtspunkten ergibt sich hingegen im Hinblick auf das Verhältnis des Aufsichtsrats zu der Geschäftsleitung eine Einordnung des Aufsichtsrats als unternehmensführungsexterner Überwachungsträger.[110] Dies folgt ungeachtet der möglichen Einflussnahme auf Geschäftsführungsentscheidungen aus der ausdrücklichen Verpflichtung des Aufsichtsrats zur Überwachung der Entscheidungsträger, denn auch bei faktisch vorhandenen Einflussmöglichkeiten fehlt dennoch eine entsprechende Autorisierung des Aufsichtsrats zu geschäftsführender Entscheidungsgewalt.

Damit das Aufsichtsorgan seinen Überwachungspflichten nachkommen kann, bestehen zahlreiche Berichtspflichten der Geschäftsleitung an die Mitglieder des Aufsichtsorgans. Wesentliche Voraussetzung für eine sachgerechte und zeitnahe Überwachung durch den Aufsichtsrat ist eine eben solche Berichterstattung durch die Geschäftsleitung.[111] Gemäß § 90 Abs. 1 Satz 1 AktG ist der Vorstand verpflichtet, den Aufsichtsrat über grundsätzliche Fragen der Unternehmensplanung zu unterrichten. Hierzu gehören u.a. mindestens jährliche Berichte über die beabsichtigte Geschäftspolitik und andere grundsätzliche Fragen der Unternehmensplanung sowie mindestens vierteljährliche Berichte über den Gang der Geschäfte sowie weitere entscheidungsorientierte und ereignisbedingte Berichte.[112] Darüber hinaus hat der Aufsichtsrat weit reichende Auskunfts- und Vorlagerechte.[113] Zudem hat der Gesetzgeber eine Unterstützung des Aufsichtsorgans durch den Abschlussprüfer vorgesehen. Allerdings soll dieser die Arbeit des Aufsichtsorgans lediglich ergänzen und unterstützen und nicht gänzlich dessen Überwachungsfunktion übernehmen. Parallelen hinsichtlich der Überwachungsfunktionen oder zumindest eine Verknüpfung der beiden Institutionen bestehen jedoch.[114] Durch das KonTraG wurden die unmittelbaren und mittelbaren Beziehungen zwischen Aufsichtsrat und Abschlussprüfer deutlich intensiviert.[115] Dies äußert sich an erster Stelle in der gemäß § 111 Abs. 2 Satz 3 AktG bzw. Tz. 7.2.2 DCGK nunmehr dem Aufsichtsrat und nicht mehr dem Vorstand zustehenden Vergabekompetenz des Prüfungsauftrags an den Abschlussprüfer. Das Ziel einer partnerschaftlichen Unterstützung des Aufsichtsrats durch den Abschlussprüfer wird damit gesetzlich untermauert. Ein uneingeschränkter Bestätigungsvermerk des Abschlussprüfers entbindet den Aufsichtsrat jedoch keinesfalls davon, sich ein eigenes Urteil über das Unternehmen zu bilden. Vielmehr soll der Prüfungsbericht des Abschlussprüfers ihn bei der Wahrnehmung seiner eigenen Überwachungsaufgabe unterstützen. Über den Prüfungsbericht hinaus sieht der DCGK zu diesem Zweck weitere Informationspflichten des Abschlussprüfers an den Aufsichtsrat vor. So soll zwischen den beiden Parteien vereinbart wer-

---

109 Vgl. z.B. Bleicher/Leberl/Paul (1989), S. 45; zustimmend Kozer (2002), S. 22.; Pollanz (2001), S. 1322; Blumer (1996), S. 68 ff.

110 Vgl. Theisen (1987), S. 64 f.

111 Vgl. Orth (2000), S. 98.

112 Vgl. Scheffler (2000), S. 846 f.

113 Vgl. § 111, § 125 Abs. 3 und 4, § 170 AktG. Vgl. auch Bellavite-Hövermann/Lindner/Lüthje (2005), S. 28.

114 Vgl. Orth (2000), S. 102 f.

115 Vgl. Bellavite-Hövermann/Lindner/Lüthje (2005), S. 147.

den, dass der Abschlussprüfer über alle für die Aufgaben des Aufsichtsrats wesentlichen Feststellungen und Vorkommnisse unverzüglich berichtet.[116] Umgekehrt sollte auch der Abschlussprüfer seinerseits die unternehmensspezifischen Erfahrungen und Kenntnisse des Aufsichtsrats nutzen, um die Effizienz und Qualität seiner Prüfung zu steigern.[117]

Bei der Geschäftsführungsüberwachung durch das Aufsichtsorgan können grundsätzlich die folgenden **Corporate Governance-Probleme** zur Verhinderung einer wirksamen Überwachungstätigkeit durch die Mitglieder des Aufsichtsorgans und damit zu einer Schwächung des effektiven Umgangs mit operationellen Risiken führen:[118]

- **Fehlende Unabhängigkeit**, z.B. durch persönliche Verbindungen zwischen Mitgliedern des Aufsichtsorgans und Mitgliedern der Geschäftsleitung. Die Folge kann eine ineffektive Überwachung wegen der fehlenden Bereitschaft zur Durchführung erforderlicher Maßnahmen sein.
- **Mangelnde fachliche Qualifikation**. Fehlende Sachkompetenz auf Seiten der Mitglieder des Aufsichtsorgans verhindert eine effektive Überwachung in einem durch zunehmende Komplexität gekennzeichneten unternehmerischen Umfeld.
- **Mangelnde Durchsetzungskraft**, etwa aufgrund unzureichender Präsenz oder Tatkraft. Ein Grund hierfür kann z.B. die Häufung von Aufsichtratsmandaten einzelner Mitglieder sein, die die Intensität, mit der diese ihre Mandate ausüben, erheblich einschränken kann. Es besteht die Gefahr einer Beeinflussung der Mitglieder des Aufsichtsorgans durch die Geschäftsleitung. Eine Begleiterscheinung dessen kann auch die fehlende Bereitschaft sein, die Geschäftsleitung in Problemfragen herauszufordern. Auch eine zu homogene Zusammensetzung des Aufsichtsorgans und hohe Mitgliederzahlen können eine effektive Überwachung hemmen.
- **Fehlende Bereitschaft, Verantwortung zu übernehmen.** Die Weigerung der Mitglieder des Aufsichtsorgans, schlechte Nachrichten zu akzeptieren, kann die Geschäftsführung dazu verleiten, ausschließlich positive Nachrichten an das Aufsichtsorgan zu übermitteln. Die Folge ist eine Unfähigkeit des Aufsichtsorgans fundierte Beurteilungen zu treffen.
- **Ungenügende Fokussierung wesentlicher Themen**. Eine falsche Schwerpunktsetzung in den Sitzungen des Aufsichtsorgans kann dazu führen, dass wesentliche Themen, wie das Überwachungssystem, die Unternehmensstrategie, mögliche Interessenkonflikte oder Fragen der finanziellen Berichterstattung nur am Rande diskutiert werden, während z.B. Vergütungsfragen, die zwar ohne Zweifel wichtig, jedoch für ein Unternehmen i.d.R. weniger entscheidend sind, ein höherer Zeitanteil gewidmet wird.

---

116 Vgl. Regierungskommission Deutscher Coporate Governance Kodex (2005), Tz. 7.2.3 Vgl. in diesem Zusammenhang zu der Verschwiegenheitspflicht des Abschlussprüfers gemäß § 323 Abs. 1 Satz 1 HGB Mock (2003), S. 1996 ff. sowie Hellwig (2001), S. 85 ff.

117 Vgl. Scheffler (2005), S. 479.

118 Vgl. Banks (2004), S. 107 ff.

3 Externe Überwachungsträger

3.1 Bankenaufsicht

3.1.1 Rechtfertigung einer staatlichen Bankenaufsicht

Der Gesetzgeber hat die Aufgabe, den rechtlichen Rahmen für die Unternehmensführung und Unternehmensüberwachung abzustecken. Die bislang betrachteten gesetzlichen Vorschriften zur Corporate Governance sind Normen des Gesellschaftsrechts und gehören damit zum Bereich des Privatrechts, das die Beziehungen gleichberechtigter Mitglieder der Gemeinschaft untereinander regelt. Im Hinblick auf den Bankensektor besteht nun die Situation, dass diesem im Vergleich zu anderen Wirtschaftszweigen eine besondere Stellung innerhalb einer Volkswirtschaft zugeschrieben wird. Dies resultiert im Wesentlichen aus der Tatsache, dass Banken als Finanzintermediäre durch ihr Auftreten als Mittler zwischen Kapitalangebot und Kapitalnachfrage für eine reibungslose Versorgung der Wirtschaftssubjekte mit Zahlungsmitteln und die Aufrechterhaltung des gesamtwirtschaftlichen Geldkreislaufes unverzichtbar sind.[119] Gleichzeitig führen die bankgeschäftlichen Aktivitäten zu einer überwiegenden Refinanzierung der Banken mit Fremdkapital und der Tatsache, dass den Banken wesentliche Teile des Volksvermögens anvertraut sind.[120] Wegen der besonderen Vertrauensempfindlichkeit des Finanzsektors besteht in der Folge des Zusammenbruchs einer einzelnen Bank darüber hinaus die Gefahr eines Kollapses des gesamten Bankensystems und mit diesem, wegen deren Abhängigkeit von der Stabilität und dem problemlosen Funktionieren des Finanzbereichs, der gesamten Volkswirtschaft. Diese Faktoren zusammengenommen führen dazu, dass der Staat die Banken zusätzlich einer speziellen Fachaufsicht unterwirft, wodurch die Kreditwirtschaft in Deutschland, wie in vielen anderen Ländern auch, zu den am stärksten vom Staat regulierten Branchen zählt.[121]

Die Bankenaufsicht[122] gehört zum Bereich der Wirtschaftsüberwachung, die wiederum ein Teilgebiet des öffentlichen Wirtschaftsrechts darstellt.[123] Anders als beim Privatrecht befinden sich die Beteiligten, hier die für die Bankenaufsicht zuständigen Behörden und die Kreditinstitute, in einem Über-/Unterordnungsverhältnis zueinander. Die grundsätzliche Aufgabe der Wirtschaftsüberwachung ist es, die selbstverantwortliche Teilnahme am privatwirtschaftlichen Wirtschaftsverkehr mit den dafür geschaffenen Rechtsregeln aus Gründen des Gemeinwohls im Einklang zu halten. Wirtschaftsüberwachung ist daher ein Korrektiv zur Gewerbefreiheit und dient der Abwehr von Gefahren unternehmerischen Handelns.[124] Die Rege-

---

119 Vgl. BFS-KWG/Fischer (2004), Einf., Rdn. 61 f.; Büschgen (1998), S. 34.

120 Vgl. ähnlich bereits Stützel (1983), S. 28 ff.

121 Vgl. z.B. Baltensperger (1988), S. 53; Waschbusch (2000), S. 8.

122 Zur historischen Entwicklung der Bankenaufsicht in Deutschland vgl. Schneider (1978), S. 7 ff.; Bähre/Schneider (1986), S. 47 ff.; Szagunn (1997), S. 57 ff.; Waschbusch (2000), S. 89 ff.; Bieg/Krämer/Waschbusch (2003), S. 5 ff.; Winkler (2004), S. 15 ff.

123 Weitere Aufgaben des Staates im Hinblick auf die Wirtschaft sind etwa Infrastrukturaufgaben, Aufgaben der Wirtschaftsinformation, der Wirtschaftslenkung und der Wirtschaftsförderung. Vgl. Burgi (2001), S. 311.

124 Vgl. Burgi (2001), S. 311.

lungen des Bankenaufsichtsrechts greifen als grundsätzlich langfristig angelegte Ordnungsstrukturen in die Geschäftstätigkeit der Kreditinstitute[125] ein und bestimmen in vielfältiger Weise die Zulässigkeit, den Umfang und die Folgen des betrieblichen Handelns dieser Institute.[126] Die Bankenaufsicht geht daher in ihrem Umfang weit über die Gewerbeaufsicht anderer Wirtschaftszweige hinaus.[127] Regulatorische Eingriffe in die grundrechtlich geschützte Gewerbefreiheit der Banken lassen sich allerdings nur dann rechtfertigen, wenn diese aus Gründen des Gemeinwohls tatsächlich geboten sind.[128] Dies wird grundsätzlich dann bejaht, wenn „öffentliche Interessen nachgewiesen werden können, die im Rang dem individuellen Recht der Banken auf eine freie unternehmerische Entfaltung vorgehen und in einer nicht vernachlässigbaren Weise durch die geschäftliche Betätigung der Kreditinstitute gefährdet sind".[129]

Eine Rechtfertigung der staatlichen Einflussnahme ergibt sich in der deutschen Gesetzgebung unmittelbar aus den in § 6 Abs. 2 KWG genannten Zielen der Bankenaufsicht, Missständen im Kredit- und Finanzdienstleistungswesen entgegenzuwirken, welche die Sicherheit der den Instituten anvertrauten Vermögenswerte gefährden, die ordnungsmäßige Durchführung der Bankgeschäfte oder Finanzdienstleistungen beeinträchtigen oder erhebliche Nachteile für die Gesamtwirtschaft herbeiführen können. Hieraus lassen sich zwei zentrale Argumente für eine staatliche Aufsicht ableiten: einerseits der Schutz der Gläubiger und andererseits der Funktions- und Systemschutz.[130]

Gläubigerschutz

Der Gläubigerschutz dient dazu, den einzelnen Bankeinleger vor schädigenden Geschäftspraktiken und Verlusten aus Zusammenbrüchen von Banken zu schützen.[131] Eine Rechtfertigung für die spezielle aufsichtsrechtliche Beschränkung der geschäftlichen Gestaltungsfreiheit von Banken mit dem Argument des Gläubigerschutzes ist dann gegeben, wenn sowohl die Schutzwürdigkeit als auch die Schutzbedürftigkeit der Einleger bejaht werden kann.[132]

Aus der asymmetrischen Informationsverteilung zwischen einer Bank und deren Einlegern resultiert für die Einleger die als Moral Hazard[133] bezeichnete Gefahr, dass die Bank die Ein-

---

125 Das gleiche gilt auch für Finanzdienstleistungsinstitute, auf die im Rahmen dieser Arbeit jedoch nicht gesondert eingegangen wird.

126 Vgl. Waschbusch (2000), S. 7.

127 Vgl. Welcker (1978), S. 12.

128 Vgl. Degenhart (1987), S. 22; Krümmel (1984), S. 475; Müller (1981), S. 17.

129 Waschbusch (2000), S. 10.

130 Vgl. Müller (1981), S. 18 ff.; Krümmel (1984), S. 475; Baltensperger (1988), S. 54; Blumer (1996), S. 47; Waschbusch (2000), S. 10; Burgi (2001), S. 315. Weitere Ziele der Bankenaufsicht wie etwa die Vermeidung von Wettbewerbsverzerrungen werden hier nicht näher betrachtet. Vgl. hierzu Baltensperger (1990), S. 2 f.

131 Vgl. Blumer (1996), S. 47.

132 Vgl. Waschbusch (2000), S. 11.

133 Ein Moral Hazard-Problem liegt allgemein dann vor, wenn ein Vertragspartner einen Verhaltensspielraum besitzt und diesen im Eigeninteresse auch zu Lasten des anderen Vertragspartners ausübt, gleichzeitig aber sein tatsächliches Verhalten von dem anderen Vertragspartner nicht beobachtet werden kann und

lagen in hochriskante Vermögensgegenstände investiert und gleichzeitig risikosenkende Maßnahmen, wie beispielsweise Diversifikation oder Hedging unterlässt.[134] Hieraus ergibt sich für den Einleger die Notwendigkeit, die Bank, der er seine Gelder anvertraut hat, zu überwachen. Dies setzt allerdings den Zugang zu Informationen und ein entsprechendes Know-how voraus.[135] Die überwiegende Zahl der Bankeinleger verfügt jedoch in der Regel weder über die erforderlichen Informationen noch besitzt er ausreichende Sachkenntnis, um eine fundierte Einschätzung der Bonität einer Bank auf der Basis vorhandener Informationen über die wirtschaftlichen Verhältnisse der Bank vorzunehmen.[136] Der Bankeinleger ist mithin nicht in der Lage, hinreichende vermögenssichernde Selbstschutzmaßnahmen zu ergreifen, weshalb ein allgemeiner Konsens darüber besteht, dass der Großteil der Bankgläubiger durchaus als schutzwürdig anzusehen ist.[137] Betrachtet man zusätzlich die Tatsache, dass Banken mit einer vergleichsweise geringen Eigenkapitalbasis arbeiten und gleichzeitig der Umfang der von ihnen übernommenen Risiken im Verhältnis zu dem zur Verfügung stehenden Risikopolster groß ist, kommt zu der Schutzwürdigkeit auch die Schutzbedürftigkeit der Bankeinleger hinzu. Gerade die hohe Fremdfinanzierung bewirkt eine relativ größere Gefährdung der Bankgläubiger im Vergleich zu den Gläubigern anderer Unternehmen.[138]

Hieraus ergibt sich, dass die Einleger durch eine staatliche oder private Institution repräsentiert werden müssen, die ihre Interessen wahrnimmt.[139] Die Folge ist ein Gläubigerschutz, der über den allgemein üblichen rechtlichen Schutz hinausgeht, den Gläubiger von Nichtbanken genießen und der insbesondere im Handels- und Gesellschaftsrecht geregelt ist.[140] Allerdings wird auch darauf hingewiesen, dass der Gläubigerschutz nicht als Rechtfertigung für jegliche staatliche Intervention dienen darf, sondern dass im Rahmen der Bankregulierung vielmehr auch andere Maßnahmen genutzt werden sollten, um die Informationsasymmetrie zu verkleinern, ohne den Marktmechanismus auszuschalten. Hierbei ist insbesondere an erweiterte Offenlegungspflichten der Banken zu denken.[141]

Funktions- und Systemschutz

Im Gegensatz zum Gläubigerschutz bezieht sich das Argument des Funktions- und Systemschutzes darauf, das problemlose Funktionieren des Geldflusses innerhalb einer Volkswirt-

---

sich die Auswirkungen des Verhaltens mit den ebenfalls nicht beobachtbaren Folgen eines exogenen Risikos mischen. Vgl. Hartmann-Wendels/Pfingsten/Weber (2004), S. 100.

134 Vgl. Hartmann-Wendels/Pfingsten/Weber (2004), S. 365.

135 Vgl. Santos (2000), S. 10.

136 Vgl. Stillhart (2002), S. 129 f.; Deutsche Bundesbank (1992), S. 37; Blumer (1996), S. 48; Waschbusch (2000), S. 12 ff.

137 Vgl. Stützel (1983), S. 31; Möschel (1975), S. 1028; Müller (1981), S. 19; Erdland (1981), S. 38 f.

138 Vgl. Bieg (1983), S. 14; Waschbusch (2000), S. 14 ff.

139 Vgl. Dewatripont/Tirole (1994), S. 31 f. Diese sprechen von der sog. „representation hypothesis".

140 Vgl. Waschbusch (2000), S. 10.

141 Vgl. Stillhart (2002), S. 132, der insbesondere Informations- und Rechnungslegungspflichten anspricht, unter die auch die Vorschläge zur Stärkung der Marktdisziplin in der dritten Säule der Neuen Baseler Eigenkapitalvereinbarung fallen.

schaft sicherzustellen.[142] Eine Bankenkrise stellt nicht nur eine Gefahr für die Vermögenspositionen des einzelnen Bankeinlegers dar, sondern sie kann vielmehr auch eine Bedrohung für die gesamte Volkswirtschaft sein.[143] Diese Situation kann dann eintreten, wenn der Schaltersturm auf eine einzige Bank zum „Run" auf weitere Banken führt und dieser schließlich den Zusammenbruch des gesamten Bankensystems zur Folge hat.[144] Diese Gefahr resultiert unmittelbar aus der eingangs beschriebenen Fristentransformationsfunktion,[145] die dazu führen kann, dass der kurzfristige Liquidationswert der Anlagen einer Bank geringer ist als der Wert ihrer liquiden Einlagen. Hierdurch kann grundsätzlich stets eine Illiquidität drohen.[146]

Es sind zwei verschiedene Auslöser für einen „Bank Run" zu unterscheiden.[147] Zum einen können negative Informationen über den Wert der Anlagen einer Bank einen sogenannten „Poor performance Run" auslösen. Dieser wäre bei symmetrisch verteilten Informationen grundsätzlich noch positiv zu beurteilen, wenn er gewissermaßen als Disziplinierungsmaßnahme gegenüber einer einzelnen Bank wirken würde.[148] Bei Informationsasymmetrie hingegen reicht bereits ein Zweifeln der Einleger an der Solvenz einer Bank aufgrund vorhandener Informationen aus, damit die Gelder zurückgefordert werden.[149] Dies kann auch dann zum Zusammenbruch einer Bank führen, wenn es keine ökonomischen Gründe hierfür gibt, weshalb diese Art von Run stets negativ zu beurteilen ist. Das gleiche Urteil ergibt sich im Fall des sogenannten „Panic Run". Bei diesem genügt allein die Erwartung einzelner Einleger, andere würden ihr Geld zurückfordern, und dies selbst wenn alle Marktteilnehmer vollständig über den Wert der Anlagen der Bank informiert wären.[150] Als Folge von Informationsasymmetrien oder einer Panik unter den Bankeinlegern müsste eine Bank ihre Anlagen vorzeitig liquidieren, ohne dass hierfür sachliche Gründe bestehen würden. Schließlich kann ein Schaltersturm auf eine einzelne Bank auf andere Banken übergreifen, wenn deren Einleger ebenfalls verunsichert sind und ihre Einlagen zurückfordern.[151] Für die Anfälligkeit des Finanzsystems gegenüber derartigen Ereignissen spielt auch die hohe Risikokorrelation zwischen den Banken und die starken Verflechtungen innerhalb des Bankensystems aufgrund von Interban-

---

142 Vgl. Huang (1992), S. 17.

143 Vgl. Abschn. B1.2 zu der Rolle der Banken als Finanzintermediäre.

144 Vgl. Stillhart (2002), S. 138.

145 Vgl. Abschn. B1.2.

146 Vgl. Stillhart (2002), S. 136. Dieser nennt als weiteren Grund für staatliche Interventionen in Anlehnung an Baltensperger (1990) makroökonomische Externalitäten der Kreditbeziehung, die entstehen, wenn bei dem Konkurs einer Bank Informationen über den Schuldner verloren gehen und dieser zur Aufnahme eines neuen Kredits zu einem unattraktiveren Zinssatz gezwungen wird. Dies kann dann zu geringeren Investitionen verbunden mit höherer Arbeitslosigkeit führen.

147 Vgl. Hartmann-Wendels/Pfingsten/Weber (2004), S. 216; Santos (2000), S. 5 f.; Stillhart (2002), S. 137 f., die in ihren Ausführungen u. a. auf die viel beachteten Modelle von Jacklin/Bhattacharya (1988) sowie Diamond/Dybvig (1983) Bezug nehmen.

148 Vgl. Santos (2000), S. 6.

149 Vgl. Stillhart (2002), S. 137.

150 Vgl. Santos (2000), S. 5 f.

151 Vgl. Santos (2000), S. 6. Allerdings muss ein Run auf ein Einzelinstitut nicht zwangsläufig zu einer Systemkrise führen, jedoch lässt sich diese Gefahr auch nicht mit Sicherheit ausschließen. Vgl. m.w.N. Paul (2002), S. 209.

kengeschäften eine Rolle.[152] Wegen der hohen sozialen Kosten eines Kollapses des Bankensystems, die letztlich alle Marktteilnehmer tragen müssten, ist der Staat daran interessiert, stets einen problemlosen Geldfluss innerhalb der Volkswirtschaft sicherzustellen.[153]

Grundsätzlich stehen dem Staat verschiedene Möglichkeiten zur Verfügung, um Banken von Runs abzuschirmen.[154] In der Praxis ist insbesondere die Einlagenversicherung, auch als Depositenversicherung bezeichnet, in Verbindung mit der Regulierung des Eigenkapitals bedeutsam. Eine Depositenversicherung kann staatlich oder privatwirtschaftlich organisiert sein. In Deutschland ist die Einlagensicherung seit Inkrafttreten des Einlegersicherungs- und Anlegerentschädigungsgesetzes (ESAEG)[155] am 1. August 1998 folgendermaßen gestaltet:[156] Es besteht erstmals eine Pflichtzugehörigkeit zu einer gesetzlichen Sicherungseinrichtung. Daneben verfügt jede der drei Bankengruppen - private Banken, Sparkassen und Genossenschaftsbanken - wie bereits bisher über ein freiwilliges Sicherungssystem des jeweiligen Verbands.[157] Dabei stellt die Sicherung des privaten Bankgewerbes eine Einlagensicherung im engeren Sinne[158] dar, d.h. es werden lediglich Guthaben bis zu einer bestimmten Höhe abgesichert, nicht jedoch das Institut selbst, während die Sicherungseinrichtungen des genossenschaftlichen Sektors und des Sparkassensektors auf eine Institutssicherung abzielen. Mitglieder der letztgenannten Institutssicherungen sind im Einklang mit der EG-Einlagensicherungsrichtlinie von der Pflichtzugehörigkeit zu einer gesetzlichen Entschädigungseinrichtung ausgenommen, vorausgesetzt aufgrund der Satzung der Einrichtung wird das Kreditinstitut selbst geschützt, d.h. eine eventuell drohende Insolvenz verhindert. Da die freiwillige Einlagensicherung der privaten Banken diese Voraussetzung nicht erfüllt, besteht die Sicherung für diese Bankengruppe aus zwei Elementen: der Entschädigungseinrichtung deutscher Banken GmbH (EdB), die bis zu 20.000 € pro Gläubiger beträgt, und dem freiwilligen Einlagensicherungsfond, durch den die Einlagen jedes Kunden, der nicht selbst Kreditinstitut ist, bis zu einer Höhe von 30% des haftenden Eigenkapitals der Bank abgesichert werden.

Die Vermeidung von Bank Runs mit Hilfe einer Depositenversicherung wird allerdings mit der Entstehung eines Moral Hazard-Problems erkauft: Die Depositenversicherung gibt der Bank einen Anreiz, ihre Risiken und damit ihre Ertragschancen zu erhöhen, ohne dass gleichzeitig auch die Refinanzierungskosten steigen, sofern nicht die Versicherungsprämie von dem Risiko ihrer Anlagen abhängig gemacht wird.[159] Diesem Problem kann jedoch zum einen durch risikoangepasste Prämiensätze der Depositenversicherung oder zum anderen durch eine

152 Vgl. Stillhart (2002), S. 138.
153 Vgl. Huang (1992), S. 17 f.; Stillhart (2002), S. 139.
154 Zu einer Aufzählung vgl. Santos (2000), S. 6 ff.
155 Mit diesem Gesetz werden die EG-Einlagensicherungsrichtlinie vom 30. Mai 1994 sowie die EG-Anlegerentschädigungsrichtlinie vom 3. März 1997 in deutsches Recht umgesetzt.
156 Vgl. Deutsche Bundesbank (2000), S. 29 ff.
157 Vgl. zu diesen freiwilligen Sicherungseinrichtungen auch Deutsche Bundesbank (1992), S. 30 ff.
158 Auch als Einlegersicherung bezeichnet. Vgl. Deutsche Bundesbank (1992), S. 32.
159 Vgl. Santos (2000), S. 8.

Regulierung der Banken zur Beschränkung ihrer Risiken begegnet werden.[160] Risikoangepasste Prämiensätze finden sich in Deutschland z.B. bei der privaten Sicherungseinrichtung des Bundesverbandes Deutscher Banken.[161] Zum Zwecke der Regulierung der Banken gibt es daneben umfassende Vorschriften der nationalen und internationalen Bankenaufsicht, die grundsätzlich geeignet sind, zur Einschränkung des Moral Hazard-Problems beizutragen.[162] Hierbei handelt es sich um Vorschriften, mit denen der Staat unmittelbar bei der Risikoexponierung jeder einzelnen Bank ansetzt. Dabei wird nicht nur auf die Risiken der versicherten Einleger abgestellt, sondern auf die Risiken des gesamten Bankensystems, denn diese bestehen naturgemäß auch dann, wenn eine Bank sich über die Kredite anderer Banken finanziert und nicht über die Einlagen privater Haushalte.[163]

Zusammenfassend lässt sich feststellen, dass mit den Argumenten des Gläubigerschutzes und des Funktions- und Systemschutzes öffentliche Interessen nachgewiesen werden können, die eine staatliche Überwachung des Kreditgewerbes rechtfertigen. Dies erkennen auch die Banken selbst grundsätzlich an, allerdings wird dennoch vor einer zu weit gehenden Regulierung gewarnt.[164] Im Hinblick auf die Corporate Governance deutscher Banken führt die starke Regulierung dazu, dass von Kreditinstituten neben den Vorschriften des Deutschen Corporate Governance Kodex sowie den zugehörigen Gesetzesnormen zusätzlich spezielle Vorschriften des Gesetzgebers und der Bankenaufsicht zu beachten sind.

3.1.2 Träger der Bankenaufsicht in Deutschland

Die Beaufsichtigung der Banken ist in Deutschland auf mehrere, eng zusammenarbeitende Aufsichtsträger verteilt. Neben der Bundesregierung bzw. dem Bundesminister der Finanzen und Sonderaufsichtsinstanzen sind hier insbesondere die Bundesanstalt für Finanzdienstleistungsaufsicht sowie die Deutsche Bundesbank zu nennen.[165]

Die Bundesanstalt für Finanzdienstleistungsaufsicht

Die Bundesanstalt für Finanzdienstleistungsaufsicht (BaFin) ist der zentrale Träger der Bankenaufsicht in Deutschland. Diese wurde am 1. Mai 2002 gegründet und ist aus den vormals eigenständigen Bundesaufsichtsämtern für das Kreditwesen, das Versicherungswesen und den Wertpapierhandel entstanden. Die Aufgaben der ehemaligen Aufsichtsämter sind im Wesentlichen in den drei Aufsichtssäulen der BaFin aufgegangen: „Bankenaufsicht“, „Versicherungsaufsicht“ und „Wertpapieraufsicht/Asset-Management“. Die Hauptaufgabe der Säule

[160] Vgl. Baltensperger (1988), S. 57; Stillhart (2002), S. 141.
[161] Vgl. hierzu Deutsche Bundesbank (2000), S. 42.
[162] Vgl. ausführlich Kap. D und E.
[163] Vgl. Stillhart (2002), S. 139 und S. 161.
[164] Vgl. Artopoeus (1994), S. 1091.
[165] Vgl. ausführlich Waschbusch (2000), S. 101 ff.; Büschgen (1998), S. 274 ff.

„Bankenaufsicht" ist in § 6 Abs. 1 KWG niedergelegt. Hiernach hat die BaFin die Aufsicht über die Banken nach den Vorschriften des Kreditwesengesetzes auszuüben. Ihr obliegt damit die materielle Durchführung der Bankenaufsicht als zentrale Kontroll- und Überwachungsinstanz und sie hat die hoheitlichen Befugnisse gegenüber den einzelnen Kredit- und Finanzdienstleistungsinstituten, z.B. durch den Erlass von Verwaltungsakten.[166]

Die Deutsche Bundesbank

Der zweite wesentliche Aufsichtsträger ist die Deutsche Bundesbank. Die Zusammenarbeit der BaFin mit der Deutschen Bundesbank ist in § 7 KWG geregelt. Hiernach haben die Deutsche Bundesbank und die BaFin einander Beobachtungen und Feststellungen mitzuteilen, die für die Erfüllung ihrer jeweiligen Aufgaben erforderlich sind.[167] Soweit nicht hoheitliche Maßnahmen geboten sind, übernimmt auch die Deutsche Bundesbank zahlreiche Aufgaben im Rahmen der materiellen Bankenaufsicht, wie beispielsweise die Überwachung des gesamten Bankensystems durch ihr einzureichende Anzeigen. Zudem ist sie bei Rechtsverordnungen anzuhören.

3.1.3 Instrumentarium der Bankenaufsicht

Die Maßnahmen der Bankenaufsicht zur Sicherstellung des Gläubigerschutzes und des Funktions- und Systemschutzes sind derart auszugestalten, dass das Kreditgewerbe dennoch dem marktwirtschaftlichen Wettbewerb unterliegt. Neben protektiven Maßnahmen, zu denen insbesondere die Einlagensicherung zählt und die im Falle bereits eingetretener Schieflagen ex post wirksam werden, existieren verschiedene präventive regulatorische Maßnahmen, die das Risikoniveau der Banken ex ante beschränken und so die Wahrscheinlichkeit eines Zusammenbruchs der einzelnen Institute reduzieren sollen.[168] Als wesentliche Maßnahmenbereiche gelten dabei die Marktzutrittskontrolle und die laufenden Aufsicht.

Marktzutrittskontrolle

Für die Ausübung von Bank- und Finanzdienstleistungsgeschäften ist die schriftliche Erlaubnis des Aufsichtsamtes gemäß § 32 KWG erforderlich. Hierin äußert sich die fehlende Gewerbefreiheit für den Bankensektor. Stattdessen besteht ein sogenanntes Verbot mit Erlaubnisvorbehalt.[169] In § 33 Abs. 1 KWG sind abschließend diejenigen Gründe aufgeführt, die zu einer Versagung der Erlaubnis führen können. Auch wenn das Kreditwesengesetz bei diesen

---

166 Vgl. Büschgen (1998), S. 274 u. 280.
167 Vgl. § 7 Abs. 1 Satz 2 KWG.
168 Vgl. Rudolph (1991), S. 598. Zu der Unterscheidung in präventive und protektive Maßnahmen vgl. Stillhart (2002), S. 163.
169 Vgl. hierzu und zum Folgenden Mayer (1981), S. 58.

nicht von Zulassungsbedingungen spricht, können sie dennoch durchaus als solche interpretiert werden. Konkret müssen die zum Geschäftsbetrieb erforderlichen Mittel, und dabei insbesondere ein ausreichendes Anfangskapital, zur Verfügung stehen (§ 33 Abs. 1 Nr. 1). Es dürfen keine Tatsachen vorliegen, aus denen sich eine mangelnde Zuverlässigkeit des Antragstellers oder eines vorgesehenen Geschäftsleiters (§ 33 Abs. 1 Nr. 2) sowie des Inhabers einer bedeutenden Beteiligung (§ 33 Abs. 1 Nr. 3) ergibt. Weitere Ablehnungsgründe sind die mangelnde fachliche Eignung des Inhabers oder eines Geschäftsleiters (§ 33 Abs. 1 Nr. 4), das Fehlen von mindestens zwei, nicht nur ehrenamtlich tätigen Geschäftsleitern (§ 33 Abs. 1 Nr. 5) sowie der fehlende Sitz der Hauptverwaltung im Inland (§ 33 Abs. 1 Nr. 6). Die Erlaubnis ist zudem zu versagen, wenn das Institut nicht bereit oder in der Lage ist, die erforderlichen organisatorischen Vorkehrungen zum ordnungsmäßigen Betreiben der Geschäfte zu schaffen (§ 33 Abs. 1 Nr. 7). Die besonderen organisatorischen Pflichten ergeben sich dabei grundlegend aus § 25a Abs. 1 KWG.[170] Dieser Vorschrift kommt im Zusammenhang mit den hier im Vordergrund stehenden operationellen Risiken eine exponierte Stellung zu, deren ausführliche Betrachtung jedoch dem weiteren Untersuchungsverlauf vorbehalten bleiben muss.

Die Pflicht zur Erfüllung der genannten Zulassungsvoraussetzungen stellt aus verfassungsrechtlicher Sicht einen Eingriff in die durch Art. 12 Abs. 1 GG geschützte Berufsfreiheit, die hier speziell die Tätigkeit als Bankier schützt, dar. Aus diesem Grund ist der Staat zur Rechtfertigung der Maßnahmen, die diese beeinträchtigen, verpflichtet. Nach der für Eingriffe in Art. 12 GG anzuwendenden sogenannten „Dreistufentheorie" hängt die geforderte Intensität der Rechtfertigung davon ab, ob die Berufsausübung (erste Stufe) oder die Berufswahl beeinträchtigt ist. Bei der hier vorliegenden Beeinträchtigung der Berufswahl ist zudem zu unterscheiden, ob subjektive (zweite Stufe) oder objektive (dritte Stufe) Zulassungsvoraussetzungen vorliegen. Subjektive Zulassungsvoraussetzungen sind solche, deren Erfüllung von der Person abhängig ist, während objektive Zulassungsvoraussetzungen sich nach objektiven Merkmalen und nicht nach persönlichen Eigenschaften richten.[171] Bei den bankaufsichtsrechtlichen Erlaubnisbestimmungen handelt es sich nach der im rechtswissenschaftlichen Schrifttum vertretenen Auffassung um subjektive Zulassungsvoraussetzungen.[172] Daher darf die Berufsfreiheit nur zum Schutz besonders wichtiger Gemeinschaftsgüter beschränkt werden.[173] Dies ist, wie bereits oben festgestellt, im Hinblick auf die Bedeutung der Zielsetzungen der Bankenaufsicht, nämlich Gläubigerschutz sowie Funktions- und Systemschutz unumstritten gegeben, so dass die bankaufsichtsrechtlichen Erlaubnisbestimmungen als verfassungsrechtlich unbedenklich anzusehen sind.[174]

170 Vgl. ausführlich hierzu Abschn. D1.1.2.2.

171 Vgl. Stober (2004), S. 199 ff.; Pieroth/Schlink (2004), S. 214 ff.

172 Vgl. Gramlich (1995), S. 429.

173 Vgl. Stober (2004), S. 200.

174 Vgl. Burgi (2001), S. 322. Auch die über die genannten Kriterien hinausgehenden Erfordernisse einer gesetzlichen Grundlage sowie der Verhältnismäßigkeit der gewählten beeinträchtigenden Mittel sind gegeben.

Laufende Überwachung

Die laufende Überwachung hat das Ziel, die geschäftlichen Risiken der Banken nicht zu groß werden zu lassen.[175] Dabei sollen die Risikoübernahmemöglichkeiten eines Instituts in aufsichtsrechtlich vertretbare Bahnen gelenkt werden, so dass tatsächlich eintretende Risiken von dem Institut aus eigener Kraft aufgefangen werden können.[176] Das Kernstück der laufenden Überwachung stellen diejenigen Normen der Bankenaufsicht dar, die den Ordnungsrahmen der laufenden Geschäftstätigkeit von Kredit- und Finanzdienstleistungsinstituten abstecken.[177] Diese Bestimmungen sind zum Teil abschließend im Kreditwesengesetz[178] geregelt, wodurch sie unmittelbare Rechtspflichten darstellen, während andere zunächst durch die BaFin zu präzisieren sind.[179] Bei ersteren kommt der Bankenaufsicht die Aufgabe der Überwachung der Einhaltung der Normen sowie ggf. die Beanstandung und Durchsetzung bei Verstößen zu. Bei letzteren hat sie darüber hinaus die allgemeinen Programmsätze des Kreditwesengesetzes zu konkretisieren und damit grundsätzlich die Möglichkeit, flexibel auf sich vollziehende wirtschaftliche Veränderungen zu reagieren.[180] Bei den Vorschriften, die den Ordnungsrahmen der laufenden Geschäftstätigkeit bilden, handelt es sich im Wesentlichen um geschäftspolitische Wohlverhaltensregeln, die verantwortungsbewusste Geschäftsleiter bereits von sich aus beachten sollten. Sie stellen insofern lediglich Mindestanforderungen dar, welche die Institute jedoch nicht von ihrer Verpflichtung befreien, bei Bedarf auch über die Aufsichtsvorstellungen des Gesetzgebers bzw. der BaFin hinausgehende Maßnahmen der Risikobegrenzung zu entwickeln und anzuwenden.[181]

Zu den Normen des Ordnungsrahmens der laufenden Geschäftstätigkeit zählen traditionell die sogenannten Strukturnormen, die Rahmenvorschriften für die innere Struktur eines Instituts vorgeben. Diese lassen sich in zwei Klassen einteilen: die Risikobegrenzungsnormen und die Fristenkongruenznormen.[182] In die Klasse der Risikobegrenzungsnormen fällt insbesondere § 10 KWG in Verbindung mit dem Grundsatz über die Eigenmittel der Institute (Grundsatz I). Risikobegrenzungsnormen setzen Risikomessgrößen in Beziehung zu Risikobegrenzungsgrößen und geben bestimmte Relationen vor, die von den Instituten mindestens einzuhalten sind.[183] Zu den Fristenkongruenznormen zählen § 11 KWG sowie der auf dessen Grundlage erlassene Grundsatz über die Liquidität der Institute (Grundsatz II), der die jederzeitige Zahlungsbereitschaft der Institute sicherstellen soll.[184] Die Strukturnormen werden auch als

175 Vgl. Blumer (1996), S. 79.
176 Vgl. Bähre (1979), S. 37.
177 Vgl. Sanio (1992), Sp. 1160; Waschbusch (2000), S. 175 sowie 218 ff.
178 Büschgen (1998) bezeichnet das KWG auch als „bankenaufsichtliches Grundgesetz", S. 265.
179 Vgl. Bieg (1983), S. 82.
180 Vgl. Dürre (1972), S. 35.
181 Vgl. Waschbusch (2000), S. 218 f.
182 Vgl. Krümmel (1985), S. 100 ff.
183 Vgl. zu diesen ausführlich Kap. E.
184 Auf Fristenkongruenzregeln wird im weiteren Verlauf der Arbeit nicht näher eingegangen. Vgl. hierzu z.B. Waschbusch (2000), S. 368 ff.

quantitative Normen bezeichnet.[185] Dies bringt zum Ausdruck, dass das von der Bank übernommene (messbare) Risiko als quantitativer Ausdruck mit einem ebenfalls quantifizierten maximalen Risiko verglichen wird und Vorgaben in Form von Mindest- oder Höchstrelationen formuliert werden, für deren Einhaltung die Geschäftsführung verantwortlich ist.[186]

Quantitative Normen stellen das klassische Instrumentarium der Eingriffsverwaltung dar. Sie bieten der Bankenaufsicht lediglich einen geringen Ermessensspielraums, weshalb sie lange Zeit qualitativen Normen vorgezogen wurden. Bei der wachsenden Vielfalt der Risiken im modernen Bankgeschäft, die etwa durch die zunehmende Verbreitung von Kreditderivaten entstehen sowie im Hinblick auf die Entwicklung neuer Methoden zur Risikoerfassung und -steuerung stellte sich jedoch die Frage nach der Angemessenheit vorwiegend quantitativer Normen für eine wirkungsvolle Risikokontrolle und -begrenzung, denn die Einhaltung vorgegebener Relationen bezogen auf das Eigenkapital sagt nur wenig darüber aus, ob ein Institut seine Risiken tatsächlich unter Kontrolle hat.[187] Insbesondere lässt die Einhaltung quantitativer Regelungen keine Aussagen über die Qualität der Internen Überwachungssysteme zu.[188]

Seit Mitte der neunziger Jahre finden sich daher zunehmend qualitative Tendenzen im deutschen Aufsichtsrecht. Als Grund für deren Entwicklung sind einerseits die spektakulären Verlustfälle der Vergangenheit zu sehen,[189] andererseits wirkt auch das Bestreben der Bankenaufsicht, den Instituten mehr unternehmerische Freiheit zu gewähren sowie die individuellen Risikopositionen stärker zu berücksichtigen, als Motor für einen deutlichen Veränderungsprozess. So gilt die Zulassung interner Risikomodelle der Banken für die Eigenkapitalberechnung als Übergang zu einer „qualitativen Bankenaufsicht“.[190] Gleichwohl ist darauf hinzuweisen, dass auch bereits zuvor qualitative Elemente im Instrumentarium der deutschen Bankenaufsicht vorhanden waren, wenngleich diese bis dahin lediglich ergänzenden Charakter hatten.[191] Die Abkehr von der zwingenden Vorgabe aufsichtsrechtlicher Standardverfahren durch die Zulassung eigener Risikomodelle der Banken wurde 1996 durch die Baseler Marktrisikopa-

---

185 Vgl. Rudolph (1991), S. 600; Trouet (1996), S. 2188; Burgi (2001), S. 309.

186 Vgl. Rudolph (1991), S. 599 f.

187 Vgl. Artopoeus (1998), http://www.bafin.de/presse/reden/archiv_ba/r_241198.htm.

188 Vgl. Hanenberg/Schneider (2001), S. 1060.

189 Vgl. Hanenberg/Schneider (2001), S. 1058.

190 So Krumnow (1995), S. 7. Auch Trouet (1996), S. 2189 spricht im Zusammenhang mit der Zulassung interner Modelle für die Erfassung und Messung von Marktpreisrisiken von qualitativen Tendenzen in der Bankenaufsicht. Er leitet diese Begriffsbildung daraus ab, dass bei der Verwendung interner Modelle die Höhe der Eigenkapitalunterlegungspflicht letztlich von der Qualität des jeweils eingesetzten Modells abhängig ist. Gleichwohl weist er zutreffend darauf hin, dass es zwischen diesem Begriffsverständnis und den qualitativen Normen des Aufsichtsrechts keinen unmittelbaren Zusammenhang gibt. Die Zulassung interner Modelle erfolgt im Rahmen von Strukturnormen und ist daher den quantitativen Normen zuzuordnen. Allerdings sei an dieser Stelle bereits darauf hingewiesen, dass durchaus insofern ein Zusammenhang besteht, als die Zulassung interner Modelle seitens der Aufsicht zusätzlich von der Erfüllung qualitativer Mindestanforderungen abhängig gemacht wird. Vgl. zu diesen Abschn. D1.1.2.3.1.

191 Beispielhaft seien hier etwa die Anforderungen an die fachliche Eignung der Geschäftsleiter der Banken oder die Kreditunterlagenregelung des § 18 KWG genannt.

piere[192] angestoßen, die im Zuge der 6. KWG-Novelle Eingang in das deutsche Aufsichtsrecht fanden. Gleichzeitig wurden umfassende Anforderungen an die Überwachung bestimmter Potenziale und Prozesse der Institute formuliert. Mit dieser Entwicklung geht daher eine Ausweitung der Regulierung in der Form einher, dass nicht mehr nur Vorgaben für eine Ressource - das Eigenkapital - gemacht werden, sondern zudem weitere Potenziale, wie z.B. die Mitarbeiter und die EDV-Systeme, von der Regulierung erfasst werden.[193] PAUL spricht daher im Zusammenhang mit den Veränderungsprozessen von einem „radikalen Umbruch"[194], in dem sich die Regulierung der Kreditwirtschaft derzeit befindet. Das Ziel dieses „Paradigmenwechsels"[195] ist es, die Bankenaufsicht verstärkt risikoorientiert auszurichten und deren präventive Wirkung zu untermauern.[196]

Neben den Strukturnormen findet sich daher eine zunehmende Anzahl von Rahmenbedingungen, welche sich auf die Gestaltung bestimmter Bereiche, die Durchführung bestimmter Geschäfte oder aber auf die gesamte Organisation und Überwachung eines Instituts beziehen. Diese Normen werden im Folgenden als **qualitative Normen** bezeichnet. Allgemein betreffen diese insbesondere

- die generelle Geschäftstätigkeit,
- die Aufbau- und Ablauforganisation,
- die Publizität sowie
- die Prüfung der Banken.[197]

Zu den qualitativen Normen zählen neben selektiven Normen, wie beispielsweise der Kreditunterlagenregelung des § 18 KWG, insbesondere die in § 25a KWG niedergelegten besonderen organisatorischen Pflichten von Instituten genauso wie die zahlreichen Mindestanforderungen der BaFin. Des Weiteren sind hierunter weite Teile der Publizitätspflichten der Deutschen Rechnungslegungs-Standards und der neuen Eigenkapitalvereinbarung sowie die diversen umfassenden und selektiven Prüfungspflichten zu fassen.[198]

Bis vor kurzem konnte die Unterscheidung in qualitative und quantitative Normen auch an der Einwirkung der jeweiligen Normen auf die unterschiedlichen Risikoarten festgemacht werden, die zur Vermeidung eines Marktversagens begrenzt werden sollten. So bezogen sich quantitative Normen ursprünglich ausschließlich auf die finanziellen Risiken. Operationelle Risiken galten hingegen bislang als nicht messbar und daher nicht durch quantitative Normen

192 Vgl. Basel Committee on Banking Supervision (1996a); Basel Committee on Banking Supervision (1996b).
193 Vgl. Paul (2002), S. 221.
194 Paul (2000), S. 281. Vgl. auch Paul (2002), S. 211.
195 So Sanio (2000), http://www.bafin.de/presse/reden/archiv_ba/r_280600_2.htm.
196 Vgl. BaFin (1999a), S. 12; Traber/Schulte-Mattler (2001), S. 1077.
197 Vgl. Rudolph (1991), S. 600.
198 Der systematischen Darstellung und Beurteilung dieser Regelungen widmet sich Kap. D. Dabei wird auch auf die unterschiedlichen Rechtswirkungen der Normen eingegangen.

begrenzbar.[199] Dieser Auffassung zuwider sieht der Baseler Ausschuss in seiner neuen Eigenkapitalvereinbarung nunmehr eine explizite Eigenkapitalforderung für operationelle Risiken vor.[200] Im Gegensatz dazu dienen qualitative Normen bereits aufgrund ihres auf das Überwachungssystem der Banken ausgerichteten Wirkungsbereichs spezifisch der Begrenzung operationeller Risiken.

Die systematische Darstellung sowohl qualitativer als auch quantitativer Normen im Hinblick auf den Umgang der Banken mit operationellen Risiken sowie deren Folgen, Wirkungsweisen und Beurteilung muss an dieser Stelle dem weiteren Untersuchungsverlauf vorbehalten bleiben. Festzuhalten bleibt, dass sowohl die quantitativen Strukturnormen als auch die qualitativen Normen des Ordnungsrahmens der laufenden Geschäftstätigkeit der Institute einen bedeutenden Einfluss auf die Überwachungstätigkeit durch die Geschäftsführung, das Aufsichtsorgan und die Interne Revision der Banken haben. Zudem sei an dieser Stelle bereits darauf hingewiesen, dass sich darüber hinaus eine weit reichende Beeinflussung auch der Überwachungstätigkeit durch externe Überwachungsträger ergibt.

3.1.4 Internationalisierung der Bankenaufsicht

Bei der Festlegung und Ausgestaltung der Normen stehen sowohl der nationale Gesetzgeber als auch die BaFin unter dem Einfluss internationaler Harmonisierungsbestrebungen im Bereich der Bankenaufsicht. Die Notwendigkeit einer Internationalisierung und Harmonisierung der Bankenaufsicht ergibt sich aus dem grundlegenden strukturellen Wandel der Finanzmärkte, der insbesondere durch technologischen Fortschritt und Globalisierung geprägt ist. Die Folge ist eine wachsende Verflechtung und eine zunehmende Integration der nationalen Finanzmärkte.[201] Um der mit dieser Entwicklung einhergehenden Globalisierung der Geschäftsaktivitäten der Banken gerecht zu werden, darf sich die Aufsichtstätigkeit nicht auf aufsichtsrelevante Sachverhalte innerhalb eines Landes beschränken, sondern sie muss vielmehr auch die sich aus der Internationalisierung ergebenden Risiken und Probleme berücksichtigen.[202] Daraus folgt gleichsam die Notwendigkeit der Internationalisierung der Entwicklung und Ausgestaltung bankenaufsichtsrechtlicher Bestimmungen.[203] Vordringliches Ziel ist hierbei die Harmonisierung der Aufsichtssysteme zur Schaffung international vergleichbarer Rahmenbedingungen für Banken.[204]

---

199 Vgl. Stillhart (2002), S. 209; Rudolph (1991), S. 600; Krümmel (1985), S. 104.
200 Die entsprechenden Messverfahren und deren Beurteilung sind Gegenstand von Kap. E.
201 Vgl. Hirte/Heinrich (2001), S. 389.
202 Vgl. Waschbusch (2000), S. 31 f.
203 Vgl. Artopoeus (1994), S. 1087.
204 Vgl. Büschgen (1998), S. 295.

Harmonisierung innerhalb der Europäischen Union

Die historische Betrachtung der Bemühungen der europäischen Institutionen um Anpassung national unterschiedlich ausgestalteter Bankenaufsichtsbestimmungen zeigt drei grundlegende Entwicklungsphasen.[205] In der ersten Phase wurde versucht, eine Harmonisierung der bankenaufsichtsrechtlichen Vorschriften in einem einzigen großen Schritt zu realisieren. Hierzu wurde 1972 ein Richtlinienvorschlag veröffentlicht, der jedoch so komplex und umfassend war, dass dieser keine Aussicht auf Realisierung hatte.[206] In der zweiten Phase wurde daher eine stufen- bzw. abschnittsweise Harmonisierung angestrebt, die aber grundsätzlich an dem Ziel einer umfassenden Angleichung der nationalen Aufsichtssysteme festhielt. Ergebnisse dieser Phase sind die Niederlassungs- und Dienstleistungsrichtlinie von 1973[207], die Erste Bankrechtskoordinierungsrichtlinie von 1977[208], die Konsolidierungsrichtlinie von 1983[209] sowie die Bankbilanzrichtlinie von 1986[210]. Das Konzept der schrittweisen Harmonisierung änderte jedoch nichts an der Komplexität der Koordinierungsbereiche und den Durchsetzungsproblemen im Europäischen Ministerrat. Daher wird in der bis heute andauernden dritten Phase ein Konzept der gegenseitigen Anerkennung der Gleichwertigkeit und der nur noch minimalen Harmonisierung nationaler Bankenaufsichtsnormen verfolgt.[211] Grundlage hierfür ist das im Juni 1985 vom Europäischen Ministerrat gebilligte Weißbuch über die „Vollendung des Binnenmarktes“[212], aus dem die folgenden vier Grundsätze für die Harmonisierung des Aufsichtsrechts im Bankbereich abgeleitet wurden:

- der Grundsatz der Mindestharmonisierung,
- der Grundsatz der gegenseitigen Anerkennung der Gleichwertigkeit nationaler Aufsichtsvorschriften,
- der Grundsatz der Erteilung einer einheitlichen europaweiten Lizenz für Kreditinstitute durch das jeweilige Herkunftsland,
- der Grundsatz der Sitzland-, Heimatland- bzw. Herkunftslandkontrolle.[213]

Nachfolgend zur Vereinbarung dieser Grundsätze wurden zahlreiche neue Richtlinien verabschiedet.[214] Die folgende Tabelle 2 gibt einen Überblick über die wichtigsten.[215]

---

205 Vgl. hierzu und zum Folgenden Waschbusch (2000), S. 44 ff.
206 Vgl. auch Büschgen (1998), S. 295.
207 Vgl. Rat der Europäischen Gemeinschaften (1973), S. 1 ff.
208 Vgl. Rat der Europäischen Gemeinschaften (1977), S. 30 ff.
209 Vgl. Rat der Europäischen Gemeinschaften (1983), S. 18 ff.
210 Vgl. Rat der Europäischen Gemeinschaften (1986), S. 1 ff.
211 Vgl. Schneider (1987), S. 148.
212 Vgl. Kommission der Europäischen Gemeinschaften (1985).
213 Vgl. Kluge (1990), S. 182.
214 Vgl. Waschbusch (2000), S. 53 f.
215 Vgl. zu den Richtlinien im einzelnen Hirte/Heinrich (2001), S. 392 ff.; Büschgen (1998), S. 295 ff.

Jahr	Richtlinie	Inhalt
1989	**Eigenmittelrichtlinie**[216]	Legt die anerkennungsfähigen Bestandteile des Eigenkapitals für eine Unterlegung der Risikoaktiva fest.
	Zweite Bankrechts-koordinierungsrichtlinie[217]	Niederlassungs- und Dienstleistungsfreiheit für Kreditinstitute (Anerkennung des Herkunftslandprinzips und des Europ. Passes sowie Weiterführung der Harmonisierung)
	Solvabilitätsrichtlinie[218]	Verlangt die Unterlegung der nach ihrem Risikogehalt gewichteten Risikoaktiva mit mind. 8 % Eigenkapital.
1992	**Konsolidierungsrichtlinie**[219]	Die Beaufsichtigung der Kreditinstitute auf konsolidierter Basis wird auf Gruppen mit einer Finanzholding an der Spitze ausgedehnt und das Prinzip der Vollkonsolidierung erweitert.
1993	**Großkreditrichtlinie**[220]	Ergänzt das Prinzip der angemessenen Eigenkapitalausstattung um Regeln zur Risikostreuung bei der Vergabe von Großkrediten.
	Kapitaladäquanzrichtlinie[221]	Schafft gleichwertige aufsichtsrechtliche Rahmenbedingungen für Wertpapier- und Kreditinstitute hinsichtlich der Eigenmittelausstattung (level playing field).
	Wertpapierdienst-leistungsrichtlinie[222]	Stellt die selbständigen Wertpapierhäuser hinsichtlich der Niederlassungs- und Dienstleistungsfreiheit den Kreditinstituten gleich.
1994	**Richtlinie über Einlagen-sicherungssysteme**[223]	Verpflichtet die Mitgliedsstaaten, ein einheitliches Einlagensicherungssystem mit mind. 20.000 Euro Sicherungsumfang zu führen und als Erlaubnisvoraussetzung zu behandeln.
1995	**BCCI-Folgemaßnahmen-Richtlinie**[224]	Regelt die verstärkte Beaufsichtigung von Finanzunternehmen als Folge des Zusammenbruchs der Bank of Credit und Commerce International (BCCI).
2000	**Richtlinie über die Aufnahme und Ausübung der Tätigkeit der Kreditinstitute**[225]	Fasst die bisherigen Regelungsmaßnahmen in einem einzigen Text zusammen (Erste und Zweite Bankrechtskoordinierungsrichtlinie, Eigenmittel-, Solvabilitäts- u. Großkreditrichtlinie, die Konsolidierungsrichtlinien sowie die 12 Änderungsrichtlinien).
2002	**Finanzkonglomerate-richtlinie**[226]	Beinhaltet zusätzliche Aufsichtsvorschriften für Finanzkonglomerate[227], mit denen Lücken in den geltenden Rechtsvorschriften geschlossen und zusätzliche aufsichtsrechtlich relevante Risiken, insbesondere im Zusammenhang mit Risikokonzentrationen und gruppeninternen Transaktionen, abgedeckt werden sollen.

Tabelle 3: Die wichtigsten EG- Richtlinien zur Harmonisierung des Aufsichtsrechts seit 1989

216 Rat der Europäischen Gemeinschaften (1989a), S. 16 ff.
217 Rat der Europäischen Gemeinschaften (1989b), S. 1 ff.
218 Rat der Europäischen Gemeinschaften (1989c), S. 14 ff.
219 Rat der Europäischen Gemeinschaften (1992), S. 52 ff.
220 Rat der Europäischen Gemeinschaften (1993a), S. 1 ff.
221 Rat der Europäischen Gemeinschaften (1993b), 1 ff.
222 Rat der Europäischen Gemeinschaften (1993c), S. 27 ff.
223 Europäisches Parlament/Rat der Europäischen Gemeinschaften (1994), 5 ff.
224 Europäisches Parlament/Rat der Europäischen Gemeinschaften (1995), S. 7 ff.
225 Europäisches Parlament/Rat der Europäischen Gemeinschaften (2000), S. 1 ff.
226 Europäisches Parlament/Rat der Europäischen Gemeinschaften (2002), S. 1 ff.
227 Finanzkonglomerate sind solche Finanzgruppen, die ihre Dienstleistungen und Produkte in verschiedenen Finanzbranchen anbieten.

Vorschläge für neue Rechtsvorschriften werden grundsätzlich durch die Europäische Kommission unterbreitet. Diese ist zudem für die Umsetzung der Beschlüsse des Rates verantwortlich. Im Rahmen des sogenannten Lamfalussy-Verfahrens[228], dessen Ziel es ist, den komplexen und langwierigen regulären EU-Gesetzgebungsprozess zu beschleunigen, spielt im Zusammenhang mit der Bankenaufsicht der Ausschuss der europäischen Bankaufsichtsbehörden (Committee of European Banking Supervisors „CEBS") eine hervorzuhebende Rolle. Die Aufgaben dieses zum 1.1.2004 gegründeten Ausschusses bestehen in der Beratung und Unterstützung der Kommission bei der Entwicklung der technischen Durchführungsbestimmungen, in dem aufsichtlichen Informationsaustausch, der konsistenten Umsetzung der europäischen Rechtsakte sowie der Angleichung der aufsichtlichen Praxis im europäischen Markt für Finanzdienstleistungen. Der Schwerpunkt der Tätigkeiten des CEBS liegt derzeit in der Umsetzung von Basel II[229] in europäisches Recht. Dabei werden gemeinsame Empfehlungen zu Anwendungs- und Auslegungsfragen ausgearbeitet. Der Ausschuss setzt sich aus hochrangigen Vertretern der nationalen Bankenaufsichtsbehörden sowie der Zentralbanken zusammen.[230]

Weltweite Zusammenarbeit im Baseler Ausschuss für Bankenaufsicht

Die Harmonisierungsbestrebungen auf europäischer Ebene werden maßgeblich durch die Ergebnisse der weltweiten Zusammenarbeit der Aufsichtsbehörden beeinflusst. Neben der wichtigen Zusammenarbeit der Aufsichtsbehörden innerhalb der Europäischen Union ist weitergehend eine weltweite Kooperation auf dem Gebiet der Bankenaufsicht unabdingbar, um der weltweiten Vernetzung der Finanzmärkte gerecht zu werden.[231] Das wichtigste Gremium hierfür ist der Baseler Ausschuss für Bankenaufsicht. Dieser Ausschuss der Bankaufsichtsbehörden ist bei der Bank für Internationalen Zahlungsausgleich (BIZ) in Basel angesiedelt und befasst sich mit einheitlichen Standards und Empfehlungen zur Bankenaufsicht. Der Ausschuss wurde 1975 von den Zentralbankgouverneuren der G-10-Staaten als Reaktion auf die Krise des Kölner Bankhauses I. D. Herstatt im Jahr 1974 gegründet. Mittlerweile sind Vertreter der nationalen Aufsichtsbehörden und der Notenbanken aus Belgien, Kanada, Frankreich, Deutschland, Italien, Japan, Luxemburg, Niederlande, Spanien, Schweden, Schweiz, England

---

228 Ursprünglich für den Wertpapiersektor entwickeltes vierstufiges Verfahren, das nach einem Beschluss des Rates von Dezember 2002 auf den gesamten EU-Finanzsektor ausgedehnt wird. 1. Stufe: politische Rahmenrechtsetzung durch die EU-Organe unter Federführung der Kommission; 2. Stufe: Ausarbeitung der „technischen" und detaillierten Durchführungsbestimmungen durch die Kommission sowie vier Fachausschüsse (Europäischer Bankenausschuss „EBC", Europäischer Wertpapierausschuss „ESC", Europäischer Ausschuss für das Versicherungswesen und die betriebliche Altersversorgung „EIOPC" und Finanzkonglomerateausschuss „EFCC"); 3. Stufe: Beratung der Kommission durch Expertenausschüsse (Ausschuss der europäischen Bankaufsichtsbehörden „CEBS", der europäischen Wertpierregulierungsbehörden „CESR" und der europäischen Aufsichtsbehörden für das Versicherungswesen und die betriebliche Altersversorgung „CEIOPS"); 4. Stufe: Kommission achtet auf die einheitliche Anwendung des Gemeinschaftsrechts. Vgl. Deutsche Bundesbank (2005), http://www.bundesbank.de/bankenaufsicht_cebs_lamfalussy.php.

229 Vgl. hierzu unten in diesem Abschnitt.

230 Vgl. BaFin (2004), S. 2.

231 Vgl. Waschbusch (2000), S. 80.

und den USA Mitglieder.[232] Durch den regelmäßigen und umfassenden Austausch über die verschiedenen nationalen bankenaufsichtsrechtlichen Vorschriften und Überwachungssysteme sollen das gegenseitige Verständnis gefördert, Erfahrungen ausgetauscht und insbesondere Lücken in der Überwachung des internationalen Finanzsystems erkannt werden. Für bedeutsame Problembereiche gibt der Baseler Ausschuss als Ergebnis des gegenseitigen Austauschs Empfehlungen, Richtlinien oder Mindestanforderungen heraus, die eine intensivere Zusammenarbeit der nationalen Bankenaufsichtsbehörden fördern und eine Angleichung der bankenaufsichtsrechtlichen Vorschriften erreichen sollen.[233] Obwohl diese rechtlich nicht bindend sind, setzen sie sich wegen des hohen Ansehens des Baseler Ausschusses in der Regel schnell international durch.[234] Für zahlreiche EG-Richtlinien dienten die Veröffentlichungen des Baseler Ausschusses bereits als Grundlage. So gehen beispielsweise die Eigenmittel- und die Solvabilitätsrichtlinie von 1989 auf die Eigenmittelempfehlungen des Baseler Ausschusses von 1988 zurück. Insgesamt sind weltweit die wichtigsten Anstöße zur Verbesserung und Anpassung bankenaufsichtsrechtlicher Bestimmungen auf Veröffentlichungen des Baseler Ausschusses zurückzuführen, der damit einen unverzichtbaren Beitrag zur Vervollständigung des globalen Bankenaufsichtsnetzes leistet.[235]

Insbesondere die im September 1997 veröffentlichten „Core Principles for Effective Banking Supervision“ haben sich zu den wichtigsten globalen Standards vernünftiger Regulierung und Beaufsichtigung entwickelt. Diese zur Stärkung des gesamten Finanzsystems entwickelten 25 Grundsätze sollen nationalen Aufsichtsbehörden in allen Ländern als Anhaltspunkte dienen und sind insofern als Mindestanforderungen zu verstehen, die in vielen Fällen durch weitere Maßnahmen zu ergänzen sind, um den individuellen Gegebenheiten und Risiken der Finanzsysteme einzelner Länder Rechnung zu tragen. Die Prinzipien beziehen sich im Einzelnen auf

- Voraussetzungen für eine effektive Bankenaufsicht (Grundsatz 1),
- die Zulassung und Struktur von Kreditinstituten (Grundsätze 2 bis 5),
- angemessene Aufsichtsregeln und Anforderungen (Grundsätze 6 bis 15),
- Methoden laufender Beaufsichtigung (Grundsätze 16 bis 20),
- Informationsanforderungen (Grundsatz 21),
- formale Befugnisse der Bankenaufsicht (Grundsatz 22),
- grenzübergreifende Bankgeschäfte (Grundsätze 23 – 25).[236]

Auch zu der Thematik guter Corporate Governance in Banken hat sich der Ausschuss bereits verschiedene Male geäußert. Im September 1999 veröffentlichte er ein Papier mit dem Titel

---

232 Vgl. Hirte/Heinrich (2001), S. 390.
233 Vgl. Mayer (1981), S. 205 f.; Basel Committee on Banking Supervision (2004b), S. 1.
234 Vgl. Sanio (1992), Sp. 1167.
235 Vgl. Waschbusch (2000), S. 85.
236 Vgl. Basel Committee on Banking Supervision (1997), S. 24 ff.; Basel Committee on Banking Supervision (1999a), S. 21 ff.

„Enhancing Corporate Governance for Banking Organisations“.[237] In diesem wird zudem auf die zuvor erschienen „Principles for the management of interest rate risk“ (von September 1997), das „Framework for internal control systems in banking organisations“ und das Papier „Enhancing bank transparency“ (beide von September 1998) sowie die „Principles for the management of credit risk“ (deren endgültige Fassung im September 2000 veröffentlicht wurde) verwiesen. In seinen Veröffentlichungen hat der Baseler Ausschuss herausgestellt, welche Elemente aus seiner Sicht die Basis für eine gute Corporate Governance sind.[238]

Aktuell werden insbesondere die Vorschläge des Baseler Ausschusses zur Änderung der Eigenkapitalanforderungen weltweit intensiv diskutiert, die in dem Dokument „Internationale Konvergenz der Kapitalmessung und Eigenkapitalanforderungen“[239], besser bekannt unter dem Namen **„Basel II“**, veröffentlicht wurden. Diese haben die Überarbeitung der Eigenkapitalvorschriften für Kreditinstitute und Wertpapierdienstleistungsunternehmen aus dem Jahr 1988 zum Inhalt. Ziel der neuen Baseler Eigenkapitalvereinbarung ist die risikogerechtere Eigenkapitalunterlegung und die umfassendere Berücksichtigung der Risiken, um so die Sicherheit und Solidität des Finanzwesens weiter zu fördern und die Wettbewerbsgleichheit zu verbessern.

In den Basel II-Regelungen spiegelt sich deutlich der beschriebene aktuelle Paradigmenwechsel im Aufsichtskonzept wider. So halten die neuen Vorschriften zwar einerseits an dem Grundkonzept quantitativer Solvabilitätsnormen fest, modifizieren diese jedoch deutlich, indem auch bankinterne Einschätzungen im Rahmen der Eigenkapitalermittlung für Ausfallrisiken und operationelle Risiken herangezogen werden können. Darüber hinaus werden die Strukturnormen um Elemente qualitativer Bankaufsicht im Sinne umfassender qualitativer Normen sowie die Aktivierung von Marktdisziplinierungskräften ergänzt, so dass insgesamt ein Drei-Säulen-Konzept entsteht, in dem die einzelnen Elemente interagieren und sich gegenseitig verstärken sollen.[240] In den drei Säulen werden, wie in Abbildung 6 dargestellt, die Mindesteigenkapitalanforderungen (1. Säule), das aufsichtsrechtliche Überprüfungsverfahren (2. Säule) sowie die Offenlegungspflichten für eine verbesserte Marktdisziplin (3. Säule) behandelt.

---

237 Im Juli 2005 wurde der Entwurf für eine Neufassung dieses Papiers zur Konsultation veröffentlicht.
238 Vgl. Abschn. C1.1.
239 Vgl. Basel Committee on Banking Supervision (2004a).
240 Vgl. Krumnow/Sprißler et al. [Hrsg.] (2004), Kommentar, Teil B, Kapitel VI, S. 1634.

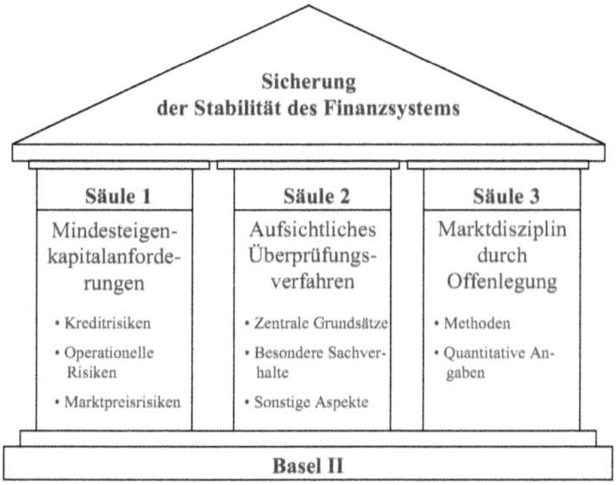

Abbildung 6: Die drei Säulen von Basel II[241]

Die erste Säule umfasst Vorschriften für die Berechnung der Mindesteigenkapitalanforderungen für Kreditrisiken und operationelle Risiken. Dagegen bleiben die entsprechenden Vorschriften für Marktpreisrisiken überwiegend in ihrer heutigen Fassung bestehen. Für Kreditrisiken und die erstmals explizit mit Eigenkapital zu unterlegenden operationellen Risiken werden jeweils verschiedene Optionen zur Kapitalermittlung beschrieben, wobei diese von einfachen Standardverfahren bis hin zu fortgeschrittenen Messmethoden reichen, in denen insbesondere auch bankinterne Messverfahren als Einflussgröße Berücksichtigung finden.[242] Entlang dieser Bandbreite an Kapitalermittlungsoptionen sollen die Institute ihre Risikomessverfahren entsprechend ihrer jeweiligen Bedeutung im Finanzsektor und ihrer spezifischen Risikosituation in einem evolutorischen Prozess fortentwickeln. Je nach Verfahren werden in Basel II darüber hinaus umfangreiche qualitative und quantitative Mindestanforderungen gestellt, die ein Institut erfüllen muss, um für dieses zugelassen zu werden.

Die zweite Säule enthält im Wesentlichen die zentralen Grundsätze des aufsichtlichen Überprüfungsverfahrens („Supervisory Review Process“). Dieses soll einerseits sicherstellen, dass die Banken über angemessenes Eigenkapital für alle ihren Geschäften inhärenten Risiken verfügen und diese darin bestärken, bessere Verfahren für die Überwachung und Steuerung ihrer Risiken zu entwickeln und anzuwenden. Unter „allen“ Risiken versteht der Baseler Ausschuss dabei auch diejenigen Risiken, die in der ersten Säule nicht berücksichtigt werden sowie solche, die zwar innerhalb der ersten Säule betrachtet, dort jedoch nicht vollständig erfasst werden. Andererseits wird im Rahmen der zweiten Säule von den Aufsichtsinstanzen erwartet, dass diese beurteilen, wie gut die Banken ihren Kapitalbedarf im Verhältnis zu ihren Risiken einschätzen und eingreifen, wenn es angebracht erscheint. Der von seiner Bezeichnung her insofern missverständliche Supervisory Review Process (SRP) enthält daher, wie in Abbildung 7 dargestellt, zwei Elemente: den in der Verantwortung der Geschäftsleitung der

241 Quelle: in Anlehnung an Basel Committee on Banking Supervision (2004a), Tz. 19.
242 Vgl. zu den Messverfahren für operationelle Risiken ausführlich Kap. E.

Institute liegenden Internal Capital Adequacy Assessment Process (ICAAP) und den Supervisory Review and Evaluation Process (SREP), der in den Verantwortungsbereich der Bankenaufsichtsträger fällt.[243] Beide Elemente stehen jedoch nicht isoliert nebeneinander, sondern sind durch einen fortlaufenden Dialog zwischen Banken und Aufsichtsinstanzen gekennzeichnet.

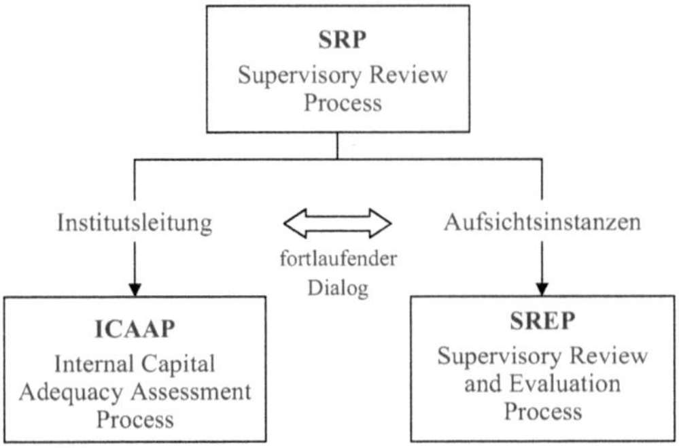

Abbildung 7: Der Supervisory Review Process gemäß der zweiten Säule von Basel II

Mit der dritten Säule von Basel II verfolgt der Baseler Ausschuss das Ziel, die Marktdisziplin zu stärken. Hierfür wurden eine Reihe von Veröffentlichungspflichten entwickelt, die es den Marktteilnehmern ermöglichen sollen, auf der Basis von Kerninformationen über das Eigenkapital, die Risikopositionen und die Risikomessverfahren die Angemessenheit der Eigenkapitalausstattung eines Instituts zu beurteilen.[244] Zugleich soll durch ein einheitliches Offenlegungsschema die Vergleichbarkeit der Angaben verschiedener Institute verbessert werden. Der Baseler Ausschuss ist sich bewusst, dass seine Anforderungen der dritten Säule jedoch nicht in Konflikt mit bestehenden Rechnungslegungsnormen und -standards geraten dürfen.[245] Aus diesem Grund spricht sich der Ausschuss für einen engen Kontakt mit den Rechnungslegungsinstanzen aus, um gegebenenfalls Modifikationen der dritten Säule vornehmen zu können.

Die neue Eigenkapitalvereinbarung tritt voraussichtlich Ende 2006 in Kraft, wobei die fortgeschrittenen Methoden zur Ermittlung der Eigenkapitalanforderungen erst ab Ende 2007 angewendet werden können. Entsprechend erfolgt derzeit auf europäischer Ebene eine Überarbeitung der „Richtlinie über die angemessenen Eigenkapitalausstattung von Wertpapierfirmen und Kreditinstituten“ (Kapitaladäquanzrichtlinie) sowie der „Richtlinie über die Aufnahme und Ausübung der Tätigkeit der Kreditinstitute“ (Bankenrichtlinie), um die überarbeitete Ba-

243 Vgl. zu diesem CEBS (2005a), S. 5 ff. sowie Abschn. D1.1.2.3.2 bzw. D4.1.1.

244 Vgl. Basel Committee on Banking Supervision (2004a), Tz. 809 ff.

245 Zu einem Vergleich der vielfältigen, an die Banken gestellten Offenlegungsanforderungen vgl. Buchheim/Beiersdorf/Billinger (2005), S. 234 ff.

seler Eigenkapitalvereinbarung auf europäischer Ebene umzusetzen.[246] Die Umsetzung in nationales Recht wird durch das aktuell in Form eines Referentenentwurfs vorliegende „Gesetz zur Umsetzung der neu gefassten Bankenrichtlinie und der neu gefassten Kapitaladäquanzrichtlinie" (CRD[247]-Umsetzungsgesetz) erfolgen. Dieses enthält diejenigen Regelungen, die sich unmittelbar in Änderungen des Kreditwesengesetzes niederschlagen werden, während die in den diversen Anhängen der neu gefassten EU-Richtlinien enthaltenen technischen Details Gegenstand gesonderter Rechtsverordnungen sein werden. Konkret handelt es sich dabei um die Solvabilitätsverordnung, die den aktuellen Grundsatz I ersetzen wird und die Großkredit- und Millionenkreditverordnung.[248]

Im Zusammenhang mit operationellen Risiken sind zusammenfassend vier Aspekte der neuen Eigenkapitalvereinbarung von Bedeutung:

- die erstmalige explizite Eigenkapitalanforderung für operationelle Risiken im Rahmen der ersten Säule, inklusive der damit verbundenen Mindestanforderungen,
- die qualitativen Mindestanforderungen für die Anwendung bestimmter Ansätze zur Ermittlung der Eigenkapitalanforderungen für Kredit- und Marktpreisrisiken im Rahmen der ersten Säule,
- die gesamte zweite Säule mit ihren qualitativen Anforderungen an die Überwachungsprozesse,
- die Offenlegungsanforderungen im Zusammenhang mit operationellen Risiken in der dritten Säule.

Auf diese Punkte wird im weiteren Verlauf der Arbeit ausführlich einzugehen sein. Neben den genannten Veröffentlichungen des Baseler Ausschusses zur Corporate Governance und zu Basel II sind dabei darüber hinaus insbesondere die flankierend zur neuen Eigenkapitalvereinbarung veröffentlichten „Sound Practices for the Management and Supervision of Operational Risk" zu beachten.

3.1.5 Informationsgewinnung durch die Bankenaufsichtsträger

Um ihren Aufgaben nachkommen zu können, benötigt die Bankenaufsicht jederzeit einen umfassenden Einblick in die Struktur und die laufende Geschäftstätigkeit der Kreditinstitute. Nur

---

246 Während die Basel II-Vorgaben des Baseler Ausschusses lediglich auf international tätige Banken Anwendung finden (vgl. Basel Committee on Banking Supervision (2004a), Tz. 20), sollen die geänderten EU-Richtlinien wie bisher verbindlich für alle Kreditinstitute und Wertpapierfirmen in der EU gelten.

247 Die Abkürzung CRD steht für „Capital Requirements Directive".

248 Vgl. Bundesministerium der Finanzen (2005b), S. 7. Für die Solvabiltitätsverordnung sowie die überarbeitete Großkredit- und Millionenkreditverordnung liegen bislang lediglich erste Diskussionsentwürfe des Bundesministeriums der Finanzen vor. Vgl. Bundesministerium der Finanzen (2005a). Mit überarbeiteten Entwürfen wird Anfang 2006 gerechnet.

so kann sie beurteilen, ob die von ihr erlassenen Risikobegrenzungsvorschriften auch tatsächlich eingehalten werden.[249] In Deutschland existiert allerdings bisher weitgehend kein bankaufsichtseigener Prüfungsdienst, sondern die Einhaltung der Normen wird vielmehr überwiegend über ein umfassendes Meldewesen sichergestellt. So gibt es zahlreiche Mitteilungspflichten an die Bankenaufsicht einerseits der Institute selbst und andererseits von deren Abschlussprüfern. Zu den Pflichten der Institute gehört die unaufgeforderte Vorlage von Monatsausweisen gemäß § 25 KWG sowie von Jahresabschluss und Lagebericht gemäß § 26 Abs. 1 KWG durch das Kreditinstitut. Der Gesetzgeber setzt hier zwar einerseits auf die loyale Mitwirkung der Kreditinstitute, verlangt aber gleichzeitig in § 29 Abs. 1 KWG die Prüfung der Einhaltung dieser Vorschriften durch den Abschlussprüfer.[250] Dieser hat ebenfalls gemäß § 26 Abs. 1 KWG seinen Prüfungsbericht der Deutschen Bundesbank unverzüglich einzureichen. § 29 KWG stellt klar, dass der Prüfer bei der Prüfung des Jahresabschlusses auch die wirtschaftlichen Verhältnisse des Instituts zu prüfen hat (§ 29 Abs. 1) und von sich aus und unverzüglich der BaFin und der Deutschen Bundesbank Tatsachen von erheblicher bankaufsichtsrechtlicher Relevanz mitteilen muss (§ 29 Abs. 3).[251] Neben den unaufgeforderten Mitteilungspflichten besteht darüber hinaus eine Informationspflicht nach spezieller Aufforderung gemäß § 44 Abs. 1 Satz 1 KWG und ein eigenes Prüfungsrecht der BaFin auch ohne besonderen Anlass gemäß § 44 Abs. 1 Satz 2 KWG.

Allerdings sind, verbunden mit dem derzeitigen Wandel im Aufsichtssystem, auch Änderungen in der Informationsgewinnung durch die deutsche Aufsichtsbehörde zu erwarten. So wird das in der zweiten Säule von Basel II geforderte „aufsichtliche Überprüfungsverfahren“ zu eigenen Vor-Ort-Prüfungen der Bankenaufsicht führen. Auf diese Weise äußert sich das Bedürfnis nach einer verstärkten Kooperation zwischen Aufsichtsbehörde und Banken, durch welche eine angemessene Behandlung der insbesondere durch die komplexer werdenden Strukturen des Bankgeschäfts entstehenden Risiken erreicht werden soll.[252] Bereits heute setzt die Bankenaufsicht zunehmend auf einen direkten Informationsaustausch mit den Instituten. Dieser partnerschaftliche Austausch ist ein wesentlicher Pfeiler der veränderten Überwachung und löst die ausschließliche Informationsgewinnung über Prüfungsergebnisse externer Quellen ab.[253] Hierdurch werden zum einen die Auswirkungen des bankaufsichtlichen „Time-Lag“ reduziert, zum anderen ist es der BaFin und der Deutschen Bundesbank möglich, für verschiedene Fragestellungen im Sinne eines Benchmarking unterschiedliche Institute zu vergleichen.

249 Vgl. Waschbusch (2000), S. 504.
250 Vgl. Bähre (1985), S. 43.
251 Vgl. hierzu den folgenden Abschnitt.
252 Vgl. Burgi (2001), S. 309.
253 So führt die BaFin in ihrem Jahresbericht 1999 im Zusammenhang mit dem Jahr-2000-Problem aus, dass sie bei diesem Projekt ihre Vorstellungen über eine qualitative Aufsicht umgesetzt hat, indem zur Informationsgewinnung nicht mehr nur externe Informationsquellen dienten, sondern vielmehr auf den regelmäßigen Gedankenaustausch mit den Instituten direkt gesetzt wurde. Vgl. BaFin (2000a), S. 15.

Defekte in der externen Überwachung können genauso wie solche in der internen Überwachung **Corporate Governance-Probleme** im Hinblick auf den Umgang der Banken mit operationellen Risiken verursachen oder diese verstärken. So können Maßnahmen des Gesetzgebers oder der Bankenaufsicht den Corporate Governance-Prozess insgesamt schwächen anstatt diesen zu stärken. Einige mögliche Schwachstellen sind im Folgenden zusammengefasst.

- **Fehlende oder unzureichende Regulierung**, z.B. bestimmter Bereiche oder Risiken der Geschäftstätigkeit der Banken. Diese kann sich auch in einer unzureichenden oder verspäteten Umsetzung internationaler Normen und Empfehlungen in nationales Recht äußern.
- **Unwirksame Überwachung durch die Aufsichtsbehörden**, etwa auf Grund eines Mangels an Einflussmöglichkeiten, fehlenden Fachwissens der Mitarbeiter oder unzulänglicher personeller Ausstattung. Auch unzureichende Melde- und Offenlegungspflichten gegenüber der Aufsicht können zu einer lückenhaften Überwachung führen.
- Ein **Moral Hazard-Problem** kann z.B. durch die Förderung der Erwartungshaltung bei den Banken entstehen, die Zentralbank würde als „Lender of last Ressort“ im Krisenfalle einspringen.
- **Unzureichende Offenlegungspflichten** auf Seiten der Banken, die eine wirksame Überwachung durch die Kapitalmarktteilnehmer verhindern.

3.2 Abschlussprüfer

3.2.1 Die enge Verknüpfung zwischen Bankenaufsicht und Abschlussprüfung

Der Abschlussprüfer ist in allen Systemen der Corporate Governance integraler Bestandteil der Unternehmensüberwachung.[254] Im Falle der hier betrachteten Kreditinstitute sind neben öffentlich bestellten Wirtschaftsprüfern und Wirtschaftsprüfungsgesellschaften auch die genossenschaftlichen Prüfungsverbände[255] sowie die Prüfungsstellen der Sparkassen- und Giroverbände[256] relevant.[257]

Um für die aus Sicht des Gesetzgebers schutzwürdigen Koalitionsteilnehmer einer Unternehmung ein Mindestinformationsniveau sicherzustellen, schreibt der Gesetzgeber, wie in Abschnitt 2.1 ausgeführt, der Geschäftsleitung einen nach einheitlichen Regeln zu erstellenden und zu veröffentlichenden Jahresabschluss vor. Da jedoch die Gefahr einer Nichtbeachtung der entsprechenden Rechnungslegungsnormen besteht, ist eine Überprüfung ihrer Einhaltung

---

[254] Vgl. Orth (2000), S. 87; Hommelhoff/Mattheus (2003), S. 640.

[255] Zu diesen vgl. Gschrey (2004), S. 84 ff.

[256] Zu diesen vgl. Polster (2004), S. 104 ff.

[257] § 340k Abs. 2 HGB bestimmt, dass, sofern es sich bei dem Kreditinstitut um eine Genossenschaft handelt, die Jahresabschlussprüfung grundsätzlich von dem genossenschaftlichen Prüfungsverband durchzuführen ist, dem das Institut angehört. Für Sparkassen gilt gemäß § 340k Abs. 3 HGB, dass die Jahresabschlussprüfung von der Prüfungsstelle eines Sparkassen- und Giroverbands durchgeführt werden darf.

erforderlich. Diese Aufgabe kommt als externem Koalitionsteilnehmer dem Abschlussprüfer zu. Die grundsätzlichen Vorteile einer solchen externen Prüfung sind die zu unterstellende Unabhängigkeit und Sachkompetenz des Abschlussprüfers, die das für den Fortbestand der Unternehmung erforderliche Vertrauen in den Aussagegehalt des Abschlusses fördern sollen. Der Abschlussprüfer nimmt dabei allgemein eine doppelte Funktion wahr.[258] In der ersten, der sogenannten „Unterstützungsfunktion“, fungiert er im Sinne einer partnerschaftlichen Kooperation als unterstützender Sachverständiger für den Aufsichtsrat.[259] In dieser Funktion hat er traditionell die Rechnungslegung des Unternehmens zu prüfen, wobei er hierbei allein auf Aspekte der Gesetz-, Satzungs- und Ordnungsmäßigkeit beschränkt ist. Er liefert damit wertvolle Informationen für den Aufsichtsrat, der sich seinerseits selbständig und eigenverantwortlich ein Urteil über den Jahresabschluss des Unternehmens bilden muss.[260] An dieser Stelle sei nochmals deutlich hervorgehoben, dass dem Aufsichtsrat eine vollumfängliche Überwachung der Unternehmensleitung obliegt, von der die Überwachung der Rechnungslegung lediglich ein Teilgebiet darstellt. Zudem hat der Aufsichtsrat neben der Gesetz-, Satzungs- und Ordnungsmäßigkeit auch die Zweckmäßigkeit der Geschäftsführung zu prüfen. Insofern gehen die gesellschaftsrechtlichen Pflichten des Aufsichtsrats deutlich über die im Handelsgesetzbuch niedergelegten Aufgaben des Abschlussprüfers hinaus. Allerdings enthalten die Prüfungsberichte der Abschlussprüfer häufig zusätzliche Informationen, die auch die weiteren Überwachungsaufgaben des Aufsichtsrats erleichtern. Neben der Unterstützungsfunktion kommt der Abschlussprüfung auch eine eigenständige Funktion und Wirkung zu. In dieser sogenannten „Garantiefunktion“ bestätigt der Abschlussprüfer gegenüber den Aktionären und der allgemeinen Öffentlichkeit die Richtigkeit und Wahrhaftigkeit der im Jahresabschluss dargelegten Unternehmensinformationen. Als öffentlichem Garant für eine normgerechte Rechnungslegung[261] kommt dem Abschlussprüfer dabei allein die Aufgabe der Versicherung der Ordnungsmäßigkeit der Finanzberichterstattung zu, während er keine Informationsverantwortung gegenüber den Adressaten des Bestätigungsvermerks trägt.

Die beschriebene Doppelverantwortung des Abschlussprüfers wird im Falle der hier in Frage stehenden Bankenüberwachung deutlich ausgeweitet. So wird der Abschlussprüfer durch das Kreditwesengesetz dazu verpflichtet, auch die Bankenaufsicht in deren Überwachungstätigkeit zu unterstützen. Als weitere Adressaten der Prüfungsergebnisse des Abschlussprüfers kommen daher die BaFin und die Deutsche Bundesbank hinzu. Dabei beschränkt sich die Ausweitung der Verantwortung des Abschlussprüfers nicht lediglich auf den Adressatenkreis der Prüfungsergebnisse hinsichtlich der Normgerechtigkeit der Rechnungslegung. Darüber hinaus sieht der Gesetzgeber auch einen gegenüber Nichtbanken erheblich erweiterten Prüfungsgegenstand vor.

---

258 Vgl. ausführlich Hommelhoff/Mattheus (2003), S. 649 ff. sowie auch Scheffler (2005), S. 478.

259 Mattheus (1999), S. 685 und Hommelhoff/Mattheus (2003), S. 653 sprechen insofern von einer aktiven Einbindung des Abschlussprüfers in die interne Corporate Governance eines Unternehmens.

260 Insofern überschneiden sich die Aufgaben des Abschlussprüfers mit denen des Aufsichtsrats, können jedoch keinesfalls als Substitut für die Aufsichtsratsüberwachung verstanden werden.

261 Vgl. Scheffler (2005), S. 478.

Bei seinen Prüfungen hat sich der Abschlussprüfer an den ihm gesetzlich auferlegten Aufgaben zu orientieren. Bei Nichtbanken liegt die primäre Aufgabe entsprechend der oben genannten Funktionen in der Überwachung der Einhaltung aller relevanten gesetzlichen Vorschriften zur Rechnungs- bzw. Rechenschaftslegung.[262] Diese ergeben sich grundsätzlich aus dem Handelsgesetzbuch. Bei Banken bestehen indes aufgrund der weitergehenden bankspezifischen Regulierung durch die an Kredit- und Finanzdienstleistungsinstitute adressierten gesetzlichen und aufsichtsrechtlichen Vorschriften zusätzlich zu diesen allgemeinen Vorschriften gleichzeitig auch an den Abschlussprüfer adressierte weitergehende Prüfungspflichten. Bei Banken ist daher zwischen der Abschlussprüfung nach dem Gesellschaftsrecht und der zusätzlichen bankenaufsichtsrechtlichen Prüfung aufgrund von Spezialbestimmungen zu unterscheiden. In Deutschland sind die Aufgaben des ordentlichen Abschlussprüfers einer Bank derart erweitert, dass dieser von Gesetz wegen beide Aufgaben wahrzunehmen hat.[263] Dies deutet auf die enge Verknüpfung hin, die traditionell zwischen Bankenaufsicht und Wirtschaftsprüfung besteht.[264] Beide sind nach der Bankenkrise von 1931 aus derselben Notverordnung hervorgegangen.[265] Allerdings liegen den beiden Bereichen unterschiedliche Zielsetzungen zugrunde, wobei diejenigen der Bankenaufsicht als weitergehend zu bezeichnen sind. Dennoch findet eine gegenseitige Ergänzung insbesondere in der Form statt, dass der durch den Abschlussprüfer geprüfte Jahresabschluss die notwendige Grundlage für die nach dem Bankenaufsichtsrecht erforderliche Analyse der wirtschaftlichen Verhältnisse einer Bank bildet.[266]

Insgesamt sind für die Erfüllung der Aufgaben der Bankenaufsicht weitergehende Prüfungen und Maßnahmen erforderlich, als dies bei der gesetzlichen Jahresabschlussprüfung der Fall ist. Durch die Verlagerung bankenaufsichtsrechtlicher Prüfungspflichten auf den Berufsstand der Wirtschaftsprüfer werden die Ziele und Maßnahmen der Bankenaufsicht zum unmittelbaren Bestimmungsfaktor für die Aufgaben der Abschlussprüfer bei der Prüfung von Kreditinstituten.[267]

3.2.2 Jahresabschlussprüfung

Die Verpflichtung, den Jahresabschluss[268] durch einen Abschlussprüfer prüfen zu lassen, ergibt sich für Kreditinstitute unabhängig von deren Rechtsform und Größe aus § 340k Abs. 1

262 Vgl. Orth (2000), S. 15 ff.
263 Vgl. Blumer (1996), S. 54.
264 Vgl. Geuer (1997), S. 194 f.
265 Vgl. Bähre (1985), S. 38.
266 „Bankenaufsicht ohne eine durch Prüfungen gewonnene Informationsbasis war von Anfang an nicht denkbar!" Bähre (1985), S. 38.
267 Vgl. Geuer (1997), S. 196 f.
268 Die Aussagen, die in dieser Arbeit für den Einzelabschluss eines Instituts getroffen werden, gelten grundsätzlich auch für einen ggf. zu erstellenden Konzernabschluss. Aus Gründen der Vereinfachung wird dieser jedoch nicht gesondert aufgeführt.

HGB. Für diese Pflichtprüfung gelten gemäß § 340k Abs. 1 HGB i.V.m. § 340a Abs. 1 HGB die §§ 316 bis 324 HGB über die Prüfung von Kapitalgesellschaften entsprechend. Gegenstand und Umfang der Pflichtprüfung sind in § 317 HGB geregelt. Die Prüfung erstreckt sich demnach auf die Rechnungslegung des Vorstands, deren sachliche Richtigkeit, Ordnungsmäßigkeit und Gesetzmäßigkeit.[269] In der Prüfung der Einhaltung der relevanten Vorschriften besteht das Hauptziel der Abschlussprüfung. In ihrem Zusammenhang wird auch von der „Kontrollfunktion" der Abschlussprüfung gesprochen.[270] Auch der Abschlussprüfer von Kreditinstituten hat in diesem Sinne zunächst einmal zu beurteilen, ob der Jahresabschluss den gesetzlichen Vorschriften sowie den gesellschaftsvertraglichen bzw. satzungsmäßigen Bestimmungen entspricht (§ 317 Abs. 1 Satz 2 HGB). Seine Prüfung ist dabei so anzulegen, dass Unrichtigkeiten und Verstöße gegen diese Vorschriften und Bestimmungen, die sich auf die Darstellung des sich nach § 264 Abs. 2 HGB ergebenden Bildes der Vermögens-, Finanz- und Ertragslage wesentlich auswirken, bei gewissenhafter Berufsausübung erkannt werden (§ 317 Abs. 1 Satz 3 HGB). Zudem ist zu prüfen, ob der Lagebericht mit dem Jahresabschluss und mit den bei der Prüfung gewonnen Erkenntnissen in Einklang steht und ob dieser insgesamt eine zutreffende Vorstellung von der Lage des Instituts vermittelt (§ 317 Abs. 2 Satz 1). Die handelsrechtliche Abschlussprüfung erstreckt sich damit nach h.M. lediglich auf die vom Management vorgelegte Rechnungslegung und nicht auf das Management selbst und soll daher eine ausschließlich die ordnungs-, satzungs- und gesetzmäßige sowie den Grundsätzen ordnungsmäßiger Buchführung entsprechende Rechnungslegung gewährleisten. Sie beinhaltet hingegen keine Prüfung der Ordnungsmäßigkeit der Geschäftsführung und keine Prüfung der wirtschaftlichen Verhältnisse des Unternehmens.[271]

Der Abschlussprüfer einer Bank hat gemäß § 340k Abs. 1 Satz 1 i.V.m. § 321 HGB über seine Prüfung einen Prüfungsbericht zu verfassen, dessen Inhalt in § 321 Abs. 1 bis 4 HGB geregelt ist. Der Bericht gliedert sich in einen Allgemeinen Teil, der auch als Hauptbericht bezeichnet wird, und einen Besonderen Teil.[272] Im Hauptbericht ist nach § 321 Abs. 1 Satz 2 HGB vorweg eine Stellungnahme zu der Beurteilung der Lage des Unternehmens durch die gesetzlichen Vertreter abzugeben. Dabei soll der Prüfer nicht seine eigene Prognoseentschei-

269 Vgl. Langenbucher (1997), S. 64.

270 Vgl. zu den Funktionen der Abschlussprüfung Adler/Düring/Schmaltz (2000), § 316, Rdn. 16 ff. Die drei allgemeinen Funktionen (Kontrollfunktion, Informationsfunktion und Beglaubigungsfunktion) besitzen den Charakter nicht kodifizierter Generalnormen und tragen insbesondere zur inhaltlichen Ausgestaltung der gesetzlich oder durch berufsständische Grundsätze fixierten Aufgaben des Abschlussprüfers bei. Vgl. Orth (2000), S. 21.

271 Vgl. IDW [Hrsg.] (2000a), WP-Handbuch, Abschnitt R, Rdn. 5. Allerdings wird in den durch das KonTraG herbeigeführten Entwicklungen in der Abschlussprüfung durchaus eine Ausweitung des Prüfungsumfangs und eine damit verbundene Abkehr von der reinen Ordnungsmäßigkeitsprüfung der Rechnungslegung gesehen. Vgl. zu einer ausführlichen Diskussion Orth (2000), S. 310 ff., der resümiert, „dass sich die handelsrechtliche Abschlußprüfung über die Ordnungsmäßigkeit der Rechnungslegung hinaus zu einer betriebswirtschaftlichen Prüfung entwickelt hat, die auch Bestandteile der Prüfung der Ordnungsmäßigkeit der Geschäftsführung enthält." Derselbe, S. 312.

272 Zu der Konkretisierung der Berichterstattung bei der Abschlussprüfung von Kreditinstituten durch die Prüfungsberichtsverordnung (PrüfbV) vgl. Abschn. D5.1.3.1.

dung an die Stelle derer der gesetzlichen Vertreter setzen, sondern diese lediglich bewerten und gegebenenfalls hinterfragen.[273]

Der Bericht ist gemäß § 321 Abs. 5 HGB den gesetzlichen Vertretern bzw. dem Aufsichtsrat vorzulegen. Hiermit kommt der Prüfer der „Informationsfunktion" der Abschlussprüfung nach. Er unterstützt damit die zuständigen Unternehmensorgane bei deren eigenen Überwachungspflichten. Stellt der Abschlussprüfer bei Durchführung der Prüfung Unrichtigkeiten oder Verstöße gegen gesetzliche Vorschriften fest oder Tatsachen, die den Bestand des Instituts gefährden oder seine Entwicklung wesentlich beeinträchtigen können oder schwerwiegende Verstöße der gesetzlichen Vertreter oder von Arbeitnehmern gegen Gesetz, Gesellschaftsvertrag oder Satzung, muss dies nach § 321 Abs. 1 Satz 3 ebenfalls im Prüfungsbericht dargestellt werden.

Zudem hat der Abschlussprüfer das Ergebnis seiner Prüfung gemäß § 322 HGB in einem Bestätigungsvermerk für die Öffentlichkeit zusammenzufassen. Um der damit verbundenen „Beglaubigungsfunktion" gerecht zu werden, muss der Abschussprüfer auf der Basis seiner Prüfungen ein Gesamturteil abgeben, in dem er insbesondere eine Aussage über die Qualität der Rechnungslegung trifft. Konkret hat der Abschlussprüfer in einem uneingeschränkten Bestätigungsvermerk zu erklären, dass die von ihm nach § 317 HGB durchgeführte Prüfung zu keinen Einwendungen geführt hat und dass der Jahresabschluss aufgrund der bei der Prüfung gewonnenen Erkenntnisse nach seiner Beurteilung unter Beachtung der Grundsätze ordnungsmäßiger Buchführung ein den tatsächlichen Verhältnissen entsprechendes Bild der Vermögens-, Finanz- und Ertragslage des Instituts vermittelt. Darüber hinaus kann der Abschlussprüfer zusätzlich einen Hinweis auf Umstände aufnehmen, auf die er zwar aufmerksam machen möchte, die jedoch nicht zu einer Einschränkung des Bestätigungsvermerks führen.

Insbesondere im Zusammenhang mit dem Bestätigungsvermerk wird im Schrifttum intensiv die Problematik der sogenannten „Erwartungslücke" diskutiert. Diese bezeichnet die Diskrepanz zwischen den Vorstellungen und Erwartungen der Öffentlichkeit über das Wesen und die Aussagekraft eines Jahresabschlusses und über das Ziel und den Inhalt einer Abschlussprüfung einerseits und den gesetzlichen Vorschriften zur Rechnungslegung und dem Informationsgehalt von Jahresabschlüssen sowie dem Zweck einer Abschlussprüfung und der Aussage eines Bestätigungsvermerks andererseits.[274] Die durch das KonTraG umgesetzten Reformen im Handels- und Gesellschaftsrecht sollten dazu beitragen, die Erwartungslücke zu schließen. Dies ist, wie ORTH nachweist, in Teilen auch durchaus gelungen,[275] wenngleich zu

[273] Dies leitet sich aus dem Wortlaut des § 321 Abs. 1 Satz 2 HGB ab, der besagt, dass eine Stellungnahme nur insoweit zu erfolgen hat als „die geprüften Unterlagen und der Lagebericht oder der Konzernlagebericht eine solche Beurteilung erlauben." Vgl. auch Brebeck/Förschle (1999), S. 181.

[274] Vgl. Langenbucher (1997), S. 64; Forster (1994), S. 789 ff.; Wolz (1998), S. 122 ff.

[275] Vgl. ausführlich hierzu Orth (2000), S. 260 ff.

einzelnen Reformpunkten auch deutliche Kritik geübt wird. POLLANZ spricht gar von der Gefahr einer drohenden „Mega-Erwartungslücke“.[276]

Bei der Abschlussprüfung sind die Standards und Hinweise des Instituts der Wirtschaftsprüfer in Deutschland e.V. (IDW) zur Abschlussprüfung zu beachten.[277] Das IDW veröffentlicht als privater Standardsetter seit 1933 in der Folge der Einführung der Pflichtprüfung von Jahresabschlüssen Verlautbarungen, in denen es zu Fragen der Prüfung und der Rechnungslegung Stellung nimmt. Diese Verlautbarungen geben die Fachmeinung besonders erfahrener und sachverständiger Angehöriger des Wirtschaftsprüferberufs wieder.[278] Auf internationaler Ebene befasst sich insbesondere die International Federation of Accountants (IFAC) mit Fragestellungen der Abschlussprüfung.[279] Diese internationale Vereinigung, deren Mitglied das IDW ist, hat sich die weltweite Entwicklung und Verbesserung der Berufsausübung der Wirtschaftsprüfer mit Hilfe harmonisierter Standards zur Aufgabe gemacht. Zu diesem Zweck wurde das International Auditing and Assurance Standards Board (IAASB) gegründet, das eigenständig Prüfungsstandards entwickelt und verabschiedet.[280]

3.2.3 Bankenaufsichtsrechtliche Prüfung

Da die deutsche Bankenaufsicht bislang weitgehend auf die Durchführung eigener Prüfungen bei den Kreditinstituten verzichtet, wird statt dessen die Jahresabschlussprüfung durch den Abschlusssprüfer und seine hierbei gewonnen Erkenntnisse auch für Zwecke der Bankenaufsicht genutzt. Der Gesetzgeber legt daher in § 29 KWG zusätzliche Prüfungs- und Berichtspflichten für den Abschlussprüfer fest, die weit über die gesetzliche Pflichtprüfung nach dem Handelsgesetzbuch hinausgehen.[281] Hierbei handelt es sich sowohl um eine inhaltliche Ausweitung des Prüfungsumfangs als auch um besondere Mitteilungspflichten der Abschlussprüfer gegenüber der Bankenaufsicht.[282] So hat der Abschlussprüfer gemäß § 29 Abs. 1 Satz 1 im Gegensatz zu der ausschließlich handelsrechtlichen Abschlussprüfung explizit auch die wirtschaftlichen Verhältnisse des Instituts zu prüfen.[283] Deren Beurteilung erfolgt in der Regel im Zusammenhang mit den Ausführungen über die Vermögens-, Liquiditäts- und Ertragslage des Instituts, jedoch unter der zusätzlichen Berücksichtigung von Sachverhalten und Entwicklungen, die sich nicht aus dem Jahresabschluss oder Lagebericht ergeben, wie beispielsweise schwebende Rechtsstreitigkeiten. Über die Prüfung der wirtschaftlichen Verhältnisse hinaus wird der Abschlussprüfer zudem unter anderem zur Prüfung des Anzeigewesens zur Bericht-

[276] Vgl. Pollanz (1999), S. 393.
[277] Vgl. IDW [Hrsg.] (2000a), WP-Handbuch, Abschnitt J, Rdn. 350.
[278] Vgl. IDW [Hrsg.] (2000a), WP-Handbuch, Abschnitt A, Rdn. 282.
[279] Vgl. MünchKommHGB-Böcking/Orth (2001), § 340k HGB, Rdn. 41; Blumer (1996), S. 82.
[280] Vgl. IFAC (2005), S. 119.
[281] Vgl. auch BFS-KWG/Winter (2004), § 29 KWG, Rdn. 1.
[282] Vgl. Waschbusch (2000), S. 116.
[283] Vgl. zur Prüfung der wirtschaftlichen Verhältnisse einer Bank BFS-KWG/Winter (2004), § 29 KWG Rdn. 4 ff.; Wagener (2002), Sp. 1406 f.

erstattung an die Bankenaufsicht sowie zur Prüfung der Einhaltung bestimmter KWG-Normen verpflichtet.

Um sicherzustellen, dass alle aus Sicht der Bankenaufsicht erforderlichen Sachverhalte bei der Jahresabschlussprüfung berücksichtigt werden und hierüber auch Bericht erstattet wird, hat die BaFin konkrete Vorgaben zum Inhalt der Prüfung und zur Berichterstattung unter Berücksichtigung der vorgenannten Pflichten gemacht. Diese finden sich in der Prüfungsberichtsverordnung (PrüfbV) vom 17. Dezember 1998,[284] die die BaFin im Einvernehmen mit dem Bundesministerium der Justiz und nach Anhörung der Deutschen Bundesbank erlassen hat. Für die Prüfung und die Berichterstattung über diese geben somit die §§ 317 und 321 HGB für die Prüfung von Kreditinstituten allgemeine Hinweise, während sich die näheren Bestimmungen zu Bankenprüfungen in der PrüfbV finden. Gleichzeitig werden durch die PrüfbV auch die formalen Vorgaben für die Anfertigung des Prüfungsberichts wesentlich erhöht.[285] Der Prüfungsbericht selbst ist gemäß § 26 Abs. 1 Satz 3 KWG unverzüglich nach Beendigung der Prüfung der BaFin und der Deutschen Bundesbank einzureichen.[286]

Neben den besonderen Prüfungs- und Berichtspflichten der Abschlussprüfer regelt der Gesetzgeber zudem besondere Anzeige- und Auskunftspflichten des Prüfers gegenüber der BaFin und der Deutschen Bundesbank. Die Redepflicht des Abschlussprüfers nach § 321 Abs. 1 Satz 3 HGB ist bei Banken dahingehend erweitert, dass nach § 29 Abs. 3 Satz 1 KWG der Abschlussprüfer bereits während der Prüfung der Bundesanstalt und der Deutschen Bundesbank unverzüglich anzuzeigen hat, wenn ihm Tatsachen bekannt werden, die eine Einschränkung oder Versagung des Bestätigungsvermerks rechtfertigen, den Bestand des Instituts gefährden, seine Entwicklung wesentlich beeinträchtigen können oder die schwerwiegende Verstöße der Geschäftsleiter gegen Gesetz, Satzung oder Gesellschaftsvertrag erkennen lassen.[287] Darüber hinaus hat der Abschlussprüfer auf Verlangen der BaFin oder der Deutschen Bundesbank den Prüfungsbericht zu erläutern und weitere Auskünfte über Prüfungsfeststellungen zu erteilen. Es bestehen mithin unmittelbare Befugnisse der Bankenaufsicht gegenüber den Abschlussprüfern, die insoweit von ihrer Schweigepflicht entbunden werden. Die zusätzlichen Pflichten unterstreichen die Bedeutung, die den Erkenntnissen der Abschlussprüfer für die Informationsgewinnung der Bankenaufsicht beigemessen wird.[288] Dem Abschlussprüfer

---

284 „Verordnung über die Prüfung der Jahresabschlüsse und Zwischenabschlüsse der Kreditinstitute und Finanzdienstleistungsinstitute und über die Prüfung nach § 12 Abs. 1 Satz 3 des Gesetzes über Kapitalanlagegesellschaften sowie die darüber zu erstellenden Berichte" vom 17. Dezember 1998. Vgl. BaFin (1998c).

285 Vgl. Geuer (1997), S. 208.

286 Bei Kreditinstituten, die einem genossenschaftlichen Prüfungsverband angehören oder die durch die Prüfungsstelle eines Sparkassen- und Giroverbandes geprüft werden, ist dies nach § 26 Abs. 1 Satz 4 lediglich auf Anforderung der Bundesanstalt erforderlich.

287 Vgl. BFS-KWG/Winter (2004), § 29 KWG, Rdn. 3.

288 Vgl. Bähre (1985), S. 44.

wird somit eine erhebliche Verantwortung für das rechtzeitige Eingreifen der Bankenaufsicht auferlegt.[289]

Wirtschaftsprüfer waren bereits in der Vergangenheit immer wieder das Ziel deutlicher Kritik im Zusammenhang mit **Corporate Governance-Problemen**. Insbesondere aus den nachfolgend aufgeführten Gründen, die zugleich die kritischen Faktoren im Zusammenhang mit dem Umgang mit operationellen Risiken darstellen, werden Nutzen und Wirksamkeit der Prüfung durch den Wirtschaftsprüfer immer wieder in Frage gestellt.

- **Versäumnisse bei der Berufsausübung**. Denkbar wäre hier eine Nichtbeachtung der Berufspflichten oder das Nichterkennen vorhandener Probleme und Schwächen in dem geprüften Unternehmen bzw. das Versäumnis, auf erforderliche Korrekturmaßnahmen hinzuwirken.
- **Lücken in den normierten Berufspflichten.** Die gesetzlichen und berufsständischen Anforderungen regeln nicht alle wesentlichen Faktoren zur Sicherstellung einer angemessenen Qualität der Abschlussprüfung.
- **Interessenkonflikte.** Diese können insbesondere in der Person des Wirtschaftsprüfers begründet liegen, etwa wenn dieser ein Interesse an einer späteren Mitarbeit in dem von ihm geprüften Unternehmen hat.[290]
- **Unzureichende fachliche Qualifikation:** Die Prüfer verfügen nicht über die erforderlichen Fach- bzw. Branchenkenntnisse und/oder Erfahrungen mit der Konsequenz einer mangelnden Urteilsfähigkeit.
- **Mangelnde Informationsvermittlung:** Fehlende Klarheit bei der Formulierung des Prüfungsberichts.
- **Erwartungslücke.** Im Verhältnis zwischen Abschlussprüfer und Öffentlichkeit besteht die Gefahr der Fehlinterpretation des Bestätigungsvermerks als Qualitätssiegel für die wirtschaftlichen Verhältnisse des geprüften Unternehmens.[291]

3.3 Öffentlichkeit

Zu Beginn dieses Kapitels wurde bereits auf die disziplinierende Wirkung des Kapitalmarkts auf das Management hingewiesen. Unternehmen im Allgemeinen und Banken im Besonderen sind auf die Beschaffung von Eigen- und Fremdkapital an den Kapitalmärkten angewiesen, um sich die für ihre Geschäfte erforderlichen Refinanzierungsmittel zu beschaffen. Als Me-

---

289 Vgl. Burkel (1982), S. 8.

290 Interessenkonflikte aufgrund der Möglichkeit lukrativer Beratungsverträge für die gleichzeitig mit der Abschlussprüfung betrauten Wirtschaftsprüfungsgesellschaften sind hingegen inzwischen wegen der vollzogenen Trennung der Wirtschaftsprüfungsgesellschaften von ihren Beratungssparten i.d.R. nicht mehr gegeben.

291 Vgl. Adler/Düring/Schmaltz (2000), § 316, Tz. 23.

chanismen zur Kapitalversorgung stellen dabei die Märkte ein effektives Element externer Überwachung im Rahmen der Corporate Governance dar. Zunächst einmal werden Mittel nur an diejenigen Unternehmen vergeben, die dies aus Sicht der Kapitalmarktteilnehmer verdienen. Weiterhin bestimmen die Kapitalmarktteilnehmer die angemessenen Kapitalkosten für „bessere“ bzw. „schlechtere“ Unternehmen.[292] Dabei sind alleine die Marktteilnehmer für ihre Entscheidungen über die Mittelvergabe verantwortlich. Um dieser Verantwortung gerecht zu werden, benötigen diese transparente Informationen durch offengelegte finanzielle Informationen sowie sachkundige Analysen. In der Regel werden jedoch vor allem kleinere und weniger sachkundige Anleger eine weitergehende Unterstützung benötigen als dies allein durch die Offenlegungspflichten erreicht werden kann. Daher können die Anleger in ihrer Entscheidungsfindung von professionellen Analysten, wie insbesondere Rating-Agenturen unterstützt werden.[293] Diese spielen ihrerseits eine wichtige Rolle in dem Corporate Governance-Prozess, indem sie Unternehmen, die sich über den Kapitalmarkt finanzieren, einer zusätzlichen eingehenden Prüfung unterziehen.[294] Die Rating-Agenturen beurteilen die Kreditwürdigkeit oder finanzielle Stärke von Unternehmen, um deren Fähigkeit, finanziellen Verpflichtungen nachzukommen, einschätzen zu können.

Allerdings bleibt anzumerken, dass die Marktteilnehmer insgesamt in ihrer Fähigkeit, Probleme zu erkennen, bevor sich diese in ernsthaften Schwierigkeiten manifestieren, einer deutlichen Limitierung unterliegen. Häufig findet beispielsweise die Herabstufung eines Ratings erst dann statt, wenn ein Schaden bereits entstanden ist. Auf die eingeschränkten Möglichkeiten einer regulierenden Einflussnahme auf die Dispositionen der Banken durch deren Kapitaleigner und Gläubiger wurde bereits im Zusammenhang mit der Rechtfertigung einer staatlichen Bankenaufsicht eingegangen.[295] Marktdisziplin alleine ist daher für einen umfassenden Schutz des Bankensystems nach der überwiegend im Schrifttum vertretenen Meinung nicht ausreichend, weshalb zusätzliche Mechanismen hierzu für erforderlich gehalten werden. Hiervon abweichend spricht sich PAUL für eine Überwachung durch die Finanzmärkte **statt** staatlicher Aufsicht aus.[296] Die präventive Aufsicht würde hierbei allein von den Marktteilnehmern ausgeübt, während die Einlagensicherung zum Systemschutz beibehalten werden würde. PAUL geht davon aus, dass die Finanzmärkte im Hinblick auf Umfang, Genauigkeit und Zeitnähe der erforderlichen Informationen zur Bewertung der Risikopositionen einer Bank der staatlichen Aufsicht grundsätzlich nicht unterlegen sind.[297] Hierfür sieht er allerdings die Notwendigkeit eines Philosophiewechsels, der mit einer vollständigen Beseitigung der staatlichen Aufsicht einhergehen müsste, um auf diese Weise intensivere Überwachungs-

292 Vgl. Banks (2004), S. 59 ff. Zu der Bedeutung und den Voraussetzungen von Marktdisziplin vgl. Crockett (2002), S. 978 ff.

293 Vgl. van Greuning/Bratanovic (2003), S. 56 f.; Banks (2004), S. 79 ff.

294 Neben einer zunehmenden Zahl an nationalen Rating-Agenturen gibt es im Wesentlichen drei global anerkannte Agenturen: Standard and Poor's, Moody's Investors Services und Fitch.

295 Vgl. Abschn. C3.1.1.

296 Vgl. Paul (2002), S. 223 ff.

297 Mit Ausnahme eines Zeitraums von wenigen Wochen nach einer Vor-Ort-Prüfung, in der die Bankenaufsichtsbehörden über aktuellere Informationen verfügen als dies etwa einer Rating-Agentur möglich ist.

aktivitäten der Finanzmarktteilnehmer herauszufordern. Als „Initialzündung für den Prozess der Wissensaufdeckung" auf Seiten der Marktteilnehmer schlägt PAUL die Kodifizierung einer Offenlegungspflicht für geplante Geschäftsergebnisse vor, welche dann in Kombination mit ebenfalls zu publizierenden Soll/Ist-Vergleichen einen „hochverdichteten Qualitätsindikator" für das Management ergäbe. Im Hinblick auf die mit einer Ausschaltung staatlicher Regulierung bei gleichzeitiger Beibehaltung von Einlagensicherungssystemen einhergehenden Gefahr des adversen Managementverhaltens würde sich hier die Möglichkeit der Ableitung risikoorientierter Prämiensätze auf Basis der Prognose- und Risikomanagementfähigkeit der Institute ergeben.

Inwieweit im Vergleich zu einer derart weitgehenden Marktdisziplinierung etwa die neue Baseler Eigenkapitalvereinbarung durch die umfangreichen Offenlegungsvorschriften der dritten Säule dazu beitragen kann, die Überwachungsfähigkeit des Marktes wirksam zu stärken, wird in Kapitel D und E eingehender zu betrachten sein. In jedem Fall ergibt sich für die Marktteilnehmer als wesentliches **Corporate Governance-Problem** im Hinblick auf die operationelle Risikosituation einer Bank eine mögliche

- **Fehleinschätzung der Unternehmenssituation.** Mangelnde Transparenz bei gleichzeitig steigender Komplexität der Finanzgeschäfte erschwert die Fähigkeit der Marktteilnehmer, sich ein zutreffendes Bild von der Risikosituation der Kreditinstitute zu verschaffen.

4 Zusammenfassung und Fazit

1. Die besondere Bedeutung, die den Banken für das Funktionieren einer Volkswirtschaft zugeschrieben wird, führt dazu, dass neben die allgemeinen gesellschaftsrechtlichen Überwachungsträger eine staatliche Bankenaufsicht tritt, die einen erheblichen Einfluss auf die Überwachung der Banken ausübt. Dieser Einfluss beschränkt sich nicht nur auf Maßnahmen der Überwachung **durch** die Geschäftsführung selbst, sondern erstreckt sich zudem ebenfalls auf die Überwachung **der** Geschäftsführung durch weitere Akteure im Corporate Goveranance-Prozess der Banken. Einen zusammenfassenden Überblick über die internen und externen Bankenüberwachungsträger im deutschen Corporate Governance-System gibt die folgende Abbildung 8.

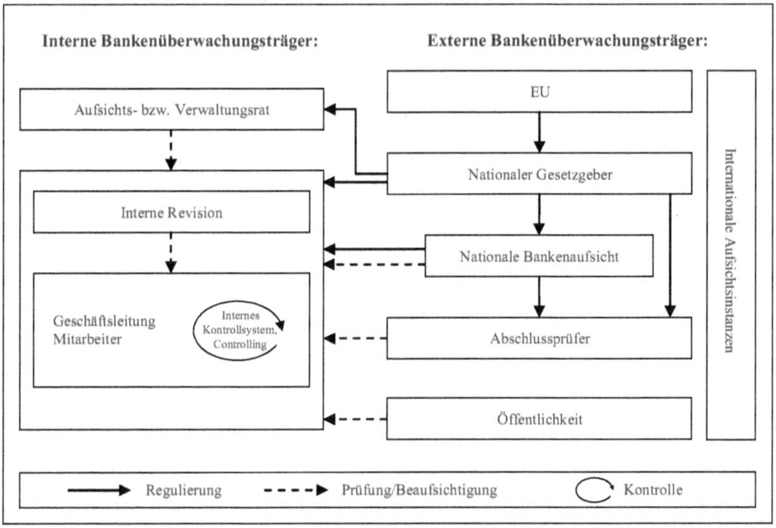

Abbildung 8: Interne und externe Überwachungsträger in der Corporate Governance deutscher Banken

2. Die nationale Ausgestaltung der Corporate Governance gibt eine Struktur vor, innerhalb derer die Ziele der Bank sowie der verschiedenen Bezugsgruppen gesetzt und die Maßnahmen zu ihrer Erreichung festgelegt werden. Zudem findet im Rahmen der Corporate Governance die Überwachung der Zielerreichung statt. Die Überwachungsziele der einzelnen Interessengruppen sind dabei unterschiedlich. So steht für den Gesetzgeber bzw. die Aufsichtsbehörde der Gläubigerschutz sowie die Sicherung der Stabilität des Finanzsystems im Vordergrund des Interesses, während für die Geschäftsleitung und den Aufsichtsrat die Sicherung der Existenz der einzelnen Unternehmung im Fokus steht. Die Eigen- und Fremdkapitalgeber sind dagegen vorrangig an der Sicherheit ihrer Kapitalanlage bzw. des zur Verfügung gestellten Kapitals interessiert. Die Eigenkapitalgeber erwarten dabei zusätzlich eine Vermögensmehrung in Form von Gewinnausschüttungen oder Wertsteigerungen, während für Fremdkapitalgeber die künftige Zahlungsfähigkeit einer Bank entscheidend ist. Der Abschlussprüfer hat insofern keine eigenständigen Überwachungsziele als er zu dem geprüften Unternehmen allein über das mit dem Prüfungsauftrag verbundene Vertragsverhältnis in Beziehung steht. Im Rahmen der (gesetzlichen) Funktionen der Abschlussprüfung besteht jedoch ein grundsätzliches Interesse aller mit der Bank in Verbindungen stehenden Koalitionäre an den Ergebnissen der Abschluss- bzw. bankaufsichtsrechtlichen Prüfung.[298]

[298] Vgl. für Unternehmen im Allgemeinen Orth (2000), S. 28.

3. Als Folge der jeweiligen Überwachungsziele bzw. -funktionen und des Verhältnisses der Überwachungsträger zu einem Unternehmen ergeben sich deutliche Unterschiede hinsichtlich des Umfangs und des Gegenstands der Überwachung. Den rechtlichen Rahmen für die Überwachungsmaßnahmen bilden die handels- und gesellschaftsrechtlichen Normen gemeinsam mit den zusätzlichen bankspezifischen Normen des Kreditwesengesetzes sowie weiteren aufsichtsrechtlichen Regelungen. Dabei ist grundlegend zwischen qualitativen und quantitativen Normen zu unterscheiden. Im Zusammenhang mit operationellen Risiken kommt den qualitativen Normen eine herausragende Bedeutung zu. Diese beziehen sich letztlich in ihrer Gesamtheit auf das Management operationeller Risiken und dienen vorwiegend der Risikoursachenbegrenzung. Im Gegensatz dazu stellen quantitative Normen grundsätzlich auf die Messung aller Risiken eines Instituts ab. Das durch den Gesetzgeber verfolgte Ziel besteht hier in der Bildung eines Eigenkapitalpuffers in Abhängigkeit von der ermittelten Risikohöhe und damit in der Abfederung der Risikowirkungen bereits eingetretener Verlustfälle. Im Zuge der Umsetzung von Basel II werden quantitative Normen erstmals auch im Zusammenhang mit operationellen Risiken relevant.

Mit der Explikation der relevanten Überwachungsträger, deren grundsätzlicher Rollen und möglicher Probleme innerhalb des Corporate Governance-Prozesses einer Bank ist die Grundlage für die folgende Untersuchung der spezifischen Überwachungsmaßnahmen im Zusammenhang mit operationellen Risiken, die den jeweiligen Akteuren auferlegt werden bzw. diesen unter Berücksichtigung der rechtlichen Rahmenbedingungen zur Verfügung stehen, geschaffen. Gleichzeitig wurde der regulatorische Rahmen abgesteckt, in dem sich die weitere Untersuchung bewegen wird. An der Spitze des Überwachungssystems steht der Gesetzgeber, der, zum Teil unter Mitwirkung der Bankenaufsicht, Gegenstand und Umfang der Überwachungsmaßnahmen der übrigen Akteure wesentlich beeinflusst bzw. determiniert. Die beiden nachfolgenden Kapitel präzisieren diese Einflussnahme einerseits für diejenigen Maßnahmen, die auf die ursachenorientierte Begrenzung operationeller Risiken abzielen (Kapitel D) und andererseits für solche Maßnahmen, die die Bildung eines Kapitalpuffers zur Abfederung eingetretener Verluste aufgrund operationeller Risiken zum Gegenstand haben (Kapitel E).

Kapitel D

Qualitative Überwachung

Maßnahmen zur ursachenorientierten Prävention operationeller Risiken und zur Schaffung der erforderlichen Infrastruktur

Der Gesetzgeber hat die Bedeutung operationeller Risiken für die Existenz von Unternehmen im Allgemeinen und Banken im Besonderen erkannt und umfassende Vorschriften zu deren Begrenzung erlassen, auch wenn er dabei nicht notwendigerweise den Begriff der operationellen Risiken verwendet. Um den Ursachen dieser Risikoart zu begegnen, werden traditionell qualitative Normen eingesetzt, die mit unterschiedlicher Intensität und Schwerpunktsetzung in die Unternehmensführung und -überwachung der Banken eingreifen. Grundlage jeder qualitativen Überwachung ist somit die **Regulierung der internen Organisation** eines Unternehmens. In der Vergangenheit wurden dabei eher selektiv einzelne Sachverhalte geregelt, während die Ausgestaltung des überwiegenden Teils der internen Organisation allein im Ermessen der Geschäftsleitung lag. In den letzten Jahren allerdings waren die im vorangehenden Kapitel beschriebenen Corporate Governance-Probleme einzelner Überwachungsträger wie auch die veränderte Schwerpunktsetzung in der Bankenaufsicht Ansatzpunkt für umfangreiche Reformen des Gesetzgebers und sind es noch, wie aktuelle Erweiterungs- und Änderungsentwürfe für die einschlägigen Gesetze zeigen. Der Schwerpunkt dieser Reformen liegt auf einer Verbesserung der internen und externen Unternehmensüberwachung, wobei Maßnahmen zur Begrenzung operationeller Risiken direkt oder indirekt einen zentralen Anknüpfungspunkt bilden. So steht der sorgfältige Umgang mit Risiken insgesamt, von deren Erkennung bis hin zur Bewältigung, ganz vordringlich im Mittelpunkt der Diskussion um eine gute Corporate Governance. Die relevanten Reformvorschriften setzen dabei unmittelbar bei den allgemeinen Sorgfaltspflichten eines gewissenhaften Geschäftsleiters gemäß §§ 76 und 93 Abs. 1 AktG an, indem die aus diesen abzuleitenden organisatorischen Pflichten nunmehr explizit gesetzlich festgeschrieben werden. **Konkret werden Institute durch verschiedene na-**

tionale und internationale Normen dazu verpflichtet, Gefahren für ihre Stabilität, die aus Schwachstellen in ihrer internen Organisation resultieren, mit Hilfe geeigneter Systeme einzugrenzen.[1] Es sind genau diese Systeme, denen für die Begrenzung operationeller Risiken die höchste Bedeutung beizumessen ist.[2]

Um die bankinternen Abwehrmechanismen zu stärken, wird dabei zunehmend in ursprüngliche Autonomiebereiche der Banken eingegriffen. Die Begrenzung des unternehmerischen Dispositionsbereichs wird hierbei dadurch verschärft, dass neben die bisher im qualitativen Bereich eher punktuellen Verpflichtungen zur Erbringung bestimmter Leistungen oder zum Vorhandensein bestimmter Eigenschaften nun zusätzlich „systemhafte Verpflichtungen" treten, die organisatorische und prozessuale Aspekte betreffen und zudem im Zeitablauf dynamische Anpassungen erfordern.[3] Die veränderte Eingriffsintensität aus der Sicht der Unternehmensleitung der Banken führt gleichzeitig zu Veränderungen in der geforderten Überwachungsintensität aus Sicht der übrigen Überwachungsträger. So spricht beispielsweise KRUMNOW davon, die Aufsichtsbehörden würden zu einer Art „TÜV", der die Sicherungssysteme der Banken zu überwachen habe.[4] Aber nicht nur für die Geschäftsführung der Banken und die Beaufsichtigung durch die Aufsichtsbehörden ziehen die qualitativen Normen deutliche Veränderungen nach sich. Auch die Prüfung durch die Interne Revision, den Aufsichtsrat und den Abschlussprüfer wird vor erhebliche neue Herausforderungen gestellt. So ziehen die an die Geschäftsleitung der Institute gerichteten Vorschriften des Gesetzgebers gleichzeitig auch entsprechende Prüfungspflichten der übrigen Überwachungsträger nach sich.

Während die klassischen Normen im qualitativen Bereich im Wesentlichen lediglich Beachtungs- oder Verhaltenspflichten darstellen, knüpfen die Systempflichten unmittelbar an die private Handlungsrationalität der Entscheidungsträger der Institute an, indem sie organisatorische Vorkehrungen von den Instituten verlangen, deren angemessene Ausgestaltung ihrerseits bereits im Interesse der betroffenen Banken selbst liegt. Die umfassenden Systempflichten zu erfüllen, dürfte jedoch von vornherein wesentlich größere Schwierigkeiten bereiten, als die Erfüllung lediglich punktueller Forderungen. Gleiches gilt für die Überwachung der Einhaltung dieser Pflichten. BURGI beschreibt die neuen Systempflichten als Teil der sogenannten „staatlich veranlassten Selbstregulierung", die dadurch gekennzeichnet ist, dass der Staat versucht, das Verhalten der Privaten zur Durchsetzung von Gemeinwohlzielen in steuernder Weise zu beeinflussen.[5] Er sieht diese Pflicht damit als Teil einer veränderten Verantwortungsteilung zwischen Staat und Gesellschaft, bei welcher der Gesetzgeber private Akteure in die Verwirklichung öffentlicher Interessen mit einbezieht. Mit diesen Vorschriften richtet der Gesetzgeber die Organisationsstruktur der Banken in gewissem Maße am Gemeinwohl aus,

---

1 Vgl. Hanenberg/Schneider (2001), S. 1058.
2 Vgl. Cagan (2001), S. 2; Goodhart (2001), S. 18; van den Brink (2001), S. 59 f.; Basel Committee on Banking Supervision (2003b), S. 10, Tz. 31 ff.
3 Vgl. Burgi (2001), S. 309 f.
4 Vgl. Krumnow (1995), S. 7.
5 Vgl. Burgi (2001), S. 310.

wodurch diese auf eigene Kosten die allgemein mit der Bankenaufsicht angestrebten öffentlichen Zwecke verwirklichen sollen, auch wenn hinsichtlich deren Umsetzung von einer Deckungsgleichheit der privaten Vorstellungen mit den Schutzinteressen des Gemeinwohls auszugehen ist.[6]

Den Ausgangspunkt der veränderten Schwerpunktsetzung in der Bankenaufsicht bilden die internationalen Bestrebungen, die Stabilität des Finanzsektors weltweit zu festigen. So enthalten die Core Principles des Baseler Ausschusses zentrale Grundsätze einer modernen Bankenaufsicht.[7] Diese an die nationalen Aufsichtsbehörden adressierten Grundsätze fordern neben Mindesteigenkapitalregelungen[8] auch umfassende Regelungen im Zusammenhang mit den internen Organisations- und Überwachungsstrukturen der Institute. Im Wesentlichen auf diese zurückgehend, existiert mittlerweile sowohl auf nationaler wie auch auf internationaler Ebene ein regelrechtes Geflecht qualitativer Normen und Regelungen, die entweder selektiv, d.h. begrenzt auf einzelne Geschäftsarten oder Geschäftsbereiche, oder aber umfassend den Umgang mit operationellen Risiken in Banken betreffen. Bemerkenswert an diesen, im Folgenden eingehend zu betrachtenden Vorschriften ist, dass in ihnen die Bestrebung des Gesetzgebers sichtbar wird, weniger auf das Mittel zwingender gesetzlicher Ge- und Verbote als vielmehr auf die Selbstorganisation der Unternehmen und die Überwachung durch die bestehenden Überwachungsorgane und die Märkte zu setzen.[9] Für den weiteren Untersuchungsverlauf werden die Vorschriften der Übersichtlichkeit halber grundsätzlich in den drei folgenden Kategorien besprochen:

(a) (Risikomanagement-)Systemnormen

Für den Umgang mit operationellen Risiken sind insbesondere diejenigen Regelungen von erheblicher Bedeutung, die unmittelbar auf die Ursachen und damit auf eine Begrenzung operationeller Risiken abzielen. Neben diversen Einzelnormen, welche die Organisation und Überwachung abgegrenzter Bereiche der Geschäftstätigkeit einer Bank betreffen, zählen hierzu umfassende Regelungen, die die Unternehmensorganisation und deren Überwachung in ihrer Gesamtheit zum Gegenstand haben. Im Zusammenhang mit diesen umfassenden Normen wird häufig auch von einem durch die Unternehmen einzurichtenden „**Risikomanagementsystem**“ gesprochen.[10] Die Verwendung dieses Begriffs ergibt sich offenbar daraus, dass das Risikomanagement vielfach als ein unterstützendes Subsystem der Unternehmensführung aufgefasst wird, das diese bei der Verwirklichung des Ziels einer nachhaltigen Existenzsicherung durch die Bewältigung der betrieblichen Risiken unterstüt-

6 Dennoch sieht BURGI die Gefahr, dass Unternehmen aufgrund der gesetzlichen Vorschriften organisatorische Anstrengungen unternehmen, die möglicherweise unnötig aufwendig und finanziell belastend für das Institut sind. Vgl. Burgi (2001), S. 310.

7 Vgl. Abschn. C3.1.4.

8 Vgl. hierzu Kap. E.

9 Vgl. Bundesregierung (1998a), S. 11.

10 Vgl. z.B. Franz (2000), S. 51; Burgi (2001), S. 310.

zen soll.[11] Ein so verstandenes Risikomanagement bezieht sich auf die Überwachung und Steuerung aller das Unternehmen bedrohenden Verlustgefahren.[12] Wegen der aus dieser weit reichenden Aufgabenstellung resultierenden unklaren Abgrenzung zwischen der Unternehmensführung als solcher und dem Risikomanagement, findet sich häufig auch eine weitgehende Gleichsetzung beider Begriffe. Eine Unternehmensführung, die ausdrücklich Unsicherheitsursachen berücksichtigt, wird dann mitunter insgesamt als Risikomanagement bezeichnet;[13] eine jedoch sehr weit gehende Gleichsetzung.

Wegen seiner grundlegenden Bedeutung für die Existenzsicherung eines Unternehmens liegt ein angemessenes Risikomanagementsystem im zentralen Interesse aller Überwachungsträger zur Erreichung ihrer jeweiligen Überwachungsziele. Entweder direkt oder indirekt durch dessen Prüfung stellt das Risikomanagementsystem ein wesentliches Element des Führungs- und Überwachungssystems eines Unternehmens und damit seiner Corporate Governance dar.[14] Da sich Risiken nicht generell vermeiden lassen, muss dafür Sorge getragen werden, dass bestehende Risiken stets kontrollierbar und kalkulierbar sind, sie mithin erkannt und überwacht werden und solche Risiken, die wesentlich für die wirtschaftliche Lage einer Bank sind, abgewehrt werden können.[15] Insgesamt dient mithin das Risikomanagementsystem einerseits der Wahrnehmung der Führungs- und Überwachungsaufgabe durch die Geschäftsführung und stellt andererseits, durch die Prüfung seiner Ausgestaltung und Funktionsfähigkeit, ein wesentliches Element der Überwachung der Geschäftsführung dar. **Die Qualität des Risikomanagementsystems ist in erheblichem Maße ausschlaggebend dafür, wie anfällig eine Bank für mögliche Verluste aus operationellen Risiken ist.**

Dennoch herrscht, wie in diesem Kapitel gezeigt werden wird, insbesondere im deutschsprachigen Raum vielfach Unklarheit über die genaue Verwendung des Begriffs „Risikomanagementsystem". Insbesondere eine Abgrenzung zu den häufig synonym verwendeten Begriffen „Internes Überwachungssystem", „Internes Kontrollsystem", „Interne Kontrollverfahren", „Risiko-Controlling" oder „angemessene Geschäftsorganisation" wird nicht bzw. nicht einheitlich vorgenommen.

---

11 Vgl. Braun (1984), S. 45; Pollanz (1999), S. 394.

12 Damit wird das traditionelle Verständnis vom Risikomanagement als Analyse und Handhabung der reinen, grundsätzlich versicherbaren Risiken auf die Überwachung und Steuerung aller Unternehmensrisiken bis hin zur risikobezogenen Unternehmenspolitik ausgedehnt. Vgl. Kromschröder/Lück (1998), S. 1573.

13 Vgl. Schneider (1997), S. 214.

14 Vgl. Dörner/Horváth/Kagermann [Hrsg.] (2000), S. 3; Franz (2000), S. 51.

15 Vgl. Root (1998), S. 123 f.; Brebeck/Herrmann (1997), S. 381 f.; Hommelhoff/Mattheus (2000), S. 8.

(b) Infrastrukturnormen für den Umgang mit operationellen Risiken

Diese Normen betreffen die für einen systematischen Umgang mit operationellen Risiken erforderlichen Rahmenbedingungen und die notwendige Struktur, d.h. die Einrichtung von Prozessen, Verfahren und Methoden, die eine Wahrnehmung und Behandlung operationeller Risiken als separate Risikoart ermöglichen. Diese Normen sind zwar genau genommen ebenfalls den Systemnormen für die Einrichtung und Prüfung des Risikomanagementsystems zuzuordnen, wegen des übergreifenden Charakters operationeller Risiken werden diese jedoch im Interesse der Übersichtlichkeit und zur Förderung eines besseren Verständnisses separat betrachtet.

(c) Offenlegungsnormen

Sowohl mit den Rahmen- und Infrastrukturnormen als auch mit den Systemnormen sind jeweils umfangreiche Offenlegungspflichten verbunden. Diese sollen es Dritten ermöglichen, den Umgang der Institute mit Risiken zu beurteilen und sich ein eigenes Bild von der operationellen Risikosituation der Institute zu verschaffen.

Das Ziel dieses Kapitels ist es, die relevanten qualitativen Normen darzustellen sowie zu untersuchen, welche Auswirkungen sich für die Überwachungsträger im Rahmen des Corporate Governance-Prozesses der Banken ergeben. Dabei ist insbesondere der Frage nachzugehen, welche allgemeinen Hinweise für den Umgang mit operationellen Risiken sowohl internationale Aufsichtsinstanzen als auch der deutsche Gesetzgeber geben und wie diese zentralen Normen im Hinblick auf die Pflichten der verschiedenen Überwachungsträger in der Rechtswissenschaft, der Betriebswirtschaftslehre und dem Aufsichtsrecht ausgelegt werden. Dabei ist auch zu beurteilen, ob die nationalen Regelungen im Hinblick auf internationale Vorgaben ausreichend sind. Aufbauend hierauf sind die Auswirkungen auf die konkreten Überwachungshandlungen zu untersuchen und Maßgaben zu formulieren, die erforderlich sind, um das Ziel einer wirksamen Begrenzung operationeller Risiken zu erreichen.

1 Überwachung durch die Geschäftsleitung

1.1 Einrichtung eines umfassenden Risikomanagementsystems

Den Zusammenhang zwischen der Begrenzung operationeller Risiken und der Einrichtung geeigneter Systeme zur internen Überwachung und zum Risikomanagement stellen erstmals die im Februar 2003 verabschiedeten „Sound Practices for the Management and Supervision of Operational Risk“ (Sound Practices) des Baseler Ausschusses unmissverständlich klar. In dieser, als zentrales Dokument im Hinblick auf die qualitativen Anforderungen an den Umgang mit operationellen Risiken angesehenen Veröffentlichung heißt es, dass das im September 1998 veröffentlichte Rahmenkonzept „A Framework für Internal Control Systems in Banking Organisations“ (Framework) des Ausschusses „underpins its current work in the field of operational risk.“[16] Darüber hinaus verweist der ausdrücklich der Begrenzung operationeller Risiken gewidmete Grundsatz 6 der Sound Practices ebenfalls explizit auf das Framework.[17] Mit diesem hatte der Ausschuss erstmals ein den gesamten Bankbetrieb umfassendes Konzept für die Ausgestaltung und Beurteilung der internen Überwachung von Banken vorgelegt. Es ist das ausgewiesene Ziel des Frameworks, dazu beizutragen, dass sowohl die Mitglieder des obersten Verwaltungsorgans und der Geschäftsleitung einer Bank als auch die internen und externen Revisoren sowie die Aufsichtsbehörden dem Ausbau der internen Überwachung im Gesamtinstitut mehr Aufmerksamkeit widmen und deren Wirksamkeit immer wieder neu beurteilen.[18]

Diesen Gedanken greift etwas später auch der Rat der europäischen Kommission auf, indem er in der Neufassung des Artikels 22 der Bankenrichtlinie verlangt, dass jedes Kreditinstitut über ein wirksames internes Risikomanagement verfügt. Hierzu wird von jedem Kreditinstitut „eine klare Organisationsstruktur mit genau abgegrenzten, transparenten und kohärenten Verantwortungsbereichen, wirksame Verfahren zur Ermittlung, Steuerung, Überwachung und Meldung seiner aktuellen und etwaigen künftigen Risiken und angemessene interne Kontrollmechanismen, einschließlich solider Verwaltungs- und Rechnungslegungsverfahren“ gezählt.[19] Für einen effektiven Umgang mit operationellen Risiken fordert die Bankenrichtlinie ausdrücklich die Einhaltung dieser „allgemeinen Risikomanagement-Standards“.[20]

Darüber indes, was unter einem geeigneten System bzw. angemessenen Mechanismen und Verfahren zu verstehen ist und welche Elemente diese umfassen sollten, gehen die Auffassungen auseinander. Im Folgenden werden daher zunächst unterschiedliche internationale und nationale Systemvorschriften und Systemverständnisse vorgestellt, bevor im Anschluss daran die einzelnen Elemente näher konkretisiert werden.

1.1.1 Internationale Institutionen

Grundlegende Bedeutung für die Entwicklung von Konzepten zur Unternehmensüberwachung kommt weltweit den Studien des Committee of Sponsoring Organizations of the Treadway Commission (COSO) zu.[21] Ausgelöst durch die Zunahme von Unternehmenszu-

---

16 Basel Committee on Banking Supervision (2003b), Tz. 2.

17 Vgl. Basel Committee on Banking Supervision (2003b), S. 10, Tz. 31.

18 Vgl. Basel Committee on Banking Supervision (1998a), S. 2.

19 So der Entwurf der Neufassung der Bankenrichtlinie in Art. 22 Abs. 1.

20 Vgl. den Entwurf der Neufassung der Bankenrichtlinie der Commission of the European Communities (2004), Art. 104 i.V.m. Anhang X, Teil 2, Tz. 17 bzw. Art. 105 i.V.m. Anhang X, Teil 3, Tz. 1.

21 BOYCOTT bezeichnet den Bericht des COSO aus dem Jahr 1992 als „Meilenstein“ in der Entwicklung und Beurteilung interner Überwachungssysteme. Vgl. Boycott (1997a), S. 214.

sammenbrüchen war es das Anliegen des amerikanischen Gesetzgebers, nach Möglichkeiten zu suchen, die interne Überwachung von Unternehmen zu verbessern. Dabei stand zunächst die Klärung des "Internal Control"-Begriffs im Vordergrund, um darauf aufbauend Maßstäbe zu definieren, anhand derer Unternehmen die Wirksamkeit der eingesetzten Überwachungssysteme überprüfen konnten. Der Einfluss des hieraus resultierenden Überwachungskonzepts prägt heute Systemverständnisse rund um den Globus, nicht zuletzt auch dasjenige der internationalen Bankenaufsichtsinstanzen. Wegen ihrer grundlegenden Bedeutung werden die Erkenntnisse des COSO im Folgenden kurz dargestellt, bevor auf die bankspezifischen Forderungen des Baseler Ausschusses eingegangen wird.

1.1.1.1 Das Systemverständnis von Internal Control und Enterprise Risk Management nach COSO

Bis 1992 herrschte im anglo-amerikanischen Raum die Situation einer fehlenden einheitlichen Bestimmung des Begriffs „Internal Control“ vor.[22] Der Vielzahl vorhandener Interpretationen zu begegnen, war Anlass für eine Studie des Committee of Sponsoring Organizations of the Treadway Commission (COSO).[23] Ziel der Untersuchung war es zum einen, die verschiedenen Internal Control-Begriffe zu integrieren sowie zum anderen, einen einheitlichen begrifflichen Rahmen zu schaffen und Normen aufzustellen, mit denen die Unternehmen in die Lage versetzt werden sollten, ihre Internal-Control-Systeme auf deren Wirksamkeit hin zu beurteilen.[24] Der in der amerikanischen Wirtschaftsprüfungspraxis entstandene Begriff „Internal Control“ ist im Deutschen nach weit verbreiteter Meinung am treffendsten mit dem Begriff des „Internen Überwachungssystems“ zu übersetzen.[25]

Der COSO-Report **„Internal Control – Integrated Framework“** definiert Internal Control als Prozess, der von der Geschäftsleitung und den Mitarbeitern beeinflusst wird und folgenden Zielen dient:[26]

22 Vgl. Holzer/Makowski (1997), S. 690.

23 COSO wurde von fünf Berufsverbänden gegründet, die zuvor bereits die „National Commission on Fraudulent Financial Reporting“, besser bekannt als „Treadway Commission“ nach ihrem Leiter James C. Treadway, gründeten und finanzierten. Bei den Berufsverbänden handelt es sich um das American Institute of Certified Public Accountants (AICPA), The Institute of Internal Auditors (IIA), Financial Executives International (FEI), das Institute of Management Accountants (IMA) und die American Accounting Association (AAA). Vgl. Root (1998), S. 75 ff.

24 Vgl. COSO (1994), S. 13.

25 So weisen FREILING/LÜCK ausdrücklich darauf hin, dass eine Übersetzung mit „Internes Kontrollsystem“ nicht zutreffend ist, da dieser Begriff im deutschen betriebswirtschaftlichen Schrifttum bereits belegt ist und nach herrschender Meinung lediglich eine Komponente von „Internal Control“ darstellt. Das Interne Kontrollsystem (IKS) umschließt demnach ausschließlich die prozessabhängigen Überwachungsmaßnahmen eines Unternehmens, während dem Internen Überwachungssystem zusätzlich auch die Interne Revision zuzuordnen ist. Vgl. Freiling/Lück (1986), S. 997; Kohlhoff/Langenhan/Zorn (2000), S. 3; Hömberg (2002), Sp. 1230 f.

26 Vgl. COSO (1994), S. 13.

- Sicherstellung von Effektivität und Effizienz betrieblicher Abläufe,
- Zuverlässigkeit der finanziellen Berichterstattung,
- Einhaltung der einschlägigen Gesetze und Vorschriften.

Der Report nennt für die Implementierung eines Internen Überwachungssystems fünf „Internal Control- Components", die vorhanden sein müssen. Diese Hauptelemente werden, wie in Abbildung 9 wiedergegeben, als Pyramide dargestellt, um auch deren Verhältnis zueinander deutlich zu machen.[27]

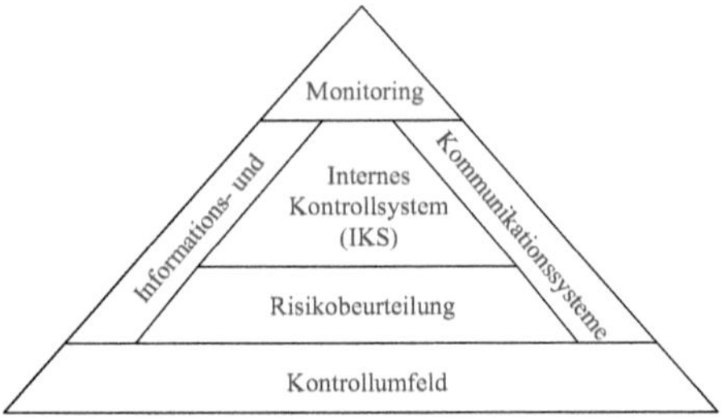

Abbildung 9: Internal Control-Pyramide nach COSO[28]

Das „Kontrollumfeld" stellt das Fundament für alle weiteren Komponenten des Internen Überwachungssystems dar. Es beinhaltet das Risikobewusstsein der Geschäftsführung und gibt die Struktur des Überwachungssystems vor. In diesem Zusammenhang werden z.B. Integrität, ethische Werte sowie die Managementphilosophie als bedeutsame Faktoren angeführt. Die „Risikobeurteilung" beinhaltet die zielgerichtete Identifikation und Analyse relevanter Risiken. Dabei sind sowohl interne als auch externe Risikoquellen zu berücksichtigen. Die Risikobeurteilung ist die Grundlage für die Ableitung erforderlicher Maßnahmen zur Steuerung der Risiken.[29] Das „Interne Kontrollsystem (IKS") umfasst die Kontrollrichtlinien und Kontrollverfahren der Unternehmensführung und bildet gleichzeitig eine Voraussetzung für die Risikobeurteilung. Um Risiken rechtzeitig erfassen und beurteilen zu können, sind zudem entsprechende „Informations- und Kommunikationssysteme" erforderlich, die ein zweckgerichtetes Berichtswesen sicherstellen sollen. Die Qualität der Internal Control muss im Rahmen des „Monitoring" laufend überwacht und gegebenenfalls an ein verändertes Umfeld angepasst werden. Insgesamt lässt sich die durch das COSO-Rahmenwerk vorgegebene Struktur als „Metastruktur" für ein Internes Überwachungssystem bezeichnen.[30]

---

27 Vgl. hierzu und zum Folgenden COSO (1994), S. 16 ff.; Holzer/Makowski (1997), S. 690 f.; Pollanz (1999), S. 396.
28 Quelle: COSO (1994), S. 17.
29 Diese sind indes selbst nicht Bestandteil von Internal Control.
30 Vgl. Pollanz (1999), S. 396.

Der COSO-Report hat im angelsächsischen Raum zu einer einheitlichen Begriffsbestimmung mit klar definierten Bestandteilen eines Internen Überwachungssystems einen wesentlichen Beitrag geleistet und sowohl in der anglo-amerikanischen Theorie als auch in der Praxis erhebliche Beachtung gefunden.[31] Allerdings ergab sich im Zusammenhang mit dem jüngst im Fokus stehenden Begriff des „Risikomanagements" eines Unternehmens weiterer Harmonisierungsbedarf. So entstand erneut die Problematik einer fehlenden einheitlichen Terminologie sowie allgemein anerkannter Standards, welche die Unternehmensleitung bei der Entwicklung einer effektiven Risikomanagementarchitektur als Orientierungshilfe verwenden könnte. Aus diesem Grund veröffentlichte das Komitee im September 2004 das "**Enterprise Risk Management - Integrated Framework**", dessen Ziel es ist, im Bereich des Risikomanagements ein einheitliches Begriffsverständnis zu fördern sowie praktische Implementierungshilfen für Unternehmen zur Verfügung zu stellen. Darüber hinaus soll ein besseres Verständnis für das Risikomanagement sowie dessen Möglichkeiten und Grenzen gefördert werden.[32]

COSO definiert Risikomanagement folgendermaßen:

> *"Enterprise risk management is a process, effected by an entity's board of directors, management and other personnel, applied in strategy setting and across the enterprise, designed to identify potential events that may affect the entity, and manage risks to be within its risk appetite, to provide reasonable assurance regarding the achievement of entity objectives."*[33]

Ein so verstandenes Risikomanagement trägt dazu bei, die Unternehmensziele zu erreichen, indem es die Unternehmensleitung dabei unterstützt,[34]

- Strategie und Risikoneigung in Übereinstimmung zu bringen,
- Unternehmenswachstum, Risiko und Rendite zu verknüpfen,
- Risikosteuerungsmaßnahmen zu verbessern,
- operationelle Verluste zu minimieren,
- Risiken im gesamten Unternehmen zu identifizieren und zu managen,

---

31 Vgl. Pollanz (2001), S. 1318; Holzer/Makowski (1997), S. 691. Kritisch zum COSO-Report äußert sich Root (1998), S. 142 f. Auch die „Guidance on Control" des Canadian Institute of Chartered Accountants (CICA) bauen auf dem Konzept des COSO-Reports auf. Im Unterschied zu diesem definieren sie „control" allerdings als diejenigen Elemente einer Organisation (Ressourcen, Systeme, Prozesse, Kultur, Struktur und Aufgaben), die zusammen Menschen in der Erreichung der Ziele der Unternehmung unterstützen. Dabei entsprechen die Zielkategorien weitestgehend denjenigen des COSO-Reports. Vgl. CICA (1995) sowie Boycott (1997a), S. 220 f. und Boycott (1997b), S. 259 ff. Zu weiteren Konzepten, z.B. vom Cadbury Committee und des IIA vgl. Holzer/Makowski (1997), S. 692; Root (1998), S. 144 ff.

32 Vgl. COSO (2004a), S. V.

33 COSO (2004a), S. 16.

34 Vgl. hierzu und zum Folgenden COSO (2004a), S. 14 f.

- Chancen zu ergreifen,[35]
- den Kapitalbedarf präziser zu bestimmen sowie die Kapitalallokation zu verbessern.

Das Risikomanagement steht nach COSO in einer engen Wechselbeziehung zur Corporate Governance eines Unternehmens, indem es Informationen über die wesentlichen Risiken und den Umgang mit diesen für die Unternehmensleitung generiert. Zudem liefert das Risikomanagement risikoadjustierte Performancemaße zur Performancemessung. Darüber hinaus besteht ein enger Zusammenhang zu dem in dem „Internal Control-Framework" beschriebenen Internen Überwachungssystem eines Unternehmens, den das Komitee folgendermaßen zusammenfasst:

> *„Internal control is an integral part of enterprise risk management. This enterprise risk management framework encompasses internal control, forming a more robust conceptualization and tool for management."*[36]

Und an anderer Stelle wird konkretisiert:

> *„The Enterprise Risk Management – Integrated Framework is a broader framework that incorporates the internal control framework within it. In other words, one approach to risk is to develop controls to mitigate the risks."*[37]

Damit wird klargestellt, dass es sich aus Sicht des COSO bei dem Risikomanagementsystem um den umfassenderen Begriff handelt, während das Interne Überwachungssystem ein wesentlicher Teil dessen ist. Die Eingliederung von Internal Control in das Risikomanagementsystem nach COSO wird deutlich, wenn man die einzelnen in Abbildung 10 aufgeführten Komponenten des Risikomanagementsystems betrachtet. So findet man die Internal Control-Komponenten in dem Risk Management-Framework wieder. Allerdings geht das neue Rahmenwerk weiter als das zuvor veröffentlichte und dehnt Internal Control dahingehend aus, dass stärker auf den Risikobegriff fokussiert wird.[38] Dies äußert sich insbesondere in einer Erweiterung der Zielkategorien um strategische und umfassendere Reportingziele, in der zusätzlichen Portfoliobetrachtung von Risiken, in einer eingehenden Berücksichtigung der Risikokultur, in verfeinerten Risk Assessment-Methoden sowie in dem Einbezug der Risikobewältigung in das Rahmenwerk. COSO identifiziert insgesamt acht Komponenten des Risikomanagements.

---

35 An dieser Stelle wird deutlich, dass in dem COSO-Rahmenwerk von einem weiter gefassten Risikobegriff ausgegangen wird, als er dieser Arbeit zu Grunde liegt, da neben dem Risiko i.e.S. auch Chancen betrachtet werden. Vgl. zu den Risikobegriffen Abschn. B1.1.

36 COSO (2004a), S. 25.

37 COSO (2004c), http://www.coso.org/Publications/ERM/erm_faq.htm, Tz. D.1.

38 Vgl. COSO (2004a), S. 109 ff.

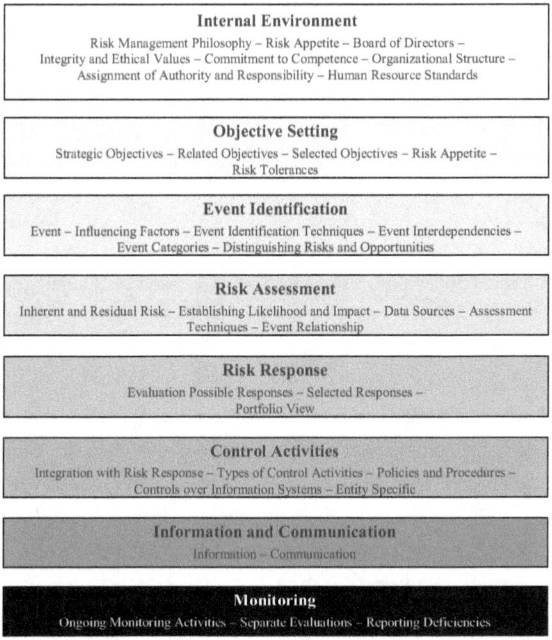

Abbildung 10: Komponenten des Risikomanagements und deren wesentliche Elemente nach COSO[39]

Das interne Umfeld („Internal Environment") stellt auch hier die Basis für alle übrigen Komponenten des Risikomanagements dar und ist vergleichbar mit dem „Kontrollumfeld" nach dem Internal Control-Framework.[40] Das interne Umfeld beeinflusst die Art und Weise, wie Strategie und Ziele festgelegt werden, wie Geschäftsabläufe strukturiert und Risiken identifiziert, analysiert und gesteuert werden. Darüber hinaus hat es Einfluss auf die Funktionsweise der Kontroll- und Überwachungsaktivitäten und der Informations- und Kommunikationssysteme. Das interne Umfeld umschließt zahlreiche Elemente, wie die Unternehmenswerte, die Qualifikation und Entwicklung der Mitarbeiter und das Führungsverständnis. Die Geschäftsleitung gibt eine Risikomanagementphilosophie vor, bestimmt die Risikoneigung und formt eine Risikokultur.

Die Identifikation von Ereignissen, welche die Zielerreichung beeinflussen könnten, setzt zunächst einmal die Festlegung von Zielen voraus („Objective Setting"). Das Risikomanagement stellt sicher, dass das Management über einen Zielbildungsprozess verfügt und dass die gewählten Ziele mit der Unternehmensvision und der Risikoneigung vereinbar sind. Die Identifikation von Ereignissen („Event Identification") beinhaltet die Identifikation von Faktoren,

39 Quelle: COSO (2004b), S. 2.
40 Vgl. hierzu und zum Folgenden COSO (2004a), S. 27 ff.

die zum Eintritt eines Ereignisses führen können. Hierzu gehören sowohl interne Faktoren, wie die Infrastruktur, Mitarbeiter, Prozesse und Technologie, als auch externe Faktoren des ökonomischen, politischen, sozialen und technologischen Umfelds. Wechselwirkungen zwischen verschiedenen Ereignissen sind bei der Identifikation zu berücksichtigen, und durch eine Kategorisierung der Ereignisse kann ein einheitliches Verständnis innerhalb des Unternehmens geschaffen und die Basis für eine Portfoliobetrachtung gelegt werden. Die darauf folgende Risikoeinschätzung, („Risk Assessment") ermöglicht eine Beurteilung, inwiefern potenzielle Ereignisse die Zielerreichung beeinflussen könnten. Dabei erfolgt sowohl eine Einschätzung der Wahrscheinlichkeit eines Verlusts als auch der Verlusthöhe.[41] Die beiden Phasen der Identifikation von Ereignissen und der Risikoeinschätzung entsprechen weitgehend der „Risikobeurteilung" des alten Rahmenwerks. Aufbauend auf der Risikoeinschätzung legt das Management mögliche Risikobewältigungsmaßnahmen („Risk Response") fest. Hierzu gehören Maßnahmen der Risikovermeidung, -verminderung, -teilung und -akzeptanz. Die Risikobewältigungsmaßnahmen waren nicht Gegenstand des Internal Control-Frameworks, wodurch die Abgrenzung der beiden Systemverständnisse verdeutlicht wird. Risikomanagement wäre demnach als ein um die Risikobewältigung erweitertes Internes Überwachungssystem zu verstehen. Die Kontrollaktivitäten („Control Activities") wiederum umfassen Verfahren und Abläufe in der gesamten Organisation, die dazu beitragen, die Risikobewältigungsmaßnahmen ordnungsgemäß auszuführen. Um Risiken identifizieren, bewerten und bewältigen zu können, ist es notwendig, dass die relevanten Informationen zusammengestellt und zeitnah vermittelt werden („Information and Communication"). Der gesamte Risikomanagementprozess muss zudem überwacht und angepasst werden, sofern erforderlich („Monitoring"). Dabei ist sowohl das Vorhandensein als auch die Funktionsweise der einzelnen Komponenten sowie die Qualität ihrer Performance im Zeitverlauf zu überwachen.

Mit dem Risk Management-Framework des COSO liegt ein umfassendes Rahmenwerk zum Risikomanagement der Unternehmen vor, das durchaus geeignet erscheint, zu einer weiteren Vereinheitlichung der Begriffsverwendung, zumindest im anglo-amerikanischen Raum, beizutragen. Der Bericht vermittelt einen geschlossenen Rahmen über die Komponenten eines Risikomanagementsystems, wenn auch vielfach ein hoher Abstraktionsgrad gewählt wird, der jedoch in Anbetracht der angestrebten breiten Anwendbarkeit des Rahmenwerks verständlich ist. Ob der Bericht auch Auswirkungen auf den Sprachgebrauch und das Systemverständnis in Deutschland haben wird, ist zum jetzigen Zeitpunkt nicht abzuschätzen. Zumindest das Internal Control-Framework hat jedoch bereits an verschiedenen Stellen Einzug in das deutsche Schrifttum gehalten. Allerdings kann hier von einem einheitlichen Begriffsverständnis noch lange nicht gesprochen werden, wie Abschnitt 1.1.2 in diesem Kapitel deutlich zeigen wird.

---

41 Vgl. kritisch insbesondere zu dieser Phase des Enterprise Risk Management-Frameworks Samad-Khan (2005), S. 25 f., der darauf hinweist, dass die Bildung einer Rangordnung von Risiken nach der „COSO-Formel" (Risiko = Verlustwahrscheinlichkeit x Verlusthöhe) zu einer Fehlfokussierung auf sog. „Phantomrisiken" führen kann, also solche Risiken, die häufig auftreten und gleichzeitig extreme Auswirkungen haben müssten. Vgl. hierzu auch Abschn. B3.2.

Die internationale Bankenaufsicht, repräsentiert durch den Baseler Ausschuss, hat sich hingegen das anglo-amerikanische Systemverständnis bereits zueigen gemacht, indem es wesentliche Elemente des Internal Control-Frameworks in seinem eigenen „Framework for Internal Control System in Banking Organisations" verwendet. Letzteres stellt, basierend auf den Erkenntnissen eigener Untersuchungen des Baseler Ausschusses, gewissermaßen eine Spezifizierung des COSO-Frameworks für Kreditinstitute dar.

1.1.1.2 Framework for Internal Control Systems in Banking Organisations des Baseler Ausschusses

Der Baseler Ausschuss hat mit seinem „Framework for Internal Control Systems in Banking Organizations" (Framework) explizite Anforderungen an die Ausgestaltung der internen Überwachung der Kreditinstitute formuliert. Zu diesem Zweck werden insgesamt dreizehn Grundsätze aufgestellt, die auf Erkenntnissen basieren, welche der Baseler Ausschuss im Rahmen der Untersuchung von Vorfällen der Vergangenheit erlangt hat. Dabei wird der Tatsache Rechnung getragen, dass der interne Überwachungsprozess, der ursprünglich vornehmlich der Bekämpfung von Betrug, Veruntreuung und Fehlern diente, immer weiter ausgebaut worden ist und sich nunmehr mit den verschiedensten Risikoursachen befasst.[42] Die durch den Ausschuss formulierten Grundsätze sind darauf ausgelegt, latent vorhandene Lücken in den Organisations- und Überwachungsstrukturen der Banken zu identifizieren und gegebenenfalls zu schließen. Die Grundsätze sind in fünf Kategorien gegliedert, welche die Elemente der internen Überwachung widerspiegeln und an diejenigen des COSO angelehnt sind:

1. Verantwortung der Geschäftsleitung und Kontrollumfeld,
2. Risikoerkennung und -einschätzung,
3. Kontrollmaßnahmen und Aufgabentrennung,
4. Information und Kommunikation,
5. Überwachung und Mängelbehebung.

Die einzelnen Grundsätze richten sich an das oberste Verwaltungsorgan (Grundsatz 1),[43] die Geschäftsleitung (Grundsätze 2-11), die Interne Revision (Grundsatz 12) und die Aufsichts-

---

42 Vgl. hierzu und zum Folgenden Basel Committee on Banking Supervision (1998a), Tz. 8 f.

43 Der Baseler Ausschuss geht in seinen Veröffentlichungen grundsätzlich von einer Geschäftsführungsstruktur aus, die sich aus einem obersten Verwaltungsorgan und einer Geschäftsleitung zusammensetzt. Der Ausschuss ist sich dabei bewusst, dass die rechtlichen und sonstigen Rahmenbedingungen in den einzelnen Ländern sehr unterschiedlich sind, was die Funktion des obersten Verwaltungsorgans und der Geschäftsleitung betrifft. Insbesondere die sich aus dem dualen und dem monistischen System der Corporate Governance ergebenden Unterschiede in dem Aufgabenumfang des obersten Verwaltungsorgans sind hier relevant (vgl. hierzu Abschn. C1.2). Aus diesem Grund stellt der Baseler Ausschuss klar, dass er mit den Begriffen „oberstes Verwaltungsorgan" und „Geschäftsleitung" nicht rechtliche Konstrukte bezeichnen will, sondern vielmehr zwei entscheidungstragende Funktionen innerhalb der Bank. Vgl. Basel Committee on Banking Supervision (1998a), Fn. 2 zu Tz. 4.

behörde (Grundsatz 13). Darüber hinaus wird im Anhang auf die Rolle und Verantwortlichkeit weiterer externer Revisoren eingegangen. In Tabelle 3 auf der folgenden Seite sind zunächst die für die Geschäftsleitung relevanten Grundsätze aufgeführt.[44]

44 Vgl. zu dem an das oberste Verwaltungsorgan adressierten ersten Grundsatz Abschn. D3.1.1 sowie zu dem an die Bankenaufsicht adressierten Grundsatz 13 Abschn. D4.1.1.

Regelungsbereich	Grundsätze
• Verantwortung der Geschäftsleitung und Kontrollumfeld	Die Geschäftsleitung ist dafür verantwortlich, die vom obersten Verwaltungsorgan genehmigten **Strategien und Grundsätze** umzusetzen, Verfahren für die **Erkennung, Messung, Überwachung und Begrenzung** der von der Bank eingegangenen Risiken zu entwickeln, eine **Organisationsstruktur** mit klarer Zuteilung von Verantwortung, Befugnissen und Rechenschaftspflichten zu schaffen, die effektive Ausführung **delegierter Aufgaben** sicherzustellen, eine angemessene **interne Kontrollpolitik** zu erarbeiten sowie die Angemessenheit und die Wirksamkeit der **internen Kontrollen** zu überwachen. (Grundsatz 2)
	Die Geschäftsleitung ist gemeinsam mit dem obersten Verwaltungsorgan dafür verantwortlich, **hohe moralische Standards** zu fördern und eine **Firmenkultur** zu etablieren, die den Mitarbeiter-innen und Mitarbeitern auf allen Ebenen die Bedeutung interner Kontrollen klar macht; sie alle müssen ihre Rolle im internen Kontrollsystem kennen und voll in den Prozess einbezogen sein. (Grundsatz 3)
• Risikoerkennung und -einschätzung	Damit ein internes Kontrollsystem wirksam ist, müssen die **erheblichen Risiken**, die die Geschäftsziele der Bank ungünstig beeinflussen können, **erkannt** und **fortlaufend neu bewertet** werden. Diese Bewertung sollte alle Risiken umfassen, mit denen die Bank bzw. der konsolidierte Bankkonzern konfrontiert werden (d.h. Kreditrisiko, Länder- und Transferrisiko, Marktrisiko, Zinsänderungsrisiko, Liquiditätsrisiko, Betriebsrisiko, Rechtsrisiko und Imagerisiko). Die internen Kontrollen müssen unter Umständen angepasst werden, damit neue oder zuvor nicht kontrollierte Risiken angemessen erfasst werden. (Grundsatz 4)
• Kontrollmaßnahmen und Aufgabentrennung	Kontrollmaßnahmen sollten ein fester Bestandteil des Tagesgeschäfts einer Bank sein. Damit ein internes Kontrollsystem wirksam ist, muss eine **angemessene Kontrollstruktur** geschaffen werden, wobei die Kontrollmaßnahmen auf jeder Geschäftsebene zu definieren sind, d.h. Überprüfungen auf der obersten Ebene, angemessene Kontrollen für die Tätigkeit einzelner Abteilungen und Geschäftsbereiche, physische Kontrollen, Überprüfung der Einhaltung von Risikolimits und Weiterverfolgung einer Nichteinhaltung, ein System von Genehmigungen und Ermächtigungen sowie ein System der Überprüfung und Abstimmung. (Grundsatz 5)
	Damit ein internes Kontrollsystem wirksam ist, muss eine **angemessene Aufgabentrennung** bestehen, und die Mitarbeiter dürfen **keinen Interessenkonflikten** ausgesetzt werden. Bereiche mit möglichen Interessenkonflikten sind zu ermitteln, möglichst klein zu halten und von einer unabhängigen Stelle sorgfältig zu überwachen. (Grundsatz 6)
• Information und Kommunikation	Damit ein internes Kontrollsystem wirksam ist, müssen zweckmässige und umfassende **interne Informationen** über die Finanzlage, den Geschäftsbetrieb und die Einhaltung von Grundsätzen und Vorschriften sowie **externe Marktinformationen** über für die Entscheidungsfindung wichtige Ereignisse und Bedingungen vorhanden sein. Die Informationen sollten **zuverlässig, aktuell und zugänglich** sein und in einer einheitlichen Form erfolgen. (Grundsatz 7)
	Damit ein internes Kontrollsystem wirksam ist, müssen **zuverlässige Informationssysteme** vorhanden sein, die alle wichtigen Geschäftsbereiche der Bank erfassen. Diese Systeme, auch diejenigen, in denen Daten in elektronischer Form gespeichert und verwendet werden, müssen **sicher** sein, von einer **unabhängigen Stelle überwacht** und durch **adäquate Notfallpläne** unterstützt werden. (Grundsatz 8)
	Damit ein internes Kontrollsystem wirksam ist, sind **leistungsfähige Kommunikationskanäle** einzurichten, damit sichergestellt ist, dass alle Mitarbeiter die für ihre Aufgaben und Verantwortlichkeiten geltenden Grundsätze und Verfahren genau kennen und einhalten und dass sonstige wichtige Informationen die Mitarbeiter erreichen, die sie benötigen. (Grundsatz 9)
• Überwachung und Mängelbehebung	Die **Wirksamkeit** der internen Kontrollen der Bank ist **fortlaufend** zu überwachen. Die Überwachung der wichtigsten Risiken sollte zum Tagesgeschäft der Bank gehören, ebenso regelmäßige Neubeurteilungen durch die einzelnen **Geschäftsbereiche** und durch die **interne Revision**. (Grundsatz 10)
	Für das interne Kontrollsystem ist von operativ unabhängigen, angemessen ausgebildeten und kompetenten Mitarbeitern eine effektive und umfassende **interne Revision** durchzuführen. Als Teil der Überwachung der internen Kontrollen sollte die interne Revision direkt dem obersten Verwaltungsorgan oder dessen Geschäftsprüfungsausschuss sowie der Geschäftsleitung unterstellt sein. (Grundsatz 11)
	Mängel der internen Kontrollen, ob vom betreffenden Geschäftsbereich, von der internen Revision oder von anderen Mitarbeitern mit Kontrollaufgaben erkannt, sind in einem Zeitraum, der dem Problem angemessen ist, der entsprechenden Ebene der Geschäftsleitung zu melden und rasch zu beheben. **Gravierende Mängel** des Kontrollsystems sind der Geschäftsleitung und dem obersten Verwaltungsorgan zu melden. (Grundsatz 12)

Tabelle 4: Framework for Internal Control Systems in Banking Organisations

Zunächst wird durch die aufgeführten Grundsätze die Verantwortung der Geschäftsleitung für die Festlegung der Organisationsstruktur und damit der internen Überwachungsstrukturen klargestellt. Damit die interne Überwachung effektiv funktioniert, muss die Organisationsstruktur klar dokumentiert und offengelegt werden. Zudem hat die Geschäftsleitung dafür zu sorgen, dass die verschiedenen Tätigkeiten von qualifizierten Mitarbeitern mit der nötigen Erfahrung und dem erforderlichen Fachwissen ausgeübt werden. Darüber hinaus wird in dem Baseler Konzept eine Gehalts- und Beförderungspolitik von den Banken gefordert, mit der angemessenes Verhalten honoriert wird und Anreize, interne Überwachungsmechanismen zu ignorieren oder zu umgehen, auf ein Minimum reduziert werden.[45] Als wesentliches Element eines effizienten Überwachungssystems hebt der Baseler Ausschuss ein starkes Überwachungsumfeld hervor. Die Geschäftsleitung muss durch ihr Verhalten und ihre Äußerungen die Bedeutung interner Kontroll- und Überprüfungsmaßnahmen klar hervorheben und unterstützen, denn durch ihr eigenes Vorbild prägt die Geschäftsleitung ganz maßgeblich die Integrität und die moralischen Werte innerhalb einer Bank. Die Geschäftsleitung darf darüber hinaus nicht unbeabsichtigterweise Anreize für unautorisierte Handlungen bieten, wie etwa durch eine allzu starke Betonung von kurzfristigen Leistungszielen. Zu einem guten Überwachungsumfeld gehört auch, dass sich alle Mitarbeiter der Notwendigkeit bewusst sind, festgestellte Betriebsprobleme, Fälle der Nichteinhaltung des Verhaltenskodexes und sonstige Verstöße gegen geschäftspolitische Grundsätze oder gesetzwidrige Handlungen zu melden. Ein starkes Überwachungsumfeld garantiert zwar nicht, dass ein Institut seine Ziele erreicht, jedoch eröffnet dessen Fehlen wesentlich mehr Möglichkeiten für unbemerkte Fehler oder vorschriftswidriges Verhalten.[46] Diese Form impliziter Überwachungsmechanismen ist ein typisches Element der angelsächsischen Internal Control-Konzepte. Wie bereits die COSO-Rahmenwerke verdeutlichen, wird hier die Unternehmenskultur als Fundament angesehen, auf dem sämtliche Handlungen zum Umgang mit Unsicherheit beruhen.[47]

Dem Umgang mit Risiken wird in Banken naturgemäß eine erhebliche Bedeutung beigemessen. Das Baseler Rahmenwerk weist darauf hin, dass bei der Risikoerkennung und -einschätzung auf allen Ebenen der Bank sämtliche Risiken erfasst werden sollten, mit denen die Bank konfrontiert ist. Als interne Faktoren, die bei einer effizienten Risikoeinschätzung zu berücksichtigen sind, werden z.B. die Komplexität der Struktur der Bank, die Art der Geschäfte, die Qualifikation des Personals, organisatorische Änderungen und Personalfluktuation genannt. Zu berücksichtigende externe Faktoren sind hingegen z.B. ein sich wandelndes wirtschaftliches Umfeld, Änderungen im Finanzsektor sowie technologischer Fortschritt. Insbesondere Innovationen im Finanzsektor und der damit verbundene Einsatz neuer Finanzinstrumente und neuer Marktgeschäfte können bei Banken zu der Notwendigkeit einer fortlaufenden Anpassung interner Kontroll- und Überwachungsprozesse führen.[48]

---

45 Vgl. Basel Committee on Banking Supervision (1998a), Tz. 13 ff.
46 Vgl. Basel Committee on Banking Supervision (1998a), Tz. 16 ff.
47 Vgl. auch Schäfer (2001), S. 86.
48 Vgl. Basel Committee on Banking Supervision (1998a) Tz. 20 ff.

Hinsichtlich der in einer Bank erforderlichen Kontroll- und Überprüfungsmaßnahmen wird klargestellt, dass Mitarbeiter auf allen Ebenen einer Bank einbezogen sein müssen. So hat die Geschäftsleitung sich durch Berichte und Ergebnismeldungen über die Fortschritte der Bank bei der Realisierung ihrer Ziele zu informieren und diese Berichte eingehend zu prüfen. Aus der Prüfung resultierende Nachfragen sowie die Antworten der unteren Leitungsebene können Probleme, wie z.B. Schwachstellen, Fehler in den Finanzrechnungen oder Betrug aufdecken. Unterhalb der Ebene der Geschäftsleitung sind Tätigkeitskontrollen durch leitende Mitarbeiter ebenfalls in Form von Berichten und deren Prüfung sicherzustellen. Physische Kontrollen sind etwa durch Einschränkung des Zugangs zu materiellen Aktiva, wie Barmitteln und Wertpapieren, sicherzustellen. Auch Doppelverwahrung und periodische Bestandsaufnahmen sind zu den physischen Kontrollen zu zählen. Um Risikokonzentrationen, etwa im Kreditbereich, zu vermeiden, sind vorsichtige Limite für die Risikopositionen festzulegen und Verfahren für die Überprüfung von deren Einhaltung einzurichten. Im Falle der Nichteinhaltung ist gegebenenfalls durch Genehmigungs- und Ermächtigungsverfahren sicherzustellen, dass leitende Personen auf einer angemessenen Stufe über die Transaktion bzw. Situation Bescheid wissen. Schließlich können Überprüfungen von Transaktionsdaten sowie periodische Abstimmungen, wie z.B. Vergleiche zwischen Zahlungsströmen und Kontounterlagen, ebenfalls zur Entdeckung korrketurbedürftiger Tatbestände führen. Die aufgeführten Überwachungsmaßnahmen sind dann am wirksamsten, wenn sie von allen Mitarbeitern als fester Bestandteil des Tagesgeschäfts der Bank wahrgenommen werden. Die Geschäftsleitung muss hierfür nicht nur angemessene Grundsätze und Verfahren für die verschiedenen Tätigkeitsberichte und Abteilungen der Bank festlegen, sondern darüber hinaus regelmäßig darauf achten, dass diese auch eingehalten werden. Die Überwachung der Einhaltung ist in der Regel eine der Hauptaufgaben der Internen Revision.[49]

Erhebliche Bedeutung für die Wirksamkeit eines Internen Überwachungssystems kommt einer angemessenen Aufgabentrennung zu. Werden miteinander in Konflikt stehende Aufgaben, wie z.B. die Verantwortung für Front- und Backoffice einer Handelsfunktion einer einzigen Person zugwiesen, erhält diese die Möglichkeit, Finanzdaten zu manipulieren oder Gelder zu veruntreuen. Der Baseler Ausschuss nennt daher neben der Trennung von Front- und Backoffice die folgenden Aufgaben, die mindestens auf verschiedene Mitarbeiter verteilt werden sollten:[50]

- Genehmigung und Auszahlung von Mitteln und die Auszahlung selbst,
- Kundenkonten und bankeigene Konten,
- Transaktionen sowohl im Bankgeschäftsbestand als auch im Handelsbestand,
- informelle Abgabe von Informationen an Kunden über deren Positionen und Geschäftsabschlüsse mit denselben Kunden,

[49] Vgl. Basel Committee on Banking Supervision (1998a), Tz. 24 ff.
[50] Vgl. Basel Committee on Banking Supervision (1998a), Tz. 28.

- Beurteilung der Unterlagen für einen Kreditantrag und Überwachung des Schuldners nach Gewährung des Kredits,
- sonstige Bereiche, in denen erhebliche Interessenkonflikte auftreten können, die nicht durch andere Faktoren gemildert werden.

Ein besonderes Augenmerk legt der Baseler Ausschuss auf die Informationssysteme, von denen mittlerweile das gesamte Tätigkeitsfeld einer Bank erfasst wird. Der Ausschuss verlangt von den Banken, dass sich diese der Risiken und der mit diesen verbundenen organisatorischen Anforderungen bewusst sind, die mit dem Einsatz elektronischer Informationssysteme und der Informationstechnologie einhergehen. Als allgemeine Kontrollen der EDV-Systeme, die für einen ständigen und ordnungsmäßigen Betrieb sorgen, werden etwa hausinterne Backup- und Wiederherstellungsverfahren, Sofwareentwicklungs- und Anschaffungspolitik, Wartungsverfahren und physische sowie logische Zugriffskontrollen aufgeführt. Anwendungskontrollen sind im Gegensatz dazu einprogrammierte Schritte in Software-Anwendungen und sonstige manuelle Verfahren, mit denen die Transaktionsverarbeitung und Geschäftsvorgänge kontrolliert werden, wie z.B. Bearbeitungskontrollen. Darüber hinaus besteht im Zusammenhang mit EDV-Systemen das Risiko eines Verlusts oder längeren Ausfalls von Systemen, das von Faktoren verursacht wird, über die die Bank keine Kontrolle hat. Für derartige Fälle sind geeignete Pläne für die Wiederaufnahme der Geschäftstätigkeit oder Notfälle vorzuhalten, z.B. in Form externer Ausweichmöglichkeiten oder der Wiederherstellung kritischer Systeme durch externe Dienstleister.[51]

Die beschriebenen internen Überwachungsmaßnahmen sind in dem, einem ständigen Wandel unterliegenden Bankgewerbe, fortlaufend zu überprüfen und gegebenenfalls anzupassen. Die Überprüfung der Wirksamkeit interner Überwachung sollte einerseits zum Tagesgeschäft gehören, andererseits sollten auch periodische Sonderprüfungen, z.B. durch die Interne Revision durchgeführt werden, um das Überwachungssystem in seiner Gesamtheit einer Beurteilung zu unterziehen. Denkbar sind auch Überprüfungen in Form von Selbsteinschätzungen der Bereiche, bei denen die für eine bestimmte Funktion Verantwortlichen die Wirksamkeit der Überwachungsmaßnahmen für ihre Tätigkeiten ermitteln.[52]

Die Grundsätze und Empfehlungen des Baseler Ausschusses sowie die Prinzipien des COSO, auf denen diese basieren, stellen umfassende Anforderungen an die interne Organisation der Kreditinstitute. Gleichzeitig fördern sie ein einheitliches Verständnis dafür, wie ein System zur wirksamen Begrenzung operationeller Risiken ausgestaltet sein sollte. Allerdings sind diese internationalen Grundsätze aufgrund ihrer fehlenden nationalen Rechtsverbindlichkeit weder für die Geschäftsleiter der Institute bei der Organisation ihrer internen Überwachung noch für den deutschen Gesetzgeber bei der Kodifizierung entsprechender Normen rechtlich

---

51 Vgl. Basel Committee on Banking Supervision (1998a), Tz. 31 ff.
52 Vgl. Basel Committee on Banking Supervision (1998a), Tz. 36 ff.

bindend. Etwas anderes gilt hingegen für die Vorschriften der EU-Richtlinien. Für deren Umsetzung hat der deutsche Gesetzgeber durch die Verankerung entsprechender Normen im nationalen Recht zu sorgen. Allerdings lassen die Forderungen des europäischen Rates im Gegensatz zu denen des Baseler Ausschusses eine Systematik der geforderten Elemente vermissen. Inwieweit insofern die Baseler bzw. die COSO-Prinzipien dennoch Einfluss auf das nationale Systemverständnis haben, wird in dem folgenden Abschnitt gezeigt werden.

1.1.2 Nationaler Gesetzgeber und deutsches Schrifttum

Der deutsche Gesetzgeber und die BaFin haben in den letzten Jahren durch die Neufassung und Konkretisierung einschlägiger Gesetzesvorschriften Systempflichten für die interne Überwachung deutscher Banken im nationalen Recht verankert. Gleichzeitig haben die Entwicklungen im Bereich der Corporate Governance dazu beigetragen, die Begrenzung operationeller Risiken auch hierbei stärker in den Blickpunkt zu rücken. Für Banken sind somit zwei Entwicklungsstränge relevant:

- die allgemeinen Reformen des **Handels- und Gesellschaftsrechts** sowie die
- spezifischen Fortentwicklungen des **Bankenaufsichtsrechts**.

Im Hinblick auf die Begrenzung operationeller Risiken weisen diese beiden Bereiche deutliche Überschneidungen auf. Diese äußern sich darin, dass, wenngleich mit unterschiedlicher Intensität, Einfluss auf denselben Regelungsgegenstand, namentlich die interne Organisation eines Instituts, genommen wird. Wie zwei Seiten einer Medaille können die Entwicklungen nicht isoliert betrachtet werden, sondern geben nur gemeinsam ein vollständiges Bild der rechtlichen Rahmenbedingungen.

1.1.2.1 Gesellschaftsrechtliche Norm: § 91 Abs. 2 AktG

Obwohl die interne Unternehmensüberwachung und die damit verbundenen organisatorischen Pflichten originär allein in die Verantwortung der Geschäftsleitung eines Unternehmens fallen und damit ein klassisches Feld des unternehmerischen Autonomiebereichs darstellen,[53] hat es der Gesetzgeber dennoch für erforderlich gehalten, diese Pflichten auch gesetzlich zu fixieren. Konkret wird in § 91 Abs. 2 AktG der Vorstand einer Aktiengesellschaft dazu verpflichtet,

---

[53] Vgl. Burgi (2001), S. 310

„[...] geeignete Maßnahmen zu treffen, insbesondere ein ***Überwachungssystem*** *einzurichten, damit den Fortbestand der Gesellschaft gefährdende Entwicklungen früh erkannt werden.“*[54]

Durch die Einfügung des § 91 Abs. 2 AktG im Zuge der Umsetzung des KonTraG wollte der Gesetzgeber nach einhelliger Meinung die Sorgfaltspflichten der §§ 76 und 93 AktG konkretisieren und die ohnehin bestehende Unternehmenspflicht der angemessenen Organisation des Unternehmens und der Verfahrensabläufe betonen.[55] Damit hat diese Vorschrift in erster Linie deklaratorischen Charakter, auch wenn mit ihr gleichzeitig Schwächen im deutschen System der Unternehmensüberwachung korrigiert werden sollen, die in der Vergangenheit Auslöser spektakulärer Unternehmenskrisen waren.[56]

Allerdings führt die Verwendung des Begriffs „Überwachungssystem“ zu erheblichen Schwierigkeiten in der Umsetzung der Anforderungen, denn in Deutschland hat sich bisher weder in der Betriebswirtschaftslehre noch in der Rechtswissenschaft ein einheitliches Verständnis darüber gebildet, welche Instrumente bzw. funktionalen Elemente ein solches System beinhalten muss.[57] Die Verwendung derartiger „unbestimmter Rechtsbegriffe“ ist zwar durchaus üblich und angesichts der sich darstellenden Vielfalt unternehmerischen Handelns ist auch die Situation des Gesetzgebers ohne Zweifel nachvollziehbar, in der sich ein dichtes Geflecht konkretisierender Einzelvorgaben offenkundig verbietet.[58] Gleichwohl hat der Verzicht auf konkrete Hinweise zur Ausgestaltung des geforderten Systems auch erhebliche Nachteile. So erlaubt der Gesetzgeber zwar einerseits ein hohes Maß an Interpretation und individueller Ausgestaltung, führt aber gleichzeitig eine erhebliche Unsicherheit herbei. Der Gesetzgeber selbst begründet die Einführung des § 91 Abs. 2 AktG wie folgt:

„Die Verpflichtung des Vorstands, für ein angemessenes ***Risikomanagement*** *und für eine angemessene* ***interne Revision*** *zu sorgen, soll verdeutlicht werden. [...] Zu den den Fortbestand der Gesellschaft gefährdenden Entwicklungen gehören insbesondere risikobehaftete Geschäfte, Unrichtigkeiten der Rechnungslegung und Verstöße gegen gesetzliche Vorschriften, die sich auf die Vermögens-, Finanz- und Ertragslage der Gesellschaft oder des Konzerns wesentlich auswirken. Die Maßnahmen* ***interner Überwachung*** *sollen so eingerichtet sein, dass solche Entwicklungen* ***frühzeitig****, also zu einem Zeitpunkt* ***erkannt*** *werden, in dem noch geeignete* ***Maßnahmen zur Sicherung des Fortbestandes der Gesellschaft*** *ergriffen werden können. [...] Die Verpflichtung des Vorstands zur Einrichtung eines* ***Überwachungssystems*** *wird in § 91 Abs. 2 AktG nunmehr klarstellend erwähnt.“*[59]

Weitere Hinweise auf die geforderte Ausgestaltung des Systems finden sich zudem in dem allgemeinen Teil der Begründung zum KonTraG:

---

54 Hervorhebung durch die Verfasserin.
55 Vgl. Bundesregierung (1998a), S. 15; Adler/Düring/Schmaltz (2001), § 91 Abs. 2 AktG, Rdn. 1.
56 Vgl. Pollanz (2001), S. 1317; Schäfer (2001), S. 65.
57 Vgl. auch Orth (2000), S. 313; Pollanz (1999), S. 394.
58 Vgl. auch Hommelhoff/Mattheus (2000), S. 33.
59 Bundesregierung (1998a), S. 15; Hervorhebungen durch die Verfasserin.

*„Überwachung findet auf mehreren Ebenen statt. Entscheidend ist zunächst die Einrichtung einer **unternehmensinternen Kontrolle** durch den Vorstand (**Interne Revision, Controlling**).“*[60]

Diese Erläuterungen des Gesetzgebers haben jedoch kaum zur Klärung der Frage nach der Ausgestaltung des geforderten Systems beigetragen. Eher das Gegenteil ist der Fall: die in der Begründung vorzufindende Vermengung zahlreicher Begriffe, die zwar im Zusammenhang mit der Unternehmensüberwachung und dem Umgang mit Risiken stehen, für die sich jedoch jeweils bisher keine eindeutige Definition und Abgrenzung durchgesetzt hat, ist problematisch und erschwert es, die Kernintention des Gesetzgebers zu erkennen. Die daraus resultierende Unsicherheit zeigt sich deutlich in den zahlreichen und zum Teil erheblich voneinander abweichenden Interpretationsansätzen. Im Folgenden werden exemplarisch einige dieser Ansätze vorgestellt.

1.1.2.1.1 Interpretationen der Systemverantwortung der Geschäftsleitung

Die betriebswirtschaftliche Diskussion um die Ausgestaltung von Überwachungssystemen wurde durch die Einführung des KonTraG erheblich vorangetrieben. So hat die Einfügung des § 91 Abs. 2 AktG zu einem intensiven Diskurs über die Ausgestaltung entsprechender Systeme geführt, der insofern als Beitrag zur Norminterpretation zu verstehen ist. Um die mit der Verwendung unbestimmter Rechtsbegriffe verbundene Rechtsunsicherheit zu reduzieren, wird es als die Aufgabe der Betriebswirtschaftslehre angesehen, Grundsätze und Standards zu entwickeln, die zu einer einheitlichen Sichtweise und Sprachregelung führen.[61] Dabei sehen sich neben dem betriebswirtschaftlichen Schrifttum auch privatwirtschaftliche Standardsetter in der Pflicht.

(a) Divergierende Systemverständnisse im betriebswirtschaftlichen Schrifttum

Die Interpretation des § 91 Abs. 2 AktG hat sich an dem Sinn und Zweck dieser Norm zu orientieren, die HOMMELHOFF/MATTHEUS im Wesentlichen in drei Normzwecken zusammenfassen:[62] Zum einen geht es um die bereits angesprochene Konkretisierung der umfassenden Leitungsverantwortung des Vorstands nach § 76 Abs. 1 AktG hinsichtlich einzelner, aus Sicht des Gesetzgebers besonders bedeutsamer Bereiche der Unternehmensführung. Zweitens soll der Gesamtvorstand für eine ihm obliegende und in Zukunft mit besonderer Aufmerksamkeit zu erfüllende Leitungsaufgabe sensibilisiert werden, d.h., das Risikobewusstsein auf der Führungsebene soll gefördert und die unmittelbare Verantwortung der obersten Leitungsebene unterstrichen werden. Drittens verschärft der Gesetzgeber den Inhalt der Vorstandspflicht zur

---

60 Bundesregierung (1998a), S. 15; Hervorhebungen durch die Verfasserin.
61 Vgl. Hommelhoff/Mattheus (2000), S. 33.
62 Vgl. Hommelhoff/Mattheus (2000), S. 11 ff.

risikoorientierten Unternehmensführung, indem er eine Systemverantwortung festschreibt, die über die bisherige allgemeine und nicht näher spezifizierte Pflicht zur Vorsorge gegenüber bestandsgefährdenden Risiken hinausgeht.

In den in der betriebswirtschaftlichen Literatur vorzufindenden Ausgestaltungsvorschlägen für das nach § 91 Abs. 2 AktG geforderte System zeigt sich sowohl im Hinblick auf die Abgrenzung der einzusetzenden Instrumente als auch im Hinblick auf den Umfang des geforderten Systems eine deutliche Uneinigkeit. Im Folgenden werden exemplarisch einige Interpretationsansätze bzw. Systemvorschläge vorgestellt, welche die Breite des Interpretationsspielraums sowie das Ausmaß der Uneinheitlichkeit in der Begriffsverwendung erkennen lassen.

LÜCK[63], dessen Interpretation im betriebswirtschaftlichen Schrifttum weite Beachtung findet,[64] leitet aus dem Wortlaut des § 91 Abs. 2 AktG sowie der Regierungsbegründung die Forderung nach vier Instrumenten ab, namentlich nach einem „Risikomanagementsystem“, einem „Internen Überwachungssystem“, das die organisatorischen Sicherungsmaßnahmen, Kontrollen sowie die Interne Revision umfasst,[65] einem „Controlling“ sowie einem „Frühwarnsystem“. Diese Elemente werden wie in Abbildung 11 dargestellt zueinander in Beziehung gesetzt.

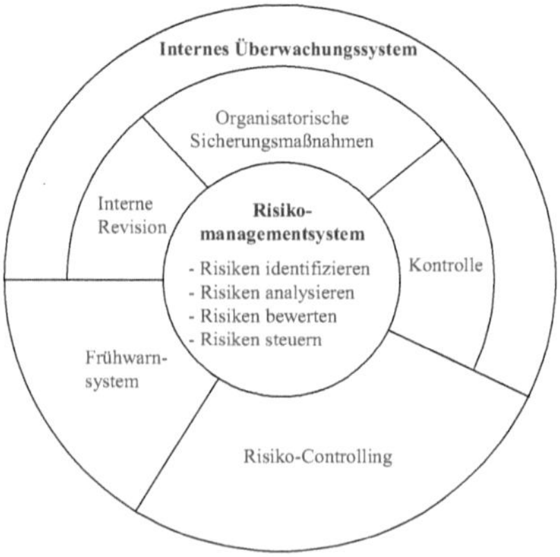

Abbildung 11: Risikomanagement- und Überwachungssystem nach Lück[66]

---

63 Vgl. Lück (1998b), S. 1925 ff.; Lück (1998c), S. 182 ff. sowie auch Lück (1998a), S. 8 ff.; Lück (1999a), S. 139 ff.; Lück/Henke/Gaenslen (2002), S. 225 ff. und zum Internen Überwachungssystem bereits Freiling/Lück (1986), S. 996 ff. Abweichend zählen Kromschröder/Lück (1998), S. 1574 als Bestandteile eines Überwachungssystems auf: Rahmengrundsätze, Risikomanagement-Prozess, Risikokategorien und Organisation.

64 Vgl. z.B. Ballwieser (2003), S. 434; Orth (2000), S. 315 ff. Eine ähnliche Abgrenzung nehmen auch Eggemann/Konradt (2000), S. 506 vor.

65 Vgl. hierzu auch Freiling/Lück (1986), S. 997 f.

66 Quelle: Lück (1998b), S. 1925.

Als Bezeichnung für das Gesamtsystem wählt LÜCK den Begriff „Risikomanagementsystem und Überwachungssystem". Dabei bildet in den Veröffentlichungen LÜCKs teilweise das Risikomanagementsystem den Oberbegriff, dem das Interne Überwachungssystem, das Controlling und das Frühwarnsystem untergeordnet sind.[67] Teilweise wird das Risikomanagementsystem begrifflich neben dem Überwachungssystem, dem Controlling und dem Frühwarnsystem eingeordnet.[68]

Den Ablauf des Risikomanagementsystems beschreibt LÜCK als Regelkreislauf. In diesem werden auf Basis einer Risikostrategie geeignete Maßnahmen für die Risikoidentifikation, Risikoanalyse, Risikobewertung und Risikosteuerung bzw. -beeinflussung festgelegt und durch einen Soll/Ist-Vergleich festgestellt, ob die vorhandenen Maßnahmen die vorgegebenen Ziele tatsächlich erreicht haben und gegebenenfalls Anpassungen vorgenommen. Hierbei sieht er das Frühwarnsystem als wichtigstes Instrument zur Risikoidentifikation. Dem Risiko-Controlling kommt nach LÜCK eine Unterstützungsfunktion zu. Wichtiger Bestandteil des Gesamtprozesses ist die interne Risikoinformation. Die Darstellung der Risikosituation sollte sowohl bestehende Risiken als auch bereits eingetretene Schäden beinhalten.[69] Zu ersteren sind neben den identifizierten Risiken auch deren Ursachen, der Schadenserwartungswert sowie geplante Maßnahmen zur Steuerung aufzuführen. Die Berichterstattung über tatsächlich eingetretene Schäden sollte ebenfalls die Ursachen, Höhe und gegebenenfalls getroffenen Maßnahmen zur Minderung der Schäden beinhalten. Darüber hinaus sollte darauf eingegangen werden, ob bzw. welche Maßnahmen zur zukünftigen Verhinderung vergleichbarer Schadensfälle getroffen wurden. Von besonderer Bedeutung ist in diesem Zusammenhang das permanente Reporting einer Zentralstelle, z.B. des Risikocontrollings an die Geschäftsleitung.[70] Insgesamt nimmt LÜCK mit seiner Interpretation der Vorschriften eine weite Auslegung des geforderten Systems vor, insbesondere auch, da er Maßnahmen der Risikobewältigung explizit als Bestandteil mit aufführt.[71]

Eine andere Systemabgrenzung nehmen **POLLANZ**[72] und auf diesen Bezug nehmend auch **WEBER/WEIßENBERGER/LIEKWEG**[73] vor. Zwar verwenden diese weitgehend die gleichen Elemente wie LÜCK, bringen diese jedoch in eine andere hierarchische Ordnung. So bezeichnet POLLANZ, wie in Abbildung 12 dargestellt, das Gesamtsystem als „Internes Überwachungssystem", innerhalb dessen eine Systemabgrenzung des insofern nachgeordneten Risikomanagementsystems erfolgt. Dabei nimmt er eine prozessorientierte Trennung des Internen Überwachungssystems vor. Einerseits findet eine prozessabhängige Überwachung in den Subsystemen „Früherkennungssystem", „Controllingsystem" und „Internes Kontrollsystem"

[67] Vgl. Lück (1998a), S. 9; Lück/Hunecke, (1998), S. 180 ff.
[68] Vgl. Lück (1998c), S. 182 ff.; Lück (1998b), S. 1928.
[69] Vgl. Lück (1998b), S. 1928.
[70] Vgl. Kohlhoff/Langenhan/Zorn (2000), S. 6.
[71] So auch Brebeck/Herrmann (1997), S. 386.
[72] Vgl. Pollanz (1999), S. 393 ff. sowie Pollanz (2001), S. 1317 ff.
[73] Vgl. Weber/Weißenberger/Liekweg (1999), S. 1710 ff.

statt, die er als „Risikomanagementsystem im engeren Sinn“ bezeichnet. Andererseits erfolgt eine prozessunabhängige Überwachung dieser Subsysteme durch die Interne Revision. Die Grundlage für die konkrete Ausgestaltung der Überwachungsfunktionen bildet der aus dem Zielsystem abgeleitete Risikomanagement-Ordnungsrahmen, den POLLANZ als „Risikomanagementsystem im weiteren Sinn“ bezeichnet.[74] Als weiteres Element wird zudem ein Informations- und Kommunikationssystem gefordert.

Abbildung 12: Internes Überwachungssystem nach Pollanz[75]

Im Gegensatz zu diesen weiten Auslegungen sehen **WOLBERT**[76], **BREBECK/HERMANN**[77], **BITZ,**[78] **FRANZ**[79], **SCHÄFER**[80] und **GIESE**[81], die Anforderungen des § 91 Abs. 2 AktG lediglich als Verpflichtung zur Einrichtung eines „Frühwarn-“ bzw. „Risikofrüherkennungssystems“ sowie zu dessen Überwachung im Rahmen eines, wiederum jeweils individuell verstandenen, umfassenderen Risikomanagementsystems. Die Vertreter dieser engen Sichtweise gehen insofern von einem eingeschränkten Zweck des § 91 Abs. 2 AktG aus, der lediglich darin besteht, den Vorstand über die Risikolage des Unternehmens zu informieren, um bei bedrohlichen Entwicklungen rechtzeitig gegensteuern zu können, nicht hingegen in der Verpflichtung, ein umfassendes Risikomanagementsystem einzurichten.[82] Diese eingeschränkte Sicht deckt sich mit der im Folgenden beschriebenen Auffassung des Instituts der Wirtschaftsprüfer in Deutschland e.V.

---

74 Pollanz bezieht sich in seinen Ausführungen unter anderem auf das „Integrated Framework – Internal Control“ nach COSO, aus dem er seine Systemdifferenzierung ableitet.

75 Quelle: Pollanz (1999), S. 395.

76 Vgl. Wolbert (1999), S. 100 ff.

77 Vgl. Brebeck/Hermann (1997), S. 382 f.

78 Vgl. Bitz (2000), S. 234.

79 Vgl. Franz (2000), S. 54.

80 Vgl. Schäfer (2001), S. 94, der den Schwerpunkt der geforderten Maßnahmen in der Schaffung von Kommunikationsstrukturen sieht.

81 Vgl. Giese (1998), S. 451 ff., der allerdings diese Begriffsverwendung nicht konsequent verfolgt.

82 Vgl. auch Dörner (2000), S. 103; Adler/Düring/Schmaltz (2001), § 91 AktG, Rdn 8. Hüffer (2004), § 91 AktG, Rdn. 1 sowie 6 ff. spricht abkürzend von einer „Bestandssicherungspflicht“ der Geschäftsleitung.

(b) Das Systemverständnis des Instituts der Wirtschaftsprüfer in Deutschland e.V. (IDW)

Für eine Konkretisierung der Anforderungen an die Ausgestaltung des nach § 91 Abs. 2 AktG einzurichtenden Systems finden neben dem betriebswirtschaftlichen Schrifttum insbesondere die Veröffentlichungen des IDW weite Beachtung. Da diese die Maßstäbe für die Prüfungen durch die Wirtschaftsprüfer setzen, dienen sie insofern auch den Unternehmen als Richtschnur für die an sie gestellten Anforderungen.

In seinem Prüfungsstandard über **„Die Prüfung des Risikofrüherkennungssystems nach § 317 Abs. 4 HGB“ (IDW PS 340)**[83] nimmt das IDW Stellung zu den Anforderungen des § 91 Abs. 2 AktG. Hierbei geht es lediglich von einer Pflicht zur Einrichtung eines „Risikofrüherkennungssystems“ aus, welches als Teilsystem eines umfassenderen Überwachungssystems der Früherkennung bestandsgefährdender Risiken dient.[84] Das gesamte Risikomanagementsystem umfasst demgegenüber laut IDW die „Gesamtheit aller organisatorischen Regelungen und Maßnahmen zur Risikoerkennung und zum Umgang mit den Risiken unternehmerischer Betätigung“[85]. Damit umschließt es neben der Erfassung, Analyse, Bewertung und Kommunikation der Risiken sowie der Überwachung dieser Maßnahmen auch die Reaktionen des Vorstands auf die Risiken. Letztere sind nach Auffassung des IDW ausdrücklich **nicht** Gegenstand der Maßnahmen i.S.d. § 91 Abs. 2 AktG. Diese bestünden vielmehr ausschließlich in der Festlegung der Risikofelder, die zu bestandsgefährdenden Entwicklungen führen können, der rechtzeitigen Risikoerkennung und -analyse sowie der zeitnahen Risikoberichterstattung. Hinzu kommt die Einrichtung eines Überwachungssystems, dessen Aufgabe es ist, die Einhaltung der eingerichteten Maßnahmen zur Erfassung und Kommunikation bestandsgefährdender Risiken und deren Veränderung sicherzustellen.

Die in dem Prüfungsstandard festgelegten Anforderungen und deren enge Sichtweise mit der Beschränkung auf die Forderung nach einem Risikofrüherkennungssystem stößt bei den Vertretern einer weiten Auslegung der Vorschrift aus folgenden Gründen auf Kritik:

- Es bestehen Zweifel daran, ob der Gesetzgeber mit seiner Forderung nach Prüfung der nach § 91 Abs. 2 AktG geforderten Maßnahmen (§ 317 Abs. 4 HGB)[86] tatsächlich lediglich eine auf ein Frühwarnsystem beschränkte Prüfung bezweckte oder ob er nicht eher das Ziel einer weitaus umfassenderen Überwachungssystemprüfung verfolgte.[87] Auch die

[83] Vgl. IDW [Hrsg.] (1999b). Auf die Konkretisierungen der gesetzlichen Vorschriften durch das IDW wird ausführlich in Abschn. D1.1.2.3.3 eingegangen. Auf die Interpretation der Anforderungen des § 91 Abs. 2 AktG soll jedoch der Übersichtlichkeit halber bereits an dieser Stelle eingegangen werden. Hierfür spricht auch, dass im betriebswirtschaftlichen Schrifttum verschiedentlich auf diesen Prüfungsstandard Bezug genommen wird. Vgl. z.B. Schäfer (2001), S. 70 ff. und Bitz (2000), S. 234 ff.

[84] Vgl. IDW [Hrsg.] (1999b), PS 340, Tz. 5.

[85] IDW [Hrsg.] (1999b), PS 340, Tz. 4.

[86] Vgl. hierzu ausführlich Abschn. 5.1.1 in diesem Kapitel.

[87] Vgl. Pollanz (2001), S. 1318.

Einschränkung auf bestandsgefährdende Risiken ist bedenklich, können doch einzeln als nicht bestandsgefährdend angesehene Risiken durch Kumulation sehr wohl bestandsgefährdende Dimensionen annehmen.[88]

- Der ausdrückliche Ausschluss von Gegenmaßnahmen für festgestellte Risiken wird als nicht sachgerecht empfunden, da die gesetzgeberische Konkretisierung der Leitungsfunktion ins Leere laufen würde, sollten sich die eingerichteten Maßnahmen lediglich zur Risikoerkennung und -kommunikation eignen, ohne dass jedoch entsprechende Gegenmaßnahmen ergriffen würden.[89]
- Zudem fehlt es an einer klaren Abgrenzung eines Soll-Risikofrüherkennungssystems, womit wiederum auf bestehende, jedoch divergierende Begriffsverständnisse zurückgegriffen werden muss.[90] So wird zwar von einem Risikofrüherkennungs-„System" gesprochen, auf die Systemelemente jedoch nicht näher eingegangen. Zudem bleibt unklar, in welchem Verhältnis das Risikomanagementsystem zu einem (bestehenden) Internen Überwachungssystem steht.

Eher für weitere Verwirrung als für eine Klärung der Begriffe sorgt der zwei Jahre später vom IDW veröffentlichte Prüfungsstandard **„Das interne Kontrollsystem im Rahmen der Abschlussprüfung" (IDW PS 260).**[91] In diesem nimmt das IDW Stellung zu der Ausgestaltung des „Internen Kontrollsystems" eines Unternehmens.[92] Im Zuge dessen wird in folgender Weise ein Abgrenzungsversuch zu dem in IDW PS 340 beschriebenen (Gesamt-)Risikomanagementsystem unternommen:

„Das Risikomanagementsystem ist ein Teilbereich des internen Kontrollsystems."[93]

Es wird jedoch in keiner Weise darauf eingegangen, um welchen Teilbereich es sich hierbei handeln soll bzw. welcher andere Teilbereich zwar Internes Kontrollsystem, jedoch nicht Risikomanagementsystem ist. Auch bei näherer Betrachtung der Systembeschreibung erschließt sich diese Frage nicht. So umfasst das Interne Kontrollsystem nach der Definition des IDW die von der Unternehmensleitung eingeführten Grundsätze, Verfahren und Maßnahmen, die auf die organisatorische Umsetzung derjenigen Entscheidungen gerichtet sind, die der

- Sicherung der Wirksamkeit und Wirtschaftlichkeit der Geschäftstätigkeit, inkl. dem Vermögensschutz und der damit verbundenen Verhinderung und Aufdeckung von Vermögensschädigungen,[94]

---

88 Vgl. Ringleb et al. [Hrsg.] (2005), S. 160.
89 Vgl. Böcking/Orth (2000), S. 250.
90 Vgl. dieselben, S. 250 f.
91 So auch Pollanz (2001), S. 1318, der sich allerdings noch auf einen Entwurf des Prüfungsstandards bezieht.
92 Vgl. IDW [Hrsg.] (2001).
93 IDW [Hrsg.] (2001), PS 260, Tz. 10.

- der Ordnungsmäßigkeit und Verlässlichkeit der internen und externen Rechnungslegung sowie
- der Einhaltung der für das Unternehmen maßgeblichen rechtlichen Vorschriften dienen.

Die Regelungsbereiche werden wie in Abbildung 13 dargestellt beschrieben.

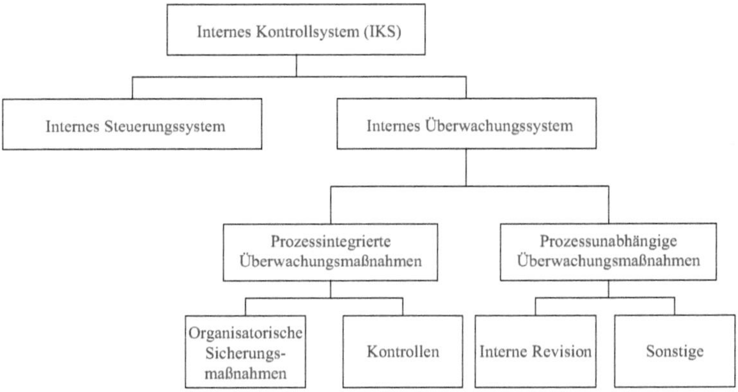

Abbildung 13: Das Interne Kontrollsystem nach IDW PS 260

Hiernach besteht das Interne Kontrollsystem aus einem Internen Steuerungssystem einerseits und einem Internen Überwachungssystem andererseits. Letzteres stimmt in seinen Elementen weitestgehend mit dem bereits von FREILING/LÜCK (1986) für den Arbeitskreis „Externe und interne Überwachung der Unternehmung" der Schmalenbach-Gesellschaft/Gesellschaft für Betriebwirtschaft e.V. beschriebenen Internen Überwachungssystem überein. Problematisch erscheint hingegen die Subsumierung des Überwachungssystems mit einem nicht näher definierten Steuerungssystem zum Internen Kontrollsystem. Zum einen steht die begriffliche Unterordnung von Steuerungsmaßnahmen unter den Begriff des Kontrollsystems nicht im Einklang mit dem hier zu Grunde gelegten allgemeinen Verständnis des Managementprozesses, nach dem die „Steuerung" der Planungs- bzw. Realisationsphase zuzurechnen ist, während die Überwachung als dritte Phase, deren Ausprägung die Kontrolle neben der Prüfung ist, diese sicherzustellen hat. Kontrolle kann sich mithin allenfalls auf die Steuerungsprozesse beziehen, die Steuerung an sich jedoch nicht beinhalten. Zum anderen wird der Begriff des Internen Kontrollsystems (IKS) traditionell für das System aus organisatorischen Sicherungsmaßnahmen und Kontrollen und damit lediglich für einen Teilbereich des hier beschriebenen Gesamtsystems verwendet. Die Verwendung als Oberbegriff ist insofern missverständlich.

[94] In dieser expliziten Nennung des Schutzes von Vermögen als Überwachungsziel unterscheiden sich die Ziele nach IDW PS 260 von denen nach COSO. Vgl. Menzies, [Hrsg.] (2004), S. 88.

Die Begriffsbildung in diesem Prüfungsstandard ergibt sich allerdings offenbar aus der Berücksichtigung der internationalen Entwicklungen im Rahmen der Festlegung des Standards und einer hieraus resultierenden missverständlichen Übersetzung. So finden sich im IDW PS 260 wesentliche Elemente der oben beschriebenen COSO-Studie zu „Internal Control Systems“ wieder. Allerdings steht die Auffassung des IDW, das Risikomanagementsystem sei ein Teilbereich des Internen Kontrollsystems (i.S.v. Überwachungssystem) klar im Widerspruch zu der in der Enterprise Risk Management-Studie des COSO vertretenden Ansicht, das Risikomanagementsystem umschließe gerade umgekehrt das Interne Überwachungssystem. Auch im deutschen Schrifttum wird im Zusammenhang mit Fragen interner Überwachung zwar zunehmend auf die Erkenntnisse des COSO Bezug genommen[95], allerdings zeigen die obigen Ausführungen insgesamt deutlich, dass zur Beseitigung der bestehenden Unsicherheiten derzeit noch ein erheblicher Nachholbedarf besteht.

(c) Das Verständnis des Deutschen Corporate Governance Kodex

Auch der Deutsche Corporate Governance Kodex stellt die Verpflichtung zum Risikomanagement als Leitungsverpflichtung der Geschäftsführung explizit heraus, indem in Tz. 4.1.4 gefordert wird:

> *„Der Vorstand sorgt für ein angemessenes Risikomanagement und Risikocontrolling im Unternehmen.“*[96]

Auch wenn der Kodex in dieser Vorschrift nicht die aktienrechtliche Terminologie übernimmt, bezieht er sich doch erkennbar auf § 91 Abs. 2 AktG.[97] Jedoch geht auch die Formulierung des Kodex nicht über eine schlagwortartige Beschreibung des Geforderten hinaus. Allerdings scheinen die Forderungen insofern weiter gefasst zu sein als diejenigen des § 91 Abs. 2 AktG, als keine Einschränkung auf „den Fortbestand der Gesellschaft gefährdende“ Risiken gemacht wird. Es wird klargestellt, dass sich die Geschäftsleitung auch den Risiken, die den Grad der Bestandsgefährdung nicht erreichen, mit einer angemessenen Aufmerksamkeit widmen muss. Risikomanagement wird insgesamt als ein permanenter Prozess angesehen, der in die Unternehmenssteuerungssysteme und die Vorstandsberichterstattung fest integriert ist.

In diesem Zusammenhang ist auf die Informationspflicht der Geschäftsleiter gegenüber dem Aufsichtsrat hinzuweisen. So sollte der Aufsichtsrat direkte Informationen zum Risikomanagement von der Geschäftsleitung erhalten. Der Deutsche Corporate Governance Kodex verpflichtet den Vorstand dazu, „den Aufsichtsrat regelmäßig, zeitnah und umfassend über alle

---

95 So z.B. durch Waldersee/Ranzinger (2003), S. 477 ff.; Pollanz (1999), S. 396.

96 Zu einem Abgrenzungsvorschlag zwischen den Begriffen „Risikomanagement“ und „Risikocontrolling“ vgl. z.B. Burger/Buchhart (2002), S. 9 ff.

97 Vgl. hierzu und zum Folgenden Ringleb et al. [Hrsg.] (2005), S. 159 ff.

relevanten Fragen [...] der Risikolage und des Risikomanagements“ zu informieren.[98] SCHEFFLER spricht von dem Erfordernis, für die Unterrichtung des Aufsichtrats ein „Berichtssystem“ einzurichten und zu entwickeln, das alle überwachungsrelevanten Informationen rechtzeitig und zweckgerecht übermittelt.[99]

Nach dem hier dargestellten Verständnis des Deutschen Corporate Governance Kodex wäre das Früherkennungssystem gemäß § 91 Abs. 2 AktG ebenfalls lediglich ein Element eines darüber hinaus geforderten übergreifenden Systems. Es ist jedoch nicht ersichtlich, warum in diesem Fall die weitergehenden Forderungen des Kodex nicht auch ihren Niederschlag im Gesetz finden sollten. Eine begriffliche Klarstellung von Seiten des Gesetzgebers oder der Kodexkommission scheint daher dringend geboten. Im Umfeld der Kodexkommission gibt es offenbar bereits Überlegungen, zumindest eine Angleichung des Kodex an die Terminologie des Gesetzgebers vorzunehmen.[100]

1.1.2.1.2 Haftungsrechtliche Konsequenzen einer Nichterfüllung der Anforderungen des § 91 Abs. 2 AktG

Die Unsicherheit über die genauen Anforderungen an die Ausgestaltung des nach § 91 Abs. 2 AktG einzurichtenden Systems kann weit reichende haftungsrechtliche Konsequenzen nach sich ziehen. So sind Vorstandsmitglieder, die die Pflichten des § 91 Abs. 2 AktG verletzen, der Gesellschaft gemäß § 93 Abs. 2 Satz 1 als Gesamtschuldner zum Ersatz des hieraus entstehenden Schadens verpflichtet. Die zum Schadensersatz führende Handlung wäre in diesem Fall die Einrichtung eines zur Risikofrüherkennung und Überwachung von Risiken ungeeigneten Systems oder das Unterlassen des Ergreifens der geforderten Maßnahmen.[101] Den Schadensersatzanspruch kann dabei alleine die Gesellschaft geltend machen. Dritten gegenüber haftet die Gesellschaft für den Schaden, den ihnen der Vorstand oder Aufsichtsrat in Ausübung seiner Geschäfte zugefügt hat, auch wenn die Vorschrift des § 91 Abs. 2 AktG implizit auch den Schutz der Interessen der Gläubiger, Anleger oder anderer Dritter verfolgt. Die Verpflichtung des § 91 Abs. 2 AktG stellt jedoch rechtlich lediglich eine organisatorische Pflicht im Innenverhältnis des Unternehmens dar. Dagegen gibt es keine Pflicht zur Sicherung des eigenen Bestands im Außenverhältnis, die, vergleichbar der Buchführungsverantwortung nach § 91 Abs. 1 AktG, dem Gläubigerschutz durch Selbstkontrolle dienen würde.[102]

---

98 Regierungskommission Deutscher Corporate Governance Kodex (2005), Tz. 3.4.

99 Vgl. Scheffler (2000), S. 846. Zur Berichterstattungspflicht der Geschäftsleitung an das Aufsichtsorgan gemäß dem Aktiengesetz vgl. Abschnitt 3.1.2 in diesem Kapitel.

100 Vgl. Ringleb et al. [Hrsg.] (2005), S. 159 f.

101 Vgl. hierzu und im Folgenden Adler/Düring/Schaltz (2001), § 91 AktG n.F., Rdn. 36 ff. An dieser Stelle wird auch darauf hingewiesen, dass die Schadensersatzpflicht im Zusammenhang mit den Anforderungen des § 91 Abs. 2 AktG im Gesetzgebungsverfahren stets betont wurde und dies zudem durch die ursprüngliche vorgesehene Anordnung der Anforderungen in § 93 Abs. 1 unterstrichen wird.

102 Vgl. Hüffer (2004), § 91 AktG, Rdn. 4.

Eine Ersatzpflicht des Vorstands aufgrund der Innenhaftung für die Vernachlässigung der ihm obliegenden Pflichten setzt Verschulden des Vorstands sowie das tatsächliche Vorliegen eines Schadens voraus. Die Beweislast, nicht pflichtwidrig gehandelt zu haben, trifft den Vorstand. Jedes Vorstandsmitglied ist aufgrund der gesamtschuldnerischen Haftung zum Ersatz des gesamten Schadens verpflichtet, unabhängig davon, ob es den Schaden verursacht hat oder lediglich seiner Pflicht, das ressortführende Vorstandsmitglied ordnungsgemäß zu überwachen, nicht nachgekommen ist.[103] Ein Verschulden ist dann anzunehmen, wenn die geforderte Sorgfalt eines ordentlichen und gewissenhaften Geschäftsleiters nicht angewendet wurde. Dies ist objektiv dann der Fall, wenn den Anforderungen zur Einrichtung und Überwachung des in § 91 Abs. 2 AktG geforderten Systems nicht nachgekommen wurde. Die Versäumnisse der Geschäftsleitung manifestieren sich in einer Bestandsgefährdung der Gesellschaft. Daher entsprechen die ersatzfähigen Schäden den Verlusten, die aufgrund des Versäumnisses entstanden sind, nicht hingegen einem entgangenen Gewinn.[104]

Zu dem Anwendungsbereich des § 91 Abs. 2 AktG ist abschließend festzuhalten, dass sich, auch wenn die Norm aufgrund ihrer Einordnung in das Aktiengesetz zunächst an Aktiengesellschaften gerichtet ist, doch aus der Begründung des Gesetzgebers eine Ausstrahlungswirkung auf Unternehmen anderer Rechtsformen ergibt.[105]

1.1.2.2 Bankrechtliche Norm: § 25a Abs. 1 KWG

Um operationellen Risiken in Kreditinstituten zu begegnen, hat die BaFin in der Vergangenheit bereits verschiedene, isoliert nebeneinander stehende Schreiben und Anordnungen hinsichtlich der organisatorischen Pflichten von Kreditinstituten erlassen.[106] Diese wurden bis zur Umsetzung der 6. KWG-Novelle aus den allgemeinen Anforderungen an eine ordnungsgemäße Geschäftsführung abgeleitet und stellten insofern Auslegungen der Bankenaufsicht zu den Pflichten ordnungsgemäßer Geschäftsführung dar. Sie wurden daher vor allem als Ausformulierung der generellen Anforderung des § 33 Abs. 2 KWG an die fachliche Eignung von Geschäftsleitern verstanden.[107] Die rechtliche Grundlage der Anordnungen war in der Regel § 6 Abs. 2 KWG, nach dem die Bundesanstalt dazu verpflichtet ist, Missständen im Kredit- und Finanzdienstleitungswesen entgegenzuwirken.[108]

---

103 Vgl. §§ 421 BGB sowie Schäfer (2001), S. 99. Das schadensersatzpflichtige Vorstandsmitglied kann sich jedoch innerhalb des Kollegiums um Ausgleich bemühen. Diese ergibt sich aus § 426 BGB.

104 Vgl. m.w.N. Schäfer (2001), S. 97.

105 Vgl. Bundesregierung (1998a), S. 15; BFS-KWG/Braun (2004), § 25a KWG, Rdn. 34.

106 Vgl. BFS-KWG/Braun (2004), § 25a KWG, Rdn. 234 f.

107 Vgl. hierzu Traber/Schulte-Mattler (2001), S. 1078.

108 Eine Anordnungskompetenz bestand mithin nur in dieser Form, nicht jedoch gegenüber einzelnen Instituten, einer Mehrheit von Instituten oder deren Geschäftsführern. Vgl. BFS-KWG/Braun (2004), § 25a KWG, Rdn. 21. Zu den durch die 6. KWG-Novelle sowie das Vierte Finanzmarktförderungsgesetz eingefügten weitergehenden Anordnungskompetenzen der Bankenaufsicht vgl. Abschn. D4.1.2.

Mit der Umsetzung der 6. KWG-Novelle hat der Gesetzgeber neben die für Unternehmen im Allgemeinen gültige Vorschrift des § 91 Abs. 2 AktG im Falle der Banken eine spezifische Norm gestellt, die im Gegensatz zu den vorher in der Bankenaufsicht üblichen selektiven Einzelvorschriften ebenfalls eine systemhafte Pflicht begründet. Es handelt sich um den seit dem 1.1.1998 gültigen und im Rahmen der Umsetzung der Finanzkonglomeraterichtlinie[109] zum 1.1.2005 neu gefassten § 25a Abs. 1 KWG, in dem „besondere organisatorische Pflichten" von Instituten festgeschrieben sind. Mit dieser Regelung schaffte der deutsche Gesetzgeber hinsichtlich der organisatorischen Anforderungen die gesetzliche Grundlage in allgemeiner Form, um die Grundsätze 7 bis 15 der Baseler Aufsichtsgrundsätze umzusetzen.[110] Diese formulieren Anforderungen an eine angemessene nationale Bankenaufsicht im Hinblick auf das Kreditrisikomanagement (Grundsätze 7 bis 11), das Marktrisikomanagement (Grundsatz 12), das Management der übrigen Risiken (Grundsatz 13) sowie die interne Überwachung (Grundsätze 14 bis 15) der Banken. Der § 25a Abs. 1 KWG dient nach der Regierungsbegründung zur 6. KWG-Novelle gleichzeitig der Umsetzung der Vorgaben des Art. 10 der Wertpapierdienstleistungsrichtlinie. Diese fordert von den Mitgliedstaaten der europäischen Union, Aufsichtsregeln zu erlassen, welche die Institute unter anderem dazu verpflichten, über eine ordnungsgemäße Verwaltung und Buchhaltung, Kontroll- und Sicherheitsvorkehrungen in Bezug auf die Datenverarbeitung sowie angemessene interne Kontrollverfahren zu verfügen.[111] Mit Wirkung vom 1.1.2005 wurde § 25a Abs. 1 KWG neu gefasst.

---

109 Die Finanzkonglomeraterichtlinie des Europäischen Parlaments hat das Ziel, Lücken in den geltenden branchenbezogenen Rechtsvorschriften durch zusätzliche Aufsichtsvorschriften für Finanzkonglomerate zu schließen. Vgl. Europäisches Parlament/Rat der Europäischen Gemeinschaften (2002). Gegenstand des Umsetzungsgesetzes der Bundesregierung ist daher die zusätzliche Beaufsichtigung von Kreditinstituten, Versicherungsunternehmen und Wertpapierfirmen eines Finanzkonglomerats. Diese soll zu einer besseren Beurteilung von Risiken im Zusammenhang mit der Solvabilität, der Risikokonzentration, dem internen Risikomanagement, der Zuverlässigkeit und fachlichen Eignung der Geschäftsleitung sowie gruppeninternen Transaktionen auf Konglomeratsebene führen. Insbesondere soll die Doppelbelegung von Eigenkapital und die gruppeninterne Schöpfung von Eigenkapital verhindert werden. Vgl. Bundesregierung (2004a), S. 1 f. Der zur Umsetzung der Richtlinie ohnehin erforderliche Änderungsbedarf des § 25a KWG in Form der Einfügung eines Absatz 1a wurde von dem Gesetzgeber zum Anlass genommen, auch Absatz 1 neu zu fassen.

110 Vgl. BFS-KWG/Braun (2004), § 25a KWG, Rdn. 6.

111 Vgl. Bundesregierung (1997), S. 87.

1.1.2.2.1 Entwicklung des aufsichtsrechtlichen Systemverständnisses

§ 25a Abs. 1 KWG in der neuen Fassung fordert:[112]

> *„(1) Ein Institut muss über eine* ***ordnungsgemäße Geschäftsorganisation*** *verfügen, die die Einhaltung der von den Instituten zu beachtenden gesetzlichen Bestimmungen gewährleistet. Die in § 1 Abs. 2 Satz 1 bezeichneten Personen* [Geschäftsführer; Anm. d. Verf.] *sind für die ordnungsgemäße Geschäftsorganisation des Instituts verantwortlich. Eine ordnungsgemäße Geschäftsorganisation umfasst insbesondere*
> 1. *eine angemessene* ***Strategie****, die auch die Risiken und Eigenmittel des Instituts berücksichtigt;*
> 2. *angemessene* ***interne Kontrollverfahren,*** *die aus einem* ***internen Kontrollsystem*** *und einer* ***internen Revision*** *bestehen; das interne Kontrollsystem umfasst insbesondere geeignete* ***Regelungen zur Steuerung und Überwachung der Risiken****;*
> 3. *angemessene Regelungen, anhand derer sich die finanzielle Lage des Instituts jederzeit mit hinreichender Genauigkeit bestimmen lässt;*
> 4. *angemessene* ***Sicherheitsvorkehrungen*** *für den Einsatz* ***der elektronischen Datenverarbeitung****;*
> 5. *eine vollständige Dokumentation der ausgeführten Geschäfte, die eine lückenlose Überwachung durch die Bundesanstalt für ihren Zuständigkeitsbereich gewährleistet; [...]*
> 6. *angemessene, geschäfts- und kundenbezogene* ***Sicherungssysteme*** *gegen* ***Geldwäsche*** *und gegen* ***betrügerische Handlungen*** *zu Lasten des Instituts; [...].*
>
> *Die Bundesanstalt kann gegenüber einem Institut im Einzelfall Anordnungen treffen, die geeignet und erforderlich sind, Vorkehrungen im Sinne des Satzes 3 Nr. 1 bis 6 zu schaffen.“*

Der hier aufgeführte Wortlaut der Fassung vom 1.1.2005 weist sowohl gegenüber der alten Fassung des § 25a KWG als auch gegenüber dem Wortlaut des § 91 Abs. 2 AktG den Vorteil einer gewissen Systematisierung der Einzelforderungen auf. In der alten Fassung des § 25a Abs. 1 KWG[113] waren die diversen unbestimmten Rechtsbegriffe noch unsystematisch anein-

---

[112] Hervorhebungen durch die Verfasserin. Zuvor war § 25a Abs. 1 KWG bereits durch das **Vierte Finanzmarktförderungsgesetz** vom 21.6.2002 (vgl. BGBl. I 2002, Nr. 39, S. 2010) dahingehend erweitert worden, dass die Einfügung „Einhaltung der gesetzlichen Bestimmungen“ aufgenommen wurde. Dies diente lediglich der Klarstellung, wurde jedoch zudem durch Grundsatz 14 der Baseler Aufsichtsgrundsätze vorausgesetzt. Zudem wurde die Verpflichtung der Kreditinstitute, im Rahmen der Schaffung von Überwachungssystemen über angemessene, geschäfts- und kundenbezogene Sicherungssysteme gegen Geldwäsche und gegen betrügerische Handlungen zu Lasten des Instituts oder der Gruppe zu verfügen, aufgenommen. Mit dieser Regelung wurde Grundsatz 15 der Aufsichtsgrundsätze umgesetzt, der bereits durch die Veröffentlichung „Customer due dilligence for banks“ des Baseler Ausschusses vom 4. Oktober 2001 konkretisiert worden ist. Vgl. Bundesregierung (2001), S. 349 ff.

[113] *„Ein Institut muss, als übergeordnetes Unternehmen auch hinsichtlich der Gruppe,*
1. *über geeignete* ***Regelungen zur Steuerung, Überwachung und Kontrolle*** *der Risiken und der Einhaltung der gesetzlichen Bestimmungen sowie über angemessene Regelungen verfügen, anhand deren sich die finanzielle Lage des Instituts oder der Gruppe jederzeit mit hinreichender Genauigkeit bestimmen lässt;*
2. *über eine* ***ordnungsgemäße Geschäftsorganisation****, über ein* ***angemessenes internes Kontrollverfahren*** *sowie über angemessene* ***Sicherheitsvorkehrungen*** *für den Einsatz der* ***elektronischen Datenverarbeitung*** *verfügen;*
3. *dafür Sorge tragen, dass die Aufzeichnungen über die ausgeführten Geschäfte eine lückenlose Überwachung durch die Bundesanstalt für ihren Zuständigkeitsbereich gewährleisten [...];*

ander gereiht und schienen völlig unabhängig nebeneinander zu stehen, wodurch ihrer Interpretation kaum Grenzen gesetzt waren.[114] Die Neufassung weist im Gegensatz dazu eine grundsätzlich zu begrüßende Strukturierung der Norm vor und es findet sich nun zumindest in Teilen eine, wenn auch von der Begriffswahl her problematische, hierarchische Anordnung der Einzelforderungen. Abbildung 14 gibt einen Überblick über die Forderungen des § 25a Abs. 1 KWG in der alten und der neuen Fassung.

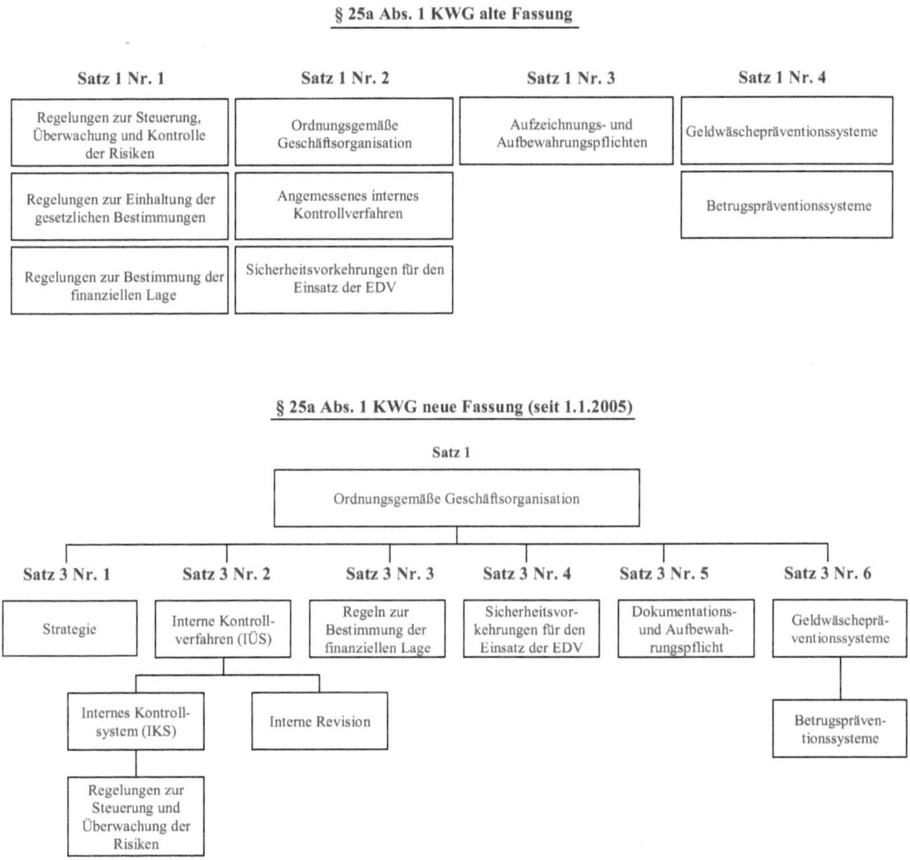

Abbildung 14: § 25a Abs. 1 KWG nach alter und nach neuer Fassung

---

4. *über angemessene, geschäfts- und kundenbezogene* ***Sicherungssysteme*** *gegen* ***Geldwäsche*** *und gegen* ***betrügerische Handlungen*** *zu Lasten des Instituts oder der Gruppe verfügen; [...].*" Hervorhebungen durch die Verfasserin.

[114] Die umfassendste Interpretation des § 25a KWG findet sich soweit ersichtlich bei BFS-KWG/Braun (2004), § 25a KWG, Rdn. 8 ff. Dieser arbeitet systematisch die aneinandergereihten Einzelforderungen ab, geht allerdings nicht auf hierdurch entstehende Abgrenzungsprobleme bzw. Überschneidungen zwischen diesen ein.

Die Gegenüberstellung macht deutlich, dass sich durch die Neufassung der Norm insgesamt keine materiellen Änderungen ergeben haben. Die Einzelforderungen finden sich grundsätzlich auch in der neuen Fassung wieder. Jedoch wurde der Begriff der „ordnungsgemäßen Geschäftsorganisation“ aus der Menge der Forderungen herausgelöst und bildet nunmehr den Oberbegriff, dem die weiteren Forderungen in strukturierterer Form untergeordnet sind. Die Einfügung in Satz 3 Nr. 1, nach der ein Institut über eine angemessene Strategie verfügen muss, welche auch die Risiken und Eigenmittel des Instituts berücksichtigt, dient lediglich der Klarstellung. Hier wird der Tatsache Rechnung getragen, dass die Geschäftsleitung zunächst eine Strategie festsetzt, aus der sich anschließend die Geschäftsorganisation ableitet.[115] Beide sind laufend zu überprüfen und gegebenenfalls anzupassen. Mit der Neufassung von Satz 3 Nr. 2 wird der Begriff der „Internen Kontrollverfahren“ konkretisiert. Hierunter versteht der Gesetzgeber das Interne Kontrollsystem (IKS) sowie die Interne Revision. In der Regierungsbegründung setzt er zudem die Begriffe „Interne Kontrollverfahren“ und „Internes Überwachungssystem“ gleich. Unter das IKS werden die prozessabhängigen Überwachungsmechanismen gefasst, wie z.B. die Verfahren, die auf gesamtgeschäftsbezogener Ebene zur Steuerung und Überwachung der Risiken zu implementieren sind sowie auf einzelgeschäftsbezogener Ebene die Funktionstrennungen, innerbetrieblichen Organisationsrichtlinien und das Vier-Augen-Prinzip. Demgegenüber kommt der Internen Revision die unabhängige Überwachung zu, welche der Sicherstellung der Funktionsfähigkeit des prozessabhängigen Internen Kontrollsystems dient. Zudem kann die Interne Revision frühzeitig Risiken erkennen und Probleme innerhalb des Instituts aufzeigen und den Anstoß für deren Behebung geben. Die übrigen Änderungen in Satz 3 Nr. 3 bis 6 sind lediglich redaktioneller Art. Kritisch sei allerdings angemerkt, dass nicht ersichtlich ist, warum der Gesetzgeber die Sicherungsvorkehrungen für den Einsatz der EDV und die Systeme gegen Geldwäsche oder betrügerische Handlungen nicht unter das Interne Kontrollsystem fasst. Nach der hier vertretenen Auffassung stellen diese ebenfalls prozessabhängige Überwachungsmechanismen dar, die in organisatorischen Vorkehrungen oder Richtlinien ihren Niederschlag finden und deren Vorhandensein und Einhaltung durch die Interne Revision zu prüfen ist.[116] Ihre gesonderte Aufzählung in der Norm kann aus diesem Grund allenfalls der Hervorhebung dienen, sollte in diesem Fall jedoch im Zusammenhang und in räumlicher Nähe zu dem Internen Überwachungssystem erfolgen.

Es war die Intention des Gesetzgebers, mit der Neufassung die im Bereich der qualitativen Bankenaufsicht zentrale Regelung des § 25a Abs. 1 KWG neu zu strukturieren und an die Entwicklungen in der Aufsichtspraxis anzupassen. In der Regierungsbegründung heißt es, die Norm solle an die zwischenzeitlich entwickelte bankaufsichtliche Systematik „Interner Überwachungssysteme“ angepasst werden.[117] Ein solches Vorgehen des Gesetzgebers ist durchaus nachvollziehbar, denn neben der grundsätzlichen Beauftragung der Betriebswirtschaftslehre

---

115 Vgl. hierzu und zum Folgenden Bundesregierung (2004a), S. 86 f.

116 Zu spezifischen Sicherungsmaßnahmen für die Betrugsprävention vgl. auch Bundesverband Öffentlicher Banken Deutschlands [Hrsg.] (2005a), S. 33 ff.

117 Vgl. Bundesregierung (2004a), S. 86.

mit der Normeninterpretation wird im Falle der hier in Frage stehenden bankaufsichtsrechtlichen Norm auch der Bankenaufsicht eine Kompetenz hierzu zuerkannt.[118] Die Verwendung bankaufsichtlicher Erkenntnisse bei der Gesetzgebung ist daher zu begrüßen. Dies um so mehr, als eine Klarstellung der verwendeten Begriffe nicht nur wünschenswert, sondern im Interesse einer einheitlichen Auslegung auch dringend geboten ist. Die Neufassung weist daher bereits deutlich in die richtige Richtung.

Voraussichtliche Neufassung des § 25a Abs. 1 KWG im Zusammenhang mit der Umsetzung von Basel II ab 1.1.2007

Allerdings scheint die Begriffsfindung auch im Bereich der Bankenaufsicht noch nicht abgeschlossen zu sein. Im Rahmen des „Gesetzes zur Umsetzung der Capital Requirements Directive“ (CRD-Umsetzungsgesetz), das zum 1.1.2007 in Kraft treten soll und mit dem die nationale Umsetzung der geplanten EU- bzw. Baseler Vorschriften über eine angemessene Eigenkapitalausstattung von Kreditinstituten und Wertpapierfirmen erfolgen wird, ist nach dem Referentenentwurf eine weitere Änderung des § 25a Abs. 1 KWG geplant. Dabei sollen nunmehr Satz 3 Nr. 1 und 2 unter dem Begriff „Risikomanagement“ zusammengefasst werden. Abs. 1 Satz 3 Nr. 1 wird demnach voraussichtlich wie folgt gefasst werden:

> *„1. ein angemessenes **Risikomanagement**. Dies beinhaltet auf der Grundlage von Verfahren zur Ermittlung und Sicherstellung der Risikotragfähigkeit die Festlegung von **Strategien** sowie die Einrichtung **interner Kontrollverfahren**, die aus einem **internen Kontrollsystem** und einer **internen Revision** bestehen; das interne Kontrollsystem umfasst dabei insbesondere*
> *a) **aufbau- und ablauforganisatorische Regelungen**, die unter anderem eine klare und konsistente Abgrenzung der Verantwortungsbereiche umfassen, und*
> b) ***Prozesse zur Identifizierung, Beurteilung, Steuerung sowie Überwachung und Kommunikation** der Risiken; dabei soll den in Anhang V der Bankenrichtlinie niedergelegten Kriterien Rechnung getragen werden;“*[119]

Mit der Einfügung des Begriffs „Risikomanagement“ will der Gesetzgeber der weiter andauernden Entwicklung eines Systemverständnisses im Bereich der Bankenaufsicht Rechnung tragen,[120] womit er gleichzeitig eine Angleichung an die in weiteren Teilen des betriebswirtschaftlichen Schrifttums verwendete Terminologie erreicht. Zusätzlich soll ein neuer Satz 4 eingefügt werden, nach dem die Institute die Angemessenheit der Geschäftsorganisation regelmäßig zu überprüfen haben.[121]

Der explizite Verweis in der Neufassung der Norm auf die Ermittlung und Sicherstellung der Risikotragfähigkeit des Instituts als Grundlage für ein angemessenes Risikomanagement dient

---

118 Vgl. Burgi (2001), S. 321.
119 Bundesregierung (2005a), S. 49; Hervorhebungen durch die Verfasserin. Die bisherigen Nummern 3 bis 6 werden zu Nummern 2 bis 5.
120 Vgl. Bundesregierung (2005b), S. 55 f.
121 Der bisherige Satz 4 wird zu Satz 5. Vgl. zu diesem Abschn. D4.1.2.

gemäß der Regierungsbegründung der Umsetzung von Art. 123, 1. Unterabsatz der Bankenrichtlinie. Mit diesem Artikel wird der „**Internal Capital Adequacy Assessment Process (ICAAP)**" als eines der zwei Kernelemente der zweiten Säule von Basel II im europäischen Recht verankert.[122] Der erste der vier vom Baseler Ausschuss hinsichtlich des aufsichtlichen Überprüfungsverfahrens aufgeführten zentralen Grundsätze besagt, dass Banken über ein „Verfahren zur Beurteilung ihrer angemessenen Eigenkapitalausstattung im Verhältnis zu ihrem Risikoprofil sowie über eine Strategie für den Erhalt ihres Eigenkapitalniveaus"[123] verfügen sollten. Als die fünf wichtigsten Elemente dieses Verfahrens nennt der Baseler Ausschuss:

(1) die Überwachung durch die Geschäftsleitung und das oberste Verwaltungsorgan,
(2) eine gut fundierte Beurteilung der Kapitalausstattung,
(3) die umfassende Einschätzung der Risiken,
(4) Überwachung und Berichtswesen und
(5) die Überprüfung des Internen Kontrollsystems.

Die Nummern (2) und (3) beziehen sich explizit auf den Prozess zur Bestimmung des adäquaten Eigenkapitals eines Instituts. Sie können mithin als Elemente zur Sicherstellung angemessener quantitativer Bewertungen angesehen werden.[124] Die Nummern (1), (4) und (5) hingegen legen wesentliche Elemente des allgemeinen Umfelds fest, das die notwendige Voraussetzung und zugleich die Grundlage der Kapitalbestimmung bildet.

Die Konkretisierung der Elemente des Internen Kontrollsystems in der geplanten Neufassung des § 25a Abs. 1 KWG ergibt sich aus Art. 22 der Bankenrichtlinie. Der Hinweis auf Anhang V derselben dient ebenfalls der Konkretisierung der zu betrachtenden Risikobereiche und der hierbei anzuwendenden Kriterien. Die Struktur des § 25a Abs. 1 KWG stellt sich ab 1.1.2007 somit voraussichtlich wie in Abbildung 15 aufgeführt dar:

[122] Vgl. zu der zweiten Baseler Säule auch unten Abschn. 1.1.2.3.2 sowie 4.1 in diesem Kapitel.
[123] Basel Committee on Banking Supervision (2004a), vor Tz. 726.
[124] Vgl. CEBS (2004), S. 6.

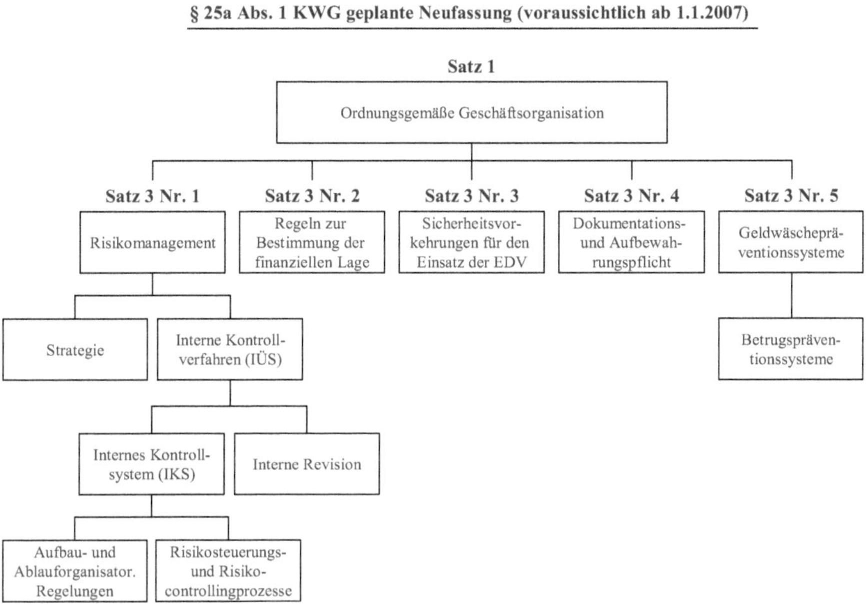

Abbildung 15: Geplante Neufassung des § 25a Abs. 1 KWG gemäß CRD-Umsetzungsgesetz

Neben den aus den beschriebenen Änderungen resultierenden redaktionellen Anpassungen wird zudem folgender Satz 4 eingefügt:

> *„Die Angemessenheit* ***der Geschäftsorganisation*** *nach Absatz 1 Satz 3 Nr. 1 ist von den Instituten regelmäßig, mindestens jedoch einmal jährlich, zu überprüfen."*[125]

Dieser Absatz dient der Umsetzung von Art. 123, 2. Unterabsatz der Bankenrichtlinie und verlangt nach der Regierungsbegründung ausdrücklich die regelmäßige Überprüfung der „Geschäftsordnung" und ggf. deren Anpassung an veränderte Verhältnisse.

1.1.2.2.2 Aufsichtsrechtliche Konsequenzen einer Nichterfüllung der Anforderungen des § 25a Abs. 1 KWG

Ein Verstoß gegen § 25a Abs. 1 KWG kann ein Grund für die Bankenaufsicht sein, weit reichende Maßnahmen zu ergreifen, da die hier fixierten organisatorischen Pflichten grundlegende Bedeutung für das ordnungsmäßige Betreiben der Geschäfte und die Sicherheit der einem Institut anvertrauten Vermögensgegenstände haben.

[125] Bundesregierung (2005a), S. 50; Hervorhebung durch die Verfasserin.

Die Forderung des § 25a Abs. 1 KWG ist als **Erlaubnisvoraussetzung** ausgestaltet, d.h., ein Verstoß gegen diese Vorschrift kann gemäß § 33 Abs. 1 Satz 1 Nr. 7 KWG zu der Versagung der Erlaubnis zum Betreiben von Bankgeschäften oder zur Erbringung von Finanzdienstleistungen führen bzw. gemäß § 35 Abs. 2 Nr. 3 KWG zu deren Aufhebung.[126] Darüber hinaus werden der Bankenaufsicht vom Gesetzgeber zahlreiche Anordnungsbefugnisse zugestanden, die im Extremfall bis hin zur Abberufung eines Geschäftsleiters nach § 36 Abs. 1 führen können.[127] Auf die allgemeinen und besonderen Anordnungsbefugnisse der BaFin wird ausführlich in Abschnitt 4.1.2 dieses Kapitels eingegangen.

1.1.2.2.3 Würdigung der bankspezifischen Norm

Die bankspezifischen Organisationsanforderungen des § 25a Abs. 1 KWG belegen einmal mehr die Intention des Gesetzgebers, das Finanzsystem besonders zu schützen. So verfolgt der Gesetzgeber mit dieser Norm das Ziel, für alle Kreditinstitute, gleich welcher Rechtsform, eine angemessene Geschäftsorganisation, inklusive der Einrichtung eines umfassenden Risikomanagementsystems sicherzustellen. Indem der Gesetzgeber Einfluss auf die Organisationsstrukturen der Institute und damit auf die Ausgestaltung der Unternehmensführung und -überwachung nimmt, will er gleichzeitig zur Verminderung der operationellen Risiken der Banken beitragen. So bemerkt auch VAN DEN BRINK: „In diesem Paragraph ist im Prinzip bereits alles gesagt, was für das Betriebsrisiko zu regeln ist."[128] In der Systemhaftigkeit der Forderungen und der geplanten Kodifizierung der Prozessanforderungen im Zusammenhang mit der zweiten Säule von Basel II sowie den mit diesen verbundenen weit reichenden Eingriffen in die Geschäftsführung der Banken zeigen sich deutlich die Auswirkungen des Umbruchs, in dem sich die Bankenregulierung derzeit befindet.

Die Frage, ob die bankspezifischen gesetzlichen Anforderungen neben dem Anwendungsbereich auch in ihrem Umfang von dem nach § 91 Abs. 2 AktG geforderten System abweichen, ist indes nicht auf Anhieb zu beantworten. Die voranstehenden Ausführungen haben deutlich gezeigt, dass die Diskussion um Risikomanagementsysteme und deren Elemente insbesondere in Deutschland noch nicht beendet ist. Dies gilt sowohl für Unternehmen im Allgemeinen, wobei hier zu der uneinheitlichen Terminologie der Meinungsstreit um den Umfang der Forderungen nach § 91 Abs. 2 AktG hinzukommt, als auch für Kreditinstitute im Besonderen. Hier fehlt es bislang generell an einem umfassenden Diskurs zu den Anforderungen des § 25a Abs. 1 KWG in der bankbetrieblichen Literatur. Eine vergleichbare Diskussion wie im Zusammenhang mit den nahezu zeitgleich eingeführten Vorschriften des § 91 Abs. 2. AktG

126 Vgl. auch Abschn. C3.1.3.
127 Vgl. BFS-KWG/Fischer (2004), § 33, Rdn. 23; BFS-KWG/Braun (2004), § 25a KWG, Rdn. 26 ff.
128 Van den Brink (2001), S. 60.

wurde, soweit ersichtlich, bisher nicht geführt.[129] Dies mag allerdings weniger an einem mangelnden Interesse an der Thematik als vielmehr an der Unsicherheit über die konkreten gesetzlichen Forderungen und deren weit reichende Konsequenzen liegen. Die wiederholten Anpassungen der Norm bzw. deren Ankündigung mögen das ihrige dazu beigetragen haben. Gleichwohl hat der Gesetzgeber zumindest im Fall des § 25a Abs. 1 KWG offensichtlich die Notwendigkeit erkannt, seine Forderungen differenzierter und systematischer zu formulieren und damit selbst bereits einen wesentlichen Beitrag zur Norminterpretation geleistet. Dies gilt umso mehr, als sich in dem Systemverständnis eine Angleichung an betriebswirtschaftliche Konzepte erkennen lässt und so zumindest für den Bankbereich auf eine Vereinheitlichung der Terminologie im Zusammenhang mit Risikomanagementsystemen zu hoffen ist.

Dessen ungeachtet, ist es die Folge der zahlreichen Interpretationsansätze, dass eine abschließende Aussage zu dem Verhältnis der §§ 91 Abs. 2 AktG und 25a Abs. 1 KWG in ihrer Bedeutung für Kreditinstitute nicht ohne weiteres möglich ist. Zwar wird eine Deckungsgleichheit beider Vorschriften teilweise angenommen[130], diese besteht indes bei genauer Betrachtung nicht notwendigerweise, zumindest sofern man den Vertretern der engen Interpretation des § 91 Abs. 2 AktG folgt. In diesem Fall müsste davon ausgegangen werden, dass sich § 91 Abs. 2 AktG lediglich auf ein Teilsystem eines umfassenden Risikomanagementsystems bezieht, welches insbesondere die Reaktionen der Geschäftsleitung auf die festgestellten Risiken nicht einbezieht und sich auf die Identifikation, Erfassung und Kommunikation bestandsgefährdender Risiken beschränkt. Demgegenüber zeigt bereits der Blick auf den Wortlaut des § 25a Abs. 1 KWG, dass hier offensichtlich ein umfassendes System gefordert wird, das in seiner Ausgestaltung vergleichbare Anforderungen stellt, wie diese von den Vertretern einer weiten Auslegung des § 91 Abs. 2 AktG auch für diesen gesehen werden. Allerdings lässt die bankspezifische Vorschrift Elemente vermissen, die wiederum bei einer weiten Auslegung des § 91 Abs. 2 AktG eine bedeutende Rolle spielen, nämlich das im anglo-amerikanischen Systemverständnis hervorgehobene Überwachungsumfeld und das Informations- und Kommunikationssystem. An dieser Stelle deutet sich bereits an, dass das zu Beginn dieses Kapitels beschriebene angelsächsische Systemverständnis von der nationalen Bankenaufsicht offenbar bislang nicht übernommen wurde und sich die Vorstellungen des Baseler Ausschusses insofern auch nicht vollständig im deutschen Aufsichtsrecht wiederfinden lassen werden.

An diese Feststellung schließt sich nun unmittelbar die Frage nach der Konkretisierung der Systempflichten des deutschen Gesetzgebers an. Wie sind die einzelnen Systemelemente bzw. Instrumente auszugestalten, um den Anforderungen der Norm zu genügen? Welche Maßstäbe sind für die Beurteilung der Angemessenheit des Systems anzusetzen? Wenn bereits die grundsätzliche Frage nach dem Umfang und der Ausgestaltung des Gesamtsystems zu Unsi-

---

129 Nur wenige Arbeiten setzten sich intensiv mit den Anforderungen des § 25a KWG auseinander. Zu nennen sind hier Burgi (2001) und BFS-KWG/Braun (2004), die sich allerdings auf die alte Fassung der Norm beziehen.

130 So z.B. BFS-KWG/Braun (2004), § 25a KWG, Rdn. 5; Burgi (2001), S. 307.

cherheiten führt, so ist dies auf der darunter liegenden Ebene umso mehr zu erwarten. Aus dieser Unsicherheit ergeben sich jedoch mitunter weit reichende Folgen für den gesamten Corporate Governance-Prozess, denn ob von der gesetzlichen Fixierung der organisatorischen Verpflichtungen tatsächlich ein wirkungsvoller Effekt im Hinblick auf eine Verbesserung der Corporate Governance ausgeht, hängt ganz maßgeblich von der Konkretisierung und Umsetzung der entsprechenden Pflichten ab. Dies gilt insbesondere deshalb, weil sich aus den an die Geschäftsleitung gestellten Gestaltungsanforderungen sowohl hinsichtlich des § 91 Abs. 2 AktG als auch hinsichtlich des § 25a Abs. 1 KWG jeweils korrespondierende Prüfungsanforderungen für die übrigen internen und externen Überwachungsträger ergeben. Ein übereinstimmendes Systemverständnis über das zu Grunde liegende Sollobjekt und dessen konkrete Ausgestaltung erscheint daher unerlässlich. Im Hinblick auf die weit reichenden Folgen, die eine Nicht- oder Schlechterfüllung der §§ 91 Abs. 2 AktG bzw. 25a Abs. 1 KWG nach sich ziehen kann, erscheint es daher dringend geboten, die gestellten Systemanforderungen eingehender zu analysieren und näher zu konkretisieren.

Für die Konkretisierung der Systemanforderungen und die Darstellung der in diesem Zusammenhang wesentlichen aktuellen Entwicklungen hält sich die weitere Untersuchung eng an die „neue" Systematik und Terminologie des Gesetzgebers bzw. der BaFin. Aus Gründen der Klarheit wird dabei für den Begriff „Interne Kontrollverfahren" im Folgenden der in der Regierungsbegründung ohnehin gleichgesetzte Begriff des „Internen Überwachungssystems" verwendet, um so dem dieser Arbeit zu Grunde liegenden Begriffsverständnis gerecht zu werden und damit zugleich der Tatsache Rechnung zu tragen, dass die Interne Revision als Teilelement dieses Systems „prüft" und eben nicht „kontrolliert".[131] Die enge Orientierung an der Systematik der Bankenaufsicht steht indes einer Verwendung der Erkenntnisse, die im Zusammenhang mit den zahlreichen Interpretationen nach der Einführung des KonTraG gewonnen wurden sowie der internationalen Veröffentlichungen zu diesem Themengebiet nicht entgegen. Sie liefern mitunter wertvolle Hinweise, wenn es um die Frage der Ausgestaltung einzelner Elemente des geforderten Systems geht.

1.1.2.3 Konkretisierung der Systemvorschriften

Der Gesetzgeber bemerkt zu der Konkretisierung der Forderungen des § 91 Abs. 2 AktG in seiner Regierungsbegründung:

> *„Die konkrete Ausformung der Pflicht ist von der Größe, Branche, Struktur, dem Kapitalmarktzugang usw. des jeweiligen Unternehmens abhängig."*[132]

---

[131] Vgl. auch die angeführte Kritik zu der Begriffsverwendung des IDW PS 260 oben in Abschn. 1.1.2.1.1.

[132] Bundesregierung (1998a), S. 15.

Im Falle der Kreditinstitute ist es ohne Zweifel die Branchenzugehörigkeit, welche die Konkretisierung der Pflichten maßgeblich beeinflusst. So sind im Hinblick auf die bankspezifische Norm des § 25a Abs. 1 KWG neben dem betriebswirtschaftlichen Schrifttum auch in nicht unerheblichem Maße die Veröffentlichungen der BaFin relevant. Erschwerend wirkte dabei bisher, dass diese in der Folge einzelner bedeutender Verlustfälle der Vergangenheit in einer Vielzahl von Veröffentlichungen Einzelregelungen im Hinblick auf die Organisation bestimmter Bereiche oder den Umgang mit bestimmten Risikoarten getroffen hat, die bereits aufgrund ihrer unterschiedlichen Veröffentlichungszeitpunkte kein konsistentes Bild zeichneten. Neben den Veröffentlichungen der BaFin sollten darüber hinaus auch die Grundsätze, Stellungnahmen und Standards privatwirtschaftlicher Institutionen Beachtung finden, da diese die Meinungen relevanter Interessengruppen darlegen und in weiten Teilen ebenfalls einen deutlichen Einfluss auf die Ausgestaltung einzelner Teilsysteme besitzen. Die rechtliche Verbindlichkeit der konkretisierenden Vorschriften ist dabei jeweils abhängig von dem Status der veröffentlichenden Institution sowie gegebenenfalls von der im Einzelfall gewählten Maßnahme.

1.1.2.3.1 Konkretisierungen durch die BaFin und den Baseler Ausschuss

Die umfassendsten Konkretisierungen der gesetzlichen Vorschriften zum Risikomanagement in Deutschland finden sich für Banken in den aufsichtsrechtlichen Vorschriften der BaFin, der für die Durchsetzung des Aufsichtsrechts ein reichhaltiges Instrumentarium mit jeweils unterschiedlichen Rechtswirkungen zur Verfügung steht.[133] Dabei ist zwischen hoheitlichen und damit Recht setzenden Maßnahmen einerseits und informellen Maßnahmen, die unter das allgemeine Verwaltungshandeln fallen, andererseits zu unterscheiden. Zu den hoheitlichen Maßnahmen gehören **Verwaltungsakte** und **Rechtsverordnungen**. Während erstere gegenüber einzelnen Instituten getroffen werden, gelten Rechtsverordnungen als wichtigste hoheitliche Instrumente für eine Vielzahl von Instituten. Rechtsverordnungen werden auf Grund besonderer gesetzlicher Ermächtigung erlassen.[134]

Nicht um Rechtsnormen handelt es sich hingegen bei den als unverbindliche Stellungnahmen ausgestalteten **Bekanntmachungen** der BaFin. Zu diesen zählen aktuell noch die „Grundsätze über das Eigenkapital und die Liquidität der Kreditinstitute“ (Grundsätze I und II). Diese Programmsätze alleine stellen aufgrund ihres fehlenden Rechtsnormcharakters allerdings

133 Vgl. hierzu und zum Folgenden BFS-KWG/Fülbier (2004), § 6 KWG, Rdn. 9 ff.

134 Eine solche Ermächtigung findet sich beispielsweise in § 29 Abs. 4 KWG, nach dem die Befugnis zum Erlass einer Rechtsverordnung mit dem Zweck der näheren Bestimmungen des Gegenstands der Prüfung eines Kreditinstituts originär dem Bundesministerium der Finanzen zusteht. Dieses wiederum kann die Ermächtigung auf die BaFin übertragen, wovon mit der „Verordnung zur Übertragung der Befugnis zum Erlass von Rechtsverordnungen auf das Bundesaufsichtsamt für das Kreditwesen“ vom 19. Dezember 1997 Gebrauch gemacht wurde. Auf dieser Grundlage wurde 1998 die für die externen Prüfer einer Bank bedeutsame „Prüfungsberichtsverordnung“ (PrüfbV) erlassen. Vgl. ausführlich zu dieser Abschn. D5.1.3.1.

noch keinen Verwaltungsakt dar und sind im Streitfall allenfalls indirekt durchsetzbar. Erst wenn die BaFin für ein einzelnes Institut eine verbindliche Feststellung zu dessen Eigenkapitalausstattung trifft und das Institut zu deren Beachtung verpflichtet, liegt ein Verwaltungsakt vor.[135] Aus diesem Grund gibt es bereits seit dem Jahr 2001 Bestrebungen, die Grundsätze I und II auf die Basis einer Rechtsverordnung zu stellen.[136] Die hierfür erforderlichen Rechtsverordnungsermächtigungen sollten ursprünglich bereits mit dem Vierten Finanzmarktförderungsgesetz in das KWG eingefügt werden. Die eingefügten Ermächtigungen stellten sich jedoch im Nachhinein als nicht ausreichend heraus, weshalb die Überführung der Grundsätze in eine Solvabilitätsverordnung (SolvV) und eine Liquiditätsverordnung (LiqV) nunmehr gleichzeitig mit der Überarbeitung der Eigenmittelvorschriften gemäß Basel II erfolgen soll.[137]

Daneben gibt es mit den allgemeinen Aufsichtshandlungen weitere informelle Maßnahmen, die als schlichtes Verwaltungshandeln zwar rechtlich unverbindlich sind, denen jedoch eine erhebliche praktische Bedeutung zukommt. Einerseits werden die Geschäftsleiter eines Instituts stets bemüht sein, auch rechtlich unverbindliche Anforderungen der BaFin einzuhalten, andererseits ergibt sich ein gewisser Zwang auch dadurch, dass die Abschlussprüfer diese Regelungen als Richtschnur für eine ordnungsgemäße Geschäftsführung ansehen. Abweichungen von den Anforderungen der BaFin würden somit zu Beanstandungen führen und im Prüfungsbericht Erwähnung finden.[138] Informelle Maßnahmen sind Verlautbarungen sowie Mitteilungen, Schreiben und Rundschreiben. **Verlautbarungen** sind norminterpretierend oder normkonkretisierend und sollen die Auffassung der BaFin zu aufsichtsrechtlichen Gesetzen wiedergeben. Hier ist besonders die „Verlautbarung über Mindestanforderungen an das Betreiben von Handelsgeschäften der Kreditinstitute" (MaH) vom 30.10.1995 zu nennen, in der die BaFin erstmals deutlich machte, welche Anforderungen sie, zumindest für die betroffenen Bereiche, an die Ordnungsmäßigkeit der Geschäftsführung stellt. Daneben ist die Verlautbarung über „Maßnahmen der Kreditinstitute zur Bekämpfung und Verhinderung der Geldwäsche" vom 30.03.1998 erwähnenswert. In **Mitteilungen, Schreiben und Rundschreiben** stellt die BaFin grundsätzlich ihre Auffassung zu Zweifelsfragen in Einzelfällen bei der Auslegung aufsichtsrechtlicher Vorschriften dar. Z.B. finden sich zwei Rundschreiben mit Erläuterungen bzw. ergänzenden Hinweisen zu einzelnen Regelungen der MaH vom 8.4.1998 bzw. 12.9.2001, um nur zwei Beispiele aus der Vielzahl der Rundschreiben zu nennen. Auch die am 20.12.2002 veröffentlichten „Mindestanforderungen an das Kreditgeschäft

---

135 Vgl. Verwaltungsgericht Berlin (1996), 1309 ff. Neben derartigen unverbindlichen Bekanntmachungen sind auch Bekanntmachungen mit rechtsverbindlicher Wirkung in Form der sogenannten Allgemeinverfügung denkbar.

136 Vgl. Bundesregierung (2001), S. 328.

137 Die entsprechenden Verordnungsermächtigungen sollen nun im Rahmen des CRD-Umsetzungsgesetzes angepasst werden. Nach dem Referentenentwurf der Bundesregierung wird das Bundesministerium der Finanzen in dem neu zu fassenden § 10 Abs. 1 Satz 3 KWG dazu ermächtigt, durch Rechtsverordnung im Einvernehmen mit der Deutschen Bundesbank nähere Bestimmungen über die angemessene Eigenmittelausstattung (Solvabilität) der Institute zu erlassen. Vgl. Bundesregierung (2005a), S. 15.

138 Vgl. ausführlich Abschn. D5.

der Kreditinstitute“ (MaK) waren genauso wie die „Mindestanforderungen an die Ausgestaltung der Internen Revision der Kreditinstitute“ (MaIR) vom 17.1.2000 ebenfalls als Rundschreiben verfasst.[139] Das gleiche gilt für die am 20.12.2005 veröffentlichten „Mindestanforderungen an das Risikomanagement“ (MaRisk), die die zuvor veröffentlichten Mindestanforderungen der MaH, MaK und MaIR in einem Regelwerk zusammenfassen.

Überblick über die Mindestanforderungen an das Risikomanagement (MaRisk)

Die MaRisk stellen die bislang umfassendste Konkretisierung der qualitativen Anforderungen des § 25a Abs. 1 KWG dar. Im Interesse einer „ganzheitlichen Risikobetrachtung“ hatte sich die BaFin dazu entschlossen, die drei Regelwerke der MaH, MaK und MaIR in einem einzigen Regelwerk zusammenzufassen.[140] Auf diese Weise soll es allen betroffenen Gruppen – Instituten, Prüfern und der Aufsicht selbst – möglich sein, sich einen besseren Überblick über die qualitativen Anforderungen zu verschaffen. Gleichzeitig werden die, insbesondere auf Grund der unterschiedlichen Entstehungszeitpunkte vorhandenen Schnittstellenprobleme und Wertungswidersprüche[141] zwischen den drei vorherigen Veröffentlichungen beseitigt und Redundanzen ausgeräumt sowie weitere Risikoaspekte aufgenommen, für die bislang in Deutschland noch keine Rahmenvorgaben existierten. An verschiedenen Stellen ergeben sich im Vergleich zu den bisherigen Regelungen Erleichterungen in der Form, dass den Instituten größere Ermessensspielräume bei der Umsetzung der Anforderungen eingeräumt werden. Dies bedeutet jedoch gleichzeitig eine Verlagerung der Verantwortung für die Festlegung der notwendigen Maßnahmen auf die Institute, wobei gegenüber der Aufsicht nachzuweisen ist, dass es sich um im Hinblick auf die Geschäftstätigkeit und das Risikoprofil eines Instituts angemessene Maßnahmen handelt.

Die MaRisk sind modular aufgebaut, wodurch Anpassungen an neue Entwicklungen zukünftig problemlos möglich sein sollen. Die Struktur orientiert sich an derjenigen des § 25a Abs. 1 KWG. In einem allgemeinen Teil (AT) wurden grundlegende Anforderungen, die für alle behandelten Geschäftsarten und Risikokategorien gelten, zusammengefasst. Dagegen werden in dem besonderen Teil (BT) einerseits die spezifischen Anforderungen an die Aufbau- und Ablauforganisation im Kredit- und Handelsgeschäft sowie an die Prozesse zur Identifizierung, Beurteilung, Steuerung, Überwachung und Kommunikation bestimmter Risiken (BT1) sowie

[139] Warum die BaFin voneinander abweichende Instrumentarien für die Formulierung der Mindestanforderungen wählte, ist nicht ersichtlich. Auf deren Verbindlichkeit für die Institute hat dies indes, soweit hier ersichtlich, keine Auswirkungen.

[140] Vgl. hierzu und zum Folgenden BaFin (2005a), S. 3 ff.

[141] So bestand beispielsweise eine Uneinheitlichkeit zwischen den MaH und den MaK im Hinblick auf die Möglichkeit der Vertretung eines Mitglieds der Geschäftsleitung durch einen Bereichs- oder Abteilungsleiter. Während nach den MaH diese Möglichkeit nur im Fall einer geringen Anzahl an Geschäftsleitern gegeben war, konnte nach den MaK eine solche Vertretung unabhängig von der Anzahl der Geschäftsleiter in Anspruch genommen werden. Da für diese Abweichung nach Ansicht der BaFin kein sachlicher Grund besteht, wird künftig auch für den Bereich der MaH die großzügigere Regelung der MaK übernommen. Vgl. MaK-Fachgremium (2004).

andererseits die Anforderungen an die Interne Revision (BT 2) niedergelegt.[142] Abbildung 16 gibt den Aufbau der MaRisk wieder.

Modul AT (Allgemeiner Teil)	
AT 1 Vorbemerkung AT 2 Anwendungsbereich AT 3 Gesamtverantwortung der Geschäftsleitung AT 4 Allgemeine Anforderungen an das Risikomanagement AT 4.1 Risikotragfähigkeit AT 4.2 Strategie AT 4.3 Internes Kontrollsystem AT 4.3.1 Aufbau- und Ablauforganisation AT 4.3.2 Risikosteuerungs- und -controllingprozesse AT 4.4 Interne Revision	AT5 Organisationsrichtlinien AT 6 Dokumentation AT 7 Ressourcen AT 7.1 Personal AT 7.2 Technisch-organisatorische Ausstattung AT 7.3 Notfallkonzept AT 8 Aktivitäten in neuen Produkten oder auf neuen Märkten AT 9 Outsourcing
Modul BT (Besonderer Teil)	
BT 1 Besondere Anforderungen an das Interne Kontrollsystem	
BTO Anforderungen an die Aufbau- und Ablauforganisation BTO 1 Kreditgeschäft BTO 1.1 Funktionstrennung und Votierung BTO 1.2 Anforderungen an die Prozesse im Kreditgeschäft BTO 1.3 Verfahren zur Früherkennung von Risiken BTO 1.4 Risikoklassifizierungsverfahren BTO 2 Handelsgeschäft BTO 2.1 Funktionstrennung BTO 2.2 Anforderungen an die Prozesse im Handelsgeschäft	BTR Anforderungen an die Risikosteuerungs- und –controllingprozesse BTR 1 Adressenausfallrisiken BTR 2 Marktpreisrisiken BTR 2.1 Allgemeine Anforderungen BTR 2.2 Marktpreisrisiken des Handelsbuches BTR 2.3 Marktpreisrisiken des Anlagebuches (einschl. ZÄR) BTR 3 Liquiditätsrisiken BTR 4 Operationelle Risiken
BT 2 Besondere Anforderungen an die Ausgestaltung der Internen Revision	
BT 2.1 Aufgaben der Internen Revision BT 2.2 Grundsätze für die Interne Revision BT 2.3 Prüfungsdurchführung BT 2.4 Outsourcing der Internen Revision	BT 2.5 Konzernrevision

Abbildung 16: Modulare Struktur der MaRisk[143]

Die MaK und die MaIR wurden weitgehend deckungsgleich in die MaRisk übernommen, während die MaH in vielen Bereichen angepasst und modernisiert worden sind. Die Frage der Einbindung der qualitativen Anforderungen an den Umgang mit operationellen Risiken in die MaRisk wurde offenbar in dem einschlägigen Fachgremium kontrovers diskutiert. Dabei ging es um die Frage, ob operationelle Risiken als separates Modul aufgenommen werden sollten oder ob nicht vielmehr, dem übergreifenden Charakter dieser Risikoart entsprechend, eine Integration in die übrigen Module erfolgen sollte. Wie der Abbildung 16 zu entnehmen ist, ist die Entscheidung zugunsten der ersten Variante ausgefallen. Operationelle Risiken werden lediglich in einem vergleichsweise schlanken Modul (BTR 4) direkt adressiert. In diesem geht es um die Identifizierung von operationellen Risiken und eingetretenen wesentlichen Schäden, deren Analyse, Beseitigung, Überwachung und Kommunikation, mithin also gewissermaßen um die Schaffung der für den Umgang mit operationellen Risiken erforderlichen „Infrastruktur". Nach der hier vertretenen Auffassung wird jedoch die Aufnahme des separaten Moduls in dieser Form der eigentlichen Bedeutung operationeller Risiken nicht gerecht. So sind wesentliche Aspekte der Reduzierung operationeller Risiken bereits gerade durch die übrigen Vorschriften der MaRisk an sich bzw. deren Vorgängernormen abgedeckt. Dies erkennt

142 Vgl. BaFin (2005a), S. 6.
143 Quelle: Vgl. BaFin (2005c), Anlage 2.

auch die BaFin grundsätzlich an und weist in ihrem Begleitschreiben zur Übermittlung des ersten Entwurfs der MaRisk auf den „zentralen – wenn nicht sogar überragenden – Stellenwert“ des Umgangs mit operationellen Risiken hin.[144] Durch die bloße Eingliederung der spezifischen Vorschriften unter eine von fünf behandelten Risikoarten verhindert die BaFin jedoch, dass diese übergeordnete Bedeutung operationeller Risiken auch durch den Aufbau der MaRisk unmittelbar widergespiegelt wird. Dieser Mangel ließe sich jedoch leicht beheben, indem etwa das Modul zu operationellen Risiken, vergleichbar desjenigen zur Internen Revision, als ein alle anderen Module umschließendes Modul begriffen würde. Schließlich geht es bei der Identifizierung, Analyse und Beseitigung operationeller Risiken gerade darum, Schwächen und Mängel in der konkreten Umsetzung der übrigen Module zu erkennen und zu beseitigen. Dieser Auffassung folgend, werden die Anforderungen an die Schaffung der für den Umgang mit operationellen Risiken erforderlichen Infrastruktur in einem gesonderten Abschnitt (vgl. Abschn. 1.2) besprochen.

Die Anforderungen der MaRisk gelten, soweit sie unmittelbar aus den bisherigen Regelwerken der MaH, MaK und MaIR in die MaRisk überführt wurden, bereits seit ihrer Veröffentlichung am 20.12.2005. Dies gilt auch dann, wenn die Anforderungen in modifizierter Form übernommen wurden. Entlastungen und zusätzlich eingeräumte Gestaltungsspielräume können daher von den Instituten bereits seit diesem Zeitpunkt in Anspruch genommen werden. Diejenigen Regelungen, die über die zuvor geltenden Regelungen hinausgehen, müssen dagegen erst zum 1.1.2007 eingehalten werden bzw. von Instituten, die bis zum 1.1.2008 von dem sogenannten Brüsseler Wahlrecht[145] Gebrauch machen, erst zum 1.1.2008.[146]

Wenngleich die aufgeführten organisatorischen Anforderungen eigentlich als rechtlich unverbindliche Maßnahmen der Aufsichtsbehörde ausgestaltet sind, ist diesen doch durch § 25a Abs. 1 KWG eine unmittelbare rechtliche Verbindlichkeit zuzusprechen. Dies ergibt sich aus der Tatsache, dass die Generalnorm des § 25a Abs. 1 KWG als spezialgesetzliche Ermächtigungsgrundlage anzusehen ist. In diesem Sinn präzisieren die Veröffentlichungen der BaFin die allgemeine Gesetzesnorm, auch wenn sie ursprünglich teilweise zeitlich vor der Einfügung des § 25a in das Kreditwesengesetz erlassen wurden.[147] Dabei geben insbesondere die Mindestanforderungen grundlegende Prinzipien im Sinne von „Best Practices“ vor, womit sie die Möglichkeit, aber auch die Verpflichtung bieten, den Umständen des Einzelfalls angemessen Rechnung zu tragen. Die tatsächliche Ausgestaltung soll somit risikoorientiert, d.h. dem Umfang und der Struktur der Geschäftstätigkeit eines Instituts angemessen sein. Dies kann

144 Vgl. BaFin (2005a), S. 8. Allerdings formuliert die BaFin zurückhaltender, dass „etliche“ Anforderungen der MaK, MaH und MaIR der Begrenzung operationeller Risiken dienen. Sofern aus dieser Formulierung zu schließen ist, dass nach Auffassung der BaFin nicht sämtliche qualitativen Mindestanforderungen der Begrenzung operationeller Risiken dienen, wäre hier eine Klarstellung wünschenswert. Es ist jedoch nicht ersichtlich, welche Anforderungen hier auszunehmen wären.

145 Kreditinstitute können bis zum 1. Januar 2008 anstelle des Standardansatzes noch die derzeit geltenden Regelungen zur Eigenkapitalunterlegung anwenden.

146 Vgl. BaFin (2005d), S. 6 f.

147 Vgl. BFS-KWG/Braun (2004), § 25a KWG, Rdn. 29.

auch bedeuten, dass im Einzelfall über die Mindestanforderungen hinausgehende Anforderungen gestellt werden, wenn der konkrete Geschäftsumfang und die damit verbundenen Risiken dies erfordern.[148] Auf diese Weise finden der Wesentlichkeitsgedanke und das Materialitätsprinzip in verstärktem Maße Eingang in die deutsche Bankenaufsicht. Diese Tatsache macht einen Umgewöhnungsprozess nicht nur bei den Kreditinstituten, sondern in erheblichem Maße auch bei deren Abschlussprüfern erforderlich. Die qualitative Ausrichtung der Bankenaufsicht wird dabei nicht nur in den Mindestanforderungen an sich, sondern im Besonderen auch in der Art ihrer Entstehung deutlich. So wurden in enger Zusammenarbeit mit den Banken und Wirtschaftsprüfern diejenigen Systeme und deren Bestandteile herausgefiltert, die sich in der Praxis zur präventiven Abwehr organisatorischer Risiken bewährt haben.[149]

Die Mindestanforderungen erfüllen jedoch nicht nur die Funktion der Konkretisierung des § 25a Abs. 1 KWG. Die MaRisk sollen darüber hinaus auch als Leitfaden für den Supervisory Review Process (SRP) der zweiten Baseler Säule dienen, der in Deutschland über die Forderung nach der Sicherstellung einer angemessenen Risikotragfähigkeit in § 25a Abs. 1 KWG umgesetzt werden soll (vgl. zu der geplanten Neufassung des § 25a Abs. 1 KWG Abschnitt 1.1.2.2.1). Dabei stellt die BaFin insbesondere auf die Bedeutung von „robust governance arrangements" ab, indem von den Instituten die Implementierung angemessener Leitungs-, Steuerungs- und Überwachungsprozesse als wesentliche Voraussetzung für den im Rahmen des SRP verlangten Prozess zur angemessenen Kapitalausstattung (ICAAP) gefordert wird.[150] Durch die MaRisk soll ein Rahmen für die Ausgestaltung des Prozesses zur Sicherstellung der Risikotragfähigkeit sowie für deren Beurteilung durch die Aufsicht vorgegeben werden. Zu diesem Zweck wurde der ausdrückliche Hinweis auf die Risikotragfähigkeit der Institute auch in den MaRisk an exponierter Stelle platziert. In AT 1, Tz. 2 und AT 4.1 werden die Institute verpflichtet, Prozesse einzurichten, die gewährleisten, dass ausreichend internes Kapital zur Abdeckung aller wesentlichen Risiken vorhanden ist. Die Risikotragfähigkeit soll die Grundlage für die Festlegung der Strategie bilden, und die zugrunde liegenden Methoden und Annahmen sind gegenüber der Aufsicht nachvollziehbar zu begründen, zu dokumentieren und mindestens jährlich zu überprüfen.

Neben den weit reichenden Anforderungen der BaFin sind auch die Veröffentlichungen des **Baseler Ausschusses** bei der Konkretisierung der gesetzlichen Normen zu beachten. Dies ist vor allem dort der Fall, wo bereits eine Umsetzung in EU- bzw. nationales Recht vorgesehen ist. Neben diversen Veröffentlichungen zu dem Management einzelner Risikoarten oder Geschäftsbereiche[151] sind dies aktuell insbesondere die in der neuen Eigenkapitalvereinbarung

---

148 Vgl. Hanenberg/Schneider (2001), S. 1061.
149 Vgl. Traber/Schulte-Mattler (2001), S. 1077; Hanenberg/Schneider (2001), S. 1058.
150 Vgl. BaFin (2005a), S. 4.
151 Zu einer ausführlichen Liste der relevanten Veröffentlichungen siehe Basel Committee on Banking Supervision (2004a), nach Tz. 807.

formulierten spezifischen Anforderungen an bestimmte Aspekte der organisatorischen Ausgestaltung der Institute. So werden im Rahmen der ersten Säule explizite qualitative Mindestanforderungen an die Verwendung bestimmter Verfahren zur Ermittlung des erforderlichen Kapitalbetrags gestellt, die als Auslegungshilfen bei der Beurteilung der organisatorischen Ausgestaltung für diese Bereiche verwendet werden können. Daneben sind im Zusammenhang mit operationellen Risiken insbesondere auch die bereits angesprochenen „Sound Practices“ beachtenswert, die branchenübliche Standards zum Umgang mit operationellen Risiken beinhalten und Vorgaben für die erforderliche „Infrastruktur“ beinhalten.

Die Mindestanforderungen der BaFin sowie des Baseler Ausschusses werden im Folgenden eingehend betrachtet und auf ihre jeweilige Bedeutung für die Begrenzung operationeller Risiken hin untersucht. Dabei wird nach den beiden Bereichen „Kreditgeschäft“ und „Handelsgeschäft“ unterschieden. Die für die Interne Revision relevanten Vorschriften werden gesondert in Abschnitt D2.1.2 behandelt. Um bei den folgenden Ausführungen den Neuerungen durch die Einführung der MaRisk Rechnung zu tragen und etwaige Veränderungen sichtbar zu machen, werden für die relevanten Textstellen jeweils sowohl die alten Textziffern der MaH, MaK bzw. MaIR als auch die neuen Textziffern der MaRisk angegeben bzw. Streichungen oder Änderungen gekennzeichnet.

Regelungen für die Gestaltung und Durchführung des Kreditgeschäfts

a) Die Mindestanforderungen an das Kreditgeschäft

Die ursprünglichen „Mindestanforderungen an das Kreditgeschäft der Kreditinstitute“ (MaK) entstanden im Wesentlichen als Folge erheblicher Kreditverluste, die insbesondere auf Defizite im organisatorischen Umfeld bzw. auf unzureichende Interne Überwachungssysteme in den Kreditabteilungen zurückgeführt wurden.[152] Mit den MaK wurden erstmals umfassende Prinzipien für den funktionalen und organisatorischen Aufbau des Kreditbereichs sowie für die Ausgestaltung der Kreditprozesse aufgestellt. Die Anforderungen betreffen damit insbesondere die mit dem Kreditgeschäft verbundenen operationellen Risiken.[153] Insofern passen sich diese auch in die Diskussion um die Weiterentwicklung der Corporate Governance-Strukturen ein, als sie die Qualität der bankinternen Prozesse verbessern wollen und zugleich die Idee der Stärkung des Aufsichtsorgans aufgreifen, indem diese in die Informationsprozesse eingebunden werden.[154] Mit der Erarbeitung der MaK wurde zugleich den im September 2000 durch den Baseler Ausschuss veröffentlichten „Principles for the Management of Credit Risk“[155] Rechnung getragen, wobei die Mindestanforderungen der BaFin deutlich über die Baseler

152 Vgl. Groß (2003), S. 94.
153 Vgl. Heinrich (2002), S. 279.
154 Vgl. Hanenberg/Kreische/Schneider (2003), S. 398.
155 Vgl. Basel Committee on Banking Supervision (2000).

Empfehlungen hinaus gehen.[156] Die rechtliche Grundlage für die Mindestanforderungen ist § 25a Absatz 1 KWG. Die formulierten qualitativen Standards konkretisieren dessen Forderungen für das Kreditgeschäft.[157] Im Zuge der Einführung der MaRisk wurden die Anforderungen der MaK nahezu vollständig in das neue Regelwerk überführt.

Bei der Erarbeitung einer ordnungsgemäßen Organisation im Kreditbereich steht zunächst die Schaffung eines angemessenen Kreditrisikoumfelds im Vordergrund. Für die ordnungsgemäße Organisation des Kreditgeschäfts und deren Weiterentwicklung sowie die ordnungsgemäße Steuerung und Überwachung der Risiken aus dem Kreditgeschäft ist nach den Mindestanforderungen der BaFin die gesamte Geschäftsleitung verantwortlich, d.h., auch bei einer internen Arbeitsteilung kann sich ein Geschäftsleiter nicht darauf berufen, nicht zuständig gewesen zu sein.[158] Zur Schaffung eines angemessenen Kreditrisikoumfelds hat die Geschäftsleitung eine **Kreditrisikostrategie** für einen angemessenen Planungszeitraum und unter Berücksichtigung der Risikotragfähigkeit der Bank festzulegen sowie die Rahmenbedingungen für das Kreditgeschäft in schriftlich fixierten bankinternen **Organisationsrichtlinien** zu formulieren.[159] Dabei werden einerseits generelle Bereiche festgelegt, auf die sich die Organisationsrichtlinien zu beziehen haben und andererseits konkrete Sachverhalte bestimmt, die in den Organisationsrichtlinien geregelt werden müssen. Die einzelnen Vorschriften sind in Tabelle 4 aufgeführt.

---

156 Vgl. Groß (2003), S. 94.
157 Vgl. hierzu und zum Folgenden Deutsche Bundesbank (2003), S. 46 ff.; Heinrich (2002), S. 275 ff.
158 Vgl. BaFin (2002b), Tz. 8/BaFin (2005c), AT 3.
159 Vgl. BaFin (2002b), Tz. 9, Tz. 14 ff./BaFin (2005c), AT 4.2, AT 5.

In Organisationsrichtlinien generell zu regelnde Bereiche	Zu den einzelnen Bereichen konkret geforderte Regelungen
• Klare Zuweisungen der Aufgaben und Kompetenzen. (MaK, Tz. 16/MaRisk, AT 5, Tz. 3a)	-
• Generelle Vorgaben für die Prozesse der Kreditgewährung, Kreditweiterbearbeitung und Kreditkontrolle, der Intensivbetreuung und der Problemkreditbearbeitung. (MaK, Tz. 16)	Bearbeitungsgrundsätze nach Kreditarten, auch für die Festlegung von Limiten. (MaK, Tz. 37/MaRisk, BTO 1.2, Tz. 2)
	Kriterien, wann ein Engagement einer Intensivbetreuung zu unterziehen ist. (MaK, Tz. 56/MaRisk, BTO 1.2.4, Tz. 1)
	Der Turnus der Überprüfung der weiteren Behandlung der Intensivbetreuungsengagements. (MaK, Tz. 57/MaRisk, BTO 1.2.4, Tz. 2)
	Kriterien, wann bei einem Engagement die auf die Sanierung bzw. Abwicklung spezialisierten Mitarbeiter einzuschalten sind. (MaK, Tz. 58/MaRisk, BTO 1.2.5, Tz. 1)
• Das Verfahren zur zeitnahen Bewertung der Engagements, auch im Hinblick auf gegebenenfalls erforderliche Risikovorsorgemaßnahmen. (MaK, Tz. 16)	Kriterien, auf deren Grundlage Wertberichtigungen, Abschreibungen und Rückstellungen zu bilden sind. (MaK, Tz. 64/MaRisk, BTO 1.2.6, Tz. 1)
• Risikoklassifizierungsverfahren sowie die Art und Weise der Beurteilung des Branchen- und Länderrisikos. (MaK, Tz. 16)	Kriterien, die im Rahmen der Beurteilung der Risiken eine nachvollziehbare Zuweisung in eine Risikoklasse gewährleisten. (MaK, Tz. 67/MaRisk, BTO 1.4, Tz. 1)
	Die Art der Einbindung der Risikoklassifizierungsverfahren in die Prozesse der Kreditbearbeitung, die Kompetenzordnung, die Risikovorsorge und die Intensität der Kundenbetreuung. (MaK, Tz. 71/MaRisk, BTO 1.4, Tz. 4)
• Die Verfahren zur frühzeitigen Identifizierung sowie zur Steuerung und Überwachung der Risiken aus dem Kreditgeschäft. (MaK, Tz. 16/MaRisk, AT 5, Tz. 3b)	-
• Das Berichtswesen. (MaK, Tz. 16)	-
• Das Verfahren zur Sicherstellung der zeitnahen Einreichung der für eine Beurteilung der Ausfallrisiken erforderlichen Unterlagen. (MaK, Tz. 16/MaRisk, BTO 1.2, Tz. 8)	-
• Das Verfahren zur Behandlung von Überziehungen bzw. das Mahnverfahren. (MaK, Tz. 16)	-
• Das Verfahren zur Bewertung, Überprüfung, Verwaltung und Verwertung der Kreditsicherheiten. (MaK, Tz. 16/ MaRisk, BTO 1.2, Tz. 2)	Die von der Bank akzeptierten Sicherheitenarten und die Verfahren zur Wertermittlung je Sicherheitenart (MaK, Tz. 49/MaRisk, BTO 1.2.1, Tz. 4)
	Der Turnus der Überprüfung für die einzelnen Sicherheiten (MaK, Tz. 52).
• Die DV-Verfahren. (MaK, Tz. 16)	-
• Klare Vorgaben, für welche Kreditgeschäfte gegebenenfalls vereinfachte Regelungen zur Anwendung kommen können. (MaK, Tz. 16)	-

Tabelle 5: Mindestinhalt der Organisationsrichtlinien nach MaK/MaRisk

Um zu gewährleisten, dass die Vorgaben der Organisationsrichtlinien eingehalten werden, sind für die Kreditbearbeitung prozessabhängige Kontrollen einzurichten, z.B. im Rahmen des Vier-Augen-Prinzips.[160] Die umfassenden Anforderungen an die Erstellung von Organisationsrichtlinien sollen insbesondere die Gefahren einer mangelhaften Festlegung der Ge-

160 Vgl. BaFin (2002b), Tz. 54/BaFin (2005c), BTO 1.2.3, Tz. 1.

schäftsabläufe verringern und sicherstellen, dass die übergeordnete Strategie sowie die jeweiligen Aufgaben und Kompetenzen den Mitarbeitern bekannt sind.

Zu den allgemeinen Anforderungen an die Schaffung eines angemessenen Kreditrisikoumfelds gehören darüber hinaus explizite Vorgaben zu der Vorgehensweise bei der Einführung neuer Produkte und der Aufnahme von Geschäften in neuen Märkten. Damit soll sichergestellt werden, dass der Risikogehalt sowie alle wesentlichen organisatorischen, dv-technischen, bilanz- und steuerrechtlichen Konsequenzen dieser Geschäfte bekannt sind.[161] Zudem ist für alle Geschäfte im Kreditbereich eine angemessene Dokumentation zu gewährleisten, und es sind sämtliche für die Beurteilung der Geschäfte relevanten Unterlagen nachvollziehbar abzufassen und aufzubewahren.[162]

Im Hinblick auf die **Aufbauorganisation** ist das zentrale Element der Mindestanforderungen die vorgeschriebene Funktionstrennung der Bereiche „Markt“ und „Marktfolge“, die bei einer Kreditentscheidung jeweils über ein Votum verfügen, der „Markt“ als der das Geschäft initiierende Bereich und die „Marktfolge“ mit einem unabhängigen Votum.[163] In Abhängigkeit von dem Risikogehalt eines Kreditengagements sind grundsätzlich zwei zustimmende Voten der beiden Bereiche erforderlich.[164] Die Aufgaben des Kreditrisikocontrollings, d.h. die unabhängige Überwachung der Risiken auf Portfolioebene sowie das unabhängige Berichtswesen sind außerhalb des Bereichs „Markt“ wahrzunehmen. Auch die Verantwortung für die Entwicklung und Qualität der Kreditprozesse muss außerhalb des Marktbereichs angesiedelt sein.[165] Die Trennung zwischen den Markt- und den Marktfolgebereichen ist als wesentlicher Beitrag zur Qualitätssicherung und zur Auflösung von Interessenkonflikten zu sehen.[166]

Aus **ablauforganisatorischer** Sicht macht die BaFin detaillierte Vorgaben für die Prozesse der Kreditbearbeitung, der Kreditbearbeitungskontrolle, der Intensivbetreuung, der Problemkreditbearbeitung und der Risikovorsorge. Tabelle 5 fasst die wichtigsten Mindestanforderungen an die Prozesse zusammen.

161 Vgl. BaFin (2002b), Tz. 18/BaFin (2005c), AT 8.

162 Vgl. BaFin (2002b), Tz. 21/BaFin (2005c), AT 6, Tz. 1.

163 Vgl. BaFin (2002b), Tz. 25/BaFin (2005c), BTO 1.1, Tz. 1. Vgl. ausführlich zu dem Modell der Funktionstrennung und Votierung Hanenberg/Kreische/Schneider (2003), S. 402 ff.

164 Vgl. BaFin (2002b), Tz. 31/BaFin (2005c), BTO 1.1, Tz. 2. Für bestimmte Geschäftsarten oder Kreditgeschäfte unterhalb einer bestimmten Größenordnung kann die Geschäftsleitung festlegen, dass nur ein Votum erforderlich ist. Außerdem kann jeder Geschäftsleiter im Rahmen seiner Einzelkompetenz eigenständig Kreditentscheidungen treffen.

165 Vgl. BaFin (2002b), Tz. 36/BaFin (2005c), BTO 1.2, Tz. 1.

166 Vgl. Heinrich (2002), S. 292.

Prozess	Mindestanforderungen
• Allgemeine Anforderungen	Alle für das **Adressenausfallrisiko** bedeutsamen Aspekte sind herauszuarbeiten und zu beurteilen. Kritische Punkte sind hervorzuheben und gegebenenfalls unter der Annahme verschiedener Szenarien darzustellen. (MaK, Tz. 38/MaRisk BTO 1.2, Tz. 3)
	Bei **Objekt-/Projektfinanzierungen** sind neben der wirtschaftlichen Betrachtung auch die technische Machbarkeit und Entwicklung sowie rechtliche Risiken zu beurteilen. (MaK, Tz. 40/ MaRisk BTO 1.2, Tz. 4)
	Für die erstmalige bzw. turnusmäßige oder anlassbezogene Beurteilung des Adressenausfallrisikos sind **Risikoklassifizierungsverfahren** zu entwickeln (MaK, Tz. 67/MaRisk BTO 1.4, Tz. 1). Diese sollen sowohl quantitative als auch qualitative Kriterien verwenden (MaK, Tz. 70/MaRisk BTO 1.4, Tz. 3) und in die Prozesse der Kreditbearbeitung, in die Kompetenzordnung, die Risikovorsorge und die Intensität der Kundenbetreuung eingebunden werden (MaK, Tz. 71/MaRisk BTO 1.4, Tz. 4). Zwischen der Einstufung im Risikoklassifizierungsverfahren und der Konditionengestaltung sollte ein nachvollziehbarer Zusammenhang bestehen (MaK, Tz. 42/ MaRisk BTO 1.2, Tz. 6).
	Es ist ein Verfahren einzurichten, das die zeitnahe Einreichung der erforderlichen **Kreditunterlagen** überwacht und die zeitnahe Auswertung gewährleistet. Für ausstehende Unterlagen ist ein Mahnverfahren einzurichten. (MaK, Tz. 44/MaRisk BTO 1.2, Tz. 8)
• Kredit-gewährung	Alle für die Beurteilung des Risikos **wichtigen Faktoren** sind unter besonderer Berücksichtigung der Kapitaldienstfähigkeit in Abhängigkeit vom Risikogehalt zu analysieren und zu beurteilen. (MaK, Tz. 45/MaRisk BTO 1.2.1, Tz. 1)
	Abgelehnte Kreditanträge sind in geeigneter Weise zu erfassen (z.B. Warnvermerk in der EDV). (MaK, Tz. 46/Textziffer in den MaRisk gestrichen)
	Die Werthaltigkeit und der rechtliche Bestand von **Sicherheiten** sind grundsätzlich vor jeder Kreditvergabe zu beurteilen. (MaK, Tz. 47/MaRisk BTO 1.2.1, Tz. 2)
• Kreditweiter-bearbeitung	Die **Einhaltung vertraglicher Vereinbarungen** durch den Kreditnehmer ist zu kontrollieren. Bei zweckgebundenen Mitteln ist eine **Kreditverwendungskontrolle** durchzuführen. (MaK, Tz. 50/ MaRisk BTO 1.2.2, Tz. 1).
	Das Adressenausfallrisiko ist **jährlich** zu beurteilen. (MaK, Tz. 51/MaRisk BTO 1.2.2, Tz. 2)
	Die Werthaltigkeit von **Sicherheiten** ist in Abhängigkeit von der Sicherheitenart ab einer festzulegenden Grenze in angemessenene Abständen zu überprüfen. (Mak, Tz. 52/MaRisk BTO 1.2.2, Tz. 3)
	Außerordentliche Prüfungen sind durchzuführen, wenn Informationen auf eine negative Veränderung der Risikoeinschätzung hindeuten. (MaK, Tz. 53/MaRisk BTO 1.2.2, Tz. 4).
• Kreditbe-arbeitungs-kontrolle	Durch **prozessabhängige Kontrollen** ist insbesondere festzustellen, ob der Kreditvertrag entsprechend der festgelegten Kompetenzordnung ausgefertigt wurde und ob die Voraussetzung bzw. Auflagen aus dem Kreditvertrag erfüllt sind. (MaK, Tz. 54 f./MaRisk BTO 1.2.3)
• Intensiv-betreuung	**Turnusmäßige Überprüfung** der weiteren Behandlung (z.B. Abgabe an Abwicklung oder Sanierung). (MaK, Tz. 57/MaRisk BTO 1.2.4, Tz. 2)
• Problem-kreditbear-beitung	Prüfung der Sanierungswürdigkeit und Sanierungsfähigkeit (MaK, Tz. 59/MaRisk BTO 1.2.5, Tz. 2)
	Erarbeitung eines **Sanierungs- bzw. Abwicklungskonzepts** sowie im Falle der Sanierung Kontrolle der Umsetzung und regelmäßige Information der Geschäftsleitung. (MaK, Tz.60 ff./ MaRisk BTO 1.2.5, Tz. 3 ff.)
	Analyse von Sanierungs- und Abwicklungsfällen bei bedeutenden Engagements oder auffälligen Häufungen, auch auf Mängel in der Organisation oder Handhabung des Kreditgeschäfts hin. (MaK, Tz. 63/in den MaRisk z.T. verschoben nach BTR 4, Tz. 3)
• Risikovorsorge	Die erforderliche Risikovorsorge ist **zeitnah** zu ermitteln und fortzuschreiben. (MaK, Tz. 65/ MaRisk BTO 1.2.6, Tz. 2)
	Ein erheblicher Risikovorsorgebedarf ist unverzüglich der Geschäftsleitung mitzuteilen. (MaK, Tz. 66/MaRisk BTO 1.2.6, Tz. 2)

Tabelle 6: Mindestanforderungen an die Kreditprozesse nach MaK/MaRisk

Diese weit reichenden Eingriffe in die internen Prozesse der Kreditinstitute dienen insbesondere dazu, Bearbeitungsfehler der Mitarbeiter in der Kreditbearbeitung durch die Festlegung wesentlicher Prozessschritte zu vermeiden. Dennoch verbleiben bei der Umsetzung der Anforderungen erhebliche Spielräume für die konkrete Ausgestaltung der Prozesse durch die Institute, insbesondere im Hinblick auf die zahlreichen Öffnungsklauseln, die es erlauben, die Prozesse in Abhängigkeit von dem Risikogehalt der einzelnen Geschäfte durchzuführen.

Um angemessene **Risikosteuerungs- und -controllingprozesse** im Kreditbereich zu gewährleisten, werden zudem Anforderungen an die Identifikation, Steuerung und Überwachung der Risiken im Kreditgeschäft gestellt.[167] So sind insbesondere Verfahren zur Früherkennung und zur Begrenzung der Risiken sowie ein aussagekräftiges Berichtswesen einzurichten. Die Verfahren müssen sicherstellen, dass alle wesentlichen Risiken vollständig erfasst und in angemessener Weise dargestellt und überwacht werden. Dies gilt sowohl auf Einzelkredit- als auch auf Portfolioebene. Für die Früherkennung von Risiken kann dabei beispielsweise das Risikoklassifizierungsverfahren genutzt werden, sofern dieses mit geeigneten Frühwarnindikatoren ausgestattet ist.[168] Zur Risikobegrenzung sehen die Mindestanforderungen der BaFin insbesondere die Einrichtung von Limiten vor. Damit die Geschäftsleitung ihrer Verantwortung im Zusammenhang mit der Risikosituation des Instituts nachkommen kann, ist sie auf ein aussagekräftiges Berichtswesen angewiesen. Die Mindestanforderungen bestimmen daher, dass mindestens vierteljährlich ein Risikobericht zu erstellen und der Geschäftsleitung zur Verfügung zu stellen ist. Diese hat wiederum einen Bericht hierüber an das Aufsichtsorgan weiterzuleiten. Darüber hinaus wird der Mindestinhalt des Risikoberichts festgelegt, der sich insbesondere auf die wesentlichen Strukturmerkmale und die Entwicklung des Kreditportfolios, auf das Neugeschäft sowie die Entwicklung der Risikovorsorge zu erstrecken hat.

Im Hinblick auf die **personelle Ausstattung** wird gefordert, dass für die in die verschiedenen Prozesse des Kreditgeschäfts eingebunden Mitarbeiter stets eine angemessene Qualifikation sicherzustellen ist.[169] Dies ist besonders vor dem Hintergrund der immer komplexer werdenden Kreditprodukte sowie moderner Verfahren der Kreditrisikosteuerung von erheblicher Bedeutung. Um stets auch eine angemessene quantitative Personalausstattung zu gewährleisten, ist zudem Vorsorge für unvorhergesehene Personalausfälle zu treffen.[170] In **technisch-organisatorischer** Hinsicht ist insbesondere dafür zu sorgen, dass die DV-Systeme der Art und dem Umfang der Geschäfte des Instituts angemessen sind.[171] Darüber hinaus sollen schriftliche Notfallplanungen sicherstellen, dass auch bei einem Ausfall der erforderlichen

[167] Vgl. BaFin (2002b), Tz. 72 ff./BaFin (2005c), AT 4.3.2.

[168] Dies könnten z.B. Merkmale wie eine steigende Gesamtverschuldung, Eigenkapitalveränderungen, schwache wirtschaftliche Verhältnisse, Mitarbeiterfluktuation oder ein geändertes Informationsverhalten sein. Vgl. Heinrich (2002), S. 307.

[169] Vgl. BaFin (2002b), Tz. 17/BaFin (2005c), AT 7.1, Tz. 2.

[170] Vgl. BaFin (2002b), Tz. 90/BaFin (2005c), AT 7.1, Tz. 3.

[171] Vgl. BaFin (2002b), Tz. 89/BaFin (2005c), AT 7.2.

technischen Einrichtungen zeitnah Ersatzlösungen zur Verfügung stehen.[172] Alle im Kreditgeschäft implementierten DV-Systeme, dv-technischen Verfahren und Notfallpläne sind zudem regelmäßig zu überprüfen und gegebenenfalls anzupassen.

Mit Einführung der MaK im Jahre 2002 wurden die Ansätze der qualitativen Aufsicht auf das Kreditrisikomanagement ausgedehnt. Dieser Weg wird mit der Integration der MaK in die MaRisk konsequent fortgeschrieben. Die Mindestanforderungen bilden einen Rahmen für die Organisation und Handhabung des Kreditgeschäfts, innerhalb dessen die Banken flexibel und eigenverantwortlich ihre Organisation gestalten können. Zahlreiche Öffnungsklauseln, die insbesondere in Formulierungen wie „angemessen“, „ausreichend“ und „wesentlich“ zum Ausdruck kommen, gewähren den Instituten dabei einen umfangreichen Gestaltungsspielraum, der eine Umsetzung gemäß der Größe, den Geschäftsschwerpunkten und dem Risikogehalt der Kreditgeschäfte des einzelnen Instituts zulässt.[173] Die Anforderungen gelten unabhängig von der Unterlegung der Kreditrisiken mit Eigenkapital für **alle** Kreditinstitute und sind daher auch nach der Umsetzung von Basel II unabhängig davon, für welches Verfahren der Berechnung der aufsichtsrechtlichen Eigenkapitalforderung sich ein Institut entscheidet, zu beachten. Dennoch besteht eine gewisse Verbindung und teilweise Deckungsgleichheit zwischen einzelnen Vorschriften der BaFin und den an die IRB-Ansätze in Basel II geknüpften Mindestanforderungen.

b) Mindestanforderungen an interne Ratingsysteme nach Basel II

An die Stelle der mehr oder weniger pauschalen Eigenkapitalunterlegung für Kreditrisiken tritt mit Basel II ein verstärkt risikoorientiertes Verfahren, das insbesondere die individuelle Bonität der einzelnen Kreditnehmer berücksichtigt. Je nachdem, ob die Bonität extern oder bankintern bestimmt wird, sind grundsätzlich zwei verschiedene Methoden zur Ermittlung der Eigenkapitalanforderung zu unterscheiden: der Standardansatz, der auf externen Ratings basiert, und der durch die Aufsicht zu genehmigende, auf internen Ratings basierende (IRB) Ansatz.[174] Für diejenigen Banken, die sich zur Kreditrisikomessung für die Anwendung des IRB-Ansatzes entscheiden, enthält Basel II neben quantitativen Mindestanforderungen ebenfalls umfangreiche qualitative Vorgaben zum Kreditgeschäft, an deren Einhaltung die Erlaubnis zur Verwendung des IRB-Ansatzes durch die Aufsicht geknüpft ist. Die Anforderungen aus Basel II befassen sich somit schwerpunktmäßig mit der Risikoquantifizierung und der daraus folgenden Eigenmittelunterlegung und stellen daher lediglich für einen ausgewählten Aspekt der MaRisk, nämlich das Risikoklassifizierungsverfahren, eine tiefer gehende Ergän-

[172] Vgl. BaFin (2002b), Tz. 90/BaFin (2005c), AT 7.3, Tz. 2.

[173] Vgl. Groß (2003), S. 95; Deutsche Bundesbank (2003), S. 46; Hanenberg/Kreische/Schneider (2003), S. 400.

[174] Beim IRB-Ansatz sind des weiteren zwei Varianten zu unterscheiden: der IRB-Basisansatz, bei dem lediglich die Ausfallwahrscheinlichkeit bankintern geschätzt wird, während die weiteren für die Bestimmung des Risikos relevanten Parameter von der Aufsicht vorgegeben werden, und der fortgeschrittene IRB-Ansatz, bei dem alle relevanten Größen bankintern geschätzt werden.

zung dar. Im Unterschied zu den MaRisk, deren Einhaltung im Rahmen der laufenden Bankenaufsicht bei allen Kreditinstituten geprüft wird, sind die Anforderungen von Basel II daher insbesondere im Zusammenhang mit der aufsichtlichen Genehmigung des IRB-Ansatzes nach Antragstellung durch das Kreditinstitut relevant. Die an die Verwendung des IRB-Ansatzes geknüpften qualitativen Anforderungen weisen dabei deutliche Parallelen zu einzelnen Forderungen der MaRisk auf.[175] Die Umsetzung der Baseler Anforderungen wird im Rahmen der Solvabilitätsverordnung erfolgen, für die seit Mai 2005 ein erster Diskussionsentwurf (E-SolvV) vorliegt.

Die qualitativen Mindestanforderungen aus Basel II betreffen insbesondere den Einsatz des Ratingsystems, die Verantwortung der Geschäftsleitung, die Verwendung der internen Ratings, die Validierung der internen Schätzungen sowie Offenlegungsanforderungen. Tabelle 6 fasst exemplarisch wichtige Mindestanforderungen zusammen.[176]

175 Vgl. noch für die MaK Deutsche Bundesbank (2003), S. 54.

176 Entsprechende, wenngleich nicht deckungsgleiche Anforderungen finden sich in der Neufassung der Bankenrichtlinie in Art. 84 i.V.m. Anhang VII, 4. Teil. Daneben existieren zahlreiche weitere, überwiegend quantitative Mindestanforderungen an die internen Ratings, die sich vornehmlich auf die Ausgestaltung des Ratingsystems und die Risikoquantifizierung, d.h. die Schätzung der erforderlichen Risikoparameter Ausfallwahrscheinlichkeit, Verlust bei Ausfall und Forderungshöhe bei Ausfall beziehen.

Prozess	Mindestanforderungen
• Einsatz des Ratingsystems	**Jedem Kreditnehmer innerhalb der relevanten Portfolios** muss ein Rating zugewiesen werden. (Basel II, Tz. 422; § 117 Abs. 1 E-SolvV)
	Der Ratingprozess muss die **Unabhängigkeit der Ratingzuordnung** sicherstellen. (Basel II, Tz. 424; § 120 Abs. 1 E-SolvV)
	Alle Ratings sind mindestens einmal **jährlich** zu aktualisieren. (Basel II, Tz. 425; § 120 Abs. 2 E-SolvV)
	Es müssen Verfahren vorhanden sein, die sicherstellen, dass alle erforderlichen **Informationen** über die finanziellen Verhältnisse eines Kreditnehmers eingeholt und aktualisiert werden. (Basel II, Tz. 426; § 120 Abs. 3 E-SolvV)
• Einbeziehung in die Unternehmenssteuerung und Überwachung	Die **Geschäftsleitung** muss alle wesentlichen Aspekte der Ratingverfahren billigen und verstehen. (Basel II, Tz. 438; § 155 Abs. 1 E-SolvV).
	Die internen Ratings müssen ein wesentlicher Bestandteil des **Berichtswesens** sein. (Basel II, Tz. 440; § 155 Abs. 4 E-SolvV)
	Es müssen vom Marktbereich **unabhängige Kreditrisikoüberwachungseinheiten** vorhanden sein, die für die Ausgestaltung, Implementierung und Aussagekraft des internen Ratingsystems verantwortlich sind. (Basel II, Tz. 441; § 156 E-SolvV)
	Die Güte der Ratingsysteme sowie deren adäquate Anwendung sind von der **Internen Revision** mindestens einmal jährlich zu prüfen. (Basel II, Tz. 443; § 157 E-SolvV)
	Die nationale Aufsicht kann zudem die Überprüfung der Zuordnungsverfahren von internen Ratings und der Verlustschätzungen durch **externe Prüfer** verlangen. (Basel II, Tz. 443)
• Verwendung der internen Ratings	Die Ratingergebnisse müssen **integraler Bestandteil** der bankinternen Steuerung sein, d.h. des Kreditgenehmigungsprozesses, des Risikomanagements, der internen Eigenkapitallokation und der Unternehmenssteuerung. (Basel II, Tz. 444; § 110 E-SolvV)
• Validierung	Es muss ein stabiles Verfahren vorhanden sein, mit dem die Adäquanz der Ratingverfahren beurteilt werden kann. (Basel II, Tz. 500; § 151 E-SolvV)
• Offenlegung	Die **Struktur** des internen Rating-Systems sowie eine Beschreibung des **internen Rating-Prozesses** sind offenzulegen. (Basel II, Tz. 537 i.V.m. Tz. 826; § 334 E-SolvV)

Tabelle 7: Exemplarische Auflistung von Mindestanforderungen an interne Ratingsysteme nach Basel II und E-SolvV

Eine Verbindung zwischen diesen Anforderungen und denen der MaRisk ist beispielsweise bei der Forderung nach einer unabhängigen Ratingzuordnung erkennbar, die eine Funktionstrennung nach den MaRisk quasi als Nebenbedingung voraussetzt. Zudem besteht eine Parallele zwischen der geforderten unabhängigen Ratingsystemüberwachung und der Forderung der MaRisk nach einer vom Markt unabhängigen Entwicklung und Qualitätsüberwachung der Prozesse im Kreditgeschäft. Auch die Verpflichtung zur Integration der Ratingergebnisse in die bankinterne Steuerung nach Basel II deckt sich mit der Forderung der MaRisk nach Einbindung der Risikoklassifizierungsverfahren in die Prozesse der Kreditbearbeitung, die Kompetenzordnung, die Risikovorsorge und die Intensität der Kundenbetreuung. Gemeinsamkeiten ergeben sich darüber hinaus bei der Einbindung der Geschäftsleitung und der internen Revision.

Insgesamt können die MaRisk als notwendige organisatorische Grundlage für einen korrekten Einsatz der bankinternen Modelle angesehen werden. Diese wiederum stellen einen Spezialfall der in den MaRisk geforderten Risikoklassifizierungsverfahren dar. Die Basel II-Anforderungen an diese gehen weit über die entsprechenden MaRisk-Anforderungen hinaus. Für diesen Teilbereich dienen sie schwerpunktmäßig einer weiteren Verringerung des operationellen Risikos. Andererseits decken die MaRisk, wie dargestellt, einen wesentlich umfangreicheren Bereich qualitativer Anforderungen ab als Basel II.[177]

c) Rundschreiben zur Konkretisierung der Anforderungen des § 18 KWG

Lediglich der Vollständigkeit halber werden an dieser Stelle die Konkretisierungen der BaFin zu der Kreditunterlagenregelung des § 18 KWG erwähnt. Diese Norm fordert, dass ein Institut einen Kredit in Höhe von insgesamt mindestens 750.000 Euro oder zehn Prozent des haftenden Eigenkapitals des Instituts[178] nur dann gewährt, wenn es sich zuvor die wirtschaftlichen Verhältnisse des Kreditnehmers hat offenlegen lassen.

Die BaFin hatte in diversen Rundschreiben und Einzelschreiben diese Anforderung konkretisiert, indem sie Vorschriften für die Kreditgewährung und die Kreditweiterbearbeitung erlassen hatte.[179] Um eine verbesserte Übersichtlichkeit über die Vorschriften zu erreichen, wurde im Februar 2005 der Entwurf eines konsolidierten Rundschreibens veröffentlicht. Nach Auswertung der auf diesen Entwurf hin eingegangenen Stellungnahmen wurde dieser jedoch gänzlich fallen gelassen und stattdessen mit Wirkung vom 9. Mai 2005 alle bisher zu § 18 KWG veröffentlichten Rundschreiben aufgehoben.[180] Die BaFin begründete diese Entscheidung damit, dass die Institute Systeme einsetzen müssen, die ihrem individuellen Geschäftsprofil entsprechen. Dabei seien die Intensität und Frequenz der Beurteilung sowie die hierfür einzufordernden Unterlagen in den bankinternen Organisationsrichtlinien festzulegen. Es ist das ausdrückliche Ziel der BaFin, mit dieser Maßnahme die im Zuge der verstärkt qualitativen Ausrichtung der Aufsicht betonte Eigenverantwortung der Institute hervorzuheben und zu stärken.

Die kurze Beschreibung dieses Vorgangs soll deutlich machen, dass die BaFin bei den durch sie veröffentlichten Konkretisierungen gesetzlicher Normen einen zunehmenden Balanceakt zwischen detaillierten Regelungen und der Betonung der Eigenverantwortung der Institute zu bewältigen hat, der, wie später noch zu zeigen sein wird, mitunter erhebliche Auswirkungen auf weitere Überwachungsträger im Corporate Governance-Prozess haben kann.

---

177 Vgl. für die MaK Deutsche Bundesbank (2003), S. 56 f.

178 Die Anhebung der Offenlegungsgrenze von 250.000 Euro auf 750.000 Euro bzw. zehn Prozent des haftenden Eigenkapitals wurde im Rahmen des Gesetzes zur Neuordnung des Pfandbriefrechts vom 22.5.2005 verabschiedet und trat mit Wirkung vom 28.5.2005 in Kraft. Vgl. Bundesregierung (2005c), S. 1388.

179 Vgl. BaFin (1998a), Rundschreiben vom 7. Juli 1998; BaFin (1999b) Rundschreiben vom 29.11.1999; BaFin (2000d), Rundschreiben 6.11.2000; BaFin (2002c), Rundschreiben vom 17.1.2002 sowie dessen Ergänzung in BaFin (2002d), ergänzendes Schreiben vom 9.4.2002.

180 Vgl. BaFin (2005b), Schreiben vom 9.5.2005.

Regelungen für das Betreiben von Handelsgeschäften

a) Die Mindestanforderungen an das Betreiben von Handelsgeschäften

Dem Handelsgeschäft kommt in Kreditinstituten eine wachsende Bedeutung zu, die unter anderem auf ein verstärktes Aufkommen derivativer Finanzinstrumente zurückzuführen ist. Mit Handelsgeschäften werden in einem Institut unterschiedliche Ziele verfolgt. Einerseits kann es um den Aufbau eines Anlagebestandes, die Investition verfügbarer Mittel in der Liquiditätsreserve oder die Absicherung bereits bestehender Geschäfte gehen, andererseits begründen die Institute auch Risikopositionen im Eigenhandel, um hieraus Handelserfolge zu erzielen.[181] Da die organisatorischen Regelungen der deutschen Bankenaufsicht für das Devisen- und Wertpapiergeschäft aus den Jahren 1975 und 1980 insbesondere im Hinblick auf die Risiken aus den Derivategeschäften nicht mehr ausreichten, wurden am 23. Oktober 1995 die „Mindestanforderungen an das Betreiben von Handelsgeschäften der Kreditinstitute" (MaH) veröffentlicht. Als Grundlage hierfür dienten die im Juli 1994 vom Baseler Ausschuss für Bankenaufsicht herausgegebenen „Richtlinien für das Risikomanagement im Derivativgeschäft".[182] Die Vorschriften der MaH wurden nicht, wie diejenigen der MaK, mehr oder weniger vollständig in den Entwurf der MaRisk übernommen. Vielmehr wurden etliche Detailvorschriften gestrichen, da diese z.B. als nicht mehr zeitgerecht angesehen wurden oder stattdessen eine Übernahme in die Erläuterungen vorgezogen wurde.[183]

Das Ziel der auf die Handelsgeschäfte von Kreditinstituten bezogenen Mindestanforderungen ist es, Richtlinien für das interne Risikomanagement im Handelsbereich aufzustellen und dadurch Schieflagen im Bankensystem zu verhindern.[184] Es werden die qualitativen Anforderungen an die Aufbau- und Ablauforganisation, die die Institute für eine umsichtige und risikobewusste Durchführung ihrer Handelsgeschäfte zu erfüllen haben, beschrieben.[185] Die Mindestanforderungen betreffen damit die operationellen Risiken sämtlicher Handelsgeschäfte und gelten unabhängig davon, ob ein Geschäft für die aufsichtsrechtliche Eigenmittelunterlegung dem Handels- oder dem Anlagebuch zuzuordnen ist.[186] Damit werden auch Transaktionen für den Anlagebestand und die Liquiditätsreserve mit erfasst.

---

181 Vgl. Waschbusch (2000), S. 482.

182 Vgl. Basel Committee on Banking Supervision (1994). Diese Richtlinien basieren wiederum auf Prinzipien, die 1993 von der Group of Thirty der Global Derivatives Study Group veröffentlicht wurden und die die erstmalige Einrichtung international einheitlicher Mindestanforderungen im Bereich qualitativer Bankenaufsicht zum Ziel hatten. Vgl. Olearius (2001), S. 253; Höfer/Jütten (1995), S. 752.

183 Vollständig gestrichen wurde etwa die Nachweispflicht der Kenntnisnahme aktueller Arbeitsanweisungen durch die Mitarbeiter (Tz. 2.2 der MaH), da heutzutage die Möglichkeit besteht, bestimmte Informationen auch elektronisch zu verteilen bzw. abzulegen, was den ohnehin aufwendigen Nachweis der schriftlichen Kenntnisnahme erschwert. Vgl. Bundesverband Öffentlicher Banken Deutschlands [Hrsg.] (2005b), S. 42. Komplett in die Ergänzungen durch die BaFin verschoben wurden z.B. die Vorschriften über die Prolongation von Devisengeschäften (Tz. 6.2 der MaH).

184 Vgl. Olearius (2001).

185 Vgl. Waschbusch (2000), S. 483.

186 Die Unterscheidung in Handels- und Anlagebuch hat den Zweck, für reine Wertpapierfirmen, wie sie in Trennbankensystemen vorkommen, und Universalbanken, die ebenfalls Wertpapierhandel betreiben,

Um die Risiken aus einer mangelhaften Organisation im Handelsbereich zu begrenzen, wird zunächst die Gesamtverantwortung der Geschäftsleitung für die ordnungsgemäße Organisation und Überwachung der Handelsgeschäfte klargestellt.[187] Die Geschäftsleiter müssen den Risikogehalt der Geschäfte beurteilen können und die erforderlichen organisatorischen Maßnahmen zur Begrenzung der Risiken treffen. Hierzu gehört die Festlegung von Rahmenbedingungen, die in **Organisationsrichtlinien**, wie z.B. Arbeitsanweisungen, Arbeitsablaufbeschreibungen, Stellenbeschreibungen und Kompetenzzuordnungen schriftlich fixiert werden müssen. Abbildung 17 gibt diejenigen Bereiche wieder, die nach den MaH mindestens in den Organisationsrichtlinien Beachtung finden mussten.

In Organisationsrichtlinien zu regelnde Bereiche (MaK, Tz. 2.2)
a) Die geschäftspolitischen **Strategien** in den einzelnen Produktgruppen.
b) Die **Märkte**, auf denen gehandelt werden darf.
c) **Art, Umfang, rechtliche Gestaltung** und **Dokumentation** der Handelsgeschäfte.
d) Den **Kontrahentenkreis**, mit dem gehandelt werden darf.
e) Die Verfahren zur **Messung, Analyse, Überwachung** und **Steuerung** der Risiken.
f) Die Höhe der **zulässigen Risikopositionen** nach - Geschäfts- oder Risikoarten, - Organisationseinheiten oder - Portfolios.
g) Das Verfahren, wie bei **Limitüberschreitungen** und **extremen Marktentwicklungen** zu reagieren ist.
h) Die **Funktion** und **Verantwortung** einzelner Mitarbeiter und Arbeitseinheiten.
i) Internes **Rechnungswesen** und externe Rechnungslegung.
j) Die **personelle** und **technische** Ausstattung.
k) **Internes Kontroll- und Überwachungssystem**.
l) **Internes Berichtswesen.**
m) Die Wahrung der **Vertraulichkeit** bei Geschäftsabschlüssen.

Abbildung 17: Mindestinhalt der Organisationsrichtlinien nach den MaH

gleiche Bedingungen im Hinblick auf die Pflicht zur Eigenmittelunterlegung zu schaffen („level playing field"). Die Handelsbuch-Risikopositionen werden daher gesondert erfasst und unterliegen für alle Handelsbuchinstitute der Eigenmittelunterlegungspflicht, so dass für gleichartige Geschäfte identische Vorschriften existieren. Dies hat zur Folge, dass eine Universalbank zum Zwecke der Eigenmittelunterlegung gedanklich zerlegt wird in ein Kreditinstitut, das Kredit- und Einlagengeschäft betreibt und Wertpapiere im Anlagebuch hält, und in eine Wertpapierfirma, die im Eigenhandel tätig ist. Dem **Handelsbuch** sind gemäß § 1 Abs. 12 KWG alle Finanzinstrumente zuzurechnen, die zum Zeck des Wiederverkaufs im Eigenbestand gehalten werden, um bestehende oder erwartete Unterschiede zwischen Kauf- und Verkaufspreis oder Preis- und Zinsschwankungen kurzfristig zu nutzen. Außerdem sind auch alle Bestände und Geschäfte, die der Absicherung von Positionen des Handelsbuchs dienen, diesem zuzurechen. Dem **Anlagebuch** sind alle Geschäfte zuzuordnen, die nicht dem Handelsbuch zuzurechnen sind. Vgl. Hartmann-Wendels/Pfingsten/Weber (2004), S. 397 f.

187 Vgl. BaFin (1995), Tz. 2.1/Bafin (2005c), AT 3, Tz. 1.

Die nunmehr geltenden MaRisk machen hier weniger detaillierte Vorgaben als die MaH. So finden sich lediglich die Forderungen der Tz. 2.2 e) und k) in AT 5, Tz.3 der MaRisk in ähnlicher Form wieder.

Im Hinblick auf die **Aufbauorganisation** wird eine klare funktionale und organisatorische Trennung des Handels von den übrigen Bereichen, wie Abwicklung und Kontrolle, Rechnungswesen sowie Überwachung gefordert.[188] Für jeden dieser vier Funktionsbereiche legen die Mindestanforderungen darüber hinaus der **Ablauforganisation** zuzurechnende Pflichten fest, die in Tabelle 7 aufgeführt sind.

188 Vgl. BaFin (1995), Tz. 4/Bafin (2005c), BTO 2.1, Tz. 1. Die MaRisk sprechen allerdings von „Risikocontrolling“ anstelle von „Überwachung“. Die Forderung nach der funktionalen Trennung von Handel und Rechnungswesen ergibt sich in den MaRisk aus BTO 1, Tz. 7.

Funktionsbereich	Mindestanforderungen
• Handel	Jedes Geschäft ist **sofort** nach Geschäftsabschluss mit allen maßgebenden Abschlussdaten zu erfassen und an die Abwicklung weiterzuleiten. (MaH, Tz. 4.1, 1. Teil/MaRisk, BTO 2.2.1, Tz. 5)
	Spätgeschäfte, die nach Erfassungsschluss der Abwicklung abgeschlossen werden, sind als solche zu kennzeichnen und bei den Positionen des Abschlusstages zu erfassen. (MaH, Tz. 4.1, 4. Teil/MaRisk, BTO 2.2.1, Tz. 7)
	Geschäftsabschlüsse **außerhalb der Geschäftsräume** sind nur im Rahmen einer ausdrücklichen Regelung der Geschäftsleitung zulässig. (MaH, Tz. 4.1, 5. Teil/in den MaRisk abgeschwächt in BTO 2.2.1, Tz. 3)
• Abwicklung und Kontrolle	Die Abwicklung hat die **Geschäftsbestätigungen** bzw. die Abrechnungen anzufertigen und die weitere Abwicklung vorzunehmen. (MaH, Tz. 4.2, 1. Teil/MaRisk, BTO 2.2.2, Tz. 1)
	Die Geschäfte sind einer **laufenden Kontrolle** zu unterziehen. Insbesondere ist zu kontrollieren, ob - die Geschäftsunterlagen vollständig und zeitnah vorliegen, - die Angaben der Händler richtig und vollständig sind, - die Abschlüsse sich im Rahmen der üblichen Geschäftstätigkeit und der Limite bewegen, - marktgerechte Bedingungen vereinbart sind, - Abweichungen von vorgegebenen Standards vereinbart wurden. (MaH, Tz. 4.2, 2. Teil/MaRisk, BTO 2.2.2, Tz. 4)
	Die Kontrollen sind zu **dokumentieren**. (MaH, Tz. 4.2, 3. Teil/MaRisk, AT 6, Tz. 2)
	Der **fristgerechte** Eingang der Gegenbestätigungen ist zu überwachen, wobei sichergestellt sein muss, dass diese nicht in den Handel gelangen. (MaH, Tz. 4.2, 5. Teil/MaRisk, BTO 2.2.2, Tz. 2)
• Rechnungswesen	Sämtliche Geschäfte sind **unverzüglich** im Rechnungswesen zu erfassen. (MaH, Tz. 4.3, 1. Teil/in den MaRisk gestrichen)
	Schwebende Geschäfte sind grundsätzlich zum Zeitpunkt des Abschlusses in Nebenbüchern festzuhalten. (MaH, Tz. 4.3, 2. Teil/in den MaRisk gestrichen)
	Änderungen und **Stornierungen** sind einer Kontrolle durch eine vom Handel unabhängige Stelle zu unterwerfen. (MaH, Tz. 4.3, 4. Teil/MaRisk, BTO 2.2.2, Tz. 4)
• Überwachung/ Risikocontrolling	Der **Risikogehalt** der Handelsgeschäfte ist durch ein vom Tagesgeschäft des Handels unabhängiges Mitglied der Geschäftsleitung oder eine von dieser autorisierten Stelle zeitnah zu überwachen. (MaH, Tz. 4.4/MaRisk, AT 4.3.2, Tz.1 sowie BTO 2.1, Tz. 1)
	Der zuständige Geschäftsleiter ist nachweislich **täglich** über die Risikopositionen und die Handelsergebnisse zum Geschäftsschluss durch eine vom Handel unabhängige Stelle zu unterrichten. (MaH, Tz. 4.4, Buchstabe a)/MaRisk, BTR 2.2, Tz. 3)
	Der zuständige Geschäftsleiter ist über die **schwebenden Termingeschäfte** mit den bedeutenden Kontrahenten mindestens monatlich zu unterrichten. (MaH, Tz. 4.4, Buchstabe b)/ in den MaRisk gestrichen)
	Der zuständige Geschäftsleiter hat die anderen Mitglieder der Geschäftsleitung mindestens **monatlich** über die Entwicklung der Risiko- und Ertragslage in den einzelnen Handelsbereichen zu unterrichten und die Ergebnisse zu erläutern. (MaH, Tz. 4.4, Buchstabe c)/in den MaRisk abgeschwächt in BTR 2.1, Tz. 5)
	Der zuständige Geschäftsleiter ist unverzüglich zu unterrichten, wenn wiederholte oder gravierende **Verletzungen** der Anforderungen oder internen Anweisungen festgestellt werden oder der Verdacht auf unkorrektes Handeln eines Marktteilnehmers besteht. (MaH, Tz. 4.4, Buchstabe d)/MaRisk, BTO 2.2.2, Tz. 5)

Tabelle 8: Anforderungen an die Organisation der Handelstätigkeit nach den MaH/MaRisk

Für Geschäfte in neuen Produkten und auf neuen Märkten werden ebenfalls konkrete Vorgaben zur Vorgehensweise formuliert. So ist ein detailliertes Konzept zu erstellen und eine

Testphase durchzuführen, in die alle später an den Arbeitsabläufen beteiligten Stellen einzubinden sind. Erst nach deren Abschluss und Einrichtung aller erforderlichen Systeme sowie der Genehmigung durch die Geschäftsleitung darf der Handel in den neuen Produkten oder Märkten aufgenommen werden.[189] Ein wesentlicher Ansatzpunkt für die Unterbindung betrügerischen Verhaltens durch Mitarbeiter findet sich in der Forderung nach marktgerechten Konditionen bei den Geschäftsabschlüssen.[190] Mit marktabweichenden Kursen wäre es möglich, willkürlich Verluste oder Gewinne in andere Rechnungsperioden oder zwischen Geschäftspartnern zu verlagern oder Geschäfte in betrügerischer Weise zu verfälschen. Zudem ließen sich verdeckte Kreditgewährungen durchführen, die den Kontrollmechanismen für Kreditgeschäfte auf diese Weise entgehen könnten.[191] Zur Verhinderung von Rechtsstreitigkeiten schreiben die Mindestanforderungen darüber hinaus vor, dass Handelsgeschäfte auf der Grundlage eindeutiger und korrekt dokumentierter Vereinbarungen abzuschließen sind. Alle Konditionen müssen vollständig vereinbart sein. Werden beispielsweise Rahmenvereinbarungen oder Nettingabreden getroffen, ist vorab zu prüfen, ob und inwieweit die Verträge rechtlich durchsetzbar sind.[192]

Die Messung und Überwachung der Risikopositionen aus den Handelsgeschäften sowie die Analyse des Verlustpotenzials ist einer vom Handel weisungsunabhängigen Stelle zu übertragen. Diese Aufgaben fassen die Mindestanforderungen unter dem Begriff des **Risikocontrollings** zusammen.[193] Die unabhängige Stelle hat auch die Elemente, Methoden und Rechenverfahren der Risikoquantifizierung zu dokumentieren, mindestens jährlich zu überprüfen und weiterzuentwickeln. Um die Risiken auf eine für das Institut tragbare Höhe zu beschränken, ist auf der Grundlage der Analyseergebnisse des Risikocontrollings im Rahmen der **Risikosteuerung** ein System risikobegrenzender Limite einzurichten, die sich sowohl auf Adressenausfall- als auch auf Marktpreisrisiken beziehen sollen. Sämtliche Handelsgeschäfte sind unverzüglich auf die Limite anzurechnen und die Händler sind über ihre Limite sowie die aktuelle Ausnutzung zeitnah zu informieren.

Hinsichtlich der **Personalausstattung** gelten auch hier Anforderungen an die Qualifikation und das Verhalten der Mitarbeiter.[194] So ist dafür zu sorgen, dass sämtliche in die Prozesse einbezogenen Mitarbeiter, d.h. neben dem Handel auch die mit der Abwicklung, dem Rechnungswesen, der Überwachung und der Organisation der Handelsgeschäfte betrauten Mitarbeiter, über umfassende Kenntnisse in den gehandelten Produkten und den eingesetzten Handels- und Steuerungstechniken verfügen. Darüber hinaus wird gefordert, dass die Händlergehälter nicht zu stark von der Entwicklung der Handelsergebnisse abhängen sollen, um keine Anreize für den Abschluss besonders risikoreicher Geschäfte zu liefern. Im Falle von Mani-

189 Vgl. BaFin (1995), Tz. 2.3/Bafin (2005c), AT 8.
190 Vgl. BaFin (1995), Tz. 2.5/Bafin (2005c), BTO 2.2.1, Tz. 2.
191 Vgl. Deutsche Bundesbank (1996), S. 59.
192 Vgl. BaFin (1995), Tz. 3.3/BaFin (2005c), BTO 2.2.1, Tz. 1 bzw. Tz. 8.
193 Vgl. BaFin (1995), Tz. 3/Bafin (2005c), AT 4.3.2, Tz. 1 sowie BTO 2.1, Tz. 1.
194 Vgl. BaFin (1995), Tz. 2.4/Bafin (2005c), AT 7.1, Tz. 2.

pulationen durch Mitarbeiter eines Instituts, durch die dem Institut ein nicht unerheblicher Schaden entstanden ist, waren nach den MaH die BaFin sowie die Deutsche Bundesbank hiervon unverzüglich zu unterrichten, da derartige Vorfälle ein Anzeichen für organisatorische Schwächen der Bank sein können, die möglicherweise deren Bestandsfestigkeit bedrohen.[195] Nachdem diese heftig diskutierte Vorschrift in dem ersten Entwurf der MaRisk noch enthalten war, wurde sie in die Endfassung nicht übernommen. Hingewiesen wurde vor allem auf die mit der sechsten KWG-Novelle reduzierten Anzeigepflichten des § 24 KWG, der im Übrigen in Abs. 1 Nr. 5 eine Anzeigepflicht für Verluste in Höhe von 25% des haftenden Eigenkapitals vorsieht.

Im Hinblick auf die quantitative Personalausstattung ist Vorsorge für unvorhergesehene Personalausfälle zu treffen. Die für Handelsgeschäfte eingesetzten **DV-Systeme** müssen der Art und dem Umfang der Aktivitäten entsprechen, um Systemrisiken gering zu halten. Darüber hinaus sind Notfallpläne vorzuhalten, um auch bei einem Ausfall der relevanten technischen Einrichtungen kurzfristig Ersatzlösungen zur Verfügung zu haben.[196]

b) Mindestanforderungen an die Verwendung bankinterner Marktrisikomodelle nach § 36 Grundsatz I

Mit der 6. KWG-Novelle wurde die Verpflichtung zur Eigenmittelunterlegung von Marktpreisrisiken in den Grundsatz I aufgenommen, der bis dahin lediglich die Ausfallrisiken berücksichtigte. Mit der Neufassung des Grundsatz I wurden damit die Baseler Marktrisikopapiere in deutsches Aufsichtsrecht umgesetzt. Im Unterschied zu den MaH gelten die Anforderungen des Grundsatz I grundsätzlich nur für Handelsbuchgeschäfte. Eine Ausnahme bilden lediglich die Währungs- und Rohwarenrisiken, die sowohl für Handelsbuch- als auch für Anlagebuchpositionen mit Eigenmitteln unterlegt werden müssen. Für die Ermittlung der Eigenkapitalanforderung aus dem Marktpreisrisiko wird es den Kreditinstituten unter bestimmten Voraussetzungen gestattet, anstelle der im Grundsatz I vorgegebenen Standardmethoden interne Modelle zu verwenden. Hintergrund für deren Zulassung war die mangelnde Eignung der Standardmethoden für den Einsatz zur Geschäftssteuerung, denn die vorgegebenen Gewichtungs- bzw. Anrechnungssätze gehen von durchschnittlich diversifizierten Portfolios aus, d.h., sie berücksichtigen insbesondere das Risiko einzelner Geschäfte sowie den Risikozusammenhang mit anderen Geschäften nur unzureichend. Damit diejenigen Banken, die aus diesem Grund parallel zu den aufsichtlichen Methoden präzisere Risikomessmethoden anwenden, nicht zwei Verfahren nebeneinander implementieren müssen, können die internen Methoden gleichzeitig als Grundlage für die Berechnung der bankaufsichtlichen Eigenmittel akzeptiert werden.[197] Die Anerkennung durch die Aufsicht wird jedoch an die Erfüllung zahlreicher qualitativer Mindestanforderungen geknüpft. Auch hier gilt, wie bereits bei dem Ver-

195 Vgl. auch Deutsche Bundesbank (1996), S. 59.
196 Vgl. BaFin (1995), Tz. 3.4/Bafin (2005c), AT 7.2, Tz. 1 und AT 7.3, Tz. 2.
197 Vgl. Deutsche Bundesbank (1998), S. 71.

hältnis der MaK zu den Anforderungen an die internen Ratingverfahren, dass die Mindestanforderungen des Grundsatz I nur von denjenigen Instituten einzuhalten sind, die sich freiwillig neben dem Einsatz bankinterner Marktrisikomessmodelle auch für deren Nutzung im Rahmen der regulatorischen Eigenmittelunterlegung entschließen.

Um auch bei Verwendung interner Risikomodelle ein Mindesteigenkapital für Marktpreisrisiken sicherzustellen, sollen zahlreiche qualitative Anforderungen gewährleisten, dass das Modell in angemessener Weise in die organisatorische Umgebung des Instituts eingebettet ist.[198] Diese organisatorischen Anforderungen sind in § 36 Grundsatz I KWG kodifiziert und in der nachfolgenden Abbildung 18 zusammengefasst.

Qualitative Anforderungen gemäß § 36 Grundsatz I KWG
• Angemessene **Arbeits- und Ablauforganisation** für eine zeitnahe Ermittlung der potenziellen Risikobeträge.
• Vom Handel **unabhängiges** Risiko-Controlling mit den Aufgaben der Erstellung, Pflege, Überprüfung, Dokumentation und Weiterentwicklung der Risikomodelle sowie der täglichen Ermittlung der potenziellen Risikobeträge.
• Ausreichende **Modelldokumentation**.
• Die Modelle müssen **integraler Bestandteil** der Risikosteuerung sein.
• Regelmäßige interne **Überprüfung** der Modelle.
• Durchführung von **Stresstests**.
• Die **Limite** sind von den modellmäßig ermittelten Risikobeträgen abhängig zu machen.
• Die **Datenbasis** ist mindestens alle drei Monate zu aktualisieren.
• Prüfung der Einhaltung der Anforderungen durch die **Interne Revision** mindestens einmal jährlich.
• Information der **Geschäftsleitung** über die Ergebnisse der Überprüfung der Modelle, der Stresstests sowie der Prüfung durch die Interne Revision.

Abbildung 18: Qualitative Anforderungen an interne Marktrisikomodelle

Die qualitativen Anforderungen an interne Marktrisikomodelle sind überwiegend direkt den MaH entlehnt.[199] Dies gilt beispielsweise für die Einrichtung und Aufgaben eines unabhängigen Risikocontrollings, die Dokumentation und Überwachung der eingesetzten Risikoquantifizierungsmethoden sowie die Durchführung von Stresstests. Gleiches gilt für die Abhängigkeit der Limite von den Analyseergebnissen. Die qualitativen Mindestanforderungen des Grundsatz I gehen damit auch für denjenigen Aspekt der MaH, den sie näher betrachten, nämlich die Risikoquantifizierung, nicht wesentlich über die Anforderungen der MaH hinaus. Insofern unterstreichen sie die notwendigen organisatorischen Grundlagen, stellen jedoch keine

198 Darüber hinaus werden in § 34 GS I auch quantitative Anforderungen an die verwendeten Berechnungsparameter, z.B. die Haltedauer und das Prognoseintervall, formuliert.

199 Vgl. auch BFS-KWG/Schulte-Mattler (2004), § 36 Grundsatz I, Rdn. 1 sowie Olearius (2001), S. 254.

wesentlichen zusätzlichen organisatorischen Anforderungen an Institute, die interne Modelle auch für die Erfüllung regulatorischer Normen nutzen wollen.

1.1.2.3.2 Konkretisierungen durch das Committee of European Banking Supervisors (CEBS)

Der Konkretisierung der organisatorischen Anforderungen aus Basel II dienen neben den nationalen MaRisk die Veröffentlichungen des Committee of European Banking Supervisors (CEBS) auf europäischer Ebene. Die Tätigkeit des CEBS umfasst insbesondere Fragen der Ausgestaltung des Supervisory Review Process der zweiten Säule und der Implementierung fortgeschrittener Ansätze im Rahmen der ersten Säule.[200]

Konkretisierungen der Anforderungen an den Supervisory Review Process der zweiten Säule

Das CEBS hat im Juni 2005 eine überarbeitete Version des Konsultationspapiers „Application of the Supervisory Review Process under Pillar 2“ (CP 03 revised) veröffentlicht.[201] Dieses im Vergleich zu seiner ersten Version umfassend überarbeitete Papier enthält Richtlinien für die Handhabung der folgenden Elemente des Supervisory Review Process (SRP):

- Internal Governance (IG)
- Internal Capital Adequacy Process (ICAAP)
- Supervisory Review and Evaluation Process (SREP), inklusive Risk Assessment System (RAS)
- Interaktion zwischen ICAAP und SREP (Dialog), inklusive Maßnahmen der Aufsichtsbehörde (Measures).

Die Vorgaben für die ersten beiden Elemente richten sich an die Institute und können insofern hier zur Konkretisierung der spezifischen Anforderungen an die Geschäftsleitung der Institute herangezogen werden, während die letzten beiden Elemente an die nationalen Aufsichtsbehörden adressiert sind. (Vgl. zu diesen Abschnitt 4 in diesem Kapitel).

---

200 Die Arbeiten des CEBS sollen nicht im Widerspruch zu denen der vom Baseler Ausschuss eingesetzten Arbeitsgruppe „Accord Implementation Group“ (AIG) stehen, die weltweit einem Austausch von Erfahrungen und Methoden bei der Implementierung von Basel II und der Schaffung eines „level playing field“ sowie dem Kontakt zu den nicht im Baseler Ausschuss vertretenen Staaten dient. Die AIG befasst sich insbesondere mit Fragen der Validierung interner Ratingsysteme und von AMA-Ansätzen. Die hierbei erarbeiteten Prinzipien dienen als Grundlage für die Arbeiten des CEBS auf diesen Gebieten. Insgesamt ist das Aufgabengebiet des CEBS jedoch weiter gefasst. Vgl. CEBS (2005b), Tz. 8.

201 Vgl. CEBS (2005a).

Nach dem Verständnis des CEBS ist es das zugrunde liegende Ziel der zweiten Säule, die Verknüpfung zwischen

- dem Risikoprofil,
- dem Risikomanagementsystem und
- dem Kapital

eines Instituts herzustellen und die hierfür erforderlichen Prozesse zu verbessern. Letztere werden unter dem Kürzel „ICAAP“ zusammengefasst, wobei eine angemessene „Internal Governance“ als zentrale Voraussetzung für den Gesamtprozess angesehen wird. Aus diesem Grund sind den Richtlinien, den ICAAP betreffend, zunächst solche zur Internal Governance vorangestellt, die die Erwartungen der Aufsichtsbehörden hierzu wiedergeben. Es wird jedoch klargestellt, dass die Verantwortung für die Entwicklung und Implementierung des ICAAP allein bei den Instituten liegt.

a) Richtlinien zur Internal Governance (IG 1-21)

Rechtliche Grundlage für die Entwicklung der Richtlinien zur Internal Governance ist Artikel 22 der neu gefassten EU-Bankenrichtlinie (siehe oben unter 1.1). Gleichzeitig dienen sie der Umsetzung der Elemente (1), (4) und (5) des ersten Grundsatzes der zweiten Säule von Basel II (vgl. 1.1.2.2.1). Der Terminus „Internal Governance“ umschreibt die Verantwortlichkeiten der Geschäftsleitung und des Aufsichtsorgans im Rahmen der Unternehmensführung und -überwachung. Im Zentrum stehen Fragen der Zielformulierung, der Festlegung der Risikoneigung, der Unternehmensorganisation, der Zuweisung von Zuständigkeiten und Verantwortlichkeiten, der Berichtslinien und der internen Überwachung. Bei letzterer wird in dem Konsultationspapier eine funktionale Sicht mit einer Differenzierung nach „Risikocontrolling“, „Compliance“[202] und „Interne Revision“ eingenommen.

Die einzelnen Richtlinien enthalten eher allgemein gehaltene Vorgaben, die in Deutschland mit den MaRisk zum überwiegenden Teil mehr als abgedeckt sind. Die MaRisk gehen in ihrem Detaillierungsgrad sogar weit über die vom CEBS geforderten Maßnahmen hinaus. Dennoch ist insbesondere auf einen Grundsatz in den Richtlinien des CEBS hinzuweisen, dessen Forderungen in den MaRisk keine ausdrückliche Erwähnung finden: In IG 13 wird gefordert, dass die Geschäftsleitung „should promote high ethical and professional standards and an internal control culture.“ Das bereits im Zusammenhang mit der Beurteilung des § 25a Abs. 1 KWG bemängelte Fehlen einer entsprechenden Forderung im deutschen Aufsichtsrecht ist insbesondere im Zusammenhang mit den hier in Frage stehenden operationellen Risiken bedenklich. Was bereits die Konzepte des COSO und des Baseler Ausschusses richtigerweise

---

[202] Hauptaufgabe der Compliance-Funktion ist die Überprüfung der Einhaltung des geltenden Rechts und die Berichterstattung über etwaige Abweichungen an die Geschäftsleitung.

als Fundament für einen vernünftigen Umgang mit Risiken und als Grundlage jeglicher Maßnahme des Risikomanagements ansehen, findet auf Seiten des deutschen Gesetzgebers und der BaFin auf den ersten Blick offenbar geringere Beachtung. Es drängt sich daher die Frage auf, ob der Bedeutung hoher moralischer Standards und einer ausgeprägten Risiko- und Überwachungskultur hierzulande eine zu geringe Bedeutung beigemessen wird oder ob es sich schlichtweg um als selbstverständlich vorausgesetzte Bestandteile eines Risikomanagementsystems handelt. In jedem Fall ist zu fordern, dass derartige Standards auch für die Umsetzung der MaRisk in den Instituten die Grundlage bilden. Wie auch in den Richtlinien des CEBS unterstrichen wird, können gerade operationelle Risiken durch eine hohe Priorität solcher Rahmenbedingungen wirkungsvoll begrenzt werden.

b) Richtlinien zum Internal Capital Adequacy Process (ICAAP 1-10)

Innerhalb des durch die Internal Governance vorgegebenen Rahmens soll durch den ICAAP sichergestellt werden, dass die Geschäftsleitung

- die Risiken des Instituts in einer angemessenen Weise identifiziert und bewertet,
- angemessenes internes Kapital im Verhältnis zu dem Risikoprofil des Instituts hält,
- angemessene Systeme zum Risikomanagement einsetzt und diese weiterentwickelt.

Damit dienen die Richtlinien zum ICAAP der Umsetzung der Elemente (2) und (3) des ersten Grundsatzes der zweiten Säule. In der neu gefassten Bankenrichtlinie sind diese in Artikel 123 kodifiziert. Auch in Bezug auf diesen Teil des CEBS-Konsultationspapiers ist festzustellen, dass die Anforderungen für deutsche Institute nicht über diejenigen der MaRisk hinausgehen. Allenfalls für die Klärung unbestimmter Begriffe können die Auslegungen des CEBS Hinweise geben. Im Hinblick auf die in dem Übermittlungsschreiben der BaFin erteilte Absage an einen „One Size fits all“-Anspruch führt das CEBS beispielsweise aus, dass eine mögliche Operationalisierung dieses **Proportionalitätskriteriums** darin bestehen kann, dass kleinere und weniger komplexe Institute sich primär an den Methoden der ersten Baseler Säule orientieren und diese nur soweit notwendig um weitere (allgemeine) Faktoren ergänzen, während große und komplexe Institute sich eher für fortgeschrittene Methoden auf der Basis von Modellen zur Ermittlung des ökonomischen Kapitals entschließen werden.

Konkretisierung der Anforderungen an die Verwendung fortgeschrittener Methoden im Rahmen der ersten Säule (IRB und AMA)

Ein weiteres Konsultationspapier des CEBS „Guidelines on the implementation, validation and assessment of Advanced Measurement (AMA) and Internal Ratings Based (IRB) Approaches“ (CP 10) befasst sich detailliert mit den Anforderungen an die Verwendung fortgeschrittener Ansätze im Rahmen der regulatorischen Kapitalermittlung. Sowohl für Kreditrisiken als auch für operationelle Risiken beinhalten die Richtlinien einen Abschnitt zu der „Internal Governance“, bezogen auf den jeweiligen Bereich, in dem die oben dargelegten qualitativen Mindestanforderungen nach Basel II (bzw. der Bankenrichtlinie) nochmals konkretisiert werden. Dabei werden insbesondere die Rollen der Geschäftsleitung, der unabhängigen Risikoüberwachungseinheiten sowie der Internen Revision nochmals eingehend beleuchtet. Eine ausführliche Darstellung der Richtlinien würde jedoch den Rahmen dieser Arbeit sprengen und im Übrigen, soweit dies auf Basis des ersten CEBS-Konsultationspapiers zu beurteilen ist, kaum einen Mehrwert liefern. Im Hinblick auf operationelle Risiken sei lediglich noch angemerkt, dass auch das CEBS ausdrücklich darauf hinweist, dass diese, im Gegensatz zu Ausfallrisiken, in jeder Aktivität des Instituts und in jedem Teilbereich der Organisation vorhanden sind.[203]

1.1.2.3.3 Konkretisierungen durch das Institut der Wirtschaftsprüfer in Deutschland (IDW)

Einen ergänzenden Beitrag zur Konkretisierung der Ausgestaltung einzelner Bereiche des Risikomanagementsystems leisten auch die Stellungnahmen zur Rechnungslegung (RS) und die Prüfungsstandards (PS) des Instituts der Wirtschaftsprüfer (IDW). Die IDW Prüfungsstandards und Stellungnahmen zur Rechnungslegung werden von dem Hauptfachausschuss oder einem anderen Fachausschuss des IDW im Rahmen des sogenannten „due process“ verabschiedet, in dem den Angehörigen des Berufsstands sowie der interessierten Öffentlichkeit die Möglichkeit eingeräumt wird, Anregungen in die abschließenden Beratungen einfließen zu lassen. Die Stellungnahmen zur Rechnungslegung legen die Berufsauffassung zur Rechnungslegung dar, während die Prüfungsstandards die vom IDW festgestellten Grundsätze ordnungsmäßiger Abschlussprüfung (GoA) enthalten.[204] Diese haben jedoch wegen der mangelnden parlamentarischen Legitimation des IDW weder Gesetzescharakter noch enthalten die Standards eine gesetzgeberische Interpretation der gesetzlichen Vorschriften.[205] Allerdings darf ein Wirtschaftsprüfer nicht ohne wichtigen Grund von den Standards abweichen, weshalb eine Beachtung durch die Unternehmen ebenfalls dringend geboten ist. Hinsichtlich der vorliegenden Fragestellung ist neben den bereits angesprochenen Prüfungsstandards IDW PS 260 und 340 insbesondere der Rechnungslegungsstandard IDW RS FAIT 1 des Fachausschusses für Informationstechnologie zu nennen, der Regelungen für den Einsatz von Informationstechnologie vorgibt.

Systemrisiken, die beispielsweise aus unzureichender Software, mangelhafter Datensicherung oder fehlender Zugangssicherung resultieren können, wurden durch die deutsche Bankenaufsicht über die Forderung nach einer dem Geschäft angemessenen Leistungsfähigkeit der ein-

203 Vgl. CEBS (2005b), Tz. 466.
204 Vgl. IDW [Hrsg.] (2000c), PS 201, Tz. 13 bzw. 28.
205 Vgl. Hommelhoff/Mattheus (2000), S. 33 f.

gesetzten DV-Systeme sowie nach der Erstellung von Notfallplänen in den MaK und MaH bzw. MaRisk hinaus bisher nicht näher konkretisiert. Allerdings findet sich die Verpflichtung eines Instituts, über angemessene Sicherheitsvorkehrungen für den Einsatz der elektronischen Datenverarbeitung zu verfügen, ausdrücklich in § 25a Abs. 1 Nr. 4 KWG.[206] Zwar gibt es Hinweise darauf, dass Mindestanforderungen an die Ausgestaltung der Informationstechnologie (MaIT) zumindest konzipiert werden sollen,[207] allerdings gibt es hierzu, soweit ersichtlich, noch keine konkreten Vorschläge. Als Auslegungshilfe der Forderungen des § 25a KWG kann jedoch der **„Rechnungslegungsstandard 1 des IDW Fachausschusses für Informationstechnologie“ (IDW RS FAIT 1)** herangezogen werden. Vorrangiges Ziel dieses Standards ist es, die Anforderungen an die Buchführung mittels IT-gestützter Systeme zu konkretisieren und die möglichen Risiken beim Einsatz von IT für die Einhaltung der Grundsätze ordnungsmäßiger Buchführung zu verdeutlichen. Die in diesem Zusammenhang formulierten Anforderungen an IT-Systeme lassen sich für die hier vorliegende Fragestellung über den rein rechnungslegungsbezogenen Teil des IT-Systems hinaus verallgemeinern und für die Auslegung der Anforderungen an angemessene Sicherheitsvorkehrungen für den Einsatz der elektronischen Datenverarbeitung heranziehen.

Ein IT-System besteht nach IDW RS FAIT 1 aus IT-gestützten Geschäftsprozessen, IT-Anwendungen, der IT-Infrastruktur sowie dem IT-Kontrollsystem, das das Zusammenwirken der anderen Elemente bestimmt und von dem IT-Umfeld und der IT-Organisation abhängt (vgl. Tz. 7). Das IT-Kontrollsystem ist dabei Bestandteil des Internen Kontrollsystems (IKS) eines Unternehmens und umfasst alle Grundsätze, Verfahren und Regelungen, die zur Bewältigung der Risiken aus dem Einsatz von IT eingerichtet werden, wie z.B. Eingabe- und Zugriffskontrollen oder Kontrollen bei der Einführung von IT-Anwendungen. Neben diesen prozessabhängigen Kontrollen sind darüber hinaus prozessunabhängige Kontrollen durch die Interne Revision durchzuführen (vgl. Tz. 8). Um die **Sicherheit der verarbeiteten Daten** zu gewährleisten, sind nach dem Standard die folgenden Sicherheitsanforderungen zu erfüllen (vgl. Tz. 23):

- **Vertraulichkeit**: Eine unberechtigte Weitergabe der Daten ist durch organisatorische und technische Maßnahmen, wie z.B. Anweisungen und Verschlüsselungstechniken zu verhindern.
- **Integrität**: Daten, IT-Infrastruktur und IT-Anwendungen müssen vollständig und richtig zur Verfügung stehen und vor Manipulation und ungewollten oder fehlerhaften Änderungen geschützt werden, z.B. durch Test- und Freigabeverfahren sowie Firewalls und Virenscanner.
- **Verfügbarkeit**: Es sind geeignete Back-up-Verfahren zur Notfallvorsorge einzurichten.

---

206 Bzw. § 25a Abs. 1 Nr. 3 nach der geplanten Neufassung.

207 Vgl. Bundesverband Öffentlicher Banken Deutschlands [Hrsg.] (2002), S. 138 ff. sowie hierzu und zum Folgenden Heckroth (2003), S. 41 ff.

- **Autorisierung**: Nur im Voraus festgelegte Personen dürfen auf Daten zugreifen, was insbesondere durch physische und logische Zugriffsschutzmaßnahmen sichergestellt werden soll.
- **Authentizität**: Ein Geschäftsvorfall ist dem Verursacher eindeutig zuzuordnen, z.B. aufgrund von Berechtigungsverfahren oder passwortgeschützten Identifikationsverfahren.
- **Verbindlichkeit**: Transaktionen dürfen durch den Veranlasser nicht abstreitbar sein, z.B. weil der Geschäftsvorfall nicht gewollt ist.

An das **IT-System** selbst bzw. dessen Elemente werden ebenfalls umfassende Anforderungen gestellt. Um sicherzustellen, dass die mit der Unternehmensstrategie abzustimmende IT-Strategie umgesetzt wird, hat die Geschäftsleitung ein angemessenes und wirksames IT-Kontrollsystem einzurichten.[208] In diesem Zusammenhang ist auch ein umfassendes Sicherheitskonzept zu erarbeiten. Vorraussetzung für ein geeignetes IT-Umfeld ist zunächst einmal eine angemessene Grundeinstellung zum Einsatz von IT und ein Problembewusstsein für mögliche Risiken aus dem IT-Einsatz sowohl bei den gesetzlichen Vertretern als auch bei den Mitarbeitern. Dies umfasst auch das Bewusstsein für Sicherheit in der Unternehmensorganisation. Im Hinblick auf die Aufbauorganisation sind auch im Rahmen des IT-Betriebs die Aufgaben, Kompetenzen und Verantwortlichkeiten der IT-Mitarbeiter klar zu definieren und in Organisationsrichtlinien zu fixieren. Darüber hinaus sollte eine funktionale Trennung einerseits innerhalb des IT-Bereichs zwischen Entwicklung und IT-Betrieb und andererseits zwischen dem IT-Bereich und anderen Abteilungen bestehen. Eine sichere Ablauforganisation soll insbesondere durch geeignete Maßnahmen im Zusammenhang mit der IT-Infrastruktur sichergestellt werden. So sind **physische Sicherungsmaßnahmen**, wie Zugangskontrollen, Feuerschutzmaßnahmen und Maßnahmen zur Sicherung der Stromversorgung sowie **logische Zugangskontrollen** durch Verwendung von Passwörtern einzurichten. Darüber hinaus müssen die **Datensicherungs- und Auslagerungsverfahren** so ausgestaltet sein, dass die jederzeitige Verfügbarkeit und Lesbarkeit der Daten sichergestellt ist. Um die jederzeitige Verfügbarkeit des IT-Systems zu gewährleisten, sind sowohl **Vorkehrungen für den Ausfall** einzelner Systemkomponenten, z.B. durch gespiegelte Server, als auch für **Katastrophenszenarien,** z.B. durch räumlich getrennte Rechenzentren, zu treffen. Die Ordnungsmäßigkeit von IT-Anwendungen ist durch anwendungsbezogene Überwachungsmaßnahmen sowie durch generelle Kontrollen sicherzustellen. Zu den anwendungsbezogenen Kontrollen zählen Eingabe-, Verarbeitungs- und Ausgabekontrollen. Generelle Kontrollen sollen sich auf die Bereiche der Entwicklung, Beschaffung und Einführung von Software einschließlich der erforderlichen Test- und Freigabeverfahren und Verfahren zur Änderung von Anwendungen beziehen. Schließlich ist das gesamte IT-Kontrollsystem einer unabhängigen Überwachung zu unterziehen.

---

208 Vgl. hierzu und zum Folgenden IDW [Hrsg.] (2002e), RS FAIT, Tz. 76 ff.

Insgesamt lässt sich feststellen, dass der IDW RS FAIT 1 in einer umfassenden Betrachtung die Anforderungen an die Gestaltung eines IT-Systems zusammenstellt. Trotz seiner branchenübergreifenden Anwendbarkeit und der zugrunde liegenden Intention, Grundsätze ordnungsmäßiger Buchführung bei dem Einsatz von IT aufzustellen, scheinen die Ausführungen durchaus geeignet, die Forderung des § 25a Abs. 1 KWG nach angemessenen Sicherheitsvorkehrungen für den Einsatz der EDV zu konkretisieren. Ob die BaFin diese oder ähnliche Anforderungen in eigenen Mindestanforderungen formulieren wird, bleibt abzuwarten.

1.2 Schaffung der erforderlichen Infrastruktur für das Management operationeller Risiken

Die bisherigen Ausführungen dieses Kapitels konzentrierten sich auf die eingangs angeführte Verknüpfung zwischen „Internal Control" und operationellen Risiken. Die Qualität des Internen Überwachungssystems, und darüber hinausgehend des gesamten Risikomanagementsystems, ist ausschlaggebend für die operationelle Risikosituation einer Bank. Um zu gewährleisten, dass dieses zur Begrenzung operationeller Risiken erforderliche System aus organisatorischen Sicherungsmaßnahmen, Kontrollen und Prüfungen stets der aktuellen geschäftspolitischen Situation eines Instituts entspricht, es mithin zu jedem Zeitpunkt in der Lage ist, Verlustfälle aus operationellen Risiken abzuwehren, ist es erforderlich, fortlaufend bestehende Risiken zu identifizieren und zu analysieren, um gegebenenfalls mit entsprechenden Gegenmaßnahmen zur Verbesserung des Systems reagieren zu können. Für einen wirkungsvollen Umgang mit operationellen Risiken ist dabei die zentrale Voraussetzung, dass diese über sämtliche Hierarchieebenen einer Bank hinweg als eigenständige Risikoart bewusst wahrgenommen werden. Darüber hinaus müssen spezifische Strukturen und Prozesse geschaffen werden, um ein systematisches Management operationeller Risiken sicherzustellen. Diese Strukturen und Prozesse gehören zwar systematisch ebenfalls zum Gesamtrisikomanagementsystem nach § 25a Abs. 1 KWG einer Bank, können jedoch bei einer hierarchischen Betrachtung als „Meta-Ebene" der Überwachung bezeichnet werden, da sie gerade darauf abzielen, Lücken und Schwächen in dem beschriebenen Risikomanagementsystem zu identifizieren und gegebenenfalls zu schließen.

1.2.1 Internationale Institutionen

Die allgemeinen Anforderungen der Sound Practices des Baseler Ausschusses

Als zentrales Dokument für den Umgang mit operationellen Risiken gelten, wie bereits zu Beginn dieses Kapitels dargelegt, die flankierend zu Basel II veröffentlichten „Sound Practices for the Management and Supervision of Operational Risk" (Sound Practices) des Baseler

Ausschusses. Neben der Begrenzung operationeller Risiken befassen sich diese insbesondere mit Maßnahmen der Identifizierung, Analyse und Überwachung dieser Risikoart. Nach der Intention des Baseler Ausschusses sind die Sound Practices von allen Banken zu beachten, unabhängig von deren Größe und Ausrichtung und unabhängig von dem gewählten Ansatz für die Kapitalberechnung im Rahmen der quantitativen Überwachung.[209]

Die Sound Practices umfassen insgesamt zehn Grundsätze, deren Erfüllung der Baseler Ausschuss für ein effektives Management operationeller Risiken für erforderlich hält. Es soll insbesondere erreicht werden, dass alle Banken operationelle Risiken als eine eigenständige Risikoart wahrnehmen und behandeln, auch wenn sich der Baseler Ausschuss der Unterschiede zu den finanziellen Risiken der Banken durchaus bewusst ist.[210] Die Grundsätze richten sich im Wesentlichen an das oberste Verwaltungsorgan, die Geschäftsleitung und die nationale Bankenaufsicht. Die nachfolgende Tabelle 8 zeigt die relevanten Regelungsbereiche und die zugehörigen Grundsätze der Sound Practices.

209 Vgl. zu den Kapitalermittlungsmethoden Kap. E.
210 Vgl. Basel Committee on Banking Supervision (2003b), Tz. 8 ff.

Regelungsbereich	Grundsätze
• Rahmenbedingungen	Das oberste Verwaltungsorgan sollte operationelle Risiken als eigene Risikokategorie erkennen und das **Risikomanagement-Konzept** der Bank für den Umgang mit operationellen Risiken genehmigen sowie periodisch überprüfen. (Grundsatz 1)
	Das oberste Verwaltungsorgan hat dafür zu sorgen, dass das Risikomanagement-Konzept der Bank für die operationellen Risiken einer effektiven und umfassenden **Internen Revision** unterzogen wird. (Grundsatz 2)
	Der Geschäftsleitung fällt die Aufgabe der **Umsetzung** des Risikomanagement-Konzepts für die operationellen Risiken zu. Darüber hinaus hat sie **Strategien, Verfahren und Praktiken** zur Handhabung des operationellen Risikos bei allen wichtigen Produkten, Tätigkeiten, Prozessen und Systemen der Bank zu entwickeln. (Grundsatz 3)
• Risikomanagement - Identifikation - Bewertung - Überwachung - Begrenzung	Die Banken sollten die operationellen Risiken aller wichtigen Produkte, Tätigkeiten, Verfahren und Systeme **identifizieren** und **bewerten**. (Grundsatz 4)
	Die Banken sollten ein Verfahren zur **regelmäßigen Überwachung** ihres operationellen Risikoprofils und der Risiken erheblicher Verluste einführen. Relevante Informationen hierzu sind der Geschäftsleitung und dem obersten Verwaltungsorgan regelmäßig vorzulegen. (Grundsatz 5)
	Die Banken sollten über Verfahren und Richtlinien zur **Begrenzung** und **Minderung** wesentlicher operationeller Risiken verfügen. Diese sind periodisch zu überprüfen und ggf. anzupassen. (Grundsatz 6)
	Die Banken sollten über **Notfall- und Kontinuitätspläne** verfügen. (Grundsatz 7)
• Die Rolle der Bankenaufsicht	Die Bankenaufsicht sollte von den Banken **unabhängig von deren Größe** verlangen, dass sie als Bestandteil ihres generellen Risikomanagements ein wirksames System zur Erkennung, Bewertung, Überwachung und Begrenzung/Minderung erheblicher operationeller Risiken einrichten. (Grundsatz 8)
	Die Bankenaufsicht sollte direkt oder indirekt **regelmäßige, unabhängige Prüfungen** der Strategien, Verfahren und Praktiken einer Bank im Hinblick auf ihre operationellen Risiken durchführen. (Grundsatz 9)
• Offenlegung	Die Banken sollten **ausreichende Informationen** offenlegen, damit Marktteilnehmer sich ein Urteil über den Ansatz für das Management operationeller Risiken bilden können. (Grundsatz 10)

Tabelle 9: Die Grundsätze des Baseler Ausschusses für das Management operationeller Risiken

Die für den Umgang mit operationellen Risiken erforderlichen Rahmenbedingungen und strukturellen Voraussetzungen müssen ihren Ursprung in einer verantwortlichen Einbringung des obersten Verwaltungsorgans und der Geschäftsleitung der Bank haben. Nur deren aktive Teilnahme an dem Implementierungsprozess kann zu einem bankweit einheitlichen Verständnis operationeller Risiken und der für deren Management erforderlichen Maßnahmen führen.[211] Um die erforderlichen Rahmenbedingungen zu schaffen, ist ein **bankweites Konzept** für den Umgang mit operationellen Risiken erforderlich. Die Verantwortung für die Entwicklung und Umsetzung des Konzepts liegt bei der Geschäftsleitung der Institute. Das Aufsichtsorgan hat dieses zu genehmigen und regelmäßig dessen Angemessenheit zu überprüfen.

211 Vgl. hierzu und zum Folgenden Basel Committee on Banking Supervision (2003b), S. 6 ff. sowie Haubenstock (2003), S. 242 ff.

Neben einer internen Definition operationeller Risiken sollte das Konzept nach Auffassung des Baseler Ausschusses auch auf die Risikobereitschaft bzw. -toleranz im Hinblick auf operationelle Risiken eingehen. Hierfür ist allerdings eine Quantifizierung der akzeptablen Kombinationen aus Eintrittswahrscheinlichkeit und Verlusthöhe erforderlich, auf deren Probleme ausführlich in Kapitel E eingegangen wird. Den Kern des Konzepts bilden die Strategie für den Umgang mit operationellen Risiken und die erforderlichen Strukturen und Methoden. Die Strategie sollte klare Ziele formulieren, wie beispielsweise eine Erhöhung des Bewusstseins für operationelle Risiken in der Bank, die Verminderung von Verlusten, die generelle Verbesserung der Geschäftsprozesse oder die Allokation von Eigenkapital.

Im Hinblick auf die Festlegung angemessener Strukturen ist es erforderlich, die Zuständigkeiten und Verantwortlichkeiten für den Umgang mit operationellen Risiken klar zu regeln. Während, wie im übrigen bereits zuvor, die einzelnen Geschäftsfeldmanager auf der operativen Ebene für Maßnahmen im täglichen Umgang mit operationellen Risiken verantwortlich bleiben, wird zur Erfüllung der Baseler Anforderungen üblicherweise zusätzlich eine zentrale „Operational Risk"-Stelle oder -Einheit eingerichtet.[212] Diese ist in der Regel verantwortlich für die Erarbeitung von Richtlinien, Methoden und Instrumenten für das Management operationeller Risiken sowie für deren Implementierung, indem sie diese vorantreibt und koordiniert. Die Geschäftsleitung hat im Zusammenhang mit der eindeutigen Festlegung von Zuständigkeiten, Weisungsbefugnissen und Berichtslinien gleichzeitig dafür zu sorgen, dass ausreichende Ressourcen zur Verfügung stehen, damit operationellen Risiken wirksam begegnet werden kann.

Nach den Sound Practices sollte der Prozess für das Management operationeller Risiken die Elemente Identifikation, Bewertung, Überwachung und Begrenzung bzw. Minderung umfassen.

Für die **Identifikation und Bewertung** kommen verschiedene Instrumente in Frage.[213]

- Self- oder Risk Assessment: Hierbei handelt es sich um eine Methode zur internen Selbsteinschätzung der Risikosituation in den einzelnen Geschäftsbereichen einer Bank. Ziel ist die Beurteilung der Effektivität interner Überwachungsmaßnahmen im Hinblick auf die Fähigkeit, Risiken einzudämmen und die Unternehmensziele zu erreichen. Self Assessments werden in der Regel mit Hilfe strukturierter Fragebögen oder im Rahmen von

[212] Für Banken, die den Standardansatz anwenden wollen, muss es sich dabei lediglich um eine „verantwortliche Stelle" handeln, während für Banken, die die Verwendung eines Advanced Measurement Approach anstreben, weitergehend eine „unabhängige Einheit" verlangt wird. Letztere setzt eine klare Funktionstrennung etwa zwischen den Aufgaben der Geschäftsbereiche und überwachenden und berichtenden Einheiten voraus.

[213] Vgl. zu Identifikations- und Bewertungsmethoden auch Kaiser/Köhne (2004), S. 32 ff.; Piaz (2002), S. 81 ff.; Minz (2004), S. 54 ff. Über die in den Sound Practices ausdrücklich erwähnten Methoden werden im Schrifttum weitere Instrumente zur Risikoidentifikation und -bewertung diskutiert, wie z.B. Prozessanalysen und Kreativitätsmethoden.

Workshops durchgeführt. Über die Bewertung mit Punktzahlen (Scores) kann dabei eine Überführung der qualitativen Einschätzungen in quantitative Werte erreicht werden.

- Risikobestandsaufnahme: Um Schwachstellen in einzelnen Bereichen aufzudecken, können mit Hilfe eines "Risk Mapping" z.B. verschiedene Risikotypen identifiziert werden. Auf deren Basis kann dann etwa eine Priorisierung von Gegenmaßnahmen erfolgen.
- Risikoindikatoren: Hierbei handelt es sich um Kennzahlen, die auf Veränderungen aufmerksam machen und im Sinne von Frühwarnindikatoren auf potenzielle Probleme hinweisen sollen. Risikoindikatoren werden periodisch, je nach Indikator z.B. monatlich oder vierteljährlich überprüft. Als Beispiele nennen die Sound Practices die Anzahl gescheiterter Transaktionen, die Personalfluktuation und die Häufigkeit und Schwere von Fehlern und Versäumnissen.[214] Nach VAN DEN BRINK sollten Risikoindikatoren vor allem die folgenden Eigenschaften besitzen: Sie müssen regelmäßig, zeitnah und effizient messbar sein, das Risiko reflektieren und Veränderungen des Risikoprofils aufzeigen, bevor Ereignisse akut werden. Darüber hinaus sollten Schwellenwerte definiert werden, ab denen korrigierende Maßnahmen einzuleiten sind.[215]
- Risikomessung: Für die Messung operationeller Risiken kommt z.B. eine systematische Erfassung der Häufigkeit und Höhe eingetretender Schadensfälle in Betracht. Darüber hinaus kann eine Ergänzung dieser internen Datensammlung mit externen Verlustdaten, z.B. über ein Datenkonsortium erfolgen. Zusätzlich sind auch Szenarioanalysen denkbar.[216]

Die **laufende Überwachung** sollte nach den Sound Practices neben bereits eingetretenen Schadensfällen auch Risikoindikatoren beinhalten, die potenzielle Ursachen operationeller Risiken anzeigen können. In der Praxis gestaltet sich die Identifikation geeigneter Indikatoren bisher jedoch als ausgesprochen schwierig.[217] So ist in Ermangelung nachgewiesener Korrelationen bislang weitgehend unklar, welche Indikatoren für die Frühwarnung tatsächlich geeignet sind.[218] Der Überwachungsrhythmus sollte auf die Art und Häufigkeit von Veränderungen im Geschäftsumfeld abgestimmt sein. Über die Ergebnisse der Überwachung ist der Geschäftsleitung und dem obersten Verwaltungsorgan regelmäßig zu berichten.

Die zur **Begrenzung** operationeller Risiken geforderten Maßnahmen wurden bereits ausführlich im ersten Teil dieses Unterkapitels besprochen. Die Sound Practices, die an dieser Stelle wie dargelegt explizit auf das "Internal Control-Framework" des Baseler Ausschusses verwei-

---

214 Häufig wird nach verschiedenen Arten von Indikatoren differenziert. DOERIG (2003) unterscheidet z.B. zwischen „Key Performance Indicators", wie etwa Geschäftsvolumen oder Systemunterbrechungszeiten und „Key Control Indicators", die die Effektivität der Überwachung kennzeichnen sollen, z.B. die Anzahl ausstehender Bestätigungen. Eine ähnliche Unterscheidung in „Key Risk Indicators" und „Control Environment Factors" nimmt Cruz (2002), S. 17 vor.

215 Vgl. van den Brink (2004), S. 40 f.

216 Zur Messung operationeller Risiken vgl. ausführlich Kap. E.

217 Für einen Prozessvorschlag zur Identifikation von Risikoindikatoren vgl. van den Brink (2004), S. 42 f.

218 Vgl. auch Haubenstock (2003), S. 250. Risikoindikatoren spielen insbesondere im Zusammenhang mit Kausalmodellen für operationellen Risiken eine wichtige Rolle. Vgl. hierzu Abschn. F2.2.

sen, liefern hier keine zusätzlichen Erkenntnisse. Es werden lediglich eher allgemein Einzelelemente, wie eine starke Überwachungskultur, die geforderte Funktionstrennung, Vermeidung von Interessenkonflikten, Zugangskontrollen, Mitarbeiterschulungen, das Vorgehen bei Geschäften in neuen Produkten oder auf neuen Märkten sowie die Notwendigkeit von Notfall- und Kontinuitätsplänen aufgeführt.[219]

Die speziellen Anforderungen gemäß Basel II

Um sicherzustellen, dass die Institute die erforderlichen Voraussetzungen für ein zielgerichtetes Management operationeller Risiken schaffen, knüpft die Baseler Eigenkapitalvereinbarung die Zulassung eines Instituts zu bestimmten, in Kapitel E im Rahmen der quantitativen Überwachung noch zu beschreibenden Methoden zur Ermittlung der angemessenen Eigenkapitalausstattung für operationelle Risiken unmittelbar an die Einhaltung bestimmter qualitativer Mindestanforderungen, über diejenigen der Sound Practices hinaus. So formuliert der Baseler Ausschuss sowohl für den Standardansatz als auch für die Advanced Measurement Approaches (AMA) organisatorische Pflichten der Geschäftsleitung der Institute.[220]

Plant ein Institut, die Zulassung für die Anwendung des **Standardansatzes** zur Ermittlung der Kapitalanforderungen für operationelle Risiken zu beantragen, muss dieses nach Basel II über die Anforderungen der Sound Practices hinaus die in Abbildung 19 aufgeführten qualitativen Mindestanforderungen erfüllen:

Generelle Anforderungen an alle Banken, die den Standardansatz anwenden wollen (Basel Committee on Banking Supervision (2004), Tz. 660):
Damit eine Bank den STA anwenden darf, muss sie ihrer Aufsicht die Erfüllung zumindest der folgenden Anforderungen nachweisen:

- Das **oberste Verwaltungsorgan** bzw. die Geschäftsleitung ist aktiv in die Überwachung des Risikomanagement-Systems für operationelle Risiken involviert.
- Die Bank verfügt über ein **Risikomanagement-System** für operationelle Risiken, das konzeptionell **solide** und fest implementiert ist.
- Die Bank verfügt über **ausreichende Ressourcen** zur Umsetzung des Ansatzes sowohl in den wichtigsten Geschäftsfeldern als auch in den Kontroll- und Revisionsbereichen.

Abbildung 19: Generelle Anforderungen an die Verwendung des Standardansatzes[221]

Handelt es sich bei dem beantragenden Institut um eine international tätige Bank, müssen darüber hinaus zusätzlich die folgenden Mindestanforderungen erfüllt werden (vgl. Abbildung 20).[222]

219 Lediglich auf Versicherungen als spezielle Möglichkeit der Minderung von Risikowirkungen wurde noch nicht eingegangen. Da es sich hierbei um eine quantitative Maßnahme handelt, werden diese jedoch in Kap. E behandelt.

220 Vgl. zu den Ansätzen Kap. E.

221 Quelle: Basel Committee on Banking Supervision (2004a), Tz. 660; Hervorhebungen durch die Verfasserin.

222 Es liegt jedoch im Ermessen der nationalen Aufsichtsbehörden, diese auch für nicht international tätige Banken verbindlich vorzuschreiben.

Anforderungen an international tätige Banken, die den Standardansatz anwenden wollen (Basel Committee on Banking Supervision (2004), Tz. 663):

Da vermutlich einige international tätige Banken den STA anwenden wollen, ist es wichtig, dass diese Banken über ein angemessenes Risikomanagement-System für operationelle Risiken verfügen. Eine international tätige Bank muss daher für die Anwendung des STA folgende zusätzliche Anforderungen erfüllen:

a) Die Bank muss für die operationellen Risiken über ein **Risikomanagement-System** verfügen, das einer entsprechenden **Risikomanagement-Einheit** klare Verantwortungen zuweist. Diese Einheit ist dafür verantwortlich, dass Strategien zur **Identifikation, Einschätzung, Überwachung und Begrenzung/Minderung** operationeller Risiken entwickelt werden; dass bankweit geltende **Grundsätze und Verfahren** für Management und Kontrolle der operationellen Risiken niedergelegt werden; dass eine **Methodik zur Bewertung** der operationellen Risiken entwickelt und umgesetzt wird; und dass ein Berichtssystem für operationelle Risiken entwickelt und implementiert wird.

b) Als Teil des bankinternen Systems zur Bewertung der operationellen Risiken muss die Bank systematisch die **relevanten Daten** zum operationellen Risiko einschließlich erheblicher Verluste je Geschäftsfeld sammeln. Dieses System muss **eng in die Risikomanagement-Prozesse der Bank eingebunden** sein. Seine Ergebnisse müssen fester Bestandteil der Überwachungs- und Kontrollprozesse für das operationelle Risikoprofil der Bank sein. Beispielsweise müssen diese Informationen in Risikoberichten, in Managementberichten und in der Risikoanalyse eine wesentliche Rolle spielen. Die Bank muss über **Anreizmechanismen zur Verbesserung** des Managements operationeller Risiken in der gesamten Bank verfügen.

c) Die für die einzelnen Geschäftsfelder Verantwortlichen, die Geschäftsleitung und das oberste Verwaltungsorgan sind mittels **Berichten** über bestehende **operationelle Risiken**, einschließlich wesentlicher operationeller **Verluste**, regelmäßig zu informieren. Die Bank muss über **Verfahren** verfügen, um auf Informationen in den Managementberichten **angemessen reagieren** zu können.

d) Das Risikomanagement-System der Bank für operationelle Risiken muss **gut dokumentiert** sein. Die Bank muss über Verfahren verfügen, um die **Einhaltung** der dokumentierten internen Grundsätze, Kontrollen und Verfahren für das Management operationeller Risiken zu gewährleisten; hierzu gehören auch Grundsätze, wie bei **Verstößen** vorzugehen ist.

e) Die die operationellen Risiken betreffenden Risikomanagement-Verfahren der Bank und das Bewertungssystem müssen **validiert** und von einer **unabhängigen Stelle regelmäßig überprüft** werden. Diese Überprüfung muss sowohl die Tätigkeit der Geschäftsfelder als auch die der operationellen Risikomanagement-Einheit umfassen.

f) Das Bewertungssystem für die operationellen Risiken (einschl. der internen Validierungsverfahren) muss **regelmäßig** durch **externe Prüfer** und/oder die **Bankenaufsicht** überprüft werden.

Abbildung 20: Zusätzliche qualitative Anforderungen an die Verwendung des Standardansatzes durch international tätige Banken[223]

Die qualitativen Anforderungen an die Verwendung eines **Advanced Measurement Approach** (AMA) entsprechen weitestgehend denjenigen für die Verwendung des Standardansatzes durch eine international tätige Bank vorgesehenen Regelungen. Abweichungen ergeben sich im Wesentlichen lediglich in den folgenden Punkten:

Zu (a): Anstatt einer verantwortlichen Stelle für das Management operationeller Risiken, muss die Bank über eine **unabhängige Einheit** verfügen, die für die Entwicklung und Umsetzung des Managementrahmenwerks für operationelle Risiken verantwortlich ist und die die Verantwortung für die Kodifizierung der bankweiten Grundsätze und Verfahren für das Management und die Überwachung der operationellen Risiken übernimmt. Ferner obliegt dieser Einheit die Entwicklung und Umsetzung der bankeigenen Messmethodik und eines Berichtssystems sowie die Entwicklung von Strategien zur Identifizierung, Messung Überwachung und Minderung operationeller Risiken.

223 Quelle: Basel Committee on Banking Supervision (2004a), Tz. 663; Hervorhebungen durch die Verfasserin.

Zu (b): Die Mindestanforderungen für einen AMA verlangen zusätzlich **Methoden zur Allokation** von operationellem Risikokapital auf die bedeutenden Geschäftsfelder. Auf den Hinweis zur Sammlung der relevanten Daten wird dagegen verzichtet, da dieser im Falle der ohnehin auf internen Daten basierenden ambitionierten Messansätze entbehrlich ist.

Die Punkte (c) und (d) sind nahezu deckungsgleich.

Zu (e): Anstatt der Überprüfung und Validierung durch eine unabhängige Stelle verlangen die AMA-Anforderungen ausdrücklich die Prüfung der Prozesse und des Messsystems durch die Interne Revision und/oder externe Prüfer.

Zu (f): Für die Validierung des Messsystems durch externe Prüfer und/oder die Bankenaufsicht werden explizit Prüfungsinhalte festgeschrieben. So ist zu verifizieren, dass die internen Validierungsprozesse zufriedenstellend funktionieren und es ist sicherzustellen, dass die Datenflüsse und Prozesse des Risikomesssystems transparent und zugänglich sind. Insbesondere müssen Revision und Bankenaufsicht stets unter angemessenen Umständen einfachen Zugriff auf die Spezifikationen und Parameter des Systems haben.

Nachfolgend sind in Abbildung 21 der Vollständigkeit halber noch einmal die qualitativen Mindestanforderungen an einen AMA aufgeführt.[224]

---

224 Die generellen Anforderungen entsprechen denen des Standardansatzes.

Qualitative Anforderungen an Banken, die einen ambitionierten Messansatz anwenden wollen (Basel Committee on Banking Supervision (2004), Tz. 666):
Eine Bank muss die folgenden qualitativen Anforderungen erfüllen, bevor sie für die Anwendung der AMA zur Eigenkapitalermittlung für operationelle Risiken zugelassen werden kann:

a) Die Bank muss für die operationellen Risiken über eine unabhängige **Risikomanagement-Einheit** verfügen, die für die Entwicklung und Umsetzung des entsprechenden Riskomanagement-Regelwerks in der Bank verantwortlich ist. Diese Einheit ist verantwortlich für die Kodifizierung der bankweiten **Grundsätze und Verfahren** für Management und Kontrolle der operationellen Risiken, für die Entwicklung und Umsetzung der bankeigenen **Messmethodik** für operationelle Risiken, für die Entwicklung und Umsetzung eines Berichtssystems für operationelle Risiken und für die Entwicklung von Strategien zur **Identifizierung, Messung, Überwachung und Kontrolle/Minderung** operationeller Risiken.

b) Das bankinterne Messsystem für operationelle Risiken ist **eng in die täglichen Risikomanagement-Prozesse der Bank einzubinden**. Seine Ergebnisse müssen fester Bestandteil der Überwachungs- und Kontrollprozesse für das Risikoprofil der Bank sein. Beispielsweise müssen diese Informationen eine wichtige Rolle in Risikoberichten, in Managementberichten, bei der internen Kapitalallokation und bei der Risikoanalyse spielen. Die Bank muss über Methoden zur Allokation von operationellem Risikokapital auf die bedeutenden Geschäftsfelder und zur Schaffung von **Anreizen zur Verbesserung** des Managements operationeller Risiken in der gesamten Bank verfügen.

c) Die für die einzelnen Geschäftsfelder Verantwortlichen, die Geschäftsleitung und das oberste Verwaltungsorgan sind mittels **Berichten** über die Gefährdung durch **operationelle Risiken** sowie über erlittene operationelle **Verluste** regelmäßig zu informieren. Die Bank muss über **Verfahren** verfügen, um aufgrund der Informationen in den Managementberichten angemessen reagieren zu können.

d) Das Risikomanagement-System der Bank für operationelle Risiken muss **gut dokumentiert** sein. Die Bank muss über Verfahren verfügen, um die **Einhaltung** der dokumentierten internen Grundsätze, Kontrollen und Verfahren für das Management operationeller Risiken zu gewährleisten; hierzu gehören auch Grundsätze, wie bei **Verstößen** vorzugehen ist.

e) Interne und/oder externe Revisoren müssen **regelmäßige Prüfungen** der Risikomanagement-Prozesse und Messsysteme für operationelle Risiken durchführen. Diese Überprüfung muss sowohl die Tätigkeit der Geschäftsfelder als auch der unabhängigen operationellen Risikomanagement-Einheit umfassen.

f) Die Validierung des Risikomesssystems für operationelle Risiken durch **externe Revisoren** und/oder die **Bankenaufsicht** muss Folgendes beinhalten:
   - Prüfung, dass die internen Validierungsprozesse zufriedenstellend funktionieren
   - Sicherstellung, dass die Datenflüsse und Prozesse des Risikomesssystems transparent und zugänglich sind. Insbesondere ist es wichtig, dass Revision und Bankenaufsicht, wann immer sie es für nötig halten, mittels geeigneter Verfahren einfachen Zugriff auf die Spezifikationen und Parameter des Systems haben.

Abbildung 21: Qualitative Anforderungen bei Anwendung eines AMA[225]

1.2.2 Umsetzung der Baseler Vorschriften in nationales Recht

Allgemeine, von allen Banken zu befolgende Anforderungen an das Management operationeller Risiken sind, wie bereits angedeutet, in einem sehr schlank gehaltenen Modul der MaRisk enthalten. Die eher allgemein formulierten Anforderungen sind in der folgenden Tabelle 9 aufgeführt. Für die konkrete Umsetzung dieser Anforderungen bzw. deren Beurteilung wird weitestgehend eine Orientierung an den deutlich umfangreicheren Ausführungen der Sound Practices stattfinden müssen.

---

[225] Quelle: Basel Committee on Banking Supervision (2004a), Tz. 666; Hervorhebungen durch die Verfasserin.

MaRisk BTR 4 Operationelle Risiken:	
1.	Das Kreditinstitut hat den operationellen Risiken durch **angemessene Maßnahmen** Rechnung zu tragen.
2.	Es muss gewährleistet sein, dass wesentliche operationelle Risiken zumindest jährlich **identifiziert und beurteilt** werden.
3.	**Bedeutende Schadensfälle** sind unverzüglich hinsichtlich ihrer Ursachen zu analysieren.
4.	Die **Geschäftsleitung** ist mindestens jährlich über bedeutende Schadensfälle und wesentliche operationelle Risiken zu unterrichten. [...]
5.	Auf Basis der Berichterstattung ist zu entscheiden, ob und welche Maßnahmen zur **Beseitigung der Ursachen** zu treffen oder welche Risikosteuerungsmaßnahmen [...] zu ergreifen sind. Die Umsetzung der zu treffenden Maßnahmen ist zu überwachen.

Tabelle 10: Die Anforderungen an das Management operationeller Risiken nach den MaRisk[226]

Die speziellen qualitativen Mindestanforderungen, die mit der Verwendung bestimmter Kapitalermittlungsmethoden im Rahmen der quantitativen Überwachung verbundenen sind, werden hingegen über die Umsetzung der geänderten EU-Bankenrichtlinie in der neuen Solvabilitätsverordnung ihren Niederschlag finden. So finden sich entsprechende Vorschriften für den Standardansatz in Art. 104 i.V.m. Anhang X, Teil 2 der EU-Bankenrichtlinie bzw. § 273 des ersten Diskussionsentwurfs der Solvabilitätsverordnung (E-SolvV) sowie für die fortgeschrittenen Ansätze in Art. 105 i.V.m. Anhang X, Teil 3 der EU-Bankenrichtlinie bzw. §§ 276-281 E-SolvV. Soweit zum jetzigen Zeitpunkt ersichtlich, werden sich hierbei keine materiellen Änderungen zu den Vorschriften des Baseler Ausschusses ergeben. Die Solvabilitätsverodnung wird jedoch nicht vor 2007 erlassen werden, da die rechtlichen Voraussetzung hierfür erst mit Inkrafttreten des CRD-Umsetzungsgesetz voraussichtlich zum 1.1.2007 in das Kreditwesengesetz eingefügt werden.[227]

1.3 Offenlegungsanforderungen im Hinblick auf das Management operationeller Risiken

Offenlegungsanforderungen zielen ganz allgemein darauf ab, entscheidungsrelevante Informationen für Anleger und Investoren bereitzustellen. Um hierbei auch über wertbeeinflussende Risiken in angemessenem Maße unterrichtet zu werden, erwartet die Öffentlichkeit eine verstärkt risikobezogene, in die Zukunft gerichtete Rechenschaftslegung.[228] Für Banken gilt auch hier, dass diese neben den allgemeinen Rechnungslegungsvorschriften darüber hinaus spezifische bankaufsichtsrechtliche Regelungen zu beachten haben. In beiden Bereichen haben die rasanten Entwicklungen in den letzten Jahren zu einer deutlichen Fortentwicklung der Risikoberichterstattung geführt. So wurden einerseits nationale und internationale Rechnungs-

226 Quelle: BaFin (2005c), BTR 4; Hervorhebungen durch die Verfasserin.
227 Vgl. Abschn. D1.1.2.3.1.
228 Vgl. Hommelhoff/Mattheus (2000), S. 8.

legungsvorschriften weiterentwickelt, andererseits wirkt sich die umfassende Überarbeitung der aufsichtsrechtlichen Bestimmungen deutlich auf die an Banken gestellten Anforderungen an die Risikoberichterstattung aus. Neben den umfangreichen Vorschriften zur Ausgestaltung des Risikomanagements eines Kreditinstituts gibt es auch umfangreiche Regelungen für die Offenlegung der entsprechenden Maßnahmen, die im Rahmen der externen Berichterstattung von den Instituten gefordert werden. Im Hinblick auf operationelle Risiken sind hierbei sowohl die geforderten allgemeinen Angaben zum Risikomanagement als auch die sich auf die Umsetzung der erforderlichen Infrastruktur beziehenden qualitativen Angaben relevant.

1.3.1 Risikoberichterstattung nach dem HGB

Zwar hat der Gesetzgeber keine ausdrückliche Verpflichtung im Gesetz verankert, nach der die Geschäftsleitung gegenüber der Öffentlichkeit über das implementierte Risikomanagementsystem berichten muss, jedoch ist seit Umsetzung des KonTraG zumindest im Lagebericht über die Risiken der künftigen Entwicklung des Unternehmens zu berichten.[229] Durch diese Konkretisierung der Lageberichterstattung hat der Gesetzgeber eine weitere Maßnahme umgesetzt, die dem Ziel eines sorgfältigen Umgangs der Unternehmen mit Risiken dient. Kreditinstitute haben gemäß § 289 in Verbindung mit § 340a HGB unabhängig von ihrer Rechtsform und Größe einen Lagebericht aufzustellen und nach § 340l Abs. 1 i.V.m.§ 325 Abs. 1 HGB offenzulegen.

Mit Inkrafttreten des Bilanzrechtsreformgesetzes (BilReG)[230] zum 1.1.2005 wurden die auf die Risikoberichterstattung bezogenen Anforderungen neu gefasst. Nach § 289 Abs. 1 Halbsatz 2 HGB hat der Lagebericht nunmehr eine „Beurteilung und Erläuterung" der voraussichtlichen Entwicklung mit ihren „wesentlichen" Chancen und Risiken zu enthalten.[231] § 289 Abs. 2 enthält darüber hinaus weitergehende Offenlegungsanforderungen im Hinblick auf die Verwendung von Finanzinstrumenten. Die Anforderungen an die Risikoberichterstattung kommen durch die neue Formulierung deutlicher zum Ausdruck. So stellt der Gesetzgeber klar, dass das bisherige „Einzugehen" auf Risiken nicht als Forderung nach einer lediglich geringen Berichtsintensität zu interpretieren ist, der beispielsweise durch eine bloße Aufzählung von Risiken genüge getan werden könnte. Vielmehr wird durch den Wortlaut nunmehr klargestellt, dass die Risiken zu beurteilen und zu erläutern sind, was eine Bewertung der Risiken sowie eine Beschreibung ihrer möglichen Konsequenzen mit einschließt.[232] Dem Grundsatz der Wesentlichkeit folgend, ist über Risiken zu berichten, die entweder bestandsgefährdend sind oder einen wesentlichen Einfluss auf die Vermögens-, Finanz- und Ertragslage

229 Vgl. Böcking/Orth (2000), S. 246.
230 Vgl. Bundesregierung (2004b), S. 3166 ff.
231 Die entsprechenden Vorschriften für Konzerne finden sich in § 315 HGB. Auf diese wird hier nicht gesondert eingegangen.
232 Vgl. Kajüter (2004), S. 202.

haben können. Die Risikoberichterstattung hat dabei insbesondere auch zukunftsgerichtete Sachverhalte und subjektive Einschätzungen darzustellen. Hierbei muss stets den Grundsätzen der Richtigkeit, der Vollständigkeit und der Klarheit genüge getan werden.[233] Weitere Vorgaben, etwa hinsichtlich der darzustellenden Risikoarten oder Sachverhalte macht das HGB indes nicht. Auch wenn dies nach dem Wortlaut der Norm nicht explizit verlangt ist, wird den Forderungen des § 289 im Hinblick auf die Risikoberichterstattung in der Regel in einem separaten Risikobericht nachgekommen.[234]

1.3.2 Konkretisierung der Risikoberichterstattung durch DRS 5-10

Für die Konkretisierung der Anforderungen des § 289 HGB können die Standards des Deutschen Rechnungslegungs-Standards-Committee (DRSC) beitragen. Das DRSC wurde als nationale Standardisierungsorganisation auf Wunsch des Gesetzgebers geschaffen und mit Vertrag vom 3. September 1998 durch das Bundesministerium der Justiz (BMJ) als privates Rechnungslegungsgremium im Sinne von § 342 HGB anerkannt.[235] Es verfolgt vor allem das Ziel, im öffentlichen Interesse die Qualität der Rechnungslegung und Finanzberichterstattung zu erhöhen und die Konvergenz der nationalen mit den internationalen Rechnungslegungsvorschriften voranzutreiben.

Die Lageberichterstattung wird grundsätzlich in dem am 26.2.2005 vom BMJ bekannt gemachten Deutschen Rechnungslegungs-Standard 15 (DRS 15) geregelt. Für die Risikoberichterstattung verweist dieser jedoch explizit auf die Regelungen des DRS 5, der sich allgemein auf die Risikoberichterstattung von Unternehmen bezieht, sowie auf den für Kredit- und Finanzdienstleistungsinstitute zusätzlich geltenden DRS 5-10, der die allgemeinen Anforderungen des DRS 5 ergänzt.[236]

DRS 5-10 formuliert die branchenspezifischen Regeln für die Risikoberichterstattung von Kredit- und Finanzdienstleistungsinstituten. Er konkretisiert damit die Anforderung des § 289 Abs. 1 bzw. 315 Abs. 1 HGB, im Lagebericht bzw. Konzernlagebericht über Risiken der zukünftigen Entwicklung zu berichten. Der DRS 5-10 bezieht sich nach seinem Wortlaut zunächst auf den Konzernlagebericht gemäß § 315 HGB, ist jedoch gemäß Tz. 8 des DRS 5-10 auch zur Anwendung auf den Lagebericht nach § 289 Abs. 1 HGB empfohlen. Das Ziel der Risikoberichterstattung nach DRS 5-10 ist es, den Adressaten zutreffende und umfassende Informationen im Rahmen einer geschlossenen Darstellung zur Verfügung zu stellen, auf de-

233 Vgl. Kajüter (2004), S. 197.
234 Vgl. Buchheim/Beiersdorf/Billinger (2005), S. 237.
235 § 342 HGB ermächtigt das Bundesministerium der Justiz dazu, eine privatrechtlich organisierte Einrichtung anzuerkennen und dieser u.a. die Entwicklung von Empfehlungen zur Anwendung der Grundsätze über die Konzernrechnungslegung übertragen.
236 DRS 5 wurde am 29.5.2001 vom Bundesministerium der Justiz bekannt gegeben, DRS 5-10 am 30.12.2000. Beide Standards wurden am 2.7.2004 geändert.

ren Basis sie sich ein eigenes Bild über die künftigen Risiken machen können. Hierzu soll eine Darstellung

- der Risikolage,
- des Risikomanagements und
- der Risikomessmethoden

erfolgen.[237] Die Anforderungen beinhalten somit sowohl Elemente qualitativer als auch Elemente quantitativer Offenlegung.[238] Die Angaben zum Risikomanagement dienen insgesamt dazu, die von den Instituten im Hinblick auf die Anforderungen des § 25a KWG getroffenen funktionalen und organisatorischen Vorkehrungen zur Erfassung und Handhabung der Risiken nachvollziehen zu können. Der Adressat soll dadurch die Risikolage und die Einflüsse einzelner Risikoarten würdigen können. Ferner soll ein Eindruck von den Fähigkeiten der Institute vermittelt werden, Risiken frühzeitig erkennen und angemessen darauf reagieren zu können.[239] Die Darstellung soll dabei alle Risikoarten, Geschäftsbereiche und Tochterunternehmen umfassen.[240]

Im Hinblick auf das Risikomanagement ist konkret auf die risikopolitische Strategie sowie das System zum Management der Risiken einzugehen, wobei sowohl funktionale als auch organisatorische Aspekte zu berücksichtigen sind. So sollen Informationen über die Entscheidungsprozesse, die Koordination sowie die Integration der Einzelrisiken und die Verantwortlichkeiten in dem System eingehen.[241] In **funktionaler** Hinsicht sind darüber hinaus die verwendeten Systeme zur Identifikation und Bewertung der Risiken, die Verfahren zur Zuteilung von Risikobudgets und zur Begrenzung der Risiken, das Überwachungs- und Berichtswesen sowie die Sicherung der Funktionsfähigkeit und Wirksamkeit der Steuerungs- und Überwachungssysteme zu beschreiben und auf die Verfahren zur Risikokapitalallokation einzugehen. Zur Darstellung der **organisatorischen** Aspekte ist mindestens auf die Ausgestaltung der risikosteuernden und -überwachenden Organisationseinheiten einzugehen.

Für die operationellen Risiken[242] wird explizit gefordert, dass vor allem auf organisatorische und funktionale Aspekte im Bereich der Verwaltung (z.B. Prozesse), des Personalwesens (z.B. Schutz vor Fehlern oder dolosen Handlungen) und der technischen Ausstattung ein-

237 Vgl. Deutscher Standardisierungsrat (2004), DRS 5-10, Tz. 2.
238 Auf die Anforderungen quantitativer Offenlegung wird in Kap. E eingegangen.
239 Vgl. Deutscher Standardisierungsrat (2004), DRS 5-10, Tz. 3.
240 Vgl. Deutscher Standardisierungsrat (2004), DRS 5-10, Tz. 4. Der DRS 5-10 unterscheidet zwischen Adressenausfallrisiken, Liquiditätsrisiken, Marktrisiken, operationellen Risiken und sonstigen Risiken. Vgl. zu den Definitionen Tz. 9.
241 Vgl. Deutscher Standardisierungsrat (2004), DRS 5-10, Tz. 17 ff.
242 DRS 5-10 bezeichnet diese als operationale Risiken und nimmt in Tz. 9 folgende Definition vor: „Das operationale Risiko betrifft Risiken in betrieblichen Systemen oder Prozessen, insbesondere in Form von a) betrieblichen Risiken, die durch menschliches oder technisches Versagen bzw. durch externe Einflussfaktoren entstehen, oder b) rechtlichen Risiken, die aus vertraglichen Vereinbarungen oder rechtlichen Rahmenbedingungen resultieren."

schließlich der Funktionsfähigkeit der DV-Systeme sowie auf rechtliche Risiken eingegangen wird.[243] Dabei ist explizit auf die organisatorischen Vorkehrungen zur Erfassung und Begrenzung operationeller Risiken sowie deren Handhabung und Überwachung einzugehen. Sofern quantitative Methoden angewendet werden, hat sich die Darstellung auf diese zu stützen. Ist dies nicht der Fall, sind qualitative Ausführungen und Einschätzungen zu den möglichen Folgen der Risiken erforderlich.

1.3.3 Risikoberichterstattung nach IAS/IFRS

Im internationalen Vergleich hat das DRSC mit der Veröffentlichung von Standards zur Risikoberichterstattung[244] eine Vorreiterrolle eingenommen. So finden sich in den Standards des International Accounting Standards Committee (IASC)[245] bzw. dessen Nachfolgers, des International Accounting Standards Board (IASB) bisher keine eigenständigen, speziell auf die Risikoberichterstattung ausgerichteten Standards.[246] Das IASB ist wie das DSRC ein privater, unabhängiger Standardsetter, allerdings mit internationaler Zusammensetzung. Die Aufgabe des IASB liegt in der Entwicklung global anerkannter Rechnungslegungsstandards. Hierbei findet eine Zusammenarbeit mit nationalen Standardsettern statt, um die Konvergenz nationaler Rechnungslegungsstandards mit den internationalen Regelungen voranzutreiben. Wenngleich es bislang keine ausdrückliche Forderung nach einer Risikoberichterstattung in den IFRS[247] gibt, werden in einzelnen IAS bzw. IFRS durchaus detaillierte Erläuterungen zu Risiken und deren Management gefordert.[248] Allerdings beschränken sich diese im Wesentlichen auf die Anwendung von Finanzinstrumenten.

Die Offenlegungspflichten gemäß IFRS wurden kürzlich umfassend überarbeitet und im Zuge dessen neu strukturiert. Am 22. August 2005 verabschiedete das IASB den neuen IFRS 7: „Financial Instruments: Disclosure“[249], der nunmehr sämtliche Angabepflichten zu Finanzinstrumenten bündelt und verbindlich für Geschäftsjahre beginnend am 1.1.2007 anzuwenden ist. Durch IFRS 7 wurde der zuvor für Kreditinstitute als Lex specialis geltende IAS 30: „Disclosures in the Financial Statements of Banks and Similar Financial Institutions“ vollständig sowie IAS 32: „Financial Instruments: Disclosure and Presentation“ teilweise ersetzt.

243 Vgl. Deutscher Standardisierungsrat (2004), DRS 5-10, Tz. 38 ff.
244 Hierzu gehört neben DRS 5 und DRS 5-10 auch DRS 5-20 für Versicherungsunternehmen.
245 Das IASC nahm seine Arbeit 1973 auf und wurde im Jahr 2001 durch das IASB abgelöst.
246 Die Aufnahme einer Forderung nach einer umfassenden Risikoberichterstattung soll jedoch in dem Forschungsprojekt „Management Commentary“ des IASB diskutiert werden.
247 Die International Financial Reporting Standards (IFRS) sind eine Sammlung von Standards und Interpretationen zur externen Berichterstattung. Die Bezeichnung IFRS wird dabei einerseits als Oberbegriff verwendet und schließt in diesem Sinne auch die von der Vorgängerinstitution, dem IASC, erlassenen International Accounting Standards (IAS) und deren Interpretationen mit ein. In einem engen Verständnis bezeichnen die IFRS lediglich die vom IASB seit 2001 neu erlassenen Standards.
248 Vgl. Krumnow/Sprißler et al. [Hrsg.] (2004), Kommentar, Teil B, Kapitel II, S. 876; Buchheim/Beiersdorf/Billinger (2005), S. 238.
249 Vgl. IASB [Hrsg.] (2005a).

Letzterer enthält nunmehr lediglich Vorschriften für die Darstellung von Finanzinstrumenten und wurde in IAS 32: „Financial Instruments: Presentation" umbenannt.[250] Hintergrund der Umstrukturierung ist die Tatsache, dass Finanzinstrumente nicht mehr lediglich in Kreditinstituten, sondern branchenübergreifend eine hervorgehobene Stellung einnehmen.[251]

Die Aufnahme einer expliziten Forderung zur Offenlegung operationeller Risiken in IFRS 7 wurde vom IASB zwar in Erwägung gezogen, jedoch mit der Begründung verworfen, dass weder die Definition noch die Messmethoden dieser Risikoart ausgereift seien.[252] Lediglich indirekt werden operationelle Risiken insofern berücksichtigt, als die Verfahren und Prozesse zum Management von Ausfall-, Markt- und Liquiditätsrisiken, die aus dem Einsatz von Finanzinstrumenten resultieren, darzustellen sind.[253] Im Vergleich zu dem zuvor speziell für Kreditinstitute geltenden IAS 30 stellt dies jedoch keine Verschlechterung dar, da auch dieser, im Gegensatz zu den Vorschriften des DRS 5-10, operationelle Risiken nicht explizit berücksichtigte.[254]

1.3.4 Stärkung der Marktdisziplin durch die Offenlegungspflichten der dritten Säule von Basel II

Mit der dritten Säule von Basel II verfolgt der Baseler Ausschuss das Ziel, Marktdisziplinierungskräfte durch Offenlegungsvorschriften zu aktivieren. Dahinter verbirgt sich die Erwartung, dass Marktteilnehmer, wie beispielsweise potenzielle Investoren, neben Rentabilitätsgesichtspunkten auch die Qualität der Geschäftsführung und des Risikomanagements einer Bank in ihre Entscheidungen einfließen lassen. Die positiven Auswirkungen dieser Marktmechanismen auf die Stabilität des Finanzsystems sowie die Notwendigkeit des Zugangs zu relevanten und aktuellen Daten hat der Baseler Ausschuss bereits in seinen „Core Principles"[255] betont. In Form der Honorierung eines wirksamen bzw. der Sanktionierung eines als nicht angemessen erachteten Risikomanagements soll die Disziplinierung durch den Markt wirksam werden.[256] Durch die Offenlegungsverpflichtungen für die Banken auf der einen Seite und die Möglichkeit der Marktteilnehmer, sich ein umfassendes Bild über die wirtschaftliche Lage des Instituts zu machen, ergibt sich für alle am Kapitalmarkt beteiligten Akteure eine neue Intensität des Zusammenwirkens.[257] Im Verhältnis zu den bereits erörterten nationalen Rechnungslegungsanforderungen betreffen die Baseler Vorgaben einen engeren Anwendungsbe-

250 Vgl. IASB [Hrsg.] (2005b), S. 1 f.
251 Vgl. Buchheim/Beiersdorf/Billinger (2005), S. 238.
252 So auch Timmermann (2004), S. 388. Die Frage der Offenlegung operationeller Risiken soll jedoch im Rahmen des Forschungsprojekts „Management Commentary" des IASB erneut aufgegriffen werden.
253 Vgl. IASB [Hrsg.] (2005a), Tz. 33.
254 Vgl. Krumnow/Sprißler et al. [Hrsg] (2004), Kommentar, Teil B, Kapitel II, S. 887.
255 Vgl. Basel Committee on Banking Supervision (1997) sowie Basel Committee on Banking Supervision (1999b).
256 Vgl. Hillen (2002), S. 234.
257 Vgl. Naumann (2002), S. 258.

reich, nämlich die Veröffentlichung von Angaben zur Kapitaladäquanz, während die Rechnungslegungsstandards insgesamt einen breiteren Fokus haben. Da die Offenlegungspflichten der dritten Säule diesen nicht zuwiderlaufen sollen, äußert der Baseler Ausschuss die Absicht, seine laufenden Kontakte zu den Rechnungslegungsinstanzen zu pflegen und gegebenenfalls Modifikationen der dritten Säule von Basel II vorzunehmen.[258]

Die Ausführungen zur dritten Säule der neuen Eigenkapitalvereinbarung gliedern sich in einen Abschnitt mit allgemeinen Überlegungen sowie einen zweiten mit den eigentlichen Offenlegungspflichten. In dem allgemeinen Teil werden zunächst die verfolgten Ziele, nämlich das zur Verfügung stellen von Kerninformationen, die es den Marktteilnehmern letztlich ermöglichen sollen, die Angemessenheit der Eigenkapitalausstattung eines Instituts zu beurteilen, dargelegt.[259] Ferner soll die Vergleichbarkeit der Angaben zwischen den Instituten durch ein einheitliches Schema verbessert werden. Für die Durchsetzung der Veröffentlichungspflichten stehen den nationalen Aufsichtsbehörden verschiedene Instrumente zur Verfügung, die von „moral suasion“ durch Gespräche mit den Geschäftsleitern bis hin zu Verwarnungen oder Geldbußen reichen. Zusätzliche Eigenkapitalanforderungen sollen hingegen nicht die Folge der Nichteinhaltung der Offenlegungspflichten sein. Lediglich für diejenigen Offenlegungsanforderungen, die unmittelbare Voraussetzung für die Anwendung besonderer Methoden im Rahmen der Ermittlung der Eigenkapitalanforderungen sind, ist die Sanktionsmaßnahme mit der Verweigerung der Genehmigung zur Anwendung dieser Methoden vorgegeben.

Die Offenlegung nach Basel II kann im Rahmen der Veröffentlichungen nach den Rechnungslegungsstandards erfolgen, wobei in dem Fall, dass sowohl aufsichtliche als auch sonstige Publikationsansprüche durch ein Medium erfüllt werden, die wesentlichen Unterschiede zwischen den Veröffentlichungsvorschriften zu erläutern sind.[260] Nicht nach anderen Vorschriften zu veröffentlichende Informationen können auch auf anderen Wegen publiziert werden, z.B. auf einer allgemein zugänglichen Internet-Seite oder im Rahmen öffentlich zugänglicher Meldungen an die Aufsichtsbehörde. Die Veröffentlichung nach der dritten Säule sollte grundsätzlich halbjährlich erfolgen. Eine Ausnahme bilden hier die qualitativen Veröffentlichungen, die einen allgemeinen Überblick über das Risikomanagement, das interne Berichtswesen und die Definitionen geben, die lediglich jährlich zu veröffentlichen sind. In einigen Fällen sind dagegen bestimmte Informationen, z.B. die Kern- und Gesamtkapitalkoeffizienten sogar vierteljährlich zu veröffentlichen.[261]

---

258 Vgl. Basel Committee on Banking Supervision (2004a), Tz. 813.
259 Vgl. Basel Committee on Banking Supervision (2004a), Tz. 809 ff.
260 Vgl. Basel Committee on Banking Supervision (2004a), Tz. 814 f.
261 Vgl. Basel Committee on Banking Supervision (2004a), Tz. 818.

Bei ihren Veröffentlichungen sollten die Banken die Grundsätze der Wesentlichkeit und der Vertraulichkeit beachten.[262] Informationen werden in Übereinstimmung mit internationalen Rechnungslegungsgrundsätzen als wesentlich angesehen, wenn „ihre Auslassung oder fehlerhafte Angabe die Beurteilung oder Entscheidung eines Nutzers der Informationen verändern oder beeinflussen, der auf sie vertraut, um ökonomisch Entscheidungen treffen zu können." Allerdings ist das Leitprinzip der Wesentlichkeit stark in deterministische Leitplanken eingebunden, einerseits wegen des generellen Vorschriftencharakters der dritten Säule und andererseits wegen der beschriebenen Sanktionsmechanismen der Aufsicht.[263] Zum Schutz von Kunden- und Unternehmensinteressen müssen vertrauliche Informationen, z.B. zu Produkten oder Systemen, deren Veröffentlichung die Wettbewerbsposition des Instituts schwächen würde, oder Informationen über Kunden nicht offengelegt werden. Allerdings müssen in diesen Fällen die Gründe für die Nichtveröffentlichung angegeben werden.

Die eigentlichen Offenlegungsanforderungen der dritten Säule gliedern sich in drei Bereiche

- Anwendungsbereich,
- Eigenkapital (Eigenkapitalstruktur und Eigenkapitalausstattung),
- eingegangene Risiken und deren Beurteilung,

von denen hier im Rahmen der qualitativen Überwachung insbesondere der dritte Bereich näher betrachtet werden soll.[264] Die Offenlegungsanforderungen beziehen sich auf das Kreditrisiko, Marktrisiken, Zinsänderungsrisiken und Risiken aus Beteiligungen im Anlagebuch sowie operationelle Risiken. Im Zusammenhang mit der Beurteilung der operationellen Risiken eines Instituts sind insbesondere die **allgemeinen qualitativen Offenlegungsvorschriften** von Bedeutung. Diese verlangen, dass für alle genannten Risikoarten bzw. -bereiche die Ziele und Grundsätze des Risikomanagements beschrieben werden. Die Beschreibung soll dabei folgendes beinhalten:[265]

- die Strategien und Prozesse,
- die Struktur und Organisation der relevanten Risikomanagementfunktion,
- Art und Umfang der Risikoberichte und/oder des Managementsystems,
- Grundzüge der Absicherung und/oder Minderung von Risiken und Strategien sowie Prozesse zur Überwachung der fortgesetzten Effektivität dieser.

Darüber hinaus sind für die einzelnen Risikoarten allgemeine qualitative Informationen zu veröffentlichen, wie etwa eine Diskussion der Grundsätze des Kreditrisikomanagements des

[262] Vgl. Basel Committee on Banking Supervision (2004a) Tz. 817 bzw. 819.
[263] Vgl. Krumnow/Sprißler et al. [Hrsg.] (2004), Kommentar, Teil B, Kapitel VI, S. 1650.
[264] Zu den ersten beiden Bereichen vgl. z.B. Boos/Schulte-Mattler (2001), S. 796 ff.; Hillen (2002), S. 243 ff.
[265] Vgl. Basel Committee on Banking Supervision (2004a), Tz. 824.

Instituts sowie die qualitativen Informationen, die die Voraussetzung für die Anwendung der verschiedenen Ansätze zur Ermittlung des erforderlichen Kapitalbetrags sind.[266] So sind beispielsweise im Hinblick auf das Kreditrisiko bei Anwendung eines auf internen Ratings basierenden Ansatzes die Struktur des internen Rating-Systems sowie deren Kontrollmechanismen, einschließlich der Erörterung der Unabhängigkeit, der Verantwortlichkeitsstrukturen und der Überprüfung des Rating-Systems offenzulegen sowie der Prozess des internen Ratings zu beschreiben. Für das Marktrisiko sind bei Anwendung eines internen Modells die Merkmale des verwendeten Modells, eine Beschreibung des auf das Portfolio angewandten Stress-Tests sowie eine Beschreibung der Methode, die für das Backtesting der Genauigkeit und Konsistenz der internen Modelle und modulierten Prozesse angewendet wird, offenzulegen.

Wird für die Bestimmung der Eigenkapitalunterlegung für operationelle Risiken ein Advanced Measurement Approach verwendet, so ist auch hierfür eine Beschreibung der Methode offenzulegen. Dabei sind die in der Messmethode berücksichtigten maßgeblichen internen und externen Faktoren zu erörtern.

Umsetzung der Baseler Offenlegungspflichten in nationales Recht

Die Baseler Offenlegungspflichten finden auf europäischer Ebene ihren Niederschlag in der geänderten Bankenrichtlinie. Hier sind sie in Artikel 145 i.V.m. Anhang XII kodifiziert. Die Umsetzung in deutsches Recht erfolgt wiederum im Rahmen des Erlasses der Solvabilitätsverordnung. Die §§ 322 ff. des Entwurfs der Solvabilitätsverordnung übernehmen weitgehend die hier dargestellten Offenlegungspflichten des Baseler Ausschusses.

1.4 Zwischenergebnis

1. Operationellen Risiken in Kreditinstituten wird durch ein dichtes Netz von an die Geschäftsleitungen der Institute adressierten qualitativen Anforderungen begegnet. Ziel ist es, den in Kapitel C aufgeführten Corporate Governance-Problemen im Zusammenhang mit der Unternehmensleitung entgegenzuwirken. Kennzeichnend für die umfangreichen Vorschriften sind die mit diesen verbundenen weit reichenden Eingriffe in die interne Organisation eines Instituts. Besonders hervorzuheben ist der systemhafte Charakter der qualitativen Normen. Die Verpflichtung zur Einrichtung eines umfassenden Risikomanagementsystems wirft dabei durch die Verwendung unbestimmter Rechtsbegriffe durch den Gesetzgeber in den einschlägigen Normen zahlreiche Fragen und Unsicherheiten hinsichtlich der geforderten Ausgestaltung des Systems auf. Mit Hilfe der Interpretationen des Schrifttums, privater Institutionen, der Bankenaufsicht sowie unter Berücksichtigung internationaler Entwicklungen wurde daher eine Konkretisierung des geforderten Systems

[266] Vgl. Basel Committee on Banking Supervision (2004a), Tz. 825 f.

vorgenommen. Gleichwohl wurde auch deutlich, dass hierbei zum Teil unterschiedliche Begriffsverständnisse und Schwerpunktsetzungen vorherrschen.

2. Neben dem Risikomanagementsystem kommt der Schaffung der für den Umgang mit operationellen Risiken erforderlichen Rahmenbedingungen und Strukturen eine große Bedeutung zu. Nach der in dieser Arbeit vertretenen Auffassung handelt es sich bei diesen mit Blick auf den übergreifenden Charakter operationeller Risiken um dem Risikomanagementsystem an sich hierarchisch übergeordnete Maßnahmen.

3. Hinsichtlich der Markttransparenz wurde gezeigt, dass durchaus umfangreiche Offenlegungspflichten bestehen, die es den Marktteilnehmern ermöglichen sollen, sich ein Bild von der operationellen Risikosituation und dem Umgang mit dieser in einem Institut zu verschaffen.

Zur Begrenzung operationeller Risiken sind jedoch, wie in Kapitel B dargelegt, nicht nur Maßnahmen der Geschäftsleitung eines Instituts erforderlich, sondern es bestehen darüber hinaus weit reichende Prüfungspflichten durch die weiteren internen und externen Überwachungsträger. Mit der Darstellung und Konkretisierung des von Kreditinstituten geforderten Risikomanagementsystems, einschließlich der für den Umgang mit operationellen Risiken erforderlichen Infrastruktur, sowie der normierten Offenlegungspflichten wurde daher gleichzeitig das Prüfungsobjekt umrissen, das in den nun folgenden Abschnitten Gegenstand der Analyse der Aufgaben der weiteren Überwachungsträger im Corporate Governance-Prozess der Banken sein wird.

2 Überwachung durch die Interne Revision

Die Interne Revision ist ein wesentlicher Pfeiler des Internen Überwachungssystems einer Bank. Dies wird sowohl in den angelsächsischen Internal Control-Konzepten, wie dem Framework des Baseler Ausschusses, als auch im Zusammenhang mit den diskutierten nationalen Vorschriften des Aktien- und des Kreditwesengesetzes deutlich hervorgehoben.[267] Die Gesetzesänderung durch das KonTraG sowie die explizite Nennung in § 25a Abs. 1 Satz 3 Nr. 2 KWG versteht der Gesetzgeber zudem als erhebliche Aufwertung der Internen Revision.[268]

> *„Eine hoch qualifizierte und effektive prozessunabhängige Innenrevision, die sicherstellt, dass die Funktionsfähigkeit des prozessabhängigen Internen Kontrollsystems ständig erhalten bleibt, ist aus bankaufsichtlicher Sicht unverzichtbar. Die Interne Revision als fester Bestandteil der bankbetrieblichen Organisation kann ferner frühzeitig*

[267] Vgl. Basel Committee on Banking Supervision (1998a), Tz. 40 ff.; Bundesregierung (1998a), S. 15; § 25a KWG Abs. 1 Satz 3 Nr. 2.

[268] Vgl. Heinhold/Wotschofsky (2002), S. 1221; Arbeitskreis „Externe und Interne Überwachung der Unternehmung" der Schmalenbach-Gesellschaft für Betriebswirtschaft e.V. (2000), S. 3.

Risiken erkennen und Probleme innerhalb des Instituts aufzeigen und den Anstoß für deren Behebung geben, bevor hieraus möglicherweise ein aufsichtsrechtlicher Sachverhalt wird.“[269]

Einerseits ist somit die Interne Revision selbst unverzichtbarer Bestandteil eines umfassenderen Überwachungssystems und unterstützt als solcher die Geschäftsleitung bei der Wahrnehmung der ihr obliegenden Überwachungspflichten. Durch die Interne Revision wird so die unabhängige Überwachung der Betriebs- und Geschäftsabläufe innerhalb eines Kreditinstituts gewährleistet. Zu dieser traditionellen Rolle gehört beispielsweise die Beurteilung der Einhaltung der Organisationsrichtlinien, der Rechnungslegungsstandards und der Berichtspflichten. Zu den Aufgaben der Internen Revision gehört andererseits aber auch die Prüfung der Wirkungsweise und Angemessenheit der betrieblichen Überwachungsmechanismen selbst. Mithin sind die durch die Geschäftsleitung eingerichteten Risikomanagement- und -controllingprozesse sowie die organisatorischen Sicherungsmaßnahmen und Kontrollen selbst Prüfungsobjekt der Internen Revision, weshalb diese über die originäre Überwachung hinaus auch als „Meta-Überwacher“ bezeichnet werden kann.[270] Gerade für den Umgang mit operationellen Risiken kommt daher der Internen Revision eine hervorzuhebende Bedeutung zu. Durch ihre Funktion als unternehmensinterne Überwachungsinstanz ist sie geradezu prädestiniert, operationelle Risiken in einem Institut zu identifizieren und diese transparenter und handhabbarer zu machen.[271] Durch die Präventivwirkung der Überwachung[272] kann die Interne Revision dazu beitragen, operationelle Risiken bereits im Ansatz zu vermeiden. In diesem Zusammenhang kommt dem „Operational Audit“ und dem „Management Audit“ bei der Durchführung der Prüfungen ein besonderer Stellenwert zu.[273]

2.1 Überwachung des Risikomanagementsystems

2.1.1 Verpflichtung zur Durchführung von Systemprüfungen

Die Anforderungen des Gesetzgebers und der Bankenaufsicht zielen immer stärker auf die Fokussierung von Systemprüfungen durch die Interne Revision ab. Im Rahmen eines zunehmend geforderten „Operational Audit“ werden die organisatorischen Grundlagen eines Unternehmens im Sinne von Systemprüfungen zum Zweck der Systemverbesserung analysiert.[274] Im Gegensatz zu Einzelfallprüfungen, bei denen in der Regel vom Zustand einer Anzahl gleichartiger Sachverhalte auf die Ordnungsmäßigkeit des Prüfungsobjekts geschlossen wird, stellt die Systemprüfung auf die Einhaltung bestimmter aus dem Systemziel abgeleiteter

269 Bundesregierung (2004a), S. 87.

270 So Heinhold/Wotschofsky (2002), S. 1217; Kohlhoff/Langenhan/Zorn (2000), S. 3.

271 Vgl. Jackmuth (2002), S. 214 f.; Schiwietz (2005), S. 256.

272 Vgl. zu der verhaltensbeeinflussenden Wirkung der Überwachung Schewe/Littkemann/Beckemeier (1999), S. 1485.

273 Vgl. zu diesen Abschn. C2.2.

274 Vgl. Lück (2001b), S. 212.

Grundsätze ab.[275] Aus der Einhaltung dieser Grundsätze resultiert dann die Vermutung, dass die Vorfälle wie vorgegeben erfasst und bearbeitet wurden. Dieser Schluss basiert auf der Überlegung, dass jedes System in einem festen organisatorischen Gefüge abläuft, so dass eine gewisse Kontinuität und Zwangsläufigkeit der Abläufe gewährleistet ist. Je determinierter dabei die Systemabläufe sind, desto sicherer kann durch eine Systemprüfung auf deren Richtigkeit geschlossen werden. Neben diesem traditionellen Verständnis der Systemprüfung geht es darüber hinaus zunehmend auch um die Untersuchung von Zusammenhängen und Gesamtwirkungen von Verfahren im Hinblick auf deren Eignung, den Unternehmenszielen zu dienen.[276] Im Gegensatz zu Einzelfallprüfungen ermöglicht eine Systemprüfung die Beurteilung ganzheitlicher Prozesse, Verfahren und Abläufe. Konkret wird es als die Aufgabe der Internen Revision angesehen, das Unternehmen bei der Erreichung seiner Ziele durch eine systematische und zielgerichtete Bewertung der Effektivität des Risikomanagements, inklusive aller Kontrollen und Führungs- und Überwachungsprozesse, zu unterstützen sowie bei deren Verbesserung mitzuwirken.[277] Eine Systemprüfung beinhaltet daher stets auch und vor allem zukunftsbezogene Aussagen, die insbesondere die Gefahren operationeller Risiken mindern.[278]

Die Verpflichtung zur Prüfung des Risikomanagementsystems durch die Interne Revision ergibt sich für Kreditinstitute bereits aus der Regierungsbegründung zu § 25a Abs. 1 KWG, in der der Gesetzgeber fordert, dass die Interne Revision als prozessunabhängige Überwachungsinstitution die prozessabhängigen Überwachungsmechanismen zu überprüfen hat.[279] Unterstrichen wurde dies bereits durch die im Jahr 2000 von der BaFin erlassenen „Mindestanforderungen an die Ausgestaltung der Internen Revision der Kreditinstitute" (MaIR), die u.a. die Prüfung des „Internen Kontrollsystems" und der „Risikomanagement- und -controllingsysteme" als Aufgabe der Internen Revision formulierten. Darüber hinaus forderten auch die MaK eine Prüfung des Kreditgeschäfts durch die Interne Revision in angemessenen Zeitabständen, die auch eine Überprüfung der Einhaltung der MaK selbst zu beinhalten hatte.[280] Mit der Zusammenfassung der bisherigen Mindestanforderungen in den MaRisk und der damit einhergehenden Eingliederung der Vorschriften an die Internen Revision erübrigt sich die entsprechende Textziffer allerdings, da nunmehr die Verpflichtung der Internen Revision zur Prüfung des Risikomanagementsystems unmissverständlich klargestellt wurde.

---

275 Vgl. Leffson (1992), Sp. 1927.

276 Vgl. Lück (2001a), S. 145; Heinhold/Wotschofsky (2002), S. 1218 ff.

277 Vgl. IIR [Hrsg.] (2002), S. 2.

278 Zu den Vorteilen der Systemprüfung vgl. auch Becker (2005), S. 27 f.

279 Im Gegensatz zu der Regierungsbegründung zu § 25a Abs. 1 KWG wird im Zusammenhang mit § 91 Abs. 2 AktG nicht explizit formuliert, dass die Interne Revision das Risikomanagementsystem zu prüfen hat. Allerdings ist davon auszugehen, dass i.d.R. die notwendige Systemüberwachung ohne eine leistungsfähige Interne Revision nicht sichergestellt werden kann. Vgl. IIR [Hrsg.] (2001b), S. 152 f.

280 „Hierbei sind unter Beachtung der Grundsätze für eine risikoorientierte Prüfung auch Systemprüfungen (Aufbau- und Ablauforganisation, Risikomanagement und –controlling, internes Kontrollsystem) durchzuführen." BaFin (2002b), Tz. 93. Für die MaH fand sich keine derart weitgehende Formulierung, was jedoch vermutlich lediglich auf den vergleichsweise frühen Zeitpunkt ihrer Veröffentlichung zurückzuführen war. Allerdings wurde auch hier die Prüfung der Einhaltung der MaH in unregelmäßigen, angemessenen Abständen ausdrücklich gefordert. Vgl. BaFin (1995), Tz. 5.

Zu den Aufgaben einer modernen Internen Revision gehört es insbesondere, sich davon zu überzeugen, dass die getroffenen Maßnahmen der Geschäftsleitung im Verhältnis zu der Höhe der eingegangenen Risiken angemessen sind sowie davon, dass die regulatorischen und gesetzlichen Anforderungen eingehalten werden. Wesentliche Abweichungen sind zu identifizieren.[281] Insgesamt hat die Interne Revision damit das Funktionieren des gesamten Risikomanagementprozesses und der internen Corporate Governance sicherzustellen. Dieses Verständnis der Internen Revision unterstreicht deren festen Platz im Gesamtgefüge der Corporate Governance.[282]

Die Interne Revision sollte im Hinblick auf das Risikomanagementsystem bereits bei dessen Entwicklung und Implementierung beratend mitwirken und dessen Umsetzung und Wirksamkeit ex ante bestätigen. Dabei kann sie insbesondere koordinierende und dokumentierende Aufgaben wahrnehmen und so die verantwortlichen Fachbereiche unterstützen, im Besonderen auch mit Blick auf die Risikoanalyse.[283] Nach der Implementierung sind ex post in angemessenen Zeitabständen Systemprüfungen und Stichprobenprüfungen durchzuführen.[284] Die Systemprüfung durch die Interne Revision erstreckt sich auf die Beurteilung der Ordnungsmäßigkeit, Funktionsfähigkeit, Zweckmäßigkeit und Wirtschaftlichkeit des Risikomanagementsystems einer Bank. Das Vorgehen bei einer Systemprüfung gliedert sich grundsätzlich in die folgenden Schritte:

- Systemerfassung
- Systemanalyse (Aufbauprüfung)
- Systemtest (Funktionsprüfung)

Im ersten Schritt ist eine Aufnahme des zu prüfenden Objekts, also die in der Bank bestehenden Regelungen hinsichtlich des Risikomanagementsystems z.B. mit Hilfe von Organisationshandbüchern und Arbeitsanweisungen erforderlich. Im Rahmen der Systemanalyse ist dieses „Bank-Soll" mit den gesetzlichen Vorgaben und Rahmenbedingungen zu vergleichen (Soll-Soll-Vergleich). Dabei ist auch zu beurteilen, ob die implementierten organisatorischen Sicherungsmaßnahmen und Kontrollen ausreichen, um alle wesentlichen Risiken abzudecken. Fällt diese Beurteilung positiv aus, muss durch einen Systemtest die Übereinstimmung des tatsächlich vorgefundenen Ist-Zustands mit der Systemkonzeption bestätigt werden (Soll-Ist-Vergleich).[285] Die Prüfungsfragen beziehen sich dabei etwa auf die Übereinstimmung eines

---

281 Vgl. van Greuning/Bratanovic (2003), S. 51 ff.

282 Vgl. Lück/Henke/Gaenslen (2002), S. 235. Auch das amerikanische Institut of Internal Auditors (IIA) beschreibt die Tätigkeit der Internen Revision als unabhängige und objektive Tätigkeit, die das Ziel hat, durch Prüfung und Bewertung zu einer angemessenen Beurteilung der Risikosituation sowie zur Sicherheit, Wertsteigerung und Verbesserung der Geschäftsprozesse beizutragen. Dabei hat sie die Effektivität des Risikomanagements, der Steuerung und Überwachung sowie die Prozesse in Bezug auf die Corporate Governance zu bewerten und zu verbessern. Vgl. Lück (2001a), S. 145.

283 Vgl. Soll/Labes (1999), S. 198; Kromschröder/Lück (1998), S. 1575 f.

284 Vgl. Kromschröder/Lück (1998), S. 1576; Kohlhoff/Langenhan/Zorn (2000), S. 8.

285 Vgl. Becker (2005), S. 34; Rosner-Niemes (2005), S. 292 f.

vorgefundenen Prozessablaufs mit den Arbeitsanweisungen, die Beachtung und Dokumentation vorgeschriebener Kontrollen, die Einhaltung der vorgesehenen Funktionstrennung sowie die Beachtung der Kompetenzregelungen. Die Prüfung der Funktionsfähigkeit des Risikomanagementsystems ist insbesondere deshalb von Bedeutung, weil es sich bei diesem nicht um ein deterministisches System handelt, sondern das Systemverhalten vielmehr in vielen Fällen durch das Verhalten von Menschen beeinflusst wird und damit einen weitgehend stochastischen Charakter aufweist.[286] Der Prüfer muss damit rechnen, dass Abweichungen von dem geplanten Systemverhalten auftreten, wodurch Fehler entstehen können oder entstandene Fehler nicht aufgedeckt und korrigiert werden. Stellt der Prüfer Schwächen fest, sollten die Ursachen ergründet und konkrete Handlungsempfehlungen zu deren Beseitigung gegeben werden. Insgesamt unterstreicht die Aufgabe der Prüfung des Risikomanagementsystems die Verlagerung der Tätigkeit der Internen Revision in Richtung einer Analyse der organisatorischen Verfahren. Nach KROMMSCHRÖDER/LÜCK besetzt damit die Interne Revision die Funktion des „Internen Risikomanagers".[287] Dem ist zumindest insoweit zuzustimmen, als die Interne Revision durch ihre Prüfungsberichte Risikoaspekte und Vorschläge zur Risikoreduzierung kommuniziert. Hervorzuheben ist in diesem Zusammenhang auch die Berücksichtigung von Wirtschaftlichkeitsaspekten durch die Interne Revision. Im Gegensatz zum Abschlussprüfer wird von der Internen Revision auch die Beurteilung der Wirtschaftlichkeit des Risikomanagementsystems verlangt. Auch wenn die Minimierung von Risiken im Vordergrund steht, ist dennoch darauf zu achten, dass nicht ein Ungleichgewicht zwischen den Überwachungsmaßnahmen und der tatsächlichen Risikorelevanz besteht.[288]

Die stärkere Fokussierung von Systemprüfungen durch Gesetzgeber und Bankenaufsicht bringt, wie bereits die Schwerpunktbildung im Bereich der Normierung von Systempflichten, gleichzeitig eine stärkere Fokussierung operationeller Risiken in Kreditinstituten mit sich. Die besondere Bedeutung der Internen Revision im Umgang mit operationellen Risiken wird hervorgehoben, denn eine „effiziente Interne Revision stellt eines der wichtigsten Instrumente dar, um relativ schnell und zeitnah Fehlentwicklungen in einer Bank bemerken und beheben zu können, bevor aufgetretene Mängel größeren Schaden verursachen."[289] Diese Feststellung bezieht sich insbesondere auf die Möglichkeiten der Internen Revision, operationelle Risiken in einem Institut zu erkennen. Hierfür sind Systemprüfungen unerlässlich, da diese gerade darauf ausgelegt sind, organisatorische Störungen und damit Mängel in einem bestehenden System zu identifizieren und zu analysieren.

286 Vgl. Leffson, (1992), Sp. 1928.
287 Vgl. Soll/Labes (1999), S. 198.
288 Vgl. Rosner-Niemes (2005), S. 293.
289 Deutsche Bundesbank (1996), S. 62 f.

2.1.2 Konkretisierung der Ausgestaltung und der Prüfungsdurchführung der Internen Revision

Um der Entwicklung der Internen Revision „vom reinen Kontrollorgan zum integrativen Bestandteil der gesamtunternehmerischen Führung“[290] gerecht zu werden, hatte die BaFin ihre Anforderungen an die Ausgestaltung der Internen Revision aus dem Jahr 1976 überarbeitet und am 17. Januar 2000 die „Mindestanforderungen an die Ausgestaltung der Internen Revision der Kreditinstitute“ (MaIR) veröffentlicht, die im Wesentlichen die gesetzliche Verpflichtung des § 25a Abs. 1 KWG zur Systemprüfung durch die Interne Revision konkretisierten. Zuvor bestanden erhebliche Freiräume für die Ausgestaltung der internen Überwachung durch die Interne Revision.[291] Grundlage für die MaIR war unter anderem das „Framework for the Evaluation of Internal Control Sytstems“ des Baseler Ausschusses aus dem Jahr 1998.[292] Von einigen Ausnahmen abgesehen, finden sich die Regelungen der MaIR nunmehr weitestgehend unverändert in den MaRisk wieder.

Wie bereits in den Mindestanforderungen an das Kredit- und das Handelsgeschäft wird auch im Falle der Internen Revision die Gesamtverantwortung der Geschäftsleitung für deren Einrichtung und Funktionsfähigkeit betont.[293] Es sind Rahmenbedingungen zu erlassen, die auf die Ziele, Aufgaben, Verantwortung, Grundsätze, organisatorische Einbindung, Befugnisse sowie die Berichtspflichten der Internen Revision einzugehen haben. Darüber hinaus ist das Vorhandensein einer schriftlich fixierten Ordnung des gesamten Betriebs, mithin also sämtliche in Organisationsrichtlinien festgehaltenen Rahmenbedingungen aller Geschäftsbereiche, eine wesentliche Voraussetzung für die Funktionsfähigkeit der Internen Revision.[294] Im Rahmen ihrer Prüfungstätigkeit hat die Interne Revision die Aufgabe,

- die Ordnungsmäßigkeit aller Betriebs- und Geschäftsabläufe sowie Regelungen und Vorkehrungen zum Schutz der Vermögensgegenstände,
- die Funktionsfähigkeit, Wirksamkeit, Wirtschaftlichkeit und Angemessenheit des Internen Kontrollsystems,
- die Anwendung, Funktionsfähigkeit, Wirksamkeit und Angemessenheit
  - der Risikomanagement- und Risikocontrollingsysteme,
  - des Berichtswesens,
  - des Informationssystems,
  - des Finanz- und Rechnungswesens,

290 BaFin (2000a), S. 17.
291 Vgl. Buderath (2004), S. 42.
292 Vgl. zu diesem Abschn. D1.1.1.2.
293 Vgl. BaFin (2000b), Tz. 11/BaFin (2005c), AT 3 i.V.m. AT 1, Tz. 1.
294 Vgl. BaFin (2000b), Tz. 12 f./BaFin (2005c), AT 5.

- die Einhaltung gesetzlicher und aufsichtsrechtlicher Vorgaben sowie sonstiger Regelungen,
- die Wahrung betrieblicher Richtlinien, Ordnungen und Vorschriften

zu prüfen und zu beurteilen.[295] Dabei hat sich ihre Tätigkeit an folgenden Grundsätzen zu orientieren:

- **Unabhängigkeit**: Die Interne Revision hat ihre Aufgaben selbständig und unabhängig wahrzunehmen.[296]
- **Funktionstrennung**: Die in der Internen Revision beschäftigten Personen dürfen grundsätzlich nicht mit anderen Aufgaben betraut sein.[297]
- **Vollständige Information**: Das vollständige und uneingeschränkte Informationsrecht der Internen Revision ist zu wahren. Zudem besteht eine Informationspflicht aller Organisationseinheiten, wenn schwerwiegende Mängel zu erkennen oder bemerkenswerte Schäden aufgetreten sind oder ein konkreter Verdacht besteht.[298]
- **Qualifikation der Mitarbeiter**: Die Geschäftsleitung hat eine angemessene quantitative und qualitative Personalausstattung der Internen Revision sicherzustellen.[299]

Die Prüfungsplanung hat risikoorientiert zu erfolgen, wobei berücksichtigt werden soll, dass alle Betriebs- und Geschäftsbereiche sowie die ausgelagerten Bereiche grundsätzlich innerhalb von drei Jahren zu prüfen sind.[300] Eine risikoorientierte Prüfungsplanung erfolgt in der Regel auf der Basis verschiedener Risikofaktoren, die sich z.B. an der Bedeutung eines Geschäftsfeldes oder den Ergebnissen der letzten Prüfung orientieren. Es hat darüber hinaus eine Bestandsaufnahme aller Geschäftsprozesse zu erfolgen. Diese können beispielsweise in Abhängigkeit von ihrer Bedeutung für das Institut in Kern- und Unterstützungsprozesse aufgeteilt werden.[301] Jedem Prozess ist anschließend eine Risikokennzahl zuzuweisen, die die Einschätzung des dem Prozess inhärenten Risikos wiedergibt. Je höher die Kennzahl ist, desto höher ist das definierte Risiko und desto kürzer muss der Prüfungsturnus sein.[302] Hinsichtlich der Prüfungshandlungen ist Vollständigkeit gefordert, d.h., diese sollen sich auf die Aufbau- und Ablauforganisation, das Risikomanagement und -controlling sowie auf das Interne Kon-

---

295 Vgl. BaFin (2000b), Tz. 16/BaFin (2005c), AT 4.4, Tz. 3

296 Vgl. BaFin (2000b), Tz. 20/BaFin (2005c), BT 2.2.1.

297 Vgl. BaFin (2000b), Tz. 21/BaFin (2005c), BT 2.2.2.

298 Vgl. BaFin (2000b), Tz. 22/BaFin (2005c), AT 4.4, Tz. 4.

299 Vgl. BaFin (2000b), Tz. 23/BaFin (2005c), AT 7.1, Tz. 1 f.

300 Vgl. BaFin (2000b), Tz. 24/BaFin (2005c), BT 2.3.1, Tz. 1.

301 Kernprozesse sind allgemein solche, die unmittelbar zur Wertschöpfung eines Unternehmens beitragen. Unterstützungsprozesse stellen dagegen nur die Infrastruktur zur Durchführung der Kernprozesse bereit, wie etwa das Finanz- und Rechnungswesen oder das Informationsmanagement. Vgl. IDW [Hrsg.] (2000a), WP-Handbuch, Abschnitt R, Tz. 175. Eine abweichende Definition benennt z.B. für das Kreditgeschäft die einzelnen Geschäftsfelder als Kernprozesse, während für die Unterstützungsprozesse eine Untergliederung nach den in den MaK aufgeführten Prozessen Kreditgewährung, Kreditbearbeitung usw. herangezogen wird. Vgl. Rosner-Niemes (2005), S. 295.

302 Vgl. Hübner/Redenius (2002), S. 276; Becker (2003), S. 109.

trollsystem **aller** Betriebs- und Geschäftsabläufe erstrecken, auch soweit diese auf andere Unternehmen ausgelagert wurden.[303]

Neben diesen allgemeinen Anforderungen an die Interne Revision eines Instituts folgen sowohl aus den Mindestanforderungen an das Kredit- und Handelsgeschäft sowie aus Basel II und Grundsatz I KWG weitergehende, jeweils auf die einzelnen Bereiche bezogene spezifische Prüfungsanforderungen an die Interne Revision. Diese stellen detaillierte bankaufsichtliche Bestimmungen hinsichtlich einzelner Prüffelder dar.[304] So sind, wie bereits erwähnt, im Kreditbereich Systemprüfungen der Aufbau- und Ablauforganisation und der Risikosteuerung und -überwachung vorzunehmen. Durch die Verpflichtung zur Prüfung der Einhaltung der Anforderungen an das Kreditgeschäft ergeben sich für die Interne Revision insbesondere die in Abbildung 22 aufgeführten Prüfungsfelder, von denen einige allerdings bereits vor Einführung der MaK bzw. MaRisk von Bedeutung waren. Jedoch werden diese nunmehr ergänzt bzw. ausgedehnt oder erfahren eine Präzisierung.[305]

Bestehende Prüfungsfelder	**Neue Prüfungsfelder**
• Organisationsrichtlinien	• Verantwortung der Geschäftsleitung
• Funktionstrennung	• Kreditrisikostrategie
• Prozessanforderungen (Kreditgewährung, Kreditweiterbearbeitung, Kreditkontrolle, Intensivbetreuung, Behandlung von Problemkrediten, Risikovorsorge)	• Qualifikation der Mitarbeiter
• Risikoklassifizierungsverfahren	• Kreditgeschäfte in neuartigen Produkten oder auf neuen Märkten
• Kreditrisikoidentifizierung, -steuerung und –überwachung	• Votierung
• Auslagerung	• Frühwarnverfahren
	• Kreditberichtswesen
	• Rechts- und Systemrisiken

Abbildung 22: Prüfungsfelder der Internen Revision im Zusammenhang mit den MaK/MaRisk

Im Bereich der Handelsgeschäfte sahen die MaH die folgenden Prüfungsfelder als wesentlich für die Interne Revision an:[306]

- das Limitsystem,
- die Positions- und Ergebnisermittlung bzw. Abstimmung,
- Veränderungen bei den EDV-Systemen,
- die Vollständigkeit, Richtigkeit und Zeitnähe des internen Berichtswesens,

303 Vgl. BaFin (2000b), Tz. 27/BaFin (2005c), BT 2.3.3.

304 Als weitere Ergänzungen von Seiten der BaFin sind hier beispielsweise die Bekanntmachung über Anforderungen an Verhaltensregeln für Mitarbeiter der Kreditinstitute und Finanzdienstleistungsinstitute in Bezug auf Mitarbeitergeschäfte vom 7. Juni 2000 sowie die Verlautbarung über Maßnahmen der Kreditinstitute zur Bekämpfung und Verhinderung der Geldwäsche vom 30. März 1998 zu nennen. Vgl. Kießling (2003), S. 148 f.

305 Vgl. Becker (2003), S. 108 f.

306 Vgl. BaFin (1995), Tz. 5.

- die Funktionstrennung,
- die Marktgerechtigkeit der Bedingungen,
- Bestätigungen und Gegenbestätigungen.

Diese Festschreibung bestimmter Prüfungsfelder wurde aus den MaH jedoch nicht in die MaRisk übernommen, da eine solche Festlegung als mit der Forderung nach einer „risikoorientierten" Prüfung nicht vereinbar angesehen wurde.[307] Hier wird es somit in das Ermessen der Internen Revision gestellt, die wesentlichen Prüfungsfelder selbst zu identifizieren und die Prüfungsplanung und Prüfungsdurchführung entsprechend auszurichten.

Über jede Prüfung ist ein schriftlicher Bericht anzufertigen, der den zuständigen Mitgliedern der Geschäftsleitung vorzulegen ist.[308] Beanstandungen und Empfehlungen sind mit einer Stellungnahme des für den Bereich zuständigen Mitarbeiters zu versehen. Bei schwerwiegenden Mängeln ist der Bericht allerdings unverzüglich allen Mitgliedern der Geschäftsleitung vorzulegen. Gefahren und Risiken sind besonders darzustellen und unverzüglich mitzuteilen. Zum Ende eines Geschäftsjahres ist ein Gesamtbericht zu verfassen, in dem unter anderem über wesentliche Mängel und die Maßnahmen zu ihrer Behebung zu berichten ist. Bei schwerwiegenden Feststellungen gegen Mitglieder der Geschäftsleitung ist der gesamten Geschäftsleitung unverzüglich Bericht zu erstatten sowie der Aufsichtsratsvorsitzende zu informieren. Die zügige Beseitigung festgestellter Mängel und die Umsetzung der Empfehlungen sind von der Internen Revision zu überwachen.[309]

Veröffentlichungen des Deutschen Instituts für Interne Revision

Für Fragen der Ausgestaltung und Tätigkeit der Internen Revision können neben den Mindestanforderungen der BaFin auch die Veröffentlichungen des Deutschen Instituts für Interne Revision e.V. (IIR) herangezogen werden. Das IIR entwickelt Revisionsgrundsätze und -methoden, die überwiegend in Arbeitskreisen von Revisionsfachleuten erarbeitet werden. Im Zusammenhang mit der Prüfung des Risikomanagementsystems ist insbesondere IIR Revisionsstandard Nr. 2: „Prüfung des Risikomanagements durch die Interne Revision" hervorzuheben.[310] Zwar berücksichtigt dieser nicht die branchenspezifischen Besonderheiten, er kann jedoch dennoch als Grundlage für die Strukturierung der Prüfung des Risikomanagementsystems auch bei Kreditinstituten herangezogen werden. Die auf die Anforderungen des § 91 Abs. 2 AktG abstellenden Regelungen sehen als Ausgangspunkt der Prüfung des Risikomanagementsystems die Risikomanagementstrategie, bei deren Prüfung zu beurteilen ist, ob das Risikomanagement von der Unternehmensleitung als Teil der Corporate Governance gesehen wird und ob ein entsprechender Beschluss hinsichtlich der Einrichtung und laufenden An-

---

307 Vgl. Bundesverband Öffentlicher Banken Deutschlands [Hrsg.] (2005b), S. 120.
308 Vgl. BaFin (2000b), Tz. 31 ff./BaFin (2005c), BT 2.3.4.
309 Vgl. BaFin (2000b), Tz. 36/BaFin (2005c), BT 2.3.5.
310 Vgl. IIR [Hrsg.] (2001b), S. 152 ff.

wendung eines Risikomanagementsystems existiert.[311] Aufbauend hierauf hat die Interne Revision festzustellen,

- ob ein fundiertes, von der Unternehmensleitung getragenes und dokumentiertes Risikomanagementsystem existiert,
- ob die tatsächlichen Abläufe dem definierten System entsprechen und
- ob die festgelegten Maßnahmen tatsächlich umgesetzt wurden.

Weiterhin sind die Risikoidentifikation, die Risikobewertung und die Zweckmäßigkeit der Maßnahmen inhaltlich zu beurteilen. Dabei legt die Interne Revision im Gegensatz zum Abschlussprüfer ein stärkeres Augenmerk auf die Effizienz und Effektivität des Systems unter operationellen Gesichtspunkten. Hinsichtlich der Prüfung der Konzeption und der Organisation des Risikomanagementsystems gibt der Revisionsstandard checklistenartig Punkte vor, mittels derer untersucht werden soll, ob eine klare Konzeptbeschreibung und eindeutige Regelungen hinsichtlich der Zuständigkeiten und Dokumentation für alle Unternehmensebenen vorliegen. Für die Prüfung der vollständigen Erfassung und Identifikation der Risiken sollten ebenfalls Checklisten verwendet werden, um sicherzustellen, dass sämtliche Kerngeschäftsprozesse wie auch die Unterstützungsprozesse einerseits und alle Betriebsstätten, Geschäftsbereiche und Geschäftsfelder andererseits berücksichtigt werden. Die festgelegten Maßnahmen zur Risikobegrenzung müssen auf ihre Zweckmäßigkeit und Wirtschaftlichkeit hin beurteilt werden und es ist festzustellen, ob integrierte Kontrollen auch tatsächlich eingehalten werden.

Für die konkrete Ausgestaltung der einzelnen Prüfungsschritte bei Kreditinstituten können darüber hinaus die zahlreichen Veröffentlichungen der diversen Arbeitskreise des IIR herangezogen werden. Jeweils für Teilfragen der Prüfung des Risikomanagementsystems sind dabei die folgenden Arbeitskreise relevant:[312]

Für die Prüfung des Kreditgeschäfts:

- Arbeitskreis „Revision des Kreditgeschäfts". Die Hauptaufgabe dieses Arbeitskreises liegt in der Weiterentwicklung und Veröffentlichung von Grundsätzen und Methoden zur Prüfung des Kreditgeschäftes.[313]

---

311 Vgl. hierzu und zum Folgenden IIR [Hrsg.] (2001b), S. 153 ff.

312 Eine vollständige Übersicht über die Arbeitskreise findet sich auf der Internetseite des IIR unter http://www.iir-ev.de.

313 Vgl. insbesondere IIR [Hrsg.] (2004): „Revision der Mindestanforderungen an das Kreditgeschäft der Kreditinstitute.

Für die Prüfung der Handelsgeschäfte:

- Arbeitskreis „Revision des Handels/Investmentbankings". Der Arbeitskreis beschäftigt sich insbesondere mit Fragen im Zusammenhang mit der Prozesskette von Handel und Treasury und dem Risikomanagement.
- Arbeitskreis „Revision des Wertpapiergeschäftes in Kreditinstituten". Schwerpunkt dieses Arbeitskreises liegt bei Fragen des Wertpapierhandels mit Kunden.

Für weitere Fragestellungen im Zusammenhang mit dem Risikomanagementsystem:

- Arbeitskreis „Sicherheitsvorkehrungen in Kreditinstituten". Behandelte Fragestellungen sind unter anderem die Entwicklung von Sicherheitskonzepten, Notfallsysteme, Notfallplanung und Krisenmanagement und Zutrittssysteme.[314]
- Arbeitskreis „IT-Revision in Kreditinstituten". Im Vordergrund stehen Fragen der IT-Sicherheit sowie der Prüfungsplanung und -durchführung.
- Arbeitskreis „Revision des Zahlungsverkehrs in Kreditinstituten". Der Arbeitskreis beschäftigt sich unter anderem mit den Möglichkeiten der Prävention doloser Handlungen.
- Arbeitskreis „Abwehr wirtschaftskrimineller Handlungen in Kreditinstituten". Die Hauptaufgabe liegt in der Prävention und Sensibilisierung, der gegenseitige Information sowie dem Erfahrungsaustausch zur Vermeidung und Aufdeckung von Risiken durch wirtschaftskriminelle Handlungen. Schwerpunkt ist die Vermeidung wirtschaftskrimineller Handlungen von Mitarbeitern. Es wird erwägt, auch vor dem Hintergrund der Bewertung operationeller Risiken, unter Beteiligung der angeschlossenen Mitgliedsinstitute in Kooperation mit dem IIR eine anonyme Datenbank aufzubauen.

Darüber hinaus hat das IIR grundlegende Anforderungen an die Organisationsprüfung in Kreditinstituten formuliert.[315] Dabei wird ebenfalls auf die besondere Bedeutung von Systemprüfungen abgestellt. Die für den erforderlichen Soll-/Ist-Vergleich grundsätzlich geeigneten Erhebungstechniken sind demnach die mündliche und schriftliche Befragung, die Beobachtung, das Studium der relevanten Dokumentationen und das Nachvollziehen von Sachverhalten. In der Regel wird sich eine Kombination dieser Instrumente als sinnvoll erweisen, wobei für die einzelnen Prüfungsobjekte nicht alle Techniken gleich gut geeignet sind.[316] Für die Darstellung und Analyse der Aufbau- und Ablauforganisation sind insbesondere Methoden zur systematischen Erhebung der anfallenden Aufgaben und Funktionen geeignet.[317] Unter Zugrun-

[314] Vgl. insbesondere IIR [Hrsg.] (2005a): „Sicherheit in Kreditinstituten".

[315] Vgl. IIR [Hrsg.] (1999), S. 11 ff.

[316] So ist z.B. für die Beurteilung der Aufgabenverteilung und des Kompetenzsystems das Studium der Organisationsanweisungen und Stellenbeschreibungen sehr hilfreich, während eine Einzelbeobachtung hier weniger geeignet wäre. Diese ist jedoch für die Prüfung des Sicherheitssystems gut einsetzbar. Vgl. zu diesem sowie weiteren Beispielen IIR [Hrsg.] (1999), S. 42.

[317] Zu Analysemethoden vgl. Acker/Weiskam (1977), 54 ff.; Grupp (1986), S. 122 ff. Zum Ablauf eines Operational Auditing im Bankbetrieb vgl. auch Kesseli (1984), S. 47 ff.

delegung der in § 25a Abs. 1 KWG vorgegebenen aufsichtsrechtlichen Systematik eines Risikomanagementsystems können beispielhaft für den Kreditbereich die in Tabelle 10 exemplarisch aufgeführten Prüfungsaspekte von Bedeutung sein:[318]

318 Vgl. IIR [Hrsg.] (1999), S. 73 ff.; Kastner (2005), S. 196 ff.; Rosner-Niemes (2005), S. 298 f.; Becker (2005), S. 33.

System-element	Prüfungs-gebiet/-feld	Mögliche Prüfungsfragen		
		Ordnungsmäßigkeit	**Zweckmäßigkeit**	**Wirtschaftlichkeit**
Aufbauorganisation	Aufgabenstruktur	Wird eine ausreichende Trennung der Markt- und Marktfolgefunktionen gewährleistet? Sind die prozessintegrierten Kontrollen ausreichend und werden diese durchgeführt und dokumentiert?	Sind die organisatorischen Regelungen systematisch aufgebaut und transparent? Werden die organisatorischen Regelungen sich ändernden Bedingungen angepasst?	Werden Reibungsverluste vermieden? Gibt es entbehrliche Aufgaben?
	Kompetenzsystem	Gibt es eindeutige und vollständige Kompetenzzuweisungen und werden diese eingehalten?	Besteht ein angemessener Delegationsgrad? Sind die Ermessensspielräume vertretbar?	Ist der Koordinationsaufwand vertretbar?
	Ressourceneinsatz	Ist die fachliche und persönliche Eignung der Aufgaben- und Kompetenzträger gegeben? Entsprechen Umfang und Qualität der technisch-organisatorischen Ausstattung den Erfordernissen? Sind ausreichende und aktuelle Notfallpläne vorhanden? Werden Kreditakten und Sicherheiten ordnungsgemäß verwahrt und vor Zerstörung und Missbrauch geschützt?	Ist die Kontinuität der Aufgabenbearbeitung gewährleistet? Sind die angenommenen Szenarien plausibel?	Ist die Personalbemessung adäquat? Gibt es freie Kapazitäten (personelle, dv-technisch)? Ist Effizienz der Geschäftsabläufe gegeben?
	Informations- und Kommunikationssystem	Sind angemessene Informationswege vorhanden, um eine zeitnahe Berichterstattung an die Kompetenzträger zu gewährleisten? Wird die erforderliche Funktionstrennung bei der Berichterstattung eingehalten? Sind Richtigkeit und Vollständigkeit der Informationsinhalte gewährleistet (aufsichtsrechtliche Erfordernisse eingehalten)? Ist die Datensicherheit stets gewährleistet? Werden die Datenschutzbestimmungen eingehalten?	Werden die Daten in einer übersichtlichen und verständlichen Form präsentiert? Ist Transparenz der Datenquellen gegeben? Wird flexibel auf Berichtserfordernisse, auch außerhalb der turnusmäßigen Berichterstattung reagiert? Sind die Zugriffsmöglichkeiten angemessen?	Besteht ein Bedarf an den weitergegebenen Informationen (für nicht aufsichtsrechtlich vorgeschriebene Berichte)? Werden Informationsquellen/Berichte tatsächlich genutzt? Gibt es entbehrliche Informationsinhalte?

Tabelle 11: Exemplarische Prüfungsfragen für die Funktionsfähigkeit des Risikomanagementsystems im Kreditbereich (Fortsetzung der Tabelle auf der folgenden Seite)

System-element	Prüfungs-gebiet/-feld	Mögliche Prüfungsfragen		
		Ordnungsmäßigkeit	**Zweckmäßigkeit**	**Wirtschaftlichkeit**
Ablauforganisation	Allgemein	Sind die Verfahrensabläufe in Organisationsrichtlinien geregelt und den Mitarbeitern bekannt gemacht worden und werden diese befolgt?	Sind die schriftlichen Regelungen angemessen? Ist eine zeitgemäße Abwicklung der Geschäftsvorgänge gewährleistet?	Werden Doppelarbeiten vermieden? Werden kostengünstige Verfahren eingesetzt?
	Kreditgewährung	Werden alle für die Beurteilung des Risikos erforderlichen Faktoren berücksichtigt? Besteht ein angemessenes Risikoklassifizierungsverfahren? Werden die Anforderungen des § 18 KWG befolgt?		
	Kredit-weiter-bear-beitung	Wird die Einhaltung der vertraglichen Vereinbarungen durch den Kreditnehmer verfolgt?		
	Kreditbe-arbeitungs-kontrolle	Werden die in den Organisationsrichtlinien festgelegten Kontrollen durchgeführt und dokumentiert?		
	Intensivbe-treuung/ Problem-kredite	Werden die Kriterien für die Einstufung befolgt?		
	Risiko-vorsorge	Werden die Kreditforderungen und die Sicherheiten regelmäßig bewertet? Wird die Risikovorsorge zeitnah fortgeschrieben?		
Risikosteuerungs- und Controlling-prozesse	Früherken-nungssystem	Besteht ein Risikofrüherkennungssystem?	Erscheinen die verwendeten Indikatoren plausibel?	Können die Indikatoren aus bestehenden Informationsquellen gewonnen werden? Sind Indikatoren entbehrlich?
	Limitsystem	Besteht ein angemessenes Limitsystem? Werden alle Geschäfte zeitnah auf die Limite angerechnet?	Ist das System nachvollziehbar aufgebaut? Setzt das System im Sinne der Zielerreichung die richtigen Steuerungsimpulse?	Ist der Koordinierungsaufwand vertretbar geregelt?

Fortsetzung der Tabelle 10

2.1.3 Implikationen der Prüfungspflichten für die Interne Revision

Damit die Interne Revision den an sie gestellten Aufgaben gerecht werden kann, ist vielfach ein Umdenken der Beteiligten erforderlich. So sind insbesondere bestehende Prüfungspläne gegebenenfalls zu überarbeiten und Mitarbeiter hinsichtlich der neuen Anforderungen zu schulen.[319] Bei der Prüfungsplanung ist eine verstärkte Ausrichtung an Betriebsabläufen und -prozessen notwendig, anstelle der traditionell ausschließlichen Verwendung der Aufbauorganisation als Planungsgrundlage, auch wenn sich dies aufgrund der oftmals raschen Veränderungen der Abläufe häufig als schwierig erweisen wird.[320] Ein allein an den Grundsätzen einer risikoorientierten Prüfung ausgerichtetes Vorgehen birgt jedoch zwei wesentliche Gefahren: Zum einen erfolgt überwiegend eine Einschätzung der Risiken anhand vergangenheitsbezogener Kriterien. Zum anderen werden vornehmlich einzelne Überwachungsmaßnahmen betrachtet anstatt umfassender Geschäftsprozesse.[321] Eine Vielzahl unzusammenhängender Einzelrevisionen führt jedoch dazu, dass der Prüfer in der Regel keine Kenntnis von dem gesamten Geschäftsablauf erlangt und so stets lediglich Teilbereiche eines Gesamtprozesses beurteilt. Dies ist insbesondere für die Beurteilung der hier im Mittelpunkt stehenden operationellen Risiken als kritisch anzusehen. Ein detailliertes Verständnis der Geschäftsvorgänge und der involvierten Bereiche ist die Voraussetzung für eine umfassende Risikoanalyse.[322] Die Problematik lässt sich indes umgehen, wenn der risikoorientierte Prüfungsansatz zu einem prozessorientierten Ansatz ausgebaut wird, bei dem jeweils ein gesamter Geschäftsprozess anstelle eines Geschäftsbereichs oder einer Abteilung den Prüfungsgegenstand bildet.[323] Grundlage hierfür sollte im Idealfall eine prozessorientierte statt der in der Finanzbranche gemeinhin üblichen funktionalen Organisationsstruktur sein, die ihrerseits eine prozessorientierte Prüfung erschwert. Dies setzt wiederum voraus, dass umfassende Geschäftsprozessanalysen stattgefunden haben, an deren Ergebnis dann auch die Organisation der Internen Revision auszurichten ist. Hier ist auch ein Umdenken hinsichtlich der Zusammensetzung der Prüferteams erforderlich. Eine prozessorientierte Prüfung erfordert bereichsübergreifende Prüferteams, wie etwa Teams aus Kredit-, Handels- und EDV-Revision.

2.2 Überwachung der Infrastruktur für den Umgang mit operationellen Risiken

Neben der allgemeinen Verpflichtung zur Prüfung des Risikomanagementsystems sehen sowohl der Baseler Ausschuss als auch die BaFin explizite Prüfungspflichten für die Interne Revision im Zusammenhang mit der zu schaffenden Infrastruktur für den Umgang mit opera-

319 Vgl. Becker (2005), S. 27.
320 Vgl. Reitz/Schroff (2004), S. 69 f.
321 Vgl. Rosner-Niemes (2005), S. 294.
322 Vgl. Palm (2003), S. 24.
323 Vgl. Schiwietz (2005), S. 258; Rosner-Niemes (2005), S. 295.

tionellen Risiken vor.[324] Gemäß Grundsatz 2 der Sound Practices des Baseler Ausschusses ist das Risikomanagement-Konzept für operationelle Risiken einer effektiven und umfassenden Internen Revision durch operationell unabhängige, angemessen ausgebildete und kompetente Mitarbeiter zu unterziehen. Dabei hat die Interne Revision regelmäßig zu beurteilen, ob das Konzept in der gesamten Bank wirksam umgesetzt wird. Zwar ist es denkbar, dass die Interne Revision in die Entwicklung des Konzepts selbst mit eingebunden wird,[325] allerdings darf diese Tatsache die Unabhängigkeit der Überwachung nicht gefährden. Nach Beendigung der Entwicklungsphase ist daher die Verantwortung für die tägliche Handhabung einer anderen Stelle zu übertragen.[326]

Basel II sieht entsprechende Prüfungspflichten durch die Interne Revision im Rahmen der qualitativen Mindestanforderungen bei Verwendung der verschiedenen Messverfahren vor. Für den Standardansatz wird etwa gefordert, dass die operationelle Risiken betreffenden Risikomanagementverfahren sowie das Bewertungssystem regelmäßig von einer unabhängigen Stelle validiert und geprüft werden müssen.[327] Noch konkreter ist die Forderung im Falle der Anwendung eines AMA, bei dem ausdrücklich verlangt wird, dass entweder die Interne Revision oder aber ein externer Prüfer entsprechende Prüfungen durchzuführen hat.[328]

Für eine Konkretisierung der Prüfungspflichten können auch hier die Veröffentlichungen des IIR herangezogen werden. Von besonderem Interesse ist in diesem Fall der Arbeitskreis „Basel II“, der unter anderem einen Leitfaden als Orientierungshilfe der Internen Revision zum „Management und Controlling operationeller Risiken“ veröffentlicht hat.[329] In diesem werden konkrete Hinweise auf die Prüfung der Rahmenbedingungen, Verfahren und Methoden für das Risikomanagement operationeller Risiken gegeben. Dabei werden jeweils die Prüfungsziele, die erforderlichen Unterlagen und die Prüfungsschritte für die Beurteilung des Risikomanagementkonzepts, der Risikobewertung, der Risikoüberwachung sowie der Steuerung der Risiken und des Reportings aufgeführt, auf die hier ebenfalls nur exemplarisch eingegangen werden kann.[330] So ist etwa für die Prüfung des Risikomanagementkonzepts mit Hilfe von Arbeitsanweisungen und Arbeitsablaufbeschreibungen, Systemdokumentationen und Berechtigungskonzepten festzustellen, ob die erforderlichen Prozesse ausreichend definiert, dokumentiert und bekannt gemacht wurden. Hinsichtlich der Risikobewertung ist sicherzustellen, dass die eingesetzten Methoden und Verfahren eine strukturierte, konsistente, umfassende und zuverlässige Messung operationeller Risiken gewährleisten und diese im Einklang mit den

324 Vgl. zu den Anforderungen an die Infrastruktur Abschn. 1.2 in diesem Kapitel.
325 Dies wird insbesondere bei kleineren Instituten häufiger der Fall sein.
326 Vgl. Basel Committee on Banking Supervision (2003b), Tz. 17.
327 Vgl. Basel Committee on Banking Supervision (2004a), Tz. 663, Buchstabe e) bzw. § 273 Abs. 1 E-SolvV.
328 Vgl. Basel Committee on Banking Supervision (2004a), Tz. 666, Buchstabe e) bzw. § 281 Abs. 1 E-SolvV.
329 Vgl. IIR Arbeitskreis Basel II (2003). Der Leitfaden stellt allerdings keine offizielle Stellungnahme des Instituts dar, sondern gibt lediglich die Meinung der in dem Arbeitskreis vertretenen Teilnehmer zum Zeitpunkt der Erstellung wieder.
330 Vgl. zu den erforderlichen Prüfungshandlungen auch Angermüller (2004), S. 200.

relevanten aufsichtsrechtlichen Anforderungen stehen. So sind Verlustdatensammlung und Self-Assessment auf Vollständigkeit zu prüfen, wobei bei letzterem auch zu beurteilen ist, ob alle relevanten Risikoaspekte vollständig und in ausreichender Detailtiefe erfasst werden. Um dies einschätzen zu können, wird die Interne Revision auf ihre bei der übrigen Risikomanagementsystemprüfung gewonnenen Erkenntnisse zurückgreifen müssen, da sich nur so feststellen lässt, ob in dem Self-Assessment plausible und realistische Einschätzungen getroffen wurden. In diesem Zusammenhang ist auch der Frage nachzugehen, wie eine ausreichende Datenqualität und die Konsistenz verschiedener Datenbanken sichergestellt werden. Zudem sollte sich die Prüfung sowohl auf die zentrale Risikomanagementeinheit für operationelle Risiken als auch auf die dezentralen Fachbereiche beziehen. Weiterhin ist zu prüfen, ob auf ermittelte Risiken durch angemessene Maßnahmen reagiert und deren Wirksamkeit überwacht wird. Schließlich hat die Interne Revision auch Umfang, Aussagekraft und Häufigkeit der Berichterstattung über operationelle Risiken an die verschiedenen Managementebenen auf deren Angemessenheit hin zu überprüfen.

Die aufgeführten Prüfungspflichten machen deutlich, welche umfassende Rolle der Internen Revision von Seiten des Gesetzgebers und der Bankenaufsicht zuerkannt wird. Dies liegt insbesondere darin begründet, dass die Interne Revision als institutsinternes Überwachungsorgan früher als Abschlussprüfer oder Aufsichtsinstanzen in der Lage ist, Schwachstellen in der Bank zu erkennen und die Geschäftsleitung oder auch den Aufsichtsrat hiervon in Kenntnis zu setzen.[331]

3 Überwachung durch das Aufsichtsorgan

3.1 Überwachung des Risikomanagementsystems

3.1.1 Überwachungspflicht des Aufsichtsorgans

Das Framework des Baseler Ausschusses stellt in seinem ersten Grundsatz klar, dass dem obersten Verwaltungsorgan neben der Aufgabe der Genehmigung und Überprüfung der Geschäftsstrategien und -politik die Verantwortung dafür zufällt, dass die Geschäftsleitung die notwendigen Maßnahmen zur Erkennung, Messung, Überwachung und Begrenzung der wichtigsten Risiken trifft und die Wirksamkeit des Internen Überwachungssystems überwacht. Eine ähnliche Formulierung findet sich auch in Basel II im Zusammenhang mit der zweiten Säule.[332] Eine ausdrückliche gesetzliche Normierung dieser Pflichten für den deutschen Aufsichts- bzw. Verwaltungsrat findet sich im deutschen Recht hingegen weder im Aktiengesetz noch im Kreditwesengesetz. Einer solchen Festlegung bedurfte es jedoch auch nicht, da die Konkretisierung der Handlungspflichten der Geschäftsleitung in § 91 Abs. 2 AktG bzw. § 25a

331 Vgl. BaFin (2000a), S. 17.
332 Vgl. Basel Committee on Banking Supervision (2004a), Tz. 730 und 744.

Abs. 1 KWG gleichzeitig auch die Überwachungsaufgabe des Aufsichtsrats nach § 111 Abs. 1 AktG präzisiert.[333]

Im Schrifttum besteht Einigkeit darüber, dass sich die Überwachungsaufgabe des Aufsichtsrats nicht auf sämtliche Maßnahmen der Geschäftsführung bezieht, sondern lediglich die Leitungsaufgaben zu erfassen sind.[334] Zu diesen gehört unzweifelhaft auch die Erfüllung der Pflichten der §§ 91 Abs. 2 AktG und 25a Abs. 1 KWG. Hieraus ergibt sich, dass der Aufsichtsrat die Ordnungsmäßigkeit, Zweckmäßigkeit und Wirtschaftlichkeit des Risikomanagementsystems einer Bank zu überwachen hat.[335] SALZBERGER unterscheidet dabei drei Überwachungsfunktionen des Aufsichtsrats: die ex post angelegte „Prüfungsfunktion“, die simultane „Kontrollfunktion“ sowie die in die Zukunft gerichtete „Aufsichtsfunktion“.[336] Im Rahmen der Prüfungsfunktion hat der Aufsichtsrat festzustellen, ob für das abgelaufene Jahr die gesetzlichen Vorgaben eingehalten wurden, d.h. ob das geforderte System eingerichtet und in angemessener und zweckmäßiger Weise ausgestaltet wurde.[337] Hierfür ist es notwendig, die Angemessenheit der Aufbau- und Ablauforganisation sowie die Entwicklung und Einhaltung angemessener Verfahrens-, Kontroll- und Dokumentationsregeln zu beurteilen.[338] Die begleitende Kontrollaufgabe erfordert dagegen, dass sich der Aufsichtsrat damit auseinandersetzt, ob die Systeme während des laufenden Geschäftsjahres auch tatsächlich funktionsfähig sind bzw. notwendige Verbesserungen umgesetzt werden. Im Gegensatz zu den beiden erstgenannten Überwachungsfunktionen impliziert die in die Zukunft gerichtete Überwachung ein gewisses Maß an aktiver Einflussnahme auf die Gestaltung des Risikomanagementsystems. Die Möglichkeiten des Aufsichtsrats hierzu sind jedoch begrenzt. So kann dieser ein eigenes aktives Risikomanagement nur insofern ausüben, als er bei der Bestellung der Vorstandsmitglieder einen Einfluss auf deren Auswahl und Qualifikation hat sowie auf die Geschäftsverteilung und Organisation der Vorstandsarbeit, die der Aufsichtsrat in einer Geschäftsordnung für den Vorstand regeln sollte. Der Aufsichtsrat kann im Rahmen dieser gestaltenden Überwachung dem Risiko einer unprofessionellen oder unzureichenden Unternehmensführung entgegenwirken. Zudem kann der Aufsichtsrat über die Festlegung eines Katalogs zustimmungspflichtiger Geschäfte gegebenenfalls auf kritische Situationen und Entwicklungen reagieren.[339] Auch die Einwirkungsmöglichkeiten des Aufsichtsrats bei der Feststellung von Mängeln sind begrenzt. So kann dieser seine eigenen Vorstellungen über die Ausgestaltung des Systems nicht durchsetzen, sofern die Geschäftsleitung im Rahmen des ihr zustehenden pflichtgemäßen Ermessens gehandelt hat. Andernfalls würde das Eigenverantwortlichkeitsgebot der Geschäftsleitung des § 76 Abs. 1 AktG verletzt. Sollten jedoch erhebliche Meinungsverschiedenheiten

333 Vgl. Semler (2001), S. 392; Hommelhoff/Mattheus (2000), S. 18.
334 Vgl. Hüffer (2004), § 111 AktG, Rdn. 3; Salzberger (2000), S. 759.
335 Vgl. Potthoff (2003), S. 105; Semler (2001), S. 393; Salzberger (2000), S. 760. Teilweise ablehnend hierzu Götz (2001), S. 395. Dieser sieht keine Verpflichtung zur Prüfung der Wirtschaftlichkeit des Risikomanagementsystems, sofern nicht Anhaltspunkte für dessen mangelnde Wirtschaftlichkeit gegeben sind.
336 Vgl. Salzberger (2000), S. 759 f. sowie grundlegend zu dieser Einteilung Theisen (2000), S. 272 f.
337 So auch Hommelhoff/Mattheus (2000), S. 19.
338 Vgl. Scheffler (2000), S. 843.
339 Vgl. Scheffler (2000), S. 844.

über die Eignung des eingerichteten Systems bestehen, sieht das Aktiengesetz verschiedene Instrumente vor, mit denen der Aufsichtsrat seinen Vorstellungen Geltung verschaffen kann.[340] So kann der Aufsichtsrat von seiner Personalkompetenz Gebrauch machen und beispielsweise über eine Hinauszögerung der Verlängerung des Anstellungsvertrags, eine Suspendierung oder gar Abberufung von Vorstandsmitgliedern Druck ausüben, um seine Vorstellungen durchsetzen. Des Weiteren könnte er die Zuständigkeit für das Risikomanagementsystem dem Ressort eines einzelnen Vorstandsmitglieds zuweisen, wenngleich die Verantwortung für das System nicht delegationsfähig ist. Korrekturen des Systems können so jedoch möglicherweise leichter durchgesetzt werden. Schließlich hat der Aufsichtsrat noch die Möglichkeit, die Ablehnung der Feststellung des Jahresabschlusses anzudrohen, wenn er aufgrund dessen Prüfung Zweifel an der Funktionsfähigkeit des Risikomanagementsystems oder von Teilsystemen hat.

3.1.2 Informationsversorgung des Aufsichtsorgans

Notwendige Voraussetzung dafür, dass der Aufsichtsrat seinen Überwachungsaufgaben nachkommen kann, ist dessen adäquate Informationsversorgung. Die Berichterstattungspflicht der Geschäftsleitung an das Aufsichtsorgan ergibt sich, wie in Abschnitt C2.3 dargestellt, aus § 90 AktG. Fraglich ist allerdings, ob und gegebenenfalls in welchen Zeitabständen sich hieraus eine Berichterstattungspflicht über das Risikomanagementsystem ergibt. § 90 Abs. 1 Satz 1 Nr. 1 AktG fordert eine jährliche Berichterstattung über die beabsichtigte Geschäftspolitik und andere grundsätzliche Fragen der Unternehmensplanung. Es ist jedoch festzustellen, dass es sich bei den nach § 91 Abs. 2 AktG zu treffenden Maßnahmen - und gleiches muss insofern auch für die Anforderungen des § 25a Abs. 1 KWG gelten - aus betriebswirtschaftlicher Sicht weder um einen Gegenstand des einen noch des anderen handelt.[341] Insofern ist das Risikomanagementsystem nicht Gegenstand der jährlichen Regelberichterstattung nach dem Aktiengesetz. Eine unmittelbare Berichtspflicht kann sich allenfalls aus „wichtigen Anlässen" gemäß § 90 Abs. 1 Satz 3 an den Vorsitzenden des Aufsichtsrats ergeben. Darüber hinaus hat der Aufsichtsrat jedoch die Möglichkeit, durch eine Informationsordnung als Teil der Geschäftsordnung gemäß § 77 Abs. 2 Satz 1 AktG oder durch jeweilige Einzelanforderung gemäß § 90 Abs. 3 Satz 1 AktG sicherzustellen, dass er die notwendigen Informationen zum Risikomanagementsystem erhält.[342] Anders als das Aktiengesetz fordert der Deutsche Corporate Governance Kodex ausdrücklich, dass der Vorstand den Aufsichtsrat „regelmäßig, zeitnah und umfassend über alle für das Unternehmen relevanten Fragen der Planung, der Geschäftsentwicklung, der Risikolage und des Risikomanagements" informiert.[343] Doch gleich, worauf sich letztlich die Berichterstattung der Geschäftsleitung an den Aufsichtsrat gründet, diese

340 Vgl. Schäfer (2001), S. 232 f.
341 Vgl. z.B. auch Theisen (1999a), S. 216 ff.; Semler (2001), S. 394.
342 Vgl. Semler (2001), S. 395.
343 Vgl. Regierungskommission Deutscher Corporate Governance Kodex (2005), Tz. 3.4.

birgt in jedem Fall einen gravierenden Nachteil: das Organ, das überwacht werden soll, liefert die Grundlage für diese Überwachung selbst.[344]

Um diesen Mangel auszugleichen, muss das Aufsichtsorgan für eine Beurteilung des Risikomanagementsystems zusätzliche Informationsquellen heranziehen. Die bedeutendste Informationsquelle stellt dabei die Berichterstattung durch den Abschlussprüfer dar. Das Aufsichtsorgan kann und muss auf den professionellen Beistand des Abschlussprüfers zurückgreifen, der in seinem Bericht u.a. auf das Risikomanagementsystem einzugehen hat.[345] Die durch das KonTraG betonte Intensivierung der Zusammenarbeit zwischen Aufsichtsrat und Abschlussprüfer unterstützt einen vertieften Austausch. Nach § 171 Abs. 1 Satz 2 AktG hat der Abschlussprüfer auch an der Bilanzsitzung des Aufsichtsrats teilzunehmen und über die wesentlichen Ergebnisse seiner Prüfung zu berichten.[346] Wichtig ist zu beachten, dass Prüfungen durch den Abschlussprüfer zwar eine wertvolle Unterstützung für den Aufsichtsrat darstellen, diese jedoch eine eigenständige Prüfung des Risikomanagementsystems durch den Aufsichtsrat nicht ersetzen.[347] Dieser hat sich stets auch ein eigenes Bild von den eingesetzten Verfahren und Methoden zu machen.

3.1.3 Bildung eines Risikoausschusses

Um die Effizienz der Aufsichtsratsarbeit zu erhöhen werden vielfach Ausschüsse (sog. Audit Committees) gebildet.[348] Im Hinblick auf die Überwachung des Risikomanagementsystems fordert der Deutsche Corporate Governance Kodex ausdrücklich, dass der Aufsichtsrat ein Audit Committee einrichtet, das sich insbesondere auch mit Fragen des Risikomanagements befasst.[349] Mit der Bildung eines entsprechenden Ausschusses kann zudem dem möglichen Vorwurf einer mangelnden Qualifikation der Mitglieder des Aufsichtsorgans entgegengewirkt werden, denn für die Verwertung und Aufbereitung der Geschäftsführungsdaten sowie die Erfüllung seiner Prüfungsaufgabe im Hinblick auf das Risikomanagementsystem benötigt der Aufsichtsrat ein erhebliches Maß an Fachkompetenz. Insbesondere muss bei den Mitgliedern eine Vorstellung davon vorhanden sein, wie ein effizientes und effektives Soll-Risikomanagementsystem auszusehen hat.[350]

In Kreditinstituten besteht häufig ein sogenannter Kreditausschuss, der sich traditionell vornehmlich mit Fragen des Adressenausfallrisikos beschäftigt hat. Durch die Ausweitung der Vorschriften zum Risikomanagement und dessen Prüfung werden die Kreditausschüsse häu-

344 Vgl. Pfannschmidt (1993), S. 38.
345 Siehe unten Abschn. D5.1.
346 Vgl. Franz (2000), S. 66.
347 Vgl. Salzberger (2000), S. 762 f.; Hommelhoff/Mattheus (2003), S. 660.
348 Vgl. Abschn. C2.3.
349 Vgl. Regierungskommission Deutscher Corporate Governance Kodex (2005), Tz. 5.3.2.
350 Vgl. Franz (2000), S. 62.

fig zu allumfassenden Risikoausschüssen ausgeweitet, die sich dann mit Fragen des gesamten Risikomanagementsystems befassen.[351] Zu beachten ist allerdings, dass die Überwachung der Geschäftsleitung als zentrale Pflicht des Gesamtaufsichtsrats letztlich nicht auf einen Ausschuss delegierbar ist. Daher fällt die Überwachung des Risikomanagementsystems als ein Teilbereich dessen auch im Falle des Bestehens eines speziellen Ausschusses weiterhin in die Zuständigkeit des Gesamtgremiums. Auch die Berichterstattung der Geschäftsleitung über das Risikomanagement hat in jedem Fall weiterhin an den Gesamtaufsichtsrat zu erfolgen.[352] Jedoch kann die Vorbereitung von Plenarentscheiden durchaus von einem Risikoausschuss vorgenommen werden.[353]

3.1.4 Haftungsrechtliche Konsequenzen einer mangelnden Überwachung durch das Aufsichtsorgan

Neben dem Vorstand haftet grundsätzlich auch der Aufsichtsrat mit der gleichen Sorgfalt eines ordentlichen Geschäftsleiters für Schäden der Gesellschaft. Insofern stellt auch hier der § 91 Abs. 2 AktG keine zusätzliche Anspruchsgrundlage, sondern eine Konkretisierung der Sorgfaltspflichten in Bezug auf die Prüfung des einzurichtenden Überwachungssystems dar. Gleichwohl ändert diese Norm nichts an den faktischen Hürden einer Regressnahme des Aufsichtsrats, da bei Klagen gegen diesen die Gesellschaft vom Vorstand vertreten wird, der hier im Falle eines Schadens selbst Verursacher des Mangels durch eine fehlende Umsetzung der Anforderungen des § 91 Abs. 2 wäre.[354]

3.2 Überwachung der Infrastruktur für den Umgang mit operationellen Risiken

Die Sound Practices des Baseler Ausschusses fordern hinsichtlich der Schaffung spezifischer Strukturen für das Management operationeller Risiken, dass das oberste Verwaltungsorgan ein bankweites Konzept für den Umgang mit operationellen Risiken von der Geschäftsleitung einfordert und genehmigt.[355] Die wesentlichen Grundsätze für das Konzept sind der Geschäftsleitung vorzugeben. Außerdem hat das oberste Verwaltungsorgan für eine angemessene Führungsstruktur zu sorgen, die gewährleistet, dass das verabschiedete Konzept auch angemessen umgesetzt werden kann. Hierzu gehört unter anderem die klare Festlegung von Zuständigkeiten, Verantwortlichkeiten und Berichtspflichten. Das Aufsichtsorgan sollte das Konzept regelmäßig überwachen, um einerseits zu gewährleisten, dass bei den Geschäften der

---

351 Vgl. Bellavite-Hövermann/Lindner/Lüthje (2005), S. 83. Schäfer (2001), S. 232 schlägt dagegen vor, die Systemkonzeption im Gesamtgremium oder in einem Planungs- und Kontrollausschuss zu diskutieren, jedoch die Prüfung des Internen Kontrollsystems einem Bilanz- oder Prüfungsausschuss zu übertragen.

352 Vgl. Salzberger (2000), S. 763.

353 Vgl. ähnlich Hommelhoff (1998), S. 2570.

354 Vgl. Schäfer (2001), S. 235 f.

355 Vgl. auch Abschn. D1.2.1.

Bank angemessene Verfahren und Methoden eingesetzt werden sowie andererseits sicherzustellen, dass die Bank auch alle operationellen Risiken angemessen handhabt, die sich aus Veränderungen des Umfelds, der Produkte, Tätigkeiten oder Systeme ergeben.[356] Auch Basel II fordert für die Anwendung des Standardansatzes bzw. eines fortgeschrittenen Ansatzes, dass das oberste Verwaltungsorgan „in angemessenem Umfang aktiv in die Überwachung des Managementsystems für operationelle Risiken involviert“ ist.[357]

Im nationalen Aufsichtsrecht werden sich hingegen auch nach der Umsetzung von Basel II voraussichtlich keine ausdrücklichen Anforderungen an das Aufsichtsorgan finden. So wurden dies entsprechenden Baseler Anforderungen nicht in die MaRisk oder den Entwurf der Solvabilitätsverordnung übernommen. Insbesondere mit Blick auf die Verlustfälle der Vergangenheit ist jedoch zu fordern, dass sich das Aufsichtsorgan intensiv mit Fragen der operationellen Risiken der überwachten Bank auseinandersetzt. Neben der Genehmigung und Überwachung des entsprechenden Risikomanagementkonzepts sollte das Aufsichtsorgan ausdrücklich auch Berichte einfordern, aus denen die Einschätzung der operationellen Risikosituation der Bank sowie die Verfahren, die zu deren Einschätzung geführt haben, hervorgehen. Diese sollte das Aufsichtsorgan dann mit den eigenen, bei der Überwachung des Risikomanagementsystems gewonnen Erkenntnissen abgleichen. Sollten sich hieraus abweichende Einschätzungen der Risikosituation ergeben, sind diese mit der Geschäftsleitung zu diskutieren und gegebenenfalls entsprechende Maßnahmen einzufordern.

3.3 Überwachung der Offenlegung

Der Aufsichtsrat hat gemäß § 171 Abs. 1 AktG den Lagebericht der Bank zu prüfen. Hierunter fällt somit auch die Prüfung der Beurteilung und Erläuterung der Risiken der voraussichtlichen Entwicklung. Eine solche Prüfung erfordert vorab die Feststellung, ob die gesetzlich geforderten Maßnahmen der §§ 91 Abs. 2 AktG und 25a Abs. 1 KWG von der Geschäftsleitung getroffen wurden.[358] Auch für die Beurteilung der Offenlegung wird sich das Aufsichtsorgan auf die Prüfungsfeststellungen des Abschlussprüfers stützen, in dessen Prüfungsauftrag auch die Prüfung des Lageberichts fällt.[359]

---

356 Vgl. Basel Committee on Banking Supervision (2003b), Tz. 12 ff.
357 Vgl. Basel Committee on Banking Supervision (2004a), Tz. 660 bzw. 664.
358 Vgl. Bellavite-Hövermann/Lindner/Lüthje (2005), S. 111; Semler (2001), S. 393.
359 Vgl. hierzu Abschn. D5.3.

4 Überwachung durch die Aufsichtsbehörden

4.1 Überwachung des Risikomanagementsystems

4.1.1 Internationale Initiativen

Bereits das Framework for Internal Control Systems des **Baseler Ausschusses** verlangt, dass, obwohl letztlich die Geschäftsleitung und das oberste Verwaltungsorgan für ein funktionierendes System interner Überwachung verantwortlich sind, die Aufsichtsbehörden diese Systeme im Rahmen ihrer Beaufsichtigung beurteilen sollten.[360] Durch die neue Baseler Eigenkapitalvereinbarung hat diese Forderung ein neues Gewicht erhalten. Die zweite Säule von Basel II beschäftigt sich explizit mit zentralen Grundsätzen des aufsichtlichen Überprüfungsverfahrens („Supervisory Review Process"), die Empfehlungen zum Risikomanagement sowie zur aufsichtlichen Transparenz und Verantwortlichkeit geben. Die Anforderungen der zweiten Säule wurden bei den Diskussionen um die neue Baseler Eigenkapitalvereinbarung lange Zeit vernachlässigt. Dabei wurde deren Bedeutung zu unrecht weithin unterschätzt. Der Supervisory Review Process (SRP) bringt nämlich für die deutsche Aufsicht einen grundlegenden Systemwechsel mit sich, der sich parallel zu dem Übergangsprozess von überwiegend quantitativen hin zu vermehrt qualitativen Bankenaufsichtsregeln vollzieht und damit im Zusammenhang mit der Begrenzung operationeller Risiken von besonderer Bedeutung ist. Die qualitativen Mindestanforderungen verlangen konsequenterweise eine Verlagerung der Art der Aufsicht von der bislang schwerpunktmäßigen „off-site-Beaufsichtigung" hin zu einer vermehrten „on-site-Beaufsichtigung"[361] im Rahmen von Vor-Ort-Prüfungen bei den Instituten, denn die Einhaltung der qualitativen Vorschriften lässt sich nur begrenzt mit Hilfe anderer Informationsquellen beurteilen.

Die folgenden Grundsätze des Baseler Ausschusses richten sich unmittelbar an die nationalen Aufsichtsinstanzen (vgl. Tabelle 11):

Grundsatz 2: Die Aufsichtsinstanzen sollten die bankinternen Beurteilungen und Strategien zur angemessenen Eigenkapitalausstattung überprüfen und bewerten; gleiches gilt für die Fähigkeit der Banken, ihre aufsichtsrechtlichen Eigenkapitalanforderungen zu überwachen und deren Einhaltung sicherzustellen. Die Aufsichtsinstanzen sollten angemessene aufsichtsrechtliche Maßnahmen ergreifen, wenn sie mit dem Ergebnis dieses Verfahrens nicht zufrieden sind.
Grundsatz 3: Die Aufsichtsinstanzen sollten von den Banken erwarten, dass sie über eine höhere Eigenkapitalausstattung als die aufsichtsrechtlich geforderte Mindesteigenkapitalausstattung verfügen, und die Möglichkeit haben, von den Banken eine höhere als die Mindesteigenkapitalausstattung zu verlangen.
Grundsatz 4: Die Aufsichtsinstanzen sollten frühzeitig eingreifen, um zu verhindern, dass das Eigenkapital unter die geforderte Mindestausstattung fällt, die aufgrund des Risikoprofils einer bestimmten Bank notwendig ist. Sie sollten schnelle Abhilfe fordern, wenn das Eigenkapital nicht erhalten oder nicht wieder ersetzt wird.

Tabelle 12: Grundsätze 2-4 des aufsichtlichen Überprüfungsverfahrens gemäß Basel II[362]

360 Vgl. Basel Committee on Banking Supervision (1998a), Grundsatz 13 und Tz. 45 ff.

361 So Jakob (2004), S. 82 f.

362 Vgl. Basel Committee on Banking Supervision (2004a), Tz. 746 ff. Zu dem an die Geschäftsleitung der Institute adressierten Grundsatz 1 vgl. Abschn. 1.1.2.2.1 in diesem Kapitel.

Im Kern sollen die Aufsichtsinstanzen das Verfahren, mit dem eine Bank die Angemessenheit ihres Kapitals, ihre Risikoposition, die Qualität des Kapitals und die Kapitalquoten beurteilt, überprüfen. Dies beinhaltet auch eine generelle Überprüfung der bankinternen Überwachungsmaßnahmen.[363] Da die Eigenkapitalanforderungen nach der ersten Säule lediglich einen Puffer für systemimmanente Risiken enthalten, muss für bankspezifische Unsicherheiten über zusätzliches Kapital im Rahmen der zweiten Säule vorgesorgt werden. Banken werden sich häufig nicht zuletzt aus Wettbewerbsgründen für ein über den Anforderungen der ersten Säule liegendes Kapitalniveau entscheiden, um so eine bessere Beurteilung etwa durch Rating-Agenturen zu erreichen. Sollte die nationale Aufsichtsinstanz aufgrund ihrer Überprüfung zu der Auffassung gelangen, dass ein Institut unter die geforderte Mindestausstattung fallen könnte, sollte sie frühzeitig Maßnahmen ergreifen, um dies zu verhindern. Nach Auffassung des Baseler Ausschusses sollte der Schwerpunkt der Überprüfung auf der Qualität des Risikomanagements und der Kontrollen der Bank liegen und ausdrücklich nicht dazu führen, dass die Aufsichtsinstanzen die Rolle des Bankmanagements übernehmen.

In der geänderten Bankenrichtlinie der EU findet sich die Kodifizierung des durch die genannten Grundsätze umschriebenen Supervisory Review and Evaluation Process (SREP) in Artikel 124. Zu dessen Konkretisierung können die Ausführungen des **CEBS** in dem überarbeiteten Konsultationspapier „Application of the Supervisory Review Process under Pillar 2" (CP 03 revised) herangezogen werden, die bereits der Konkretisierung der Pflichten der Geschäftsleitung im Rahmen des institutsinternen ICAAP dienen. Als wesentliche Voraussetzung des SREP muss die Fähigkeit der Aufsichtsinstanzen gesehen werden, qualitative Elemente angemessen zu beurteilen, und zwar mit gleich bleibender Qualität und unter Wahrung der Konsistenz der Beurteilungen. Ein besonderes Augenmerk sollte neben den einzelnen Risikoarten auf den Grad der Einhaltung der Prinzipien für eine angemessene Internal Governance gelegt werden. Dies gilt sowohl bei der Erteilung der Erlaubnis zum Betreiben von Bankgeschäften als auch im Rahmen der laufenden Überwachung durch die Aufsichtsinstanzen.[364] Die Prinzipien des CEBS stellen klar, dass für eine fundierte Beurteilung durch die Aufsichtsinstanzen eine Analyse des Risikoprofils („Risk Factors") genauso erforderlich ist wie die Analyse der Qualität des Risikomanagementsystems („Control Factors"). Für letztere wird mindestens eine Beurteilung der Qualität der Internal Governance, der Geschäftsleitung, der Organisationsstruktur, des Risikomanagements und der Überwachungsumgebung, der Internen Revision und der Compliance-Funktion gefordert. Dabei sind die Überwachungsmaßnahmen zu überprüfen, die eingerichtet wurden, um Risiken zu begrenzen sowie die Angemessenheit und Zusammensetzung des Kapitals zur Abfederung von Verlusten zu beurteilen. Der letzte Punkt steht im Zusammenhang mit der geforderten Beurteilung des ICAAP eines Instituts, bei der die zugrunde liegenden Annahmen, Komponenten, Methoden, der Abdeckungsgrad und die Ergebnisse des Prozesses zur Kapitalabdeckung zu beurteilen sind. Ziel

[363] So auch Jakob (2004), S. 87 f.
[364] Vgl. hierzu und zum Folgenden CEBS (2005a), S. 25 ff.

des gesamten Überprüfungsverfahrens ist es, vorhandene oder potenzielle Probleme bzw. Mängel in dem Risikomanagementsystem eines Instituts zu identifizieren sowie den Grad der Zuverlässigkeit des ICAAP zu beurteilen. Dabei sind auch zukünftige Veränderungen zu berücksichtigen, soweit diese bereits bekannt sind. Gegebenenfalls soll die Aufsichtsinstanz Stresstests einsetzen, um mögliche Gefährdungen zu erkennen. Gerade die Beurteilung der Qualität des Risikomanagementsystems wird hierbei in verstärktem Maße Vor-Ort-Prüfungen erfordern.

Für die Organisation des Ressourceneinsatzes und die Durchführung des Überprüfungsverfahrens schlägt das CEBS sogenannte Risk Assessment System-Prinzipien (RAS) vor.[365] Nach diesen sollten die nationalen Aufsichtsbehörden Richtlinien definieren, die es ihnen erlauben, ihre Ressourcen gezielt einzusetzen. Zu diesem Zweck sollten Ratings sowohl für die Risikosituation als auch für die Überwachungsqualität der Institute durchgeführt werden, die z.B. nach dem Grundsatz vorgehen könnten, einem hohen Risiko bzw. einem schwachen Überwachungsumfeld ein hohes Gewicht zuzuordnen und Risiken relativ stärker zu gewichten als Überwachungsmaßnahmen. Um das Risikoprofil und die Qualität des Risikomanagementsystems eines Instituts zu beurteilen, benötigt die Aufsichtsbehörde eine detaillierte Aufschlüsselung der Aktivitäten des untersuchten Instituts. Ausgangspunkt hierfür könnte z.B. ein genereller Überblick über die Geschäftsfelder oder Geschäftsprozesse unter Hinzuziehung des aktuellen Organigramms des Instituts sein. In einem zweiten Schritt sollten die zentralen Funktionen identifiziert werden, um z.B. eine Beurteilung der Qualität der Geschäftsleitung, der Berichtslinien, des Risikocontrollings und der Internen Revision zu ermöglichen. Anschließend sollte die Bedeutung eines jeden Geschäftsfelds bzw. Geschäftsprozesses mit Hilfe qualitativer und quantitativer Kriterien ermittelt und der jeweilige Einfluss auf die Beurteilung des Risikoprofils bzw. der Risikomanagementqualität bestimmt werden. Zuletzt muss die Aufsichtsbehörde den Umfang und Detaillierungsgrad der Beurteilung festlegen. Die Aufsichtsbehörden können entscheiden, ob sie ihre Beurteilungskriterien offenlegen wollen, um auf diese Weise Transparenz für die beaufsichtigten Institute zu schaffen und gleichzeitig einen Vergleich verschiedener nationaler Systeme zu ermöglichen.

Zur Erlangung der für die Durchführung ihrer Untersuchung erforderlichen Informationen stehen einer Aufsichtsbehörde verschiedene Quellen zur Verfügung. Zunächst einmal sind dies im Rahmen eigener Vor-Ort-Prüfungen der Aufsichtsbehörde erstellte Berichte sowie zur Erfüllung bestehender Meldepflichten an die Aufsichtsbehörde übermittelte Informationen. Hier sind auch die Genehmigungsprozesse für die Anwendung fortgeschrittener Methoden zur Kapitalermittlung der ersten Säule zu erwähnen, die zugleich Hinweise auf relevante Aspekte für die Beurteilung im Rahmen der zweiten Säule geben können, etwa hinsichtlich der individuellen Ausgestaltung der Risikomanagementprozesse und Überwachungsmaßnahmen für die jeweiligen Risikobereiche. Darüber hinaus können von den Instituten im Rahmen ihrer finan-

365 Vgl. CEBS (2005a), S. 29 ff.

ziellen Berichterstattung freiwillig offengelegte Daten herangezogen werden. Weiterhin sind Interviews mit der Geschäftsleitung und mit Mitarbeitern des beaufsichtigten Instituts sowie Protokolle hierüber nützliche Informationsquellen. Auch interne Managementberichte sowie Protokolle über Vorstands- und Aufsichtsratssitzungen können wertvolle Hinweise liefern. Nicht zuletzt werden Aufsichtsbehörden auch auf die Berichte der Internen Revision sowie externer Prüfer zurückgreifen.

Um eine gleichbleibende Qualität und die Konsistenz der aufsichtlichen Beurteilungen sicherzustellen, sollten die Aufsichtsbehörden verschiedene Maßnahmen zur Qualitätssicherung ergreifen. So können z.B. spezielle Qualitätssicherungszirkel aus erfahrenen Vertretern der Aufsichtsbehörden gebildet werden, die die Ergebnisse der Beurteilungsverfahren überwachen. Denkbar wäre auch eine regelmäßige Überprüfung einzelner Beurteilungen im Sinne der Etablierung eines Vier-Augen-Prinzips. Mit dem RAS soll jedoch ausdrücklich kein paralleler Prozess zu dem institutsinternen ICAAP aufgebaut werden. Gleichwohl sollen die Aufsichtsbehörden darin unterstützt werden, die Risikosituation eines Instituts zu beurteilen und eine Indikation zu erhalten, wie hoch das Kapital eines Instituts sein sollte, um alle Risiken abzudecken. Dies ist insbesondere dann von Bedeutung, wenn der ICAAP eines Instituts für nicht adäquat erachtet wird.[366]

Die nationalen Aufsichtsbehörden sollen als Ergebnis ihrer Beurteilungen gegebenenfalls erforderliche Maßnahmen festlegen und diese umgehend an die Geschäftsleitungen der Institute kommunizieren. Maßnahmen können erforderlich sein, wenn die Aufsicht zu der Auffassung gelangt, dass ein Ungleichgewicht zwischen den eingegangen Risiken und der Qualität des Risikomanagementsystems eines Instituts besteht und wenn für das Risikoprofil ein zu geringer Kapitalbetrag gehalten wird. Als aufsichtliche Maßnahmen kommen z.B. in Frage:

- die Anordnung, Eigenkapital und/oder Kernkapital über dem durch die erste Säule ermittelten Niveau zu halten,
- die Anordnung, interne Überwachungsmechanismen bzw. das Risikomanagementsystem zu verbessern,
- eine Begrenzung oder Limitierung der Geschäftsaktivitäten des Instituts,
- die Anordnung, die bestehenden Risiken in den Aktivitäten, Produkten und Systemen zu reduzieren.

Die festgesetzten Maßnahmen sind den Instituten gemeinsam mit den Faktoren, die zu diesen geführt haben, umgehend mitzuteilen. Dabei sind Schwachstellen und Verbesserungspotenziale aufzuzeigen und der Zeitrahmen für die Abhilfe bzw. Umsetzung zu kommunizieren.

---

366 Vgl. CEBS (2005a), S. 32 f.

4.1.2 Das aufsichtliche Überprüfungsverfahren nach deutschem Recht

Trotz des grundlegenden Veränderungsprozesses, den der SRP für die deutsche Aufsicht mit sich bringt, sind für die Realisierung der im Rahmen der zweiten Baseler Säule vorgesehenen Anforderungen an die Aufsichtsinstanzen nur wenige Änderungen in den deutschen Rechtsnormen erforderlich. Die Anpassungen betreffen vornehmlich die Anordnungsbefugnisse der BaFin. Im Gegensatz dazu erfordert die Schwerpunktverlagerung von off-site-Prüfungen zu on-site-Prüfungen keine zusätzliche Normierung, da es sich hierbei lediglich um eine Änderung der Aufsichtspraxis handelt, die sich innerhalb des bereits vorhandenen rechtlichen Rahmens abspielt.[367] Zentrale Norm ist hierfür § 7 KWG, der die Zusammenarbeit der beiden relevanten Aufsichtsinstanzen – BaFin und Deutsche Bundesbank – regelt. Diese Norm wird ergänzt und konkretisiert durch die zwischen diesen beiden Institutionen getroffene „Vereinbarung über die Zusammenarbeit zwischen der Bundesanstalt für Finanzdienstleistungsaufsicht und der Deutschen Bundesbank bei der Beaufsichtigung der Kredit- und Finanzdienstleistungsinstitute vom 30. Oktober 2002" (Vereinbarung)[368] sowie durch die vom Bundesminister der Finanzen erlassene „Richtlinie zur Durchführung und Qualitätssicherung der laufenden Überwachung der Kredit- und Finanzdienstleistungsinstitute durch die Deutsche Bundesbank gemäß § 7 Abs. 2 KWG vom 10. Oktober 2003" (Aufsichtsrichtlinie).[369] Der durch diese beiden Regelwerke vorgegebene rechtliche Rahmen trägt bereits in weiten Teilen den zukünftigen Anforderungen des SRP Rechnung, indem die bankaufsichtlichen Erkenntnisse nicht mehr überwiegend auf bankaufsichtlichen Meldungen[370] bzw. Informationen aus zweiter Hand[371] beruhen, sondern darüber hinaus die direkte Beaufsichtigung bei den Instituten vor Ort institutionalisiert wird.

Die Zusammenarbeit von BaFin und Deutscher Bundesbank bei der laufenden Überwachung der Institute

Nach § 7 Abs. 1 übt die Deutsche Bundesbank die laufende Überwachung der Institute nach Maßgabe der Vereinbarung über die Zusammenarbeit zwischen BaFin und Deutscher Bundesbank aus.[372] Die laufende Überwachung umfasst einerseits die „laufende Überwachung ohne bankgeschäftliche Prüfungen" und andererseits die „bankgeschäftlichen Prüfungen". Unter erstere fallen die Auswertung von Prüfungsberichten und Jahresabschlussunterlagen, Aufsichtsgespräche sowie Aufsichtsbesuche. Die Auswertung der Unterlagen wird in der Regel von der Deutschen Bundesbank durchgeführt, die BaFin ist von den Ergebnissen zu unterrichten. Auch die jährlich stattfindenden Routinegespräche werden von der Deutschen Bun-

[367] Vgl. Jakob (2004), S. 89.
[368] Vgl. Deutsche Bundesbank/BaFin (2002).
[369] Vgl. Bundesministerium der Finanzen (2003).
[370] Grundsatz I- und II-Meldungen, Groß- und Millionenkreditmeldungen, Bilanzstatistik.
[371] Prüfungsberichte von Wirtschaftsprüfern, aus Sonderprüfungen oder Einlagensicherungsprüfungen.
[372] Die laufende Überwachung durch die Deutsche Bundesbank erfolgt nach § 7 Abs. 1 Satz 4 KWG in der Regel durch deren Hauptverwaltungen.

desbank geführt, wobei der BaFin die Gelegenheit zur Teilnahme gegeben wird. Die Routinegespräche können nach vorheriger Abstimmung mit der BaFin auch das Abstellen von festgestellten Mängeln zum Gegenstand haben, für die ein förmliches Verwaltungshandeln als nicht erforderlich angesehen wird. Darüber hinaus können sowohl die BaFin als auch die Deutsche Bundesbank jederzeit Aufsichtsgespräche durchführen. Die jeweils andere Institution hat auch hier ein Recht zur Beteiligung. Die BaFin trifft sämtliche aufsichtsrechtlichen Maßnahmen des KWG, insbesondere Allgemeinverfügungen und Verwaltungsakte einschließlich sämtlicher Prüfungsanordnungen. Über die Gespräche mit den Instituten hinaus sind in der Aufsichtsrichtlinie auch routinemäßige und anlassbezogene Gespräche mit Wirtschaftsprüfern oder sonstigen Dritten vorgesehen.

Bei den „bankgeschäftlichen Prüfungen" handelt es sich um Systemprüfungen. Hier wird zwischen Prüfungen bis Ende 2006, und damit vor Einführung des SRP, und Prüfungen ab 2007 nach Einführung des SRP unterschieden.[373] Bislang umfassten die bankgeschäftlichen Prüfungen die Mindestanforderungen an das Betreiben von Handelsgeschäften (MaH-Prüfungen), die internen Marktrisikomodelle sowie die Mindestanforderungen an das Kreditgeschäft (MaK-Prüfungen). Bereits in diesen Prüfungen manifestiert sich der Wandel zu einer stärkeren Fokussierung aufbau- und ablauforganisatorischer Vorgaben. Für die Durchführung des überwiegenden Teils der bankgeschäftlichen Prüfungen beauftragt die BaFin die Deutsche Bundesbank und Wirtschaftsprüfer etwa jeweils zu gleichen Teilen. Die BaFin selbst führt bankgeschäftliche Prüfungen außerhalb des Regelfalls in einer beschränkten Zahl von Fällen durch, wenn ihr dies nach den Umständen notwendig erscheint, wie etwa im Vorfeld sich abzeichnender gravierender Aufsichtsmaßnahmen. In diesen Fällen hat die Bundesbank ein Beitrittsrecht. Grundsätzlich sind auch gemischte Teams aus Prüfern der BaFin und der Deutschen Bundesbank denkbar. Die Anordnung der Prüfungen erfolgt durch die BaFin gemäß § 44 Abs. 1 Satz 2 KWG.[374]

Die genaue Ausgestaltung des SRP ab 2007 wird in der Vereinbarung bzw. der Aufsichtsrichtlinie nicht konkretisiert. Es wird darauf hingewiesen, dass diese durch die Baseler und Brüsseler Vorgaben bzw. die Vorgaben des deutschen Gesetzgebers bestimmt wird. BaFin und Bundesbank werden jedoch die wesentlichen inhaltlichen Anforderungen für Deutschland gemeinsam entwickeln und diese in einer gesonderten Richtlinie festlegen. Es wird sich um einen kontinuierlichen Überwachungsprozess handeln, in dessen Rahmen die Angemessenheit der Eigenmittelausstattung sowie die Funktionsfähigkeit der Risikosteuerung der Institute laufend vor Ort geprüft wird. Die Federführung wird die Deutsche Bundesbank haben, die BaFin wird sich insbesondere bei systemrelevanten Banken[375] vor Ort beteiligen bzw. eigene Vor-Ort-Prüfungen durchführen. Gerade die Prüfung bankinterner Strukturen, Abläufe und Ver-

373 Vgl. Deutsche Bundesbank/BaFin (2002), Artikel 5.

374 Vgl. hierzu auch BFS-KWG/Braun (2004), § 44 KWG, Rdn. 23 ff.

375 Dies sind große, insbesondere international tätige Institute, von denen ein Risiko für das Bankensystem ausgehen kann. Vgl. Bundesministerium der Finanzen (2003), Artikel 3 Abs. 2.

fahren, wie sie die umfangreichen qualitativen Mindestanforderungen vorgeben, kann nur vor Ort bei den Instituten erfolgen.[376] Die bestehenden gegenseitigen Beteiligungsrechte der BaFin und der Deutschen Bundesbank sollen auf den SRP übertragen werden. Die bisherigen Prüfungen zur Einhaltung der Mindestanforderungen sollen in den SRP integriert werden.

Umsetzung der Anordnungsbefugnisse der BaFin in nationales Recht

Der deutsche Gesetzgeber gesteht der BaFin mit dem bereits bestehenden Instrumentarium umfangreiche Befugnisse zu, um im Rahmen der Beaufsichtigung der Institute dafür zu sorgen, dass die Anforderungen der Regulierung eingehalten werden. Neben der bereits angesprochenen Möglichkeit der BaFin, die Erlaubnis zum Betreiben von Bankgeschäften zu versagen oder aufzuheben, stehen dieser verschiedene Mittel zur Verfügung, mit denen sie die Einhaltung der Normen durchsetzen kann. Darüber hinaus ist eine Erweiterung der Anordnungsbefugnisse geplant, die insbesondere der Umsetzung der durch den Baseler Ausschuss bzw. die EU und das CEBS vorgeschlagenen Maßnahmen dient.

Die BaFin hat gemäß § 6 Abs. 3 KWG das Recht, Anordnungen oder sonstige förmliche Verwaltungsakte zu erlassen. Diese im Rahmen der 6. KWG-Novelle eingefügte Ermächtigung gesteht der BaFin eine **allgemeine Anordnungsbefugnis** gegenüber den Instituten und deren Geschäftsleitern zu. Hierdurch kann diese Anordnungen treffen, um Verstöße gegen aufsichtsrechtliche Bestimmungen zu unterbinden[377] sowie Missstände in den beaufsichtigten Instituten zu verhindern oder zu beseitigen, welche die Sicherheit der den Instituten anvertrauten Vermögenswerte gefährden oder die ordnungsgemäße Durchführung der Bankgeschäfte oder Finanzdienstleistungen beeinträchtigen können. Dies gilt nach der Regierungsbegründung zur 6. KWG-Novelle auch für das Interne Überwachungssystem der Institute.[378] Die Anordnungsbefugnis des § 6 Abs. 3 KWG ermöglicht es der BaFin, in denjenigen Fällen, in denen sie einen Verstoß gegen die gesetzliche Vorschrift oder gegen norminterpretierende Schreiben und Verlautbarungen erkennt, entsprechende Anordnungen im Einzelfall gegen das Institut bzw. dessen Geschäftsleitung zu treffen.[379] Im Hinblick auf Anordnungen zum Risikomanagementsystem ist insofern in der Einfügung des § 25a Abs. 1 in das KWG ein rechtsstaatlicher Fortschritt zu sehen, als mit diesem nunmehr eine gesetzliche Grundlage für die Beschränkung der Gewerbefreiheit der Banken vorliegt.[380]

Über die allgemeine Anordnungsbefugnis hinaus gesteht der durch das Vierte Finanzmarktförderungsgesetz neu eingefügte § 25a Abs. 1 Satz 4 KWG[381] der BaFin nunmehr auch eine **besondere Anordnungsbefugnis** für die organisatorischen Anforderungen gegenüber den

[376] Vgl. Jakob (2004), S. 88.
[377] Diese Bestimmung wurde nachträglich durch das Vierte Finanzmarktförderungsgesetz eingefügt.
[378] Vgl. Bundesregierung (1997), S. 74.
[379] Vgl. BFS-KWG/Braun (2004), § 25a KWG, Rdn. 22 f.
[380] Vgl. auch Burgi (2001), S. 320 f. sowie auch Traber/Schulte-Mattler (2001), S. 1078.
[381] Vormals § 25a Abs. 1 Satz 2.

Instituten zu. Hier werden spezifisch die aufsichtsrechtlichen Konsequenzen einer Nichterfüllung der Anforderungen des § 25a Abs. 1 KWG kodifiziert. Die Bundesanstalt kann im Einzelfall Anordnungen gegenüber einem Institut treffen, sofern dieses nicht die adäquaten, internen Maßnahmen ergriffen hat, um die in Abs. 1 Satz 3 Nr. 1 bis 6 der Norm angeführten Organisationspflichten zu erfüllen. Die Anordnungen müssen zudem zur Vermeidung von Gefahren und Risiken erforderlich sein. Die besondere Anordnungsbefugnis gilt allerdings nicht gegen die Geschäftsleiter der Institute, sondern nur gegenüber den Instituten als solche.[382]

Mit dem CRD-Umsetzungsgesetz ist zudem noch eine weitere Stufe der besonderen Anordnungsbefugnis geplant. So soll ein § 45b KWG mit folgendem Wortlaut eingefügt werden:

„(1) Verfügt ein Institut nicht über eine ordnungsgemäße Geschäftsorganisation im Sinne von § 25a Abs. 1 und hat das Institut die Mängel nicht aufgrund einer Anordnung nach § 25a Abs. 1 Satz 5 innerhalb einer von der Bundesanstalt zu bestimmenden angemessenen Frist behoben, kann die Bundesanstalt insbesondere anordnen, dass

1. *das Institut über die nach § 10 Abs. 1 und der Rechtsverordnung nach § 10 Abs. 1 Satz 3 erforderliche Eigenkapitalausstattung hinaus* ***zusätzliche Eigenmittel*** *vorhalten muss;*
2. *das Institut Maßnahmen zur* ***Reduzierung von Risiken*** *ergreift, soweit sich diese aus bestimmten Arten von Geschäften und Produkten oder der Nutzung bestimmter Systeme ergeben;*
3. *das Institut* ***weitere Zweigstellen nur mit Zustimmung*** *der Bundesanstalt errichten darf;*
4. *das Institut einzelne Geschäftsarten, namentlich die Annahme von Einlagen oder Geldern oder Wertpapieren von Kunden und die Gewährung von Krediten nach § 19 Abs. 1, nicht oder nur* ***in beschränktem Umfang*** *betreiben darf."*[383]

Nach der Regierungsbegründung soll es damit der Aufsicht möglich sein, gezielter als bisher auf die Bereinigung von Schwachstellen eines Instituts hinwirken zu können. Dabei soll die BaFin allerdings wegen der besonderen Schwere der vorgesehenen Eingriffe das Institut grundsätzlich zunächst durch eine Anordnung nach § 25a Abs. 1 Satz 4 KWG[384] dazu anhalten, innerhalb einer bestimmten Frist für eine ordnungsgemäße Geschäftsorganisation zu sorgen (1. Stufe). Erst wenn das Institut einer entsprechenden Anordnung nicht nachkommt, sind Maßnahmen nach § 45b Abs. 1 zu ergreifen (2. Stufe). In Ausnahmefällen ist die BaFin jedoch gemäß § 45b Abs. 3 dazu ermächtigt, auch ohne eine vorherige Anordnung der Stufe 1 die Maßnahmen nach § 45b Abs. 1 zu ergreifen. Hiervon soll allerdings nur in gravierenden Fällen Gebrauch gemacht werden, wenn die Schwere der Mängel oder die Risikolage des Instituts dies erfordern.[385]

---

382 Vgl. BFS-KWG/Braun (2004), § 25a KWG, Rdn. 25.
383 Bundesregierung (2005a), S. 56; Hervorhebungen durch die Verfasserin.
384 Dieser Satz wird wegen der geplanten Einfügung eines neuen Satz 4 in § 25a Abs. 1 KWG zu Satz 5. Vgl. Abschn. D1.1.2.2.1.
385 Vgl. Bundesregierung (2005b), S. 65 f.

Mit Inkrafttreten des neuen § 45b KWG voraussichtlich ab 1.1.2007 werden die Vorgaben auf internationaler bzw. europäischer Ebene hinsichtlich der den nationalen Aufsichtsbehörden einzuräumenden Kompetenzen zur Durchsetzung der Anforderungen der zweiten Säule von Basel II umgesetzt. Inwiefern auch die Vorstellungen hinsichtlich der Ausgestaltung und Durchführung des SREP bzw. RAS in entsprechenden Richtlinien kodifiziert werden, ist derzeit nicht absehbar.

4.1.3 Bewertung der qualitativen Tendenzen in der Bankenbeaufsichtigung und deren Implikationen für die Aufsichtsinstanzen

Durch den SRP werden die qualitativen Aspekte der Bankenüberwachung insgesamt noch deutlicher in den Fokus gerückt. Im Hinblick auf operationelle Risiken bedeutet dies die Begründung einer unmittelbaren Verantwortung der Aufsichtsinstanzen für die angemessene Ausgestaltung der Risikomanagementsysteme der Institute und für die Identifizierung und Begrenzung relevanter Gefährdungspotenziale sowie die Bereitstellung der hierfür erforderlichen Eingriffsrechte auf Seiten der Aufsicht. Insbesondere die Prinzipien des CEBS stellen die Qualität der Internal Governance in das Zentrum der aufsichtlichen Überprüfung. Mit der Beurteilung der Control-Factors wird ein deutlicher Schwerpunkt auf die Analyse der operationellen Risikosituation der Institute gelegt. Die Aufsichtsinstanzen müssen im Rahmen dieser neu gewonnenen Verantwortung zur Identifizierung bestehender Mängel beitragen und darauf hinwirken, dass die Institute diese durch angemessene Maßnahmen beseitigen. Hierbei tritt nun allerdings ein wesentliches Problemfeld qualitativer Beaufsichtigung zu Tage: Der den Instituten durch die qualitativen Normen eingeräumte Handlungsspielraum bei der Ausgestaltung ihres eigenen Mitwirkungsbeitrags führt dazu, dass sich auch auf Seiten der Aufsichtsinstanzen erhebliche Spielräume bei der Bewertung der Erfüllung der qualitativen Anforderungen ergeben.[386] Offenkundig verbietet sich hier eine lediglich schematisch ausgerichtete Prüfung, die individuelle Gegebenheiten unberücksichtigt lässt. Das Erfordernis subjektiver Wertungen birgt jedoch die Gefahr, dass gleiche Sachverhalte nicht immer gleich bewertet werden und durch unterschiedliche Einschätzungen der Prüfer das Prinzip der Gleichbehandlung der Institute – im Übrigen auch auf internationaler Ebene – unweigerlich verletzt werden wird. Insofern ist die Veröffentlichung einheitlicher Standards wie der MaRisk bzw. deren Vorgängernormen der Weg in die richtige Richtung, um die Qualität der in den Instituten vorzufindenden Risikomanagementsysteme einer einheitlichen Wertung zu unterziehen. Allerdings bleiben auch hierbei zahlreiche Spielräume bestehen. Man denke etwa nur an die Vielzahl der enthaltenen Öffnungsklauseln und unbestimmten Rechtsbegriffe. Die von den internationalen Institutionen geforderte Offenlegung der konkreten Beurteilungskriterien gehört in Deutsch-

[386] Vgl. hierzu und zum Folgenden Paul (2002), S. 219 ff. sowie Trouet (1996), S. 2191.

land bislang nicht zur üblichen Praxis.[387] Ein solches Vorgehen wäre jedoch im Interesse eines offenen Dialogs zwischen den Aufsichtsinstanzen und den Instituten zu begrüßen.

Die steigenden Prüfungspflichten bedeuten darüber hinaus einen erheblichen Mehraufwand für die Aufsichtsinstanzen. Insbesondere die Tatsache, dass es sich zu einem erheblichen Teil um vor Ort durchzuführende Systemprüfungen handelt, führt zu einem wesentlich höheren Zeitaufwand und erfordert eine personelle Verstärkung der Deutschen Bundesbank sowie auch der BaFin. Entscheidend ist hierbei die Einstellung ausreichend qualifizierten Fachpersonals, damit bei den weit in die Organisation der Institute hineinreichenden Beurteilungen nicht die Prüfungskompetenz der Aufsicht in Frage gestellt werden kann. Wegen des mit qualitativen Normen grundsätzlich verbundenen Prüfungsaufwands wurden der qualitativen Aufsicht bis vor einigen Jahren noch eher begrenzte Entwicklungschancen vorhergesagt.[388] Die aktuellen Entwicklungen deuten jedoch in eine andere Richtung und die deutsche Bankenaufsicht reagiert bereits mit einem umfangreichen Personalaufbau und umfassenden Schulungsprogrammen auf die sich verändernde Situation. Die hiermit zusammenhängenden Kosten werden dabei zu einer deutlichen Erhöhung der Kosten der Bankenaufsicht führen, die sich einerseits in einer höheren Umlage, andererseits in höheren individuellen Prüfungskosten der einzelnen Institute manifestieren wird.[389]

4.2 Überwachung der Infrastruktur für den Umgang mit operationellen Risiken

Die nationalen Aufsichtsbehörden haben gemäß Grundsatz 8 der Sound Practices dafür zu sorgen, dass alle Banken mit den Sound Practices in Einklang stehende und ihrer jeweiligen Größe und Komplexität angemessene Risikomanagementverfahren für operationelle Risiken entwickeln. Dazu gehört gemäß Grundsatz 9 eine regelmäßige und unabhängige Überprüfung der Strategien, Verfahren und Methoden im Hinblick auf die operationellen Risiken eines Instituts durch die Aufsichtsinstanzen. Die unabhängige Prüfung sollte demnach z.B. die folgenden Aspekte umfassen:

- die Wirksamkeit des Risikomanagements und des generellen Überwachungsumfelds im Hinblick auf operationelle Risiken,
- die Methoden zur Überwachung und die Berichterstattung über das operationelle Risikoprofil, einschließlich der Verlustdaten und sonstiger Indikatoren für Verlustpotenziale,
- die Verfahren zu einer zeitnahen Reaktion auf Risikoereignisse,

---

387 So wurde etwa für die Beurteilung der Einhaltung der qualitativen Anforderungen an die Verwendung interner Marktrisikomodelle zwar ein „Pflichtenheft“ erarbeitet, das ausführlich darlegt, wann die einzelnen qualitativen Anforderungen als erfüllt anzusehen sind, dieses jedoch bisher nicht veröffentlicht. Vgl. Paul (2002), S. 221 f.

388 Vgl. z.B. Trouet (1996), S. 2192.

389 Vgl. Jakob (2004), S. 94.

- die internen Kontroll- und Prüfungsverfahren, die die Einhaltung des gesamten Managements operationeller Risiken sicherstellen sollen,
- die Wirksamkeit von Risikobegrenzungsmaßnahmen, wie z.B. Versicherungen,
- die Qualität und Lückenlosigkeit der Notfallpläne und Kontinuitätsplanungen der Bank,
- die Verfahren zur Bewertung der angemessenen Kapitalausstattung im Hinblick auf operationelle Risiken.

Auf Schwächen, die die Aufsicht identifiziert, hat sie mit angemessenen Maßnahmen zu reagieren. Um jederzeit über die operationelle Risikosituation der Institute informiert zu sein, kann sie Berichtspflichten an die Banken oder deren Abschlussprüfer stellen.

Von den nationalen Aufsichtsbehörden wird zukünftig im Rahmen des SRP verlangt, dass sie sich intensiver als bisher ein eigenes Bild auch über die Qualität der Verfahren für den Umgang mit operationellen Risiken verschaffen. Für eine derartige Beurteilung ist es auch hier erforderlich, dass zur Vermeidung von Intransparenz der aufsichtlichen Prüfung sowie willkürlicher Maßnahmen nachvollziehbare Vorgaben bestehen, an denen die jeweiligen bankinternen Verfahren gemessen werden können. Für die Beurteilung der Verfahren und Methoden müssen die BaFin und die Deutsche Bundesbank ihre bei der Prüfung des Risikomanagementsystems gewonnen Erkenntnisse einfließen lassen. Nur so können sie beurteilen, ob die von einem Institut implementierten Prozesse grundsätzlich in der Lage sind, operationelle Risiken umfassend zu erfassen und zu bewältigen.

5 Überwachung durch den Abschlussprüfer

5.1 Überwachung des Risikomanagementsystems

Wie in Kapitel C dargestellt, nimmt der Abschlussprüfer eine zentrale Rolle in dem Corporate Governance-Prozess einer Bank ein. Sowohl die Aufsichtsbehörde als auch der Aufsichtsrat und die Kapitalgeber greifen zum Zwecke der Durchführung ihrer eigenen Überwachungstätigkeit auf Informationen des Abschlussprüfers zurück. Dabei ist die Prüfung des Risikomanagementsystems von besonderer Bedeutung. Auf internationaler Ebene weist der Baseler Ausschuss in seinem „Framework for Internal Control Systems“ ausdrücklich auf den großen Einfluss hin, den externe Revisoren auf die Qualität der internen Überwachung besitzen. Durch Gespräche mit der Geschäftsleitung und Empfehlungen in ihren Prüfungsberichten können die Prüfer wichtige Hinweise zur Verbesserung der internen Überwachung und damit letztlich der operationellen Risikosituation eines Instituts geben.

Im deutschen Recht ergeben sich neben den allgemeinen handelsrechtlichen Pflichten zur Prüfung des Risikomanagementsystems eines Unternehmens weitergehende Prüfungspflichten für den Abschlussprüfer einer Bank aus den bankrechtlichen Anforderungen zur Einrichtung eines Risikomanagementsystems sowie deren Konkretisierungen. Korrespondierend mit den umfassenden Pflichten der Geschäftsleitung finden sich im Gesetz unmittelbare Pflichten des Abschlussprüfers zur Prüfung des einzurichtenden Systems. Dass sich diese Prüfung an der gemeinhin entwickelten Vorgehensweise einer Systemprüfung zu orientieren hat, ist dabei unbestritten. Die Frage allerdings, inwieweit mit der Prüfungspflicht auch eine weitergehende Verpflichtung zur Prüfung der Geschäftsführung besteht, ist umstritten und wird im Folgenden noch näher zu betrachten sein.

5.1.1 Handelsrechtliche Prüfungspflichten nach § 317 HGB

Im Rahmen der gemäß § 340k Abs. 1 HGB für alle Kreditinstitute durchzuführenden Jahresabschlussprüfung hat der Abschlussprüfer auch das Interne Überwachungssystem zu prüfen, zumindest insoweit, als dieses für die Planung und Durchführung seiner Prüfung der Ordnungsmäßigkeit der Buchführung nach § 317 Abs. 1 HGB erforderlich ist.[390] Der Abschlussprüfer muss hierbei entscheiden, inwieweit er sich auf die Leistungsfähigkeit des Internen Überwachungssystems verlassen möchte. Von der Einschätzung der Wirksamkeit des Internen Kontrollsystems und der Internen Revision hängt dann der Umfang der direkten Prüfungen einzelner Posten des Jahresabschlusses bzw. der vorgelagerten Geschäftsvorfälle ab.[391] Insofern sind nicht sämtliche Teile des Internen Überwachungssystems Gegenstand der handelsrechtlichen Abschlussprüfung, sondern nur diejenigen, die sich entweder direkt auf die Ordnungsmäßigkeit und Verlässlichkeit der Rechnungslegung beziehen[392] oder aber diejenigen, die zwar primär auf die Wirksamkeit und Wirtschaftlichkeit der Geschäftstätigkeit oder die Einhaltung maßgeblicher gesetzlicher Vorschriften gerichtet sind, aus denen sich aber aus der Erfahrung des Abschlussprüfers Rückwirkungen auf die Rechnungslegung ergeben können.[393]

Darüber hinaus schreibt § 317 Abs. 4 HGB für börsennotierte Aktiengesellschaften ausdrücklich vor, dass auch zu prüfen und zu beurteilen ist, ob der Vorstand die ihm durch § 91 Abs. 2 AktG auferlegten Maßnahmen in einer geeigneten Form getroffen hat und ob das nach der Vorschrift einzurichtende Überwachungssystem seine Aufgaben erfüllen kann. Gemäß § 321 Abs. 4 HGB ist die Beurteilung des Abschlussprüfers in einem gesonderten Teil des Prüfungsberichts darzustellen, wobei auch darauf einzugehen ist, ob Maßnahmen erforderlich sind, um das Interne Überwachungssystem zu verbessern. Mit dieser Vorschrift soll eine In-

390 Vgl. IDW [Hrsg.] (2001), PS 260, Tz. 21.
391 Vgl. Wagener (2002), Sp. 1400.
392 Z.B. Maßnahmen, die darauf abzielen, dass Geschäftsvorfälle zeitnah und korrekt erfasst werden, Buchführungsunterlagen richtig und vollständig sind, die Vermögensgegenstände und Schulden im Jahresabschuss zutreffend angesetzt, ausgewiesen und bewertet werden und verlässliche und relevante Informationen zeitnah und vollständig bereitgestellt werden. Vgl. IDW [Hrsg.] (2001), PS 260, Tz. 8.
393 Z.B. Maßnahmen, die die Einhaltung von Vorschriften des Steuerrechts, des Sozialversicherungs- und Arbeitsrechts oder des Gesetztes gegen Wettbewerbsbeschränkungen zum Ziel haben. Vgl. IDW [Hrsg.] (2003b), PS 210, Tz. 46.

formation des Aufsichtsrats über mögliche Fehlerquellen und Schwachstellen in der Unternehmensorganisation erreicht werden.[394] Die Nichteinrichtung des geforderten Systems oder die Einrichtung eines unzureichenden Systems durch ein Institut wäre darüber hinaus als ein schwerwiegender Verstoß gegen die gesetzlichen Vorschriften der §§ 91 Abs. 2 AktG bzw. 25a Abs. 1 KWG zu werten und würde damit die Redepflicht des Abschlussprüfers nach § 321 Abs. 1 Satz 3 HGB auslösen.[395] Die Prüfungspflicht für die Maßnahmen nach § 91 Abs. 2 AktG ergibt sich unabhängig von ihrer expliziten Nennung nach verbreiteter Meinung für Aktiengesellschaften bereits allgemein aus § 317 Abs. 2 Satz 2 HGB im Zusammenhang mit der Prüfung des Lageberichts und hier insbesondere der Darstellung der Chancen und Risiken der zukünftigen Entwicklung.[396] In der mit der Prüfung der Maßnahmen des § 91 Abs. 2 AktG verbundenen Erweiterung der Prüfungspflichten um rechnungslegungsfremde Bestandteile wird die gesetzliche Fixierung des risikoorientierten Prüfungsansatzes für den Abschlussprüfer gesehen.[397]

Im Hinblick auf die Begrenzung operationeller Risiken ist in diesem Zusammenhang die Frage relevant, inwieweit der Abschlussprüfer verpflichtet ist, dolose Handlungen aufzudecken. Gemäß § 317 Abs. 1 Satz 3 HGB ist die Abschlussprüfung so auszulegen, dass Unrichtigkeiten und Verstöße gegen gesetzliche Vorschriften, die sich auf die Darstellung der Vermögens,- Finanz- und Ertragslage wesentlich auswirken, bei gewissenhafter Berufsausübung erkannt werden. Hierin wird allerdings gemeinhin keine Verpflichtung zu einer systematischen Aufdeckung von Bilanzmanipulationen gesehen, da zwar durch den Abschlussprüfer hinreichend sicherzustellen ist, dass der Jahresabschluss keine falschen Angaben aufgrund von Fehlern und Täuschungen enthält, es jedoch nach Auffassung des Berufsstands ein unvermeidbares Risiko gibt, dass Fehler unentdeckt bleiben, insbesondere wenn diese mit krimineller Energie durchgeführt und verschleiert werden.[398] Die Verantwortung dafür, betrügerische Handlungen aufzudecken und zu verhindern liege vor allem bei der Geschäftsleitung und dem Aufsichtsorgan durch Einrichtung von Überwachungsmaßnahmen bzw. deren Überprüfung. Allerdings kann und sollte der Abschlussprüfer nicht jegliche Verantwortung für die Aufdeckung von Unregelmäßigkeiten von sich weisen. Insbesondere SCHRUFF weist darauf hin, dass es im ureigensten Interesse des Berufsstands ist, dem Risiko von Unregelmäßigkeiten aktiv zu begegnen. Er begründet dies mit der fehlenden Bereitschaft der Öffentlichkeit, den Verweis auf die Erwartungslücke als Exkulpation für einen nicht aufgedeckten Betrugsfall zu

394 Vgl. Brebeck/Förschle (1999), S. 191.

395 Vgl. Pollanz (2001), S. 1325; Brebeck/Förschle (1999), S. 188. Das gleiche gilt für die Redepflicht des Bankprüfers nach § 29 Abs. 3 Satz 1 KWG.

396 Vgl. Pollanz (2001), S. 1320; Lehner (1999), S. 27; Arbeitskreis „Externe und Interne Überwachung der Unternehmung" der Schmalenbach-Gesellschaft für Betriebswirtschaft e.V. (2000), S. 8. Ablehnend Dobler (2001), S. 2091.

397 Vgl. Giese (1998), S. 458; Pollanz (2001), S. 1320.

398 Vgl. IDW [Hrsg.] (2003b), PS 210, Tz. 19; Hommelhoff/Mattheus (2003), S. 663.

akzeptieren.[399] Insofern ist zumindest von einer „positiven Suchverantwortung“ auch des Abschlussprüfers auszugehen.[400]

Auch wenn die aufgeführten handelsrechtlichen Prüfungsvorschriften hinsichtlich des Internen Überwachungssystems auch bei Kreditinstituten Anwendung finden, werden diese in weiten Teilen von den besonderen Pflichten des Abschlussprüfers nach dem Kreditwesengesetz und den spezifischen Berichtspflichten nach der Prüfungsberichtsverordnung überlagert.[401]

5.1.2 Bankrechtliche Prüfungspflichten nach § 29 KWG

Das Kreditwesengesetz sieht für den Abschlussprüfer von Kreditinstituten über die handelsrechtliche Prüfung hinausgehende besondere Prüfungspflichten vor,[402] von denen die Folgende im Zusammenhang mit der Begrenzung operationeller Risiken von besonderem Interesse ist: Im Rahmen der Prüfung der Einhaltung bestimmter KWG-Normen gemäß § 29 Abs. 1 Satz 2 KWG hat der Abschlussprüfer unabhängig von der Rechtsform des zu prüfenden Instituts bei der Prüfung des Jahresabschlusses explizit festzustellen, ob die Organisationsanforderungen des § 25a Abs. 1 KWG erfüllt sind. Diese Prüfung ist unter den besonderen Pflichten des § 29 Abs. 1 KWG deutlich hervorzuheben.[403] Sie bezieht sich nicht wie die übrigen Prüfungspflichten dieser Norm lediglich auf die Prüfung der Beachtung bestimmter Grenzwerte oder Zustimmungspflichten,[404] sondern erfordert eine umfassende Systemprüfung und enthält darüber hinaus, wie noch zu zeigen ist, auch Elemente einer Geschäftsführungsprüfung. Allenfalls die ebenfalls in § 29 Abs. 1 Satz 2 vorgeschriebene Prüfung der Einhaltung des § 18 KWG ist an dieser Stelle noch gesondert zu erwähnen, da sich diese Vorschrift auf die Erfüllung eines Teilaspekts der organisatorischen Anforderungen, nämlich auf eine angemessene Organisation der Geschäftsprozesse bei der Kreditvergabe bezieht.

Die auf § 25a Abs. 1 KWG bezogene Prüfungspflicht ist nicht identisch mit der Prüfungspflicht nach § 317 Abs. 4 HGB,[405] wenngleich doch Überschneidungen in den Prüfungsgegenständen bestehen, wie in Unterkapitel 1 gezeigt wurde. Die umfassendere Norm des § 25a Abs. 1 KWG erweitert die Prüfungspflichten des Abschlussprüfers eines Kreditinstituts jedoch deutlich über die durch das KonTraG normierte Erweiterung der Prüfungspflicht eines

---

399 Vgl. Schruff (2005), S. 207.

400 Vgl. Marten/Köhler/Neubeck (2002), § 317 HGB, Rdn. 79; Langenbucher/Blaum (1997), S. 441.

401 Vgl. Göttgens, (1997), S. 212.

402 Vgl. Abschn. C3.2.3.

403 So auch Dicken (2003), S. 11, der von einer „herausragenden Bedeutung“ spricht, die der Prüfung der Beachtung des § 25a KWG im Rahmen des § 29 KWG zukommt.

404 § 29 Abs. 1 Satz 2 KWG verlangt über die Prüfung der Einhaltung des § 25a KWG hinaus die Prüfung der Einhaltung der Anforderungen an die Eigenmittelausstattung nach §§ 10 und 10a sowie an das Eingehen bedeutender Beteiligungen nach § 12 und die Gewährung von Groß- und Millionenkrediten nach §§ 13-14 KWG.

405 Vgl. MünchKommHGB-Böcking/Orth (2001), § 340k, Rdn. 25.

jeden Abschlussprüfers hinaus. Wurde durch das KonTraG bereits die bis dahin auf rechnungslegungsrelevante Abläufe und Strukturen des Internen Überwachungssystems beschränkte Prüfungspflicht auf das gesamte einzurichtende System ausgeweitet,[406] werden durch § 29 KWG darüber hinaus auch Aspekte der Ordnungsmäßigkeit der Geschäftsführung zum Gegenstand der Prüfung gemacht.[407] Angesichts dieser grundlegenden Aufgabenerweiterung im Bereich der Abschlussprüfung ist es umso erstaunlicher, dass die auf die Einhaltung des § 25a Abs. 1 KWG bezogenen Prüfungspflichten nach § 29 KWG im Schrifttum bislang kaum Beachtung fanden. Zumindest für die im Zusammenhang mit § 25a KWG geforderte **Systemprüfung** kann jedoch auf die Erkenntnisse der Diskussion nach Einführung des § 91 Abs. 2 AktG zurückgegriffen werden, da sich hier, wie festgestellt, die Prüfungsanforderungen zumindest teilweise überschneiden. Die Beurteilung im Rahmen der Systemprüfung hat sich, wie bereits im Zusammenhang mit den Prüfungspflichten der Internen Revision ausgeführt, auf folgende Fragestellungen zu beziehen:[408]

- Wurde ein Risikomanagementsystem tatsächlich eingerichtet? (Erfassung der relevanten Maßnahmen)
- Ist das eingerichtete System geeignet, seine Aufgaben zu erfüllen? (Beurteilung der Angemessenheit der der Maßnahmen)
- Ist das System funktionsfähig und wirksam? (Prüfung der Wirksamkeit der Maßnahmen)

Im Hinblick auf die erste Frage ist zu beurteilen, ob die unternehmensinternen Abläufe in allen Bereichen darauf ausgerichtet sind, Risiken zu erkennen und zu reduzieren. Für seine Prüfungstätigkeit muss der Abschlussprüfer dabei auf sein Erfahrungswissen und seine betriebswirtschaftlichen Kenntnisse vertrauen sowie die unternehmensindividuellen Besonderheiten beachten. Es ist ein umfangreiches und spezifisches Fachwissen erforderlich, das für den Berufsstand, insbesondere im Hinblick auf die Prüfung von Kreditinstituten, eine besondere Herausforderung darstellt.[409]

Um seine Prüfung durchführen zu können, muss der Abschlussprüfer grundsätzlich zunächst ein Soll-Objekt generieren, mit dem er das von dem geprüften Institut dokumentierte Soll-Risikomanagementsystem vergleichen kann. Zu diesem Zweck wird er vor allem auf die zahlreichen aufsichtsrechtlichen Normen zurückgreifen, welche die Anforderungen an Risikomanagementsysteme bei Banken für viele Geschäftsbereiche wie beschrieben konkretisieren. Daneben müssen jedoch auch ethische sowie betriebliche Normen, die sich vornehmlich auf

406 Vgl. Arbeitskreis „Externe und Interne Überwachung der Unternehmung" der Schmalenbach-Gesellschaft für Betriebswirtschaft e.V. (2000), S. 8.

407 Vgl. Wagener (2002), Sp. 1397. Richtigerweise werden von Teilen des Schrifttums auch bereits in den mit dem KonTraG eingeführten Prüfungspflichten Elemente einer Geschäftsführungsprüfung gesehen. Vgl. insbesondere Orth (2000), S. 338 ff. Ablehnend IDW [Hrsg.] (1999b), PS 340, Tz. 19.

408 Vgl. allgemein zu Systemprüfungen im Rahmen der Abschlussprüfung IDW [Hrsg.] (2000a), WP-Handbuch, Abschnitt R, Rdn. 173 ff.

409 Vgl. für Unternehmen im Allgemeinen Brebeck/Herrmann (1997), S. 390.

die Unternehmensziele beziehen, Berücksichtigung finden, denn Angemessenheit kann einem Risikomanagementsystem nur dann bescheinigt werden, wenn dieses mit den Zielen der Bank in Einklang steht und neue Entwicklungen im unternehmerischen Umfeld berücksichtigt werden. Nach der Generierung eines Soll-Risikomanagementsystems muss der Abschlussprüfer dieses zunächst mit dem von der Bank dokumentierten Soll-System vergleichen. Im Anschluss daran erfolgt ein Vergleich des tatsächlich vorgefundenen Ist-Risikomanagementsystems mit dem dokumentierten Soll-System.[410] Die bloße Feststellung des Vorhandenseins eines Risikomanagementsystems reicht indes alleine nicht aus, um die Prüfungsverpflichtungen zu erfüllen. Darüber hinaus muss auch durch den Abschlussprüfer die Eignung und Funktionsfähigkeit des Systems geprüft werden. Es gilt zu beurteilen, ob das System, so wie es konzipiert ist, die Anforderungen des Soll-Systems erfüllt.[411] Insgesamt ist daher entscheidend, dass letztlich beurteilt werden kann, ob die Strukturen und Abläufe einerseits ein theoretisch zuverlässiges System ergeben und andererseits die tatsächliche Ausgestaltung diesem auch entspricht.

Wie bereits für die Internen Revision, ergibt sich aus der Verpflichtung zur Systemprüfung auch für den Abschlussprüfer die Notwendigkeit, den traditionellen risikoorientierten Prüfungsansatz um prozessorientierte Elemente zu ergänzen.[412] Zugleich wird deutlich, dass sich hinsichtlich der Verpflichtung zur Systemprüfung eine Überschneidung des Prüfungsgebiets der Internen Revision mit dem Prüfungsauftrag des Abschlussprüfers ergibt. Hier wird nicht nur die Interne Revision selbst zum Prüfungsgegenstand des Abschlussprüfers, sondern auch die von ihr zu prüfenden Elemente des Systems. Um Doppelarbeiten zu vermeiden, ist daher eine Abstimmung der Prüfungshandlungen zwischen Interner Revision und Abschlussprüfer denkbar. Allerdings ist dabei zu berücksichtigen, dass der Auftraggeber des Abschlussprüfers das Aufsichtsorgan ist, während die Interne Revision von der Geschäftsleitung beauftragt wird. Eine gegenseitige Verwendung der Prüfungsergebnisse kann jedoch sicherlich einen Beitrag zur Effizienzsteigerung der Prüfungen leisten.[413] Die Prüfung der Tätigkeit der Internen Revision selbst als Bestandteil des Internen Überwachungssystem sollte sich vor allem an den Fragen orientieren, ob eine transparente und risikoorientierte Prüfungsplanung erfolgt ist und geeignete Prüfungshandlungen durchgeführt wurden, ob qualifizierte Prüfungsleiter eingesetzt wurden und zielgerichtete Qualifikationsmaßnahmen für die Mitglieder der Prüfungsteams stattgefunden haben sowie ob eine angemessene Informationspolitik betrieben und die Überwachung und Dokumentation der Beseitigung festgestellter Mängel und der Umsetzung von Empfehlungen sichergestellt wurde.[414]

410 Vgl. Pollanz (2001), S. 1321; Pollanz (1999), S. 399.
411 Vgl. Eggemann/Konradt (2000), S. 508.
412 Hierfür spricht sich auch aus Orth (1999), S. 573 ff.
413 Vgl. IIR [Hrsg.] (2001b), S. 153; Arbeitskreis „Externe und Interne Überwachung der Unternehmung" der Schmalenbach-Gesellschaft für Betriebswirtschaft e.V. (2000), S. 3 sowie ausführlicher Abschn. F3.2.
414 Vgl. Schiwietz (2005), S. 257 sowie auch IDW [Hrsg.] (2002a), PS 321, Tz. 22 ff.

Mit der Systemprüfung sind die Prüfungspflichten des Abschlussprüfers gemäß § 317 Abs. 4 HGB nach h. M. bereits erfüllt. Eine Geschäftsführungsprüfung ist insofern ausdrücklich nicht Bestandteil der Prüfungspflichten.[415] Bei enger Auslegung des § 91 Abs. 2 AktG ist weder die Reaktion des Vorstands auf erfasste und kommunizierte Risiken noch die von nachgeordneten Entscheidungsträgern eingeleiteten oder durchgeführten Handlungen zur Risikobewältigung bzw. der Verzicht auf solche Maßnahmen Gegenstand der Prüfung.[416] Allerdings ist eine alleine hieraus abgeleitete Verneinung der Erforderlichkeit einer Geschäftsführungsprüfung nicht schlüssig. So weist etwa ORTH nach, dass auch ohne den Einbezug von Maßnahmen der Risikobewältigung die Prüfung der Maßnahmen nach § 91 Abs. 2 AktG durchaus wesentliche Elemente einer Geschäftsführungsprüfung beinhaltet.[417] Ganz offensichtlich hat der Gesetzgeber mit der Einfügung des § 317 Abs. 4 HGB zumindest eine Entwicklung in Richtung einer Geschäftsführungsprüfung eingeschlagen.[418]

Bei Banken wird die Relevanz einer **Geschäftsführungsprüfung** indes noch offensichtlicher. Einerseits sind die Regelungen zur Steuerung der Risiken und damit die Reaktionen und Maßnahmen zur Risikobewältigung integraler Bestandteil des nach § 25a Abs. 1 KWG einzurichtenden Risikomanagementsystems. In der Konsequenz müssen diese auch Gegenstand der Prüfung des Abschlussprüfers sein. Daraus folgt unmittelbar, dass die Risikomanagementprüfung bei Kreditinstituten stets bereits aus diesem Grund Elemente einer Geschäftsführungsprüfung beinhaltet. Prüfungsobjekt wird neben dem Managementsystem also auch die Geschäftsführung selbst und deren Umgang mit Risiken. Darüber hinaus verlangen aber auch verschiedene rechtsformspezifische Prüfungspflichten die Prüfung der Geschäftsführung, und zwar § 53 GenG bei Instituten in der Rechtsform der Genossenschaft sowie § 55 Abs. 2 i.V.m. § 53 HGrG[419] bei öffentlich-rechtlichen Instituten bzw. § 53 HGrG auch bei Unternehmen in einer Rechtsform des privaten Rechts, die jedoch mittelbar oder unmittelbar in mehrheitlichem Besitz einer oder mehrer Gebietskörperschaften stehen.[420] Hinsichtlich der Frage, ob die Geschäftsführung dabei ausschließlich nach dem Kriterium der Ordnungsmäßigkeit beurteilt werden sollte oder ob durch den Prüfer auch Zweckmäßigkeitsüberlegungen anzustellen sind, findet man im betriebswirtschaftlichen Fachschrifttum ein uneinheitliches

---

415 Vgl. insbesondere IDW [Hrsg.] (1999b), PS 340, Tz. 19. Vgl. auch m.w.N. Adler/Düring/Schmaltz (2000), § 317 HGB, Rdn. 122.

416 Vgl. IDW [Hrsg.] (1999b), PS 340, Tz. 6; Arbeitskreis „Externe und Interne Überwachung der Unternehmung" der Schmalenbach-Gesellschaft für Betriebswirtschaft e.V. (2000), S. 8; Hommelhoff/Mattheus (2003), S. 659.

417 Vgl. Orth (2000), S. 327 ff., der anhand des Prüfungsgegenstands des § 53 Abs. 1 Nr. 1 Haushaltsgrundsätzegesetz (HGrG) Parallelen zwischen der Prüfung des Risikomanagementsystems nach § 91 Abs. 2 HGB und der Prüfung der Ordnungsmäßigkeit der Geschäftsführung aufzeigt. Überschneidungen zwischen der Prüfung nach § 317 Abs. 4 HGB und einer Geschäftsführungsprüfung bejahen auch Adler/Düring/Schmaltz (2000), § 317 HGB, Rdn. 122.

418 Vgl. auch Böcking/Orth (1998), S. 359 f.; Böcking/Orth (1999), S. 425.

419 § 53 HGrG regelt die Rechte einer Gebietskörperschaft gegenüber privatwirtschaftlichen Unternehmen, an denen die Gebietskörperschaft mehrheitlich beteiligt ist. Nach Abs. 1 Nr. 1 kann die Gebietskörperschaft verlangen, dass das Unternehmen im Rahmen der Abschlussprüfung auch die Ordnungsmäßigkeit der Geschäftsführung prüfen lässt.

420 Diese rechtsformspezifischen Prüfungspflichten bestanden bereits vor Einfügung des § 25a Abs. 1 in das Kreditwesengesetz.

Bild vor.[421] Während für Prüfungen nach § 53 GenG die Beurteilung der Zweckmäßigkeit als notwendig erachtet wird, ist dies im Falle des § 53 HGrG umstritten. Der überwiegende Teil des Schrifttums spricht sich gegen die Durchführung von Zweckmäßigkeitsprüfungen durch den Abschlussprüfer aus.[422] Allerdings ist für die hier in Frage stehende bankrechtliche Norm zu berücksichtigen, dass insbesondere durch den Einbezug der Maßnahmen zur Risikobewältigung in den Prüfungsgegenstand Zweckmäßigkeitsüberlegungen wohl nicht gänzlich außen vor bleiben können. Den Kern der Geschäftsführungsprüfung bilden jedoch auch hier, nicht zuletzt mit Blick auf deren Bedeutung für die Begrenzung operationeller Risiken, die Prüfungen der Ordnungsmäßigkeit der Geschäftsführung.

Eine umfassende Prüfung der Ordnungsmäßigkeit der Geschäftsführung umschließt die Prüfung der Geschäftsführungsorganisation, des Geschäftsführungsinstrumentariums und der Geschäftsführungstätigkeit.[423] Die Prüfung der Geschäftsführungsorganisation hat die Aufbauorganisation der Geschäftsführung und des Aufsichtsorgans zum Gegenstand. Dabei gilt es nicht nur, die Existenz der Führungsorgane, deren personelle Besetzung sowie die Abgrenzung der Verantwortlichkeiten zu prüfen, sondern es ist auch das Verhältnis zwischen den Organen und hierbei besonders die Einhaltung der Informationspflichten der Geschäftsleitung an das Aufsichtsorgan in die Prüfung einzubeziehen. Auch die Überwachungstätigkeit des Aufsichtsorgans ist zu prüfen. Die Prüfung des Geschäftsführungsinstrumentariums kann sich nach POTTHOFF an den Instrumenten „Rechnungswesen", „Planungswesen", „Organisation" und „Überwachung" orientieren. Das externe Rechnungswesen ist dabei bereits Gegenstand der Prüfung nach § 317 Abs. 1 Satz 1 HGB. Insofern bezieht sich die Geschäftsführungsprüfung insbesondere auf das interne Rechnungswesen und das Berichtswesen. Hinsichtlich der Prüfung der Planung geht es vornehmlich um deren Vollständigkeit und Angemessenheit. Es ist darauf zu achten, dass neue Informationen zeitnah eingebunden werden. Für die Beurteilung der operationellen Risikosituation ist dabei insbesondere das Vorhandensein von Maßnahmen zur Früherkennung von Risiken relevant. Bei der Prüfung der Organisation stehen die Aufbau- und Ablauforganisation eines Instituts im Vordergrund. Hier sind vor allem Fragen der Aufgabenzuordnung, des Führungsstils, der persönlichen Qualifikation der Mitarbeiter und der Verfügbarkeit technischer Hilfsmittel von Interesse. Die Prüfung der Überwachung im Rahmen der Geschäftsführungsprüfung überschneidet sich dabei mit der Prüfung des Risikomanagementsystems. Insofern kommt es bei der Zugrundelegung dieser üblicherweise verwendeten Systematik der Geschäftsführungsprüfung hier zu einem „Zirkelschluss" der Überwachungsmaßnahmen.[424] In den letztgenannten Teilbereich der Geschäftsführungsprüfung - die Prüfung der Geschäftsführungstätigkeit - fallen im Zusammenhang mit dem Management operationeller Risiken vornehmlich die Entscheidungen der Geschäftsleitung für oder

421 Vgl. ausführlich und mit weiteren Nachweisen Orth (2000), S. 327 ff.
422 Vgl. z.B. Theisen (1992), Sp. 660.
423 Vgl. hierzu und zum Folgenden Loitz (1997), S. 1837; Bolsenkötter (2002), Rdn. 90 ff.; Orth (2000), S. 332 ff.
424 So Orth (2000), S. 345.

gegen bestimmte Maßnahmen zum Umgang mit dieser Risikoart. Der Abschlussprüfer hat die Aufgabe, im Rahmen einer Verfahrensprüfung zu untersuchen, ob die getroffenen Maßnahmen sach- und fachgerecht vorbereitet wurden und ob diese unter Berücksichtigung der erkennbaren Umstände Erfolg versprachen. Den Ausgangpunkt bildet dabei der Entscheidungsfindungsprozess mit der Frage, ob die einzelnen Maßnahmen fachgerecht geplant und zielgerecht umgesetzt wurden.[425] Bei Verzicht auf eine Maßnahme ist entsprechend zu beurteilen, ob dieser sachgerecht war. Bei der Prüfung ist somit nicht auf das Ergebnis der Geschäftsführungstätigkeit abzustellen, sondern vielmehr auf dessen Zustandekommen. Unter welchen Umständen eine Entscheidung oder konkrete Maßnahme als ordnungsmäßig anzusehen ist, hat der Abschlussprüfer nach den Umständen des Einzelfalls, auch unter Berücksichtigung der Gepflogenheiten der Branche zu beurteilen. Dabei kommt es insbesondere auf das Maß an Sorgfalt an, das in dem gegebenen Fall geboten war.[426]

Im Ergebnis kann festgehalten werden, dass die Aufgabe der Prüfung des Risikomanagementsystems einer Bank den Abschlussprüfer neben der Systemprüfung zu einer umfassenden Prüfung der Geschäftsführung, zumindest im Hinblick auf deren Ordnungsmäßigkeit, verpflichtet. Dieser Aspekt stellt eine erhebliche Erweiterung der Prüfungspflichten und eine bedeutende Herausforderung für den Abschlussprüfer dar. Bereits im Zusammenhang mit der erforderlichen Systemprüfung wird im Schrifttum von einem „erweiterten Rollenverständnis" und einem „Paradigmenwechsel" in der Abschlussprüfung gesprochen.[427] Konkret finde ein Wandel von einem risikoorientierten Prüfungsansatz hin zu einem systemisch-evolutionären Prüfungsansatz statt, bei dem insbesondere weiche Faktoren und verhaltenstheoretische sowie ethische Kriterien ein wesentliches Gewicht erhalten. Der Abschlussprüfer muss nicht mehr nur die rechnungslegungsbezogenen Abläufe und Strukturen des Internen Überwachungssystems prüfen, sondern das Risikomanagementsystem insgesamt.[428] Hinzu kommt, dass die erforderlichen Prüfungen weniger solche im Sinne des Vergleichs eines Sachverhalts mit vorgegebenen verbindlichen Normen sind, als vielmehr zu einem wesentlichen Teil lediglich Vergleichsmaßstäbe in Form von Ermessensnormen vorgegeben werden.[429] Als solche fungieren im Falle der Kreditinstitute insbesondere die diversen Mindestanforderungen der BaFin, deren Öffnungsklauseln und unbestimmte Rechtsbegriffe dazu führen, dass die Beurtei-

---

425 Vgl. Orth (2000), S. 336.

426 Vgl. Theisen (1992), Sp. 657.

427 So Lehner (1999), S. 27 bzw. Pollanz (2001), S. 1319. Bisher herrschte mit dem überwiegend auf das Rechnungswesen bezogenen risikoorientierten Prüfungsansatz dagegen eher ein konstruktivistisch-technomorpher Ansatz vor, bei dem die Konformität mit extern vorgegebenen Standards im Vordergrund stand.

428 Vgl. Arbeitskreis „Externe und Interne Überwachung der Unternehmung" der Schmalenbach-Gesellschaft für Betriebswirtschaft e.V. (2000), S. 8.

429 Vgl. Potthoff (1981), S. 2186; in diesem Sinne auch Theisen (1992), Sp. 652. Franz (2000), S. 63 bemerkt in diesem Zusammenhang, „dass es sich genau genommen nicht um eine Prüfung handelt, denn diese bedingt einen Soll-Ist-Vergleich und es fehlt (bislang) an einem genau definierten Soll-Objekt. Insofern wird vom Abschlussprüfer eher eine gutachterliche Stellungnahme mit Anregungen zur Verbesserung gefordert." Vgl. auch bereits Brebeck/Herrmann (1997), S. 390.

lungen im Rahmen der Prüfung letztlich in erheblichem Maße auf subjektiven Werturteilen des Prüfers beruhen.

5.1.3 Konkretisierung der auf das Risikomanagementsystem bezogenen Prüfungspflichten

Der Prüfungsumfang ist mit den gesetzlichen Vorschriften zunächst nur indirekt bestimmt. Um einer unzureichenden oder lückenhaften Prüfung durch den Abschlussprüfer vorzubeugen, wurden Konkretisierungen der Prüfungspflichten vorgenommen. Faktisch wird der materielle Prüfungsumfang für Kreditinstitute durch die Prüfungsberichtsverordnung (PrüfbV) festgelegt.[430] Die konkreten Prüfungshandlungen müssen so ausgerichtet werden, dass die geforderten Angaben und Feststellungen im Prüfungsbericht sowie die Aussagen im Bestätigungsvermerk für jeden sachverständigen Dritten nachvollziehbar abzuleiten sind.[431] Dabei hat der Abschlussprüfer auch die berufsständischen Normen zu berücksichtigen, die wichtige konkretisierende Hinweise sowohl auf den Prüfungsgegenstand als auch auf den Prüfungsumfang und den anzulegenden Beurteilungsmaßstab geben.[432]

5.1.3.1 Konkretisierung durch die Prüfungsberichtsverordnung

Die Prüfungsberichtsverordnung (PrüfbV) enthält detaillierte Berichts- und damit auch Prüfungspflichten für den Abschlussprüfer. Sie gliedert sich in sieben Abschnitte. Abschnitt 1 enthält allgemeine Vorschriften zum Geltungsbereich der PrüfbV sowie zu Art und Umfang der Berichterstattung und zum Berichtszeitraum. Abschnitt 2 bezieht sich auf den allgemeinen Teil des Prüfungsberichts und regelt u.a. die Darstellung der rechtlichen, wirtschaftlichen und organisatorischen Grundlagen sowie der geschäftlichen Entwicklung und der Vermögens- und Ertragslage, die Berichterstattung über die Organisation des Rechnungswesens und über Handelsgeschäfte und die Beachtung der Pflichten nach dem Geldwäschegesetz. Ferner enthält dieser Abschnitt Vorschriften über die Darstellung der Eigenmittel, der Risikovorsorge und der Liquiditätslage sowie über die Darstellung des Kreditgeschäfts und des Adressenausfallrisikos. Gegenstand des dritten Abschnitts ist der besondere Teil des Prüfungsberichts, der sich auf Erläuterungen zu den einzelnen Bilanzposten, Angaben unter dem Bilanzstrich und Posten der Gewinn- und Verlustrechnung sowie besondere Angaben zum Kreditgeschäft, wie z.B. die Einhaltung der §§ 12 bis 18 KWG bezieht. Abschnitt 4 nennt die dem Prüfungsbericht beizufügenden Anlagen und in Abschnitt 5 wird auf die Anwendbarkeit der übrigen Abschnitte der Verordnung auf Konzernprüfungsberichte eingegangen. Abschnitt 6 enthält Vorschrif-

430 Vgl. Adler/Düring/Schmaltz (2000), § 340k KWG Rdn. 61.
431 Vgl. Krumnow/Sprißler et al. [Hrsg.] (2004), § 340k, Rdn. 41.
432 Vgl. Böcking/Orth (2000), S. 248 sowie MünchKommHGB-Böcking/Orth (2001), § 340k HGB, Rdn. 22.

ten zum Prüfungsgegenstand, -zeitpunkt und -umfang sowie allgemeine und besondere Anforderungen an den Prüfungsbericht im Zusammenhang mit der Prüfung des Depotgeschäfts. Abschnitt 7 regelt schließlich die erstmalige Anwendung und das Inkrafttreten der Verordnung.

Unter den sich aus der PrüfbV ergebenden Prüfungsvorschriften finden sich zahlreiche, die insbesondere der Aufdeckung bestehender Schwächen in der Organisation und den Prozessen eines Instituts dienen. Diese unterstreichen die Bedeutung, die dem Abschlussprüfer im Zusammenhang mit der Identifikation operationeller Risiken zukommt. Hervorzuheben sind hier im zweiten Abschnitt § 5 zur Darstellung der rechtlichen, wirtschaftlichen und organisatorischen Grundlagen, § 10 zur Organisation des Rechnungswesens sowie § 11 zu den Handelsgeschäften und § 29 zur Darstellung des Kreditgeschäfts. Aus Abschnitt 3 ist insbesondere § 58 zu der Einhaltung der Offenlegungsvorschriften des § 18 KWG hervorzuheben. Auf die für die vorliegende Arbeit relevanten Bereiche wird im Folgenden näher eingegangen.

Darstellung der organisatorischen Grundlagen

Im Rahmen der Darstellung der rechtlichen, wirtschaftlichen und organisatorischen Grundlagen ist neben dem Bericht über die Rechtsform, die Kapitalverhältnisse und die Struktur der Bankgeschäfte und Finanzdienstleistungen gemäß § 5 Abs. 1 Nr. 9 PrüfbV auch über den **organisatorischen Aufbau** des Instituts und dessen Änderungen zu berichten. Im Rahmen dieser Darstellung genügt nach den Erläuterungen zur PrüfbV eine grobe Übersicht über den organisatorischen Aufbau, der ein Organigramm des Instituts beigefügt werden sollte.[433] § 5 Abs. 1 Nr. 11 PrüfbV bestimmt, dass über die Angemessenheit der Dokumentation von Geschäftsvorgängen und die **Organisation des Rechnungswesens** zu berichten ist. Diese Forderung wird in § 10 Abs. 1 PrüfbV konkretisiert, nach dem

- auf wesentliche Mängel im Rechnungswesen hinzuweisen ist,
- die betrieblichen und technischen Maßnahmen sowie die organisatorischen, personellen und baulichen Vorkehrungen zur Sicherung der Integrität und Verfügbarkeit der bankaufsichtlich relevanten Daten sowie die Angemessenheit der technischen und betrieblichen Verfahren bei einem Ausfall zu beurteilen sind,
- zum Vorhandensein und zur Ausgestaltung innerbetrieblicher Steuerungsinstrumente Stellung zu nehmen ist und
- die Einhaltung der Aufzeichnungs- und Aufbewahrungspflichten des § 25a Abs. 1 Nr. 3 KWG darzustellen und auf wesentliche Mängel hinzuweisen ist.

Darüber hinaus ist gemäß § 10 Abs. 2 PrüfbV zu der Zuverlässigkeit der eingesetzten Datenverarbeitungsanlagen und -programme Stellung zu nehmen.

---

433 Vgl. BaFin (1998d), S. 4.

Nach § 5 Abs. 1 Nr. 12 PrüfbV ist über die **Ausgestaltung und Angemessenheit des Internen Überwachungssystems** zu berichten. Diese Vorschrift bezieht sich nach den Erläuterungen zur Prüfungsberichtsverordnung ausdrücklich auf § 25a Abs. 1 Nr. 1 und 2 KWG, also mithin auf die Prüfung des gesamten Risikomanagementsystems.[434] Die Berichterstattung hierüber kann in Verbindung mit der Darstellung nach § 321 Abs. 4 HGB erfolgen, also im Rahmen der Berichterstattung über die nach § 91 Abs. 2 AktG zu treffenden Maßnahmen. Im Zusammenhang hiermit steht auch die Berichterstattung über die Ausgestaltung der Internen Revision und deren Einbindung in das Interne Überwachungssystem nach § 5 Abs. 1 Nr. 13 PrüfbV. Diese muss eine Beurteilung über die Angemessenheit der quantitativen und qualitativen Ausstattung der Internen Revision enthalten. Wurden aufsichtsrelevante Unternehmensbereiche auf externe Dienstleister ausgelagert, ist hierüber gemäß § 5 Abs. 2 PrüfbV ebenfalls nach den Vorschriften des Absatz 1 unter Berücksichtigung der in § 25a Abs. 2 KWG genannten Anforderungen zu berichten.[435] Im Rahmen der Darstellung nach § 5 ist darüber hinaus über schwerwiegende Verstöße der Geschäftsleiter gegen Gesetz, Satzung oder Gesellschaftsvertrag gemäß § 321 Abs. 1 Satz 3 HGB zu berichten.

Bericht über Handelsgeschäfte

Im Rahmen der Berichterstattung über Handelsgeschäfte sind gemäß § 11 Abs. 1 PrüfbV in einem besonderen Abschnitt die **Organisation und das Kontrollsystem** der Handelsgeschäfte in Geldmarktgeschäften, Wertpapieren, Devisen, Schuldscheinen, Namensschuldverschreibungen, Edelmetallen und Derivaten darzustellen sowie deren **Ordnungsmäßigkeit** zu beurteilen. Dabei ist insbesondere auch über die Einhaltung der MaRisk zu berichten. Die Prüfungshandlungen können für diesen Bereich zu einem vorgezogenen Prüfungsstichtag durchgeführt werden, der jedoch nicht länger als vier Monate vor dem Bilanzstichtag liegen darf. Auf wesentliche Änderungen bis zum Bilanzstichtag ist in dem Bericht hinzuweisen.

Darstellung des Kreditgeschäfts

Gemäß § 29 PrüfbV ist die **Organisation** des Kreditgeschäfts darzustellen und zu beurteilen. Dabei ist einzugehen auf:

- die Kreditbearbeitung,
- die Kreditüberwachung,

---

434 Vgl. BaFin (1998d), S. 4.

435 Aufsichtsrelevante Unternehmensbereiche sind solche Tätigkeiten, die die Steuerung, die Anbahnung, den Abschluss, die Erfassung, die Abwicklung, die Kontrolle und die interne Revision von Bankgeschäften oder Finanzdienstleistungen, das Rechnungswesen oder das aufsichtsrechtliche Meldewesen betreffen. Bei der Prüfung ist die Wirksamkeit der Einbindung der ausgelagerten Bereiche in die internen Kontrollverfahren zu beurteilen. Sollte es Anhaltspunkte dafür geben, dass sich durch die Auslagerung eine Lockerung der Steuerungs- und Kontrollmöglichkeiten der Geschäftsleitung oder eine faktische Beeinträchtigung der Kontrollmöglichkeiten der Bundesanstalt ergibt, sind diese zu vermerken. Vgl. BaFin (1998d), S. 5.

- die Beachtung gesetzlicher und satzungsmäßiger Begrenzungen,
- die Befolgung von Arbeitsanweisungen durch die Kreditsachbearbeiter,
- das Mahnwesen,
- die Handhabung bei der Verwaltung und Überwachung der Kreditsicherheiten.

Darüber hinaus ist nach § 58 PrüfbV zu prüfen, ob § 18 KWG beachtet wurde. Dabei ist das Verfahren zur Sicherstellung der laufenden Offenlegung der wirtschaftlichen Verhältnisse der Kreditnehmer darzustellen und zu beurteilen. Die Fälle, in denen auf die Offenlegung verzichtet wurde, sind darzulegen und auf ihre Übereinstimmung mit den gesetzlichen Vorschriften zu überprüfen. Bislang gaben verschiedene Schreiben der BaFin Auslegungsregeln und damit auch Beurteilungsmaßstäbe für die Prüfung der Einhaltung des § 18 KWG vor. Mit der Aufhebung dieser Schreiben zum 9.5.2005 hat die BaFin zwar die Eigenverantwortlichkeit der Institute in den Vordergrund gestellt,[436] die Aufgabe der Beurteilung der jeweiligen Verfahren jedoch in erster Linie dem Abschlussprüfer zugewiesen. Dieser muss zukünftig zur Angemessenheit der institutsspezifischen Beurteilungssysteme Stellung nehmen. Die BaFin will sich in Sonderprüfungen von der Angemessenheit der Systeme überzeugen. Welche Kriterien der Abschlussprüfer bei seiner Prüfung künftig anzulegen hat, ist allerdings unklar. Vereinzelt wird daher bereits vor einer möglichen Verschärfung der auf § 18 KWG bezogenen Prüfungspraxis gewarnt.[437] Ergänzend sind zudem diejenigen Verfahren darzustellen und zu beurteilen, nach denen sich das Institut die wirtschaftlichen Verhältnisse bei Krediten bis zu 750.000 Euro offenlegen lässt. Nach den §§ 53 bis 57 PrüfbV ist darüber hinaus die Einhaltung der Groß-, Millionen- und Organkreditbestimmungen des Kreditwesengesetzes zu überprüfen.

5.1.3.2 Konkretisierung durch Prüfungsstandards des IDW und des IAASB

Um über die Angemessenheit des Risikomanagementsystems nach § 25a Abs. 1 KWG berichten zu können, muss der Abschlussprüfer, wie oben festgestellt, eine umfassende Systemprüfung vornehmen und darüber hinaus wesentliche Elemente der Ordnungsmäßigkeit der Geschäftsführung beurteilen. Für die Gestaltung seiner Prüfungsdurchführung kann und sollte der Abschlussprüfer auf die fachlichen Verlautbarungen des Berufsstands zurückgreifen, die allerdings bislang nur rudimentär die branchenspezifischen Besonderheiten der Kreditinstitute berücksichtigen. Das IDW veröffentlicht mit seinen Prüfungsstandards (IDW PS) die im Rahmen seiner Facharbeit erarbeiteten Grundsätze ordnungsmäßiger Abschlussprüfung

---

436 Vgl. Abschn. D1.1.2.3.1.

437 Vgl. Bundesverband Öffentlicher Banken Deutschlands [Hrsg.] (2005c), S. 1. Als Orientierungshilfe wurde daher von diesem basierend auf den früheren Rundschreiben, den MaK sowie den Anmerkungen zu dem Entwurf eines konsolidierten Rundschreibens ein Leitfaden herausgegeben, der an das jeweilige institutsindividuelle Geschäfts- und Risikoprofil einer Bank anzupassen ist. Vgl. Bundesverband Öffentlicher Banken Deutschlands [Hrsg.] (2005d), S. 5 ff.

(GoA), die Regelungen zur Durchführung von Abschlussprüfungen sowie zu den dabei vorzunehmenden Prüfungshandlungen beinhalten.[438] Zwar besitzen die berufsständischen Verlautbarungen keinen Rechtsnormcharakter, gleichwohl ergibt sich eine faktische Bindungswirkung dadurch, dass der Abschlussprüfer sorgfältig zu prüfen hat, ob die in einer Verlautbarung aufgestellten Grundsätze bei seiner Tätigkeit und in dem von ihm zu beurteilenden Sachverhalt anzuwenden sind.[439] Ein Prüfungsstandard kann entweder allgemein für sämtliche Prüfungen gelten, wie z.B. IDW PS 201: „Rechnungslegungs- und Prüfungsgrundsätze zur Abschlussprüfung" oder aber konkrete Fragestellungen und/oder bestimmte Branchen betreffen. Für die Prüfung des nach § 25a Abs. 1 KWG einzurichtenden Risikomanagementsystems einer Bank gibt es bislang keinen spezifischen Prüfungsstandard, der sich gleichzeitig mit dem gesamten Risikomanagementsystem und den wirtschaftszweigspezifischen Besonderheiten der Kreditinstitute auseinandersetzt. Insofern bleibt dem Abschlussprüfer nur die Möglichkeit, die relevanten allgemeingültigen Prüfungsstandards heranzuziehen. Im Folgenden werden diejenigen Prüfungsstandards eingehender betrachtet, die für die Prüfung der im Hinblick auf operationelle Risiken wesentlichen Sachverhalte konkrete Hinweise geben, wobei die vier erstgenannten allgemeine Prüfungsstandards darstellen, während der letztgenannte für einen Teilbereich des Risikomanagementsystems speziell auf die Gegebenheiten in Kreditinstituten abstellt. Im Einzelnen handelt es sich um:

- IDW PS 260: „Das interne Kontrollsystem im Rahmen der Abschlussprüfung"
- IDW PS 330: „Abschlussprüfung bei Einsatz von Informationstechnologie"
- IDW PS 210: „Zur Aufdeckung von Unregelmäßigkeiten im Rahmen der Abschlussprüfung"
- IDW PS 340: „Die Prüfung des Risikofrüherkennungssystems nach § 317 Abs. 4 HGB"
- IDW PS 720: „Fragenkatalog zur Prüfung der Ordnungsmäßigkeit der Geschäftsführung und der wirtschaftlichen Verhältnisse nach § 53 HGrG"
- IDW PS 522: „Prüfung der Adressenausfallrisiken und des Kreditgeschäfts von Kreditinstituten

Vereinfacht lässt sich die Konkretisierung der auf das Risikomanagementsystem bezogenen Prüfungspflichten durch das IDW folgendermaßen darstellen (vgl. Abbildung 23):

438 Vgl. IDW [Hrsg.] (2000c), PS 201, Tz. 13 bzw. 28 sowie Winkler (2004), S. 101 ff.

439 Vgl. IDW [Hrsg.] (2000a), WP-Handbuch, Abschnitt A, Rdn. 282.

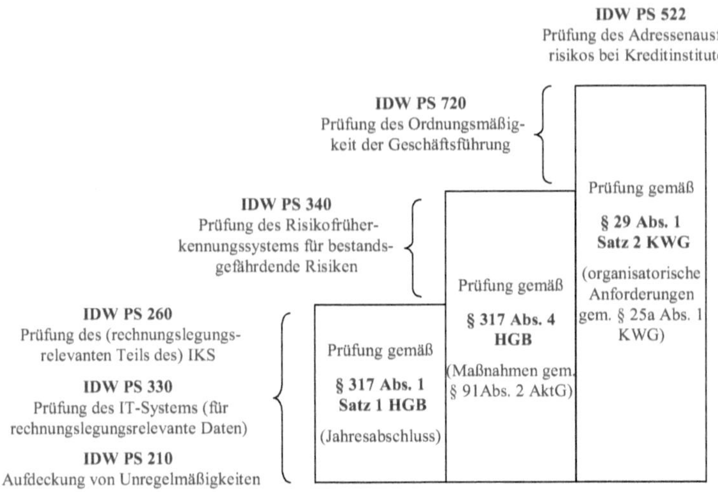

Abbildung 23: Für die Prüfung des Risikomanagementsystems relevante Prüfungsstandards des IDW

IKS-Systemprüfung gemäß IDW PS 260

Den Anforderungen des IDW PS 260 liegt das in diesem Kapitel in Abschnitt 1.1.2.1.1 beschriebene Systemverständnis des IDW zu Grunde. Die Regelungen für die Prüfung selbst erstrecken sich allerdings nicht auf das System in seiner Gesamtheit, sondern der Prüfungsgegenstand des Abschlussprüfers wird in erster Linie in denjenigen Teilen des Systems gesehen, die die Ordnungsmäßigkeit und Verlässlichkeit der Rechungslegung zum Gegenstand haben oder Auswirkungen auf diese haben können. Dies sind Regelungen, die auf den Fortbestand des Unternehmens sowie den Schutz des vorhandenen Vermögens einschließlich der Verhinderung und Aufdeckung von Vermögensschädigungen gerichtet sind.[440] Nach den Grundsätzen eines risikoorientierten Prüfungsansatzes hat der Abschlussprüfer zunächst die inhärenten Risiken[441] (in der Rechnungslegung) zu beurteilen, bevor er durch eine Aufbau- und Funktionsprüfung des „Internen Kontrollsystems“[442] festzustellen hat, ob das Unternehmen auf diese angemessen reagiert hat.

440 Vgl. IDW [Hrsg.] (2001), PS 260, Tz. 7-9 sowie 42.

441 Als inhärentes Risiko wird die Anfälligkeit eines Prüffelds für das Auftreten von Fehlern bezeichnet, die für sich genommen oder zusammen mit anderen Fehlern in anderen Prüffeldern wesentlich sind, ohne die Berücksichtigung vorhandener Überwachungsmaßnahmen. Im Gegensatz dazu wird die Gefahr, dass wesentliche Fehler durch Überwachungsmaßnahmen nicht verhindert oder aufgedeckt und korrigiert werden, als „Kontrollrisiko“ bezeichnet. Vgl. IDW [Hrsg.] (2001), PS 260, Tz. 24.

442 Im Sinne von „Risikomanagementsystem“ nach dem hier zu Grunde gelegten Begriffsverständnis. Vgl. zu der Kritik an der Terminologie des IDW Abschn. 1.1.2.1.1 in diesem Kapitel.

Im Rahmen der **Aufbauprüfung**[443] sind die einzelnen Komponenten des eingerichteten Systems zu prüfen. Im Hinblick auf das Kontrollumfeld sind dabei die Einstellungen, das Problembewusstsein und das Verhalten der Unternehmensleitung sowie der Mitarbeiter festzustellen. Der Abschlussprüfer hat sich bei seiner Prüfung insbesondere darauf zu konzentrieren, ob die das Kontrollumfeld prägenden Faktoren auch tatsächlich umgesetzt werden und sich nicht nur in formalen Regelungen niederschlagen. So müssen sich die durch die Unternehmenskultur und -philosophie vermittelten Werte in der täglichen Zusammenarbeit sowohl zwischen Unternehmensleitung und Mitarbeitern als auch zwischen den Mitarbeitern untereinander niederschlagen. Überwachungsaufgaben müssen tatsächlich wahrgenommen werden und zugewiesene Verantwortung übernommen werden. Die Risikobeurteilungen der Unternehmensleitung sind daraufhin zu untersuchen, ob sie in angemessener Weise vorgenommen werden. Der Abschlussprüfer hat dies durch Beurteilung aller wesentlichen Regelungen, die auf die Feststellung und Analyse der relevanten Risiken gerichtet sind, zu beurteilen. Dazu gehört auch die Überprüfung der organisatorischen Maßnahmen, die zur Abwendung oder Begrenzung möglicher Auswirkungen der Risiken getroffen werden. Die Beschränkung des Prüfungsstandards auf diejenigen Risiken, die sich auf die Ordnungsmäßigkeit und Verlässlichkeit der Rechnungslegung auswirken können, greift indes für die Prüfungspflichten nach § 29 Abs. 1 Satz 2 KWG zu kurz. Vielmehr sind für eine Anwendung im Rahmen der bankrechtlichen Prüfung sämtliche Risiken relevant, die einen Einfluss auf die Stabilität der Bank haben können. Gleiches gilt auch für die Kontrollaktivitäten des Unternehmens, die ebenfalls für alle Bereiche der Bank zu beurteilen sind, um festzustellen, ob diese geeignet sind, wesentliche Fehler zu verhindern bzw. aufzudecken und zu korrigieren. Wie für die Ordnungsmäßigkeit der Rechnungslegung sind dabei für die Ordnungsmäßigkeit sämtlicher Geschäftsprozesse in der Bank die Überwachung der Richtigkeit, Vollständigkeit und der Genehmigung von Vorgängen sowie der Kontrollen zur Sicherung von Vermögenswerten und die Funktionstrennung von besonderer Bedeutung. Bei der Prüfung des betrieblichen Informationssystems hat der Abschlussprüfer nach IDW PS 260 festzustellen, ob alle rechnungslegungsrelevanten Informationen erfasst und verarbeitet werden. Diese Prüfung ist für die Beurteilung im Rahmen des § 29 Abs. 1 KWG ebenfalls auf sämtliche Geschäftsprozesse auszudehnen. Darüber hinaus hat sich der Abschlussprüfer auch ein Bild von den Kommunikationsprozessen zu machen, die den Mitarbeitern ein Verständnis für ihre Aufgaben und Verantwortlichkeiten vermitteln sollen. Schließlich sind noch die prozessunabhängigen Überwachungsmaßnahmen zu beurteilen, die in Form von Systemprüfungen seitens der Internen Revision oder auch in externen Prüfungen bestehen können. Bei Banken ist hier etwa an Prüfungen nach § 44 KWG oder an Vor-Ort-Prüfungen der Aufsichtsbehörde zu denken. Als Prüfungshandlungen im Zusammenhang mit der Aufbauprüfung werden Befragungen der Mitarbeiter aller organisatorischen Ebenen, die Durchsicht von Dokumenten und Unterlagen, sowie die Beobachtung von Aktivitäten und Arbeitsabläufen genannt.

---

443 Vgl. IDW [Hrsg.] (2001), PS 260, Tz. 41 ff.

Nach einer vorläufigen Beurteilung des Systems auf der Basis der Erkenntnisse der Aufbauprüfung und der Einschätzung der inhärenten Risikosituation ist eine **Funktionsfähigkeitsprüfung**[444] durchzuführen, mit der festgestellt werden soll, ob die eingerichteten organisatorischen Regelungen geeignet sind, wesentliche Verstöße gegen die Grundsätze ordnungsmäßiger Buchführung zu verhindern bzw. aufzudecken und zu korrigieren. Als Prüfungshandlungen kommen ebenfalls die Befragung von Mitarbeitern, die Beobachtung sowie die Durchsicht von Unterlagen, insbesondere von Nachweisen über die Durchführung bestimmter Maßnahmen in Betracht.

Stellt der Abschlussprüfer im Rahmen seiner Prüfungshandlungen **wesentliche Schwächen** des „Internen Kontrollsystems" fest, so hat dies Auswirkungen auf den Bestätigungsvermerk und den Prüfungsbericht.[445] Der Bestätigungsvermerk ist einzuschränken, sofern die festgestellten Schwächen zu wesentlichen Fehlern in der Rechnungslegung führen. Ist darüber hinaus eine Bestätigung der Ordnungsmäßigkeit der Buchführung, des Jahresabschlusses und des Lageberichts insgesamt nicht mehr möglich, so ist der Bestätigungsvermerk zu versagen. Werden wesentliche Mängel zwischenzeitlich behoben, so haben diese zwar keine Auswirkung mehr auf den Bestätigungsvermerk, sie erfordern jedoch zwingend eine Berichterstattung im Prüfungsbericht. Stellt der Abschlussprüfer in nicht auf die Rechnungslegung bezogenen Bereichen des Systems Mängel fest, sind auch diese in den Prüfungsbericht aufzunehmen, wobei dem Abschlussprüfer empfohlen wird, in solchen Fällen ausdrücklich darauf hinzuweisen, dass die Systemschwächen zwar als Ergebnis der Prüfungshandlungen aufgedeckt wurden, seine Prüfung jedoch nicht darauf ausgerichtet ist, das Interne Kontrollsystem, unbeschadet einer Erweiterung des Prüfungsauftrags, weitergehend zu beurteilen, als dies für die Beurteilung von Jahresabschluss und Lagebericht erforderlich ist.[446] Eine solche Einschränkung erscheint indes im Falle der Prüfung eines Kreditinstituts wegen der angeführten Notwendigkeit einer nicht lediglich auf rechnungslegungsrelevante Sachverhalte begrenzten Prüfung nicht sachgerecht.

In IDW PS 260 wird davon ausgegangen, dass auch ein sachgerecht ausgestaltetes Risikomanagementsystem nicht in jedem Fall gewährleisten kann, dass die mit diesem verfolgten Ziele erreicht werden. Als Gründe hierfür werden die folgenden Punkte genannt:[447]

- menschliche Fehlleistungen, z.B. infolge von Nachlässigkeit, Ablenkungen, Beurteilungsfehlern und Missverstehen von Arbeitsanweisungen,
- nicht routinemäßige Geschäftsvorfälle, die von dem Internen Kontrollsystem nur bedingt, schwer oder überhaupt nicht erfasst werden können,

[444] Vgl. IDW [Hrsg.] (2001), PS 260, Tz. 65 ff.
[445] Vgl. IDW [Hrsg.] (2001), PS 260, Tz. 81.
[446] Vgl. IDW [Hrsg.] (2003a), PS 450, Tz. 66.
[447] Vgl. IDW [Hrsg.] (2001), PS 260, Tz. 11.

- die Umgehung oder Ausschaltung des Internen Kontrollsystems durch gesetzliche Vertreter, Mitarbeiter oder das Zusammenwirken dieser mit unternehmensexternen Personen,
- der Missbrauch oder die Vernachlässigung der Verantwortung durch für bestimmte Kontrollen verantwortliche Personen,
- die zeitweise Unwirksamkeit des Internen Kontrollsystems aufgrund veränderter Unternehmens- und Umweltbedingungen.

Bei den aufgeführten Gründen handelt es sich jedoch gerade um im Hinblick auf operationelle Risiken wesentliche Aspekte, denen nach der hier vertretenen Auffassung im Rahmen der Prüfung des Risikomanagementsystems besondere Aufmerksamkeit zu schenken ist. Aus diesem Grund sowie durch die primäre Fokussierung auf rechnungslegungsrelevante Regelungen des Internen Kontrollsystems greift IDW PS 260 zu kurz, um als alleinige Basis für die Prüfung des Risikomanagementsystems nach § 25a Abs. 1 KWG zu dienen. Es ist ersichtlich, dass der Prüfungsstandard nicht auf eine Verpflichtung des Abschlussprüfers ausgelegt ist, die eine vollständige und systematische Gesamtbeurteilung des Risikomanagementsystems für alle Überwachungsziele beinhaltet.[448] Insbesondere im Hinblick auf die operationelle Risikosituation eines Unternehmens scheint er keine ausreichende Prüfungsgrundlage zu bilden. Gleichwohl sind die Ausführungen zu Umfang und Durchführung der IKS-Prüfung durchaus auch auf die nicht rechnungslegungsrelevanten Bereiche des Risikomanagementsystems anzuwenden. Hierfür spricht zudem die Anlehnung der Systemkomponenten an diejenigen des COSO, die ja bereits auf internationaler Ebene als Basis für die Formulierung umfassender Systempflichten bei Banken dienten.[449]

IT-Systemprüfung gemäß IDW PS 330

Basierend auf den Anforderungen an die Prüfung des Internen Kontrollsystems gemäß IDW PS 260 hat IDW PS 330 die Systemprüfung bei Einsatz von Informationstechnologie zum Gegenstand. Das IT-Kontrollsystem wird dabei als integraler Bestandteil des Internen Kontrollsystems eines Unternehmens verstanden, die IT-Systemprüfung entsprechend als Teilbereich der Prüfung des Internen Kontrollsystems. Demgemäß hat der Abschlussprüfer nach IDW PS 330 zu beurteilen, ob das IT-gestützte Rechnungslegungssystem den gesetzlichen Anforderungen, insbesondere den in IDW RS FAIT 1 niedergelegten Grundsätzen an die Ausgestaltung des IT-Systems entspricht.[450] Im Rahmen der Aufbauprüfung ist die Angemessenheit der personellen, organisatorischen und technischen Maßnahmen im Hinblick auf das IT-Umfeld, die IT-Organisation, die Gewährleistung eines geordneten und sicheren IT-Betriebs (IT-Infrastruktur), die IT-Anwendungen, die Wirksamkeit der in den IT-Geschäfts-

---

448 So auch Menzies [Hrsg.] (2004), S. 109.

449 Vgl. die Ausführungen zur Internal Control-Pyramide nach COSO in Abschn. 1.1.1.1 in diesem Kapitel.

450 Vgl. zu den Anforderungen Abschn. 1.1.2.3.3 in diesem Kapitel.

prozessen enthaltenen Kontrollmaßnahmen und die Überwachung durch die Interne Revision oder andere externe Prüfer zu beurteilen.[451]

Für die Aufbauprüfung des IT-Umfelds und der IT-Organisation benötigt der Abschlussprüfer Unterlagen über das Sicherheitskonzept, die IT-Strategie sowie zu Regelungen der Aufbau- und Ablauforganisation des zu prüfenden Unternehmens. Auf deren Basis ist die Angemessenheit der Richtlinien und Verfahren hinsichtlich deren Vollständigkeit, Aktualität und die hinreichende Beachtung von Organisationsprinzipien zu beurteilen. Die Prüfung der IT-Infrastruktur bezieht sich insbesondere auf die Angemessenheit physischer Sicherungsmaßnahmen im Hinblick auf die eingesetzte Technik und den gewünschten Schutzzweck, die Ausgestaltung von Berechtigungssystemen, die Datensicherungsverfahren einschließlich der Auslagerungsorte und –intervalle, die hinreichende Regelung und Dokumentation des Regelbetriebs sowie die organisatorischen Regelungen für Katastrophenszenarien. In diesem Zusammenhang ist auch die Abhängigkeit des Unternehmens von der Funktionsfähigkeit der IT zu berücksichtigen. Im Fall von Kreditinstituten ist diese grundsätzlich als hoch anzunehmen, weshalb hier besondere Anforderungen an die Qualität und den Detaillierungsgrad der Notfallplanungen zu stellen sind. Dabei ist auch die Plausibilität der angenommenen Schadensszenarien kritisch zu würdigen. Hinsichtlich der Umsetzung von IT-Anwendungen ist vor allem das Vorliegen einer vollständigen und aktuellen Verfahrensdokumentation zu fordern, die aus einer Anwender- sowie einer technischen Systemdokumentation bestehen sollte. Zudem sind die IT-gestützten Geschäftsprozesse auf mögliche organisatorische Schwachstellen hin zu untersuchen, wobei im Rahmen des IDW PS 330 wiederum die Gewährleistung der Ordnungsmäßigkeit und Sicherheit der rechnungsrelevanten Daten im Vordergrund steht. Aufbauend auf den Erkenntnissen der Aufbauprüfung hat der Abschlussprüfer auch für den Bereich der IT-Kontrollen Funktionsprüfungen durchzuführen, um die Wirksamkeit der Kontrollen beurteilen zu können. Dabei sind neben Stichproben und Beobachtungen insbesondere auch Plausibilitätsbeurteilungen und der Nachvollzug von Kontrollen in Form von Wiederholungen relevant. Insgesamt stellen die aufgeführten Prüfungsaufgaben im Hinblick auf Gefährdungen aus der Verwendung von IT-Systemen eine detaillierte Konkretisierung der Prüfung sowohl „harter“ als auch „weicher“ Abwehrmechanismen dar.

Für die Berichterstattung des Abschlussprüfers im Prüfungsbericht über die Prüfung des IT-Systems sowie die Auswirkung festgestellter Schwächen auf den Bestätigungsvermerk gilt im Wesentlichen das bereits im Zusammenhang mit IDW PS 260 Gesagte. Zudem ist im Prüfungsbericht ausdrücklich auf die Ordnungsmäßigkeit der Buchführung und die Sicherheit der verarbeiteten rechnungslegungsrelevanten Daten einzugehen und die gesetzlichen Vertreter sind rechtzeitig und in geeigneter Form zu informieren.

---

451 Vgl. IDW [Hrsg.] (2002c), PS 330, Tz. 32 sowie 51 ff.

Aufdeckung von Unregelmäßigkeiten im Rahmen der Abschlussprüfung gemäß IDW PS 210

Nach IDW PS 210[452] hat der Abschlussprüfer im Rahmen seiner Prüfung Unregelmäßigkeiten festzustellen, soweit diese zu falschen Angaben in der Rechnungslegung führen. Dabei wird zwischen unbeabsichtigten falschen Angaben, wie z.B. Schreib- oder Rechenfehlern („Unrichtigkeiten") und beabsichtigten Verstößen gegen gesetzliche Vorschriften oder Rechnungslegungsgrundsätze („Verstöße") unterschieden.[453] Letztere können sich in bewussten Täuschungen, wie der Unterdrückung von Buchungsbelegen oder in Vermögensschädigungen, wie Unterschlagungen und Diebstahl manifestieren. Sonstige Gesetzesverstöße, d.h. solche, die nicht zu falschen Angaben im Abschluss oder Lagebericht führen, sind hingegen nicht Gegenstand dieser Prüfung. Allerdings hat der Abschlussprüfer, sofern er im Rahmen seiner Prüfung derartige Vorfälle feststellt, im Prüfungsbericht hierüber zu berichten.

Nach IDW PS 210 ist die Abschlussprüfung mit der gebotenen kritischen Grundhaltung gegenüber der Geschäftsleitung und den Mitarbeitern des Unternehmens durchzuführen. Bereits bei der Prüfungsplanung hat der Abschlussprüfer Überlegungen anzustellen, auf welche Bereiche der Rechnungslegung sich Unrichtigkeiten und Verstöße wesentlich auswirken können.[454] Ferner sind die gesetzlichen Vertreter zu befragen, um ein Verständnis für deren Einschätzung des Risikos von Unregelmäßigkeiten und der Wirksamkeit der Überwachungsmaßnahmen zu erhalten. Es empfiehlt sich darüber hinaus, auch frühzeitig das Aufsichtsorgan einzubinden, um dessen Einschätzung des Internen Überwachungssystems zu erfahren. Der Überprüfung von dessen Wirksamkeit kommt daher auch in diesem Zusammenhang eine große Bedeutung zu. Sind wesentliche Mängel in dem System erkennbar, ist davon auszugehen, dass auch ein erhöhtes Risiko für Fehler, dolose Handlungen und sonstige Gesetzesverstöße vorliegt.[455] Ergeben sich Anhaltspunkte für erhöhte Risiken falscher Angaben, wie etwa durch eine undurchsichtige Organisationsstruktur, komplizierte Geschäfte oder hohe ergebnisabhängige Vergütungen, so hat der Abschlussprüfer diesen Indizien nachzugehen.

Bei aufgedeckten oder vermuteten Unregelmäßigkeiten muss der Abschlussprüfer zeitnah entscheiden, welche Ebene der Unternehmensleitung zu informieren ist.[456] Führen die Unregelmäßigkeiten zu falschen Angaben in der Rechnungslegung, sind in jedem Fall der zuständige gesetzliche Vertreter und gegebenenfalls auch das Aufsichtsorgan unverzüglich in

---

452 Es ist geplant, in Ergänzung und Konkretisierung zu diesem Prüfungsstandard einen IDW IPS 240 zu veröffentlichen, der eine Übersetzung des Internationalen Standards ISA 240 enthält. Auf diese Weise sollen die Anforderungen des ISA 240 in Deutschland unmittelbar Anwendung finden. Veränderungen ergeben sich hierdurch insbesondere durch die stärkere Betonung der Bedeutung der berufsüblichen Skepsis des Abschlussprüfers sowie in einem Ausbau der Verpflichtung zur Durchführung von Befragungen des Aufsichtsorgans und von Mitarbeitern der Internen Revision. Vgl. IDW [Hrsg.] (2004), E-IPS 240, S. 1282.

453 Vgl. IDW [Hrsg.] (2003b), PS 210, Tz. 7.

454 Vgl. IDW [Hrsg.] (2003b), PS 210, Tz. 22 ff.

455 Vgl. Langenbucher (2001), S. 101.

456 Vgl. IDW [Hrsg.] (2003b), PS 210, Tz. 51 ff.

Kenntnis zu setzen. Ferner ist über wesentliche Unrichtigkeiten und Verstöße im Prüfungsbericht zu berichten. Der Bestätigungsvermerk ist hingegen nur dann einzuschränken oder zu versagen, wenn der Mangel im Zeitpunkt des Abschlusses der Prüfung noch vorliegt und nicht zutreffend im Abschluss dargestellt ist. Über sonstige Gesetzesverstöße sind die gesetzlichen Vertreter ebenfalls zeitnah zu informieren. Besteht der Verdacht einer Mitwirkung der gesetzlichen Vertreter, ist der Abschlussprüfer verpflichtet, auch hier das Aufsichtsorgan zu unterrichten.[457]

Prüfung des Risikofrüherkennungssystems gemäß IDW PS 340

Auf die widersprüchliche Abgrenzung des Risikofrüherkennungssystems nach IDW PS 340 von dem Internen Kontrollsystem nach IDW PS 260 wurde bereits in Abschnitt D1.1.2.1.1 eingegangen. Obwohl das Risikomanagementsystem in letzterem als Teilbereich des Internen Kontrollsystems bezeichnet wird, geht das IDW andererseits davon aus, dass die Prüfung des Risikofrüherkennungssystems nach IDW PS 340 insoweit über die Prüfung des rechnungslegungsbezogenen Internen Kontrollsystems hinausgeht, als auch nicht rechnungslegungsbezogene Feststellungen zu treffen sind.[458] Insofern kann auch IDW PS 340 für die Prüfung nach § 29 KWG bzw. § 5 Abs. 1 Nr. 12 PrüfbV, und hierbei insbesondere für die Prüfung der Risikosteuerungsprozesse, herangezogen werden. Gleichwohl ist vorwegzunehmen, dass die Empfehlungen zur Prüfungsdurchführung eher allgemeiner Natur sind und wenig Unterstützung bei der Erarbeitung konkreter Beurteilungsmaßstäbe bieten.[459] Der Prüfungsumfang erstreckt sich nach IDW PS 340 auf die Feststellung der getroffenen Maßnahmen gemäß § 91 Abs. 2 AktG sowie deren Zweckmäßigkeit und Einhaltung. In diesem Zusammenhang wird klargestellt, dass es sich bei der Prüfung nach § 317 Abs. 4 HGB um eine Systemprüfung, nicht jedoch um eine Geschäftsführungsprüfung handelt.[460] Die Reaktion der Geschäftsleitung und nachgeordneter Entscheidungsträger ist ausdrücklich nicht Prüfungsgegenstand.[461]

Im Rahmen der **Prüfungsplanung** hat sich der Abschlussprüfer gemäß IDW PS 340 zunächst ein ausreichendes Verständnis von den getroffenen Maßnahmen zu verschaffen. Dies erfordert auch, dass er sich ein Bild von der Risikoeinstellung der Geschäftsleitung sowie von dem Risikobewusstsein sowohl der Geschäftsleitung als auch der Mitarbeiter des Unternehmens macht. Dabei sollte der Abschlussprüfer insbesondere die Maßnahmen der Geschäftsleitung würdigen, mit denen die Mitarbeiter mit ihren Aufgaben vertraut gemacht werden und die die Bedeutung der Risikoerfassung und Risikokommunikation auf allen Hierarchieebenen verdeutlichen. Der Abschlussprüfer benötigt daher auch für diese Prüfung Informationen über die Aufbau- und Ablauforganisation des Unternehmens.[462]

---

457 Zum sog. Top-Management-Fraud vgl. Schruff (2003), S. 901 ff.
458 Vgl. IDW [Hrsg.] (2001), PS 260, Tz. 10; IDW [Hrsg.] (1999b), PS 340, Tz. 21.
459 Vgl. ähnlich Pollanz (2001), S. 1318.
460 Vgl. IDW [Hrsg.] (1999b), PS 340, Tz. 19.
461 Vgl. IDW [Hrsg.] (1999b), PS 340, Tz. 26.
462 Vgl. Brebeck/Förschle (1999), S. 185.

Die **Prüfungsdurchführung** hat ebenfalls wie die zuvor beschriebenen Prüfungen nach den allgemeinen Grundsätzen der Systemprüfung in den drei Schritten „Feststellung der getroffenen Maßnahmen", „Beurteilung der Eignung der getroffenen Maßnahmen" sowie „Prüfung der Einhaltung der vorgesehen Maßnahmen" zu erfolgen. Bei der Feststellung der getroffenen Maßnahmen sollte der Abschlussprüfer nach Möglichkeit auf von dem Unternehmen erstellte Dokumentationen, z.B. in Form eines Risikohandbuchs, zurückgreifen.[463] Existieren keine oder lediglich unzureichende Dokumentationen, muss der Abschlussprüfer selbst die vorhandenen Maßnahmen aufnehmen. Im Rahmen der Eignungsprüfung ist im nächsten Schritt zu beurteilen, ob die organisatorischen Maßnahmen zur Zuweisung von Verantwortung an die Mitarbeiter für die Risikoerfassung und die Risikokommunikation ausreichend sind, um das Bewusstsein der Mitarbeiter für die Bedeutung dieser Aufgaben zu schärfen. Darüber hinaus müssen die Maßnahmen klar verständlich sein und als Handlungsanweisungen wahrgenommen und umgesetzt werden. Ein System ist zudem nur dann geeignet, wenn die Vollständigkeit der Risikoidentifikation festgestellt werden kann, d.h., alle wesentlichen Risiken bzw. Risikoarten zutreffend erfasst, bewertet und kommuniziert werden. Die Risikobewertung ist zudem auf Plausibilität und Widerspruchsfreiheit zu prüfen. Es muss nachvollziehbar sein, wie Schadenshöhen und Eintrittswahrscheinlichkeiten ermittelt werden. Dies gilt insbesondere auch für nicht unmittelbar oder nur schwer quantifizierbare Risiken.[464] Bei der Beurteilung hat der Prüfer seine eigenen im Laufe der Abschlussprüfung gewonnenen Erkenntnisse zu der Risikosituation des Unternehmens heranzuziehen. Weiterhin ist eine frühzeitige Information über die Risiken erforderlich, die es den Entscheidungsträgern ermöglicht, erforderliche Maßnahmen rechtzeitig zu ergreifen. Ob das Unternehmen angemessene Überwachungsmaßnahmen getroffen hat, um die Funktionsfähigkeit des Systems sicherzustellen, ist neben der Prüfung der prozessimmanenten Kontrollen insbesondere durch eine Prüfung der Tätigkeit der Internen Revision festzustellen. Hier ist wieder zu beachten, dass Abschlussprüfer und Interne Revision letztlich teilweise dieselben Prüfungsziele verfolgen und damit vergleichbare Prüfungsgegenstände, wie beispielsweise die vollständige Risikoerfassung und die Angemessenheit der eingerichteten Maßnahmen betrachten. Daher sollte der Abschlussprüfer bei seiner eigenen Prüfung auch die Prüfungsergebnisse der Internen Revision heranziehen.[465] Ob die vorgesehen Maßnahmen auch tatsächlich wirksam sind und kontinuierlich angewendet werden, ist in Stichproben zu prüfen. Dabei kann der Abschlussprüfer einerseits bereits erfolgte Vorgänge prüfen, indem er Unterlagen zur Risikoerfassung und Risikokommunikation sichtet und beurteilt, ob die zuständigen Stellen die ihnen zugewiesenen Aufgaben verstanden und wahrgenommen haben und erkannte Risiken ordnungsgemäß analysiert und kommuniziert wurden. Andererseits lässt sich eine Funktionsprüfung grundsätzlich auch hier durch Befragungen und Beobachtungen zu der Einhaltung eingerichteter Überwachungsmaßnahmen durchführen.

---

463 Vgl. hierzu und zum Folgenden IDW [Hrsg.] (1999b), PS 340, Tz. 24 ff.
464 Vgl. Eggemann/Konradt (2000), S. 507.
465 Vgl. Pollanz (1999), S. 399.

Für die **Berichterstattung** über die Prüfung der Maßnahmen nach § 91 Abs. 2 AktG gemäß § 321 Abs. 4 HGB sowie die Auswirkungen der Prüfung auf den Bestätigungsvermerk gemäß § 322 HGB verweist IDW PS 340 im Wesentlichen auf IDW PS 450 „Grundsätze ordnungsmäßiger Berichterstattung“[466] sowie IDW PS 400 „Grundsätze für die ordnungsmäßige Erteilung von Bestätigungsvermerken bei Abschlussprüfungen“.[467] Nach IDW PS 450 ist eine Darstellung des eingerichteten Systems im Rahmen des Prüfungsberichts nicht erforderlich, da die Berichterstattung „nicht den Charakter eines detaillierten Organisationsgutachtens haben“ könne (Tz. 104). Gleichwohl bietet sich eine solche Darstellung aus Gründen der Klarheit und der Information der Berichtsadressaten durchaus an, zumal ein einheitliches Systemverständnis bisher nicht besteht.[468] Für Kreditinstitute kommt hinzu, dass aus § 5 Abs. 1 Nr. 12 PrüfbV durchaus eine Verpflichtung zur Darstellung des eingerichteten Systems abgeleitet werden kann. Gelangt der Abschlussprüfer zu dem Schluss, dass Maßnahmen zur Verbesserung des Systems erforderlich sind, hat er dies in seinem Bericht lediglich festzustellen und die Bereiche zu nennen, in denen Verbesserungsbedarf besteht. Konkrete Verbesserungsvorschläge sind hingegen nicht erforderlich (vgl. Tz. 106.)

In den **Bestätigungsvermerk** ist das Ergebnis der Prüfung der Maßnahmen nach § 91 Abs. 2 AktG gemäß IDW PS 400, Tz. 72 im Gegensatz zum Prüfungsbericht nicht aufzunehmen. Dies gilt zumindest für diejenigen Fälle, in denen entweder ein funktionsfähiges System vorliegt oder das Fehlen oder die unzureichende Einrichtung des Systems keine Auswirkungen auf die Ordnungsmäßigkeit der Buchführung bzw. auf die Lageberichtdarstellung hat. Lediglich, wenn das Fehlen oder die unzureichende Einrichtung des Systems dazu führt, dass der Nachweis über die Fortführung des Unternehmens nicht erbracht werden kann oder es Anhaltspunkte dafür gibt, dass auf die Risiken der künftigen Entwicklung im Lagebericht nicht in der erforderlichen Weise eingegangen wurde, ist eine Aufnahme in den Bestätigungsvermerk zulässig. Allerdings wird ein fehlendes oder unzureichendes Risikomanagementsystem sehr wahrscheinlich auch dazu führen, dass den Anforderungen an die Lageberichterstattung nicht entsprochen werden kann und damit in solchen Fällen stets eine Einschränkung des Bestätigungsvermerks zu erfolgen hat.[469] Der Grund für die ansonsten fehlende Aufnahme des Prüfungsergebnisses nach § 317 Abs. 4 HGB in den Bestätigungsvermerk liegt in der nach wie vor bestehenden Beschränkung des Bestätigungsvermerks auf die Garantie der Richtigkeit der von der Unternehmensleitung unterbreiteten Angaben in der Finanzberichterstattung. Andernfalls würde dem Abschlussprüfer systemwidrig eine Informationsfunktion gegenüber der Öffentlichkeit über unternehmensinterne Angaben auferlegt.[470]

---

466 Vgl. IDW [Hrsg.] (2003a), S. 1127 ff.
467 Vgl. IDW [Hrsg.] (1999a), S. 641 ff.
468 Vgl. Pollanz (2001), S. 1324; Brebeck/Förschle (1999), S. 191; Eggemann/Konradt (2000), S. 508.
469 Vgl. Brebeck/Förschle (1999), S. 189 f.; Pollanz (2001), S. 1325.
470 Vgl. Hommelhoff/Mattheus (2003), S. 661.

Prüfung der Ordnungsmäßigkeit der Geschäftsführung gemäß IDW PS 720

Es wurde gezeigt, dass die Prüfung der Einhaltung der organisatorischen Anforderungen des § 25a Abs. 1 KWG neben der Systemprüfung wesentliche Elemente einer Geschäftsführungsprüfung umfasst. Dies gilt auch für Banken, die nicht gemäß § 53 GenG oder § 53 HGrG ohnehin dazu verpflichtet sind, die Ordnungsmäßigkeit ihrer Geschäftsführung prüfen zu lassen. Der durch das IDW formulierte „Fragenkatalog zur Prüfung der Ordnungsmäßigkeit der Geschäftsführung und der wirtschaftlichen Verhältnisse nach § 53 HGrG“ (IDW PS 720) kann daher grundsätzlich für eine Konkretisierung der Prüfungserfordernisse herangezogen werden. Allerdings ist auch hier zu beachten, dass branchenspezifische Gegebenheiten nicht explizit berücksichtigt werden, weshalb die aufgeführten Fragenkreise als exemplarische Aufzählungen zu verstehen sind.

Der Fragenkatalog deckt grundsätzlich alle drei Bereiche der Ordnungsmäßigkeitsprüfung der Geschäftsführung ab. Die folgende Tabelle 12 gibt beispielhaft einige Fragen wieder, die im Zusammenhang mit der Beurteilung der operationellen Risikosituation eines Unternehmens von Bedeutung sind. Dabei soll die Aufzählung lediglich einen Eindruck von dem Detaillierungsgrad der Prüfungserfordernisse vermitteln und keinesfalls vollständig sein.

Prüfung	Fragenkreis
Ordnungsmäßigkeit der Geschäftsführungsorganisation	**Zusammensetzung und Tätigkeit von Überwachungsorganen und Geschäftsleitung** Ist die Verteilung der Aufgaben im Geschäftsverteilungsplan und die Einbindung des Überwachungsorgans oder der Ausschüsse in die Entscheidungsprozesse der Geschäftsführung sachgerecht?
	Regelungen für Überwachungsorgan und Geschäftsleitung - Gibt es Geschäftsordnungen für die Organe und einen Geschäftsverteilungsplan für die Geschäftsleitung? Entsprechen diese Regelungen den Bedürfnissen des Unternehmens?
Ordnungsmäßigkeit des Geschäftsführungsinstrumentariums	**Aufbau- und ablauforganisatorische Grundlagen** - Gibt es einen den Bedürfnissen des Unternehmens entsprechenden Organisationsplan, aus dem Organisationsaufbau, Arbeitsbereiche und Zuständigkeiten/Weisungsbefugnisse ersichtlich sind, wird danach verfahren und erfolgt eine regelmäßige Überprüfung? - Ist sichergestellt, dass wesentliche miteinander unvereinbare Funktionen (z.B. Trennung von Anweisung und Vollzug) organisatorisch getrennt sind? - Gibt es zur Sachbearbeitung Richtlinien, Arbeitsanweisungen und Arbeitshilfen und wird danach verfahren? - Gibt es geeignete Richtlinien für wesentliche Entscheidungsprozesse und werden diese eingehalten?
	Risikofrüherkennungssystem - Hat die Geschäftsführung Maßnahmen ergriffen und nach Art und Umfang Frühwarnsignale definiert, mit deren Hilfe bestandsgefährdende Risiken rechtzeitig erkannt werden können. - Reichen diese Maßnahmen aus und sind sie geeignet, ihren Zweck zu erfüllen?
	Finanzinstrumente, andere Termingeschäfte, Optionen und Derivate - Hat die Geschäftsleitung den Geschäftsumfang zum Einsatz von Finanzinstrumenten sowie anderen Termingeschäften, Optionen und Derivaten festgelegt? Dazu gehört: Welche Produkte/Instrumente dürfen eingesetzt werden? Mit welchen Partnern dürfen die Produkte/Instrumente bis zu welchen Beträgen eingesetzt werden? - Hat die Geschäftsleitung angemessene Arbeitsanweisungen erlassen? - Ist die unterjährige Unterrichtung der Geschäftsführung im Hinblick auf die offenen Positionen, die Risikolage und ggf. zu bildende Vorsorgen geregelt?
	Interne Revision - Besteht eine Interne Revision als eigenständige Stelle oder wird diese Funktion durch eine andere Stelle (ggf. welche?) wahrgenommen? - Wie ist die Anbindung der Internen Revision? Besteht die Gefahr von Interessenkonflikten? - Bestehen Anhaltspunkte dafür, dass die Interne Revision nicht anforderungsgemäß besetzt ist? - Welches waren die wesentlichen Tätigkeitsschwerpunkte der Internen Revision? Liegen schriftliche Revisionsberichte vor? - Hat die Interne Revision bemerkenswerte Mängel aufgedeckt? Um welche handelt es sich? - Welche Konsequenzen werden aus den Feststellungen und Empfehlungen der Internen Revision gezogen und wie kontrolliert die Intern Revision die Umsetzung ihrer Empfehlungen? - Hat die Interne Revision ihre Schwerpunkte mit dem Abschlussprüfer abgestimmt?
Ordnungsmäßigkeit der Geschäftsführungstätigkeit	**Übereinstimmung der Geschäfte und Maßnahmen mit Gesetz, Satzung, Geschäftsordnung und bindenden Beschlüssen des Überwachungsorgans** - Hat das Unternehmen seine gesetzlichen Pflichten zur Offenlegung erfüllt?
	Berichterstattung an das Überwachungsorgan - Wird dem Überwachungsorgan regelmäßig Bericht erstattet? - Wurde das Überwachungsorgan über wesentliche Vorgänge zeitnah unterrichtet? Liegen insbesondere ungewöhnliche, risikoreiche oder nicht ordnungsgemäß abgewickelte Geschäftsvorfälle sowie erkennbare Fehldispositionen und wesentliche Unterlassungen vor und wurde hierüber berichtet? - Gibt es Anhaltspunkte dafür, dass die Berichterstattung (z.B. nach § 90 AktG oder unternehmensinternen Vorschriften) nicht in allen Fällen ausreichend war?

Tabelle 13: Beispiele aus dem Fragenkatalog des IDW PS 720[471]

[471] Vgl. IDW [Hrsg.] (2000b), PS 720, Tz. 16 ff.

Prüfung des Kreditgeschäfts gemäß IDW PS 522

Im Gegensatz zu den bislang dargestellten Prüfungsstandards berücksichtigt IDW PS 522 explizit die wirtschaftzweigspezifischen Besonderheiten der Kreditinstitute, indem zumindest für einen Teil des Risikomanagementsystems einer Bank, nämlich den auf das Kreditgeschäft bezogenen Bereich, spezifische Prüfungsanforderungen formuliert werden. Prüfungsgegenstand sind neben den Ausfallrisiken aus dem Kreditgeschäft ausdrücklich auch die operationellen Risiken, die aus der konkreten Ausgestaltung des Risikomanagementsystems für diesen Geschäftsbereich erwachsen. Die Prüfung der Einhaltung der in diesem Zusammenhang bestehenden Verpflichtungen aus § 25a Abs. 1 KWG wird gemeinsam mit der Prüfung der ordnungsgemäßen Berücksichtigung der Adressenausfallrisiken und der operationellen Risiken des Kreditgeschäftes im Jahresabschluss und im Lagebericht als **Kreditprüfung** bezeichnet.[472] Diese beinhaltet demnach die Prüfung und Beurteilung der ordnungsmäßigen Organisation des Kreditgeschäfts, inklusive des Internen Überwachungssystems sowie die Prüfung und Beurteilung des Adressenausfallrisikos, wobei im Zusammenhang mit operationellen Risiken insbesondere der erste Prüfungsbereich von Bedeutung ist.

Die Prüfung der Organisation des Kreditgeschäfts ist Bestandteil der übergeordneten Systemprüfung des Risikomanagementsystems. Zu prüfen sind zum einen die aufbau- und ablauforganisatorischen Grundlagen des Kreditgeschäfts, wie unter anderem die Risikostrategie, die Organisationsunterlagen, die Kompetenzordnung, die Bonitätsklassifizierung der Kreditnehmer, die Kreditbearbeitung und -überwachung, das Mahnwesen und die Angemessenheit der Personal- und Sachmittelausstattung. Weiterhin sind die Risikosteuerungs- und Risikocontrollingprozesse zu beurteilen. Hierzu gehören die Ziele und Strategien der Steuerung von Risiken, die Instrumente der Risikosteuerung und -überwachung, die Verfahren zur Identifikation und Bewertung von Risiken sowie die Verfahren zur Bildung der Risikovorsorge. Sofern mathematisch-statistische Verfahren eingesetzt werden, soll der Abschlussprüfer auf diese Bezug zu nehmen, wobei auch auf die wesentlichen Annahmen der Rechenverfahren und die Ergebnisse von Stresstests sowie des Backtesting einzugehen ist. Schließlich ist auch die Funktionsfähigkeit der Internen Revision im Hinblick auf das Kreditgeschäft zu beurteilen. Im Rahmen der sich an die Systemprüfung anschließenden Einzellfallprüfungen ist im Hinblick auf operationelle Risiken insbesondere die Beurteilung der Frage relevant, ob die wirtschaftlichen Verhältnisse der Kreditnehmer in ausreichender Weise offengelegt wurden. Auf das mit dem Wegfall der konkretisierenden Anforderungen der BaFin zu erwartende Fehlen konkreter Beurteilungsmaßstäbe wurde bereits hingewiesen.[473]

[472] Vgl. IDW [Hrsg.] (2002d), PS 522, Tz. 5.
[473] Zu der Prüfung der Einhaltung des § 18 KWG vgl. ausführlich Herbstritt/Klink (2004), S. 539 ff.

Die Grundlage für die Beurteilung der Angemessenheit der Organisation des Kreditgeschäfts durch den Abschlussprüfer stellen nunmehr vor allem die MaRisk dar.[474] Bemerkenswert ist allerdings, dass die ausdrücklichen Anforderungen an den Abschlussprüfer, die insbesondere in den MaK und den MaIR noch enthalten waren, in die MaRisk nicht übernommen wurden.[475] Es wird jedoch erwartet, dass diese in einem gesonderten Rundschreiben zusammengefasst werden oder im Rahmen einer Überarbeitung der Prüfungsberichtsverordnung aufgegriffen werden.[476]

IDW PS 522 sieht für die Berichterstattung durch den Abschlussprüfer vor, dass die implementierten Geschäftsprozesse des Kreditgeschäfts und die Verfahren zur internen Überwachung dargestellt werden und auf ihre Angemessenheit und Wirksamkeit hin beurteilt werden. Als Gegenstand der Darstellung werden z.B. die Organisationsstruktur und die Berichtspflichten im Zusammenhang mit der Risikosteuerung und -überwachung und das System zur Klassifizierung von Adressenausfallrisiken genannt, wobei eine detaillierte Beschreibung einzelner Arbeitsabläufe im Regelfall für nicht erforderlich gehalten wird.[477] Für die Berichterstattung im Prüfungsbericht sind darüber hinaus auch die Anforderungen der PrüfbV zu beachten. Stellt der Abschlussprüfer bei seiner Prüfung erhebliche und nicht nur vereinzelte Mängel fest oder bestehen begründete Zweifel an der Angemessenheit der vom Kreditinstitut vorgenommenen Risikovorsorge, hat der Abschlussprüfer unter Berücksichtigung des Gesamtbildes zu prüfen, ob der Bestätigungsvermerk einzuschränken oder gegebenenfalls sogar zu versagen ist.[478]

Entwicklung weiterer bankspezifischer Prüfungsstandards im Hinblick auf das Risikomanagementsystem?

In Anbetracht der branchenspezifischen Besonderheiten der Kreditinstitute und der damit verbundenen umfassenden Regulierung der internen Organisation und deren Prüfung im Rahmen der Abschlussprüfung können spezielle Prüfungsstandards wie der IDW PS 522 grundsätzlich wertvolle Hilfsmittel für die Abschlussprüfer von Banken bei der Durchführung ihrer Prüfungen und der Berichterstattung hierüber darstellen. Allerdings setzt dies voraus, dass einerseits

474 Vgl. zu diesen Abschn. 1.1.2.3.1 in diesem Kapitel.

475 Gemäß Tz. 95 der MaK hatte sich der Abschlussprüfer einen umfassenden Einblick in das Kreditgeschäft und seine Organisation, die mit diesem verbundenen Risiken sowie die Verfahren zum Umgang mit diesen zu verschaffen. Er hatte zudem die Angemessenheit und Wirksamkeit der Prozesse und Verfahren zu beurteilen und in seinem Prüfungsbericht dazulegen, ob die Ausgestaltung des Kreditgeschäfts den MaK genügte. Hatte das zu prüfende Institut Erleichterungen in Anspruch genommen, so musste der Abschlussprüfer auch darauf eingehen, ob diese sachgerecht waren. Für die Prüfung der Funktionsfähigkeit der Internen Revision waren zudem die MaIR heranzuziehen (vgl. zu diesen Abschn. 2.1.2 in diesem Kapitel). Der Abschlussprüfer hatte nach Tz. 47 der MaIR in seinem Prüfungsbericht darzulegen und zu beurteilen, ob die Ausgestaltung der Internen Revision den MaIR genügte. Zudem hatt er von der Internen Revision festgestellte wesentliche Mängel und schwerwiegende Feststellungen einschließlich der zu deren Behebung beschlossenen Maßnahmen darzustellen.

476 Vgl. Grabau/Schlee (2005), S. 393.

477 Vgl. IDW [Hrsg.] (2002d), PS 522, Tz. 38.

478 Vgl. IDW [Hrsg.] (2002d), PS 522, Tz. 42.

Systematik und Umfang der Prüfungsgrundsätze die aufsichtsrechtlichen Anforderungen widerspiegeln und andererseits Bewertungsmaßstäbe zum Ausfüllen vorhandener Ermessensspielräume zur Verfügung gestellt werden. Angesichts dessen sind die bankspezifischen Prüfungsstandards noch erheblich auszubauen und vor allem um bislang vernachlässigte Aspekte zu erweitern. Insbesondere die Anwendung der allgemeingültigen Prüfungsgrundsätze der IDW PS 260 und 340 auf das nach § 25a Abs. 1 KWG geforderte Risikomanagementsystem einer Bank ist als unbefriedigend anzusehen, da das von Banken einzurichtende System nicht in seiner Gesamtheit erfasst wird und so die Gefahr besteht, dass die Prüfung nach § 29 Abs. 1 Satz 2 KWG lückenhaft durchgeführt wird.

Mit IDW EPS 523 „Prüfung der Funktionsfähigkeit der Internen Revision bei Kreditinstituten" lag bereits der Entwurf eines weiteren bankspezifischen Prüfungsstandards für die Prüfung der Internen Revision als Teilbereich des Risikomanagementsystems einer Bank vor, dieser wurde jedoch in Erwartung der Verabschiedung der MaRisk zurückgezogen. Es ist daher davon auszugehen, dass ein speziell auf das Risikomanagement von Banken ausgerichteter Prüfungsstandard entwickelt wird, der die umfassenden Anforderungen der MaRisk mit einbezieht. Ein solcher Prüfungsstandard wäre ausdrücklich zu begrüßen und angesichts der für Bankenprüfungen unbefriedigenden Situation mit den vorhandenen Prüfungsstandards auch dringend geboten. Die Prüfung der Internen Revision als Systembestandteil sowie das Verhältnis zwischen Abschlussprüfer und Interner Revision sollten hierbei besondere Beachtung finden.

Übereinstimmung der IDW-Prüfungsstandards mit den ISA

In den nationalen Prüfungsnormen des IDW schlagen sich zunehmend auch internationale Berufsgrundsätze nieder. Das IDW hat sich als Mitgliedsorganisation in der IFAC zur Umsetzung der International Standards on Auditing (ISA) und der International Auditing Practice Statements (IAPS) verpflichtet.[479] Die ISA werden inzwischen als international vereinheitlichte Prüfungsstandards anerkannt. Die IAPS beziehen sich vorrangig auf Sondergebiete der Prüfung und besitzen gegenüber den ISA eine geringere Bindungswirkung. Das IDW vertritt die Auffassung, dass die deutschen Berufsgrundsätze materiell die ISA vollumfänglich erfüllen und in Teilen sogar über diese hinausgehen.[480] Hinsichtlich des hier besprochenen IDW PS 260 ist anzumerken, dass dieser aussagegemäß mit ISA 400 „Risk Assessments and Internal Control" übereinstimmt,[481] der allerdings inzwischen durch ISA 315 „Understanding the entity and its environment and assessing the risks of material misstatement"[482] und ISA 330 „The auditor's procedures in response to assessed risks"[483] abgelöst wurde. Ziel dieser neuen

479 Vgl. MünchKommHGB-Böcking/Orth (2001), § 340k HGB, Rdn. 41.
480 Vgl. etwa IDW [Hrsg.] (2002c), PS 330, Tz. 116 sowie Schmidt (2005), S. 875.
481 Vgl. IDW [Hrsg.] (2001), PS 260, Tz. 82.
482 Vgl. IFAC (2005), S. 349 ff.
483 Vgl. IFAC (2005), S. 403 ff.

Standards ist unter anderem eine weitere Verbesserung des Prozesses der Risikobeurteilungen durch den Abschlussprüfer.[484] Es ist jedoch festzustellen, dass die Grundsätze des IDW PS 260 auch angesichts der in den internationalen Standards eingefügten Neuerungen weiterhin Gültigkeit besitzen.[485] Im Hinblick auf das Interne Überwachungssystem der Banken bietet darüber hinaus IAPS 1006 „Audits of the financial statements of banks"[486] detaillierte Prüfungshinweise.

5.2 Überwachung der Infrastruktur für das Management operationeller Risiken

Im Hinblick auf die spezifischen Risikomanagementprozesse für den Umgang mit operationellen Risiken sieht Basel II vor, dass im Falle der Anwendung des Standardansatzes oder eines AMA auch diese nicht nur von einer internen Stelle, sondern gegebenenfalls auch durch externe Prüfer zu beurteilen sind.[487] Im Übrigen ist diese Prüfung Bestandteil der gesamten Risikomanagementsystemprüfung und sollte daher auch bei denjenigen Banken, die lediglich den Basisindikatoransatz für ihre Eigenkapitalunterlegung anwenden, durchgeführt werden, auch wenn dies weder in den Sound Practices noch in dem Entwurf der Solvabilitätsverordnung explizit gefordert wird. Auch hinsichtlich der Prüfung der Infrastruktur für operationelle Risiken ergibt sich eine Überschneidung der Prüfungsgebiete von Interner Revision und Abschlussprüfer, die die Gefahr von Doppelarbeiten birgt, sofern nicht ausdrückliche Absprachen getroffen werden.

Bei der Prüfung der Risikomanagementprozesse für operationelle Risiken sollte auch der Abschlussprüfer seine im Rahmen der Prüfung des Gesamtrisikomanagementsystems gewonnen Erkenntnisse einfließen lassen. Nur so kann er beurteilen, ob die für die Identifikation, Bewertung und Begrenzung operationeller Risiken verwendeten Verfahren und Instrumente eine zuverlässige und vollständige Erfassung aller relevanten Sachverhalte gewährleisten.

5.3 Überwachung der Offenlegung

Im Rahmen der Prüfung des Lageberichts durch den Abschlussprüfer ist gemäß § 317 Abs. 2 Satz 2 HGB auch zu prüfen, ob die Risiken der künftigen Entwicklung zutreffend dargestellt sind. Hiermit wird allgemein der Zweck verfolgt, den Aufsichtsrat umfassender über die Lage des Unternehmens und über mögliche Gefährdungen zu unterrichten.[488] Der Abschlussprüfer sollte sich nach der Regierungsbegründung zum KonTraG hinreichende Gewissheit darüber

---

484 Vgl. Schmidt (2005), S. 874.
485 Vgl. derselbe (2005), S. 887.
486 Vgl. IFAC (2005), S. 710 ff.
487 Vgl. Basel Committee on Banking Supervision (2004a), Tz. 663 bzw. 666.
488 Vgl. Bundesregierung (1997), S. 27.

verschaffen, dass alle verfügbaren Informationen über Risiken verwendet wurden, die der Risikoberichterstattung zu Grunde liegenden Annahmen realistisch und in sich widerspruchsfrei sind sowie dass die Prognoseverfahren richtig gehandhabt wurden.[489] Damit stellt die Prüfung der Offenlegung weitgehend eine Plausibilitätsprüfung dar, d.h., es ist die Vollständigkeit und Schlüssigkeit der Angaben des Vorstandes zu beurteilen. Vom Prüfer wird an dieser Stelle zwar nicht ausdrücklich erwartet, dass er sich eigene Vorstellungen über den Eintritt zukünftiger Risiken macht.[490] Gleichwohl verlangt doch gerade die Risikoprüfung, dass der Abschlussprüfer sich eigenständig und systematisch die Risiken, die dem zu prüfenden Unternehmen drohen, erarbeitet.[491]

Bei seiner Prüfung des Lageberichts und der Darstellung der Risiken der künftigen Entwicklung muss der Abschlussprüfer auch auf seine Erkenntnisse bei der Prüfung des Risikomanagementsystems zurückgreifen, denn eine hinreichende Lageberichterstattung setzt ein wirksames Risikomanagementsystem mit einer vollständigen Erfassung und Kommunikation aller berichtspflichtigen Risiken voraus. Da jedoch der Risikobericht der Geschäftsleitung lediglich die subjektive Sicht der Geschäftsleitung zum Ausdruck bringt, ist es die Aufgabe des Abschlussprüfers, diese subjektiv gefärbten Informationen aus dem Blickwinkel eines sachkundigen Dritten zu „verobjektivieren".[492] Der Abschlussprüfer muss beurteilen, ob die Risiken nach seinen Erkenntnissen adäquat abgebildet wurden. Dabei sollte er im Interesse des Nachweises einer gewissenhaften Berufsausübung insbesondere auch die Offenlegungsanforderungen des DRS 5-10 beachten.[493] Auf die Beurteilung des Lageberichts ist sowohl im Hauptteil des Prüfungsberichts als auch im Bestätigungsvermerk einzugehen, wobei gesondert zu behandeln ist, ob die Risiken der künftigen Entwicklung zutreffend dargestellt sind.[494] Im Bestätigungsvermerk ist zwar lediglich darauf einzugehen, ob die Darstellungen im Lagebericht zutreffend oder unzutreffend sind und insofern die eigene Lageeinschätzung des Abschlussprüfers außen vor zu lassen. Im Prüfungsbericht an das Aufsichtsorgan ist dagegen an exponierter Stelle zu der Lagebeurteilung Stellung zu nehmen, wobei der Abschlussprüfer hier seinen eigenen Standpunkt nicht wird verschweigen dürfen.[495]

Die Veröffentlichungen nach der dritten Säule von Basel II unterliegen gemäß Tz. 816 der neuen Eigenkapitalvereinbarung im Gegensatz zu den handelsrechtlichen Offenlegungspflich-

---

489 Zur Prognoseprüfung vgl. Mandl/Jung (2002), Sp. 1698 ff; Arbeitskreis „Externe und Interne Überwachung der Unternehmung" der Schmalenbach-Gesellschaft für Betriebswirtschaft e.V. (2003), S. 105 ff.

490 Vgl. Franz (2000), S. 64.

491 Vgl. Hommelhoff/Mattheus (2003), S. 657 f.

492 Hommelhoff (1998), S. 2571.

493 Vgl. IDW [Hrsg.] (2000a), WP-Handbuch, Abschnitt A, Rdn. 281.

494 Wolz (1998), S. 131 weist darauf hin, dass mit der Stellungnahme zu Risiken der künftigen Entwicklung im Bestätigungsvermerk Probleme im Hinblick auf die sogenannte „Self Fulfilling Prophecy" verbunden sind. Einerseits kann die Kenntnis einer möglichen Fehlentwicklung eine Krise verstärken. Andererseits kann der Prüfer die Konsequenz ziehen und weiterhin nur solche Informationen, derer er sicher ist, veröffentlichen, wodurch die Erwartungslücke wegen gleichzeitig gestiegener Erwartungen der Öffentlichkeit allerdings vergrößert wird.

495 Vgl. Hommelhoff/Mattheus (2003), S. 658.

ten ausdrücklich keiner separaten Prüfungspflicht durch einen Abschlussprüfer, sofern nicht von den nationalen Rechnungslegungsinstanzen oder anderen Behörden etwas anderes verlangt wird. In Deutschland kann eine Verpflichtung zur Prüfung der erweiterten Offenlegungspflichten durch den Abschlussprüfer aus § 24 Abs. 3 PrüfbV abgeleitet werden, der besagt, dass bei Instituten, die zu den Pflichtteilnehmern an der Baseler Eigenkapitalübereinkunft gehören, die Zuverlässigkeit der Kapitalermittlung gemäß den in der Übereinkunft genannten Bedingungen darzustellen und zu würdigen ist.[496]

6 Überwachung durch Investoren, Einleger und Rating-Agenturen

Die bestehenden handelsrechtlichen sowie die geplanten aufsichtsrechtlichen Offenlegungsanforderungen liefern den Marktteilnehmern, sofern ihnen durch die Institute in einer angemessenen Weise nachgekommen wird, durchaus umfangreiche Informationen im Hinblick auf das Risikomanagement einer Bank. Die Marktteilnehmer sollen hierdurch grundsätzlich in die Lage versetzt werden, eine eigene Einschätzung hinsichtlich der Zuverlässigkeit der verwendeten Risikomanagementverfahren und damit auch der operationellen Risikosituation einer Bank vornehmen zu können. Allerdings verbleibt die Aufgabe, diese Daten so auszuwerten, dass sie möglichst den Bedürfnissen der individuellen Entscheidungskalküle entsprechen, bei den Marktteilnehmern selbst.[497] Insofern ist festzustellen, dass in den Veröffentlichungspflichten zwar zahlreiche Angaben verlangt werden, die grundsätzlich für eine Beurteilung der operationellen Risikosituation einer Bank herangezogen werden können; ob allerdings tatsächlich eine zuverlässige Beurteilung der Gefährdungssituation eines Instituts, durch schlagend werdende operationelle Risiken in eine Schieflage zu geraten, durch einen externen Marktteilnehmer aufgrund der offengelegten Informationen möglich ist, ist zu bezweifeln. Vor allem Investoren und Einlegern kommt im Zusammenhang mit der Überwachung der Risikosituation der Banken daher eine eher untergeordnete Rolle zu, was nicht zuletzt auch in ihren nur begrenzten Einflussmöglichkeiten begründet liegt. Ihnen bleibt letztlich nur die Einforderung einer angemessenen Transparenz zum Risikomanagement durch eine umfassende und aussagekräftige Offenlegung seitens der Banken. Gleichwohl kann davon ausgegangen werden, dass insbesondere die auf eine umfassendere Informationsversorgung der Öffentlichkeit abzielenden Bestrebungen des Baseler Ausschusses zu einer verbesserten Transparenz in diesem Bereich führen werden und auf diese Weise zumindest ein nicht unerheblicher Druck auf die Institute ausgeübt wird, angemessene Strukturen und Verfahren zum Risikomanagement zu entwickeln und umzusetzen. In diesem Zusammenhang spielen vor allem die Rating-Agenturen eine Rolle, deren Einfluss gegenüber dem der Investoren und Einleger als deutlich höher einzuschätzen ist. Für die Erstellung ihrer Ratings, die Investoren und Einleger in ihren Entscheidungen unterstützen sollen, ziehen die Rating-Agenturen verstärkt auch Informatio-

496 Vgl. Winkler (2004), S. 197.

497 Vgl. Krumnow/Sprißler et al. [Hrsg.] (2004), Kommentar, Teil B, Kapitel VI, S. 1663.

nen zum Risikomanagement einer Bank und zu deren Umgang mit operationellen Risiken hinzu. Die traditionell auf quantitative Aspekte, wie Liquidität, Cash Flows, Einnahmen und Marktanteile fokussierte Beurteilung wird zunehmend durch qualitative Faktoren, wie die Qualität des Managements und der internen Überwachung, ergänzt.[498] So setzte beispielsweise die Rating-Agentur Moody's eine sogenannte „Enhanced Analysis Initiative" auf, die unter anderem eine genaue Prüfung der Qualität der Corporate Governance sowie des Risikomanagements der Banken zum Ziel hat. Diesen qualitativen Faktoren wird dabei eine wesentliche Bedeutung für die Einschätzung der Kreditwürdigkeit einer Bank beigemessen.[499] In diesem Zusammenhang kann Moody's folgendermaßen zitiert werden:

> *"Moody's believes that the assessment of operational risk is becoming increasingly central to the fundamenteal analysis of a rated bank. Put simply, operational risk management improves the quality and stability of earnings, thereby enhancing the competitive position of the bank and facilitating its long-term survival."*[500]

Zudem gibt es bereits alleinige Ratings für die Qualität der internen Corporate Governance eines Unternehmens, die in der Regel auf öffentlich zugänglichen Informationen basieren, teilweise aber auch ergänzt um nichtöffentliche Informationen, z.B. aus Gesprächen mit dem obersten Verwaltungsorgan.[501] Insgesamt ist den Rating-Agenturen durchaus eine wichtige Rolle bei der Entwicklung von Standards für die Corporate Governance und das Risikomanagement einer Bank beizumessen, da Banken bestrebt sein werden, die an sie gestellten Erwartungen soweit wie möglich zu erfüllen, um letztlich ein gutes Rating zu erhalten und sich damit günstige Refinanzierungsmöglichkeiten zu sichern.

7 Zusammenfassung und Fazit

1. Mit der Umsetzung des KonTraG, der 6. KWG-Novelle sowie des Vierten Finanzmarktförderungsgesetzes wurden in den letzten Jahren umfangreiche Maßnahmen zur Verbesserung der internen und externen qualitativen Überwachung der Kreditinstitute angestoßen, die einen wesentlichen Beitrag dazu geleistet haben, dass der Begrenzung operationeller Risiken eine nie da gewesene Aufmerksamkeit geschenkt wird. Die unmittelbare Verantwortung hierfür liegt bei der Geschäftsleitung eines Instituts, die durch weit reichende regulierende Eingriffe in ihren ursprünglichen Autonomiebereich „interne Organisation" deutliche Einschnitte ihrer Handlungsfreiheit hinnehmen muss. Darüber hinaus werden die übrigen internen und externen Überwachungsträger zu einem mehr oder weniger aktiven Beitrag zur Begrenzung operationeller Risiken verpflichtet. Dabei erfordern die weit

---

[498] Vgl. Banks (2004), S. 80.

[499] Weitergehende Ausführungen zu diesen Analysen finden sich in Moody's Investors Service (2003b) und (2004).

[500] Moody's Investors Service (2003a), S. 1. Vgl. hierzu auch Theodore (2002), S. 12.

[501] Vgl. Banks (2004), S. 80 f.

reichenden Prüfungspflichten zum Teil ein deutliches Umdenken einzelner Überwachungsträger; einerseits hinsichtlich der personellen Ausstattung und Qualifikation sowie andererseits hinsichtlich des anzuwendenden Prüfungsansatzes.

2. Durch diverse gesellschaftsrechtliche, handelsrechtliche und aufsichtsrechtliche Rechtsnormen soll Einfluss auf das Verhalten der Überwachungsträger genommen und dadurch die für operationelle Risiken verantwortlichen Corporate Governance-Probleme[502] eingedämmt werden. Im Hinblick auf die materiellen Rechtsgrundlagen ist dabei eine Abkehr von kasuistischen Einzelfallreaktionen des Gesetzgebers zu Gunsten der Kodifizierung einer umfassenden Systemverantwortung in Form von Generalklauseln (§ 91 Abs. 2 AktG und § 25a Abs. 1 KWG) zu beobachten. Dies hat den Vorteil, dass durch Interpretation der ohne Frage zunächst abstrakten Rechtsnormen im Idealfall neben den bekannten auch potenziell mögliche operationelle Risiken abgedeckt werden. Zudem werden unter Umständen lange Reaktions- und Realisationszeiten von der Erkennung eines konkreten Normierungsbedarfs bis hin zum Inkrafttreten eines Gesetzes umgangen, die im Bereich der Bankenaufsicht durch langwierige Gesetzgebungsverfahren im Rahmen der angestrebten Harmonisierung der Bankengesetzgebung in Europa sowie die dieser vorangehenden Berücksichtigung von Vorschlägen des Baseler Ausschusses in besonderem Maße ausgedehnt werden können.[503] Die zunächst an die Geschäftsleitungen der Institute adressierte Systemverantwortung zur Einrichtung eines Risikomanagementsystems schlägt sich in korrespondierenden Prüfungspflichten der Internen Revision, des Aufsichtsorgans (§ 111 AktG), der nationalen Aufsichtsinstanzen (§ 7 KWG i.V.m. Art. 124 Bankenrichtlinie) sowie des Abschlussprüfers (§ 317 Abs. 4 HGB bzw. § 29 Abs. 1 KWG) nieder. Verlangt wird eine Systemprüfung, die sich bei allen Überwachungsträgern in jedem Fall auf die Ordnungsmäßigkeit des eingerichteten Systems zu beziehen hat. Von der Internen Revision und dem Aufsichtsrat wird darüber hinaus auch die Beurteilung der Zweckmäßigkeit und Wirtschaftlichkeit des Systems erwartet. Inwieweit mit den Prüfungspflichten darüber hinaus auch eine rechtsformunabhängige Prüfung der Ordnungsmäßigkeit der Geschäftsführung verbunden ist, ist insbesondere für den Abschlussprüfer umstritten. Allerdings wurde gezeigt, dass vor allem für die weit reichende Systemverantwortung des § 25a Abs. 1 KWG eine klare Abgrenzung zwischen der Prüfung des Risikomanagementsystems und einer Prüfung der Ordnungsmäßigkeit der Geschäftsführung nicht ohne weiteres möglich ist. Für die Interne Revision und den Aufsichtsrat wird eine Verpflichtung zur Prüfung der Ordnungsmäßigkeit der Geschäftsführung im Schrifttum ohnehin bejaht. Mit Blick auf die Prüfungspflichten wurde zudem deutlich, dass für wesentliche Bereiche eine Überschneidung der Prüfungsgegenstände einzelner Überwachungsträger vorliegt. Um Ineffizienzen in der Überwachung zu vermeiden, sollte eine gegenseitige Verwendung der Prüfungsergebnisse bzw. eine Abgrenzung der Prüfungsgebiete erwogen werden. Auf die-

502 Vgl. Kap. C.
503 Vgl. hierzu und zum Folgenden in allgemeiner Form Riekeberg/Stenke (2000), S. 108 ff.

sen Aspekt der Zusammenarbeit der Überwachungsträger untereinander wird in Kapitel F noch einmal eingegangen werden.

3. Die mit Generalnormen üblicherweise einhergehende Verwendung unbestimmter Rechtsbegriffe führt, wie auch im Falle der §§ 91 Abs. 2 AktG sowie 25a Abs. 1 KWG, zu einer Auslegungsproblematik, die sich bei der hier untersuchten Fragestellung in unterschiedlichen Systemverständnissen hinsichtlich der Ausgestaltung der internen Überwachung und des Risikomanagements einer Bank manifestiert. Die Verantwortung für die Spezifizierung der Anforderungen wird auf diese Weise vom Gesetzgeber auf andere Überwachungsträger übertragen. Hier werden die Grenzen des Rechts bei der Verhaltenssteuerung der Zielgruppen erkennbar;[504] Generalnormen alleine reichen in der Regel nicht aus, sondern diese bedürfen einer weitergehenden Interpretation und Konkretisierung. Dies gilt umso mehr, als die Überprüfung der Einhaltung der hier in Frage stehenden qualitativen Normen stets zu einem gewissen Grad auch subjektive Einschätzungen des Prüfers verlangt. Auf nationaler Ebene sind in erster Linie die Verlautbarungen und Schreiben der BaFin relevant, die insbesondere mit den Mindestanforderungen an das Risikomanagement (MaRisk) ein umfassendes Rahmenwerk geschaffen hat, an dem sich sowohl die Geschäftsleitungen der Institute als auch Interne Revisoren, Mitglieder des Aufsichtsrat, Mitarbeiter der Aufsichtsinstanzen sowie Abschlussprüfer bei der Umsetzung und Anwendung der Gesetzesnormen orientieren können. Auch die bestehenden und die im Rahmen von Basel II umzusetzenden qualitativen Mindestanforderungen an die Verwendung interner Modelle für die Eigenkapitalunterlegung bieten eine Konkretisierung, wenngleich jeweils lediglich für Teilbereiche des geforderten Risikomanagementsystems. Für die gewissermaßen übergeordnet einzurichtende Infrastruktur für den Umgang mit operationellen Risiken besitzen vor allem die Sound Practices des Baseler Ausschusses Bedeutung. Umfassende Offenlegungsanforderungen mit Bezug zu operationellen Risiken regeln DRS 5-10 sowie zukünftig die neu zu erlassene Solvabilitätsverordnung.

Da sich der Gesetzgeber nicht auf die Kodifizierung überwachungssystembezogener Generalnormen für die Geschäftsleitung eines Unternehmens bzw. Kreditinstituts beschränkt, sondern vielmehr mit diesen einhergehende Prüfungspflichten fixiert, sind sowohl aufsichtsrechtliche (PrüfbV), berufsständische (Prüfungsstandards des IDW, Revisionsstandards des IIR) bzw. von anderen Institutionen (z.B. CEBS) veröffentlichte Konkretisierungen der Prüfungspflichten ebenfalls zu beachten. Betrachtet man zusammenfassend die Vielzahl detaillierter Einzelregelungen werden zunächst einmal die Folgen der unterschiedlichen Systemverständnisse evident. Hier ist ausdrücklich eine Angleichung der Regelungen unter Berücksichtigung der branchenspezifischen Besonderheiten von Kreditinstituten zu fordern, um Regelungs- und Prüfungslücken zu vermeiden. Des Weiteren ist die Frage zu stellen, ob nicht durch eine derart hohe Regelungsdichte die Gefahr besteht,

[504] Zur Verhaltenswirksamkeit von Normen vgl. Abschn. F1.

dass ein Grad an Sicherheit suggeriert wird, der in der Realität nicht besteht, da vor allem durch die umfassenden Aufsichtsregeln das bankeigene Bewusstsein für Gefahrenpotenziale abnimmt.[505] Entsprechend gilt für die Prüfungstätigkeit, dass diese sich nicht auf ein bloßes Abhaken von Checklisten beschränken darf. Gerade die Begrenzung operationeller Risiken erfordert in hohem Maße die Berücksichtigung institutsindividueller Gegebenheiten.

4. Hinsichtlich der Informationsversorgung der Überwachungsträger ist festzuhalten, dass sowohl der Internen Revision als auch dem Abschlussprüfer ein direkter Zugang zu den erforderlichen Unterlagen, Systemen usw. zu gewähren ist. Auch die Aufsichtsinstanzen werden im Rahmen ihrer zunehmenden Vor-Ort-Prüfungen eine unmittelbare Beurteilung der Gegebenheiten und Sachverhalte vornehmen können. Im Gegensatz dazu ist der Aufsichtsrat im Wesentlichen auf seine Versorgung mit relevanten Informationen durch Dritte angewiesen. Zwar kann er in begrenztem Rahmen Informationen von der Geschäftsleitung eines Instituts einfordern, ein unmittelbarer Zugriff steht ihm jedoch nicht zu. Aus diesem Grund ist die Berichterstattung des Abschlussprüfers für ihn von hervorzuhebender Bedeutung, da sie eine wesentliche Quelle für detaillierte und vor allem unabhängige Informationen darstellt. Eng mit dem Aspekt der Informationsversorgung der Überwachungsträger ist die Frage nach der jeweiligen zeitlichen Distanz im Sinne der erforderlichen Reaktionszeit für die Veranlassung notwendiger Maßnahmen nach der Feststellung von Mängeln verbunden. In dieser Hinsicht ist für die Begrenzung operationeller Risiken neben der Geschäftsleitung der Internen Revision die größte Bedeutung beizumessen. Durch ihre detaillierte Kenntnis der Abläufe eines Instituts und ihre permanente Präsenz ist sie unmittelbar und im Auftrag der Geschäftsleitung für die angemessene Ausgestaltung des Risikomanagementsystems mit verantwortlich.

Abschließend muss angemerkt werden, dass auch noch so detaillierte organisatorische Anforderungen und weitgehende Prüfungspflichten des Gesetzgebers, der Bankenaufsicht und von Berufsorganisationen nicht in der Lage sein werden, operationelle Risiken gänzlich aus einem Unternehmen zu verbannen. Insbesondere politische Prozesse innerhalb eines Instituts und psychologische Barrieren der Mitarbeiter können zu einer Ausschaltung oder Umgehung von Überwachungsmechanismen führen. Der Bedeutung der Unternehmenskultur im Zusammenhang mit der Begrenzung operationeller Risiken und deren Möglichkeiten, das Verhalten von Individuen zu beeinflussen, widmet sich daher Abschnitt F2.

Eine vollständige Eliminierung operationeller Risiken kann jedoch auch bereits aus Wirtschaftlichkeitserwägungen heraus nicht das Ziel einer Bank sein, denn schließlich muss auch hierbei der Aufwand für zusätzliche Überwachungsmaßnahmen in einem angemessenen Verhältnis zu dem durch diese zu erzielenden Zuwachs an Sicherheit stehen. Für verbleibende

---

[505] Vgl. Trouet (1996), S. 2192.

operationelle Risiken ist daher wie bereits für Markt- und Kreditrisiken ein Kapitalpuffer zu bilden, mit dessen Hilfe eintretende Verluste abgefedert werden können. Verschiedene Ansätze zur Bemessung der Höhe des erforderlichen Kapitalpuffers sowie deren Möglichkeiten und Grenzen zur Bestimmung eines angemessenen Kapitalbetrags sind Gegenstand von Kapitel E.

Kapitel E

Quantitative Überwachung

Maßnahmen zur Abfederung der Wirkungen operationeller Risiken

Quantitative Strukturnormen stellen traditionell einen wesentlichen Pfeiler der Überwachung der Geschäftstätigkeit von Kreditinstituten dar. Auch wenn, wie in Kapitel D gezeigt wurde, qualitative Normen in der Bankenaufsicht einen immer bedeutenderen Stellenwert einnehmen, spielen doch die klassischen Strukturnormen in dem Ordnungsrahmen der laufenden Geschäftstätigkeit nach wie vor eine zentrale Rolle. Dies galt indes bislang nicht im Zusammenhang mit der Überwachung operationeller Risiken. Im Zuge der Novellierung der Baseler Eigenkapitalvereinbarung wird sich jedoch eine grundlegende Änderung dergestalt ergeben, dass die bislang ausschließlich qualitative Überwachung operationeller Risiken durch quantitative Elemente ergänzt werden wird.

Die quantitativ orientierte Form der Regulierung durch Vorgabe bestimmter, auf das Eigenkapital oder die Fristigkeit von Verbindlichkeiten bezogener Relationen versucht, im Wege der direkten Verhaltenssteuerung die Risikoübernahme der Institute zu begrenzen sowie deren jederzeitige Zahlungsfähigkeit sicherzustellen. Ihre Grundlage finden die entsprechenden Normen im Kreditwesengesetz. So fordert § 10 Abs. 1 KWG eine angemessene Eigenmittelausstattung der Institute und § 11 KWG deren ausreichende Zahlungsbereitschaft. Da der Gesetzgeber in diesen Normen offen lässt, was unter „angemessenen Eigenmitteln“ bzw. „ausreichender Zahlungsbereitschaft“ zu verstehen ist, weist er der BaFin in § 10 Abs. 1 Satz 2 bzw. § 11 Satz 2 KWG die Aufgabe zu, Grundsätze zu erlassen, nach denen für den Regelfall beurteilt werden kann, ob die Eigenmittel eines Instituts angemessen sind bzw. ob die Liquidität ausreichend ist. Diese Grundsätze finden sich derzeit noch in den „Grundsätzen über die

Eigenmittel und die Liquidität der Institute“ (Grundsätze I[1] und II[2]). Es ist jedoch geplant, diese in eine Solvabilitätsverordnung zu überführen, die gleichzeitig die neuen Entwicklungen in der Bankenaufsicht berücksichtigen wird.[3] Im Zusammenhang mit operationellen Risiken sind insbesondere die auf das Eigenkapital bezogenen Risikobegrenzungsnormen von Interesse. Während somit Gegenstand des vorangehenden Kapitels die Regulierung der internen Organisation auf der Basis qualitativer Normen war, steht hier nunmehr die **Regulierung des Eigenkapitals** im Hinblick auf die operationellen Risiken eines Instituts im Vordergrund.

Die Forderung nach einer angemessenen Eigenkapitalausstattung stellt auf die Funktionen des Eigenkapitals ab, für einen Verlustausgleich im „going-concern-Fall“ bzw. zur Haftung im Konkursfall zur Verfügung zu stehen.[4] Hintergrund dessen ist das aus der Unsicherheit bei Entscheidungen resultierende Wissen, dass nicht alle Verlustgefahren vorausgeplant werden können, weshalb ein ausreichendes Eigenkapital als Verlustpuffer zum Abfangen nicht planbarer „Ex-post-Verluste“ vorgehalten werden soll.[5] Problematisch daran ist allerdings, dass sich der erforderliche Mindestkapitalbetrag gerade wegen dieser fehlenden Planbarkeit sämtlicher möglicher Ereignisse grundsätzlich nicht bestimmen lässt. Dennoch wird versucht, mit Hilfe geeigneter Aufsichtsregeln eine Quantifizierung des für eine Verlustabfederung erforderlichen Eigenkapitalbedarfs vorzunehmen. Das Ziel des aktuellen Grundsatz I (GS I) ist es daher zu erreichen, dass jedes einzelne Institut einen Mindestbestand an haftendem Eigenkapital bzw. Eigenmitteln[6] zur Abdeckung der von ihm eingegangenen Adressenausfall- und Marktpreisrisiken hält.[7] Zu diesem Zweck sind gemäß § 2 Abs. 1 und 2 GS I verschiedene Kennzahlen zu ermitteln und der Aufsicht zu melden, die darüber Auskunft geben, ob die eingegangenen Risiken ausreichend durch Kapital gedeckt sind.[8] So schreibt § 2 Abs. 1 GS I vor, dass das Verhältnis zwischen dem haftenden Eigenkapital eines Instituts und den gewichteten Risikoaktiva[9] täglich zum Geschäftsschluss 8 % nicht unterschreiten darf, d.h.

---

1 Vgl. BaFin (2000c).

2 Vgl. BaFin (1998b).

3 Vgl. auch Abschn. D1.1.2.3.1.

4 Vgl. hierzu sowie zu weiteren Funktionen des Eigenkapitals Waschbusch (2000), S. 179; van Greuning/Bratanovic (2003), S. 102.

5 Vgl. Schneider (2002), S. 8.

6 Die **Eigenmittel** eines Instituts setzen sich gemäß § 10 Abs. 2 KWG aus dem **haftenden Eigenkapital** (Kernkapital und Ergänzungskapital) und den **Drittrangmitteln** zusammen. Zum Kernkapital zählen im Wesentlichen das eingezahlte Kapital, die Rücklagen sowie Vermögenseinlagen stiller Gesellschafter. Das Ergänzungskapital umfasst Positionen geringerer Haftungsqualität, wie Vorsorgereserven, längerfristige nachrangige Verbindlichkeiten und bestimmte nicht realisierte Reserven, und wird nur bis maximal zur Höhe des Kernkapitals anerkannt. Drittrangmittel setzen sich schließlich vornehmlich aus dem Nettogewinn des Handelsbuchs und den kurzfristigen nachrangigen Verbindlichkeiten zusammen. Vgl. zu den Bestandteilen im Einzelnen § 10 Abs. 2-7 KWG sowie z.B. Bieg/Krämer/Waschbusch (2003), S. 28 ff.

7 Vgl. Waschbusch (2000), S. 223.

8 Vgl. zu einer umfassenden Darstellung der Ermittlung der Anrechnungsbeträge Waschbusch (2000), S. 233 ff. bzw. 278 ff.; Bieg/Krämer/Waschbusch (2003), S. 126 ff.

9 Die Risikoaktiva ergeben sich aus den Bilanzaktiva und den außerbilanziellen Geschäften multipliziert mit den sich überwiegend nach den Vertragspartnern richtenden Bonitätsgewichten gemäß § 13 GS I; z.B. null Prozent für Kredite an Bund, Länder oder ausländische Zentralregierungen der Zone A (wirtschaftlich stabile OECD-Länder und Länder mit IWF-Sonderabkommen, vgl. § 1 Abs. 5b Satz 1 KWG), 20 Prozent für Kredite an Kreditinstitute der Zone A und pauschal 100 Prozent für Forderungen an Unternehmen.

$$\frac{\text{Haftendes Eigenkapital}}{\text{Gewichtete Risikoaktiva}} \geq 8\,\%.$$

Nach § 2 Abs. 2 GS I darf darüber hinaus die Summe der Anrechnungsbeträge für die Marktrisikopositionen[10] den um die Drittrangmittel vermehrten Differenzbetrag zwischen dem haftenden Eigenkapital und der in Höhe von 8 % berücksichtigten Summe der gewichteten Risikoaktiva (Risikoaktiva-Anrechnungsbetrag) täglich bei Geschäftsschluss nicht übersteigen:

$$\begin{array}{c} \text{Summe der Anrechnungsbeträge} \\ \text{für die Marktrisikopositionen} \end{array} \leq \begin{array}{l} \text{(haftendes Eigenkapital} \\ \text{./. Risikoaktiva-Anrechnungsbetrag)} \\ \text{+ Drittrangmittel.} \end{array}$$

Jeweils zum Ende des Monats ist zudem nach § 2 Abs. 3 GS I eine Gesamtkennziffer zu bilden, welche die Risikopositionen in einer Gesamtgröße zusammenfasst. Auch diese Kennziffer darf 8 % nicht unterschreiten.[11]

$$\begin{array}{c} \text{Gesamtkennziffer} \\ \text{gem. § 2 Abs. 3 GS I} \end{array} = \frac{\text{Haftendes Eigenkapital + genutzte Drittrangmittel}}{\sum \text{gew. Risikoaktiva} + 12{,}5 * \sum \text{Anrechnungsbeträge für Marktrisikopositionen}}$$

Operationelle Risiken waren im Gegensatz zu Adressenausfall- und Marktpreisrisiken bislang nicht Gegenstand dieser aufsichtsrechtlichen Strukturnormen. Sie wurden lediglich implizit in den Kapitalanforderungen für Adressenausfall- und Marktpreisrisiken berücksichtigt. Der Grund hierfür ist wohl vor allem darin zu sehen, dass operationelle Risiken lange Zeit als nicht quantifizierbar galten und insofern nach allgemeinem Verständnis einer Eigenkapitalunterlegung nicht zugänglich waren.[12] Mit Basel II wird nun erstmals im Zuge der umfassenden Änderungen der bestehenden Eigenkapitalvorschriften eine explizite Unterlegung operationeller Risiken mit Eigenkapital aufsichtsrechtlich vorgeschrieben.[13] Dies erfordert nunmehr eine eingehende und gleichsam kritische Beschäftigung mit der Frage nach den Möglichkeiten der Quantifizierung dieser Risikoart. Der Baseler Ausschuss begründet die Aufnahme operationeller Risiken in die Eigenkapitalanforderungen der Säule 1 mit der Erkenntnis der Aufsichts-

---

10 Die Marktrisikopositionen umfassen gemäß § 2 Abs. 2 Satz 2 GS I die Währungsgesamtposition, die Rohwarenposition und die Handelsbuch-Risikoposition. Letztere jedoch nur bei Handelsbuchinstituten. Vgl. zu der Unterscheidung in Handelsbuch- und Nichthandelsbuchinstitute § 2 Abs. 11 KWG.

11 Die Grenze von 8% wurde im Zuge von Basel I festgelegt. Einen empirischen Beweis dafür, dass gerade diese Größe ausreicht, um den Zusammenbruch eines Instituts zu verhindern, gibt es allerdings nicht. Vgl. Schneider (2002), S. 6.

12 Vgl. z.B. Krümmel (1985), S. 104; Keine (1986), S. 11; Füser/Rödel/Kang (2002), S. 497.

13 Weitere wesentliche Änderungen der bestehenden Eigenkapitalvorschriften betreffen vor allem die Ermittlung der gewichteten Risikoaktiva für die Adressenausfallrisiken. Vgl. zu diesen Basel Committee on Banking Supervision (2004a), Tz. 50 ff. Die Vorschriften für Marktpreisrisiken bleiben hingegen weitgehend unverändert.

träger und Banken, dass operationelle Risiken neben Marktpreis- und Kreditrisiken maßgeblich zu dem Risikoprofil einer Bank beitragen. Diese Einsicht führte in den vergangen Jahren auf Seiten der Banken bereits ohne entsprechende aufsichtsrechtliche Vorschriften vermehrt zu einer deutlichen Betonung der Bedeutung des Managements operationeller Risiken sowie zu einer separaten Berücksichtigung dieser Risikoart in der internen Kapitalallokation der Institute.[14] Hintergrund für die in diesem Zusammenhang verwendeten Quantifizierungsansätze war dabei nicht zuletzt auch das Bestreben, eine Erhöhung des Bewusstseins für operationelle Risiken in der Bank zu erreichen und damit die Grundlage für eine Optimierung der organisatorischen Abläufe zu schaffen. In diesem Verständnis diente die Quantifizierung somit zunächst einmal vorrangig als Mittel zum Zweck, um Maßnahmen zur Begrenzung operationeller Risiken zu unterstützen.[15]

Neben der ohne Zweifel bestehenden Notwendigkeit einer Fokussierung operationeller Risiken auch auf Seiten der Bankenaufsicht legt indes deren Berücksichtigung im Rahmen der ersten Säule angesichts des Fehlens anerkannter Messmethoden die Vermutung nahe, dass die primäre Intention der Aufsicht darin besteht, einen Ausgleich für den erwarteten Kapitalrückgang im Branchendurchschnitt als Folge der neuen Unterlegungsregeln für Adressenausfallrisiken zu schaffen.[16] Ohne eine Berücksichtigung operationeller Risiken bei der Kapitalunterlegung würde es aller Voraussicht nach zu einer Reduktion des Unterlegungsniveaus im Bankensystem kommen, da davon auszugehen ist, dass eine zunehmende Anzahl an Instituten die fortgeschrittenen Methoden für die Unterlegung ihrer Adressenausfallrisiken anwenden wird, um so von den in Aussicht gestellten geringeren Kapitalbelastungen zu profitieren. Da ein solcher Rückgang des Gesamtkapitals von Seiten der Aufsicht jedoch ausdrücklich nicht gewollt ist, wird die Gesamtkennziffer über die Eigenmittelausstattung der Institute unter Aufnahme einer Position für operationelle Risiken zukünftig folgendermaßen aufgebaut sein:[17]

$$\begin{array}{c}\text{Gesamtkennziffer}\\\text{gemäß Basel II}\end{array} = \frac{\text{Haftendes Eigenkapital + genutzte Drittrangmittel}}{\begin{array}{c}\sum \text{gew. Risikoaktiva}\\\text{aus dem Kreditgeschäft}\end{array} + 12{,}5 * \left[\begin{array}{c}\sum \text{Anrechnungsbeträge für}\\\text{Marktrisikopositionen}\end{array} + \begin{array}{c}\text{Eigenkapitalanforderung}\\\text{für operationelle Risiken}\end{array}\right]}$$

Die Kennziffer muss dabei weiterhin mindestens 8% betragen. Mit Inkrafttreten der geplanten Neuerungen voraussichtlich zum 1.1.2007 werden daher für den Umgang mit operationellen Risiken neben den umfangreichen qualitativen Regelungen zukünftig auch quantitative Normen eine Rolle spielen. Allerdings verlässt sich die Aufsicht dabei nicht allein auf die Einhaltung der aufgeführten Kennziffern, sondern formuliert vielmehr in Abhängigkeit von dem je-

---

14 Vgl. auch Basel Committee on Banking Supervision (2001b), S. 1.

15 Vgl. ähnlich van den Brink (2005), S. 256 f.

16 Vgl. Goodhart (2001), S. 14; Hartmann-Wendels/Pfingsten/Weber (2004), S. 677; Daníelsson/Embrechts et al. (2001), S. 14.

17 Vgl. Basel Committee on Banking Supervision (2004a), Tz. 40 ff. sowie zur Definition der Eigenmittel Fn. 6. Diese bleibt mit Ausnahme geringfügiger Anpassung weitgehend unverändert bestehen. Vgl. hierzu Basel Committee on Banking Supervision (2004a), Tz. 37-39 sowie Tz. 43.

weils für die Berechnung der Höhe der Eigenkapitalanforderung für operationelle Risiken gewählten Verfahren über die allgemeinen Anforderungen hinausgehende qualitative Mindestanforderungen. Diese Vorgehensweise setzt die bereits im Zusammenhang mit der Zulassung interner Marktrisikomodelle eingeführte Praxis fort und unterstützt dadurch die Abkehr der Aufsicht von ihrer primär quantitativ ausgerichteten Überwachung. Da die als Mindestanforderungen formulierten qualitativen Elemente systematisch der qualitativen Überwachung zuzuordnen sind, wurden diese bereits in Kapitel D, und hier konkret im Rahmen der Infrastrukturnormen für den Umgang mit operationellen Risiken, behandelt.[18]

Wie bereits die qualitativen Normen stellen auch die quantitativen Anforderungen nicht lediglich die Geschäftsleitungen der Institute vor bedeutende Herausforderungen, sondern es ergeben sich überdies zum Teil erhebliche Erweiterungen der Prüfungspflichten der übrigen Überwachungsträger. Diese sind neben den Pflichten der Geschäftsleitung Gegenstand der folgenden Ausführungen.

1 Pflichten der Geschäftsleitung bei der Quantifizierung operationeller Risiken

1.1 Quantifizierungsmethoden zur Ermittlung des aufsichtsrechtlichen Anrechnungsbetrags

Für die Berechnung der Eigenkapitalanforderung für operationelle Risiken sieht Basel II drei alternative Methoden vor, die durch eine unterschiedliche Risikosensitivität und Komplexität gekennzeichnet sind:[19]

- den Basisindikatoransatz,
- den Standardansatz,
- ambitionierte Messansätze.

Nach Ansicht des Baseler Ausschusses sollen die Banken entlang dieses Kontinuums an Methoden zunehmend fortgeschrittene Messansätze für operationelle Risiken anwenden und im Rahmen der ambitionierten Ansätze eigene Messverfahren entwickeln.[20] Von international

18 Vgl. Abschn. D1.2.

19 Vgl. hierzu und zum Folgenden Basel Committee on Banking Supervision (2004a), S. 157 ff. Die Ansätze mit ihren zugehörigen Mindestanforderungen wurden in die geänderte EU-Richtlinie sowie in den Entwurf der Solvabilitätsverordnung des Bundesministeriums der Finanzen (BMF) weitestgehend übernommen, wenngleich hier auf einige Detailausführungen verzichtet wurde. Vgl. Commission of the European Communities (2004), Act 1, Art. 22, Art. 102-105 sowie Anhang V und X bzw. Bundesministerium der Finanzen (2005a), § 264 ff. E-SolvV.

20 Unter bestimmten Voraussetzungen ist es auch zulässig, verschiedene Ansätze zu kombinieren („Partial Use"), indem etwa der Standardansatz oder ambitionierte Messansätze nur für einen Teil der Geschäftsfelder bzw. Organisationseinheiten angewandt werden. Vgl. hierzu Basel Committee on Banking Supervision (2004a), Tz. 647 sowie 680 ff. bzw. Bundesministerium der Finanzen (2005a), § 274 sowie § 292 E-SolvV.

tätigen Banken wird erwartet, dass diese einen ihrem jeweiligen Risikoprofil angemessenen Ansatz wählen, mindestens jedoch den Standardansatz. Die nationalen Aufsichtsbehörden werden verpflichtet, die jeweils gewählten Methoden und die daraus resultierende Eigenkapitalbelastung im Rahmen eines Interbankenvergleichs zu hinterfragen und gegebenenfalls angemessene aufsichtliche Maßnahmen im Rahmen des Überprüfungsverfahrens der zweiten Säule von Basel II zu treffen.

1.1.1 Der Basisindikatoransatz (BIA)

Nach diesem einfachsten der drei Ansätze entspricht die Kapitalanforderung für operationelle Risiken (K_{BIA}) dem Drei-Jahres-Durchschnitt eines festgelegten Prozentsatzes (α) des jährlichen positiven Bruttoertrags (B).[21]

$$K_{BIA} = \frac{1}{n} \cdot \sum_{j=1}^{n} \alpha \cdot B_j$$

Mit
n = Anzahl der Jahre mit positivem Bruttoertrag in den letzten drei Jahren
α = 15 %.[22]

Die Wahl des Bruttoertrags als Indikator ist nicht unproblematisch. In Ermangelung besserer Alternativen wird er jedoch als „least worst option"[23] zumindest akzeptiert. Problematisch ist dieser Indikator deshalb, weil kein kausaler Zusammenhang zwischen seiner Höhe und der Gefährdung einer Bank, Verluste aus operationellen Risiken zu erleiden, bestehen muss. Im Schrifttum wird zwar bisweilen angeführt, der Grund für die Wahl des Bruttoertrags als Indikator könne darin liegen, dass dieser auf den Geschäftsumfang einer Bank schließen lasse, der wiederum die Höhe des Gefährdungspotenzials beeinflusse.[24] Ein solcher Zusammenhang konnte allerdings bislang empirisch nicht nachgewiesen werden. Im Gegenteil ist sogar vielmehr zu erwarten, dass Banken mit einem großen Geschäftsumfang eher in der Lage sein werden, Verluste zu kompensieren als kleinere Banken. Problematisch ist bei dem Basisindikatoransatz daher vor allem, dass kein Zusammenhang zwischen dem erforderlichen Kapitalbetrag und der für die operationelle Risikosituation im Wesentlichen ausschlaggebenden Qua-

---

21 Der Bruttoertrag ist definiert als Zinsergebnis, zuzüglich dem zinsunabhängigen Ertrag gemäß nationalen Rechnungslegungsstandards oder definiert durch die nationale Aufsicht, vor Wertberichtigungen, ohne Berücksichtigung betrieblicher Aufwendungen und des Aufwands für Auslagerungen, ohne Berücksichtigung realisierter Gewinne/Verluste aus Wertpapiergeschäften im Anlagebuch, ohne außerordentliche oder periodenfremde Erträge und ohne Einkünfte aus dem Versicherungsgeschäft. Vgl. Basel Committee on Banking Supervision (2004a), Tz. 650.

22 Vgl. auch § 266 E-SolvV.

23 So Dowd (2003), S. 41.

24 Vgl. z.B. Pezier (2003), S. 53.

lität des Risikomanagements hergestellt wird. Insofern ist dieser Ansatz nicht risikosensitiv und bietet den Instituten keinen Anreiz, ihre Risikomanagementverfahren zur Begrenzung operationeller Risiken zu verbessern.[25] Für den Bruttoertrag als Indikator sprechen andererseits die leichte Verfügbarkeit der zu seiner Ermittlung erforderlichen Größen in den Systemen der Banken, seine Vergleichbarkeit zwischen verschiedenen Instituten sowie seine antizyklische Wirkung.[26]

Da es sich bei dem Basisindikatoransatz um den einfachsten Ansatz zur Kapitalermittlung handelt, werden im Falle seiner Anwendung keine expliziten qualitativen Mindestanforderungen an die Institute gestellt. Gleichwohl werden diejenigen Institute, die diesen Ansatz für die Ermittlung des aufsichtsrechtlichen Eigenkapitalbedarfs wählen, aufgefordert, den vom Baseler Ausschuss aufgestellten Leitlinien der „Sound Practices“[27] zu folgen.

1.1.2 Der Standardansatz (STA)

Auch im Standardansatz dienen grundsätzlich die Bruttoerträge eines Instituts als Indikator für die Berechnung der Eigenkapitalanforderung. Allerdings erfolgt die Berechnung nicht für das Gesamtinstitut, sondern einzeln für jedes der folgenden acht festgelegten Geschäftsfelder, in die sämtliche Tätigkeiten der Bank aufzuteilen sind.[28, 29] Für jedes Geschäftsfeld wird die Eigenkapitalanforderung durch Multiplikation eines geschäftsfeldspezifischen Prozentsatzes (Beta-Faktor: β_i mit $i = 1, \ldots, 8$; vgl. Tabelle 13) mit dem jeweiligen Bruttoertrag[30] ermittelt.[31]

---

[25] Vgl. Hölscher/Kalhöfer/Bonn (2005), S. 494.

[26] Vgl. Dowd (2003), S. 41.

[27] Vgl. zu diesen Abschn. D1.2.1.

[28] Vgl. zu Grundsätzen für die Zuordnung zu den Geschäftsfeldern Basel Committee on Banking Supervision (2004a), Anhang 6 bzw. Bundesministerium der Finanzen (2005a), § 272 E-SolvV.

[29] Zunächst waren hier verschiedene Indikatoren für die einzelnen Geschäftsfelder vorgeschlagen worden, bei denen eine höhere Kausalität mit den Risiken vermutet wurde, wie z.B. der „jährliche Durchsatz an Zahlungen“ für das Geschäftsfeld Zahlungsverkehr. Diese wurden jedoch fallengelassen und in allen Geschäftsfeldern durch den Bruttoertrag ersetzt.

[30] Auf Antrag und nach Genehmigung durch die BaFin kann unter bestimmten Voraussetzung für die Geschäftsfelder „Firmenkundengeschäft“ und „Privatkundengeschäft“ als alternativer Indikator der Dreijahresdurchschnitt des nominalen Kreditvolumens multipliziert mit dem Faktor 0,035 verwendet werden (sog. „Alternativer Standardansatz“). Vgl. Bundesministerium der Finanzen (2005a), § 270 E-SolvV.

[31] Vgl. Basel Committee on Banking Supervision (2004a), Tz. 653.

Geschäftsfeld	β
Unternehmensfinanzierung und –beratung (Corporate Finance)	$\beta_1 = 18\%$
Handel (Trading and Sales)	$\beta_2 = 18\%$
Privatkundengeschäft (Private Banking)	$\beta_3 = 12\%$
Firmenkundengeschäft (Commercial Banking)	$\beta_4 = 15\%$
Zahlungsverkehr und Wertpapierabwicklung (Payment and Settlement)	$\beta_5 = 18\%$
Depot- und Treuhandgeschäfte (Agency Services)	$\beta_6 = 15\%$
Vermögensverwaltung (Asset Management)	$\beta_7 = 12\%$
Wertpapierprovisionsgeschäft (Retail Brokerage)	$\beta_8 = 12\%$

Tabelle 14: Geschäftsfelder nach Basel II und die zugehörigen Beta-Faktoren[32]

Die Gesamtkapitalforderung wird als Drei-Jahres-Durchschnitt aus der Addition der Kapitalanforderungen für die einzelnen Geschäftsfelder in jedem Jahr ermittelt:

$$K_{STA-Basel} = \frac{1}{3} \cdot \sum_{j=1}^{3} \max\left[\sum_{i=1}^{8} \beta_i \cdot B_{ji};0\right]$$

Nach den Baseler Vorschriften kann damit eine negative Kapitalanforderung in einem Geschäftsfeld mit positiven Kapitalanforderungen in anderen Geschäftsfeldern verrechnet werden. Allerdings besteht ein Wahlrecht für die nationalen Aufsichtsinstanzen, strengere Regeln zur Behandlung negativer Bruttoerträge zu erlassen. Derzeit zeichnet sich ab, dass die deutsche Aufsicht von diesem Wahlrecht Gebrauch macht und den restriktiveren EU-Vorgaben folgt. Sofern ein Jahreswert des Bruttoertrags eines Geschäftsfelds negativ ist, ist demnach für diesen der Wert Null anzusetzen. Die Berechnung der Kapitalanforderungen nach dem Standardansatz ergibt sich gemäß § 269 des Entwurfs der Solvabilitätsverordnung wie folgt:

$$K_{STA-EU/National} = \frac{1}{3} \cdot \sum_{i=1}^{8} \beta_i \sum_{j=1}^{3} \max\left[B_{ji};0\right]$$

Im Gegensatz zum Basisindikatoransatz sind an die Verwendung des Standardansatzes umfangreiche qualitative Anforderungen geknüpft, die ein Institut erfüllen muss, um von der Aufsicht zu diesem Ansatz zugelassen zu werden (vgl. zu den qualitativen Anforderungen Abschn. D1.2.1). Im Gegenzug stellt die Aufsicht den Instituten eine Entlastung durch eine niedrigere Kapitalunterlegungspflicht für operationelle Risiken in Aussicht. Der vermeintliche Fortschritt gegenüber dem Basisindikatoransatz, der mitunter in der Zerlegung eines Instituts

[32] Vgl. Basel Committee on Banking Supervision (2004a), Tz. 654. Zu Grundsätzen zur Zuordnung der Geschäftsfelder sowie der Aufteilung des Bruttoertrags Basel Committee on Banking Supervision (2004a), Anhang 6, S. 253 f.

in Geschäftsfelder gesehen wird,[33] ist allerdings fragwürdig. Ein ohnehin nicht risikosensitiver Indikator wird nicht dadurch besser, dass er für kleinere Einheiten ermittelt wird, zumal die Zuordnung der Bruttoerträge zu den vorgegebenen Geschäftsfeldern in Abhängigkeit von der individuellen Struktur eines Instituts nicht immer zweifelsfrei möglich ist. Zudem ist angesichts der Wahl der Parameter fraglich, ob bei Anwendung des Standardansatzes tatsächlich eine geringere Eigenkapitalbelastung als beim Basisindikatoransatz erreicht werden kann, um Bemühungen der Institute für ein besseres Risikomanagement zu belohnen. Dies kann schließlich nur dann der Fall sein, wenn ein Institut in Geschäftsfeldern mit einem Beta von 12% einen größeren Anteil seiner Bruttoerträge erwirtschaftet als in denjenigen mit einem Beta von 18%. Problematisch ist in diesem Zusammenhang, wie bereits beim Basisindikatoransatz, dass die Qualität des Risikomanagements keinen Einfluss auf die Höhe der Eigenkapitalbelastung hat.

1.1.3 Ambitionierte Messansätze (AMA)

Banken dürfen, sofern sie die vorgegebenen Mindestanforderungen erfüllen und die Aufsicht zustimmt, für die Bestimmung der aufsichtsrechtlichen Eigenkapitalanforderung auch ein **bankinternes Messverfahren** anwenden.[34] Bei Vorhandensein eines hoch entwickelten und umfassenden Risikomanagements sollen Banken nach der Intention des Baseler Ausschusses durch geringere Kapitalanforderungen als bei den einfachen Messansätzen belohnt werden. Der Baseler Ausschuss sowie auch die nationale Aufsicht verzichten dabei bewusst auf die Vorgabe expliziter Messverfahren, sondern beschränken sich auf die Festlegung qualitativer (vgl. 1.2) und quantitativer Mindestanforderungen, welche die Institute bzw. deren interne Modelle erfüllen müssen. Auf diese Weise soll der noch andauernden Entwicklung der Methoden Rechnung getragen werden. Die quantitativen Anforderungen an das eigentliche Messverfahren sind in den beiden folgenden Abbildungen 24 und 25 aufgeführt. Dabei wird zwischen dem sogenannten AMA-Soliditätskriterium und weiteren Anforderungen unterschieden. Auf die wesentlichen Punkte wird im Einzelnen im Zuge der folgenden Ausführungen näher eingegangen.

---

33 So etwa auch Waschbusch/Lesch (2004), S. 71 und zustimmend Hölscher/Kalhöfer/Bonn (2005), S. 495.

34 Dies gilt allerdings erst ab dem 1.1.2008, also ein Jahr später als im Falle der einfacheren Ansätze. Der Baseler Ausschuss begründet dies mit noch durchzuführenden Parallelrechnungen bzw. Auswirkungsstudien. Vgl. Basel Committee on Banking Supervision (2004a), Tz. 2 bzw. § 337 Abs. 7 E-SolvV.

AMA Soliditätskriterium (Basel Committee on Banking Supervision (2004), Tz. 667):

In Anbetracht der fortlaufenden Weiterentwicklung von analytischen Ansätzen für operationelle Risiken spezifiziert der Ausschuss weder Verfahren noch Verteilungsannahmen für die Generierung einer für die Berechnung des regulatorischen Eigenkapitals geeigneten Messgröße für operationelle Risiken. Eine Bank muss jedoch nachweisen können, dass ihr Ansatz auch die **potenziell schwerwiegenden Verlustereignisse an den Rändern der angenommenen Verteilung** erfasst. Unabhängig vom gewählten Ansatz muss die Bank zeigen, dass ihr Verfahren zur Messung operationeller Risiken bezüglich der Solidität **vergleichbar** mit dem auf internen Ratings basierenden Ansatz für das Kreditrisiko ist (d.h. vergleichbar mit einer **einjährigen Halteperiode** und einem **99,9%-Konfidenzniveau**).

Abbildung 24: AMA-Soliditätskriterium[35]

Quantitative Anforderungen an die internen Risikomessverfahren für operationelle Risiken (Basel Committee on Banking Supervision (2004), Tz. 669):
Die folgenden quantitativen Anforderungen gelten für eine Bank, die ihre internen Messergebnisse in Bezug auf das operationelle Risiko für die Berechnung der regulatorischen Eigenkapitalanforderungen einsetzt.

a) Jedes bankinterne System zur Messung der operationellen Risiken muss mit der **Definition** der operationellen Risiken, wie sie vom Ausschuss in Absatz 644 niedergelegt ist, und den in Anhang 7 definierten **Verlustereignissen** vereinbar sein.
b) Die Bankenaufsicht erwartet von einer Bank die Berechnung der Eigenkapitalanforderung als Summe der **erwarteten (EL)** und **unerwarteten Verluste (UL)**, außer die Bank kann nachweisen, dass sie den erwarteten Verlust angemessen in ihren internen Geschäftspraktiken berücksichtigt. Um also die Mindestkapitalanforderungen allein auf den unerwarteten Verlust beziehen zu können, muss die Bank die Aufsicht zufriedenstellend davon überzeugen, dass sie das Ausmaß des erwarteten Verlusts gemessen und entsprechend berücksichtigt hat.
c) Das von der Bank verwendete Risikomesssystem muss **hinreichend detailliert und „granular"** sein, um die Haupttreiber für operationelle Risiken, die die Ränder der Verlustverteilungen beeinflussen, zu erfassen.
d) Risikomessgrößen für die **verschiedenen geschätzten operationellen Risiken** müssen bei der Berechnung der aufsichtlichen Mindestkapitalanforderung **addiert** werden. Gleichwohl kann der Bank gestattet werden, **intern abgeleitete Korrelationen** der operationellen Verluste zwischen individuell geschätzten operationellen Risiken zu berücksichtigen, wenn sie zur Zufriedenheit ihrer Aufsichtsstelle nachweist, dass ihre Systeme zur Bestimmung der Korrelationen solide sind, fest implementiert wurden und die Unsicherheit bei der Schätzung von Korrelationen (insbesondere in Stressphasen) berücksichtigen. Die Bank muss ihre Korrelationsannahmen validieren, wobei angemessene quantitative und qualitative Techniken zu verwenden sind.
e) Jedes Messsystem für operationelle Risiken muss über bestimmte, in diesem Abschnitt beschriebene **Schlüsselmerkmale** zur Erfüllung der aufsichtlichen Soliditätsanforderungen verfügen. Diese Elemente beinhalten die Nutzung **interner Daten**, sachdienlicher **externer Daten, Szenarioanalysen** und Faktoren, die das **Geschäftsumfeld und das interne Kontrollsystem** widerspiegeln.

[...]

Abbildung 25: Quantitative Anforderungen bei Anwendung eines AMA[36]

In den letzten Jahren wurden in Wissenschaft und Praxis zahlreiche Methoden zur Messung operationeller Risiken vorgeschlagen, wobei der Entwicklungsprozess noch nicht abgeschlossen ist. Auch wenn eine Vielzahl verschiedener Ansätze nebeneinander diskutiert wird, scheint sich doch ein gewisser Konsens über die grundsätzliche Methodik in der Branche abzuzeichnen. So wird üblicherweise ein Verlustverteilungsansatz („Loss Distribution Appro-

[35] Quelle: Basel Committee on Banking Supervision (2004a), Tz. 667; Hervorhebungen durch die Verfasserin.

[36] Quelle: Basel Committee on Banking Supervision (2004a), Tz. 669; Hervorhebungen durch die Verfasserin. Zu den unter (e) genannten Schlüsselmerkmalen werden darüber hinaus jeweils weitere Anforderungen, wie beispielsweise zur geforderten Historie und zum Umfang der internen Datensammlung, formuliert. Vgl. Basel Committee on Banking Supervision (2004a), Tz. 670 ff.

ach") zur Ermittlung eines Value at Risk (VaR) für operationelle Risiken verwendet.[37] Der Vorteil der Verwendung eines VaR-Ansatzes wird vielfach darin gesehen, dass sich so grundsätzlich die Möglichkeit der Aggregation des berechneten Risikowerts mit den für Marktpreis- und Kreditrisiken ermittelten Beträgen zu einem Gesamtrisiko ergibt.[38] Der auf mathematisch-statistischen Überlegungen basierende VaR wurde ursprünglich als Risikomaß für Marktrisikopositionen entwickelt. Dabei wird der zukünftige Verlust bzw. die Veränderung eines Portfoliowerts als Zufallsvariable definiert. Mit Hilfe der Verteilungsfunktion dieser Zufallsvariable lässt sich der VaR als Quantil (α) der Verteilung beschreiben, d.h., er gibt den maximalen Verlust eines gegebenen Portfolios an, der mit einer gegebenen Wahrscheinlichkeit ($1-\alpha$) in einem bestimmten Zeitraum nicht überschritten wird.[39] Da die Verlustverteilung oftmals nicht bekannt ist, wird für die Quantifizierung von Marktpreisrisiken häufig auf die Verteilung der Marktwertschwankungen der betreffenden Positionen zurückgegriffen, d.h., es werden z.B. die stetigen Renditen[40] einer Anlage modelliert und mangels besserer Alternativen oft unterstellt, dass sich diese durch eine Normalverteilung beschreiben lassen.[41]

Soll nun das Konzept des VaR auf operationelle Risiken übertragen werden, ist es erforderlich, sich zuvor die grundsätzlichen Unterschiede zu verdeutlichen, die zu einer im Vergleich zu den Marktpreisrisiken abweichenden Berechnungsmethodik zwingen.[42] Zunächst einmal sind die im Zusammenhang mit der Marktrisikomessung relevanten Wertveränderungen stetig verteilt, da sie theoretisch jede beliebige Größe annehmen können. Zudem sind grundsätzlich jederzeit Preise für die zu untersuchenden Positionen verfügbar. Bei operationellen Risiken ist dagegen neben der Verlusthöhe auch die Verlusthäufigkeit von Interesse, die eine diskrete Verteilung besitzt. Hinzu kommt, dass die Verteilung der Verlusthöhe nicht der Normalverteilung entspricht. Vielmehr ist die Dichtefunktion der Wahrscheinlichkeitsverteilung der Verlusthöhe in aller Regel deutlich rechtsschief, d.h., es gibt nur wenige extrem hohe Verluste (Low-Frequency-/High-Severity-Ereignisse).[43]

Um diesen Unterschieden Rechnung zu tragen, werden für die Quantifizierung operationeller Risiken die Verlusthöhe und die Verlusthäufigkeit zunächst getrennt modelliert, und die bei-

---

37 Dies unterstreicht auch eine von der Deutschen Bundesbank und der BaFin im Jahr 2004 gemeinsam durchgeführte Untersuchung zum Stand der Implementierung fortgeschrittener Ansätze in den Instituten (sog. „Industrieaktion AMA"). Vgl. Deutsche Bundesbank/BaFin (2005a), S. 17.

38 Vgl. Füser/Rödel/Kang (2002), S. 499; Schierenbeck (2003b), S. 482 f.; kritisch zu der Integration operationeller Risiken in eine Gesamtrisikogröße Döhring (1996b), S. 75.

39 Vgl. Poddig/Dichtl/Petersmeier (2003), S. 137 f.

40 Die stetige Rendite tritt bei stetiger Verzinsung auf, bei der das Kapital während der betrachteten Periode kontinuierlich verzinst wird, wobei die Verzinsungszeiträume innerhalb der betrachteten Periode beliebig klein und gleichzeitig die Anzahl der Verzinsungszeiträume beliebig groß werden. Im Gegensatz dazu gibt die diskrete Rendite die relative einmalig erfolgende Wertänderung des eingesetzten Kapitals von Periode t-1 zu Periode t an. Vgl. Poddig/Dichtl/Petersmeier (2003), S. 103 f.

41 Liegen hingegen keine Vorstellungen über Wahrscheinlichkeiten verschiedener Verlustsituationen vor, kann eine Messung lediglich qualitativ z.B. durch Bildung von Risikoklassen nach geeigneten Kriterien durchgeführt werden. Vgl. Kromschröder/Lück (1998), S. 1574.

42 Vgl. hierzu Cruz (2002), S. 101 f.

43 Vgl. Abschn. B3.2.

den resultierenden Verteilungen erst in einem weiteren Schritt zu einer Gesamtverlustverteilung zusammengeführt. Dabei wird vereinfachend angenommen, dass die Verlusthäufigkeit und die Verlusthöhe voneinander unabhängig sind. Auf diese Weise reicht es aus, neben einer Verteilung für die Verlusthäufigkeit, auch lediglich eine Verteilung für die Verlusthöhe zu bestimmen, anstatt die gemeinsame Verteilung für die Häufigkeit und alle möglichen Verlusthöhen zu ermitteln. Diese Annahme ist durchaus kritisch zu sehen, da z.B. HFLS-Ereignisse in der Regel eine deutlich niedrigere Verlusthöhe aufweisen werden, als LFHS-Ereignisse.[44] Gleichwohl kann diese Vereinfachung toleriert werden, wenn es gelingt, die zu modellierenden Einzelrisiken, z.B. definiert durch Geschäftsfeld-/Verlustkategorie-Kombinationen, so zu wählen, dass die Annahme gerechtfertigt ist, dass alle Verlusthöhen des jeweiligen operationellen Risikos die gleiche Verteilung besitzen. Basel II fordert etwa für die Verlustdatenerfassung, dass die Schadensfälle den vorgegebenen acht Geschäftsfeldern und den sieben „Event Types"[45] zugeordnet werden können, auch wenn es den Banken unbenommen bleibt, für das interne Messsystem eine abweichende Kategorisierung zu verwenden.[46] Mit Blick auf die Ausgestaltung des Messsystems erwartet der Baseler Ausschuss darüber hinaus, dass die Methodik hinsichtlich ihrer Solidität vergleichbar ist mit einem Ansatz, der auf einem 99,9%-Konfidenzniveau und einer einjährigen Haltedauer beruht, d.h., es ist sicherzustellen, dass auch potenziell schwerwiegende Verluste am Rande der Verlustverteilung berücksichtigt werden (vgl. oben das AMA-Soliditätskriterium).[47]

Bei der Bestimmung passender Verteilungen für die Verlusthäufigkeit und die Verlusthöhe ist grundsätzlich zwischen empirischen und parametrischen Verteilungen zu unterscheiden.[48] Empirische Modelle verwenden die Verteilung einer vorhandenen Stichprobe als Annäherung für die Verteilung der Grundgesamtheit; immer unter der Annahme, dass die Vergangenheit ein guter Prädiktor für die Zukunft ist. Liegen indes keine ausreichenden empirischen Daten vor, muss die Verteilung durch theoretische Modellverteilungen angenähert werden. Hierfür finden in der Regel parametrische Verteilungen Verwendung, durch die mathematische Annahmen über den zugrunde liegenden Prozess getroffen werden. Ihr Vorteil liegt vor allem darin, dass durch sie auch die im Zusammenhang mit operationellen Risiken besonders bedeutsamen „Tail Events", also die durch LFHS-Ereignisse verursachten Verluste berücksichtigt werden können, die in einer Stichprobe üblicherweise unterrepräsentiert sind. Allerdings erfordert die Annäherung durch parametrische Verteilungen, dass der Anwender zumindest eine Vorstellung über den zugrunde liegenden Prozess besitzt, womit bei der Modellierung nicht die gleiche Objektivität gegeben ist, wie bei der Verwendung einer ausschließlich auf

---

44 Vgl. Alexander (2003a), S. 145.

45 Vgl. zu diesen Abschn. B4.

46 Vgl. Basel Committee on Banking Supervision (2004a), Tz. 673. Übernimmt ein Institut die Baseler Kategorisierung auch für das eigene Modell, führt dies je nach Ausrichtung des Instituts zu bis zu 56 separaten Schätzungen.

47 Vgl. Basel Committee on Banking Supervision (2004a), Tz. 667 sowie auch Bundesministerium der Finanzen (2005a), § 282 E-SolvV.

48 Vgl. hierzu und zum Folgenden Marshall (2001), S. 220 ff.; Haubenstock/Hardin (2003), S. 175 ff.

historischen Verlustdaten basierenden Verteilung. Zudem müssen im Anschluss an die Auswahl einer geeigneten Verteilung deren Parameter so festgelegt werden, dass sie die gegebene Datensituation möglichst gut widerspiegeln. Die Vorgehensweise zur Spezifikation von Verlusthäufigkeit- und Verlusthöhenverteilung lässt sich in die folgenden vier Schritte unterteilen:

1. Erstellen eines Histogramms der historischen Verlusthäufigkeiten bzw. Verlusthöhen,
2. Identifizieren einer geeigneten theoretischen Verteilung,
3. Schätzung der Parameter der Verteilung,
4. Goodness-of-fit-Test zwischen den vorhandenen Daten und der theoretischen Verteilung.

Auf der Basis von Histogrammen ist zu entscheiden, welche theoretischen Verteilungen für eine Annäherung jeweils in Frage kommen. Dabei ist grundlegend danach zu unterscheiden, ob eine diskrete oder eine stetige Verteilung erforderlich ist. Im Falle der **Verlusthäufigkeit** handelt es sich um diskret verteilte Daten, d.h. die Zufallsvariable kann nur abzählbar viele Werte annehmen. Zu den in diesem Fall anzuwendenden diskreten Verteilungen zählen z.B. die Poissonverteilung, die Binomialverteilung und die Negativ-Binomialverteilung. Die Poissonverteilung ist eine einparametrische Verteilung mit der Dichtefunktion

$$f_P\,(x/\lambda) = \frac{\lambda^x e^{-\lambda}}{x!} \qquad \text{für } x = 0, 1, 2, \ldots$$

Dabei beschreibt x die Anzahl der Verluste und λ sowohl die mittlere Verlusthäufigkeit (Erwartungswert) als auch die Varianz. Die Poissonverteilung ist immer dann geeignet, wenn in der Stichprobe Mittelwert und Varianz annähernd identisch sind. Für die Verwendung der zweiparametrischen Binomialverteilung mit der Dichtefunktion

$$f_B\,(x/n; p) = \binom{n}{x} p^x (1-p)^{n-x} \qquad \text{für } x = 0, 1, 2, \ldots$$

sowie Erwartungswert np und Varianz np[1-p] spricht hingegen eine Stichprobe, bei der die Varianz der Verlusthäufigkeit einen niedrigeren Wert annimmt als der Mittelwert. Übersteigt umgekehrt die Varianz den Mittelwert bietet sich dagegen die Negativ-Binomialverteilung mit der Dichtefunktion

$$f_{NB}\,(x/s; p) = \binom{s+x-1}{x} p^s (1-p)^x \qquad \text{für } x = 0, 1, 2, \ldots$$

sowie Varianz s[1-p]/p^2 und Erwartungswert s[1-p]/p an.[49] Um eine passende theoretische Verteilung auszuwählen, kann es daher hilfreich sein, auf Methoden der deskriptiven Statistik zur Bestimmung von Mittelwert, Varianz und Schiefe der Verteilung der vorhandenen Stichprobe zurückzugreifen.[50]

Graphisch lassen sich die Dichtefunktion sowie die zugehörige Verteilungsfunktion einer diskreten Verteilung am Beispiel einer Poissonverteilung folgendermaßen darstellen (vgl. Abbildung 26):

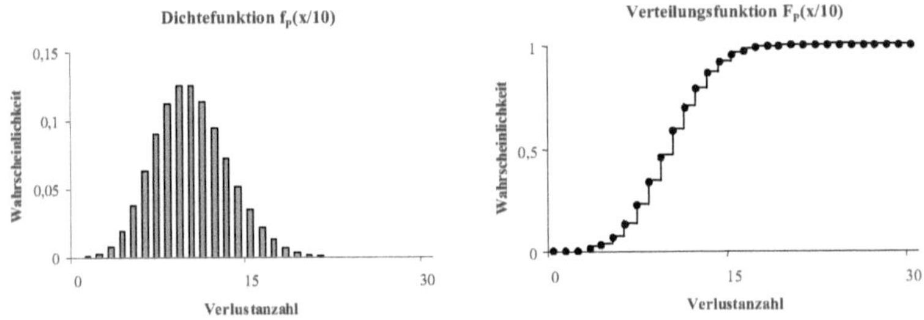

Abbildung 26: Beispiel für Dichte- und Verteilungsfunktion einer Poissonverteilung mit λ = 10

Im Gegensatz zu den Verlusthäufigkeiten handelt es sich bei der **Verlusthöhe** um eine stetige Zufallsvariable, d.h. diese kann beliebige reelle Werte annehmen. Eine stetige Verteilung, die im Zusammenhang mit der Modellierung operationeller Risiken häufig Verwendung findet, ist die Lognormalverteilung.[51] Ihre Dichtefunktion lässt sich schreiben als:

$$f_{LN}(x/\mu;\sigma) = \frac{1}{\sigma x\sqrt{2\pi}}\, e^{-\frac{1}{2}\left(\frac{(\ln x-\mu)}{\sigma}\right)^2} \qquad \text{für } x > 0$$

Dabei ist x die Verlusthöhe, $e^{\mu+\frac{\sigma^2}{2}}$ der Erwartungswert und $e^{2\mu+\sigma^2}(e^{\sigma^2}-1)$ die Varianz der logarithmierten Variablen. Durch ihre rechtsschiefe Form trägt die Lognormalverteilung auch möglichen „Tail Events“ Rechnung. Lässt sich die Verlusthöhe der vorhandenen Daten dagegen nicht angemessen durch eine Lognormalverteilung beschreiben, kommt als weitere stetige Verteilung z.B. die deutlich flexiblere Weibullverteilung in Frage. Diese besitzt die Dichtefunktion

49 Vgl. Feller (1968), S. 165; Marshall (2001), S. 228 ff.; de Fontnouvelle/Jordan/Rosengren (2005), S. 22 ff.

50 Vgl. hierzu z.B. Poddig/Dichtl/Petersmeier (2003), S. 57 ff.; Bleymüller/Gehlert/Gülicher (2004), S. 13 ff.

51 Vgl. z.B. Beek/Kaiser (2000), S. 643; Piaz (2002), S. 117; Hölscher/Kalhöfer/Bonn (2005), S. 499; Alexander (2003a), S. 145.

$$f_W(x/\alpha;\beta) = \alpha\beta^{-\alpha} x^{\alpha-1} e^{-\left(\frac{x}{\beta}\right)^{\alpha}} \quad \text{für } \alpha \text{ und } \beta > 0$$

mit x für die Verlusthöhe, α als Parameter für die Skalierung und β als Parameter für die Form der Verteilung. So nimmt die Weibullverteilung etwa für $\beta = 1$ die Form einer Exponentialfunktion an, während sie für $\beta = 3{,}25$ einer Normalverteilung ähnelt.[52] Sowohl die Lognormal- als auch die Weibullverteilung zählen eher zu den „light-tailed"-Verteilungen. Implizieren die Verlustdaten jedoch ausgeprägte Tails, so kann möglicherweise die Paretoverteilung besser geeignet sein.[53] Die Dichtefunktion der Paretoverteilung lässt sich schreiben als

$$f_{Pa}(x/k;x_{min}) = \frac{k x_{min}^{k}}{x^{k+1}} \quad \text{für alle } x > x_{min},$$

wobei x auch hier die Verlusthöhe und x_{min} einen Mindestwert der Verlusthöhe repräsentiert.

In Abbildung 27 sind beispielhaft Dichte- und Verteilungsfunktion einer stetigen Verteilung (hier der Weibullverteilung) dargestellt.

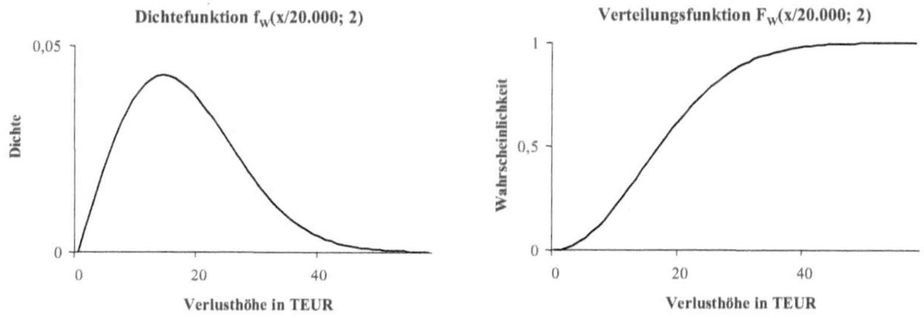

Abbildung 27: Beispiel für Dichte- und Verteilungsfunktion einer Weibullverteilung mit $\alpha = 20.000$ und $\beta = 2$

Für die ausgewählten Verteilungen der Verlusthäufigkeit und der Verlusthöhe sind in einem nächsten Schritt die jeweiligen **Parameter** zu schätzen. In Abhängigkeit von den zur Parameterschätzung verwendeten Daten können bei der Ermittlung eines VaR für operationelle Risiken im Wesentlichen zwei Varianten des Verlustverteilungsansatzes unterschieden werden:[54]

52 Vgl. Marshall (2001), S. 233.

53 Darüber hinaus sind weitere mögliche Verteilungen z.B. die Beta-, Gamma-, LogGamma- und die Burr-Verteilung. Vgl. de Fontnouvelle/Jordan/Rosengren (2005), S. 9 ff. Darüber hinaus werden auch Ansätze der Extremwerttheorie diskutiert. Vgl. hierzu z.B. Cruz (2002), S. 63 ff.

54 Vgl. Alexander (2003a), S. 129.

- ein auf historischen Verlustdaten basierender Ansatz,
- ein auf Expertenschätzungen basierender Ansatz, der auch als „Scorecard-Ansatz" bezeichnet wird.

Denkbar sind auch Mischformen, die versuchen, die Vorteile beider Ansätze zu vereinen. Der Vorteil der Verwendung historischer Verlustdaten liegt in deren Objektivität. Der Baseler Ausschuss verpflichtet Institute bereits bei Anwendung des Standardansatzes zu der Sammlung interner Verlustdaten. Für fortgeschrittene Messansätze wird die Einbeziehung einer fünfjährigen Datenhistorie in die Berechnungen verlangt; für die erstmalige Anerkennung eines AMA genügt jedoch eine Historie von drei Jahren.[55] Allerdings sind mit der Verwendung historischer Verlustdaten auch erhebliche Nachteile verbunden. So ist zunächst einmal deren Vergangenheitsbezogenheit zu nennen.[56] Zukünftige Situationen werden nicht notwendigerweise adäquat abgebildet; im Gegenteil ist sogar gerade bei den in Frage stehenden operationellen Risiken davon auszugehen, dass nach dem Auftreten eines Verlustfalls geeignete Maßnahmen getroffen werden, um vergleichbare Fälle für die Zukunft auszuschließen. Dies gilt insbesondere für mittlere und große Verlustfälle. Bei letzteren ist es überdies unwahrscheinlich, dass sie überhaupt in den Verlustdaten eines Instituts enthalten sind. Es werden mithin in der Regel Datenlücken vor allem im Bereich der LFHS-Verluste bestehen. Hinzu kommt, dass etwa für neue Geschäftsbereiche oder neue Aktivitäten eines Instituts interne Daten gänzlich fehlen, was jedoch keineswegs bedeutet, dass in diesen Bereichen keine operationellen Risiken existieren. Ferner muss damit gerechnet werden, dass nicht sämtliche Verlustfälle gemeldet werden. Die Gründe hierfür können vielfältig sein und reichen von nicht erkannten Fehlern bei der Dateneingabe bis hin zu bewusster Verschleierung bei Betrugsfällen. Außerdem kann die Datenbasis durch eine fehlerhafte Zuordnung von Verlustfällen aufgrund einer unklaren Abgrenzung zwischen operationellen Risiken einerseits und Markt- und Kreditrisiken andererseits verzerrt sein.[57] Erwähnenswert ist daher an dieser Stelle der durch den Baseler Ausschuss vorgeschlagene Umgang mit solchen operationellen Risiken, die im Zusammenhang mit Kredit- oder Marktpreisrisiken stehen. Im Falle gleichzeitig betroffener Kreditrisiken sind die Verluste zwar in der Datensammlung für operationelle Risiken zu erfassen, jedoch gesondert zu kennzeichnen und für die Berechnung der Mindesteigenkapitalforderungen ausschließlich als Kreditrisiken zu behandeln. Anders ist dies bei operationellen Verlusten, die mit Marktrisiken zusammenhängen. Diese sind für die Berechnung der Mindesteigenkapitalforderung wie operationelle Risiken zu behandeln.[58] Generell ist, nicht zuletzt ange-

55 Vgl. Basel Committee on Banking Supervision (2004a), Tz. 672 bzw. Bundesministerium der Finanzen (2005a), § 285 E-SolvV.

56 Vgl. hierzu und zum Folgenden van den Brink (2005), S. 259 sowie Alexander (2003a), S. 134 ff. Zu grundlegenden Bedenken gegen die Verwendung von Vergangenheitsdaten für die Erstellung von Prognosen vgl. Schneider (2002), S. 9. Dieser führt an, der Glaube, ohne Kenntnis erfahrungswissenschaftlicher Gesetzmäßigkeiten aus der Vergangenheit durch statistische Auswertungen auf die Zukunft schließen zu dürfen, sei ein „Aberglaube".

57 Vgl. Haas/Kaiser (2004), S. 14 f.

58 Vgl. Basel Committee on Banking Supervision (2004a), Tz. 673 bzw. ähnlich auch Bundesministerium der Finanzen (2005a), § 287 E-SolvV.

sichts der in Kapitel B behandelten Charakteristika operationeller Risiken fraglich, ob tatsächlich eine solide historische Datenbasis generiert werden kann, auf deren Basis zukünftige Verlustfälle abgeschätzt werden können. Deren Vorliegen ist jedoch zwingende Voraussetzung für eine zuverlässige Modellierung.

Um die Problematik der Datenlücken zu umgehen, werden die internen Verlustdaten häufig durch externe Daten ergänzt, z.B. aus öffentlich bekannt gewordenen Verlustfällen oder Datenkonsortien mehrerer Institute. Allerdings ist die Verwendung externer Daten ebenfalls nicht unproblematisch, da diese nicht notwendigerweise auch für andere Institute von Bedeutung sind. Vielmehr hängt die Relevanz externer Verlustfälle maßgeblich von der jeweiligen Geschäftsstrategie, dem Geschäftsumfeld sowie nicht zuletzt auch von der Beschaffenheit der internen Organisation und der Qualität des Risikomanagementsystems, inklusive der internen Überwachungsmaßnahmen eines Instituts ab.[59] Der Baseler Ausschuss verlangt daher die Festlegung eines systematischen Prozesses sowie von Methoden, die die Nutzung externer Daten sowie deren Verarbeitung, z.B. durch Skalierung oder qualitative Anpassungen festlegen.[60] Teilweise wird etwa eine Skalierung der Daten über Größenindikatoren vorgeschlagen, wobei, wie bereits im Zusammenhang mit dem Basisindikator- und dem Standardansatz festgestellt, die Größe eines Instituts nicht notwendigerweise ein zuverlässiger Indikator für die operationelle Risikosituation sein muss. Die Notwendigkeit der Anpassung oder Eliminierung historischer Verlustfälle aus der Datenbasis relativiert den Vorteil der Objektivität historischer Daten, da für die Beurteilung der Relevanz einzelner Verlustfälle subjektive Experteneinschätzungen erforderlich sind.[61]

In diesem Zusammenhang nennt der Baseler Ausschuss als weiteres in das Messsystem einzubeziehendes „Schlüsselmerkmal" Risikofaktoren, die das Geschäftsumfeld und das Interne Überwachungssystem eines Instituts widerspiegeln. Durch die Identifikation und Bewertung von Risikotreibern sollen etwa Veränderungen in der Qualität des Internen Überwachungssystems oder in der Komplexität der Tätigkeiten in der Quantifizierung berücksichtigt werden, da die Wahrscheinlichkeit eines Verlusts letztlich erheblich von der Ausgestaltung der Überwachungsumgebung abhängt.[62] Diese Tatsache wirkt sich auch auf die Verteilungsfunktion aus. Es ist zu erwarten, dass Banken mit einer besseren Überwachungsumgebung eine „thinner-tailed severity distribution" haben als Banken mit einer eher schlechten Überwachungsumgebung, d.h., die Wahrscheinlichkeit sehr großer Verluste ist bei den „guten" Banken geringer. Dies hat wiederum Folgen für die Verwendung externer Verlustdaten. Sollen diese für die interne Steuerung oder die aufsichtsrechtliche Eigenkapitalunterlegung verwendet werden, ist eine Anpassung der externen Daten an die internen Gegebenheiten einer Bank erforderlich.

59 Vgl. auch Peccia (2003), S. 275.
60 Zu Methoden der Mischung interner und externer Daten vgl. Haubenstock/Hardin (2003), S. 182 f. und Stögbauer (2002), S. 188 ff.
61 Vgl. van den Brink (2005), S. 260.
62 Vgl. auch Stögbauer (2002), S. 190.

Wie genau sich jedoch die Überwachungsumgebung auf die Verlustverteilung auswirkt, ist noch eine offene Frage und damit auch die Frage nach der Konkretisierung des erforderlichen Anpassungsprozesses.[63] Auch die gemeinsame „Industrieaktion AMA“ der Deutschen Bundesbank und der BaFin hat hinsichtlich der Einbeziehung von Geschäftsumfeld- und internen Kontrollfaktoren in das interne Modell noch keine wesentlichen Erkenntnisse gebracht. Einige Banken erheben demnach zwar bereits entsprechende Risikoindikatoren, deren Implementierung in die Modelle ist jedoch weitgehend noch nicht erfolgt.[64, 65]

Um die Nachteile der Verwendung historischer Verlustdaten zu umgehen, werden diese oftmals durch sogenannte „Scorecard-Daten“ ergänzt oder teilweise sogar vollständig durch diese ersetzt. Scorecards basieren in der Regel ausschließlich auf Experteneinschätzungen und werden z.B. in Form von Self Assessments[66] erstellt. Scorecards sind in hohem Maße durch Subjektivität der enthaltenen Daten gekennzeichnet, sie unterstützen jedoch gleichzeitig eine risikosensitive Messmethode, da sich Veränderungen in dem Risikoprofil eines Instituts, z.B. durch neue oder verbesserte Kontrollprozesse unmittelbar in der Bewertung und damit in der Höhe der Kapitalanforderung bemerkbar machen.[67] Problematisch erscheint allerdings die Transformation der Experteneinschätzungen in Parameterwerte für die benötigten Verteilungen. Ein Vorschlag für die Datenerfassung findet sich z.B. bei VAN DEN BRINK.[68] Dieser wählt als Objekte der Bewertung Prozesse oder Prozessbündel, für die es in verschiedenen Risikoursachenkategorien jeweils zu beurteilen gilt, wie hoch das Verlustpotenzial und die Verlusthäufigkeit sowohl in einer typischen Situation als auch mit einer Wahrscheinlichkeit von 95% ist. Der Schätzwert für die typische Situation wird später als arithmetisches Mittel interpretiert, während die Schätzung der Bandbreite der Ableitung der Standardabweichung der zu spezifizierenden Verteilung dient. Angesichts der Heterogenität und Besonderheiten der zu beurteilenden potenziellen Ereignisse muss hier allerdings in Frage gestellt werden, ob die für die Beurteilungen hinzugezogenen Experten tatsächlich in der Lage sein können, derart exakte Schätzungen vorzunehmen, oder ob hierdurch nicht vielmehr eine erhebliche Pseudogenauigkeit erzeugt wird. Der Vorteil zukunftsgerichteter Einschätzungen droht hier durch die ausgesprochene Subjektivität der verwendeten Daten überlagert zu werden. Ob die vorgesehene Validierung der Schätzungen durch eine unabhängige Überprüfung der Daten im Rahmen eines Vier-Augen-Prinzips sowie durch die Sicherstellung von Konsistenz zwischen den Schätzungen verschiedener Bereiche in der Lage ist, dies auszugleichen, muss zumindest für weite Teile einer Bank bezweifelt werden. Um die Gefährdung eines Instituts durch potenzielle schwerwiegende Risikoereignisse zu beurteilen, sieht jedoch auch der Baseler Ausschuss

---

63 Vgl. de Fontnouvelle/DeJesus-Rueff/Jordan/Rosengren (2003), S. 22.
64 Vgl. Deutsche Bundesbank/Bafin (2005a), S. 36.
65 Einen möglichen Ansatz hierfür könnten die im Schrifttum diskutierten Kausalmodelle liefern. Vgl. zu diesen Abschn. F2.2.
66 Zum Begriff vgl. Abschn. D1.2.1.
67 Vgl. Anders (2003), S. 223.
68 Vgl. van den Brink (2005), S. 261 f.

Szenario-Analysen, die auf Expertenmeinungen und externen Daten basieren, als notwendige Ergänzung interner Verlustdaten an.[69]

Ausgehend von den vorhandenen (historischen oder Scorecard-) Daten erfolgt die eigentliche Parameterschätzung für die Grundgesamtheit in der Regel mit Hilfe der Maximum-Likelihood-Methode (MLM).[70] Bei Schätzverfahren gibt allgemein eine Schätzfunktion an, wie aus einer Stichprobe ein Schätzwert für den jeweils gesuchten Parameter der Grundgesamtheit zu bestimmen ist. Da die erforderliche Schätzfunktion oftmals nicht bekannt ist, bietet die MLM die Möglichkeit, mit Hilfe einer sog. Likelihood-Funktion den Parameterwert zu ermitteln. Dabei ist die Variable der Likelihood-Funktion der gesuchte Parameter und die Funktion gibt die Wahrscheinlichkeit dafür an, dass die vorliegende Stichprobe durch eine Grundgesamtheit mit einem bestimmten Parameterwert erzeugt wurde. Der gesuchte Parameter ist dann derjenige Wert der Variable, der die Likelihood-Funktion maximiert.[71] Hierbei ist zu beachten, dass die vorhandenen Daten für Verluste aus operationellen Risiken häufig erst ab einer bestimmten Größenordnung erfasst werden und somit nur „trunkiert" vorliegen. Z.B. wird für die interne Datensammlung in der Regel eine Erfassungsgrenze festgelegt. In diesem Fall ist eine entsprechende Modifikation der Likelihood-Funktion erforderlich.[72]

Um schließlich die Güte der Anpassung der theoretischen Verteilung an die empirische Verteilung der beobachteten Daten zu überprüfen, sind sogenannte Anpassungstests (**Goodness-of-Fit-Tests**) durchzuführen. Weit verbreitete und sowohl für diskrete als auch für stetige Verteilungen anwendbare Testverfahren sind der Chi-Quadrat-Anpassungstest und der Kolmogorov-Smirnov-Anpassungstest.[73] Deren Ziel ist es festzustellen, ob die in der Stichprobe beobachtete Verteilung mit der für die unbekannte Verteilung der Grundgesamtheit getroffenen Annahme im Widerspruch steht oder nicht.

Nachdem sowohl die Verlusthäufigkeits- als auch die Verlusthöheverteilungen mit den jeweiligen Parametern separat bestimmt wurden, sind diese zu einer **Gesamtverlustverteilung** zusammenzuführen. Dies geschieht häufig mit Hilfe einer Monte-Carlo-Simulation, deren Ablauf wie folgt beschrieben werden kann:[74] zunächst wird eine zufällige Anzahl (n) von Verlusten aus der Verlusthäufigkeitsverteilung gezogen, wodurch die Anzahl an Verlustereignissen z.B. für ein Jahr simuliert wird. Im zweiten Schritt werden n zufällige Verlusthöhen aus der Verlusthöheverteilung gezogen, die aufsummiert den Gesamtverlust ergeben. Diese bei-

---

69 Vgl. Basel Committee on Banking Supervision (2004a), Tz. 669 e) sowie auch Bundesministerium der Finanzen (2005a), § 282 E-SolvV.

70 Eine weitere Methode ist die Momentenmethode. Vgl. Cruz (2002), S. 44 f.; Marshall (2001), S. 246. ALEXANDER schlägt anstelle der klassischen Schätzmethoden die Verwendung des Schätzverfahrens nach Bayes vor. Vgl. Alexander (2003a), S. 138 ff.

71 Vgl. Bleymüller/Gehlert/Gülicher (2004), S. 98.

72 Vgl. Stögbauer (2002), S. 191.

73 Vgl. zu diesen Bleymüller/Gehlert/Gülicher (2004), S. 127 ff. bzw. S. 133 ff. Zum Kolmogorov-Smirnov-Test sowie zu weiteren Testverfahren vgl. auch Cruz (2002), S. 47 ff.

74 Vgl. Alexander (2003a), S. 156; Hölscher/Kalhöfer/Bonn (2005), S. 499 f.

den Schritte werden hinreichend oft[75]wiederholt und die resultierenden Gesamtverluste der Größe nach sortiert. Der VaR für operationelle Risiken ergibt sich dann je nach gewähltem Konfidenzniveau an der korrespondierenden Rangstelle der resultierenden Liste.[76] Der VaR entspricht grundsätzlich gleichzeitig der aufsichtsrechtlichen Kapitalanforderung für ein operationelles Risiko, es sei denn, ein Institut kann nachweisen, dass es den erwarteten Verlust (EL) - im Sinne des materiellen Risikos[77] - angemessen misst und in seinen internen Geschäftspraktiken, etwa durch Reservenbildung berücksichtigt. In diesem Fall kann die BaFin die Beschränkung des Anrechnungsbetrags auf den unerwarteten Verlust (UL) zulassen.[78] Abbildung 28 fasst die Vorgehensweise noch einmal zusammen.

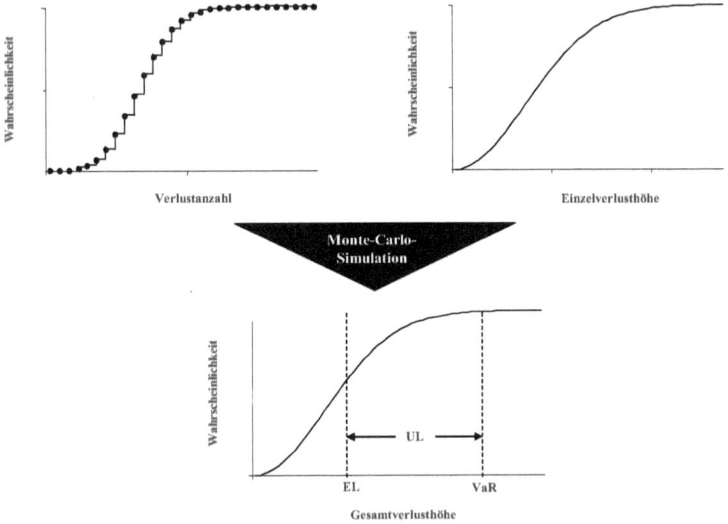

Abbildung 28: Ermittlung der Gesamtverlustverteilung durch Zusammenführung von Verlusthäufigkeits- und Verlusthöheverteilung

Die vorstehenden Ausführungen beziehen sich zunächst jeweils auf **ein** operationelles Risiko, spezifiziert z.B. durch eine Geschäftsfeld-/Verlustkategorie-Kombination. Soll nun das Risiko der Gesamtbank ermittelt werden, sind die Abhängigkeiten zwischen den Einzelrisiken zu berücksichtigen. Diese werden zumeist in Form von Korrelationen gemessen und können z.B. zwischen den Geschäftsfeldern, den Verlustkategorien oder deren Kombinationen bestehen. Denkbar sind sowohl positive als auch negative Korrelationen, wobei erstere die Eigenkapi-

75 Zur Ermittlung der erforderlichen Anzahl an Simulationsdurchgängen vgl. Marshall (2001), S. 287 f.

76 Erfolgen beispielsweise 10.000 Simulationsdurchläufe und soll ein Konfidenzniveau von 99,9% eingehalten werden, ist der VaR an der 11. Stelle der sortierten Liste abzulesen.

77 Vgl. Abschn. B1.1.

78 Vgl. Basel Committee on Banking Supervision (2004a), Tz. 669 b) bzw. Bundesministerium der Finanzen (2005a), § 282 Abs. 2 E-SolvV.

talanforderung erhöhen und letztere diese senken. Die Abhängigkeiten können z.B. in Form einer Korrelationskoeffizientenmatrix dargestellt werden. Aufsichtsrechtlich dürfen Korrelationen jedoch nur dann verwendet werden, wenn die Verfahren zu deren Bestimmung zuverlässig und plausibel sind und Unsicherheiten bei deren Schätzung berücksichtigt werden. Kann ein solches Verfahren nicht nachgewiesen werden, sind die einzelnen Kapitalanforderungen aufzusummieren. Hierdurch wird implizit eine perfekte Korrelation von 1 angenommen, d.h., es wird unterstellt, dass sich alle Ereignisse zur selben Zeit ereignen werden, mithin dass eine vollständige Abhängigkeit der Ereignisse besteht. Anstelle der Verwendung von Korrelationen wird im Schrifttum auch die Abbildung genereller Abhängigkeiten der einzelnen operationellen Risiken von bestimmten Risikoindikatoren vorgeschlagen oder aber die Summation von Verlustpaaren unter Anwendung von Copulas diskutiert.[79]

Um den Anrechnungsbetrag für operationelle Risiken zu senken, dürfen Institute, die einen AMA anwenden, unter bestimmten Bedingungen Versicherungen berücksichtigen.[80] Durch deren Abschluss können Teile des operationellen Risikos auf externe Dritte abgewälzt werden. Auf die Gesamtverlustverteilung wirkt sich die Berücksichtigung von Versicherungen grundsätzlich durch einen geringeren unerwarteten Verlust aus. Im Gegenzug kann allerdings der erwartete Verlust steigen, da zusätzlich zu der erwarteten Höhe des Verlusts auch die durch die Versicherungsgesellschaft in die Prämie eingerechneten Verwaltungskosten und Renditeansprüche zu berücksichtigen sind.[81] Gängige Versicherungsprodukte, die sich jeweils auf Teilbereiche operationeller Risiken beziehen sind z.B.:[82, 83]

- **Fidelity/Bankers Blanket Bond**: Schützt vor Verlusten aus Betrug, Unehrlichkeit, Fehlern oder Fälschungen von Seiten der Mitarbeiter. Darüber hinaus decken einige Policen auch Sachbeschädigungen oder bestimmte Formen von Handelsverlusten ab.
- **Electronic Computer Crime**: Bietet Schutz gegen Computerausfälle, Viren, Datenübermittlungsprobleme u.ä.
- **Professional Indemnity**: Deckt Ansprüche Dritter aufgrund von Fahrlässigkeit der Mitarbeiter bei Erbringung der Dienstleistungen ab.
- **Directors and Officers (D&O)**: Deckt die Organhaftung von Aufsichtsrat, Vorstand und Geschäftsführern ab, indem deren privates Vermögen vor Ansprüchen Dritter geschützt wird.
- **Employment Practices Liability**: Schützt vor Haftungsansprüchen aufgrund von Verletzungen des Arbeitsrechts.

---

79 Vgl. hierzu Cruz (2002), S. 216 f.; Alexander (2003a), S. 158 ff.

80 Bei den einfachen Ansätzen (BIA und STA) ist dies hingegen nicht möglich. Vgl. kritisch hierzu Hadjiemmanuil (2003), S. 99.

81 Vgl. Marshall (2001), S. 435.

82 Vgl. Basel Committee on Banking Supervision (2003b), Tz. 45; Marshall (2001), S. 435 f.; Hartmann-Wendels/Pfingsten/Weber (2004), S. 682; Kaufmann/Dröse (2000), S. 790 f.

83 Zu alternativen Formen des Risikotransfers, wie z.B. Versicherungsderivaten, Risk Bonds oder Captives vgl. Hölscher (2000), S. 344 ff.

- **Unauthorised Trading**: Schützt vor Verlusten aus unauthorisierten, verdeckten bzw. nicht dokumentierten Handelsaktivitäten.

Ein Versicherungsprodukt, das wesentliche Teile des operationellen Risikos in einer einzigen Police abdeckt, ist die **Financial Institutions Operational Risk Insurance (Fiori)** der SwissRe. Diese deckt Verluste aus Sachbeschädigungen („physical asset risk“), aus Systemausfällen, Softwarefehlern und Datenverlust („technology risk“), aus Ansprüchen von Kunden oder Geschäftspartnern („relationship risk“), aus internem Betrug oder Fehlverhalten von Mitarbeitern („people risk“) sowie aus externem Betrug („external fraud“) ab.[84]

Um Versicherungen bei der Ermittlung des erforderlichen Kapitalbetrags berücksichtigen zu können, ist eine Zuordnung des Versicherungsportfolios auf die einzelnen Geschäftsfeld-/Verlustkategorie-Kombinationen erforderlich. Dabei sind neben der Wahrscheinlichkeit der Abdeckung des Risikos durch die Versicherung auch Faktoren wie Deckungssummen und Selbstbehalte zu berücksichtigen.[85] Allerdings ist zu beachten, dass die maximale Reduktion der aufsichtsrechtlichen Kapitalanforderung auf 20% der Kapitalanforderung ohne Berücksichtigung von Versicherungen begrenzt ist. Zudem sind umfangreiche Mindestanforderungen zu erfüllen, damit die Aufsicht der Anrechnung von Versicherungen zustimmt. Hierzu gehört etwa ein Rating des Versicherers von „A“ oder besser, eine Mindestlaufzeit des Versicherungsvertrags von einem Jahr sowie eine Mindestkündigungsfrist von 90 Tagen. Weiterhin darf der Vertrag keine Ausschlussklauseln enthalten, die die Erstattung im Falle der Insolvenz des Instituts verhindern.[86]

Die obigen Ausführungen zu der Methodik interner Modelle lassen angesichts der individuellen Spezifika operationeller Risiken bereits vermuten, dass deren Quantifizierung auf Basis der fortgeschrittenen Verfahren mit zahlreichen Problemen behaftet ist. Es drängt sich dabei die Vermutung auf, dass es sich hier nicht lediglich um zeitlich begrenzte Hürden handelt, die sich mit ausgefeilten statistischen Methoden oder umfassenderen Datenhistorien in der Zukunft bewältigen lassen, sondern dass möglicherweise die Modellierung operationeller Risiken vielmehr grundsätzlich in Frage zu stellen ist. Die wesentlichen Problemfelder sollen daher noch einmal näher betrachtet werden:

- Die Anwendung von Methoden der Wahrscheinlichkeitsrechnung setzt voraus, dass sämtliche künftigen Zustände aufgelistet werden können, aus deren Menge einer tatsächlich eintreten wird.[87] Es wird somit von der für operationelle Risiken unrealistischen Annahme

---

84 Vgl. Hadjiemmanuil (2003), S. 100.

85 Vgl. Haubenstock/Hardin (2003), S. 186 f.; Stögbauer (2002), S. 200.

86 Vgl. Basel Committee on Banking Supervision (2004a), Tz. 677 f. bzw. Bundesministerium der Finanzen (2005a), § 291 E-SolvV.

87 Vgl. Abschn. B1.1.

ausgegangen, die Unsicherheit sei vollständig planbar.[88] Bei operationellen Risiken fehlt es hingegen bereits an einem eindeutig umrissenen Portfolio, d.h., es gibt keine Sicherheit über die Vollständigkeit der in Betracht gezogenen Risiken. Während sich das aktuelle Gefährdungspotenzial („Exposure“) bei Markt- und Kreditrisiken aus den offenen Positionen, der Risikosensitivität bzw. den vergebenen Krediten und offenen Linien ermitteln lässt, sind operationelle Risiken in der Regel nicht Folge eines einzelnen Geschäfts, sondern vielmehr impliziter Bestandteil der allgemeinen Geschäftstätigkeit. Insofern kann keine zuverlässige Aussage über die Vollständigkeit des Portfolios aus „Operational Risk Exposures“ getroffen werden. Selbst wenn aufgrund detaillierter Analysen sämtliche Prozesse innerhalb eines Instituts bekannt und erfasst sind, besteht die Gefahr, dass einerseits Risiken innerhalb einzelner Prozesse oder andererseits prozessübergreifende Risiken nicht erkannt, vertuscht oder bewusst nicht berücksichtigt werden.[89]

- Den der Modellierung zu Grunde liegenden Daten fehlt es entweder an Aktualität oder an Objektivität. Historische Daten sind stets vergangenheitsbezogen. Ob auf ihrer Basis Aussagen über die Zukunft möglich sind hängt entscheidend davon ab, wie stark sich Veränderungen des operationellen Risikoprofils eines Instituts auf die Relevanz der Datenbasis auswirken.[90] Es ist davon auszugehen, dass Änderungen in der Organisationsstruktur, etwa durch die Implementierung neuer Kontrollen oder geänderte Umfeldbedingungen dazu führen, dass verlässliche Prognosen auf Basis historischer Daten in der Regel nicht möglich sein werden.[91] Die Verwendung von Expertenschätzungen kann hier zwar Abhilfe schaffen, indem die aktuelle Unternehmenssituation sowie bekannte zukünftige Entwicklungen berücksichtigt werden können; allerdings wird dieser Vorteil durch eine hohe Subjektivität der Daten erkauft, die ihrerseits zuverlässige Prognosen sowie einen Interbankenvergleich der Ergebnisse nur begrenzt zulässt. Ein weiteres Datenproblem ergibt sich zudem aus der Bildung von Geschäftsfeld-/Verlustkategorie-Kombinationen. Hier wird es zwangsläufig zu einer deutlichen Ergebnisverzerrung kommen, wenn heterogene operationelle Risiken in Form von „High-Frequency/Low-Severity“-Risiken einerseits und „Low-Frequency/High-Severity“-Risiken andererseits gemeinsam modelliert werden.[92]
- Angesichts der Tatsache, dass damit gerechnet werden muss, dass die Inputdaten für ein Modell zur Quantifizierung operationeller Risiken unvollständig, unzuverlässig und/oder durch Subjektivität geprägt sind, erscheint die Erwartung des Baseler Ausschusses hinsichtlich der Verwendung eines 99,9%igen Konfidenzniveaus äußerst fragwürdig. Bereits kleine Parameteränderungen können zu erheblichen Änderungen in den Kapitalanforderungen führen, insbesondere in einem derart hohen Quantilsbereich.[93] Noch deutlicher

88 Vgl. Schneider (2002), S. 8.
89 Vgl. Holmes (2003b), S. 84 ff.; Haas/Kaiser (2004), S. 14. Zu der in diesem Zusammenhang lediglich eingeschränkten Aussagekraft von Self-Assessments vgl. Crouhy/Galai/Mark (2000), S. 363.
90 Vgl. auch Haubenstock/Hardin (2003), S. 191.
91 „The higher the context dependency, the less the past will be a good predictor for the future.“ Holmes (2003b), S. 87.
92 Vgl. Marshall (2001), S. 288; Hartmann-Wendels/Pfingsten/Weber (2004), S. 679.
93 Vgl. zu einem Beispiel Alexander (2003a), S. 147 f. sowie auch Stögbauer (2002), S. 199 f.

wird sich ein Wechsel der Verteilungsannahmen für Verlusthäufigkeit und Verlusthöhe auswirken. Anders ausgedrückt erlaubt bereits die Datenlage bei operationellen Risiken keine präzise Prognose über zukünftige Verluste, wodurch die Schätzung eines VaR mit einem Konfidenzniveau von 99,9% nur in hohem Maße ungenau sein kann und so eine für die aufsichtsrechtliche Eigenmittelunterlegung heranzuziehende Größe mit erheblicher Pseudogenauigkeit erzeugt wird. Hinsichtlich der darüber hinaus bestehenden allgemeinen Einwände gegen die Verwendung des VaR als Risikomaß[94] zeigt sich hier zudem ein wesentlicher Nachteil des Konzepts besonderes deutlich: Das hohe Konfidenzniveau von 99,9% impliziert zwar, dass im Durchschnitt nur in einem von 1000 Jahren die tatsächlichen Verluste über dem prognostizierten Wert liegen werden. Darüber, um welchen Betrag sie diesen übersteigen können, ist jedoch keine Aussage möglich.[95]

- Ebenfalls eine Konsequenz der unzureichenden Datenverfügbarkeit bei operationellen Risiken ist die mangelnde Validierbarkeit der Modelle.[96] Während etwa für Marktrisikomodelle in der Regel ein Backtesting mit täglich verfügbaren Daten möglich ist, sind für operationelle Risiken insbesondere Daten über Low-Frequency/High-Severity-Ereignisse äußerst selten und unregelmäßig in ihrem Auftreten und überdies wegen zwischenzeitlicher Änderungen des zu Grunde liegenden Systems möglicherweise ohnehin nicht mehr relevant.

Abschließend ist daher anzumerken, dass es sich bei den aufgeführten Problembereichen offenbar nicht um bloße technische Herausforderungen der Modellierung handelt, sondern um unumgängliche Charakteristika operationeller Risiken. Damit wird die Prognose zukünftiger Verluste möglicherweise selbst zu einem operationellen Risiko, wenn nämlich die Annahmen über mögliche Verlustereignisse, deren Verteilungen und Parameter nicht mit der Realität übereinstimmen.[97]

---

94 Zu den grundsätzlichen Schwächen des Konzepts vgl. Guthoff/Pfingsten/Wolf (1998), S. 111 ff., die argumentieren, dass der VaR weder aus Sicht der Bank noch aus Sicht der Bankenaufsicht ein geeignetes Risikomaß darstelle. Die Verwendung des VaR könne vielmehr dazu führen, dass ein vermeintlich risikoärmeres Portfolio bevorzugt wird, welches indes tatsächlich riskanter ist. Der Grund hierfür liege darin, dass der VaR als Risikomaß nur für risikoneutrale Entscheider eine angemessene Größe darstellt. Bei Risikoaversion hingegen, die dem Risikomanagement von Banken unzweifelhaft zugrunde liegt, können suboptimale Entscheidungen resultieren, die nicht zwingend zu einer Maximierung des Erwartungsnutzens führen. Vgl. auch Oehler/Unser (2002), S. 27. Bei Risikoaversion sollte demnach eher ein „Lower Partial Moment" (LPM)-Maß höherer Ordnung mit mindestens dem Exponenten 1 gewählt werden. Vgl. ders. S. 25. Der Vorteil liegt in der zusätzlichen Berücksichtigung des Ausmaßes der Ereignisse (hier speziell der Verluste) und nicht lediglich von deren Anzahl, wie dies beim VaR der Fall ist. Bei LPM_2 geht die Abweichung von einem gesetzten Zielwert z.B. quadratisch ein, was zu einer stärkeren Gewichtung großer Abweichungen führt.

95 Vgl. Daníelsson/Embrechts et al. (2001), S. 9.

96 Grundsätzlich könnte dies durch Vergleich des Mittelwerts der Gesamtverlustverteilung mit dem zuletzt beobachteten durchschnittlichen jährlichen Verlust sowohl auf Ebene der Gesamtbank als auch für einzelne Geschäftsfeld-/Verlustkategorie-Kombinationen erfolgen. Vgl. Haubenstock/Hardin (2003), S. 185 f.

97 Vgl. zum Modellrisiko auch Marshall (2001), S. 286 f.

1.2 Offenlegung quantitativer Daten

1.2.1 Erforderliche Angaben nach DRS 5-10

Im Rahmen der Lageberichterstattung gemäß § 289 HGB fordert DRS 5-10 in Tz. 24 grundsätzlich eine Quantifizierung der einzelnen Risikoarten im Zusammenhang mit der Darstellung der betrieblichen Risiken. Für operationelle Risiken wird diese Forderung jedoch dahingehend eingeschränkt, dass Tz. 39 lediglich in Form von Kann-Vorgaben Beispiele für mögliche Methoden gibt. Demnach kann die quantitative Darstellung z.B. auf Szenariotechniken oder Sensitivitätsanalysen beruhen und soll auch Worst-Case-Annahmen einbeziehen. Allerdings wird ausdrücklich darauf hingewiesen, dass, sofern die Steuerung operationeller Risiken nicht mit Hilfe quantitativer Verfahren stattfindet, qualitative Ausführungen und Einschätzungen ausreichend sind.[98]

1.2.2 Quantitative Offenlegung nach Basel II

Im Gegensatz zu DRS 5-10 fordert die dritte Säule von Basel II ausdrücklich die Offenlegung des ermittelten Betrags für die Eigenkapitalanforderung für operationelle Risiken. Wurde dieser nach einem fortgeschrittenen Messansatz ermittelt, sind zusätzlich die für die Prognose zugrunde gelegten maßgeblichen internen und externen Faktoren zu erörtern sowie gegebenenfalls die Anwendung von Versicherungen zum Zwecke der Verringerung des operationellen Risikos zu beschreiben.[99]

Die ursprüngliche Forderung, auch tatsächliche jährliche operationelle Verluste offenzulegen, die noch in dem zweiten Konsultationspapier zu der neuen Eigenkapitalvereinbarung aus dem Jahr 2001 enthalten war, wurde hingegen fallengelassen.[100] Die im Zusammenhang mit dieser Anforderung geäußerte Kritik bezog sich im Kern auf die Gefahr der Fehlinterpretation und damit möglicherweise einhergehender unverhältnismäßiger Reputationsverluste für die Institute. Zudem seien keine Vergleichsmaßstäbe für die „übliche Höhe" operationeller Verluste und damit keine verlässlichen Aussagen über das operationelle Risikoprofil eines Instituts möglich.[101]

---

98 Vgl. Buchheim/Beiersdorf/Billinger (2005), S. 243; Krumnow/Sprißler et al. [Hrsg.] (2004), Kommentar, Teil B, Kapitel II, S. 884.

99 Vgl. Basel Committee on Banking Supervision (2004a), Tabelle 11 nach Tz. 826 sowie Bundesministerium der Finanzen (2005a), § 325 Abs. 3 und § 330 E-SolvV.

100 Zu dieser Forderung vgl. Basel Committee on Banking Supervision (2001a), Tz. 666, Buchstabe ii).

101 Vgl. Zentraler Kreditausschuss (2001), S. 160.

2 Pflicht der Internen Revision zur Prüfung der Quantifizierungsmethoden

Die Prüfung des Risikomanagementsystems durch die Interne Revision beinhaltet auch die Prüfung der Glaubwürdigkeit der Risikobewertungen. Da bei der Herleitung von Prognosen, und dies gilt im Besonderen für die Vorhersage von Verlusten aus operationellen Risiken, erhebliche Bewertungsspielräume bestehen, sind die verwendeten Methoden sowie die zugrunde gelegten Daten kritisch zu hinterfragen.[102] Bei derartigen Prognoseprüfungen ist eine von dem üblichen Gebrauch abweichende Verwendung des Prüfungsbegriffs zugrunde zu legen. Hier handelt es sich nicht wie sonst in der Regel bei Prüfungen um den Vergleich eines Ist-Objekts mit einem Soll-Objekt, da ersteres wegen der Zukunftsbezogenheit einer Prognose noch nicht existiert. Vielmehr geht es um die Prüfung der Herleitung der Prognose, z.B. durch eine Analyse des Modells, mit dem diese erzeugt wurde.[103]

Grundsätzlich fordert IIR-Revisionsstandard Nr. 2 über die Prüfung des Risikomanagements durch die Interne Revision, dass diese auch eine Beurteilung der Risikobewertung einzelner Risikoarten vornimmt. Dabei sollen die vorhandenen Bewertungen hinsichtlich der Verlusthöhe und der Eintrittswahrscheinlichkeit auf Plausibilität des Bewertungssystems und einzelne Bewertungsvorgänge stichprobenartig geprüft sowie die Aktualität der Bewertung beurteilt werden.[104] Es ist festzustellen, ob die eingesetzten Methoden eine strukturierte, konsistente und zuverlässige Eigenkapitalermittlung gewährleisten und diese im Einklang mit den relevanten aufsichtsrechtlichen Anforderungen stehen. Als Grundlage der Prüfung ist die Dokumentation der Berechnungsmethoden bzw. Modelle heranzuziehen.[105]

Der Umfang der Prüfungspflichten und die erforderlichen Prüfungshandlungen hängen im Falle der operationellen Risiken maßgeblich davon ab, welches Quantifizierungsverfahren ein Institut anwendet. Lediglich die Verwendung des Basisindikatoransatzes erfordert wegen der Einfachheit des Ansatzes keine speziellen, auf die Quantifizierung bezogenen Prüfungstätigkeiten der Internen Revision. Hier bleibt es bei den auf die Einhaltung der qualitativen Anforderungen der „Sound Practices" gerichteten Prüfungspflichten. Bereits bei Anwendung des Standardansatzes fordert der Baseler Ausschuss jedoch, dass auch das Bewertungssystem regelmäßig von einer unabhängigen Stelle validiert und überprüft wird.[106] Darüber hinaus muss der Prozess für die Zuordnung der Aktivitäten auf die vorgegebenen acht Geschäftsfelder durch eine unabhängige Stelle geprüft werden.[107] Dabei ist zu beurteilen, ob die Erträge aus den Geschäftsbereichen zutreffend auf die Baseler Geschäftsfelder verteilt wurden und ob es

102 Vgl. Arbeitskreis „Externe und Interne Überwachung der Unternehmung" der Schmalenbach-Gesellschaft für Betriebswirtschaft e.V. (2003), S. 108.
103 Vgl. Bretzke (1974), S. 293.
104 Vgl. IIR [Hrsg.] (2001b), Tz. 24 f.
105 Vgl. IIR Arbeitskreis Basel II (2003), Tz. 2.3.
106 Vgl. Basel Committee on Banking Supervision (2004a), Tz. 663, Buchstabe e) sowie ähnlich Bundesministerium der Finanzen (2005a), § 273 E-SolvV.
107 Vgl. Basel Committee on Banking Supervision (2004a), Anhang 6, Tz. i); Bundesministerium der Finanzen (2005a), § 272 E-SolvV.

hierfür eindeutige und nachvollziehbare Regelungen gibt.[108] Im Falle der Anwendung eines AMA hat gemäß Basel II die Interne Revision und/oder der Wirtschaftsprüfer regelmäßig Prüfungen des Messsystems durchzuführen, wobei sowohl die Tätigkeiten der Geschäftsbereiche als auch die der unabhängigen Einheit für operationelle Risiken in die Prüfung einzubeziehen sind.[109] Abweichend hiervon fordert der Entwurf der Solvabilitätsverordnung lediglich, dass „die Institute“ ihr Messsystem operationeller Risiken validieren, d.h. eine unabhängige Prüfung ist hiernach nicht ausdrücklich erforderlich.[110] Diese Erleichterung hinsichtlich der Validierung des Messsystems soll vermutlich der Tatsache Rechnung tragen, dass für die Modellvalidierung spezifische Kenntnisse erforderlich sind, die mitunter nur in der zentralen Einheit für operationelle Risiken vorliegen. Insofern wird es vermutlich als ausreichend erachtet, dass ein Teil der Validierungsaufgaben von dieser zentralen Einheit wahrgenommen wird, sofern die Interne Revision oder eine andere unabhängige Stelle angemessen beteiligt ist und die Validierungsprozesse überwacht.[111] In jedem Fall sollte sich die Interne Revision von der Qualität der für die Modellierung verwendeten Daten überzeugen. Dies bedeutet zum einen, dass die interne Verlustdatensammlung auf Vollständigkeit und Aktualität zu prüfen ist. Insbesondere sollte die Interne Revision nachvollziehen, ob alle ihr bekannt gewordenen Verlustfälle tatsächlich in der Datenbank erfasst wurden. Zum anderen sollte bei Verwendung von Scorecard-Daten eine stichprobenartige Nacherhebung der Self-Assessment-Informationen durchgeführt werden, um sicherzustellen, dass die Daten plausibel und bankweit konsistent sind.[112] In diese Beurteilung sollte die Interne Revision auch ihre Erkenntnisse einfließen lassen, die sie im Rahmen ihrer qualitativen Überwachung des Risikomanagementsystems gewonnen hat. Ergibt sich hieraus eine von der Expertenmeinung abweichende Einschätzung des operationellen Risikoprofils, sollte dies mit den betreffenden Mitarbeitern diskutiert und gegebenenfalls eine Anpassung der Scorecard-Daten gefordert werden. Im Falle der Berücksichtigung von Versicherungen im Rahmen eines AMA sind darüber hinaus die Verträge darauf hin zu überprüfen, ob sie die aufsichtsrechtlichen Anforderungen erfüllen. Außerdem ist sicherzustellen, dass die Methode der Anrechnung ausreichend und nachvollziehbar dokumentiert wurde.

Wie bereits die umfassenden Prüfungserfordernisse im Rahmen der qualitativen Überwachung stellt auch die Überprüfung der Quantifizierung operationeller Risiken erweiterte Anforderungen an die Qualifikation der Mitarbeiter der Internen Revision. So ist nicht nur revisionsspezifisches Wissen, etwa hinsichtlich systemorientierter Prüfungsansätze, sowie eine umfassende Kenntnis der Organisation und Geschäftstätigkeit des Instituts gefordert. Darüber hinaus müssen die Mitarbeiter im Falle der Anwendung eines AMA auch in der Lage sein, die

---

108 Vgl. IIR Arbeitskreis Basel II (2003), Tz. 2.3.

109 Vgl. Basel Committee on Banking Supervision (2004a), Tz. 666 e).

110 Vgl. Bundesministerium der Finanzen (2005a), § 281 Abs. 2 E-SolvV. Im Gegensatz dazu sind nach § 281 Abs. 1 E-SolvV die Prozesse zur Messung ausdrücklich durch die Interne Revision oder externe Prüfer zu überprüfen.

111 Vgl. auch Deutsche Bundesbank/BaFin (2005a), S. 21 f.

112 In diesem Sinne auch Jackmuth (2002), S. 225 f.

Messverfahren und deren Annahmen kritisch zu analysieren und hinsichtlich ihrer Angemessenheit zu beurteilen.[113]

3 Pflichten des Aufsichtsorgans im Zusammenhang mit der Quantifizierung operationeller Risiken

Eine ausdrückliche Pflicht des Aufsichtsorgans zur Überprüfung der Quantifizierung operationeller Risiken besteht nicht. Die einzige Ausnahme bildet hier die Forderung des Baseler Ausschusses in Tz. 662 i.V.m. Anhang 6 Buchstabe h) der neuen Eigenkapitalvereinbarung, dass im Falle der Anwendung des Standardansatzes für die Kapitalunterlegung die Grundsätze für die Zuordnung der Geschäftsaktivitäten zu den vorgegebenen Geschäftsfeldern von dem obersten Verwaltungsorgan der Bank zu genehmigen sind. Wie bereits bei den qualitativen Anforderungen werden jedoch auch im Zusammenhang mit der Quantifizierung operationeller Risiken in den nationalen Normen nach derzeitigem Stand weder in den MaRisk noch in der Solvabilitätsverordnung vergleichbare Anforderungen an das Aufsichtsorgan verankert.

Allerdings ist es durchaus als die Pflicht des Aufsichtsorgans anzusehen, sich im Rahmen der Überwachung des Gesamtrisikomanagementsystems auch mit der von dem überwachten Institut angewandten Methode zur Quantifizierung operationeller Risiken zu befassen sowie regelmäßig Berichte über bedeutende Verlustereignisse sowie aktuelle Einschätzungen der operationellen Risikosituation einzufordern.

4 Pflicht der Aufsichtsinstanzen zur Überprüfung der Quantifizierungsmethoden

4.1 Zulassungsprüfung zum Standardansatz und zu fortgeschrittenen Ansätzen

Institute dürfen den Standardansatz oder einen fortgeschrittenen Ansatz für die Ermittlung des Kapitalunterlegungsbetrags gemäß Basel II bzw. dem Entwurf der Solvabilitätsverordnung nur dann anwenden, wenn die Aufsicht diesem zustimmt.[114] Für die konkrete Umsetzung der Baseler Anforderungen in nationales Recht werden auch hier die Empfehlungen des CEBS herangezogen, die dieses in seinen „Guidelines on the implementation, validation and assessment of Advanced Measurement (AMA) and Internal Ratings Based (IRB) Approaches“ festlegt.[115] Die detaillierten Anforderungen an fortgeschrittene Messansätze sollen in Deutschland in Form von Erläuterungen zur Solvabilitätsverordnung veröffentlicht werden.[116]

---

113 Vgl. Kreische (2002), S. 34.

114 Vgl. Basel Committee on Banking Supervision (2004a), Tz. 661 für den Standardansatz und Tz. 655 für die fortgeschrittenen Ansätze bzw. Bundesministerium der Finanzen (2005a), § 268 Abs. 1 und § 275 Abs. 1 E-SolvV.

115 Zum CEBS vgl. Abschn. C3.1.4 sowie Abschn. D1.1.2.3.2.

116 Vgl. Deutsche Bundesbank/BaFin (2005a), S. 40.

Für den Standardansatz gilt ein vereinfachtes Zulassungsverfahren, in dem lediglich eine bankinterne Prüfung der Vorgehensweise und der Einhaltung der aufsichtsrechtlichen Mindestanforderungen in Form eines Self Assessments erforderlich ist, die gegenüber der BaFin mit einer schriftlichen Anzeige zu bestätigen ist.[117] Im Gegensatz dazu ist für die Zulassung zu einem AMA ein umfassendes Zulassungsverfahren vorgesehen, das unter anderem auch Vor-Ort-Prüfungen durch die BaFin und die Deutsche Bundesbank vorsieht. Die Aufsichtsinstanzen haben im Oktober 2005 ein gemeinsames Merkblatt veröffentlicht, in dem der vorgesehene Prüfungsablauf dargestellt wird.[118] Neben der Prüfung der Einhaltung der qualitativen Anforderungen an die Aufbau- und Ablauforganisation des Systems zur Identifizierung, Messung, Überwachung, Berichterstattung und Steuerung operationeller Risiken[119] wird demnach auch die Eignung des Messansatzes zur Ermittlung des Anrechnungsbetrags, einschließlich der Qualität der einbezogenen Daten geprüft. Um die Zuverlässigkeit der Datenbasis beurteilen zu können, benötigen die Aufsichtsinstanzen eine detaillierte Beschreibung der Datenbanken, die für die Messung herangezogen werden. Dabei sind durch das beantragende Institut insbesondere die verantwortlichen Stellen, die Zugangsberechtigungen, die Quellen der enthaltenen Daten, der Erfassungsprozess und der Prozess zur Sicherstellung der Richtigkeit und Konsistenz der enthaltenen Daten zu dokumentieren.[120]

Die Überprüfung der Parameterschätzung und die Validierung der Modellergebnisse stellt angesichts der in Abschnitt 1.1.3 aufgeführten Problemfelder eine große Herausforderung für die Aufsichtsinstanzen dar. Bislang gibt es auch von Seiten des CEBS keine Richtlinien für die konkrete Ausgestaltung der Prüfungsprozesse. Es wird lediglich darauf hingewiesen, dass die „High Level Principles on Validation" der Accord Implementation Group des Baseler Ausschusses,[121] die vorrangig für die Validierung interner Ratingsysteme im Rahmen der Kreditrisikomessung entwickelt wurden, auch für die Validierung der fortgeschrittenen Ansätze für operationelle Risiken heranzuziehen sind.[122] Übertragen auf Messsysteme für operationelle Risiken beinhaltet der Begriff der Validierung demnach alle Prozesse und Aktivitäten, die dazu beitragen, die mit einem Modell geschätzten Risikogrößen auf ihre Angemessenheit hin zu beurteilen. Die folgenden Prinzipien sollen das Konzept der Validierung nach der Auffassung der Accord Implementation Group des Baseler Ausschusses umschreiben:[123]

- Bei der Validierung geht es im Wesentlichen um die Beurteilung der Prognosequalität von Risikoeinschätzungen. Auch im Falle der Verwendung historischer Verlustdaten sollen die Schätzungen zukunftsgerichtet sein und dürfen das ermittelte notwendige Kapital weder unter-, noch deutlich überschätzen.

---

117 Vgl. CEBS (2005b), Tz. 421.
118 Vgl. Deutsche Bundesbank/BaFin (2005b).
119 Vgl. hierzu Abschn. D4.2.
120 Vgl. CEBS (2005b), Tz. 448.
121 Vgl. zu dieser Fn. 200 in Kap. D.
122 Vgl. Basel Committee on Banking Supervision (2005a), S. 1; CEBS (2005b), Tz. 452.
123 Vgl. CEBS (2005b), Tz. 323 ff.

- Die primäre Verantwortung für die Validierung liegt bei den Instituten selbst und nicht bei den Aufsichtsinstanzen, auch wenn letztere eigene Prüfungen durchführen und/oder die Prüfungsergebnisse Dritter verwenden dürfen.
- Die Validierung ist ein iterativer Prozess, in dem die Validierungsinstrumente durch die Institute sowie die Aufsichtsinstanzen stets verfeinert werden, um diese an sich ändernde Markt- oder Betriebsbedingungen anzupassen.
- Es gibt verschiedene zulässige Validierungsmethoden. Denkbar sind etwa Methoden wie Backtesting, Benchmarking oder der Nachbau von Modellen.
- Die Validierung sollte sowohl quantitative als auch qualitative Elemente umfassen. Auch wenn es sich bei der Validierung grundsätzlich vorrangig um eine technisch-mathematische Übung handelt, bei der prognostizierte und tatsächliche Werte mit Hilfe statistischer Methoden verglichen werden, sollen auch Faktoren wie die Modelldokumentation, Modellüberwachung und die Einbindung der Modellergebnisse in die Steuerungsprozesse Gegenstand der Überprüfung sein.
- Die Validierungsprozesse sowie deren Ergebnisse sind einer unabhängigen Prüfung z.B. durch die Interne Revision zu unterziehen.

Das CEBS hat es sich zur Aufgabe gemacht, Richtlinien zur Konkretisierung der Validierung fortgeschrittener Ansätze für operationelle Risiken zu entwickeln. In Anbetracht der andauernden Verfeinerung der Methoden sieht das Komitee dabei die Notwendigkeit eines fortlaufenden Dialogs zwischen Bankenaufsicht und Instituten und wird diesen nach eigener Aussage soweit möglich vorantreiben.[124]

Eine wesentliche Voraussetzung für die Zulassungsprüfung durch die Aufsichtsinstanzen ist, dass das beantragende Institut den zur Prüfung vorgelegten AMA vor der Prüfung für einen angemessenen Zeitraum als maßgebliches Instrument zur Messung und Steuerung der operationellen Risiken verwendet hat (sog. „Use Test“).[125] Das Ziel ist es sicherzustellen, dass die Institute das Messsystem nicht lediglich für die Ermittlung des regulatorischen Kapitalbetrags verwenden, sondern dieses auch einen Beitrag zum Management operationeller Risiken leistet, z.B. indem es der Geschäftsleitung Anstöße für Risikobegrenzungsmaßnahmen gibt oder dazu beiträgt, das Bewusstsein für operationelle Risiken innerhalb des Instituts zu steigern.[126]

Ist die Genehmigung für die Anwendung des Standardansatzes oder eines AMA erteilt, gilt die Zulassung jeweils solange, bis sie von der BaFin widerrufen wird oder diese in die Anwendung eines anderen Ansatzes einwilligt.

---

124 CEBS (2005b), Tz. 453.

125 Vgl. Basel Committee on Banking Supervision (2004a), Tz. 666, Buchstabe b) bzw. Bundesministerium der Finanzen (2005a), § 278 E-SolvV.

126 Vgl. CEBS (2005b), Tz. 437.

4.2 Regelmäßige Überprüfung fortgeschrittener Modelle

Basel II sieht vor, dass sowohl bei Anwendung des Standardansatzes als auch bei Anwendung eines AMA das Bewertungs- bzw. Messsystem regelmäßig durch externe Prüfer und/oder die Bankenaufsicht überprüft werden muss.[127] Im Gegensatz dazu formulieren zwar die nationalen Vorschriften der Solvabilitätsverordnung nach derzeitigem Stand keine vergleichbaren Anforderungen an die Aufsichtsinstanzen, allerdings sehen die Prinzipien des CEBS für die Ausgestaltung des Supervisory Review and Evaluation Processes (SREP)[128] ausdrücklich auch eine Beurteilung der Methoden und Modelle, die für die Quantifizierung von Risiken mit Hilfe fortgeschrittener Messverfahren verwendet werden, durch die Aufsichtsinstanzen vor. Darüber hinaus wird eine Beurteilung der im Rahmen der dritten Säule offengelegten Informationen verlangt.[129] Es ist daher davon auszugehen, dass sich die Aufsichtsinstanzen auch im Rahmen des regelmäßigen aufsichtlichen Überprüfungsverfahrens mit der Validierung der Modelle zu befassen haben werden.

4.3 Beurteilung der Angemessenheit der Eigenkapitalausstattung für operationelle Risiken

Die zweite Säule von Basel II verlangt, dass die nationale Bankenaufsicht im Rahmen des Supervisory Review Process eine Beurteilung der Eigenkapitalausstattung der einzelnen Bank im Hinblick auf ihr Risikoprofil sowie die Eignung ihrer Risikomanagementverfahren und ihres Internen Überwachungssystems vornimmt.[130] In diese Beurteilung müssen daher ausdrücklich die im Rahmen der qualitativen Überwachung eines Instituts gewonnenen Erkenntnisse über die Beschaffenheit und Qualität der organisatorischen Verhältnisse eines Instituts einfließen.[131] Der Baseler Ausschuss merkt hierzu jedoch richtigerweise bereits einschränkend an, dass die Bruttoerträge, wie sie im Basisindikatoransatz und Standardansatz für operationelle Risiken genutzt werden, lediglich einen Näherungswert für die Verlustgefahren einer Bank aus operationellen Risiken darstellen können und insbesondere bei Banken mit einer geringen Ertragskraft eine Unterschätzung des Eigenkapitalbedarfs für operationelle Risiken denkbar ist.[132] Daher schlägt der Baseler Ausschuss vor, dass die Aufsichtsbehörden im Rahmen des aufsichtlichen Überprüfungsprozesses sorgfältig prüfen sollen, ob sich z.B. im Vergleich mit Banken ähnlicher Größe oder Geschäftstätigkeit ein konsistentes Bild ergibt. In diesem Kapitel wurde darüber hinaus gezeigt, dass auch die fortgeschrittenen „Advanced Measurment Approaches“ nicht notwendigerweise zu einer realistischen und umfassenden

---

127 Vgl. Basel Committee on Banking Supervision (2004a), Tz. 660, Buchstabe f) bzw. Tz. 666, Buchstabe f).
128 Vgl. ausführlich Abschn. D4.1.1.
129 Vgl. CEBS (2005a), S. 27.
130 Vgl. Basel Committee on Banking Supervision (2004a), Tz. 752.
131 Vgl. hierzu Abschn. D4.
132 Vgl. Basel Committee on Banking Supervision (2004a), Tz. 778.

Einschätzung der operationellen Risiken führen. In Anbetracht dieser nur eingeschränkten Quantifizierbarkeit operationeller Risiken stellt sich die Frage, wie die Aufsichtsinstanzen in die Lage versetzt werden sollen, einen gegebenenfalls für notwendig erachteten Kapitalaufschlag festzulegen. Im Zusammenhang mit dieser Problematik macht das CEBS die folgende klarstellende Anmerkung:

> *„It must be acknowledged that there is no ‚scientific' method for determining the amount, and that capital is not a long-run substitute for remedying deficiencies in systems and controls. In practice, the process relies heavily on subjective judgement and peer-group consistency to ensure a level playing field and a defence to challenge by institutions."*[133]

Im Falle operationeller Risiken muss es daher das vorrangige Ziel sein, diese durch geeignete Management- und Überwachungsverfahren von vornherein zu begrenzen, anstatt sie mit Eigenkapital zu unterlegen.[134] Auf die in diesem Zusammenhang bestehende Verantwortung der nationalen Bankenaufsichtsinstanzen wurde bereits in Abschnitt D4.1.3 eingegangen.

5 Pflichten des Abschlussprüfers zur Prüfung der Quantifizierungsmethoden

Für den Abschussprüfer ergibt sich die Verpflichtung zur Überprüfung der Quantifizierungsmethoden neben den Baseler Anforderungen bereits aus den handelsrechtlichen Prüfungspflichten zur Beurteilung des Risikomanagementsystems und zur Prüfung des Lageberichts gemäß § 317 HGB. Die Pflicht zur Prüfung des Risikomanagementsystems gemäß § 317 Abs. 4 HGB beinhaltet auch die Prüfung der von dem Unternehmen vorgenommenen Risikobewertungen auf Plausibilität und Widerspruchsfreiheit.[135] Darüber hinaus ist gemäß § 317 Abs. 2 Satz 2 HGB im Rahmen der Prüfung des Lageberichts zu beurteilen, ob die berichtspflichtigen Risiken der voraussichtlichen Entwicklung zutreffend im Risikobericht dargestellt sind. Der Abschlussprüfer hat dabei zu prüfen, ob das jeweils verwendete Prognosemodell sachgerecht ist und richtig gehandhabt worden ist. Ferner soll beurteilt werden, ob alle verfügbaren relevanten Informationen verwendet wurden und ob bestehenden Interdependenzen Rechnung getragen wurde.[136]

Neben den allgemeinen handelsrechtlichen Prüfungspflichten verlangt auch die Prüfungsberichtsverordnung (PrüfbV) in § 24 ausdrücklich die Bestätigung der Zuverlässigkeit der Berechnung der aufsichtsrechtlichen Kennziffern durch den Abschlussprüfer.[137] Hinsichtlich der

---

133 CEBS (2005a), S. 37.

134 Ähnlich auch Jakob (2004), S. 93.

135 Vgl. Giese (1998), S. 455.

136 Vgl. IDW [Hrsg.] (2000a), WP-Handbuch, Abschnitt P, Rdn. 89.

137 Diese Vorschrift bezieht sich zwar noch auf den aktuellen Grundsatz I (ohne Berücksichtigung operationeller Risiken), es ist jedoch davon auszugehen, dass in einer aktualisierten Fassung der PrüfbV auf die neue Solvabilitätsverordnung Bezug genommen wird.

Bewertung operationeller Risiken könnte sich die Stellungnahme des Prüfers etwa auf das Verfahren für die Zuordnung der Bruttoerträge auf die Geschäftsfelder bei Anwendung des Standardansatzes oder auf die Zusammensetzung der Datenbasis sowie die verwendete Methode bei Anwendung eines AMA beziehen. In Analogie zu den für die Verwendung interner Messmethoden zur Bestimmung der Anrechnungsbeträge für Marktrisikopositionen geltenden Anforderungen[138] sollte sich die Bestätigung der Zuverlässigkeit eines AMA auch auf die Erfüllung der quantitativen Mindestanforderungen erstrecken.

Der Abschlussprüfer muss sich bei der Durchführung seiner Prüfung bewusst sein, dass die Risikobewertung erheblich durch das subjektive Urteil des Bewertenden bestimmt wird. Er kann sich daher nur davon überzeugen, dass die Quantifizierung nach pflichtgemäßem Ermessen und willkürfrei vorgenommen wurde.[139] Bei Prognoseprüfungen durch den Abschlussprüfer geht es somit um die Prüfung der Herleitung der Prognose, wobei die „Wahrheit" einer Prognoseaussage im Sinne von „Qualität mit zweckmäßigem Vorgehen bei der Prognoseerstellung"[140] zu verstehen ist. Neben der Schlüssigkeit und Widerspruchsfreiheit der Prognosen sind auch personenbezogene Aspekte der Prognostizierenden, wie deren Urteilsfähigkeit, Urteilsfreiheit und sachgerechte Urteilsbildung, in die Prüfung einzubeziehen. Im Einzelnen werden die folgenden Prüfungsinhalte einer Prognoseprüfung unterschieden:[141]

- Prüfung der mit den Prognosen befassten Personen hinsichtlich ihrer fachlichen und persönlichen Kompetenz zur Prognoseerstellung;
- Würdigung der Prognoseargumente, inklusive der Prüfung der Angemessenheit der verwendeten Daten und Indikatoren;
- Wahl des Prognoseverfahrens hinsichtlich dessen Ordnungsmäßigkeit, Plausibilität und Angemessenheit;
- logische Haltbarkeit der Ableitung der Prognose aus dem Datenmaterial;
- Überprüfung der Prognose anhand der Ist-Entwicklung.

Für die Durchführung seiner Prüfungen sind dem Abschlussprüfer die der Bewertung zugrunde gelegten Methoden, Prämissen und etwaige Szenarioanalysen offenzulegen. Prüfungsaussagen des Abschlussprüfers sollten entsprechend der weiten Ermessensspielräume bei der Erstellung der Prognosen nicht zwischen „richtig" und „falsch" differenzieren, sondern eher Begriffspaare wie „realistisch/unrealistisch", „glaubwürdig/unglaubwürdig" verwenden.[142]

---

138 Vgl. hierzu BaFin (1998d), S. 12.

139 Vgl. IDW [Hrsg.] (2000a), WP-Handbuch, Abschnitt P, Rdn. 125.

140 So der Arbeitskreis „Externe und Interne Überwachung der Unternehmung" der Schmalenbach-Gesellschaft für Betriebswirtschaft e.V. (2003), S. 108. „Wahrheit" sei hier als logische „Wahrheit ex ante" und nicht als empirische „Wahrheit ex post" aufzufassen.

141 Vgl. Rückle (1984), S. 69; IDW [Hrsg.] (1998), PS 350, Tz. 13 ff.; Arbeitskreis „Externe und Interne Überwachung der Unternehmung" der Schmalenbach-Gesellschaft für Betriebswirtschaft e.V. (2003), S. 109.

142 Vgl. Arbeitskreis „Externe und Interne Überwachung der Unternehmung" der Schmalenbach-Gesellschaft für Betriebswirtschaft e.V. (2003), S. 109.

6 Beurteilung der quantitativen Offenlegung durch Investoren, Einleger und Rating-Agenturen

Das Ziel der Verpflichtung der Institute zur Offenlegung quantitativer Risikoinformationen ist es, den Marktteilnehmern, in Verbindung mit den aus der qualitativen Offenlegung erlangten Informationen, die Möglichkeit der Bildung eines eigenen Urteils über die Angemessenheit der Eigenkapitalausstattung eines Instituts zu verschaffen.[143] Angesichts der beschriebenen Schwierigkeiten bei der Quantifizierung operationeller Risiken müssen jedoch erhebliche Bedenken dagegen bestehen, dass die Veröffentlichung der Höhe der Eigenkapitalanforderung für operationelle Risiken diesem Anspruch gerecht werden kann. Gerade wegen der zwangsläufig vorhandenen Einschränkungen, die für die durch die Institute abgegebenen Prognosen gelten, besteht die Gefahr von Fehlinterpretationen der veröffentlichten Größen. Auch wenn bei Verwendung eines fortgeschrittenen Ansatzes die Methode ebenfalls offenzulegen ist, wird möglicherweise nicht immer unmittelbar ersichtlich, unter welchen Prämissen die dargestellte Größe ermittelt wurde. Wird der Basisindikator- oder der Standardansatz angewendet, findet wegen der fehlenden Risikosensitivität dieser Ansätze im Übrigen gar keine Risikomessung im eigentlichen Sinne statt.[144] Hieraus muss der Schluss gezogen werden, dass sich das tatsächliche Risikoprofil eines Instituts im Hinblick auf operationelle Risiken aus der quantitativen Offenlegung nicht erkennen lässt. Ob also diese Information geeignet ist, einen Informationsempfänger bei seiner Entscheidungsfindung zu unterstützen, ist zu bezweifeln.

Für Rating-Agenturen spielt dennoch auch die Quantifizierung operationeller Risiken bei der Bewertung eines Instituts eine Rolle.[145] So werden z.B. Fragen der internen Datensammlung, der Sicherstellung einer fehlerfreien Kategorisierung, der Verwendung externer Daten und deren Skalierung sowie der Ausgestaltung der verwendeten Methoden bei der Analyse berücksichtigt. Allerdings findet sich beispielsweise auch die einschränkende Anmerkung, dass der entscheidende Faktor für einen effektiven Umgang mit operationellen Risiken weiterhin bei den qualitativen Elementen einer soliden internen Corporate Governance gesehen wird.[146]

7 Zusammenfassung und Fazit

1. Für das Abfangen von Verlusten aus operationellen Risiken sehen die neuen Eigenkapitalregelungen in Weiterwicklung der bestehenden Risikobegrenzungsnormen erstmalig eine explizite Eigenkapitalunterlegungspflicht für operationelle Risiken vor. Zur Ermittlung der Höhe des erforderlichen Eigenkapitalbetrags können die Institute grundsätzlich zwi-

143 Vgl. Basel Committee on Banking Supervision (2004a), Tz. 809.
144 Vgl. Hartmann-Wendels/Pfingsten/Weber (2004), S. 676.
145 Vgl. z.B. FitchRatings (2005), S. 1 f.; Young (2003), S. 235.
146 Vgl. Young (2003), S. 235 f.

schen einfachen Indikatoransätzen und der Entwicklung eigener, fortgeschrittener Messmethoden wählen. Während erstere zwar vergleichsweise einfach zu handhaben sind, jedoch das tatsächliche Risikoprofil eines Instituts gänzlich außer Acht lassen, sollen die deutlich aufwendigeren fortgeschrittenen Methoden den Anspruch der Risikosensitivität erfüllen und die Risikosituation eines Instituts realistisch abbilden.

2. Die in Wissenschaft und Praxis entwickelten fortgeschrittenen Modelle basieren in der Regel auf mathematisch-statistischen Ansätzen zur Ermittlung eines Value at Risk für operationelle Risiken. Die Verwendung dieser auf wahrscheinlichkeitstheoretische Überlegungen zurückgehenden Modelle ist indes nicht unproblematisch. Erst unter der unrealistischen Annahme, die Unsicherheit bezüglich operationeller Risiken sei vollständig planbar, d.h. erst bei einem gedanklichen Ausschluss der Möglichkeit von Ex-post-Überraschungen ist eine Modellierung operationeller Risiken, wie sie die fortgeschrittenen Messansätze vorsehen, überhaupt möglich. Gerade im Fall operationeller Risiken ist jedoch das Vorhandensein von Informationsrisiken besonders offenkundig, was dazu führt, dass die Aussagen der Modelle erheblich einzuschränken sind. Die Verwendung fortgeschrittener Methoden zur Quantifizierung operationeller Risiken kann daher zu nicht zu unterschätzenden negativen Konsequenzen führen:[147]

- **Unberechtigtes Sicherheitsgefühl/ungerechtfertigtes Vertrauen**: Der Versuch, sämtliche operationellen Risiken in einer Kennzahl abzubilden, kann irreführend und gefährlich sein. Geschäftsleitung und Öffentlichkeit können den Eindruck gewinnen, ein Maß für das Risikopotenzial ähnlich wie bei der Kredit- oder Marktpreisrisikomessung zu erhalten, während das Modell für operationelle Risiken jedoch in der Realität unvollständig und unbestätigt ist.
- **Management des Modells anstelle der Risiken**: Die Ergebnisse der Modellierung können dazu führen, dass die Geschäftsleitung Maßnahmen ergreift, die zwar den modellierten Schätzwert reduzieren, jedoch aus Sicht der Begrenzung operationeller Risiken lediglich eine untergeordnete Rolle spielen, während für das Management operationeller Risiken bedeutsamere Aspekte vernachlässigt werden. Der Fokus wird auf HFLS-Ereignisse gelenkt, da, wenn überhaupt, nur für diese eine für die Modellierung ausreichende Datenmenge vorhanden sein wird. Die eigentlich wichtigen LFHS-Ereignisse bleiben mitunter außen vor. In diesem Zusammenhang ist die Baseler Anforderung, die Geschäftsleitung solle für die Steuerung der Risiken auf die Modellergebnisse zurückgreifen, besonders kritisch zu sehen.
- **Ineffizienter Ressourceneinsatz**: Die Quantifizierung operationeller Risiken mit Hilfe aufwendiger mathematisch-statistischer Modelle erfordert einen hohen Ressourceneinsatz und bindet damit Kapazitäten, die, angesichts der Schwächen der Modellergebnisse, andernfalls für wirkungsvollere Risikobegrenzungsmaßnahmen zur Verfü-

[147] Vgl. Holmes (2003b), S. 87.

gung stünden. Dies gilt im Übrigen nicht nur für die direkt mit der Quantifizierung befassten Personengruppen, wie z.B. Mitarbeiter der zentralen Einheit für operationelle Risiken oder Experten in den Geschäftsbereichen, sondern darüber hinaus auch für die internen und externen Revisoren, die im Rahmen ihrer Überwachungsaufgaben zu einer Überprüfung der Quantifizierungsmethoden verpflichtet sind. Es besteht die Gefahr, dass auch bei den Prüfungen ein falscher Fokus gesetzt wird.

- **„Blissful Ignorance“**: Schlechte Nachrichten, z.B. im Sinne der Identifizierung neuer Risiken, werden bei den fortgeschrittenen Messansätzen mit einer höheren Kapitalbelastung bestraft. Diese Tatsache kann ein Herunterspielen oder Verschweigen von Verlusten oder Risiken fördern. Zudem besteht eine erhebliche Abhängigkeit von dem Wissen der für die Datengenerierung oder Datenanpassung hinzugezogenen Experten. Mitarbeiter, die ein stärker ausgeprägtes Verständnis für Risiken und interne Überwachungsmechanismen besitzen, werden eher zuverlässige Prognosen über Schwächen abgeben, als diejenigen, die sich dieser Zusammenhänge weniger bewusst sind.

Auch wenn der andauernden Diskussion um Quantifizierungsmodelle zu Gute gehalten werden muss, dass sie durchaus zu einer intensiven Auseinandersetzung mit operationellen Risiken sowohl in der Theorie als auch in den einzelnen Instituten geführt hat, so sind doch die aufgeführten Nachteile nicht von der Hand zu weisen. Es stellt sich letztlich die Frage, wie viele der schweren Verlustfälle der Vergangenheit vorhergesagt und verhindert worden wären, wären in den Banken bereits quantitative Risikomodelle für operationelle Risiken implementiert gewesen. Insbesondere kleinere Institute werden Schwierigkeiten haben, hohe Verluste zu kompensieren, auch wenn sie den aufsichtsrechtlichen Eigenkapitalanforderungen nachkommen.[148]

Im Ergebnis muss bezweifelt werden, dass Banken, Aufsichtsinstanzen und Öffentlichkeit in einem Maß von der Quantifizierung operationeller Risken mit Hilfe fortgeschrittener Ansätze profitieren, das den erheblichen Aufwand, der mit diesen verbunden ist, rechtfertigt. In Anbetracht der bei der Modellierung ermittelten wenig zuverlässigen Größen erscheint die Diskussion um die Messansätze ausgesprochen detailliert. Wenn es der Aufsicht mit der Behandlung operationeller Risiken im Rahmen der ersten Baseler Säule tatsächlich vorrangig darum geht, einen Aufschlag zu generieren, um die Kapitalreduktion in Folge der neuen Kreditrisikounterlegungsregeln zu kompensieren, sollte dem auch in den Vorschriften zur Bestimmung der Höhe des Kapitalaufschlags Rechnung getragen werden. Anstelle unnötig komplexer Aufsichtsregeln zur Eigenkapitalunterlegung, erscheint in diesem Fall eine Beschränkung auf einfache Ansätze angebrachter.[149] Möglicherweise wäre sogar eine ausschließlich auf die zweite Baseler Säule beschränkte Behandlung operationeller Risiken zweckmäßiger gewesen, um den Besonderheiten dieser Risikoart angemessen Rechnung zu tragen. Ein Anreiz zur Verbes-

---

148 Vgl. Peachey (2002), S. 346.

149 Vgl. ähnlich auch Goodhart (2001), S. 15; Danielsson/Embrechts et al. (2001), S. 14.

serung der Methoden zum Umgang mit dieser Risikoart hätte sich auch hieraus ergeben und gleichzeitig eine falsche Schwerpunktsetzung bei der Entwicklung und Umsetzung von Methoden verhindert.[150] Zudem werden generelle Bedenken gegen eine Berücksichtigung operationeller Risiken im Rahmen der ersten Säule erhoben. Unter der Annahme nämlich, dass die Regulierung des Eigenkapitals vorrangig der Verhinderung von Systemzusammenbrüchen dient, wird zu bedenken gegeben, dass operationelle Risiken, anders als Markt- oder Kreditrisiken, institutsspezifisch sind, d.h. die Gefahr des Übergreifens von Verlusten aus operationellen Risiken im Falle eines einzelnen Bankenzusammenbruchs nicht gegeben ist.[151] Dem könnte zwar entgegengehalten werden, dass ein weiterer Grund für die Regulierung des Eigenkapitals die Eindämmung des aus der Einlagenversicherung entstehenden Moral Hazard-Problems sei,[152] und diese insofern gerechtfertigt wäre. Allerdings ist hierfür nicht notwendigerweise eine Regulierung mittels quantitativer Normen erforderlich, sondern Banken können, wie Kapitel D gezeigt hat, gleichermaßen über qualitative Normen zu einer Investition in angemessene Risikobegrenzungsmaßnahmen angehalten werden.

150 Vgl. auch Stillhart (2002), S. 209 f.; Hartmann-Wendels/Pfingsten/Weber (2004), S. 681.

151 Vgl. Goodhart (2001), S. 12 f.; Daníelsson/Embrechts et al. (2001), S. 13.

152 Vgl. hierzu Abschn. C3.1.1.

Kapitel F

Kritische Reflexion und Fortentwicklungspotenziale des Umgangs mit operationellen Risiken

Die beiden vorangehenden Kapitel haben gezeigt, dass die normierten Regelungen zur Geschäftstätigkeit von Kreditinstituten, und dies gilt im Besonderen für die hier in Frage stehenden operationellen Risiken, einen bislang nicht gekannten Umfang angenommen haben. Wurde bereits vor einigen Jahren eine Überregulierung des Bankensektors beklagt,[1] so dürfte sich dieser Eindruck im Lichte der aktuellen Entwicklungen noch deutlich verstärkt haben. Allerdings wurde auch gezeigt, dass bei den Banken nicht unerhebliche Freiräume bei der konkreten Umsetzung der Normen verbleiben. Diese Gestaltungsmöglichkeiten im Interesse eines wirkungsvollen Umgangs mit operationellen Risiken effektiv auszufüllen, sollte das vorrangige Ziel der Kreditinstitute sein. Letztlich handelt es sich bei den aufgeführten Normen um Verhaltensregeln, denen ein gewissenhaft und sorgfältig agierender Geschäftsleiter ohnehin verpflichtet ist. Inwieweit indes deren detaillierte Regelung in Form institutionalisierter Normen, wie sie sich im derzeitigen bzw. geplanten Aufsichtsrecht finden, gerechtfertigt ist, erscheint zumindest fraglich. Gleichwohl muss sich die Überwachung operationeller Risiken in Kreditinstituten auf der Grundlage dieses durch die Regulierung gesetzten Rahmens aus qualitativen und quantitativen Normen weiterentwickeln. Dabei darf die Bankenbranche allerdings nicht der Versuchung erliegen, sich für den Umgang mit operationellen Risiken verstärkt auf die Fortentwicklung quantitativer Messmethoden zur Optimierung der Kapitalallokation zu konzentrieren, anstatt gleichzeitig die Chance zu nutzen, effektive Risikobegrenzungs- und Managementstrategien auf der Basis qualitativer Normen weiter zu entwickeln. Die entscheidenden Erfolgsfaktoren für einen wirkungsvollen Umgang mit operationellen Ri-

---

[1] Vgl. etwa Lehnhoff (1997), S. 1167.

siken liegen, wie die bisherigen Ausführungen gezeigt haben, viel eher in einer soliden Geschäftsorganisation und in zuverlässigen Geschäftsabläufen als in einer Verfeinerung der Quantifizierungsmodelle. Allerdings kann es bei der qualitativen Überwachung nicht darum gehen, dass sich die Institute allein auf bereits bestehende Überwachungsmethoden und -prozesse verlassen. Vielmehr muss es das Ziel sein, diese stetig anzupassen und zu verbessern, um unternehmensweit eine Steigerung der Überwachungsqualität zu erreichen und aktuellen Entwicklungen Rechnung zu tragen. Letztlich wird es auch darauf ankommen, für eine angemessene Kombination quantitativer und qualitativer Methoden zu sorgen.[2]

Bevor in diesem Kapitel auf mögliche Fortentwicklungspotenziale eingegangen wird, wird zunächst kritisch der Frage nachgegangen, inwieweit die umfangreichen Rechtsnormen geeignet sind, das Verhalten der Kreditinstitute tatsächlich in der gewünschten Weise zu beeinflussen.

1 Zur Steuerungswirksamkeit qualitativer und quantitativer Rechtsnormen

Die umfangreichen qualitativen und quantitativen Normen, die in ihrer Gesamtheit die Grundlage der Bankenüberwachung bilden, können als institutionalisierte Regeln dessen angesehen werden, was von einem moralisch handelnden Individuum als Einzelnem oder als Teil des Kollektivs „Kreditinstitut" erwartet wird.[3] Ziel der institutionalisierten Normen ist hier konkret die Erzwingung eines allgemein gewünschten Verhaltens zur Sicherung der öffentlichen Interessen des Gläubiger-, Funktions- und Systemsschutzes.

Es stellt sich nun die Frage, inwieweit die in den vorstehenden Kapiteln besprochenen, für die Überwachung operationeller Risiken relevanten Normen, seien sie in Gesetzen, Verordnungen oder Mindestanforderungen der öffentlichen Verwaltung kodifiziert, geeignet sind, das gewünschte Verhalten im Sinne einer moralisch-praktischen Vernunft tatsächlich zu erzeugen. WELCKER formuliert vier Bedingungen, die aufsichtsrechtliche Normen erfüllen müssen, damit sie einen nennenswerten Einfluss auf das Verhalten von Kreditinstituten besitzen:[4]

- Die Normen müssen mit einem vertretbaren Verwaltungsaufwand zu verwirklichen sein;
- die Normen müssen von den Adressaten akzeptiert werden;
- die Normen müssen das Verhalten der Kreditinstitute in zielkonformer Weise verändern;
- es darf keine Möglichkeit zur Umgehung der Normen gegeben sein.

---

2 In diesem Sinne auch Hoffman (2002), S. 422 f.
3 Vgl. Riekeberg/Stenke (2000), S. 100 ff.
4 Vgl. Welcker (1978), S. 17.

BIEG bemerkt zu Recht, dass die an dritter und vierter Stelle genannten Bedingungen wohl die größte Bedeutung besitzen,[5] wenngleich angesichts des mittlerweile erheblichen Eingriffs der Regulierung in die innere Organisation der Institute die beiden erstgenannten Punkte sicherlich ebenfalls nicht vernachlässigt werden dürfen. Mit STEINMANN/OPPENRIEDER können die wesentlichen Problembereiche materieller Normen grundsätzlich den folgenden drei Kategorien zugeordnet werden: dem „Time-lag" der Gesetze, der Art der Gesetzgebung sowie Vollzugsdefiziten.[6] Anhand dieser Kriterien werden im Folgenden die beiden Gruppen der qualitativen und quantitativen Normen daraufhin untersucht, inwieweit ihnen eine zielgerichtete Verhaltenswirksamkeit im Hinblick auf einen effektiven Umgang mit operationellen Risiken zugesprochen werden kann.

Das „Time-lag"-Problem der Gesetze bezieht sich auf den Zeitraum, der zwischen der Erkennung eines Normierungsbedarfs und dem tatsächlichen Inkrafttreten einer Norm vergeht. Insbesondere die heute oftmals auf internationaler Ebene angestoßenen Normierungsverfahren nehmen einen erheblichen Zeitraum in Anspruch. Im Zusammenhang mit der Umsetzung von Basel II wurde hier jedoch zumindest für die Umsetzung in europäisches Recht mit der Ausdehnung des Lamfalussy-Verfahrens bereits der Versuch unternommen, den Gesetzgebungsprozess zu beschleunigen. Ein wesentliches Zeitproblem ergibt sich jedoch dennoch in der Regel aufgrund der Tatsache, dass die Festlegung neuer Rechtsnormen zumeist eher Reaktion als Aktion ist. Die Schwierigkeit der Antizipation zukünftigen potenziellen Fehlverhaltens begrenzt grundsätzlich die Möglichkeiten einer vorbeugenden Gesetzgebung. Insbesondere im Zusammenhang mit den qualitativen Normen zur Begrenzung operationeller Risiken war in der Vergangenheit häufig eine derartige „fallweise" Normsetzung zu beobachten. Mit der Einfügung von Generalnormen, wie den §§ 91 Abs. 2 AktG und 25a Abs. 1 KWG im Bereich der qualitativen Normen und dem § 10 KWG als Grundlage der quantitativen Normierung, reagierte der Gesetzgeber auf diese Problematik, indem er in diesen neben bereits bekannten Schwachstellen gleichsam neue und bei der Kodifizierung noch unberücksichtigte Sachverhalte mit abzudecken versucht.

Eine solche Art der Gesetzgebung ist jedoch nicht unproblematisch. Die Folgen der Formulierung von Generalnormen und der damit, insbesondere im Zusammenhang mit qualitativen Normen, verbundenen Verwendung unbestimmter Rechtsbegriffe wurden in Kapitel D ausführlich aufgezeigt. Der Gesetzgeber verlagert hier die Verantwortung der Interpretation und Ausfüllung der Normen auf den Rechtsanwender. Gleichwohl ist im Bereich der Bankenaufsicht festzustellen, dass sowohl nationale (insbesondere die BaFin) als auch internationale (z.B. das CEBS) Aufsichtsinstanzen tätig werden, um die Generalnormen mit umfassenden Detailregelungen auszufüllen. Jedoch konnte auch gezeigt werden, dass durch diverse in den Detailregeln enthaltene Öffnungsklauseln, Ermessensspielräume sowie verbleibende unbe-

5 Vgl. Bieg (1983), S. 80.

6 Vgl. hierzu und zum Folgenden Steinmann/Oppenrieder (1985), S. 178 sowie Riekeberg/Stenke (2000), S. 107 ff.

stimmte Rechtsbegriffe eine vollständige Ausfüllung der Interpretationsspielräume weder möglich, noch im Interesse der Wahrung eines gewissen Maßes an unternehmerischer Freiheit wünschenswert ist. Diese Art der Gesetzgebung birgt indes in Verbindung mit den resultierenden kasuistischen Regelungen die Gefahr zunehmender Vollzugsdefizite.

Vollzugsdefizite manifestieren sich in der konkreten Umsetzung und Durchsetzung von Rechtsnormen. Hierin zeigt sich schlussendlich, ob das Verhalten der Akteure tatsächlich in zielkonformer Weise beeinflusst werden kann. Betrachtet man zunächst den Rechtsanwender, wird insbesondere im Zusammenhang mit den qualitativen Normen deutlich, dass deren „Steuerungswirkung" erheblich von der Mitwirkung der Kreditinstitute selbst abhängt.[7] Die Qualität der Umsetzung der Normen entscheidet mithin darüber, ob Verlustfälle aus operationellen Risiken auch tatsächlich verhindert werden können. So bestimmen einerseits insbesondere die weitgehenden Regelungen der MaRisk bereits in vielfältiger Weise das Verhalten und Handeln der Unternehmensangehörigen, andererseits ist es gerade bei diesen Regelungen von Bedeutung, dass sie den spezifischen Gegebenheiten eines Instituts angepasst werden. Das größte Problem ist in diesem Zusammenhang wohl in der Gefahr der persönlichen Exkulpierung zu sehen, in dem Sinne nämlich, dass „die moralische Verantwortung des Einzelnen auf die Respektierung des Rechts reduziert wird und eine persönliche Reflexion der intendierten Verhaltensweisen unterbleibt".[8] Das heißt, es besteht die Gefahr, dass sich die Umsetzung der Normen zu einem bloßen „Abhaken" von Anforderungen entwickelt. Trotz der verbleibenden Handlungsspielräume bei der Umsetzung der Normen lässt die Fülle der Detailregelungen wenig Raum für eine individuelle Auseinandersetzung mit der Gesamtthematik. Diese Tendenz kann im Übrigen durch die Formulierung von Kapitalanforderungen für operationelle Risiken verstärkt werden: Durch die Berechnung des „erforderlichen" Kapitalbetrags und das Bereithalten entsprechenden Eigenkapitals wägen sich die Institute in der Sicherheit, schwerwiegende Verluste, sollten diese eintreten, abfedern zu können. Dass dieser Schluss jedoch unzulässig ist, wird durch die zahlreichen Schwierigkeiten, die mit der Quantifizierung operationeller Risiken verbunden sind, offenbar. KEINE fordert in Bezug auf die quantitativen Strukturnormen, dass die Risikopositionen sachgerecht erfasst und bewertet werden müssen.[9] Für operationelle Risiken ist diese Voraussetzung adäquater quantitativer Aufsichtsnormen jedoch nicht erfüllt.

Neben der Umsetzung der Rechtsnormen stellt schließlich eine angemessene Sanktionierung der Nichtbeachtung eine wesentliche Voraussetzung für die Verhaltenswirksamkeit von Normen dar. Nur wenn Kreditinstitute mit negativen Folgen rechnen müssen, die zudem der Schwere des Verstoßes angemessen sind, kann eine Nichtbeachtung der Normen wirksam verhindert werden. In diesem Zusammenhang fordert MÜLLER, dass Rechtsormen überprüfbar sind und ein hohes Maß an Rechtssicherheit gewährleisten, damit sowohl die normsetzende

7 So Riekeberg/Stenke (2000), S. 111.
8 Riekeberg/Stenke (2000), S. 101.
9 Vgl. Keine (1986), S. 37 ff.

Institution als auch die der Norm unterworfenen Rechtssubjekte objektiv feststellen können, ob die Anforderungen eingehalten sind.[10] Im Falle der Überwachung operationeller Risiken sind hier zwei Aspekte bedeutsam. Erstens werden die Eingriffsrechte der nationalen Aufsichtsinstanzen stetig ausgeweitet. Man denke hier an die bereits bestehende besondere Anordnungsbefugnis des § 25a Abs. 1 Satz 4 KWG sowie an die geplante Einfügung des § 45b KWG, der es der BaFin ermöglicht, den Instituten empfindliche Maßnahmen, wie zusätzlich vorzuhaltende Eigenmittel oder eine Reduzierung vorhandener Risiken aufzuerlegen.[11] Inwieweit von diesen Sanktionsmechanismen allerdings auch tatsächlich Gebrauch gemacht werden wird, bleibt abzuwarten. Gerade hiervon hängt jedoch die verhaltenssteuernde Wirkung der Normen maßgeblich ab, denn nicht bereits die bloße Existenz möglicher Sanktionen wirkt verhaltenssteuernd auf ein Individuum, sondern erst die Erwartung, bei normabweichendem Verhalten mit der Aufdeckung und in der Konsequenz mit der Verhängung entsprechender Maßnahmen rechnen zu müssen.[12] Zweitens ist gerade bei den qualitativen Normen ein objektives Feststellen der Einhaltung schwierig, da, wie ausführlich gezeigt, an zahlreichen Stellen subjektive Einschätzungen der Überwachungsträger für eine Beurteilung der Normeinhaltung erforderlich sind. Die Forderung nach Operationalität der Normen ist damit hier nur eingeschränkt erfüllt.

Insgesamt kann jedoch festgestellt werden, dass dem Recht durchaus eine Steuerungswirksamkeit in Bezug auf das Verhalten Einzelner bzw. eines Kollektivs im Umgang mit operationellen Risiken zugesprochen werden kann. Zur Begrenzung möglicher Corporate Governance-Probleme werden Kreditinstitute dazu angehalten, ihre Organisationsstrukturen und Prozesse sorgsam zu gestalten und auf ihre individuellen Gegebenheiten hin anzupassen. Allerdings ist die Steuerungswirksamkeit in weiten Teilen deutlich eingeschränkt. So sind materielle Normen zwar grundsätzlich geeignet, Rahmenbedingungen vorzugeben, innerhalb derer die Wirtschaftssubjekte ihr Handeln bestimmen,[13] und dies ist auch im Hinblick auf die Begrenzung operationeller Risiken nicht anders einzuschätzen. Gleichzeitig kann jedoch eine immer weiterreichende Detaillierung der Regelungen zu einer gewissen „Normenblindheit" führen, die eine individuelle Auseinandersetzung der Überwachungsträger mit den spezifischen Gegebenheiten eines Instituts bzw. mit bestimmten Umfeldbedingungen verhindert. Innerhalb der Institute führt vor allem die hoch arbeitsteilige Organisation der Prozesse dazu, dass der einzelne Mitarbeiter häufig nicht mehr in der Lage ist, die Tragweite seiner Handlungen im Hinblick auf die Einhaltung geltender Rechtsregelungen zu überblicken bzw. er schlicht auf die Überwachung durch übergeordnete Stellen vertraut, mit der Konsequenz, dass er selbst sich moralisch entlastet fühlt.[14]

---

10 Vgl. Müller (1981), S. 109. KEINE spricht in diesem Zusammenhang von „Operationalität" bankaufsichtsrechtlicher Regelungen. Vgl. Keine (1986), S. 47 ff. Darüber hinaus fordert dieser eine weitgehend wettbewerbsneutrale Ausgestaltung der Normen. Vgl. derselbe, S. 50 ff.

11 Vgl. Abschn. D4.1.2.

12 Vgl. Egner (1980), S. 79.

13 Vgl. Riekeberg/Stenke (2000), S. 112.

14 Vgl. Steinmann/Oppenrieder (1985), S. 177.

Mit Blick auf das Gesamtinstitut ist für die auf operationelle Risiken bezogenen quantitativen Normen anzumerken, dass diese für eine zweckkonforme Verhaltenssteuerung verfehlt erscheinen. Die Konzentration von Ressourcen auf die Bildung eines Kapitalpuffers für Verluste aus operationellen Risiken scheint zumindest in der durch Basel II mit der Zulassung interner Modelle heraufbeschworenen Intensität nicht sachgerecht. Zwar ist gegen die Bildung eines zusätzlichen Kapitalpuffers im Hinblick auf die Erreichung der aufsichtsrechtlichen Ziele nichts einzuwenden, allein die Schwerpunkt- und Anreizsetzung durch die Aufsichtsinstanzen im Zuge der Umsetzung von Basel II scheint angesichts der Charakteristika operationeller Risiken verfehlt. Mathematisch-statistische Methoden sollten im Zusammenhang mit operationellen Risiken lediglich als Möglichkeit zur Unterstützung einer systematischen Analyse der Risikosituation aufgefasst, nicht jedoch als vermeintlich exakte Messmethode für die Kapitalallokation eingesetzt werden. Der Schwerpunkt interner und externer Überwachungsmaßnahmen sollte unmissverständlich auf die Einhaltung derjenigen Normen gelenkt werden, die die qualitativ-organisatorischen Aspekte der Begrenzung operationeller Risiken betreffen. Allerdings sind auch qualitative Normen nur bis zu einem gewissen Grad in der Lage, das Verhalten der Teilnehmer am Kollektiv „Kreditinstitut" zu beeinflussen. Der Einfluss materieller Normen endet dort, wo trotz detaillierter Konkretisierungen Ermessensspielräume verbleiben, die nicht durch übergreifende Branchen- und berufsständische Normen regelbar sind bzw. die im Interesse der Gewährung eines gewissen Maßes an Freiraum für die Banken nicht geregelt werden sollen. Hinzu kommt, dass auch Branchennormen in der Regel einen eher reaktiven Charakter aufweisen. Darüber hinaus kann ein unmoralisches Verhalten von Individuen, etwa durch das Ausnutzen von Lücken bestehender Normen oder gar ein bewusstes Umgehen der Regelungen nicht verhindert werden.

Es muss daher hier der Schluss gezogen werden, dass zur Überwindung vorhandener Defizite materieller Rechtsnormen und für eine zweckentsprechende Nutzung gewährter Gestaltungsspielräume diese durch eine „individuelle Ethik der Handelnden"[15] auszufüllen sind, d.h., es sind über die materiellen Normen hinausgehende Werte erforderlich, die ein moralisches Verhalten der Individuen fördern.[16] In dem folgenden Exkurs soll daher gezeigt werden, wie die Umsetzung der institutionalisierten Rechtsregeln zum Umgang mit operationellen Risiken durch Anreize für ein moralisches Verhalten des Einzelnen bzw. des Kollektivs unterstützt werden kann.

---

15 Riekeberg/Stenke (2000), S. 113, die Ethik in diesem Sinne als Korrektiv für Rechtsversagen interpretieren.

16 Vgl. auch Hirszowicz (2005), S. 107.

2 Exkurs: Zielgerichtete Beeinflussung der Unternehmenskultur

2.1 Stärkung der Risiko- und Überwachungskultur als übergeordnetes Konzept für den Umgang mit operationellen Risiken

Im Hinblick auf das Verhalten von Individuen und Koalitionen kommt der Unternehmenskultur eine hervorzuhebende Bedeutung zu. Insbesondere in angelsächsischen Überwachungskonzepten wird die Bedeutung der Unternehmenskultur für einen wirkungsvollen Umgang mit Risiken immer wieder betont.[17] In Deutschland wird dieser Zusammenhang dagegen bislang sowohl im betriebswirtschaftlichen Schrifttum als auch in der Unternehmenspraxis eher vernachlässigt.[18] Ein Grund hierfür mag darin liegen, dass bereits der Versuch, den Begriff der Unternehmenskultur einzugrenzen, Schwierigkeiten bereitet. KUTSCHKER/SCHMID definieren als gemeinsamen Nenner verschiedener Konzepte zur Unternehmenskultur diese als „die Gesamtheit der Grundannahmen, Werte, Normen, Einstellungen und Überzeugungen einer Unternehmung, die sich in einer Vielzahl von Verhaltensweisen und Artefakten ausdrückt und sich als Antwort auf die vielfältigen Anforderungen, die an diese Unternehmung gestellt werden, im Laufe der Zeit herausgebildet hat“.[19] In verschiedenen Definitionen wird zudem die handlungsleitende Wirkung einer Unternehmenskultur explizit hervorgehoben.[20]

Allgemein erfüllt Kultur die folgenden, für das Handeln Einzelner relevanten Funktionen:[21] Sie hat zunächst einmal eine Orientierungsfunktion, indem sie Individuen vermittelt, was als richtig und was als falsch gilt. Hinzu kommen eine Sinnstiftungsfunktion, nach der Kultur den Handlungen von Individuen eine tiefere Bedeutung zuweist sowie eine Motivationsfunktion, da Kultur in der Lage ist, Individuen anzutreiben. Ebenfalls von Bedeutung sind die Koordinations- und Integrationsfunktion sowie die Komplexitätshandhabungsfunktion. Diese halten soziale Einheiten zusammen, ordnen diese und erleichtern das Zusammenleben von Individuen, indem bestimmte Handlungen mit komplexen Ursachen und Wirkungen leichter verständlich werden. Letztlich kommt Kultur auch eine Legitimationsfunktion zu, indem sie Verhalten und Handlungen Einzelner nach innen und nach außen rechtfertigt.

Die besondere Bedeutung der Unternehmenskultur, die dieser gerade für den Umgang mit operationellen Risiken zukommt, wird als Konsequenz der mangelnden Beachtung allzu häufig unterschätzt. Dabei kann insbesondere sie einen nicht zu unterschätzenden – positiven oder negativen – Effekt auf das Risikoprofil eines Instituts haben.[22] Der stärkste Einfluss geht hier-

---

[17] Vgl. z.B. Waring/Glendon (1998), S. 69 sowie im Zusammenhang mit den COSO-Konzepten oben Abschn. D1.1.1.

[18] Vgl. Bungartz (2004), S. 22.

[19] Kutschker/Schmid (2005), S. 679.

[20] So etwa bei Grabner-Kräuter (2000), S. 303 und Doerig (2003), S. 62.

[21] Vgl. zum Folgenden Dill/Hügler (1997), S. 147 ff.; Steinmann/Schreyögg (2005), S. 711 f.; Kutschker/Schmid (2005), S. 668 f.

[22] „More often than not corporate culture and ethos are the least recognized components of an operational risk management program but at the same time can have the greatest positive or negative impact on an or-

bei von denjenigen Faktoren aus, die die Wahrnehmung und Kommunikation von Risiken und Überwachungsmaßnahmen in einem Unternehmen prägen und den Umgang mit diesen, teils bewusst, teils unbewusst, lenken. Diese Faktoren werden im Folgenden unter dem Begriff der „Risiko- und Überwachungskultur", verstanden als Teilbereich der Unternehmenskultur, zusammengefasst. So wäre es etwa denkbar, dass ein positives Betriebsklima dazu beiträgt, Fehler, trotz vorhandener Unzulänglichkeiten z.B. in der Ablaufstruktur, auch ohne explizite Arbeitsanweisungen zu erkennen und zu verhindern.[23] Auch einem ausgeprägten Risikobewusstsein der Mitarbeiter wird eine nicht zu unterschätzende Bedeutung für die Qualität des gesamten Risikomanagements zugesprochen.[24] Die Ausgestaltung der relevanten Faktoren bestimmt letztlich maßgeblich den Umgang mit Risiken im täglichen Geschäftsbetrieb. In diesem Zusammenhang muss jedoch die Frage gestellt werden, inwieweit Unternehmenskulturen überhaupt zur Förderung eines gewünschten Verhaltens „gestaltet" werden können bzw. zielgerichteten Veränderungen zugänglich sind. Hierüber finden sich in der Literatur zur Kulturforschung unterschiedliche Auffassungen, die sich wie folgt kategorisieren lassen:[25]

Vertreter des sog. „Variablenansatzes" gehen davon aus, dass Unternehmenskultur etwas ist, das ein Unternehmen **hat**. Kultur ist nach diesem Verständnis problemlos gestalt- und veränderbar. Zu diesem Zweck ist idealtypisch zunächst die „Ist-Kultur" eines Unternehmens zu erfassen, um diese in einem nächsten Schritt in eine vorab festgelegte „Soll-Kultur" zu überführen. Die primäre Verantwortung für diesen Prozess wird bei der Geschäftsleitung eines Unternehmens gesehen. Im Gegensatz hierzu betrachten die Vertreter des sog. „Metapheransatzes" Kultur nicht als objektiv gegeben, sondern als von subjektiven Einflüssen abhängig und insofern nicht abschließend erfassbar. Hiernach **ist** eine Unternehmung eine Kultur, die es zu beschreiben und zu verstehen gilt, während die Möglichkeiten der Veränderbarkeit deutlich geringer eingeschätzt werden bzw. schlichtweg nicht interessieren. Einen Mittelweg dieser beiden Sichtweisen stellt das Verständnis von „Kultur als dynamischem Konstrukt" dar. Nach diesem **sind** Unternehmungen eine Kultur und sie **haben** zugleich eine Kultur, die sich, wenn auch nur behutsam und in einem eher langfristigen Zeitrahmen, gestalten lässt. Dieser dritten Sichtweise wird hier gefolgt, denn es erscheint gerechtfertigt anzunehmen, dass sich ein Unternehmen und dessen Unternehmenskultur, verstanden als die Summe aller handelnden Individuen und deren Moral- und Wertvorstellungen,[26] nicht vollständig der Einwirkung unternehmenskultureller Maßnahmen wird entziehen können und insofern Unternehmenskultur durchaus in dem Sinne veränderbar ist, dass Korrekturen an einer bestehenden Ist-Kultur vorgenommen werden können, um erkannte Defizite zu beseitigen. Gleichzeitig muss jedoch

---

ganization's risk profile." Hoffman (2002), S. 67. Vgl. auch Marshall (2001), S. 335 f.; Doerig (2003), S. 62. Buchelt/Unteregger (2003), S. 93 bezeichnen das operationelle Risiko insofern als "Kulturrisiko".

23 Vgl. Döhring (1996b), S. 75.

24 Vgl. Kromschröder/Lück (1998), S. 1573.

25 Vgl. m.w.N. Kutschker/Schmid (2005), S. 690 ff.

26 Vgl. Riekeberg/Stenke (2000), S. 113.

anerkannt werden, dass Kultur kein „beliebig einsetzbares Instrument des Managements" sein kann, welches eine vollständige Gestaltbarkeit der Handlungsprozesse implizieren würde.[27]

Bevor auf die Frage nach konkreten Gestaltungsmöglichkeiten einer Risiko- und Überwachungskultur in einem Institut eingegangen wird, sind zuvor einige Anmerkungen darüber erforderlich, was genau Unternehmenskultur ausmacht bzw. welche Elemente diese beinhaltet. Auch wenn in dieser Frage ebenfalls keine Einheitlichkeit in der Begriffsbelegung besteht, lassen sich doch grundsätzlich die beiden in Abbildung 29 aufgeführten Ebenen einer Unternehmenskultur unterscheiden.

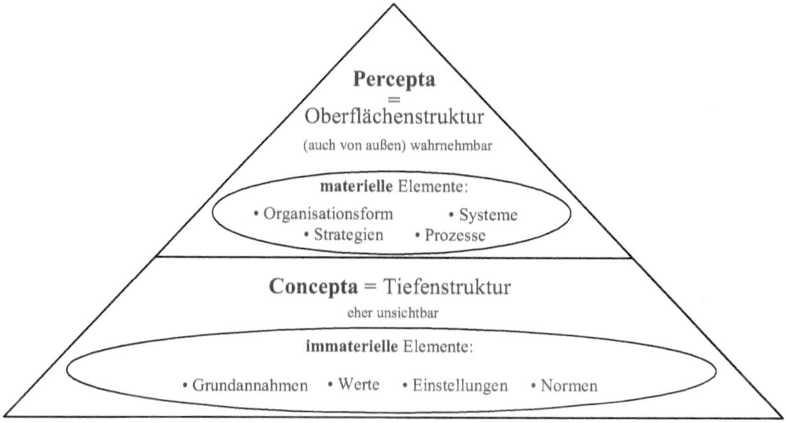

Abbildung 29: Ebenen einer Unternehmenskultur[28]

Die Percepta-Ebene umfasst diejenigen Elemente einer Unternehmenskultur, die auch nach außen hin sichtbar werden, d.h. die auch von Dritten beobachtbar und erfassbar sind. Bisweilen werden diese auch unter dem Begriff der „Oberflächenstruktur" zusammengefasst. Im Wesentlichen handelt es sich um die Organisationsform eines Unternehmens, die sich vor allem in deren Aufbau- und Ablauforganisation niederschlägt, sowie um die festgelegten und verwendeten Strategien, Systeme und Prozesse. Aber auch beobachtbare Verhaltensweisen, die z.B. Ausdruck des Führungs-, Motivations-, Kontroll-, und Kooperationsverhaltens sind, lassen sich der Percepta-Ebene zuordnen.[29] Bislang wurden in dieser Arbeit somit primär Elemente dieser Oberflächenstruktur betrachtet, deren Ausgestaltungserfordernisse vor allem in der Form qualitativer Normen an die Institute herangetragen werden. Inwieweit diesen Anforderungen entsprochen wird, lässt sich auch von Dritten, wie dem Abschlussprüfer oder Mitar-

---

27 Vgl. Kutschker/Schmid (2005), S. 692

28 Quelle: Eigene Darstellung nach Kutschker/Schmid (2005), S. 667 ff. sowie S. 684 ff.

29 Vgl. Kutschker/Schmid (2005), S. 682 ff. Diese ordnen auch Symbole, wie das architektonische Erscheinungsbild, die Ausstattung der Arbeitsplätze sowie Briefbögen und Logos der Percepta-Ebene zu. Vgl. auch Steinmann/Schreyögg (2005), S. 716 f.

beitern der Aufsichtsinstanzen, aufgrund von Beobachtungen der genannten Elemente, zumindest bis zu einem gewissen Grad, beurteilen.

Jedoch macht die Oberflächenstruktur, wie festgestellt, nur einen Teil dessen aus, was das Verhalten von Individuen innerhalb eines Unternehmens beeinflusst. Das Fundament für die Oberflächenstruktur bilden vielmehr diejenigen Elemente der Unternehmenskultur, die eher unsichtbar und daher überwiegend nur von den Organisationsmitgliedern selbst zu verstehen sind.[30] Im Zusammenhang mit der Concepta-Ebene werden insbesondere Elemente wie Grundannahmen, Werte, Einstellungen und Normen angeführt.[31] Dabei werden **Grundannahmen** als das am tiefsten liegende Element aufgefasst, das etwa Annahmen über Welt-, Menschen- und Gesellschaftsbilder enthält. Aus diesen generellen Orientierungen können sich als konkretere Orientierungspunkte **Werte** ergeben, die für den Einzelnen in einer konkreten Situation handlungsleitenden Charakter besitzen. **Einstellungen** sind stärker als Werte von Affektionen und Emotionen beeinflusst, die sich z.B. bei der Vornahme spezifischer Handlungen oder in der Interaktion mit bestimmten Personen entwickeln. Sie beziehen sich daher in der Regel auf konkrete Objekte. **Normen** sind wiederum eher allgemeine Handlungsregeln, die sich jedoch durch ihre gegenüber Werten stärkere Konkretisierung und ihren Soll-Charakter auszeichnen. Zu ihnen werden insbesondere auch Verhaltensanweisungen für bestimmte Situationen gezählt, wie sie etwa in Gesetzen, Verordnungen und anderen Verwaltungsvorschriften formuliert werden. Die Abgrenzung zu den der Percepta-Ebene zugeordneten materiellen Regeln ist daher nicht eindeutig. Im Folgenden werden unter Normen der Concepta-Ebene diejenigen Handlungsregeln verstanden, die unternehmensinterne Verhaltensstandards liefern und häufig z.B. in Form von Leitbildern oder Managementphilosophien schriftlich fixiert werden.[32]

Für die Gestaltung einer effektiven Risiko- und Überwachungskultur stellt sich nun die Frage, welche Ausprägungen dieser Elemente erforderlich sind, damit diese einen verantwortungsvollen Umgang mit den operationellen Risiken eines Instituts und deren Überwachung fördern. Nachdem in Kapitel D auf die Gestaltungsanforderungen an die Percepta-Ebene im Hinblick auf die Überwachung operationeller Risiken bereits ausführlich eingegangen wurde, wird dabei nunmehr der Fokus auf die Elemente der Concepta-Ebene gelegt. Hierbei sind sowohl Fragen nach dem Kulturinhalt als auch nach der Prägnanz, dem Verbreitungsgrad und der Verankerungstiefe der Kultur zu erörtern. Die drei letztgenannten Kriterien werden üblicherweise herangezogen, um zwischen „starken" und „schwachen" Kulturen zu differenzie-

---

30 Vgl. Ringlstetter (1988), S. 32; Kuschker/Schmid (2005), S. 667.

31 Vgl. zum Folgenden Kuschker/Schmid (2005), S. 680 f. sowie mit etwas anderer Terminologie Steinmann/Schreyögg (2005), S. 712 ff.

32 In der Terminologie von SIMONS kommen diese dem „beliefs system" nahe, das dieser definiert als „explicit set of organizational definitions that senior managers communicate formally and reinforce systematically to provide basic values, purpose, and direction for the organization." Vgl. Simons (1998), S. 34 ff. Die materiellen Normen und deren Umsetzung in spezifischen Organisationsanweisungen sind dagegen eher dem „boundary system" zuzurechnen, das den zulässigen Rahmen für die Aktivitäten der Organisationsmitglieder absteckt. Vgl. zu den Teilsystemen auch Horváth (2003), S. 213.

ren.[33] Es wird daher auch zu klären sein, ob eine starke Unternehmenskultur notwendigerweise auch im Hinblick auf den Umgang mit operationellen Risiken positiv zu beurteilen ist.

Grundannahmen und Werte

Im Zusammenhang mit operationellen Risiken sind insbesondere diejenigen Grundannahmen relevant, die das Menschenbild der Organisationsmitglieder prägen.[34] Positiv auf einen offenen Umgang mit Risiken können dabei Annahmen über das Verantwortungsbewusstsein des Einzelnen, den positiven Einfluss von Kooperation anstatt Wettbewerb innerhalb eines Instituts sowie die Förderung von Teamgeist an Stelle der Erzielung von Einzelerfolgen wirken. Besondere Bedeutung kommt dabei der Schaffung einer als gerecht empfundenen Kultur zu, die Werte wie Integrität, Fairness und Ehrlichkeit der Mitarbeiter fördert.[35] Eine „gerechte Kultur“ soll nach REASON vor allem eine vertrauensvolle Atmosphäre schaffen, in der die Mitarbeiter zu einem offenen Umgang mit Risiken und eigenen Fehlern ermuntert bzw. für einen solchen gar belohnt werden.[36] Andererseits muss auch deutlich erkennbar sein, welche Art von Verhalten akzeptiert wird und welche nicht. Dabei ist es entscheidend, dass die gelebte Kultur von jedem Einzelnen als tatsächlich gerecht empfunden wird. So ist eine vollständige „no-blame“-Kultur, wie sie bisweilen im Zusammenhang mit operationellen Risiken gefordert wird, in dieser Hinsicht nicht zielführend.[37] Es gibt Verhaltensweisen, wie etwa die vorsätzliche und rücksichtslose Umgehung bestehender Regeln, die zwingend Sanktionen erfordern, soll nicht die Glaubwürdigkeit vorhandener Maßnahmen in Frage gestellt und in der Folge das Disziplinarsystem eines Instituts als ungerecht empfunden werden.

Die Grundvoraussetzung für eine gerechte Kultur sind daher eindeutige Prinzipien, die klar erkennen lassen, wo die Grenze zwischen akzeptiertem und nicht akzeptiertem Verhalten liegt. REASON schlägt vor, als Kriterium für die Abgrenzung die Frage der Vorsätzlichkeit einer schädigenden Handlung heranzuziehen: zu differenzieren ist demnach zwischen Versehen und Flüchtigkeitsfehlern, bei denen bereits die Aktion selbst unbeabsichtigt geschieht, und Irrtümern und Missverständnissen, bei denen üblicherweise die Konsequenz des Handelns unbeabsichtigt war. Während diese Formen schadhaften Verhaltens als eher harmlos einzustufen sind und generell keine Schuldzuweisung nach sich ziehen sollten, ist dies im Falle bewusster Regelverletzungen und Kompetenzüberschreitungen situationsabhängig zu beurteilen. Auch hier ist zwar in der Regel, außer im Falle der Sabotage, die möglicherweise negative Konsequenz nicht beabsichtigt, jedoch wurde ganz bewusst die Entscheidung für eine Verletzung bestehender Regeln getroffen. Ob allerdings schuldhaft gehandelt wurde oder nicht, sollte hier gemäß REASON danach beurteilt werden, ob überhaupt angemessene organisatorische

33 Vgl. Steinmann/Schreyögg (2005), S. 722 ff.; Heinen (1997), S. 26 ff.
34 Vgl. zu diesen sowie weiteren Grundannahmen Steinmann/Schreyögg (2005), S. 713 ff.
35 Zu den Komponenten einer guten Risiko- und Überwachungskultur vgl. auch Doerig (2003), S. 63.
36 Vgl. Reason (1997), S. 195.
37 Vgl. hierzu und zum Folgenden Reason (1997), S. 205 ff.

Vorkehrungen vorhanden waren, um die anfallenden Aufgaben unter Beachtung sämtlicher Regeln zu erfüllen, oder ob es sich gewissermaßen um eine „notwendige" Regelverletzung handelte, da falsche oder nicht praktikable Strukturen oder Prozesse der Percepta-Ebene die Aufgabenerfüllung andernfalls nicht möglich gemacht hätten.

Wird das Ziel erreicht, eine als gerecht empfundene Unternehmenskultur zu etablieren, kann diese ihrerseits die Stabilität im Unternehmen fördern und das Sicherheitsgefühl der Mitarbeiter stärken. Diese Faktoren können gemeinsam mit der Anerkennung der Bedeutung von Kooperation und Teamgeist die Identifikation mit dem Unternehmen sowie das Zusammengehörigkeitsgefühl der Organisationsmitglieder fördern und damit die Bereitschaft, sich für das Unternehmen zu engagieren und dies auch nach außen hin unmissverständlich zu dokumentieren.[38] Dies kann sich z.B. in geringen Fluktuationsraten und Fehlzeiten bemerkbar machen und so etwa die Gefahr unzureichender personeller Kapazitäten senken. Im Gegensatz dazu würde eine auf die Förderung von internem Wettbewerb und Einzelerfolgen ausgerichtete Unternehmenskultur tendenziell eher Misstrauen hervorrufen und unlauteres Verhalten begünstigen.

Einstellungen und Normen

Den Einstellungen der Organisationsmitglieder gegenüber Risiko und Überwachung kommt für den Umgang mit operationellen Risiken eine besondere Bedeutung zu. Nur die bewusste Wahrnehmung von Risiken, eine aktive und konstruktive (Risiko-) Kommunikation sowie die unternehmensweite Akzeptanz von Überwachungsmaßnahmen ermöglichen ein wirksames Management dieser Risikoart. Im Rahmen der qualitativen Überwachung steht dabei das Erkennen von Risiken sowie ein umfassendes Verständnis für (potenzielle) Überwachungsmaßnahmen im Vordergrund. Nur wenn diese Voraussetzungen erfüllt sind, können bei der Durchführung der täglichen Abläufe oder aber im Rahmen eines Self Assessments zur Einschätzung des Risikoprofils bestehende Mängel identifiziert und Maßnahmen zu deren Behebung entwickelt werden. Hierfür ist auch die Bedeutung der Reflexion von „near-misses" nicht zu unterschätzen, damit aus Fehlern gelernt werden kann und tatsächliche Verluste für die Zukunft vermieden werden. Ein solches Verhalten erfordert jedoch, dass sämtliche Mitarbeiter operationelle Risiken als eigenständige Risikoart wahrnehmen und ihre Beobachtungen und Erkenntnisse aktiv kommunizieren. Dies wird allerdings nur dann der Fall sein, wenn ein organisatorisches Klima herrscht, in dem die Mitarbeiter bereit sind, neben Schwachstellen in bestehenden Strukturen oder Prozessen auch über ihre eigenen Fehler oder die Fehler anderer zu berichten.[39] Besteht kein Vertrauen in die ordnungsmäßige Verwendung weitergegebener Informationen oder werden gar Repressalien befürchtet, wird der Einzelne eher versucht sein, Vorfälle zu vertuschen. Schließlich bedeutet eine Berichterstattung stets auch einen zusätzli-

---

38 Vgl. Steinmann/Schreyögg (2005), S. 729.

39 Vgl. hierzu und zum Folgenden Reason (1997), S. 195 ff. Zum Verhältnis von Organisationsklima und Unternehmenskultur vgl. Fank (1997), S. 249 ff.

chen Arbeitsaufwand. Ziel muss es daher vor allem sein, eine positive Einstellung zu einem offenen Umgang mit operationellen Risiken zu schaffen, etwa durch die Zusicherung des Verzichts auf disziplinarische Maßnahmen, soweit dies im Rahmen einer „gerechten" Kultur möglich ist, durch die vertrauliche Behandlung von Meldungen und ggf. deren Anonymisierung sowie durch die Trennung der berichtsempfangenden Stelle von üblicherweise mit Sanktionen in Verbindung gebrachten Stellen, wie z.B. der Internen Revision. In diesem Zusammenhang sind die jüngst verstärkt diskutierten „Whistleblowing"-Verfahren anzusprechen, d.h. Verfahren, für die vertrauliche Meldung von beobachtetem Fehlverhalten im eigenen Unternehmen durch Mitarbeiter, deren Etablierung in den USA bereits durch den Sarbanes-Oxley-Act vorgeschrieben wird. Diese Verfahren zielen auf die Verringerung der Gefahr von Verstößen gegen rechtliche Vorschriften und die Erhöhung der Aufdeckungschancen wirtschaftskrimineller Handlungen.[40] Sie betreffen damit zwar lediglich einen Teilbereich der hier in Frage stehenden Handlungen, nämlich rechtswidriges und unmoralisches Verhalten, wie etwa Korruption, Urkundenfälschung oder Bilanzdelikte; die Forderung nach deren Offenlegung unterstreicht jedoch die Notwendigkeit der Bereitstellung angemessener und praktikabler Berichtswege durch ein Unternehmen.[41]

Die offene Grundeinstellung eines Instituts zu Risiko und Risikoüberwachung sollte in einer expliziten Risikophilosophie manifestiert werden, die insofern als Medium genutzt werden kann, um die Bedeutung einer positiven Haltung gegenüber Risiken zu unterstreichen und eine offene Kommunikation zu fördern. Die Risikophilosophie spiegelt letztlich den Wert wider, den ein Unternehmen dem Risikomanagement beimisst bzw. den Nutzen, den es hieraus erwartet. Dabei ist es von Bedeutung, ob ein Risikomanagementsystem lediglich implementiert wird, um regulatorische Anforderungen zu erfüllen oder ob es als Maßnahme erkannt und benannt wird, um den Unternehmenswert nachhaltig zu erhalten und zu steigern.[42] Auch die Risikoneigung eines Instituts sollte festgelegt werden, d.h. es sollte intern bekannt sein, bis zu welchem Betrag ein Institut bereit ist, Risiken einzugehen. Für operationelle Risiken ist eine solche quantitative Festlegung jedoch aus den bekannten Gründen wenig operational. Hier könnten daher eher qualitative Aussagen hinsichtlich einer Verpflichtung auf ein ausgeprägtes Prozess- und Qualitätsmanagement zielführend sein.

In der Regel werden die Leitlinien organisatorischen Handelns in schriftlich fixierten Normen, wie Unternehmensleitbildern oder Unternehmensgrundsätzen festgehalten. Hierbei darf jedoch nicht übersehen werden, dass solche festgelegten Ausdrücke eines „gesollten Verhaltens" der Mitglieder des Unternehmens nur selten etwas mit der kulturellen Wirklichkeit zu tun haben.[43] Vielmehr handelt es sich um Wunschvorstellungen der Geschäftsleitung, die den

---

40 Vgl. Berndt/Hoppler (2005), S. 2623.

41 Als berichtsempfangende Stelle werden hierbei z.B. das Audit Committee, sofern vorhanden, oder aber an eine ausgelagerte, von dem Unternehmen benannte externe Stelle, z.B. eine Selbstregulierungsorganisation der Branche vorgeschlagen.

42 Vgl. COSO (2004a), S. 28 f.

43 Vgl. Grabner-Kräuter (2000), S. 303; Steinmann/Schreyögg (2005), S. 715.

Mitarbeitern gewissermaßen aufoktroyiert werden sollen. Entscheidend für die tatsächliche Verhaltensbeeinflussung ist, dass die festgehaltenen Werte und Einstellungen nicht lediglich auf dem Papier existieren, sondern, beginnend bei der Geschäftsleitung, von den Vorgesetzten vorgelebt werden. Nur wenn sich die formulierten richtungweisenden Aussagen auch in dem täglichen Handeln der Führungskräfte wieder finden, kann Vertrauen tatsächlich entstehen und ein an den festgelegten Leitlinien orientiertes Verhalten der Mitarbeiter hervorgerufen werden.

Eine aktive Risikokommunikation ist nicht nur für die qualitative, sondern darüber hinaus auch für die quantitative Überwachung operationeller Risiken von großer Bedeutung. Insbesondere die vorhandenen Schwächen der Quantifizierungsmethoden im Rahmen eines fortgeschrittenen regulatorischen Ansatzes verdeutlichen, welche Auswirkungen eine unzureichende Kommunikation eingetretener Verlustfälle und potenzieller Ereignisse auf die Ergebnisse der Modellierung hat. Wird trotz aller Bedenken auf diese Verfahren zurückgegriffen, ist es umso bedeutsamer, eine möglichst lückenlose Datenerhebung im Sinne einer vollständigen Erfassung von Verlustfällen und eine Analyse aller vorhandenen Prozesse und Strukturen sicherzustellen.

Im Ergebnis ist festzuhalten, dass auf den ersten Blick tendenziell eine starke Kultur, die klar signalisiert, was erwünscht ist und was nicht, und die im Idealfall von allen Mitarbeitern geteilt wird sowie in einem Maße internalisiert wurde, dass sie zum selbstverständlichen Bestandteil des täglichen Handelns geworden ist, den offenen Umgang mit operationellen Risiken am besten unterstützt. Allerdings weisen starke Kulturen mitunter auch Merkmale auf, die einem solchen offenen Umgang eher im Wege stehen. Mögliche negative Konsequenz einer starken Kultur ist vor allem die Gefahr eines Mangels an Flexibilität. Das Erfordernis der Anpassung an neue Umweltbedingungen oder Geschäftsbereiche kann dann unter Umständen durch Faktoren wie eine kollektive Vermeidungshaltung und mangelnde Anpassungsfähigkeit gehemmt werden.[44] Gerade notwendige Eigenschaften wie Offenheit, Kritikbereitschaft und der Mut, Bedenken zu äußern, laufen Gefahr, durch eine starke Kultur und den hiermit einhergehenden Zwang zur Konformität überlagert zu werden. Es ist daher notwendig, solchen Entwicklungen frühzeitig entgegenzuwirken. Die „Formung" einer effektiven Risiko- und Überwachungskultur wird hierdurch zu einem Balanceakt zwischen der Vorgabe und Festigung klarer Handlungsorientierungen und der gleichzeitigen Betonung von Eigenständigkeit und Flexibilität.

---

44 Vgl. ausführlicher hierzu Steinmann/Schreyögg (2005), S. 730 f.

2.2 Kausalmodelle als Ansatz zur Integration qualitativer und quantitativer Überwachungselemente zur Schaffung einer „lernenden Unternehmenskultur"

Für die Einstellung der Organisationsmitglieder gegenüber operationellen Risiken ist es bedeutsam, welcher Charakter diesen in einem Institut zugesprochen wird. Ein vorrangig auf quantitative Aspekte des Managements gelenkter Fokus, bei dem versucht wird, operationelle Risiken soweit wie möglich analog zu den Marktpreis- oder Kreditrisiken zu behandeln, wird einer intensiven und zielführenden Auseinandersetzung des Einzelnen mit operationellen Risiken eher im Wege stehen als diese begünstigen. Es ist daher ratsam, auch durch die Wahl der eingesetzten Managementinstrumente den qualitativen Charakter operationeller Risiken hervorzuheben, um so das erforderliche Verständnis bei den Mitarbeitern zu fördern. Allerdings bedeutet dies nicht, dass der Einsatz quantitativer Analysen von vornherein ausgeschlossen werden sollte. Diese können durchaus ergänzend herangezogen werden, um ein „Lernen aus Erfahrung" als Grundvoraussetzung dafür, dass aus Ereignissen und Aktivitäten verallgemeinerbare Prinzipien entstehen, die auf neue Situationen angewendet werden können,[45] sowie die hierfür erforderlichen systematischen Ursachenanalysen zu unterstützen.

Eine „lernende Kultur"[46] erfordert im Zusammenhang mit operationellen Risiken, dass die im Rahmen der Berichterstattung erlangten Informationen richtig analysiert und ausgewertet sowie die Zusammenhänge zwischen den Ursachen operationeller Risiken und den erlittenen Verlusten hergestellt werden, um hieraus gegebenenfalls Schlüsse für notwendige Anpassungsmaßnahmen ziehen zu können. Eine Verknüpfung von „Risiko- und Überwachungsfaktoren", die das Überwachungsumfeld eines Instituts beschreiben, und tatsächlichen Verlusten ist dabei insbesondere notwendig, um zu verstehen, welche Auswirkung eine Änderung der Überwachungsumgebung auf das Risikoprofil hätte, d.h., ob die Durchführung einer geplanten Maßnahme letztlich effizient wäre.[47] Wird auch in Zukunft auf die Ermittlung eines Value at Risk (VaR) zur Quantifizierung operationeller Risiken für die regulatorische Kapitalermittlung gesetzt, so muss es schließlich das Ziel sein, die Auswirkung einer Änderung der risikobeeinflussenden Faktoren auf den VaR zu verstehen. Wichtig ist daher, dass geeignete Methoden zur Verfügung stehen, um diese Ziele zu erreichen.

Für eine Analyse der Zusammenhänge von Ursachen und Wirkungen operationeller Risiken eignen sich grundsätzlich die sogenannten Kausalmodelle, die insbesondere in der angelsächsischen Literatur zu operationellen Risiken verschiedentlich angeführt werden. Unter diesem Oberbegriff werden dabei sowohl lineare Methoden, wie Diskriminanzanalysen und multivariate Analysemethoden (z.B. Faktorenanalyse), diskutiert als auch die deutlich komplexeren

---

45 Vgl. Fank (1997), S. 257.

46 Nach Reason (1997), S. 196 ist eine „learning culture" durch die Bereitschaft und Kompetenz gekennzeichnet, die richtigen Schlüsse aus dem Risikoinformationssystem zu ziehen sowie erforderlichenfalls auch gravierende Änderungen vorzunehmen.

47 Vgl. auch Alexander (2003b), S. 285.

Ansätze der nicht-linearen Methoden, wie Bayesian Belief Networks, neuronale Netze und Fuzzy Logic.[48] Gemeinsames Ziel dieser Ansätze ist es, die funktionale Beziehung zwischen bestimmten Inputfaktoren (z.B. Risikoindikatoren) und dem Risikokapital zu beschreiben, wobei je nach gewählter Methode zuvor mehr oder weniger detaillierte Annahmen über die zugrunde liegende Funktion erforderlich sind. Die Modelle bieten grundsätzlich die Möglichkeit, qualitative und quantitative Informationen zu verknüpfen.

Nimmt man vereinfachend an, dass sich Verlustereignisse mit Hilfe eines linearen Modells erklären lassen, kann ein sogenanntes **Multifaktormodell** der Form

$$Y_t = \alpha_t + \beta_{1t} X_{1t} + \cdots + \beta_{nt} X_{nt} + \varepsilon_t$$

eingesetzt werden, das versucht, Verluste aus operationellen Risiken mit verschiedenen Einflussgrößen zu erklären.[49] Y_t steht dabei für die Verluste aus operationellen Risiken in einem bestimmten Unternehmensbereich in einem bestimmten Zeitraum. X_{nt} sind die verwendeten Einflussfaktoren. Im Falle operationeller Risiken sind hier insbesondere Überwachungs- und Risikoindikatoren („Control Environment Factors", „Key Risk Indicators") relevant, die zuvor auszuwählen sind.[50] α und β stehen für die zu bestimmenden Parameter, ε ist ein zufälliger Störeinfluss.[51] Diese vergleichsweise einfachen Modelle sind zwar relativ leicht zu handhaben, weisen jedoch den Nachteil auf, dass sie in der Regel die Realität nur unzureichend abbilden. So ist es denkbar, dass bei einer Betrachtung über mehrere Perioden der Wert eines Indikators von einer auf die nächste Periode abnimmt, das Risiko eines Verlustes sich jedoch nicht in gleichem Maße reduziert. Zudem können Ursache-Wirkungs-Zusammenhänge lediglich über eine Ebene hinweg abgebildet werden. Abhängigkeiten zwischen den Risikofaktoren über mehrere Ebene (z.B. A hängt von B ab, das wiederum von C abhängt) lassen sich hingegen nicht berücksichtigen.[52] Eine Alternative bieten daher Modelle, die versuchen, derartigen Nichtlinearitäten operationeller Risiken Rechnung zu tragen. Insbesondere wenn, wie hier, die Frage nach den Ursachen und möglichen Abhängigkeiten von verschiedenen Einflussgrößen im Vordergrund steht, bieten diese weitergehende Möglichkeiten an.

48 Letztere ist dabei nicht als Alternative zu verstehen, sondern vielmehr als mögliche Ergänzung, um z.B. im Rahmen einer Analyse mit neuronalen oder Bayesschen Netzen der Subjektivität und Unvollständigkeit vorhandener Daten Rechnung zu tragen. Vgl. Cruz/Carroll (2000), S. 16 ff.

49 Vgl. Cruz (2002), S. 145 ff.

50 Control Environment-Faktoren sind z.B. Systemausfälle in Minuten, die Anzahl der Mitarbeiter, die durchschnittliche Erfahrung der Mitarbeiter in Monaten, die Anzahl an Überwachungslücken als Verhältnis der überwachten Prozesse zu der Gesamtzahl der Prozesse und die Anzahl der Änderungen einschlägiger Aufsichtsnormen. Als Beispiele für Key-Risk-Indikatoren werden genannt: die Anzahl fehlerhafter Transaktionen, die Anzahl offener Rechtsfälle, die Anzahl unauthorisierter Kreditkartenverfügungen und die Anzahl an Kundenbeschwerden. Vgl. Cruz (2002), S. 17 f.; Alexander (2003b), S. 289 sowie bereits Abschn. D1.2.1.

51 Zu einem Beispiel für ein Multifaktormodell sowie zu Modellerweiterungen vgl. Cruz (2002), S. 146 ff.

52 Vgl. Adusei-Poku (2005), S. 21 f.

Für ein nichtlineares Modell kommt z.B. die Verwendung eines **Neuronalen Netzes** in Frage, das, ausgehend von einem bestimmten Satz an Risiko- und Überwachungsdindikatoren, versucht, die funktionale Beziehung zwischen diesen Inputfaktoren und der Höhe der Verluste aus operationellen Risiken zu bestimmen, ohne dass vorher einschränkende Annahmen über die Zusammenhänge erforderlich sind. Neuronale Netze stellen somit eine sehr flexible Klasse von statistischen Verfahren zur Approximation von Regressionsfunktionen dar.[53] Ein Neuronales Netz besteht vereinfacht ausgedrückt aus „Neuronen", die in Schichten (z.B. Eingabeschicht, verdeckte Schicht, Ausgabeschicht) hintereinander angeordnet sind, sowie aus Verbindungen, die die einzelnen Neuronen mittels Gewichten miteinander verknüpfen. Jedes Neuron akzeptiert mehrere Inputfaktoren, die entsprechend ihres jeweiligen Verbindungsgewichts gewichtet und aufsummiert werden, bevor auf die Summe eine Transformationsfunktion angewendet wird.[54] Die Schätzung der Parameter der gesuchten Funktion erfolgt mittels „Training" des Neuronalen Netzes.[55] Ein wesentlicher Nachteil Neuronaler Netze besteht allerdings in deren mangelnder Transparenz und der damit möglicherweise geringen Akzeptanz der Ergebnisse innerhalb eines Instituts sowie in der lediglich eingeschränkten Aussagekraft hinsichtlich einer systematischen Ursachenanalyse operationeller Risiken. Dies ist insbesondere deshalb von Bedeutung, weil die relevanten Risiko- und Überwachungsfaktoren, die als Inputfaktoren vorhanden sein müssen, in der Regel im Vorhinein nicht oder nicht vollständig bekannt sind.

Eine größere Aufmerksamkeit als den Neuronalen Netzen kommt daher im Zusammenhang mit operationellen Risiken den sogenannten **Bayesian Belief Networks** zu. Diese können als graphische Darstellung der gemeinsamen Wahrscheinlichkeitsverteilung einer gegebenen Anzahl von Variablen und deren bedingten Wahrscheinlichkeitsverteilungen aufgefasst werden. Bayessche Netze besitzen gegenüber Neuronalen Netzen den Vorteil, dass sie leichter verständlich und in jedem Schritt nachvollziehbar sind, da sie keine verdeckte Schicht enthalten. Sie sind grundsätzlich besser dazu geeignet, die Identifikation und Analyse von Risiko- und Überwachungsfaktoren zu unterstützen als Multifaktormodelle und Neuronale Netze. Ein wesentliches Kennzeichen Bayesscher Netze besteht darin, dass vor der eigentlichen Berechnung Informationen, etwa aus Self Assessments oder Expertenschätzungen, über bestehende Zusammenhänge zwischen den Variablen einfließen können. Um nicht die bedingte Wahrscheinlichkeit für sämtliche möglichen Kombinationen aller Variablen eines Netzes berechnen zu müssen, werden daher im Falle Bayesscher Netze Informationen über vorab determinierte Abhängigkeiten für die Variablen verwendet, wodurch der Umfang der erforderlichen Berechnungen erheblich reduziert werden kann.[56] Die berücksichtigten Abhängigkeiten können sich dabei im Gegensatz zu den Multifaktormodellen über mehrere Ebenen erstrecken.

---

53 Vgl. Hartmann-Wendels/Pfingsten/Weber (2004), S. 653.

54 Vgl. Cruz (2002), S. 164.

55 Eine Einführung in die Theorie Neuronaler Netze sowie die Beschreibung verschiedener Lernalgorithmen findet sich beispielsweise bei Poddig (1999), S. 273 ff.; Zimmermann (1994) und Zimmermann (1997).

56 Vgl. King (2001), S. 234 f.; Adusei-Poku (2005), S. 28.

Die Struktur eines Bayesschen Netzes wird durch eine Anordnung von Knoten, die die Zufallsvariablen repräsentieren und Wirkungspfeilen, welche die Zusammenhänge zwischen den einzelnen Knoten beschreiben, bestimmt.[57] GIUDICI schlägt im Zusammenhang mit der Modellierung operationeller Risiken die Verwendung drei verschiedener Arten von Knoten vor:

- Verlustknoten: entsprechend der gewünschten Genauigkeit, z.B. auf der Ebene der Geschäftsfeld-/Verlustkategorie-Kombinationen oder auf Prozessebene,
- Überwachungsindikatorknoten: zur Beschreibung der Qualität der internen und externen Überwachungsmaßnahmen,
- Risikoindikatorknoten: für den Wert von Verlusttreibern.[58]

Der Prozess des Aufbaus eines Bayesschen Netzes kann als „qualitatives Lernen" bezeichnet werden. Er besteht in der Bestimmung der Struktur des Bayesschen Netzes an sich, d.h. in der Identifikation und Festlegung der Knoten, deren hierarchischer Anordnung sowie der Abhängigkeiten zwischen diesen. Das „quantitative Lernen" besteht in der Bestimmung der Wahrscheinlichkeiten jeder einzelnen Variablen.[59] Besitzt ein Knoten Vorgängerknoten, werden zudem die bedingten Wahrscheinlichkeiten benötigt, die die Abhängigkeiten eines Knotens von dessen Vorgängerknoten widerspiegeln. Die für die Quantifizierung zugrunde gelegten Daten können neben internen und externen historischen Daten auch subjektiven Informationen beinhalten.

Ein quantifiziertes Bayessches Netz ermöglicht neben der Bestimmung der Gesamtverlustverteilung bzw. eines Value at Risk vor allem die Durchführung wirkungsorientierter Analysen. So kann ausgehend von Veränderungen einzelner Risiko- und Überwachungsindikatoren die erwartete Auswirkung auf den Value at Risk quantifiziert werden. Auf diese Weise lässt sich zum einen die Bedeutung der berücksichtigten Faktoren innerhalb des Netzes ermitteln und so die Frage nach der tatsächlichen Relevanz der ausgewählten Faktoren beantworten. Zum anderen können Szenarioanalysen durchgeführt werden, indem z.B. für einzelne Risikofaktoren extrem hohe Werte angenommen werden.[60] Darüber hinaus kann die Effektivität potenzieller Verbesserungen der Überwachungsmaßnahmen simuliert werden. Ist für einen Verlustknoten bekannt, dass sein Wert von der Existenz bestimmter Überwachungsmaßnahmen beeinflusst wird, kann berechnet werden, wie sich dieser für unterschiedliche Werte der relevanten Überwachungsknoten verändert.[61]

Zum jetzigen Zeitpunkt ist eine Verwendung derart komplexer Modelle allerdings überwiegend Theorie. Das wesentliche Problem für deren bankweite Umsetzung liegt in der fehlen-

57 Vgl. Alexander (2003b), S. 287 f.
58 Vgl. Giudici (2004), S. 132 f.
59 Vgl. Giudici (2004), S. 135 ff.
60 Vgl. King (2001), S. 165.
61 Für ein Beispiel vgl. Alexander (2003b), S. 290 ff.

den Kenntnis der relevanten Risiko- und Überwachungsfaktoren.[62] Kausalmodelle können daher derzeit allenfalls für abgegrenzte Teilbereiche operationeller Risiken eingesetzt werden, in denen eine Vielzahl gleichartiger Tätigkeiten geeignete Indikatoren hervorbringt. Ein im Schrifttum häufig angeführtes Beispiel ist daher das Transaktionsrisiko, für das z.B. die Anzahl der Transaktionen, die Systemausfallzeiten und die Anzahl der Mitarbeiter im Backoffice als Risikoindikatoren herangezogen werden können. Auch für die Zukunft bleibt zu vermuten, dass die vollständige Anwendbarkeit der aufgeführten Modelle auf diese Art der High Frequency-/Low Severity-Risiken beschränkt bleiben wird und sich extreme Verluste eher nicht simulieren lassen werden.[63] Allerdings erscheint es auf lange Sicht durchaus sinnvoll, die Methode der qualitativen graphischen Darstellung von Abhängigkeiten zwischen Verlustereignissen und der Ausgestaltung der Überwachungsumgebung zu nutzen, um bereichsübergreifend ein besseres Verständnis für die Kausalitäten zu schaffen und so mögliche Schwachstellen in den Organisationsstrukturen und Abläufen sowie Lücken in den Überwachungsmaßnahmen zu identifizieren, eine Grundvoraussetzung für das Ergreifen angemessener Maßnahmen.

Auch wenn bezweifelt werden muss, dass mit Hilfe von Kausalmodellen tatsächlich eine umfassende und bankweite Analyse operationeller Risiken möglich sein wird, kann diese für die angesprochenen Bereiche der High Frequency-/Low Severity-Risiken, die durch repetitive Tätigkeiten und ein entsprechendes Datenvolumen geprägt sind, ein durchaus sinnvolles Mittel zur Unterstützung der Ermittlung von Prozessoptimierungspotenzialen darstellen. Allerdings ist einschränkend anzumerken, dass es sich bei diesen gerade um diejenigen Risiken handelt, die im Zusammenhang mit dem Management operationeller Risiken von eher untergeordneter Bedeutung sind, da deren Auswirkungen in der Regel keine Gefährdung für ein Institut darstellen.[64] Es muss daher im Einzelfall sehr kritisch hinterfragt werden, ob die Implementierung von Kausalmodellen angesichts des, insbesondere im Falle der Bayesschen Netze, erheblichen Aufwands, den diese verursachen, gerechtfertigt ist.

3 Intensivierung der Zusammenarbeit verschiedener Überwachungsträger

Neben der in dem voranstehenden Exkurs behandelten Verbesserung der Überwachung operationeller Risiken durch die Geschäftsleitung eines Instituts auf der Basis der Schaffung einer geeigneten Risiko- und Überwachungskultur ist auch in der Intensivierung der Zusammenarbeit der übrigen Überwachungsträger bei der Überwachung der Geschäftsleitung ein erhebliches Potenzial zur Steigerung der Überwachungsqualität zu sehen. Zuvor wurde bereits an verschiedenen Stellen auf einzelne Aspekte der Überschneidung von Prüfungsgegenständen

[62] Vgl. bereits Abschn. D1.2.1.
[63] Vgl. Marshall (2001), S. 219; Hoffman (2002), S. 304.
[64] Vgl. hierzu Abschn. B3.2.

hingewiesen, auf deren Grundlage im Folgenden die Konsequenzen für das Zusammenwirken der Überwachungsträger besprochen werden. Dabei geht es sowohl um das Verhältnis der internen Überwachungsträger zueinander als auch um das Verhältnis der internen zu den externen Überwachungsträgern und der externen Überwachungsträger zueinander.

3.1 Interne Revision – Aufsichtsorgan

Traditionell besteht keine unmittelbare Zusammenarbeit zwischen der Internen Revision und dem Aufsichtsorgan eines Unternehmens. Auch das Gesetz gibt keine Hinweise auf eine direkte Kommunikation zwischen diesen beiden internen Überwachungsträgern. Wenngleich beide Aufgaben der Überwachung der Geschäftsführung übernehmen, besitzen sie doch unterschiedliche Stellungen im Überwachungssystem der Banken. Während der Aufsichtsrat qua Gesetz zur Überwachung der Ordnungsmäßigkeit und Zweckmäßigkeit der Geschäftsführung verpflichtet ist, wird die Interne Revision im Auftrag der Geschäftsleitung tätig und ist damit zunächst einmal ein Instrument der Unternehmensführung und nicht der Aufsichtsratsüberwachung.[65]

Für Kreditinstitute sehen allerdings die MaRisk zumindest eine indirekte Unterrichtung des Aufsichtsrats über die Tätigkeit der Internen Revision vor, indem verlangt wird, dass die Geschäftsleitung das Aufsichtsorgan mindestens einmal jährlich schriftlich über die von der Internen Revision festgestellten wesentlichen Mängel unterrichtet.[66] Dabei sind schwerwiegende Mängel, die beschlossenen Maßnahmen zu deren Behebung sowie die Umsetzung der Maßnahmen besonders hervorzuheben. Im Falle besonders schwerwiegender Mängel ist das Aufsichtsorgan umgehend in Kenntnis zu setzen. Ein direkter Kontakt zwischen Interner Revision und Aufsichtsratsvorsitzendem ist dagegen nur für den Fall vorgesehen, dass schwerwiegende Feststellungen gegen einen Geschäftsleiter nicht von den übrigen Geschäftsleitern an das Aufsichtsorgan weitergegeben werden.[67] Angesichts der Forderung an das Aufsichtsorgan, sich ein eigenes Bild auch von der operationellen Risikosituation eines Instituts zu verschaffen, ist es allerdings fraglich, ob die bisherige Art der Informationsvermittlung hierfür ausreichend ist.

Durch die stetige Ausweitung des Aufgabengebiets der Internen Revision, insbesondere infolge der Ergänzung um Zweckmäßigkeits- und Wirtschaftlichkeitserwägungen im Rahmen des Operational- oder Management-Audits bzw. der Prüfungspflichten im Zusammenhang mit dem Risikomanagementsystem, findet bereits eine deutliche Annäherung der Prüfungsgebiete von Aufsichtsrat und Interner Revision statt. In diesem Zusammenhang wird im Schrifttum

---

65 Vgl. Eichner/Roese (2001), S. 383.
66 Vgl. BaFin (2005c), BT 2.3.4, Tz. 5.
67 Vgl. BaFin (2005c), BT 2.3.4, Tz. 4.

teils eine unmittelbare Zusammenarbeit von Interner Revision und Aufsichtsorgan angeregt.[68] Dabei ist allerdings zu bedenken, dass die Interne Revision auch dann nach wie vor der Unternehmensleitung unterstellt ist, wodurch eine Unabhängigkeit im Hinblick auf die Prüfung der Geschäftsführung selbst nur bedingt gewährleistet ist. Andere Vorschläge gehen sogar weiter und fordern eine direkte Anbindung der Internen Revision an den Aufsichtsrat, damit dieser die Tätigkeiten der Internen Revision mit denen des Abschlussprüfers koordinieren kann.[69] Im Sinne einer stärkeren Einbindung des Aufsichtsrats in die Überwachung der operationellen Risikosituation eines Instituts wäre eine solche Konstruktion ohne Zweifel zu begrüßen. Allerdings werden derartige Vorschläge zu Recht zugleich mit Zweifeln darüber verbunden, ob eine organisatorische Unterstellung der Internen Revision unter das Aufsichtsorgan mit dem deutschen dualen System der Corporate Governance vereinbar wäre. Schließlich unterstützt die Interne Revision die Geschäftsleitung bei der Wahrnehmung ihrer eigenen Überwachungsaufgaben im Rahmen ihrer Sorgfaltspflicht.[70] Bereits in einem ummittelbaren Zugriff auf die Berichte der Internen Revision kann daher eine Verletzung der Leitungsautonomie der Geschäftsleitung gesehen werden.[71] Der erste Entwurf der MaRisk enthielt noch eine Empfehlung, nach der der Internen Revision zumindest ein Rederecht gegenüber dem Aufsichtsorgan eingeräumt werden sollte. Anstoß hierfür war vermutlich die Praxis in Ländern mit angelsächsisch geprägten Corporate Governance-Systemen.[72] Die entsprechende Textziffer wurde jedoch nach heftiger Kritik aus der Branche gestrichen.[73]

Dennoch sollte in den Instituten die Möglichkeit erwogen werden, in der Geschäftsordnung für die Interne Revision vorzusehen, dass das Aufsichtsorgan bei schwerwiegenden Verstößen, wie etwa im Falle eines unzureichenden Risikomanagementsystems, wenn auch unter gleichzeitiger Information der Geschäftsleitung, zumindest unmittelbar zu unterrichten ist.[74]

---

68 Vgl. Lück/Henke (2004), S. 11: „Der Kontakt der Internen Revision zum *Aufsichtsorgan* ist für eine umfassende innerbetriebliche Überwachung dringend notwendig." (Hervorhebung im Original.) Vgl. auch Eichner/Roese (2001), S. 383 f.

69 Vgl. Lück (1990), S. 1003 f.; Eichner/Roese (2001), S. 384. Dieser Vorschlag wird oftmals gleichzeitig mit der Forderung nach Einrichtung von Audit Committees verbunden, deren Nutzen vor allem in einer zielgerichteten Koordination der Überwachungsaktivitäten von Interner Revision und Abschlussprüfer und damit verbunden in einer Stärkung der Unabhängigkeit dieser Überwachungsträger von der Geschäftsleitung gesehen wird. Vgl. auch Lück (1999b), S. 441 f.

70 Vgl. Lück/Henke (2004), S. 12.

71 Vgl. Hommelhoff/Mattheus (2000), S. 19.

72 In dem dort üblichen Vereinigungsmodell ist das Board of Directors nicht nur mit Überwachungs-, sondern auch mit Führungsaufgaben betraut, so dass keine strikte Trennung zwischen den beiden Organen wie in Deutschland besteht. Vgl. hierzu Abschn. C1.

73 Vgl. z.B. die folgenden Stellungnahmen: IIR [Hrsg.] (2005b), S. 9; DSGV (2005a), S. 12 sowie DSGV (2005b), S. 15.

74 Vgl. Arbeitskreis „Externe und Interne Überwachung der Unternehmung" der Schmalenbach-Gesellschaft für Betriebswirtschaft e.V. (2000), S. 4.

3.2 Interne Revision – Abschlussprüfer

Die Interne Revision und der Abschlussprüfer eines Instituts befassen sich in weiten Bereichen mit denselben Prüfungsgegenständen unter Vornahme gleicher Prüfungshandlungen. Durch die zunehmende Komplexität betrieblicher Prozesse und die umfassenden Prüfungspflichten beider Instanzen im Zusammenhang mit dem Risikomanagementsystem eines Kreditinstituts wird dieser Umstand noch verstärkt. Aus diesem Grund ist die Frage nach der Effizienz der Prüfungen in den letzten Jahren erneut in den Blickpunkt geraten, um Doppelarbeiten so weit wie möglich zu vermeiden. Auch die berufsständischen Organisationen nehmen zu der Zusammenarbeit von Interner Revision und Abschlussprüfer Stellung: Im Jahr 2002 veröffentlichte das IDW den Prüfungsstandard „Interne Revision und Abschlussprüfung" (IDW PS 321)[75], nachdem ein Jahr zuvor bereits das IIR in den Revisionsstandard Nr. 1 „Zusammenarbeit von Interner Revision und Abschlussprüfer"[76] veröffentlicht hatte.

Anknüpfungspunkte für eine Zusammenarbeit ergeben sich an verschiedenen Stellen der Prüfungsaufgaben. So hat sowohl die Interne Revision im Rahmen des Financial Auditing als auch der Abschlussprüfer auf der Grundlage des risikoorientierten Prüfungsansatzes die Wirksamkeit des Internen Kontrollsystems im Unternehmen zu beurteilen. Hier sollte vor allem der Abschlussprüfer die Erkenntnisse der Interner Revision darüber nutzen, ob Zielsetzungen und Organisationsanweisungen umgesetzt wurden und damit die organisatorischen Sicherungsmaßnahmen zuverlässig funktionieren.[77] Gleiches gilt für die Prüfung der Angemessenheit der übrigen Elemente des Risikomanagementsystems. Auch hier besitzt die Interne Revision aufgrund ihrer Prüfungen im Rahmen des Management Auditing detaillierte Kenntnisse und Erfahrungen in Fragen der Organisation und der Geschäftsprozesse des Instituts, die sich der Abschlussprüfer bei seinen eigenen Prüfungen zu Nutze machen kann und sollte.[78] Letztlich hat die Interne Revision als Teil des Unternehmens regelmäßig in einer Weise Einblick in die Prozesse und Fachabteilungen, wie sie dem Abschlussprüfer nicht möglich sein kann und ist damit insbesondere für die Prüfung der im Zusammenhang mit operationellen Risiken relevanten Fragestellungen deutlich näher am Unternehmensgeschehen.[79]

Voraussetzung für eine Übernahme von Prüfungsergebnissen durch den Abschlussprüfer ist jedoch, dass dieser die Feststellungen der Internen Revision für zuverlässig, d.h. für objektiv, fachmännisch und sorgfältig ermittelt hält. Dabei ist auch hier der Tatsache Rechnung zu tragen, dass die Interne Revision eine weisungsgebundene und somit abhängige Prüfungseinrichtung des zu prüfenden Instituts ist. Der Abschlussprüfer kann die Prüfungsfeststellungen der Internen Revision selbst grundsätzlich nicht übernehmen, sondern diese lediglich für seine

---

75 Vgl. IDW [Hrsg.] (2002a), PS 321, S. 686 ff.
76 Vgl. IIR [Hrsg.] (2001a), S. 34 ff.
77 Vgl. Brebeck (2001), S. 381.
78 Vgl. Lück/Henke (2004), S. 13.
79 Vgl. Soll/Labes (1999), S. 202.

Prüfungen verwerten, indem er z.B. seine eigene Prüfungsplanung und -durchführung von diesen abhängig macht.[80] Dabei gilt jedoch stets, dass in dem Maße, in dem sich die Subjektivität der Beurteilung für den zu beurteilenden Sachverhalt erhöht, der Abschlussprüfer verstärkt eigene Prüfungshandlungen wird durchführen müssen.[81] Insbesondere für die Prüfung der Einhaltung der umfangreichen qualitativen Normen muss daher die Übernahme von Prüfungsergebnissen sorgfältig abgewogen werden.

Als Kriterien für die Zuverlässigkeit der Prüfungsergebnisse der Internen Revision sollte der Abschlussprüfer die folgenden Faktoren berücksichtigen:[82]

- Grad der Unabhängigkeit: der Abschlussprüfer hat die organisatorische Einordnung der Internen Revision sowie mögliche Zwänge und Einschränkungen, die die gesetzlichen Vertreter der Internen Revision auferlegen, zu bedenken. Kann etwa die Interne Revision ohne Einschränkungen mit dem Abschlussprüfer kommunizieren?
- Qualifikation der Mitarbeiter: Der Abschlussprüfer muss sich vergewissern, dass die Prüfungen der Internen Revision von Personen durchgeführt werden, die über eine angemessene fachliche Ausbildung und berufliche Erfahrung verfügen. Hierzu kann er z.B. die Richtlinien für die Einstellung, Aus- und Fortbildung der Mitarbeiter der Internen Revision einsehen und die Zusammensetzung der Prüfungsteams beurteilen.
- Umfang und Qualität der Überwachungstätigkeit: Der Abschlussprüfer hat die Art und den Umfang der Prüfungen durch die Interne Revision zu berücksichtigen sowie zu beurteilen, ob diese mit der erforderlichen Sorgfalt geplant, durchgeführt, überwacht und dokumentiert wurden. In diesem Zusammenhang ist es auch von Bedeutung, inwieweit die Vorschläge der Internen Revision im Unternehmen umgesetzt wurden.

Neben der Verwendung der Prüfungsergebnisse der Internen Revision kann der Abschlussprüfer auch versuchen, die Arbeit der Internen Revision zu beeinflussen, indem er etwa auf deren Prüfungsplanung Einfluss nimmt und auf die Berücksichtigung der als relevant erachteten Sachverhalte bzw. auf eine Abstimmung der Prüfungsschwerpunkte hinwirkt. Stellt etwa der Abschlussprüfer einen Verbesserungsbedarf bei den internen Kontrollen fest, so kann die Interne Revision dessen Umsetzung überwachen, so dass der Abschlussprüfer bei seiner Folgeprüfung die Arbeitsergebnisse der Internen Revision verwenden kann.[83] Im Übrigen sollte der Abschlussprüfer generell die Interne Revision über alle relevanten Feststellungen unterrichten.[84]

---

80 Vgl. Brebeck (2001), S. 382.
81 Vgl. IDW [Hrsg.] (2002a), PS 321, Tz. 12.
82 Vgl. Brebeck (2001), S. 382; IDW [Hrsg.] (2002a), PS 321, Tz. 17.
83 Vgl. Brebeck (2001), S. 381 f.
84 Vgl. IIR [Hrsg.] (2001a), S. 35.

3.3 Interne Revision – Bankenaufsicht

Wie bereits das Aufsichtsorgan ist auch die Bankenaufsicht nach den MaRisk von der Geschäftsleitung eines Instituts über schwerwiegende Feststellungen der Internen Revision gegen Geschäftsleiter unverzüglich zu informieren.[85] Eine direkte Informationspflicht durch die Interne Revision im Falle eines Unterlassens seitens der Geschäftsleitung ist für die Bankenaufsicht allerdings nicht vorgesehen.

Für die laufende Überwachung der Einhaltung qualitativer und quantitativer Normen können BaFin und Deutsche Bundesbank unter anderem auf die Berichte der Internen Revision zugreifen. Der Baseler Ausschuss betont ausdrücklich, dass die Aufsichtsinstanzen die Arbeit der Internen Revision beurteilen und deren Berichte, sofern diese zuverlässig erscheinen, für die Aufdeckung möglicher Schwachstellen oder die Identifikation von Risikobereichen, die die Interne Revision längere Zeit nicht überprüft hat, nutzen sollen.[86] Die entsprechende Textziffer der MaIR, nach der die Berichte der Internen Revision auf Anforderung neben den Abschlussprüfern auch der BaFin, von dieser beauftragten Prüfern oder der Deutschen Bundesbank zur Verfügung zu stellen waren, wurde zwar in die Endfassung der MaRisk nicht übernommen, jedoch ist davon auszugehen, dass sich an dieser Verpflichtung der Institute im Rahmen des Supervisory Review Process nichts ändern wird. Auch hier gilt, dass sich die Bankenaufsicht, wie bereits der Abschlussprüfer, im Hinblick auf die operationelle Risikosituation eines Instituts zu einem wesentlichen Teil auf das Urteil der Internen Revision wird verlassen müssen, da eigene Prüfungen durch Mitarbeiter der Aufsichtsbehörde nicht in dem selben Umfang möglich sind. Darüber hinaus erhält die Bankenaufsicht über die Prüfungsberichte der Abschlussprüfer auch Informationen über die Qualität der Arbeit der Internen Revision.

Der Baseler Ausschuss regt darüber hinaus regelmäßige Treffen zwischen den nationalen Aufsichtsinstanzen und der Internen Revision an, um die identifizierten Risikobereiche und gegebenenfalls erforderliche Gegenmaßnahmen zu diskutieren.[87] Derartige Treffen sind allerdings nach dem deutschen Aufsichtsrecht nicht explizit vorgesehen. Einer engen Kooperation zwischen Aufsicht und Interner Revision sind bereits wegen der bereits erwähnten Institutionalisierung der Internen Revision als Instrument der Geschäftsleitung und wegen der fehlenden Kompetenz der Aufsicht zur Beauftragung der Internen Revision mit der Durchführung bestimmter Prüfungen enge Grenzen gesetzt. Denkbar ist jedoch ein regelmäßiger Meinungsaustausch zu einzelnen Fragestellungen, jedoch nur nach vorheriger Kenntnisnahme durch die Geschäftsleitung des Instituts.[88] Überdies wird durch die Einführung des Supervisory Review Process ein engerer Kontakt zwischen Aufsicht und Interner Revision erforderlich werden.

---

85 Vgl. BaFin (2005c), BT 2.3.4, Tz. 4.
86 Vgl. Basel Committee on Banking Supervision (2001c), S. 11.
87 Vgl. ebenda sowie Basel Committee on Banking Supervision (2002b), S. 8.
88 Vgl. Hanenberg (2005), S. 604 f.

3.4 Aufsichtsorgan – Abschlussprüfer

Die Zusammenarbeit zwischen dem Aufsichtsorgan und dem Abschlussprüfer eines Instituts hat mit der Umsetzung des KonTraG eine neue Qualität erhalten. Verschiedene Einzelnormen haben dazu geführt, dass sich diese beiden Überwachungsträger in stärkerem Maße als zuvor aufeinander beziehen sollen, um so das gemeinsame Ziel der Sicherstellung einer effektiven Überwachung der Unternehmenstätigkeit zu erreichen.[89] Im Vordergrund steht dabei vor allem die gegenseitige Unterrichtung und Zusammenarbeit.

Zunächst einmal verdeutlicht die Tatsache, dass der Prüfungsauftrag gemäß § 111 Abs. 2 Satz 3 AktG durch den Aufsichtsrat (und nicht wie vor der Umsetzung des KonTraG durch den Vorstand) zu erteilen ist, dass die Tätigkeit des Abschlussprüfers ein wesentliches Element zur Wahrnehmung der Überwachungsfunktion durch das Aufsichtsorgan ist und nicht für den Vorstand, unter Umständen gar durch diesen beeinflusst, erbracht wird.[90] Die Kommunikation zwischen dem Aufsichtsorgan und dem Abschlussprüfer sollte nach Erteilung des Prüfungsauftrags bereits vor Beginn der Prüfung aufgenommen werden und sich über die gesamte Prüfungsphase erstrecken. Auch wenn im Gesetz kein solcher Kontakt vorgesehen ist, kann hieraus ebenfalls kein generelles „Schweigegebot" abgeleitet werden, das diesem entgegenstehen würde.[91] Im Hinblick auf eine umfassende Überwachung sind Koordinierungsgespräche aus zweierlei Gründen von Bedeutung. Einerseits kann sich das Aufsichtsorgan auf diese Weise Kenntnis davon verschaffen, wie der Abschlussprüfer seine Prüfung anlegt und plant. Im Hinblick auf die Beurteilung der operationellen Risikosituation eines Instituts ist dies gerade deshalb von Bedeutung, weil eine Abschlussprüfung nie auf eine vollständige Prüfung abzielen kann, sondern, wie dargelegt, risikoorientiert erfolgt. Andererseits sollte der Abschlussprüfer bei seiner Prüfungsplanung die besonderen Erfahrungen und Kenntnisse der Mitglieder des Aufsichtsorgans einfließen lassen. Hierdurch kann zum einen die Prüfungsqualität wesentlich verbessert werden, zum anderen kann der Aufsichtsrat auf diese Weise sein eigenes, möglichst auf längere Sicht angelegtes Überwachungsprogramm umsetzen.[92]

Während der Durchführung der Prüfung durch den Abschlussprüfer ist keine laufende Unterrichtung des Aufsichtsorgans über den Prüfungsfortgang vorgesehen. Gleichwohl wird aber von einer Mitteilungspflicht aufgrund vertraglicher Treuepflichten über während der Prüfung erkannte Problembereiche, d.h. über wesentliche Sachverhalte, wie schwerwiegende Pflichtverletzungen durch die Geschäftsleitung, ausgegangen.[93] Nach Beendigung der Prüfungstätigkeit ist eine Abstimmung zwischen dem Aufsichtsorgan bzw. dessen Vorsitzenden und dem Abschlussprüfer zur Vorbereitung der Bilanzsitzung zweckmäßig, um Wünsche des Auf-

---

89 Vgl. Gelhausen (1999), S. 391 und S. 405.
90 Vgl. Bundesregierung (1998a) , S. 16; Franz (2000), S. 66
91 Vgl. hierzu und zum Folgenden Gelhausen (1999), S. 396 ff.
92 Vgl. auch Theisen (1999b), S. 344; Hommelhoff (1998), S. 2569.
93 Vgl. hierzu und zum Folgenden Gelhausen (1999), S. 398 ff.

sichtsorgans zur Aufnahme bestimmter Punkte und weiterführender Erläuterungen aufzunehmen. In der Bilanzsitzung selbst sollten die Mitglieder des Aufsichtsorgans von ihrem Fragerecht Gebrauch machen, um Erläuterungen zu einzelnen Sachverhalten sowie fachlichen Rat von dem Abschlussprüfer zu erhalten. Anders als außerhalb der Sitzung besteht für den Abschlussprüfer hier keine Verschwiegenheitspflicht, da die Informationen dem Gesamtgremium gegeben werden.

Darüber hinaus kann durch die Bildung von Audit Committees eine engere Kooperation zwischen Aufsichtsorgan und Abschlussprüfer insbesondere im Hinblick auf eine umfassende Berücksichtigung operationeller Risiken gefördert werden. Ein speziell für die Beschäftigung mit Fragen des Risikomanagements eingerichteter Ausschuss erleichtert eine erweiterte Kommunikation mit dem Abschlussprüfer, etwa über Fragen der Funktionsfähigkeit des Internen Überwachungssystems, über Aktivitäten und Prüfungsprogramm der Internen Revision oder über die Einhaltung regulatorischer Normen, und kann gezielt für das Aufsichtsorgan inhaltlich wichtige Themengebiete an den Abschlussprüfer weitergeben.[94]

3.5 Aufsichtsorgan – Bankenaufsicht

Nach der Auffassung des Baseler Ausschusses sollte ein Audit Committee die Kommunikation zwischen den Mitgliedern des Aufsichtsorgans, der Geschäftsleitung, der Internen Revision, den Abschusprüfern und der Bankenaufsicht fördern.[95] Darüber hinaus suchen einige nationale Aufsichtsbehörden ihrerseits regelmäßigen Kontakt zu dem Vorsitzenden des Audit Committees, um ein besseres Verständnis der Corporate Governance und der Geschäftsprozesse eines Instituts zu erhalten und sich gleichzeitig ein Bild von der Effektivität der Arbeit des Audit Committees zu verschaffen. Für den Vorsitzenden des Audit Committees bieten derartige Treffen grundsätzlich die Möglichkeit, eventuelle Bedenken, das Management des Instituts betreffend, mit der Aufsichtsbehörde zu diskutieren.

In Deutschland sieht § 44 Abs. 1 KWG vor, dass die Mitglieder der Organe eines Instituts, und damit auch die Mitglieder des Aufsichtsorgans, der BaFin sowie der Deutschen Bundesbank auf Verlangen Auskünfte über alle Geschäftsangelegenheiten zu erteilen und Unterlagen vorzulegen haben. Darüber hinaus hat die Bundesanstalt gemäß § 44 Abs. 4 KWG das Recht, zu den Sitzungen der Aufsichtsorgane Vertreter zu entsenden, die in der Sitzung das Wort ergreifen können. Des Weiteren kann die Bundesanstalt gemäß § 44 Abs. 5 KWG verlangen, dass eine Sitzung des Aufsichtsorgans anberaumt wird, zu der sie ebenfalls Vertreter entsenden kann.[96]

---

94 Vgl. auch die Untersuchung von Coenenberg/Reinhart/Schmitz (1997), S. 994.

95 Vgl. Basel Committee on Banking Supervision (2001c), S. 16 f.

96 Das Gleiche gilt auch für Hauptversammlungen, Generalversammlungen oder Gesellschafterversammlungen.

3.6 Abschlussprüfer – Bankenaufsicht

Das Verhältnis der externen Überwachungsträger zueinander ist in Deutschland vor allem durch die vergleichsweise enge Einbindung des Abschlussprüfers in die bankaufsichtliche Überwachung durch die Aufsichtsinstanzen geprägt. Die Zuweisung der über die allgemeinen Prüfungspflichten hinausgehenden bankaufsichtlichen Aufgaben und der zusätzlichen Offenbarungspflichten erfolgt vorrangig durch die Normen des Kreditwesengesetzes sowie die ergänzenden Vorschriften der Prüfungsberichtsverordnung. BaFin und Deutsche Bundesbank werden durch diese zu „quasi-internen Adressaten" des Jahresabschlusses und damit auch zu einem unmittelbaren Adressaten des durch den Abschlussprüfer zu erstellenden Prüfungsberichts, der nach wie vor zu den bedeutendsten Informationsmedien der Aufsichtsinstanzen zählt.[97] Ein derart erweiterter Aufgabenbereich des Abschlussprüfers ist typisch für Aufsichtssysteme, in denen die Aufsichtsinstanzen selbst eine weniger aktive Rolle in der Beaufsichtigung übernehmen, d.h. in denen umfassende eigene Vor-Ort-Prüfungen durch diese in der Regel nicht stattfinden. Umgekehrt wird in Aufsichtssystemen mit regelmäßigen eigenen Prüfungen durch Mitarbeiter der Aufsichtsinstanzen eine eher geringe Einbindung von Wirtschaftsprüfern in die bankaufsichtliche Überwachung erwartet.[98] Entsprechend dieser Grundregel rechtfertigt bislang der in Deutschland primär aus organisatorischen Erwägungen entstandene Verzicht auf einen bankaufsichtseigenen Prüfungsdienst die umfassende Nutzung des Abschlussprüfers als Informationslieferant für die Bankenaufsicht.[99]

Nunmehr zeichnet sich jedoch ab, dass im Rahmen der Umsetzung der zweiten Baseler Säule, und hier konkret der Implementierung des von der Aufsicht durchzuführenden Supervisory Review and Evaluation Process (SREP), diese klare Aufgabenteilung zwischen Bankenaufsicht und Abschlussprüfern aufgeweicht wird, indem die Institutionalisierung eigener Vor-Ort-Prüfungen durch Mitarbeiter der Aufsichtsinstanzen geplant ist.[100] Zwar steht die Festlegung der konkreten Ausgestaltung des SREP in Deutschland noch aus, allerdings ist absehbar, dass es hier zu Überschneidungen mit den Prüfungsgebieten des Abschlussprüfers kommen wird. Die weit gefassten Prüfungspflichten des § 29 KWG führen dazu, dass der Abschlussprüfer bei seinen Prüfungen die bankaufsichtlich relevanten Bereiche bereits mit zu erfassen hat. Dies ergibt sich auch unmittelbar aus der Tatsache, dass die MaRisk ausdrücklich die Anforderungen des § 25a Abs. 1 KWG (und damit auch die Prüfungspflichten des § 29 KWG) konkretisieren und gleichzeitig die Basis für den Supervisory Review Process darstellen sollen. Es stellt sich daher die Frage, inwiefern für die Zukunft Doppelarbeiten von Abschlussprüfern und Bankenaufsicht zu befürchten sind, die zu einem ungerechtfertigten Mehraufwand in der Bankenüberwachung führen, oder ob die Prüfungstätigkeit beider Überwachungs-

---

97 Vgl. Waschbusch (2000), S. 118.
98 Vgl. Basel Committee on Banking Supervision (2002a), S. 16.
99 Vgl. auch Bähre (1985), S. 42.
100 Vgl. hierzu Abschn. D4.1.2.

träger sich im Hinblick auf einen wirkungsvollen Umgang insbesondere mit operationellen Risiken sinnvoll ergänzen können. MEISTER bemerkt hierzu:

> *„Die Säule 2 von Basel II soll und wird keineswegs die Bedeutung der Prüfungsberichte [...] zur Bankenaufsicht schmälern. Vielmehr liegt es im Interesse der Aufsicht, komplementäre Elemente zu schaffen, um einen möglichst mehrdimensionalen Blick auf die Risikosituation der Institute werfen zu können.“*[101]

Er betont damit den Beitrag der Abschlussprüfer zu einem stabilen und funktionsfähigen Bankensystem, lässt jedoch gleichzeitig offen, wie genau sich die Prüfungstätigkeiten ergänzen werden. Zudem weist er darauf hin, dass die Nutzung der Prüfungsberichte für bankaufsichtliche Zwecke eine hohe Qualität und Verlässlichkeit der Berichte voraussetzt und die jüngsten Initiativen zur Verbesserung der Berufsaufsicht der Wirtschaftsprüfer daher zu begrüßen sind.[102]

Die Schaffung „komplementärer Elemente“ ohne eine klare Festlegung von Zuständigkeiten ist jedoch insbesondere im Hinblick auf eine wirkungsvolle Überwachung operationeller Risiken nicht unproblematisch. So könnte diese neben einer drohenden Unwirtschaftlichkeit die Gefahr bergen, dass sich die eine Überwachungsinstanz in bestimmten Einzelfragen auf die andere verlässt und so im Ergebnis eine lückenhafte Überwachung die Folge ist. Es erscheint daher geboten, zumindest in der Überwachung jedes einzelnen Instituts, fallweise abzusprechen, wer welche Aufgaben übernimmt und im Zuge der gegenseitigen Information die erlangten Erkenntnisse wechselseitig zu nutzen. Dies ist im Hinblick auf die Begrenzung operationeller Risiken wegen der Breite des Prüfungsgebiets besonders bedeutsam, da eine vollständige Prüfung der Einhaltung sämtlicher qualitativer Normen im Rahmen der in Intervallen angelegten Prüfungen ohnehin nicht möglich ist. In diesem Zusammenhang ist es positiv zu beurteilen, dass der Gesetzgeber plant, in das Kreditwesengesetz einen neuen § 30 einzufügen, nach dem die BaFin in Ergänzung zu den in § 29 KWG enthaltenen generellen Anforderungen an den Umfang und die Berichterstattung durch den Jahresabschlussprüfer gegenüber einem Institut konkrete Bestimmungen über die Inhalte und Schwerpunkte dieser Prüfungen treffen kann, die von dem Jahresabschlussprüfer zu berücksichtigen sind. Ziel dieser Regelung ist es, zukünftig flexibler auf die individuellen Besonderheiten der Institute einzugehen und gleichzeitig eine Entlastung für die Institute in der Form zu erreichen, dass bestimmte Prüfungsinhalte bereits im Rahmen der Jahresabschlussprüfung behandelt werden und somit auf eine ansonsten erforderliche gesonderte Prüfung nach § 44 Abs. 1 verzichtet werden kann.[103] Darüber hinaus sollten systematische Absprachen über Prüfungsschwerpunkte im Rahmen regelmäßiger Gespräche zwischen den Aufsichtsbehörden und den Abschlussprüfern eines Instituts erfolgen. Dabei sollte auch berücksichtigt werden, wenn einzelne Prüfungsgebiete von einer Partei besser abgedeckt werden können als von der anderen. Darüber hinaus

---

101 Meister (2004), http://www.bundesbank.de/download/presse/reden/20040920meister.php.

102 Vgl. zu diesen z.B. Baetge/Lienau (2004), S. 2277 ff.

103 Vgl. Bundesregierung (2005b), S. 61.

sollte ein ständiger Dialog zwischen der Bankenaufsicht und dem Berufsstand der Wirtschaftsprüfer aufrechterhalten werden, in dem beide Seiten ihre Sicht auf bestehende Prüfungsstandards und Prüfungskonventionen darlegen, um das gegenseitige Verständnis zu fördern und gemeinsam die Anpassung an neue Entwicklungen voranzutreiben.[104]

[104] Vgl. auch Basel Committee on Banking Supervision (2002a), S. 17.

Kapitel G

Schlussbetrachtungen

1 Zusammenfassung

Der Baseler Ausschuss für Bankenaufsicht hat mit seiner im Jahr 2004 verabschiedeten überarbeiteten Rahmenvereinbarung für die Eigenkapitalmessung und Eigenkapitalanforderungen der Kreditinstitute (Basel II) ein deutliches Signal in Richtung einer intensivierten Berücksichtigung operationeller Risiken im Aufsichtsrecht der Banken gesetzt. Im Vordergrund stand dabei zunächst die erstmals explizit geforderte Eigenkapitalunterlegung für operationelle Risiken. Gleichzeitig ist die neue Eigenkapitalvereinbarung ein wesentliches Element der grundsätzlichen Neuausrichtung der Bankenaufsicht in Richtung einer vermehrt auf die Selbstregulierung durch die Institute setzenden Überwachung, die das Ziel verfolgt, vorhandene Defizite traditioneller Aufsichtsinstrumente zu überwinden. Mit der Ausweitung der Zulassung bankinterner Methoden zur Bemessung der Eigenkapitalanforderungen wurden gleichzeitig die für operationelle Risiken bedeutsamen Internen Überwachungssysteme der Banken stärker in den Fokus der Aufsichtsbehörden gerückt. Dabei ist Basel II jedoch lediglich ein spezifischer Ausdruck einer generell zu beobachtenden Tendenz hin zu einer vermehrten regulatorischen Beachtung der Ausgestaltung und Qualität interner und externer Unternehmensüberwachung. Verschiedene nationale und internationale Normen und Standards adressieren als Ergebnis der zahlreichen Reformbemühungen der letzten Jahre Aspekte der Corporate Governance von Unternehmen im Allgemeinen und Banken im Besonderen.

Vor dem Hintergrund dieser Entwicklungen war es das Anliegen der vorliegenden Untersuchung, die auf operationelle Risiken bezogenen Maßnahmen sowohl qualitativer als auch quantitativer Überwachung zu identifizieren und daraufhin zu untersuchen, inwieweit diese geeignet sind, operationellen Risiken im Sinne der Erzwingung eines allgemein gewünschten

Verhaltens zur Sicherung öffentlicher Interessen wirkungsvoll zu begegnen. Dabei war es das erklärte Ziel der Arbeit, die Untersuchung nicht auf die Pflichten der Geschäftsleitung eines Instituts zu beschränken, sondern vielmehr sämtliche relevanten Überwachungsträger einzubeziehen, um so der Tatsache gerecht zu werden, dass diesen, sei es als Element der internen oder als Element der externen Corporate Governance, ebenfalls beachtenswerte Rollen im Hinblick auf die operationelle Risikosituation einer Bank zuzuschreiben sind.

Für eine Spezifizierung des Einflusses verschiedener Überwachungsträger galt es zunächst, die Ursachen operationeller Risiken näher zu bestimmen. Anhand beispielhafter Verlustfälle der Vergangenheit wurden die wesentlichen Charakteristika dieser Risikoart herausgearbeitet. Als entscheidendes Merkmal operationeller Risiken konnte dabei die Abhängigkeit heterogener Einzelrisikoursachen (z.B. Bearbeitungsfehler, unauthorisierte Handlungen durch Mitarbeiter, Systemausfälle oder Auswirkungen externer Ereignisse) von der Qualität institutsspezifischer und damit intern beeinflussbarer organisatorischer Faktoren aufgezeigt werden. Dies unterscheidet operationelle Risiken deutlich von Markt- und Kreditrisiken, bei denen in erster Linie unternehmensexterne Entwicklungen, wie z.B. adverse Marktbewegungen im Vordergrund stehen. Als wesentliche Abwehrmechanismen zur Begrenzung operationeller Risiken wurden daher sich ergänzende Elemente guter Unternehmensführung und -überwachung identifiziert, während in der Konsequenz deren Fehlen oder unangemessene Ausgestaltung als zentrale Ursachen operationeller Risiken herausgearbeitet wurden. Hieraus leitet sich unmittelbar das Verständnis von operationellen Risiken als Gefahr negativer Konsequenzen aus einer unzureichenden Corporate Governance der Kreditinstitute ab. Neben den durch die Geschäftsleitung eines Instituts zu verantwortenden internen Corporate Governance-Faktoren, die sich insbesondere auf die Organisationsstruktur, die Prozesse und die Systeme der Kreditinstitute beziehen, wurden unzureichende oder fehlende Maßnahmen externer Corporate Governance als Ursachenverstärker identifiziert. Dies wurde mit den Möglichkeiten externer Überwachungsträger zur Einflussnahme auf die Ausgestaltung der Unternehmensführung und -überwachung durch die Geschäftsleitung eines Kreditinstituts begründet.

Neben den Ursachen operationeller Risiken waren auch deren Wirkungen Gegenstand der Betrachtung. Dabei wurde grundsätzlich zwischen solchen Verlusten aus operationellen Risiken, die vergleichsweise häufig auftreten, dafür jedoch in der Regel zu lediglich geringen Verlusten führen, und solchen, die zwar nur selten auftreten, mitunter aber existenzbedrohende Ausmaße annehmen können, differenziert. Es wurde festgestellt, dass den Ursachen operationeller Risiken grundsätzlich mit Maßnahmen qualitativer Überwachung zu begegnen ist, um bereits den Eintritt von Verlustereignissen zu verhindern, während den Wirkungen im Wesentlichen nur noch die Bildung eines zuvor zu quantifizierenden Kapitalpuffers entgegengesetzt werden kann, um bereits eingetretene Verluste abzufedern.

Für die Untersuchung der relevanten qualitativen und quantitativen Überwachungsmaßnahmen wurde zunächst ein Bezugsrahmen erarbeitet, der die grundsätzlichen Einflussmöglichkeiten der wesentlichen Akteure und deren Beziehungen zueinander herausstellt. Ausgangspunkt hierfür bildeten die aktienrechtlichen Corporate Governance-Regeln, die, trotz möglicher abweichender Rechtsformen, für den überwiegenden Teil der Kreditinstitute in Deutschland Anwendung finden. Das deutsche System der Corporate Governance ist dabei durch eine konsequente Trennung von Unternehmensführung und Unternehmensüberwachung durch Zuweisung der jeweiligen Aufgaben und Verantwortlichkeiten an zwei voneinander getrennte Organe gekennzeichnet. Während die Geschäftsleitung ein Unternehmen in eigener Verantwortung führt und hierbei insbesondere für die Festlegung der Unternehmensziele, der Unternehmensstrategien sowie einer angemessenen Organisationsstruktur inklusive einer unabhängigen Internen Revision zuständig ist, obliegt es dem Aufsichts- bzw. Verwaltungsrat, die Geschäftsleitung bei der Leitung des Unternehmens regelmäßig zu überwachen. Wegen der weitgehenden Abhängigkeit des obersten Verwaltungsorgans von der Informationsvermittlung durch die Geschäftsleitung stellen die Ergebnisse der Abschlussprüfung eine wichtige Erkenntnisquelle für das Aufsichtsorgan zur Erfüllung seiner Überwachungsaufgabe dar. Es wurde dargelegt, dass die Fortentwicklungen der Corporate Governance-Regeln in den vergangenen Jahren, wie etwa durch die Umsetzung des KonTraG oder die Einführung des Deutschen Corporate Governance Kodex, ausdrücklich auf eine Stärkung der unternehmensinternen und -externen Überwachung abzielten und dabei unter anderem zu einer deutlich differenzierteren Berücksichtigung von Risiken geführt haben. Zudem werden die Offenlegungspflichten der Institute stetig ausgeweitet, um durch eine verbesserte Transparenz die Überwachung durch die Marktteilnehmer zu stärken.

Die staatliche Einflussnahme beschränkt sich im Falle der Kreditinstitute indes nicht auf handels- und gesellschaftsrechtliche Vorkehrungen, sondern sie äußert sich darüber hinaus in einer weitgehenden branchenspezifischen Staatsaufsicht, die ihre Rechtfertigung in der Sicherstellung des Gläubiger- sowie des Funktions- und Systemschutzes findet. Es wurde deutlich, dass der Einfluss der Bankenaufsicht dabei nicht nur bis zu den Geschäftsleitungen der Kreditinstitute reicht, sondern gleichermaßen auch die übrigen Überwachungsträger mit einschließt. Besonders deutlich wurde dies im Falle des Abschlussprüfers eines Kreditinstituts, dessen handelsrechtliche Prüfungsaufgaben sich die Bankenaufsicht zu eigen macht, indem sie diese zum Zwecke der Erfüllung ihrer eigenen Überwachungsziele um umfangreiche bankenaufsichtsrechtliche Prüfungspflichten erweitert. Das Instrumentarium der Bankenaufsicht erstreckt sich von der Marktzutrittskontrolle über die laufende Überwachung der Einhaltung quantitativer Strukturnormen bis hin zu einer umfassenden Regulierung und Beaufsichtigung der internen Organisation der Kreditinstitute mit Hilfe qualitativer Normen. Die Ausgestaltung dieser Instrumente in Deutschland wird stark von den internationalen Entwicklungen in der Bankenaufsicht geprägt. Üblicherweise finden durch den Baseler Ausschuss für Bankenaufsicht erarbeitete Regelwerke über deren Umsetzung in verbindliche EG-Richtlinien Eingang in das nationale Aufsichtsrecht.

Im Rahmen der Spezifizierung der Aufgaben und Verantwortlichkeiten der Überwachungsträger wurden gleichzeitig mögliche, aus diesen abgeleitete Corporate Governance-Probleme identifiziert, die insofern eine Konkretisierung der Ursachen bzw. Ursachenverstärker für operationelle Risiken darstellen. Die aufgeführten möglichen Schwachstellen reichen von Faktoren wie der Ausgestaltung des Überwachungsumfelds und der Qualität interner Sicherungs- und Kontrolleinrichtungen über die Qualifikation von Mitarbeitern, internen und externen Prüfern und Aufsichtsratsmitgliedern sowie deren Unabhängigkeit, die Qualität der Aufgabenerfüllung, den Umgang mit Problembereichen und Mängelbehebung, die Kommunikation innerhalb des Unternehmens sowie zwischen den Überwachungsträgern bis hin zu der Wirksamkeit regulatorischer Vorgaben.

Im Rahmen einer detaillierten Analyse wurden im Folgenden zunächst die für eine ex ante Begrenzung operationeller Risiken in erster Linie relevanten Elemente qualitativer Überwachung erörtert. Ausgangpunkt hierfür bildete das dichte Geflecht qualitativer Normen, mit dem Gesetzgeber und Bankenaufsicht den Ursachen operationeller Risiken zu begegnen versuchen. Diese Normen dienen im Kern der Regulierung der gesamten internen Organisation eines Kreditinstituts, mit dem Ziel, das Verhalten der Kreditinstitute im Sinne aufsichtsrechtlicher Interessen zu beeinflussen. Kennzeichnend für die jüngsten Entwicklungen im Bereich der qualitativen Überwachung ist es, dass an Stelle diverser Einzelfallregelungen zur Begrenzung einzelner Ausprägungen operationeller Risiken zunehmend weit reichende Systempflichten kodifiziert werden. Für eine systematische Analyse der relevanten nationalen Regelungen wurden daher zunächst die beiden als zentral zu erachtenden Normen des aktienrechtlichen § 91 Abs. 2 AktG und des bankaufsichtsrechtlichen § 25a Abs. 1 KWG eingehend betrachtet. Diese Generalnormen verpflichten die Geschäftsleitungen der Institute zu der Einrichtung eines angemessenen und funktionsfähigen Risikomanagementsystems, das insofern als Kernelement der Begrenzung operationeller Risiken aufgefasst werden kann. Die beiden aufgeführten Generalnormen sind indes durch die Verwendung zahlreicher unbestimmter Rechtsbe-griffe charakterisiert, was zu erheblichen Unsicherheiten hinsichtlich der Ausgestaltung und Prüfung der entsprechenden Vorschriften führen kann. Es wurde gezeigt, dass im betriebswirtschaftlichen Schrifttum, in der Bankenaufsicht und bei privaten standardsetzenden Instituten keineswegs Einheitlichkeit in der Auslegung und Interpretation der Normen besteht und dass zudem auf Seiten der Bankenaufsicht kürzlich ein Entwicklungsprozess hin zu einem zumindest aufsichtsrechtlich einheitlichen Systemverständnis stattgefunden hat. Nach diesem beinhaltet ein umfassendes Risikomanagementsystem als Element der ordnungsgemäßen Geschäftsorganisation eines Instituts insbesondere interne Kontrollverfahren, die sich wiederum aus einem Internen Kontrollsystem mit aufbau- und ablauforganisatorischen Regelungen sowie Risikosteuerungs- und Risikocontrollingprozessen und einer Internen Revision zusammensetzen. In § 25a Abs. 1 KWG wird damit nunmehr der Wille des Gesetzgebers klarer formuliert als in § 91 Abs. 2 AktG, dessen Anforderungen im Schrifttum häufig als deutlich weniger weitgehend interpretiert werden. Unterschiedliche Systemverständnisse können jedoch zu Inkonsistenzen hinsichtlich der Konkretisierung der Ausgestaltungs- und Prüfungspflichten bei der Umsetzung der Normen führen, weshalb hier eine Vereinheitlichung ausdrücklich zu fordern ist. Auf internationaler Ebene trug vor allem die Studie des COSO zum angelsächsischen Internal Control-Begriff aus dem Jahr 1992 zu einer Vereinheitlichung des Begriffsverständnisses bei. Einerseits über bankaufsichtliche Prinzipien, wie das „Framework for Internal Control Systems in Banking Organisations" des Baseler Ausschusses, andererseits durch die Übernahme der COSO-Systematik in Prüfungsstandards des IDW findet dieses Begriffsverständnis teilweise auch Eingang in nationale Regelwerke. Derzeit ist nicht erkennbar, ob ein ähnlicher Einfluss auch von der weiter gefassten Nachfolgestudie des COSO zum „Enterprise Risk Management" ausgehen wird.

Für die Konkretisierung der Generalnormen wurden in dieser Arbeit zahlreiche Regelwerke herangezogen, die in ihrer Vielzahl und Detailliertheit wesentliche Aspekte des Umgangs mit operationellen Risiken behandeln und aus denen sich zahlreiche Handlungserfordernisse ableiten lassen. An erster Stelle sind hier die MaRisk zu nennen, die nunmehr sämtliche zuvor von der BaFin erlassenen Mindestanforderungen in einem einzigen Regelwerk zusammenfassen. Zwar wird operationellen Risiken explizit nur ein vergleichsweise schlankes Modul gewidmet, gleichzeitig wird jedoch betont, dass dieser Risikoart wegen ihres übergreifenden Charakters in den MaRisk ein überragender Stellenwert eingeräumt wird und somit letztlich das gesamte Regelwerk der Reduzierung operationeller Risiken Rechnung trägt. Neben den Mindestanforderungen der BaFin wurden für die weitere Konkretisierung bestimmter Teilaspekte die qualitativen Anforderungen des aktuellen Grundsatz I bzw. von Basel II herangezogen, die im Zusammenhang mit der Verwendung interner Modelle für die Eigenkapitalunterlegung formuliert werden, sowie darüber hinaus die Anforderungen der zweiten Baseler Säule an das aufsichtliche Überprüfungsverfahren, die durch das CEBS eine weitere Konkretisierung erfahren haben. Es musste allerdings festgestellt werden, dass auch die zahlreichen konkretisierenden Normen nicht vollständig ohne die Verwendung von Öffnungsklauseln, Ermessensspielräumen und unbestimmten Rechtsbegriffen auskommen. Im Ergebnis verbleiben sogar diverse Gestaltungsfreiräume, welche die Institute nach eigenem Ermessen auszufüllen haben. Diese Situation bedeutet zwar auf der einen Seite für die Banken eine weit gehende Flexibilität, fördert auf der anderen Seite jedoch erneut Unsicherheiten und verleiht subjektiven Einschätzungen ein erhebliches Gewicht.

Diejenigen Normen, die die erforderliche Infrastruktur zum Umgang mit operationellen Risiken betreffen, wurden in der vorliegenden Arbeit aus der Menge der organisatorischen Anforderungen herausgelöst und gesondert betrachtet, da deren Erfüllung als übergeordnete Voraussetzung für ein wirksames Management operationeller Risiken zu verstehen ist. Die vor allem in den „Sound Practices for the Management and Supervision of Operational Risk" des Baseler Ausschusses, aber auch in Basel II bzw. auf nationaler Ebene in den MaRisk und dem Entwurf der Solvabilitätsverordnung niedergelegten Anforderungen betreffen insbesondere die Strukturen und Prozesse für die Identifikation, die Bewertung und Analyse sowie die Begrenzung operationeller Risiken und zielen darauf ab, eine systematische und umfassende Erkennung und Behandlung von Lücken und Schwachstellen in dem Risikomanagementsystem eines Instituts zu ermöglichen.

Als weitere Kategorie relevanter Normen wurden die Offenlegungspflichten der Kreditinstitute betrachtet, die es den Marktteilnehmern ermöglichen sollen, sich ein eigenes Bild von der operationellen Risikosituation eines Instituts zu verschaffen. Hier kommt insbesondere die Risikoberichterstattung im Lagebericht nach dem Handelsgesetzbuch in Betracht, die auch eine zukunftsgerichtete Beurteilung und Erläuterung der voraussichtlichen Entwicklung der Risiken beinhalten soll. Konkretisiert wird diese Anforderung vor allem durch DRS 5-10, der branchenspezifische Regeln für die Risikoberichterstattung von Kreditinstituten enthält, sowie durch die dritte Säule von Basel II. Zwar werden mit diesen Regelwerken durchaus zunehmend umfassende Informationen im Hinblick auf das Risikomanagement einer Bank gefordert, gleichwohl ist im Ergebnis zu bezweifeln, dass diese ausreichen, um eine zuverlässige Beurteilung der Gefährdungssituation im Hinblick auf operationelle Risiken zu treffen.

Im weiteren Verlauf der Arbeit wurde gezeigt, dass neben der Geschäftsleitung eines Instituts die weiteren internen und externen Überwachungsträger ihrerseits im Rahmen der ihnen durch den Gesetzgeber zugedachten Rollen einen mehr oder weniger aktiven Beitrag zur Begrenzung operationeller Risiken leisten können bzw. leisten sollten. So stehen den Pflichten der Geschäftsleitung zur Einrichtung eines angemessenen Risikomanagementsystems, zur Schaffung einer wirkungsvollen Infrastruktur für das Management operationeller Risiken sowie zur Offenlegung weit reichende Prüfungspflichten durch die Interne Revision, das Aufsichtsorgan, den Wirtschaftsprüfer sowie die Bankenaufsicht gegenüber, wobei die Prüfungen jeweils durch verschiedene Zielsetzungen getrieben und mit unterschiedlicher Schwerpunktsetzung durchgeführt werden. Wie gezeigt wurde, wird die Verantwortung für die angemessene Ausgestaltung der internen Organisation eines Kreditinstituts somit auf verschiedene interne und externe Überwachungsträger verteilt, wobei die einzelnen Prüfungsbereiche nicht vollkommen überschneidungsfrei sind. Die Prüfungspflichten der einzelnen Überwachungsträger sind, wie bereits die originären Geschäftsführungspflichten, in diversen gesellschaftsrechtlichen und aufsichtsrechtlichen Normen niedergelegt. Der Prüfungsgegenstand ergibt sich im Wesentlichen aus den jeweiligen Anforderungen an die Geschäftsleitung eines Instituts. Die Verankerung umfassender Systempflichten hat insofern auch weit reichende Auswirkungen auf die Prüfungspflichten der übrigen Überwachungsträger. Es ist ein Umdenken erforderlich, sowohl hinsichtlich der personellen Ausstattung und Qualifikation der Prüfer als auch hinsichtlich des anzuwendenden Prüfungsansatzes. Standen in der Vergangenheit überwiegend prüfungsrisikoorientierte Ansätze im Vordergrund, sind diese nunmehr um prozessorientierte Elemente zu ergänzen, um den Anforderungen an eine umfassende Systemprüfung, wie sie letztlich für die Beurteilung der operationellen Risikosituation eines Instituts erforderlich ist, gerecht zu werden. Zudem kommt erschwerend für die Prüfer nunmehr hinzu, dass objektive Prüfungsurteile durch die den Instituten eingeräumten umfangreichen Ermessensspielräume nicht mehr für alle Prüfungsgegenstände möglich sind. Für die Beurteilung der

Gefährdungssituation eines Instituts im Hinblick auf operationelle Risiken sind daher vielfach subjektive Einschätzungen notwendig.

Bezogen auf die einzelnen Überwachungsträger hat die Untersuchung ergeben, dass der Internen Revision als Bestandteil des durch die Geschäftsleitung einzurichtenden Internen Überwachungssystems eine besondere Bedeutung bei der Aufdeckung und Prävention operationeller Risiken beizumessen ist. Aufgrund ihrer detaillierten Kenntnis der Abläufe innerhalb eines Instituts sowie ihrer ständigen Präsenz kann sie zeitnah Mängel in der internen Organisation erkennen und Gegenmaßnahmen einfordern. Hinzu kommt, dass der Internen Revision nicht nur die Aufgabe der Unterstützung und Entlastung der Geschäftsleitung zukommt, sondern dass sie darüber hinaus auch die Wirksamkeit und Angemessenheit der durch die Geschäftsleitung implementierten betrieblichen Überwachungsmechanismen zu überprüfen hat. Insofern übernimmt sie in funktionaler Hinsicht eine Doppelrolle, da sie neben ihrer Unterstützungsfunktion auch die Aufgaben eines eigenständigen Überwachungsträgers mit spezifischen Aufgaben der Überwachung der Geschäftsleitung ausübt. Die Anforderungen an die Prüfung durch die Interne Revision finden sich ebenfalls in den MaRisk sowie in Revisionsstandards und Stellungnahmen des IIR, welche die Prüfungsanforderungen konkretisieren.

Der Aufsichts- bzw. Verwaltungsrat eines Instituts hat als weiterer interner Überwachungsträger ebenfalls die Aufgabe zu prüfen, ob das geforderte Risikomanagementsystem eingerichtet wurde und ob dieses funktionsfähig ist. Die Möglichkeiten zu einer aktiven Einflussnahme auf die konkrete Ausgestaltung des Systems bzw. bei der Feststellung von Mängeln sind indes begrenzt, solange die Geschäftsleitung im Rahmen des ihr zustehenden pflichtgemäßen Ermessens handelt. Im Hinblick auf die Informationsversorgung des Aufsichtsorgans ist dieses im Wesentlichen auf Dritte angewiesen. So erhält es einerseits Berichte des zu überwachenden Organs selbst und kann andererseits auf die unabhängigen Prüfungsergebnisse des Abschlussprüfer zurückgreifen. Unter anderem, um die bereits durch das KonTraG betonte Intensivierung der Zusammenarbeit mit dem Wirtschaftsprüfer zu fördern, sollten zudem Audit Committees eingerichtet werden, in denen sich die notwendige Fachkompetenz findet, um der Prüfungsaufgabe im Hinblick auf das Risikomanagementsystem eines Instituts gerecht zu werden.

Dem Abschlussprüfer als externem Überwachungsträger kommt im Bankenüberwachungssystem insofern eine zentrale Rolle zu, als dieser nicht nur als Informationslieferant für das Aufsichtsorgan eines Instituts fungiert, sondern darüber hinaus dazu verpflichtet wird, die Bankenaufsicht bei deren eigener Überwachungstätigkeit zu unterstützen. Zu diesem Zweck werden dem Abschlussprüfer eines Kreditinstituts neben der handelsrechtlichen Verpflichtung zur Prüfung des Jahresabschlusses umfangreiche bankrechtliche Prüfungspflichten auferlegt, die sich in weiten Teilen auf die Prüfung der operationellen Risikosituation eines Instituts beziehen. Neben der allgemeinen Anforderung des Kreditwesengesetzes finden sich umfangreiche Konkretisierungen der relevanten Prüfungsanforderungen in der PrüfbV sowie den Prüfungsstandards des IDW. Es wurde jedoch auch gezeigt, dass hinsichtlich des Prüfungsgegenstands noch keine Angleichung der unterschiedlichen Systemverständnisse stattgefunden hat, was jedoch im Interesse der Vermeidung möglicher Regelungs- und Prüfungslücken geboten erscheint. Dies gilt umso mehr, als auch dem Abschlussprüfer ein vergleichsweise großer Einfluss auf die operationelle Risikosituation eines Instituts zuzusprechen ist. Im Rahmen der von ihm durchzuführenden umfassenden Systemprüfung vor Ort erhält er einen tiefen Einblick in die interne Organisation eines Instituts. Er kann sowohl in Gesprächen mit der Geschäftsleitung als auch in Feststellungen und Empfehlungen in seinem Prüfungsbericht auf Mängel hinweisen und deren Behebung einfordern. In diesem Zusammenhang wurde zudem darauf hingewiesen, dass die Prüfung durch den Wirtschaftsprüfer inzwischen umfangreiche Elemente einer Geschäftsführungsprüfung beinhaltet.

Die Bankenaufsichtsinstanzen selbst führen als Folge des Veränderungsprozesses in der Bankenüberwachung zukünftig ebenfalls vermehrt eigene Vor-Ort-Prüfungen bei den Instituten durch. Im Rahmen des in der zweiten Säule von Basel II festgeschriebenen aufsichtlichen Überprüfungsprozesses rücken die für die Begrenzung operationeller Risiken bedeutsamen qualitativen Aspekte der Bankenüberwachung damit stärker als bisher in den Vordergrund. Für die Aufsichtsinstanzen wird so eine unmittelbare Verantwortung für die Ausgestaltung und Angemessenheit der internen Organisation eines Instituts begründet. Neben der Identifizierung von Gefährdungspotenzialen ist es Aufgabe der Bankenaufsicht, diesen mit Hilfe geeigneter Maßnahmen entgegenzuwirken. Die hierfür im Kreditwesengesetz vorgesehenen Anordnungsbefugnisse sowie deren geplante Erweiterung wurden ebenso wie das Zusammenwirken von BaFin und Deutscher Bundesbank bei den Vor-Ort-Prüfungen der Institute erörtert.

Investoren und Einleger spielen dagegen im Hinblick auf den Umgang mit operationellen Risiken eine eher passive Rolle. Zwar zielen zahlreiche gesellschafts- und aufsichtsrechtliche Offenlegungspflichten auf eine verbesserte Transparenz auch in diesem Bereich, es ist jedoch zu bezweifeln, dass diese es den Marktteilnehmern erlauben, die tatsächliche Gefährdungssituation eines Instituts realistisch einzuschätzen. Vielmehr sind die Marktteilnehmer auf das Urteil professioneller Rating-Agenturen angewiesen, die vermehrt auch qualitative Faktoren der Corporate Governance und des Umgangs mit operationellen Risiken in ihre Analysen einfließen lassen. Insofern steigt auch hier der Druck auf die Institute, angemessene Vorkehrungen zu treffen und darüber zu berichten.

Die Bankenaufsicht verlässt sich in Zukunft jedoch nicht ausschließlich auf qualitative Maßnahmen zur Begrenzung operationeller Risiken, sondern sie verlangt zudem, getrieben durch internationale Entwicklungen in der Bankenaufsicht, eine explizite Eigenkapitalunterlegung zur Abfederung von Verlusten aus operationellen Risiken und zur Begrenzung der Risikoübernahme durch die Institute. Gemäß der ersten Säule von Basel II bzw. dem Entwurf der Solvabilitätsverordnung, die auf nationaler Ebene den aktuellen Grundsatz I ablösen wird, sind neben den zwei einfachen Indikatoransätzen, dem Basisindikator- und dem Standardansatz, grundsätzlich auch fortgeschrittene Messmethoden zur Ermittlung des erforderlichen Eigenkapitalbetrags zugelassen. Während nach den Indikatoransätzen ein bestimmter Prozentsatz des Bruttoertrags als Eigenkapital für operationelle Risiken vorgehalten werden muss, orientieren sich die in Wissenschaft und Praxis diskutierten fortgeschrittenen Messmethoden in der Regel an mathematisch-statistischen Ansätzen zur Ermittlung eines Value at Risk für operationelle Risiken. Aufbauend auf einer Erläuterung der grundsätzlichen Vorgehensweise zur Berechnung eines Value at Risk für operationelle Risiken wurden in der vorliegenden Arbeit bestehende Schwächen dieser Messansätze diskutiert, die die Anwendbarkeit wahrscheinlichkeitstheoretischer Modelle für operationelle Risiken fraglich erscheinen lassen. Es wurde darauf eingegangen, dass operationelle Risiken in erheblichem Maße durch Informationsdefizite gekennzeichnet sind, bei denen der Entscheider unsicher ist, ob er in seinem Kalkül den künftig tatsächlich eintretenden Umweltzustand potenziell berücksichtigt hat. Damit können die Modellergebnisse kein zuverlässiges Maß für das Risikopotenzial aus operationellen Risiken darstellen. Dieses Problem kann auch durch die Ergänzung interner historischer Verlustdaten um externe Daten und Expertenschätzungen nicht vollständig geheilt werden, da diese ihrerseits mit Skalierungs- und Subjektivitätsproblemen behaftet sind. Im Rahmen der vorliegenden Arbeit konnten allerdings keine eigenen mathemtisch-statistischen Analysen vorgenommen werden, um die konkreten Auswirkungen etwa von Datenlücken oder Fehleinschätzungen auf den ermittelten Value at Risk zu untersuchen. Hier stehen weitergehende Forschungsarbeiten zur Zuverlässigkeit der Verfahren noch aus.

Wird trotz der methodischen Bedenken auf fortgeschrittene Messverfahren zurückgegriffen, und dies zudem mit dem aufsichtsrechtlich geforderten hohen Konfidenzniveau von 99,9%, besteht die Gefahr, dass durch ein wenig zuverlässiges Maß für operationelle Risiken das mitunter ungerechtfertigte Sicherheitsgefühl vermittelt wird, mögliche Verluste könnten mit einer hohen Wahrscheinlichkeit abgefedert werden. Darüber hinaus besteht eine hohe Abhängigkeit des Instituts von dem Wissen und dem Risikobewusstsein der Mitarbeiter und deren Bereitschaft, Vorfälle auch tatsächlich zu melden. Aufgrund der methodischen Bedenken gegen die Quantifizierung operationeller Risiken mit Hilfe mathematisch-statistischer Modelle wurde zudem zu bedenken gegeben, dass diese in nicht unerheblichem Maße Ressourcen binden, und zwar nicht nur auf Seiten des Kreditinstituts, sondern auch auf Seiten der externen Prüfer, die im Rahmen ihrer Überwachungsaufgaben zu einer Prüfung der Angemessenheit der Quantifizierungsmethoden verpflichtet werden.

Nach der ausführlichen Diskussion der qualitativen und quantitativen Normen zur internen und externen Überwachung operationeller Risiken sowie der mit diesen verbundenen Umsetzungsprobleme wurde auf der Grundlage der gewonnen Erkenntnisse der Frage nachgegangen, inwieweit diese materiellen Rechtsnormen tatsächlich geeignet sind, das Verhalten der Kreditinstitute im Interesse eines zielkonformen Umgangs mit operationellen Risiken wirksam zu steuern. Hierzu wurden verschiedene Anforderungen an aufsichtsrechtliche Normen betrachtet sowie unterschiedliche Problembereiche materieller Normen analysiert. Im Ergebnis erscheinen die quantitativen Normen alleine aufgrund der bestehenden methodischen Bedenken gegen die aktuell verwendeten Quantifizierungsmethoden sowie generell gegen die Eigenkapitalunterlegung dieser Risikoart kaum geeignet, das Verhalten der Institute zielgerichtet zu verändern. Daher kommt diesen allenfalls in der Kombination mit qualitativen Maßnahmen eine Bedeutung für den effektiven Umgang mit operationellen Risiken zu. Den qualitativen Normen ist dagegen durchaus eine Verhaltenswirksamkeit zuzusprechen, allerdings nur mit deutlichen Einschränkungen, die insbesondere aus der Abhängigkeit der tatsächlichen Steuerungswirkung der Normen von der Mitwirkung der Kreditinstitute bzw. deren Mitarbeiter sowie von dem verantwortungsbewussten und moralischen Verhalten der in einem Kreditinstitut agierenden Individuen resultieren. Aus diesem Grund wurde in der vorliegenden Arbeit der Frage nach einer Stärkung der Risiko- und Überwachungskultur eines Instituts nachgegangen, um durch die Förderung einer individuellen Ethik, die aufgezeigten Grenzen zumindest teilweise zu überwinden. Nach einer grundlegenden Definition sowie der Bestimmung der Funktionen und Ebenen einer Unternehmenskultur im Allgemeinen wurden die Elemente einer Risiko- und Überwachungskultur als Teilbereich der Unternehmenskultur im Besonderen bestimmt, als deren Aufgabe es gesehen wird, Handlungsorientierungen zu schaffen, um einen wirkungsvollen Umgang mit operationellen Risiken zu unterstützen. Dabei standen die Gestaltungsmöglichkeiten der Elemente der Tiefenstruktur der Unternehmenskultur im Vordergrund, die im Gegensatz zu den materiellen Elementen insbesondere die Grundannahmen, Werte und Einstellungen der in einem Kreditinstitut handelnden Individuen betreffen.

Als Möglichkeit zur Unterstützung einer „lernenden Kultur“ wurden zudem überblicksartig Kausalmodelle vorgestellt, die ein Verständnis für die Zusammenhänge der Verlustentstehung fördern und, insbesondere im Falle der Bayesschen Netzwerke, grundsätzlich eine Quantifizierung des Einflusses der Ausgestaltung von Risiko- und Überwachungsfaktoren auf das Risikoprofil eines Instituts ermöglichen sollen. Jedoch schränken auch bei diesen Modellen vorhandene Daten- und Modellierungsprobleme derzeit deren Bedeutung für den Einsatz im Zusammenhang mit operationellen Risiken ein.

Abschließend wurden überwachungsträgerübergreifende Fortentwicklungspotenziale einer wirksamen Begrenzung operationeller Risiken beleuchtet. Hierbei wurde zusammenfassend die jeweils bilaterale Zusammenarbeit zwischen einzelnen Überwachungsträgern betrachtet. Durch die teilweise erhebliche Ausweitung der Prüfungsaufgaben ist eine Annäherung der Prüfungsgebiete der Überwachungsträger bis hin zu weit reichenden Überschneidungen erkennbar. Durch die gegenseitige Nutzung von Prüfungsergebnissen besteht grundsätzlich ein erhebliches Potenzial, um einerseits Doppelarbeiten zu vermeiden und andererseits die Qualität der Überwachungsmaßnahmen zu steigern. In diesem Zusammenhang ist auch Koordinierungsgesprächen zur Abstimmung von Prüfungsschwerpunkten eine wesentliche Bedeutung beizumessen, insbesondere da der für die Beurteilung der operationellen Risiken erforderliche

Prüfungsumfang im Rahmen der üblicherweise turnusmäßig stattfindenden Prüfungen von einem Überwachungsträger alleine in der Regel nicht geleistet werden kann. Erschwert wird die Nutzung der Prüfungsergebnisse Dritter allerdings durch das hohe Maß an Subjektivität, das viele der hier in Frage stehenden Beurteilungen erfordern. Im Einzelfall ist daher jeweils sorgfältig abzuwägen, ob Prüfungsergebnisse tatsächlich verwendet werden können.

2 Schlussbemerkung

Die Fokussierung der nationalen Bankenaufsicht auf eine umfassende qualitative Überwachung der Kreditinstitute und damit auf die für die operationelle Risikosituation eines Instituts maßgeblichen internen Faktoren guter Corporate Governance steht aktuell noch am Anfang ihrer Entwicklung. Spätestens mit der Streichung der detaillierten Auslegungsregeln zu § 18 KWG im Mai 2005 hat die BaFin jedoch deutlich zum Ausdruck gebracht, dass sie beabsichtigt, diesen Weg konsequent weiterzuverfolgen.[1] Die damit verbundene Betonung der Eigenverantwortung der Institute stellt sowohl die Institute selbst als auch deren Prüfer vor erhebliche Herausforderungen. Von Seiten der Kreditwirtschaft werden als Folge der veränderten Normsetzung erhöhte Dokumentationsanforderungen sowie umfangreiche Rechtfertigungszwänge gegenüber der Aufsicht bei der Ausübung von Ermessensspielräumen befürchtet.[2] Aus Sicht der Reduzierung operationeller Risiken ist die Betonung qualitativer Aspekte und die stärkere Verantwortung der Institute bei der Entwicklung angemessener Maßnahmen indes ausdrücklich zu begrüßen. Gerade bei diesen ist die Berücksichtigung unternehmensindividueller interner Gegebenheiten von größter Bedeutung. Zudem muss im Interesse einer wirksamen Begrenzung operationeller Risiken ausdrücklich davor gewarnt werden, als Institut lediglich auf den Wortlaut der Anforderungen abzustellen und Spielräume bis an die äußerste Grenze auszunutzen. Vielmehr muss es das Ziel sein, den Grad der Ausnutzung sorgfältig zu bestimmten und dabei insbesondere auf die individuellen Gegebenheiten des spezifischen Instituts abzustellen.[3] Bereits im eigenen Interesse sollte ein Institut daher in der Lage sein, die Wahl der Methoden und der konkreten Ausgestaltung der Organisationsstruktur und Prozesse nachvollziehbar zu begründen.

Wichtig ist allerdings, dass die gewollte Risikoorientierung und Eigenverantwortung der Institute nicht im Nachhinein durch eine restriktive Prüfungspraxis wieder eingeschränkt wird.[4] Gemäß dem Prinzip der „doppelten Proportionalität"[5] soll sich nicht nur die Ausgestaltung der internen Organisation, sondern auch deren Prüfung an Faktoren wie der Größe, dem Geschäftsumfang und der Komplexität der Geschäfte eines Instituts orientieren. Dabei erschei-

---

1 Vgl. auch Schmitz-Lippert/Schneider (2005), S. 1363.
2 Vgl. Zentraler Kreditausschuss (2005), S. 3.
3 Vgl. auch Schmitz-Lippert/Schneider (2005), S. 1363.
4 Vgl. Zentraler Kreditausschuss (2005), S. 3.
5 Vgl. Deutsche Bundesbank (2004), S. 89.

nen derzeit Bedenken hinsichtlich der Sicherstellung der Gleichbehandlung von Instituten gleicher Größe und Komplexität bei den Prüfungen durch die Bankenaufsicht sowie durch den Wirtschaftsprüfer nachvollziehbar. Auch die Prüfer müssen sich daher künftig intensiver als bisher mit den Spezifika eines Instituts vertraut und ihr Urteil stärker von diesen abhängig machen. Es bleibt abzuwarten, inwiefern die angekündigte Überarbeitung der Prüfungsberichtsverordnung hier Unterstützung bieten wird. Insbesondere ist fraglich, ob es bei den bisherigen detaillierten Berichtspflichten des Abschlussprüfers bleiben wird oder ob vielmehr stärker prinzipienorientierte Vorgaben gemacht werden. Auch die Erarbeitung eines branchenspezifischen Prüfungsstandards durch das IDW könnte bei der Planung und Durchführung der Prüfungen von Nutzen sein und für mehr Klarheit sorgen. Die Aufgabe der Zukunft wird es sein, hier praktikable Wege zu finden.

Aktuell wird die grundsätzliche Rolle der Bankenaufsicht in Bezug auf Fragen der Corporate Governance der Banken aufgrund der geplanten Neufassung der Corporate Governance-Prinzipien des Baseler Ausschusses diskutiert.[6] Für deutsche Institute stellt sich allerdings in einigen Punkten die Frage nach der Anwendbarkeit dieser Prinzipien, da das hierzulande vorherrschende duale Modell der Corporate Governance nicht berücksichtigt wird, sondern vielmehr ausschließlich auf das angelsächsische Unternehmensmodell abgestellt wird. Die Veröffentlichung dieser Prinzipien auf internationaler Ebene zeigt jedoch, dass die Tendenz der Bankenaufsicht auch weiterhin in Richtung einer vermehrten staatlichen Einflussnahme gerade im Hinblick auf die Reduzierung operationeller Risken gehen wird. Bei diesen Entwicklungen darf jedoch nicht vergessen werden, dass Veränderungen der Oberflächenstruktur eines Instituts, wie sie durch die aufsichtsrechtlichen Maßnahmen bezweckt werden, nur einen Teil der für den Umgang mit operationellen Risiken wesentlichen Elemente ausmachen. Auch wenn sich Veränderungen an der Oberfläche einer Unternehmenskultur leichter vollziehen lassen als in der Tiefe und es insofern verständlich ist, dass hier, wie in vielen Fällen, die Oberflächenstruktur der Tiefenstruktur vorauseilt,[7] sollte die zielgerichtete Beeinflussung von Grundannahmen, Werten und Einstellungen hinter ersteren nicht zurückstehen. Hier sind in Zukunft insbesondere auf Seiten der Banken noch weitere Anstrengungen erforderlich. Aber auch die Frage, inwieweit diese Faktoren einer Prüfung, z.B. durch den Wirtschaftsprüfer, zugänglich sein können, wie dies etwa der IDW PS 260 impliziert,[8] wird in diesem Zusammenhang zu untersuchen sein. Es erscheint jedoch naheliegend, dass nur dann, wenn Oberflächen- und Tiefenstruktur der Unternehmenskultur eines Instituts sich gegenseitig sinnvoll ergänzen, der größtmögliche Erfolg im Hinblick auf die Reduzierung operationeller Risiken erzielt werden kann. Die Herausforderung an Forschung und Praxis wird darin bestehen, hierzu konkrete und effiziente Gestaltungsvorschläge zu entwickeln.

---

6 Vgl. Basel Committee on Banking Supervision (2005b) sowie kritisch hierzu z.B. Bundesverband öffentlicher Banken Deutschlands [Hrsg.] (2005e), S. 1 ff.

7 Vgl. Kutschker/Schmid (2005), S. 685.

8 Vgl. IDW [Hrsg.] (2001), PS 260, Tz. 44 f.

Literaturverzeichnis

Acker, H. B./Weiskam, J. (1977): Organisationsanalyse: Verfahren und Techniken praktischer Organisationsarbeit, 9. überarbeitete und erweiterte Auflage, Baden-Baden u.a.

Adam, D. (1996): Planung und Entscheidung, 4. Auflage, Wiesbaden.

Adler, H./Düring, W./Schmaltz, K. (2000): Rechnungslegung und Prüfung der Unternehmen, Kommentar, Teilband 7, 6. Auflage, Stuttgart.

Adler, H./Düring, W./Schmaltz, K. (2001): Rechnungslegung und Prüfung der Unternehmen, Kommentar, Ergänzungsband, 6. Auflage, Stuttgart.

Adusei-Poku, K. (2005): Operational Risk Management – Implementing a Bayesian Network for Foreign Exchange and Money Market Settlement, Göttingen.

Alexander, C. (2003a): Statistical models of operational loss, in: Operational Risk – Regulation, Analysis and Management, ed. by C. Alexander, London u.a., S. 129-170.

Alexander, C. (2003b): Managing operational risks with Bayesian networks, in: Operational Risk – Regulation, Analysis and Management, ed. by C. Alexander, London u.a., S. 285-295.

Anders, U. (2003): The path to operational risk economic capital, in: Operational Risk – Regulation, Analysis and Management, ed. by C. Alexander, London u.a., S. 215-226.

Angermüller, N. O. (2004): Operational Risk in der Prüfungspraxis der Internen Revision unter Basel II, Zeitschrift Interne Revision, 39. Jg., Heft 5, S. 196-203.

Arbeitskreis „Externe und Interne Überwachung der Unternehmung" der Schmalenbach-Gesellschaft für Betriebswirtschaft e.V. (2000): Auswirkungen des KonTraG auf die Unternehmensüberwachung, in: Der Betrieb, 53. Jg., Heft 37, Beilage Nr. 11, S. 1-11.

Arbeitskreis „Externe und Interne Überwachung der Unternehmung" der Schmalenbach-Gesellschaft für Betriebswirtschaft e.V. (2003): Probleme der Prognoseprüfung, in: Der Betrieb, 56. Jg., Heft 3, S. 105-111.

Artopoeus, W. (1994): „Soviel unternehmerische Freiheit wie möglich", in: Zeitschrift für das gesamte Kreditwesen, 47. Jg., Heft 22, S. 1085-1091.

Artopoeus, W. (1998): Kreditrisiko – Erfahrungen und Ansichten eines Aufsehers, Vortrag beim Symposium „Kreditrisiko" der Deutschen Bundesbank am 24. November 1998, URL: http://www.bafin.de/presse/reden/archiv_ba/r_241198.htm (11.4.2004).

Baetge, J. (1993): Überwachung, in: Vahlens Kompendium der Betriebswirtschaftslehre, Band 2, hrsg. v. M. Bitz et al., 3., überarbeitete und erweiterte Auflage, München, S. 175-218.

Baetge, J./Lienau, A. (2004): Änderungen der Berufsaufsicht der Wirtschaftsprüfer, in: Der Betrieb, 57. Jg., Heft 43, S. 2277-2281.

BaFin (1995): Verlautbarung über Mindestanforderungen an das Betreiben von Handelsgeschäften der Kreditinstitute vom 23.10.1995, Berlin.

BaFin (1998a): Rundschreiben 9/1998: Überblick über die grundsätzlichen Anforderungen an die Offenlegung der wirtschaftlichen Verhältnisse nach § 18 KWG, Berlin.

BaFin (1998b): Bekanntmachung über die Änderung und Ergänzung der Grundsätze über die Eigenmittel und die Liquidität der Institute vom 25. November 1998, Berlin.

BaFin (1998c): Verordnung über die Prüfung der Jahresabschlüsse und Zwischenabschlüsse der Kreditinstitute und Finanzdienstleistungsinstitute und über die Prüfung nach § 12 Abs. 1 Satz 3 des Gesetzes über Kapitalanlagegesellschaften sowie die darüber zu erstellenden Berichte (Prüfungsberichtsverordnung – PrüfbV) vom 17. 12 .1998, BGBl. I, S. 3690-3713.

BaFin (1998d): Erläuterungen zur Verordnung über die Prüfung der Jahresabschlüsse und Zwischenabschlüsse der Kreditinstitute und Finanzdienstleistungsinstitute und über die Prüfung nach § 12 Abs. 1 Satz 3 des Gesetzes über Kapitalanlagegesellschaften sowie die darüber zu erstellenden Berichte, 14 – 31 – 1/98, Berlin.

BaFin (1999a): Jahresbericht 1998, Berlin.

BaFin (1999b): Rundschreiben 16/1999: Änderung der grundsätzlichen Anforderungen an die Offenlegung der wirtschaftlichen Verhältnisse nach § 18 KWG; Änderung des Rundschreibens 9/98 vom 7. Juli 1998 – I 3 – 237 – 2/94; Regelung über die Offenlegung bei Krediten an bilanzierende Kreditnehmer, Berlin.

BaFin (2000a): Jahresbericht 1999, Berlin.

BaFin (2000b): Mindestanforderungen an die Ausgestaltung der Internen Revision der Kreditinstitute, Rundschreiben vom 17. Januar 2000, Berlin.

BaFin (2000c): Grundsatz I über die Eigenmittel der Institute, Bekanntmachung vom 29. Oktober 1997 (BAnz. Nr. 210) zuletzt geändert durch die Bekanntmachung vom 20. Juli 2000 (BAnz. Nr. 160), Berlin.

BaFin (2000d): Rundschreiben 5/2000: Offenlegung der wirtschaftlichen Verhältnisse nach § 18 KWG, Berlin.

BaFin (2002a): Geschäftsbericht 2001, Bonn und Frankfurt am Main.

BaFin (2002b): Rundschreiben 34/2002: Mindestanforderungen an das Kreditgeschäft, Bonn.

BaFin (2002c): Rundschreiben 1/2002: Offenlegung der wirtschaftlichen Verhältnisse nach § 18 KWG; - Keine Erstoffenlegung bei Prolongationen und unwesentlichen Engagementerhöhungen, Berlin.

BaFin (2002d): Ergänzendes Schreiben vom 9.4.2002 zum Rundschreiben 1/2002, Berlin.

BaFin (2004): Gründung des Ausschusses der europäischen Bankenaufsichtsbehörden (Committee of European Banking Supervisors – CEBS), Sammelschreiben an die Spitzenverbände der Kredit- und Finanzdienstleistungsinstitute in der Bundesrepublik Deutschland vom 17.3.2004, Geschäftszeichen BA 12, Bonn.

BaFin (2005a): Übermittlungsschreiben zum Entwurf der „Mindestanforderungen an das Risikomanagement“ (MaRisk), Schreiben vom 2.2.2005, BA 14 – GS 8000 – 1/2004, Bonn.

BaFin (2005b): Schreiben an den Zentralen Kreditausschuss zu § 18 KWG vom 9.5.2005, BA – 13 – GS 3350 – 1/2005, Bonn.

BaFin (2005c): Mindestanforderungen an das Risikomanagement, Rundschreiben 18/2005 vom 10.12.2005, Bonn.

BaFin (2005d): Übermittlungsschreiben zur Veröffentlichung der Endfassung der MaRisk, Schreiben vom 20.12.2005, BA 17 - GS 5201 - 1/2005, Bonn.

Bähre, I. L. (1979): Bankenaufsicht und Interne Revision, in: Zeitschrift Interne Revision, 14. Jg., Heft 1, S. 33-40.

Bähre, I. L. (1985): Wirtschaftsprüfer und Bankenaufsicht, in: Beiträge zur Bankaufsicht, Bankbilanz und Bankprüfung; Dr. Walter Scholz zum 65. Geburtstag, hrsg. v. K.-H. Forster, Düsseldorf, S. 35-48.

Bähre, I. L./Schneider, M. (1986): KWG-Kommentar: Kreditwesengesetz mit den wichtigsten Ausführungsbestimmungen, 3., völlig neu bearbeitete Auflage, München.

Balduin, A. von (2003): Operational Value at Risk: Ein Ansatz für das Management von Operationellen Risiken, in: risknews 01.2003, URL: http://www.risknews.de (23.1.2004), S. 38-48.

Ballwieser, W. (2003): Controlling und Risikomanagement: Aufgaben des Vorstands, in: Handbuch Corporate Governance: Leitung und Überwachung börsennotierter Unternehmen in der Rechts- und Wirtschaftspraxis, hrsg. v. P. Hommelhoff und D. Feddersen, Köln u.a., S. 429-440.

Ballwieser, W./Kuhner, Chr. (2000): Risk Adjusted Return on Capital, in: Banking 2000: Perspektiven und Projekte, Festschrift für Hermann Meyer zu Selhausen zum 60. Geburtstag, hrsg. v. M. Riekeberg, Wiesbaden, S. 367-381.

Baltensperger, E. (1988): Die Regulierung des Bankensektors, in: Wirtschaftswissenschaftliches Studium, 17. Jg., Heft 2, S. 53-57.

Baltensperger, E. (1990): The Economic Theory of Banking Regulation, in: Occasional Papers, Vol. 2, Winter 1989/90, Center for the Study of the New Institutional Economics, Universität des Saarlandes, Saarbrücken.

Bamberg, G. (2001): Art. „Risiko und Ungewissheit", in: Handwörterbuch des Bank- und Finanzwesens, hrsg. v. W. Gerke und M. Steiner, 3., völlig überarbeitete und erweiterte Auflage, Stuttgart, Sp. 1836-1846.

Bamberg, G./Coenenberg A. (2002): Betriebswirtschaftliche Entscheidungslehre, 11., überarbeitete Auflage, München.

Bank of England (1995): Extracts from the Report to the Board of Banking Supervision Inquiry into the Circumstances of the Collapse of Barings, URL: http://riskinstitute.ch/135220.htm (31.3.2004).

Banks, E. (2004): Corporate Governance: Financial Responsibility, Controls and Ethics, Hampshire u.a.

Barthel, M./Schielin, H. (2002): Dolose Handlungen, in: Zeitschrift Interne Revision, 37. Jg., Heft 5, S. 201-203.

Basel Committee on Banking Supervision (1988): International Convergence of Capital Measurement and Capital Standards, July 1988, Basel.

Basel Committee on Banking Supervision (1994): Risk Management Guidelines for Derivatives, July 1994, Basel.

Basel Committee on Banking Supervision (1996a): Amendment to the Capital Accord to incorporate Market Risk, January 1996, Basel.

Basel Committee on Banking Supervision (1996b): Supervisory Framework for the use of "Backtesting" in conjunction with the Internal Models Approach to Market Risk Capital Requirements, January 1996, Basel.

Basel Committee on Banking Supervision (1997): Core Principles for Effective Banking Supervision, September 1997, Basel.

Basel Committee on Banking Supervision (1998a): Framework for Internal Control Systems in Banking Organisations, September 1998, Basel.

Basel Committee on Banking Supervision (1998b): Operational Risk Management, September 1998, Basel.

Basel Committee on Banking Supervision (1999a): Enhancing corporate Governance for Banking Organisations, September 1999, Basel.

Basel Committee on Banking Supervision (1999b): Core Principles Methodology, October 1999, Basel.

Basel Committee on Banking Supervision (2000): Principles for the Management of Credit Risk, Basel, September 2000.

Basel Committee on Banking Supervision (2001a): The new Basel Capital Accord, Consultative Document, January 2001.

Basel Committee on Banking Supervision (2001b): Regulatory Treatment of Operational Risk, Working Paper No. 8, September 2001, Basel.

Basel Committee on Banking Supervision (2001c): Internal audit in banks and the supervisor's relationship with auditors, August 2001, Basel.

Basel Committee on Banking Supervision (2002a): The relationship between banking supervisors and bank's external auditors, January 2002, Basel.

Basel Committee on Banking Supervision (2002b): Internal audit in banks and the supervisor's relationship with auditors: A survey, August 2002, Basel.

Basel Committee on Banking Supervision (2003a): The Quantitative Impact Study for Operational Risk: Overview of Individual Loss Data and Lessons Learned, Risk Management Group, January 2002, Basel.

Basel Committee on Banking Supervision (2003b): Sound Practices for the Management and Supervision of Operational Risk, February 2003, Basel.

Basel Committee on Banking Supervision (2004a): International Convergence of Capital Measurement and Capital Standards, June 2004, Basel.

Basel Committee on Banking Supervision (2004b): History of the Basel Committee and its Membership, October 2004, Basel.

Basel Committee on Banking Supervision (2005a): Update on Work of the Accord Implementation Group related to validation under the Basel II Framework, Basel Committee Newsletter No. 4, January 2005, Basel.

Basel Committee on Banking Supervision (2005b): Enhancing corporate governance for banking organisations: Consultative document, July 2005, Basel.

Becker, A. (2003): Auswirkungen der neuen MaK sowie Basel II auf die Tätigkeit der Internen Revision, in: Handbuch MaK, hrsg. v. R. Eller, W. Gruber und M. Reif, Stuttgart, S. 105-129.

Becker, A. (2005): Systemprüfungen durch die Interne Revision in Kreditinstituten, in: Zeitschrift Interne Revision, 40 Jg., Heft 1, S. 27-35.

Beek, H./Kaiser, Th. (2000): Quantifizierung von Operational Risk mit Value-at-Risk, in: Handbuch Risikomanagement, hrsg. v. L. Johanning und B. Rudolph, Bad Soden/Ts., S. 364 - 653.

Bellavite-Hövermann, Y./Lindner, G./Lüthje, B. (2005): Leitfaden für den Aufsichtsrat: Betriebswirtschaftliche und rechtliche Grundlagen für die Aufsichtsratsarbeit, Stuttgart.

Berle, A. A./Means, G. C. (1968): The modern Corporation and private property, Revised Edition, New York.

Berndt, Th./Hoppler, I. (2005): Whistleblowing – ein integraler Bestandteil effektiver Corporate Governance, in: Betriebs-Berater, 60. Jg., Heft 48, S. 2623-2629.

Bhandari, S. (2002): How to lose £ 500m, in: Accountancy, o. Jg. Heft 6, S. 128.

Bieg, H. (1983): Bankbilanzen und Bankenaufsicht, München.

Bieg, H./Krämer, G./Waschbusch, G. (2003): Bankenaufsicht in Theorie und Praxis, Frankfurt am Main.

Bitz, H. (2000): Abgrenzung des Risiko-Frühwarnsystems i.e.S. nach KonTraG zu einem umfassenden Risiko-Managementsystem im betriebswirtschaftlichen Sinn, in: Betriebswirtschaftliche Forschung und Praxis, 52. Jg., Heft 3, S. 231-241.

Bitz, M. (1989): Erscheinungsformen und Funktionen von Finanzintermediären, in: Wirtschaftswissenschaftliches Studium, 18. Jg., Heft 10, S. 430-436.

Bleicher, K./Leberl, D./Paul, H. (1989): Unternehmungsverfassung und Spitzenorganisation: Führung und Überwachung von Aktiengesellschaften im internationalen Vergleich, Wiesbaden.

Bleymüller, J./Gehlert, G./Gülicher, H. (2004): Statistik für Wirtschaftswissenschaftler, 14., überarbeitete Auflage, München.

Blumer, A. (1996): Bankenaufsicht und Bankenprüfung, Bern u.a.

Blunden, T. (2003): Scorecard approaches, in: Operational Risk – Regulation, Analysis and Management, ed. by Carol Alexander, London u.a., S. 229-240.

Böcking, H.-J./Orth, Ch. (1998): Kann das „Gesetz zur Kontrolle und Transparenz im Unternehmensbereich (KonTraG)“ einen Beitrag zur Verringerung der Erwartungslücke leisten? – Eine Würdigung auf Basis von Rechnungslegung und Kapitalmarkt, in: Die Wirtschaftsprüfung, 51. Jg., Heft 8, S. 351-364.

Böcking, H.-J./Orth, Ch. (1999): Mehr Kontrolle und Transparenz im Unternehmensbereich durch eine Verbesserung der Qualität der Abschlußprüfung, in: Betriebswirtschaftliche Forschung und Praxis, 51. Jg., Heft 4, S. 418-436.

Böcking, H.-J./Orth, Ch. (2000): Risikomanagement und das Testat des Abschlußprüfers, in: Betriebswirtschaftliche Forschung und Praxis, 52. Jg., Heft 3, S. 242-260.

Bolsenkötter, H. (2002): Die Prüfung der Ordnungsmäßigkeit der Geschäftsführung, in: Handbuch des Jahresabschlusses in Einzeldarstellungen (HdJ), Abt. VI/8, 2. Neubearbeitung, Köln.

Bolton, N./Berkey, J. (2005): Aligning Basel II operational risk and Sarbanes-Oxley 404 projects, in: Operational Risk: practical approaches to implementation, ed. by E. Davies, London, S. 237-246.

Bonn, J. K. (1999): Bankenkrisen und Bankenregulierung, in: Zeitschrift für das gesamte Bank- und Börsenwesen, 47. Jg., Heft 7, S. 529-536.

Boos, K.-H./Fischer, R./Schulte-Mattler, H. [Hrsg.] (2004): Kreditwesengesetz: Kommentar zu KWG und Ausführungsbestimmungen, 2. Auflage, München.

Boos, K.-H./Schulte-Mattler, H. (2001): Basel II: Marktdisziplin durch erweiterte Offenlegung, in: Die Bank, o. Jg., Heft 11, S. 795-799.

Boujong, K. (1995): Rechtliche Mindestanforderungen an eine ordnungsgemäße Vorstandskontrolle und Beratung, in: Die Aktiengesellschaft, 40. Jg., Heft 5, S. 203 – 206.

Boycott, A. (1997a): Corporate Governance: Zur Entwicklung eines Rahmenkonzepts für interne Kontrollsysteme (Teil 1), in: Zeitschrift Interne Revision, 32. Jg., Heft 4, S. 214-221.

Boycott, A. (1997b): Corporate Governance: Zur Entwicklung eines Rahmenkonzepts für interne Kontrollsysteme (Teil 2), in: Zeitschrift Interne Revision, 32. Jg., Heft 5, S. 259-274.

Braun, H. (1984): Risikomanagement: Eine spezifische Controllingaufgabe, Darmstadt.

Brebeck, F. (2001): Art. „Zusammenarbeit von Interner Revision und Abschlussprüfer“, in: Lexikon der Internen Revision, hrsg. v. W. Lück, München, Wien, S. 380-383.

Brebeck, F./Förschle, G. (1999): Gegenstand und Umfang der Abschlussprüfung nach Inkrafttreten des KonTraG, in: Das Kontroll- und Transparenzgesetz: Herausforderungen und Chancen für das Risikomanagement, hrsg. v. B. Saitz und F. Braun, Wiesbaden, S. 171-193.

Brebeck, F./Herrmann, D. (1997): Zur Forderung des KonTraG-Entwurfs nach einem Frühwarnsystem und zu den Konsequenzen für die Jahres- und Konzernabschlußprüfung, in: Die Wirtschaftsprüfung, 50. Jg., Heft 12, S. 381-391.

Bretzke, W.-R. (1974): Zur Frage der Überprüfbarkeit von Prognosen im Geschäftsbericht, in: Die Wirtschaftsprüfung, 27. Jg., Heft 11, S. 292-296.

Brink, G. J. van den (2001): Operational Risk: Wie Banken das Betriebsrisiko beherrschen, Stuttgart.

Brink, G. J. van den (2003): Die Bedeutung operativer Risiken für Eigenkapitalunterlegung und Risikomanagement, in: Basel II – das neue Aufsichtsrecht und seine Folgen: Beiträge zum Duisburger Banken-Symposium, hrsg. v. H. Tietmeyer und B. Rolfes, Wiesbaden, S. 103-121.

Brink, G. J. van den (2004): Alles im grünen Bereich. Risiko-Indikatoren bei der Dresdner Bank, Risknews, 1. Jg., Heft 1, S. 39-50.

Brink, G. J. van den (2005): Quantifizierung operationeller Risiken. Ein Weg zur Einbettung in den Management-Zyklus, in: Modernes Risikomanagement: die Markt-, Kredit- und operationellen Risiken zukunftsorientiert steuern, hrsg. v. F. Romeike, Weinheim, S. 255-268.

Buchelt, R./Unteregger, S. (2003): Kulturrisiko und Risikokultur: Operationales Risiko nach Basel II, in: Finanzmarktstabilitätsbericht 6, Österreichische Nationalbank, Wien, S. 92-105.

Buchheim, R./Beiersdorf, K./Billinger, S. (2005): Die Risikoberichterstattung von Banken zwischen HGB/DRS, IFRS und Basel II, Kapitalmarktorientierte Rechnungslegung, 5. Jg., Heft 6, S. 234-247.

Buderath, H. M. (2004): Auswirkungen des Sarbanes-Oxley-Acts auf die Interne Revision, in: Betriebswirtschaftliche Forschung und Praxis, 56. Jg., Heft 1, S. 39-50.

Bundesministerium der Finanzen (2003): Richtlinie zur Durchführung und Qualitätssicherung der laufenden Überwachung der Kredit- und Finanzdienstleistungsinstitute durch die Deutsche Bundesbank gemäß § 7 Abs. 2 KWG vom 10. Oktober 2003, URL: http://www.bafin.de/richtlinien/aufsichtsrichtlinie.htm (25.11.2005).

Bundesministerium der Finanzen (2005a): Erster Diskussionsentwurf für eine Verordnung über die Solvabilität der Institute (Solvabilitätsverordnung – SolvV), mit Schreiben v. 30. Mai 2005, Berlin.

Bundesministerium der Finanzen (2005b): Übermittlungsschreiben zum Referentenentwurf eines Gesetzes zur Umsetzung der neu gefassten Bankenrichtlinie und der neu gefassten Kapitaladäquanzrichtlinie v. 6.12.2005, GZ VII B3 – WK 5611/06/0001, Berlin.

Bundesregierung (1997): Entwurf eines Gesetzes zur Umsetzung von EG-Richtlinien zur Harmonisierung bank- und wertpapieraufsichtsrechtlicher Vorschriften, BT-Drucksache 13/7142 vom 6.3.1997.

Bundesregierung (1998a): Entwurf eines Gesetzes zur Kontrolle und Transparenz im Unternehmensbereich (KonTraG), BT-Drucksache 13/9712 vom 28.1.1998.

Bundesregierung (1998b): Gesetz über das Kreditwesen, in der Fassung der Bekanntmachung vom 9. Sept. 1998 (BGBl., Teil I, S. 2776), zuletzt geändert durch Art. 4a des Gesetzes vom 22. Sept. 2005, BGBl., Teil I, S. 2809.

Bundesregierung (2001): Entwurf eines Gesetzes zur Fortentwicklung des Finanzplatzes Deutschland (Viertes Finanzmarktförderungsgesetz), BR-Drucksache 936/91 vom 14. November 2001.

Bundesregierung (2004a): Entwurf eines Gesetzes zur Umsetzung der Richtlinie 2002/87/EG des Europäischen Parlaments und des Rates vom 16. Dezember 2002 (Finanzkonglomeraterichtlinie-Umsetzungsgesetz), BR-Drucksache 433/04 vom 28. Mai 2004.

Bundesregierung (2004b): Gesetz zur Einführung internationaler Rechnungslegungsstandards und zur Sicherung der Qualität der Abschlussprüfung (Bilanzrechtsreformgesetz – BilReG), in: Bundesgesetzblatt, Teil I, Nr. 65 v. 9.12.2004, Bonn, S. 3166-3182.

Bundesregierung (2005a): Referentenentwurf eines Gesetzes zur Umsetzung der neu gefassten Bankenrichtlinie und der neu gefassten Kapitaladäquanzrichtlinie, mit Schreiben des Bundesfinanzministeriums v. 6.12.2005, GZ: VII B3 – WK 5611/06/0001, Berlin.

Bundesregierung (2005b): Begründung zum Referentenentwurf eines Gesetzes zur Umsetzung der neu gefassten Bankenrichtlinie und der neu gefassten Kapitaladäquanzrichtlinie, mit Schreiben des Bundesfinanzministeriums v. 6.12.2005, GZ: VII B3 – WK 5611/06/0001, Berlin.

Bundesregierung (2005c): Gesetz zur Neuordnung des Pfandbriefrechts, BGBl., Teil I, Nr. 29 vom 27.5.2005, S. 1373-1393.

Bundesverband öffentlicher Banken Deutschlands [Hrsg.] (2002): Verbandsbericht 2001/2002, Berlin.

Bundesverband öffentlicher Banken Deutschlands [Hrsg.] (2005a): Leitfaden zur Erstellung der Gefährdungsanalyse nach § 25a Absatz 1 Satz 3 Nr. 6 KWG, Stand Januar 2005, Berlin.

Bundesverband öffentlicher Banken Deutschlands [Hrsg.] (2005b): Synopse zur Bewertung des ersten Entwurfes der Mindestanforderungen an das Risikomanagement (MaRisk), Februar 2005, Berlin.

Bundesverband öffentlicher Banken Deutschlands [Hrsg.] (2005c): BaFin-Auslegungsregeln zu § 18 KWG – VÖB warnt vor Euphorie, Presse-Information vom 10. Mai 2005, Berlin.

Bundesverband öffentlicher Banken Deutschlands [Hrsg.] (2005d): Leitfaden zur Erstellung eines Beurteilungssystems nach § 18 KWG, Oktober 2005, Berlin.

Bundesverband öffentlicher Banken Deutschlands [Hrsg.] (2005e): Anmerkungen zum Entwurf des bankaufsichtlichen Leitfadens zur Verbesserung der Corporate Governance in Banken, Schreiben vom 28. Oktober 2005, URL: http://www.voeb.de/content_frame/downloads/cg.pdf (12.11.2005).

Bungartz, O. (2004): Eine Risikokultur schaffen, in: FAZ v. 6.9.2004, Frankfurt, S. 22.

Burger, A./Buchhart, A. (2002): Risiko-Controlling, München.

Burgi, M. (2001): Risk Management und Bankenaufsicht im System des Wirtschaftsverwaltungsrechts, in: Risikomanagement nach dem KonTraG, hrsg. v. K. W. Lange und F. Wall, München, S. 307-325.

Burkel, P. (1982): Wirtschaftsprüfung und Insolvenzprophylaxe, Teil B: Zum Warnproblem des Bankenprüfers – Die besonderen sich aus § 29 Abs. 2 KWG ergebenden Prüfungs- und Berichtsprobleme, Schwarenbek-Hamburg.

Büschgen, H. E. (1998): Bankbetriebslehre, 5., vollständig überarbeitete und erweiterte Auflage, Wiesbaden.

Cagan, P. (2001): Standard operating procedures, ERisk Special Report, March 2001, URL: http://www.erisk.com (7.3.2004).

CEBS (2004): The Application of the Supervisory Review Process under Pillar 2, Consultation Paper (CP03), May 2004, URL: http://www.c-ebs.org/pdfs/CEBS%20CP%2003%20(SRP).PDF (02.05.2004).

CEBS (2005a): Application of the Supervisory Review Process under Pillar 2, Consultation Paper (CP03 revised), June 2005, URL: http://www.c-ebs.org/Consultation_papers/CP03 -second.pdf (2.7.2005).

CEBS (2005b): Guidelines on the implementation, validation and assessment of Advanced Measurement (AMA) and Internal Ratings Based (IRB) Approaches, Consultation Paper (CP 10), July 2005, URL http://www.c-ebs.org/pdfs/CP10.pdf (10.8.2005).

CICA (1995): Guidance on Control, Toronto.

Coenenberg, A./Reinhart, A./Schmitz, J. (1997): Audit Committees – Ein Instrument zur Unternehmensüberwachung?, in: Der Betrieb, 50. Jg., Heft 20, S. 989-997.

Commission of the European Communities (2004): Proposal for Directives of the European Parliament and of the Council: Re-casting Directive 2000/12/EC of the European Parliament and of the Council of 20 March 2000 relating to the taking up and pursuit of the business of credit institutions and Council Directive 93/6/EEC of 15 March 1993 on the capital adequacy of investment firms and credit institutions, 14. July 2004, COM (2004) 486 final, Brüssel.

Committee on the Financial Aspects of Corporate Governance (1992): Report (Cadbury Report), December 1992, London.

COSO (1994): Internal Control – Integrated Framework, Jersey City.

COSO (2004a): Enterprise Risk Management – Integrated Framework: Executive Summary. Framework, hrsg. v. AICPA, Jersey City.

COSO (2004b): Enterprise Risk Management – Integrated Framework: Application Techniques, hrsg. v. AICPA, Jersey City.

COSO (2004c): FAQs for COSO's Enterprise Risk Management - Integrated Framework, URL: http://www.coso.org/Publications/ERM/erm_faq.htm (6.6.2005).

Crockett, A. (2002): Market discipline and financial stability, in: Journal of Banking & Finance, Vol. 26, No. 5, S. 977-987.

Crouhy, M./Galai, D./Mark, B. (2000): Operational risk, in: Professional's Handbook of Financial Risk Management, ed. by M. Lore and L. Borodovsky, Oxford u.a., S. 342-375.

Cruz, M. G. (2002): Modelling, Measuring and Hedging Operational Risk, Chichester u.a.

Cruz, M./Carroll, J. (2000): Fuzzy logic, in: Risk, Operational Risk Special Report, November 2000, S. 16-19.

Daníelsson, J./Embrechts, P./Goodhart, Ch./Keating, C./Muennich, F./Renault, O./Song Shin, H. (2001): An Academic Response to Basel II, Special Paper No. 130, London School of Economics and Political Science, Financial Markets Group, May 2001, London.

Davies, J./Fairless, M./Libaert, S./Love, J./O'Brien, D./Slater, P./Shepheard-Walwyn, T. (1998): Defining and Aggregating Operations Risk Information, in: Operational Risk and Financial Institutions, published by Risk Publications (in association with Arthur Andersen), London, S. 63-79.

Degenhart, H. (1987): Zweck und Zweckmäßigkeit bankaufsichtlicher Eigenkapitalnormen, Berlin.

Derman, E. (2003): Model Risk, in: The Handbook of Risk, ed. by B. Warwick, Hoboken, New Jersey.

Deutsche Bundesbank (1992): Die Einlagensicherung in der Bundesrepublik Deutschland, in: Monatsbericht, Juli 1992, 44. Jg., Nr. 1, Frankfurt am Main, S. 30-38.

Deutsche Bundesbank (1996): Mindestanforderungen an das Betreiben von Handelsgeschäften der Kreditinstitute, in: Monatsbericht, März 1996, 48. Jg., Nr. 3, Frankfurt am Main, S. 55-64.

Deutsche Bundesbank (1998): Bankinterne Risikosteuerungsmodelle und deren bankaufsichtliche Eignung, in: Monatsbericht Oktober 1998, 50. Jg., Nr. 10, Frankfurt am Main, S. 69-84.

Deutsche Bundesbank (2000): Einlagensicherung und Anlegerentschädigung in Deutschland, in: Monatsbericht Juli 2000, 52. Jg., Nr. 7, Frankfurt am Main, S. 29-45.

Deutsche Bundesbank (2003): Neue Mindestanforderungen an das Kreditgeschäft: MaK und Basel II, in: Monatsbericht Januar 2003, 55. Jg., Nr. 1, Frankfurt am Main, S. 45-58.

Deutsche Bundesbank (2004): Neue Eigenkapitalanforderungen für Kreditinstitute, in: Monatsbericht September 2004, 56. Jg., Nr. 9, Frankfurt am Main, S. 75-100.

Deutsche Bundesbank (2005): Lamfalussy-Verfahren, URL: http://www.bundesbank.de/bankenaufsicht_cebs_lamfalussy.php (18.5.2005).

Deutsche Bundesbank/BaFin (2002): Vereinbarung über die Zusammenarbeit der Bundesanstalt für Finanzdienstleistungsaufsicht und der Deutschen Bundesbank bei der Beaufsichtigung der Kredit- und Finanzdienstleistungsinstitute vom 30.10.2002, Frankfurt am Main, Bonn.

Deutsche Bundesbank/BaFin (2005a): Bericht über die Industrieaktion AMA operationelles Risiko 2005, Bonn, Frankfurt am Main.

Deutsche Bundesbank/BaFin (2005b): Merkblatt zur Zulassung eines fortgeschrittenen Messansatzes für operationelles Risiko, Bonn und Frankfurt am Main.

Deutscher Standardisierungsrat (2004): Deutscher Rechnungslegungs Standard Nr. 5-10 (DRS 5-10): Risikoberichterstattung von Kredit- und Finanzdienstleistungsinstituten, verabschiedet am 29. August 2000, geändert durch den Deutschen Rechnungslegungs Änderungsstandard Nr. 1 (DRÄS 1) mit Bekanntmachung vom 2. Juli 2004, Bundesanzeiger Nr. 121 vom 2. Juli 2004.

Deutsches Institut für Wirtschaftsforschung (2004): Untersuchung der Grundlagen und Entwicklungsperspektiven des Bankensektors in Deutschland (Dreisäulensystem), Gutachten im Auftrag des Bundesministeriums der Finanzen, Juni 2004, Berlin.

Dewatripont, M./Tirole, J. (1994): The Prudential Regulation of Banks, London.

Diamond, D. W./Dybvig, P. (1983): Bank Runs, Deposit Insurance, and Liquidity, in: Journal of Political Economy, Vol. 91, No. 3, S. 401-419.

Dicken, A. J. (2003): Bankenprüfung: Rechtlicher Grundriss für Kreditinstitute, Berlin.

Die Zeit (2.3.2000): Trick mit Nummern – FlowTex verkaufte Bohrgeräte, die gar nicht existierten, Die Zeit, Nr. 10 v. 2.3.2000, S. 27.

Dill, P./Hügler, G. (1997): Unternehmenskultur und Führung betriebswirtschaftlicher Organisationen: Ansatzpunkte für ein kulturbewußtes Management, in: Unternehmenskultur: Perspektiven für Wissenschaft und Praxis, hrsg. v. E. Heinen und M. Fank, 2., bearbeitete und erweiterte Auflage, München, Wien, S. 141-209.

Dobler, M. (2001): Die Prüfung des Risikofrüherkennungssystems gemäß § 317 Abs. 4 HGB – Kritische Analyse und empirischer Befund, in: Deutsches Steuerrecht, 39. Jg, Heft 48, S. 2086-2092.

Doerig, H.-U. (2003): Operational Risk in Financial Services – An old Challenge in a new Environment, URL: http://www.credit-suisse.com/en/csgn/operational_risk.pdf (1.4. 2004).

Döhring, J. (1996a): Gesamtrisiko-Management von Banken, München und Wien.

Döhring, J. (1996b): Sonstige (Bank-)Risiken im Rahmen eines Gesamtrisikokonzepts – Zugleich ein Beitrag zum Wesen des Risikos, in: Mitteilungen und Berichte des Instituts für Bankwirtschaft und Bankrecht an der Universität zu Köln, Abteilung Bankwirtschaft, 27. Jg., Nr. 75, S. 61-76.

Dombret, A. R.; Thiede, J. (2001): Art. „Risikomanagement in Kreditinstituten", in: Handwörterbuch des Bank- und Finanzwesens, hrsg. v. Wolfgang Gerke und Manfred Steiner, 3., völlig überarbeitete und erweiterte Aufl., Stuttgart, Sp. 1856-1868.

Dörner, D. (2000): Zusammenarbeit von Aufsichtsrat und Wirtschaftsprüfer im Lichte des KonTraG, in: DerBetrieb, 53. Jg., Heft 3, S. 101-105.

Dörner, D./Orth, Ch. (2004): Mehr Transparenz wagen! Der Deutsche Corporate Governance Kodex, in: Risknews, 1. Jg., Heft 1, S. 67-71.

Dörner, D./Orth, Ch. (2005): Bedeutung der Corporate Governance für Unternehmen und Kapitalmärkte, in: Deutscher Corporate Governance Kodex, hrsg. von N. Pfitzer und P. Oser, 2., überarbeitete und aktualisierte Auflage, Stuttgart, S. 3-22.

Dörner, D./Horváth, P./Kagermann, H. [Hrsg.] (2000): Praxis des Risikomanagements, Stuttgart.

Dowd, V. (2003): Measurement of operational risk: the Basel approach, in: Operational Risk – Regulation, Analysis and Management, ed. by Carol Alexander, London u.a., S. 31-46.

DSGV (2005a): Stellungnahme v. 21. März 2005 zum ersten Entwurf der Mindestanforderungen für das Risikomanagement (MaRisk) für die erste Sitzung des Fachgremiums MaRisk am 7./8. April 2005, Berlin, URL: http://www.bafin.de/marisk/marisk_dsgv.pdf (21.12.2005).

DSGV (2005b): Stellungnahme v. 10. Juni 2005 zur „clean Version" der Mindestanforderungen für das Risikomanagement (MaRisk) für die dritte Sitzung des Fachgremiums MaRisk vom 20.-22. Juni 2005, Berlin, URL: http://www.bafin.de/marisk/marisk_dsgv3.pdf (21.12.2005).

Dürre, G. (1972): Zehn Jahre Bundesaufsichtsamt für das Kreditwesen, in: Blätter für Genossenschaftswesen, 118. Jg., Heft 3, S. 33-38.

Eggemann, G./Konradt, T. (2000): Risikomanagement nach KonTraG aus dem Blickwinkel des Wirtschaftsprüfers, in: Betriebs-Berater, 55. Jg., Heft 10, S. 503-509.

Egner, H. (1980): Betriebswirtschaftliche Prüfungslehre, Berlin, New York.

Eichner, H./Roese, B. (2001): Art. „Zusammenarbeit zwischen Interner Revision und Aufsichtsrat", in: Lexikon der Internen Revision, hrsg. v. W. Lück, München, Wien, S. 383-384.

Einhaus, Ch. (2002): Operationelle Risiken – Grundlagen der aktuellen Diskussion, in: Die Sparkasse, 119. Jg., Heft 11, S. 488-490.

Emmerich, G./Schaum, W. (2003): Auswirkungen des Sarbanes-Oxley Act auf deutsche Abschlussprüfer – Berufsaufsicht, Registrierung, Unabhängigkeit, in: Die Wirtschaftsprüfung, 56. Jg., Heft 13, S. 677-691.

Erdland, A. (1981): Eigenkapital und Einlegerschutz bei Kreditinstituten, Berlin.

Europäisches Parlament/Rat der Europäischen Gemeinschaften (1994): Richtlinie 94/19/EG des Europäischen Parlaments und des Rates vom 30. Mai 1994 über Einlagensicherungssysteme (Einlagensicherungsrichtlinie), in: ABl. der EG, 31.5.1994, Nr. L 135, S. 5-14.

Europäisches Parlament/Rat der Europäischen Gemeinschaften (1995): Richtlinie 95/26/EG des Europäischen Parlaments und des Rates vom 29. Juni 1995zur Änderung der Richtlinien 77/780/EWG und 89/646/EWG betreffend Kreditinstitute, der Richtlinie 73/239/EWG und 92/49/EWG betreffend Schadensversicherungen, der Richtlinien 79/267/EWG und 92/96/EWG betreffend Lebensversicherungen, der Richtlinie 93/22/EWG betreffend Wertpapierfirmen sowie der Richtlinie 85/611/EWG betreffend bestimmt Organismen für gemeinsame Anlagen in Wertpapieren (OGAW)zwecks verstärkter Beaufsichtigung dieser Finanzunternehmen (BCCI-Folgerichtlinie), in: ABl. der EG, 18.7.1995, Nr. L 168, S. 7-13.

Europäisches Parlament/Rat der Europäischen Gemeinschaften (2000): Richtlinie 2000/12/EG des Europäischen Parlaments und des Rates vom 20. März 2000 über die Aufnahme und Ausübung der Tätigkeit der Kreditinstitute, in: ABl. der EG, 26.5.2000, Nr. L 126, S. 1-59.

Europäisches Parlament/Rat der Europäischen Gemeinschaften (2002): Richtlinie 2002/87/EG des Europäischen Parlaments und des Rates vom 16. Dezember 2002 über die zusätzliche Beaufsichtigung der Kreditinstitute, Versicherungsunternehmen und Wertpapierfirmen eines Finanzkonglomerats und zur Änderung der Richtlinien 73/239/EWG, 79/267/EWG, 92/49/EWG, 92/96/EWG, 93/6/EWG und 93/22/EWG des Rates und der Richtlinien 98/78/EG und 2000/12EG des Europäischen Parlaments und des Rates, ABl. der EG, 11.2.2003, Nr. L 035, S. 1-27.

Everling, O. (2002): Bankrenditen unter Ratingaspekten: Wie rentierlich müssen Banken sein?, in: Zeitschrift für das gesamte Kreditwesen, 55. Jg., Heft 1, S. 37-40.

Fank, M. (1997): Ansatzpunkte für eine Abgrenzung des Begriffs Unternehmenskultur anhand der Betrachtung verschiedener Kulturebenen und Konzepte der Organisationstheorie, in: Unternehmenskultur – Perspektiven für Wissenschaft und Praxis, hrsg. v. E. Heinen und M. Fank, 2., bearbeitete und erweiterte Auflage, München, Wien, S. 239-257.

FAZ (12.4.2001): Betrugsfall bei der Deutschen Bank – New Yorker Mitarbeiter entwendete Kundengelder in Millionenhöhe, FAZ, Nr. 87 v. 12.04.2001, S. 17.

Feller, W. (1968): An introduction to probability theory and its applications, 3. edition, New York.

FitchRatings (2005): Bank Operational Risk Assessment Methodology, Criteria Report, 13. July 2005, URL: http://www.fitchratings.com (16.8.2005).

Fontnouvelle, P. de/DeJesus-Rueff, V./Jordan, J./Rosengren, E. (2003): Using Loss Data to Quantify Operational Risk, Paper presented at Basel Committee/Banca d'Italia workshop, 20.-21. März 2003, URL: http://www.bis.org/bcbs/events/wkshop0303/p04deferose.pdf (9.4.2003).

Fontnouvelle, P. de/Jordan, J./Rosengren, E. (2005): Implication of Alternative Operational Risk Modeling Techniques, Working Paper 11103, hrsg. v. National Bureau of Economic Research, Massachusetts.

Forster, K.-H. (1994): Zur „Erwartungslücke" bei der Abschlussprüfung, in: Die Wirtschaftsprüfung, 47. Jg., Heft 23, S. 789-795.

Franz, K.-P. (2000): Corporate Governance, in: Praxis des Risikomanagements, hrsg. v. D. Dörner, P. Horváth, H. Kagermann, Stuttgart, S. 41-72.

Freidank, C.-Chr./Paetzmann, K. (2004): Bedeutung des Controlling im Rahmen der Reformbestrebungen zur Verbesserung der Corporate Governance, in: Corporate Governance und Controlling, hrsg. v. C.-Ch. Freidank, Heidelberg, S. 1-24.

Freiling, C./Lück, W. (1986): Interne Überwachung und Jahresabschlussprüfung, C. Freiling und W. Lück für den Arbeitskreis „Externe und interne Überwachung der Unternehmung" der Schmalenbach-Gesellschaft/Deutsche Gesellschaft für Betriebswirtschaft e.V., in: Schmalenbachs Zeitschrift für betriebswirtschaftliche Forschung (ZfbF), 38. Jg., Heft 12, S. 996-1006.

Füser, K./Rödel, K./Kang, D. (2002): Identifizierung und Quantifizierung von „Operational Risk", in: Finanz Betrieb, 4. Jg., Heft 9, S. 495-502.

Geiger, H. (2000): Regulating and Supervising Operational Risk for Banks, Working Paper, Institut für schweizerisches Bankwesen, URL: http://www.isb.unizh.ch/institut/index.php?sp= id=professoren&mitte=orifs/hgeiger.htm (9.7.2003).

Geiger, H./Piaz, J.-M. (2001): Identifikation und Bewertung operationeller Risiken, in: Handbuch Bankcontrolling, 2., überarbeitete und erweiterte Auflage, hrsg. v. H. Schierenbeck, B. Rolfes und S. Schüller, Wiesbaden, S. 789-802.

Gelhausen, H. F. (1999): Aufsichtsrat und Abschlußprüfer – eine Zweckgemeinschaft, in: Betriebswirtschaftliche Forschung und Praxis, 51. Jg., Heft 4, S. 390-406.

Geuer, H. (1997): Die Aufgaben des Wirtschaftsprüfers bei der Prüfung von Kreditinstituten im Wandel der Zeit, in: Bank- und Finanzwirtschaft – Strategien im Wandel, Festschrift für Hans E. Büschgen zum 65. Geburtstag, hrsg. v. D. Bierbaum und K. Feinen, Wiesbaden, S. 193-219.

Giese, R. (1998): Die Prüfung des Risikomanagementsystems einer Unternehmung durch den Abschlussprüfer gemäß KonTraG, in: Die Wirtschaftsprüfung, 51. Jg., Heft 10, S. 451-458.

Gisteren, R. van (2001): Grundzüge eines Operational Risk Managements aus Sicht des Intellectual Capital Managements, in: Handbuch Gesamtbanksteuerung, hrsg. v. R. Eller, W. Gruber und M. Reif, Stuttgart, S. 591-622.

Gisteren, R. van (2002): Personalrisikomanagement – integrativer Bestandteil eines Operational-Risk-Managements, in: Handbuch Operationelle Risiken, hrsg. v. R. Eller, M. Reif und W. Gruber, Stuttgart, S. 417-433.

Giudici, P. (2004): Integration of Qualitiative and Quantitative Operational Risk Data: A Bayesian Approach, in: Operational Risk Modelling and Analysis – Theorie and Practice, ed. by M. Cruz, London, S. 131-138.

Goodhart, Ch. (2001): Operational Risk, Special Paper No. 131, London School of Economics and Political Science, Financial Markets Group, Special Paper Series, London.

Göttgens, M. (1997): Berichterstattung über die Abschlußprüfung von Kreditinstituten, in: Finanzierung, Leasing, Factoring, 44. Jg., Heft 5, S. 209-213.

Götz, H. (2001): Das „Überwachungssystem" im Sinne des § 91 II AktG – Dialogbeitrag zu Wolfgang Salzberger: „Die Überwachung des Risikomanagements durch den Aufsichtsrat", in: Die Betriebswirtschaft, 61. Jg., Heft 3, S. 393-395.

Grabau, M./Schlee, K. (2005): Die neuen MaRisk: Herausforderungen aus Sicht der Sparkassen-Finanzgruppe, in: Zeitschrift für das gesamte Kreditwesen, 58. Jg., Heft 8, S. 392-394.

Grabner-Kräuter, S. (2000): Zum Verhältnis von Unternehmensethik und Unternehmenskultur, in: Zeitschrift für Wirtschafts- und Unternehmensethik, 1. Jg., Heft 3, S. 290-309.

Gramlich, L. (1995): Recht der Bankwirtschaft, in: Öffentliches Wirtschaftsrecht, Besonderer Teil 1, hrsg. v. R. Schmidt, Berlin u.a., S. 421-561.

Greuning, H. van/Bratanovic, S. B. (2003): Analyzing and Managing Banking Risk – A Framework for Assessing Corporate Governance and Financial Risk, 2. Edition, Washington, D.C.

Groß, C. (2003): Die neuen Mindestanforderungen an das Kreditgeschäft der Kreditinstitute, in: Die Bank, o. Jg., Heft 2, S. 94-98.

Grupp, B. (1986): Interne Revision – moderne Verfahren und Arbeitstechniken, Ludwigshafen am Rhein.

Gschrey, E. (2004): Genossenschaftliche Prüfungsverbände, in: Wirtschaftsprüfung und Interne Revision, hrsg. v. G. Förschle und V. H. Peemöller, Heidelberg, S. 84-103.

Guthoff, A./Pfingsten, A./Wolf, J. (1998): Der Einfluss einer Begrenzung des value at Risk oder des Lower Partial Moment One auf die Risikoübernahme, in: Credit Risk und Value at Risk Alternativen, hrsg. v. A. Oehler, Stuttgart, S. 111-153.

Haas, M./Kaiser, Th. (2004): Tackling the Insufficiency of Loss Data for the Quantification of Operational Risk, in: Operational Risk Modelling and Analysis, ed. by M. Cruz, London, S. 13-24.

Hadjiemmanuil, Ch. (2003): Legal risks and fraud – Capital charges, control and insurance, in: Operational Risk – Regulation, Analysis and Management, ed. by C. Alexander, London u.a., S. 74-100.

Handelsblatt (11.2.2002): Ein braver Junge, Handelsblatt, Nr. 29 v. 11.02.2002, S. 10.

Handelsblatt (15.3.2002): Devisenskandal bei Allied Irish Bank – Report stellt überaus laxe Kontrollen fest. AIB-Chef kommt mit blauem Auge davon, Handelsblatt, Nr. 53 v. 15. März 2003, S. 29.

Handelsblatt (28.1.2004): Australische Großbank meldet hohen Schaden – Unerlaubter Handel bei der National Australia Bank, Handelsblatt, Nr. 19 v. 28.01.2004, S. 23.

Handelsblatt (8.2.2002): Nach Millionendebakel gilt Irlands größte Bank als Übernahmekandidat, Handelsblatt, Nr. 28 v. 8.2.2002, S. 23.

Hanenberg, L./Kreische, K./Schneider, A. (2003): Mindestanforderungen an das Kreditgeschäft der Kreditinstitute, in: Die Wirtschaftsprüfung, 56. Jg., Heft 8, S. 396-409.

Hanenberg, L./Schneider, A. (2001): Bankaufsichtliche Rahmenbedingungen für interne Überwachungssysteme, in: Die Wirtschaftsprüfung, 54. Jg., Heft 19, S. 1058-1064.

Hanenberg, Ludger (2005): Neue Entwicklungen bei Revisionsprüfungen – eine Perspektive der Bankenaufsicht, in: Prüfungen in Kreditinstituten und Finanzdienstleistungsunternehmen, hrsg. v. A. Becker und M. Wolf, Stuttgart, S. 595-607.

Hartmann-Wendels, Th./Pfingsten, A./Weber M. (2004): Bankbetriebslehre, 3., überarbeitete Auflage, Berlin, Heidelberg.

Haubenstock, M. (2003): The operational risk management framework, in: Operational Risk – Regulation, Analysis and Management, ed. by C. Alexander, London u.a., S. 241-261.

Haubenstock, M./Hardin, L. (2003): The Loss Distribution Approach, in: Operational Risk – Regulation, Analysis and Management, ed. by C. Alexander, London u.a., S. 171-192.

Heckroth, K. (2003): Gemeinsamkeiten von § 25a KWG und Rechnungslegungsstandard IDW RS FAIT 1, in: Betriebswirtschaftliche Blätter, 52. Jg., Heft 1, S. 41-45.

Heinen, E. (1997): Unternehmenskultur als Gegenstand der Betriebswirtschaftslehre, in: Unternehmenskultur – Perspektiven für Wissenschaft und Praxis, hrsg. v. E. Heinen und M. Fank, 2., bearbeitete und erweiterte Auflage, München, Wien, S. 1-48.

Heinhold, M./Wotschofsky, S. (2002): „Interne Revision", in: Handwörterbuch der Rechnungslegung und Prüfung, hrsg. v. W. Ballwieser, A. G. Coenenberg und K. v. Wysocki, 3., überarbeitete und erweiterte Auflage, Stuttgart, S. 1217-1228.

Heinrich, M. (2002): Die MaK aus Sicht einer Geschäftsbank, in: Basel II und MaK – neue Eigenkapitalanforderungen, Organisationsregeln und Veröffentlichungspflichten für Kreditinstitute, hrsg. v. G. Hofmann, Frankfurt am Main, S. 275-311.

Hellwig, H.-J. (2001): Die öffentliche Aufgabe des Abschlussprüfers – Untersuchungs- und Redepflicht versus verbale Verschleierung, in: Der Wirtschaftsprüfer als Element der Corporate Governance, hrsg. v. M. Lutter, Düsseldorf, S. 67-88.

Herbstritt, N./Klink, B. (2004): Prüfung von Kreditinstituten, in: Wirtschaftsprüfung und Interne Revision, hrsg. v. G. Förschle und V. H. Peemöller, Heidelberg, S. 507-565.

Hillen, K.-H. (2002): Anforderungen der Bankenaufsicht, in: Basel II und MaK– neue Eigenkapitalanforderungen, Organisationsregeln und Veröffentlichungspflichten für Kreditinstitute, hrsg. v. G. Hofmann, Frankfurt am Main, S. 233-256.

Hirszowicz, Chr. (2005): Anwendung bzw. Verletzung ethischer Grundsätze in der Bank und Finanzindustrie, in: Zeitschrift für Wirtschafts- und Unternehmensethik, 6. Jg., Heft 1, S. 102-110.

Hirte, H./Heinrich, T. A. (2001): Entwicklungen im Europäischen Bankrecht – Eine Bestandsaufnahme, in: Zeitschrift für Bankrecht und Bankwirtschaft, 13. Jg., Heft 5, S. 388-397.

Höfer, B./Jütten, H. (1995): Mindestanforderungen an das Betreiben von Handelsgeschäften, in: Die Bank, o. Jg., Heft 12, S. 752-756.

Hölscher, R. (2000): Gestaltungsformen und Instrumente des industriellen Risikomanagements, in: Risk Controlling in der Praxis: Rechtliche Rahmenbedingungen und geschäftspolitische Konzeptionen in Banken, Versicherungen und Industrie, hrsg. v. H. Schierenbeck, Stuttgart, S. 297-363.

Hölscher, R./Kalhöfer, Ch./Bonn, R. (2005): Die Bewertung operationeller Risiken in Kreditinstituten, in: Finanz Betrieb, 7. Jg., Heft 7-8, S. 490-504.

Hoffman, D. G. (2002): Managing Operational Risk: 20 Firmwide Best Practice Strategies, New York.

Hofmann, R. (1992): Art. „Interne Revision, Aufgaben", in: Handwörterbuch der Revision, hrsg. v. A. G. Coenenberg und K. v. Wysocki, 2., neugestaltete und ergänzte Auflage, Stuttgart, Sp. 855-864.

Holmes, M. (2003a): Operational risk: looking at the bigger picture, Risk, Vol. 16, No. 8, S. 24-27.

Holmes, M. (2003b): Measuring operational risk: a reality check, Risk, Vol. 16, No. 8, S. 84-87.

Holzer, P./Makowski, A. (1997): Corporate Governance, in: Der Betrieb, 50. Jg., Heft 14, S. 688-692.

Hömberg, R. (2002): Art. „Internes Kontrollsystem", in: Handwörterbuch der Rechnungslegung und Prüfung, hrsg. v. W. Ballwieser, A. G. Coenenberg und K. v. Wysocki, 3., überarbeitete und erweiterte Auflage, Stuttgart, Sp. 1228-1237.

Hommelhoff, P. (1998): Die neue Position des Abschlussprüfers im Kraftfeld der aktienrechtlichen Organisationsverfassung, in: Betriebs-Berater, 53. Jg., Heft 50, S. 2567-2573.

Hommelhoff, P./Mattheus, D. (2000): Gesetzliche Grundlagen – Deutschland und international, in: Praxis des Risikomanagements, hrsg. v. D. Dörner, P. Horváth und H. Kagermann, Stuttgart, S. 5-40.

Hommelhoff, P./Mattheus, D. (2003): Die Rolle des Abschlussprüfers bei der Corporate Governance, in: Handbuch Corporate Governance – Leitung und Überwachung börsennotierter Unternehmen in der Rechts- und Wirtschaftspraxis, hrsg. v. P. Hommelhoff und D. Feddersen, Köln u.a., S. 639-671.

Horváth, P. (2003): Anforderungen an ein modernes Internes Kontrollsystem, in: Die Wirtschaftsprüfung, 56. Jg., Sonderheft 2003, S. S211-S218.

Huang, S. (1992): Bankenregulierung und Wettbewerbsfähigkeit, Bern u.a.

Hübner, G./Redenius, I. (2002): Risiko- und prozessorientierte Prüfungsplanung in der Internen Revision, in: Die Bank, o. Jg., Heft 4, S. 276-279.

Hüffer, U. (2004): Aktiengesetz, Beck'sche Kurz-Kommentare, Band 53, 6., neubearbeitete Auflage, München.

Hütten, Ch./Stromann, H. (2003): Umsetzung des Sarbanes-Oxley Act in der Unternehmenspraxis, in: Betriebs-Berater, 58. Jg., Heft 42, S. 2223-2227.

IASB [Hrsg.] (2005a): International Financial Reporting Standard IFRS 7: Financial Instruments: Disclosure, London.

IASB [Hrsg.] (2005b): Press Release: IASB issues standards to improve disclosures about financial instruments and capital, 18. August 2005, London.

IDW [Hrsg.] (1998): IDW Prüfungsstandard: Prüfung des Lageberichts (IDW PS 350), in: Die Wirtschaftsprüfung, 51. Jg., Heft 15, S. 663-666.

IDW [Hrsg.] (1999a): IDW Prüfungsstandard: Grundsätze für die ordnungsmäßige Erteilung von Bestätigungsvermerken bei Abschlussprüfungen (IDW PS 400), in: Die Wirtschaftsprüfung, 52. Jg., Heft 16, S. 641-657.

IDW [Hrsg.] (1999b): IDW Prüfungsstandard: Die Prüfung des Risikofrüherkennungssystems nach § 317 Abs. 4 HGB (IDW PS 340), in: Die Wirtschaftsprüfung, 52. Jg., Heft 16, S. 658-662.

IDW [Hrsg.] (2000a): Wirtschaftsprüfer-Handbuch 2000 (WP-Handbuch), Band I, bearbeitet von Geib et al., 12. Auflage, Düsseldorf.

IDW [Hrsg.] (2000b): IDW Prüfungsstandard: Fragenkatalog zur Prüfung der Ordnungsmäßigkeit der Geschäftsführung und der wirtschaftlichen Verhältnisse nach § 53 HGrG (IDW PS 720), in: Die Wirtschaftsprüfung, 53. Jg., Heft 7, S. 326-331.

IDW [Hrsg.] (2000c): IDW Prüfungsstandard: Rechnungslegungs- und Prüfungsgrundsätze für die Abschlussprüfung (IDW PS 201), in: Die Wirtschaftsprüfung, 53. Jg., Heft 15, S. 710-713.

IDW [Hrsg.] (2001): IDW Prüfungsstandard: Das interne Kontrollsystem im Rahmen der Abschlussprüfung (IDW PS 260), in: Die Wirtschaftsprüfung, 54. Jg., Heft 16, S. 821-831.

IDW [Hrsg.] (2002a): IDW Prüfungsstandard: Interne Revision und Abschlussprüfung (IDW PS 321), in: Die Wirtschaftsprüfung, 55. Jg., Heft 13, S. 686-689.

IDW [Hrsg.] (2002b): Wirtschaftsprüfung und Corporate Governance – Der Beitrag von Rechnungslegung und Abschlussprüfung zu einer wirksamen Unternehmensüberwachung, Frankfurt am Main.

IDW [Hrsg.] (2002c): IDW Prüfungsstandard: Abschlussprüfung bei Einsatz von Informationstechnologie (IDW PS 330), in: Die Wirtschaftsprüfung, 55. Jg., Heft 21, S. 1167-1179.

IDW [Hrsg.] (2002d): IDW Prüfungsstandard: Prüfung der Adressenausfallrisiken und des Kreditgeschäfts von Kreditinstituten (IDW PS 522), in: Die Wirtschaftsprüfung, 55. Jg., Heft 22, S. 1254-1259.

IDW [Hrsg.] (2002e): IDW Stellungnahme zur Rechnungslegung: Grundsätze ordnungsmäßiger Buchführung bei Einsatz von Informationstechnologie (IDW RS FAIT), in: Die Wirtschaftsprüfung, 55. Jg., Heft 21, S. 1157-1167.

IDW [Hrsg.] (2003a): IDW Prüfungsstandard: Grundsätze ordnungsmäßiger Berichterstattung bei Abschlussprüfungen (IDW PS 450), in: Die Wirtschaftsprüfung, 56. Jg., Heft 20, S. 1127-1141.

IDW [Hrsg.] (2003b): IDW Prüfungsstandard: Zur Aufdeckung von Unregelmäßigkeiten im Rahmen der Abschlussprüfung (IDW PS 210), in: Die Wirtschaftsprüfung, 56. Jg., Heft 12, S. 655-663.

IDW [Hrsg.] (2004): Übersetzung des ISA 240 (n.F.) und Entwurf IDW Prüfungsstandard zur ISA-Ergänzung: Die Verantwortung des Abschlussprüfers zur Berücksichtigung von Verstößen (fraud) im Rahmen der Abschlussprüfung (IDW E-IPS 240), in: Die Wirtschaftsprüfung, 57. Jg., Heft 22, S. 1282-1333.

IFAC (2005): Handbook of International Auditing, Assurance, and Ethics Pronouncements, 2005 Edition, URL: http://www.ifac.org/members/Downloads/2005_IAASB_Hand Book.pdf (22.09.2005).

IIR [Hrsg.] (1999): Organisationsprüfung in Kreditinstituten, erarbeitet im Arbeitskreis „Organisationsprüfung in Kreditinstituten" des Deutschen Instituts für Interne Revision e.V., IIR-Schriftenreihe, Bd. 15, 2., unveränderte Auflage, Berlin.

IIR [Hrsg.] (2001a): IIR-Revisionsstandard Nr. 1: Zusammenarbeit von Interner Revision und Abschlussprüfer, in: Zeitschrift Interne Revision, 36. Jg., Heft 1, S. 34-36.

IIR [Hrsg.] (2001b): IIR-Revisionsstandard Nr. 2: Prüfung des Risikomanagement durch die Interne Revision, in: Zeitschrift Interne Revision, 36. Jg., Heft 3, S. 152-155.

IIR [Hrsg.] (2002): Grundlagen der Internen Revision – Basics of Internal Auditing, Frankfurt am Main.

IIR [Hrsg.] (2004): Revision der Mindestanforderungen an das Kreditgeschäft der Kreditinstitute, erarbeitet im Arbeitskreis „Revision des Kreditgeschäfts" des Deutschen Instituts für Interne Revision e.V., IIR-Schriftenreihe, Bd. 36, Berlin.

IIR [Hrsg.] (2005a): Sicherheit in Kreditinstituten, erarbeitet im Arbeitskreis „Sicherheitsvorkehrungen in Kreditinstituten“ des Deutschen Instituts für Interne Revision e.V., IIR-Schriftenreihe, Bd. 32, Berlin.

IIR [Hrsg.] (2005b): Stellungnahme zu MaRisk vom 21.3.2006, Frankfurt, URL: http://www.bafin. de/marisk/marisk_intrev_bt2.pdf (21.12.2005).

IIR Arbeitskreis Basel II (2003): Management und Controlling operationeller Risiken, Orientierungshilfe der Internen Revision vom 12.3.2003, URL: http://www.iir-ev.de/deutsch/arbeitskreise/ak11/OPRisk_Leitfaden.pdf (4.11.2005).

Instefjord, N./Jackson, P./Perraudin, W. (1998): Securities fraud, in: Economic policy, o. Jg., Heft 27, S. 587-623.

Jacklin, Ch. J./Bhattacharya, S. (1988): Distinguishing Panics and Information-based Bank Runs: Welfare and Policy Implications, in: Journal of Political Economy, Vol. 96, No. 3, S. 568-592.

Jackmuth, H.-W. (2002): Moderne Revisionspraxis im Zeichen von „Operationellen Risiken“ und Chancen, in: Handbuch Operationelle Risiken, hrsg. v. R. Eller, M. Reif und W. Gruber, Stuttgart, S. 205-231.

Jacob, H. (1971): Preispolitik, 2., überarbeitete und erweiterte Auflage, Wiesbaden.

Jakob, K. (2004): Die Umsetzung der Zweiten Säule von Basel II – wie könnte der Supervisory Review Process in Deutschland aussehen?, in: Risikomanagement, hrsg. von A. Suyter, Frankfurt am Main, S. 81-95.

Kaiser, Th./Köhne, M. F. (2004): Operationelle Risiken in Finanzinstituten – Wege zur Umsetzung von Basel II und CAD 3, Wiesbaden.

Kajüter, P. (2004): Der Lagebericht als Instrument einer kapitalmarktorientierten Rechnungslegung, in: Der Betrieb, 57. Jg., Heft 5, S. 197-203.

Kastner, A. (2005): Prüfung von Intensiv- und Problembearbeitungskrediten, in: Prüfungen in Kreditinstituten und Finanzdienstleistungsunternehmen, hrsg. v. A. Becker und M. Wolf, Stuttgart, S. 189-241.

Kaufmann, M./Dröse, G. (2000): Operational Risk Management – Risikotransfer durch Versicherung, in: Die Bank, o. Jg., Heft 11, S. 788-791.

Keine, F.-M. (1986): Die Risikoposition eines Kreditinstituts – Konzeption einer umfassenden bankaufsichtrechtlichen Verhaltensnorm, Wiesbaden.

Kesseli, M. (1984): Operational Auditing im Bankbetrieb, St. Gallen.

Kießling, A. (2003): Rahmenbedingungen für die Interne Bankenrevision, in: Handbuch MaK – Organisation, Risikoklassifizierung, Kreditbepreisung, hrsg. v. R. Eller, W. Gruber und M. Reif, Stuttgart, S. 131-156.

King, J. L. (2001): Operational Risk – Measurement and Modelling, Chichester u.a.

Kluge, O. (1990): Die Mindestharmonisierung des Bankrechts, in: Zeitschrift für das gesamte Kreditwesen, 43. Jg., Heft 4, S. 182-186.

Knight, F. H. (1985): Risk, Uncertainty and Profit, Reprint Edition, London.

Kohlhoff, Ch./Langenhan, K./Zorn, S. (2000): Risikomanagement nach dem KonTraG – zwischen Theorie und Praxis; zugleich ein Beitrag zum Risikomanagement in der EDV, in: Zeitschrift Interne Revision, 35. Jg., Heft 1, S. 2-11.

Kommission der Europäischen Gemeinschaften (1985): Vollendung des Binnenmarktes, Weißbuch der Kommission an den Europäischen Rat, KOM (85) 310 endg., 14.6.1985, Brüssel.

Korndörfer, W. (1999): Unternehmensführungslehre – Einführung, Entscheidungslogik, soziale Komponenten, 9., aktualisierte Auflage, Wiesbaden.

Kozer, M. (2002): Corporate Governance – Das Zusammenspiel von Internal Control und External Control, Aachen.

Krämer-Eis, H. (2003): Operationelles Risiko – Modelle bergen Risiken, in: Kredit & Rating Praxis, 3. Jg., S. 26-28.

Krammer, Ch. K/Sinn, W./Weiß, H. H./Wieandt, A. (2001): Wertmanagement in Banken, in: Zeitschrift für Betriebswirtschaft, 71. Jg., Heft 12, S. 1445-1457.

Kreische, K. (2002): Interne Revision in Kreditinstituten – Herausforderung BASEL II, in: Zeitschrift Interne Revision, 37. Jg., Heft 1, S. 30 - 35.

Kromschröder, B./Lück, W. (1998): Grundsätze risikoorientierter Unternehmensüberwachung, B. Kromschröder und W. Lück für den Arbeitskreis „Externe und Interne Überwachung der Unternehmung" der Schmalenbach-Gesellschaft für Betriebswirtschaft e.V., in: Der Betrieb, 51. Jg., Heft 32, S. 1573-1576.

Krümmel, H.-J. (1984): Schutzzweck und Aufsichtseingriffe – Über den Run auf die Bankschalter und seine Verhinderung, in: Kredit und Kapital, 17. Jg., Heft 4, S. 474-489.

Krümmel, H.-J. (1985): Einige Probleme der Konstruktion bankaufsichtlicher Risikobegrenzungsregeln, in: Beiträge zur Bankaufsicht, Bankbilanz und Bankprüfung, Dr. Walter Scholz zum 65. Geburtstag, hrsg. v. K.-H. Forster, Düsseldorf, S. 91-117.

Krumnow, J. (1995): Der Übergang zur qualitativen Bankenaufsicht – Eine neue Dimension durch die Zulassung bankinterner Modelle – Multiplikator ist abzulehnen, in: Börsen-Zeitung, 3. August 1995, Nr. 147, S. 7.

Krumnow, J. (2002): Art. „Risikomanagement bei Kreditinstituten", in: Handwörterbuch der Rechnungslegung und Prüfung, hrsg. v. W. Ballwieser, A. G. Coenenberg und K. v. Wysocki, 3., überarbeitete und erweiterte Auflage, Stuttgart, Sp. 2047-2057.

Krumnow/Sprißler et al. [Hrsg.] (2004): Rechnungslegung der Kreditinstitute: Kommentar zum deutschen Bilanzrecht unter Berücksichtigung von IAS/IFRS, 2., überarbeitete und erweiterte Auflage, Stuttgart.

Kuhn, L. (2002): Risikophasenmodell für Operationelle Risiken im Kontext der Gesamtbanksteuerung, in: Handbuch Operationelle Risiken, hrsg. v. R. Eller, M. Reif und W. Gruber, Stuttgart, S. 153-178.

Kuhn, L. (2003): Risikophasenmodell für operationelle Risiken im Kontext mit der Gesamtbanksteuerung, in: Betriebswirtschaftliche Blätter, 52. Jg., Heft 12, S. 604-611.

Kupsch, P. U. (1971): Risiko und Entscheidung – Ein Beitrag zur Fundierung betriebswirtschaftlicher Grundmodelle unter dem Aspekt des Risikoverhaltens, München.

Kutschker, M./Schmid, S. (2005): Internationales Management, 4., bearbeitete Auflage, München, Wien.

Langenbucher, G. (1997): Qualität und Umfang der Abschlussprüfung, in: Aktuelle Entwicklungen in Rechnungslegung und Wirtschaftsprüfung, hrsg. v. J. Baetge, Düsseldorf, S. 61-107.

Langenbucher, G. (2001): Art. „Fraud and Error", in: Lexikon der Internen Revision, hrsg. v. W. Lück, München, Wien, S. 100-102.

Langenbucher, G./Blaum, U. (1994): Audit Committees – Ein Weg zur Überwindung der Überwachungskrise?, in: Der Betrieb, 47. Jg., Heft 44, S. 2197-2206.

Langenbucher, G./Blaum, U. (1997): Die Aufdeckung von Fehlern, dolosen Handlungen und sonstigen Gesetzesverstößen im Rahmen der Abschlussprüfung, in: Der Betrieb, 50. Jg., Heft 9, S. 437-443.

Laycock, M. (1998): Analysis of Mishandling Losses and Processing Errors, in: Operational Risk and Financial Institutions, published by Risk Publications (in association with Arthur Andersen), London, S. 131-145.

Leffson, U. (1988): Wirtschaftsprüfung, 4., vollständig überarbeitete u. erweiterte Auflage, Wiesbaden.

Leffson, U. (1992): Art. „Systemprüfung", in: Handwörterbuch der Revision, hrsg. v. A. G. Coenenberg und K. v. Wysocki, 2., neugestaltete und ergänzte Auflage, Stuttgart, Sp. 1925-1930.

Leffson, U./Meyer zu Lösebeck, H. (1992): Art. „Revision, begriffliche Abgrenzung", in: Handwörterbuch der Revision, hrsg. v. A. G. Coenenberg und K. v. Wysocki, 2., neugestaltete und ergänzte Auflage, Stuttgart, Sp. 1638-1657.

Lehner, U. (1999): Risikomanagement – ein Gegenstand der Abschlußprüfung, in: Auswirkungen des KonTraG auf Rechnungslegung und Prüfung, Vorträge und Diskussionen zum 14. Münsterischen Tagesgespräch des Münsteraner Gesprächskreises Rechnungslegung und Prüfung e.V. am 8. Mai 1998, hrsg. v. J. Baetge, Düsseldorf, S. 23-41.

Lehnhoff, J. (1997): „Letztlich braucht die deutsche Kreditwirtschaft einen sofortigen und absoluten Regulierungsstop auf allen Ebenen", in: Zeitschrift für das gesamte Kreditwesen, 50. Jg., Heft 23, S. 1167-1170.

Liekweg, A. (2003): Risikomanagement und Rationalität: Präskriptive Theorie und praktische Ausgestaltung von Risikomanagement, Wiesbaden.

Loitz, R. (1997): Die Prüfung der Geschäftsführung auf dem Prüfstand, in: Betriebs-Berater, 52. Jg., Heft 36, S. 1835-1841.

Lück, W. (1990): Audit Committee – Eine Einrichtung zur Effizienzsteigerung betriebswirtschaftlicher Überwachungssysteme?, in: Schmalenbachs Zeitschrift für betriebswirtschaftliche Forschung (ZfbF), 42. Jg., Heft 12, S. 995-1013.

Lück, W. (1998a): Elemente eines Risiko-Managementsystems, in: Der Betrieb, 51. Jg., Heft 1/2, S. 8-14.

Lück, W. (1998b): Der Umgang mit unternehmerischen Risiken durch ein Risikomanagementsystem und durch ein Überwachungssystem, in: Der Betrieb , 51. Jg., Heft 39, S. 1925-1930.

Lück, W. (1998c): Internes Überwachungssystem (IÜS), in: WPK-Mitteilungen, 37. Jg., Heft 3, S. 182-188.

Lück, W. (1999a): Betriebswirtschaftliche Aspekte der Einrichtung eines Überwachungssystems und eines Risikomanagementsystems, in: Reform des Aktienrechts, der Rechnungslegung und Prüfung, hrsg. v. D. Dörner, D. Menold und N. Pfitzer, Stuttgart, S. 139–176.

Lück, W. (1999b): Audit Committees – Prüfungsausschüsse zur Sicherung und Verbesserung der Unternehmensüberwachung in deutschen Unternehmen, in: Der Betrieb, 52. Jg., Heft 9, S. 441-443.

Lück, W. (2001a): Art. „Interne Revision", in: Lexikon der Internen Revision, hrsg. v. W. Lück, München, Wien, S. 145-147.

Lück, W. (2001b): Art. „Operational Auditing", in: Lexikon der Internen Revision, hrsg. v. W. Lück, München, Wien, S. 212.

Lück, W./Henke, M. (2004): Die Interne Revision als zentraler Bestandteil der Corporate Governance, in: Betriebswirtschaftliche Forschung und Praxis, 56. Jg., Heft 1, S. 1-14.

Lück, W./Henke, M./Gaenslen, P. (2002): Die Interne Revision und das Interne Überwachungssystem vor dem Hintergrund eines integrierten Risikomanagements, in: Herausforderung Risikomanagement – Identifikation, Bewertung und Steuerung industrieller Risiken, hrsg. v. R. Hölscher und R. Elfgen, Wiesbaden, S. 225-238.

Lück, W./Hunecke, J. (1998): Das Interne Überwachungssystem (IÜS) im Risiko-Managementsystem, in: Die Steuerberatung, 41. Jg., Heft 4, S. 180-182.

Macdonald, N./Beattie, A. (1993): The Corporate Governance Jigsaw, in: Accounting and Business Research, Vol. 23, No. 91A, S. 304-310.

MaK-Fachgremium (2004): Protokoll der Vierten Sitzung des MaK-Fachgremiums am 27. April 2004 in der Bundesanstalt für Finanzdienstleistungsaufsicht (BaFin), URL: http://www.bafin.de/makfg/makfg_prot0401.htm (1.7.2004).

Mandl, G./Jung, M. (2002): Art. „Prognose- und Schätzprüfung", in: Handwörterbuch der Rechnungslegung und Prüfung, hrsg. v. W. Ballwieser, A.G. Coenenberg und K. v. Wysocki, 3., überarbeitete und erweiterte Auflage, Stuttgart, Sp. 1698-1706.

Marshall, Ch. L. (2001): Measuring and Managing Operational Risks in Financial Institutions: Tools: Techniques and other Ressources, Singapore u.a.

Marten, K.-U./Köhler, A. G./Neubeck, G. (2002): Kommentierung des § 317 HGB, in: Bilanzrecht – Handelsrecht mit Steuerrecht und den Regelungen des IASB, Kommentar, hrsg. v. J. Baetge, H.-J. Kirsch und S. Thiele, Bonn, Berlin.

Mattheus, D. (1999): Die gewandelte Rolle des Wirtschaftsprüfers als Partner des Aufsichtsrats nach dem KonTraG, in: Zeitschrift für Unternehmens- und Gesellschaftsrecht, 28. Jg., Heft 5, S. 682-714.

Mayer, H. (1981): Das Bundesaufsichtsamt für das Kreditwesen, Düsseldorf.

Menzies, Ch. [Hrsg.] (2004): Sarbanes-Oxley Act, Stuttgart.

Minz, K.-A. (2004): Operationelle Risiken in Kreditinstituten, Frankfurt am Main.

Mock, S. (2003): Die Verschwiegenheitspflicht des Abschlussprüfers und Interessenkonflikte, in: Der Betrieb, 56. Jg., Heft 37, S. 1996-2002.

Möllring, H. (2004): Rede anlässlich der Verabschiedung des Niedersächsischen Sparkassengesetzes (NSpG) am 14.12.2004 im Niedersächsischen Landtag, URL: http://www.cdl.niedersachsen.de/blob/images/C6651612_L20.pdf (15.11.2005).

Morrison, D. S. (2005): Communication with the board, in: Operational Risk, Vol. 6, Issue 5, S. 26-28.

Möschel, W. (1975): Bankenrecht und Wirtschaftsordnung, in: Betriebs-Berater, 30. Jg., Heft 23, S. 1025-1030.

Moody's Investors Service (2003a): Moody's Analytical Framework for Operational Risk Management of Banks, Special Comment, January 2003, URL: http://www.moodys.com/moodys/cust/research/MDCdocs/20/2001700000413228.pdf?search=5&searchQuery=analytical%20framework%20for%20operational&click=1 (1.12.2004).

Moody's Investors Service (2003b): U.S. and Canadian Corporate Governance Assessment, Ra-ting Methodology, August 2003, URL: http://www.moodys.com/moodys/cust/research/MDCdocs/20/2002000000425793.pdf?search=5&searchQuery=canadian%20corporate&click=1 (1.12.2004).

Moody's Investors Service (2004): Risk Management Assessments, Research Methodology, July 2004, URL: http://www.moodys.com/moodys/cust/research/MDCdocs/02/2002900000432768.pdf?search=5&searchQuery=risk%20management%20assessments&click=1 (1.12.2004).

Müller, K. (1996): Kommentar zum Gesetz betreffend die Erwerbs- und Wirtschaftsgenossenschaften, zweiter Band (Anh. IV nach § 33 bis § 42), Bielefeld.

Müller, M. (2001): Der Mensch – Risiko oder Chance? Operationelle Risiken und Behavioral Finance, in: Handbuch Operationelle Risiken – aufsichtsrechtliche Anforderungen, Quantifizierung und Management, Praxisbeispiele, hrsg. v. R. Eller, W. Gruber und M. Reif, Stuttgart, S. 435-456.

Müller, W. A. (1981): Bankenaufsicht und Gläubigerschutz – Eine Analyse von Regulierungs- und Aufsichtsvorschriften für Kreditinstitute, Baden-Baden.

Münchener Kommentar zum Handelsgesetzbuch (2001): Band 4, Drittes Buch: Handelsbücher, §§ 238-342a HGB, München.

Naumann, Th. K. (2002): Bewertung der Offenlegungspflichten aus Sicht der Banken, in: Basel II und MaK – neue Eigenkapitalanforderungen, Organisationsregeln und Veröffentlichungspflichten für Kreditinstitute, hrsg. v. G. Hofmann, Frankfurt am Main, S. 257-271.

Neue Züricher Zeitung (23.4.1994): Ungereimtes beim Bauskandal Schneider – Sonderprüfung bei der Deutschen Bank, Verlag Neue Züricher Zeitung, Zürich, S. 37.

OECD [Hrsg.] (2004): OECD Principles of Corporate Governance, Paris.

Oehler, A./Unser, M. (2002): Finanzwirtschaftliches Risikomanagement, Berlin, Heidelberg.

Olearius, Ch. (2001): Compliance, Risikocontrolling, Mindestanforderungen an das Handelsgeschäft – heute Bankalltag, in: Der Wirtschaftsprüfer und sein Umfeld zwischen Tradition und Wandel zu Beginn des 21. Jahrhunderts, Festschrift für Hans-Heinrich Otte, hrsg. v. K. Boysen, Ch. Dyckerhoff und H. Otte, Düsseldorf, S. 247–288.

Ong, M. K. (1998): On the Quantification of Operational Risk, in: Operational Risk and Financial Institutions, published by Risk Publications (in association with Arthur Andersen), London, S. 181-184.

Orth, Ch. (2000): Abschlussprüfung und Corporate Governance. Vom Financial Audit zum Business Audit vor dem Hintergrund der Erwartungslücke, Wiesbaden.

Orth, Th. M. (1999): Überlegungen zu einem prozeßorientierten Prüfungsansatz, in: Die Wirtschaftsprüfung, 52. Jg., Heft 15, S. 573-585.

Palm, J. (2003): Analysing business processes, Risk magazine, Vol. 16, No. 3, S. 23-25.

Paul, S. (2000): „Qualitative" Bankenaufsicht – „Königsweg" der Regulierung, in: Perspektiven der Wirtschaftspolitik, 1. Jg., Heft 3, S. 281-299.

Paul, S. (2002): Überwachung der Banken unter marktwirtschaftlichen Gesichtspunkten, in: Basel II und MaK – neue Eigenkapitalanforderungen, Organisationsregeln und Veröffentlichungspflichten für Kreditinstitute, hrsg. v. G. Hofmann, Frankfurt am Main, S. 207-230.

Peachey, A. (2002): Finanzdesaster im Banking – Operationelle Risiken, wo die Theorie versagt!, in: Handbuch Operationelle Risiken, hrsg. v. R. Eller, M. Reif und W. Gruber, Stuttgart, S. 327-346.

Peccia, A. (2003): Using operational risk models to manage operational risk, in: Operational Risk – Regulation, Analysis and Management, ed. by C. Alexander, London u.a., S. 262-284.

Peter, A./Vogt, H.-J./Kraß, V. (2000): Management operationeller Risiken bei Finanzdienstleistern, in: Handbuch Risikomanagement, hrsg. v. L. Johanning und B. Rudolph, Bad Soden/Ts., S. 655-677.

Pezier, J. (2003): A constructive review of the Basel proposals on operational risk, in: Operational Risk – Regulation, Analysis and Management, ed. by C. Alexander, London u.a., S. 49-73.

Pfaff, D./Bärtl, O. (1999): Wertorientierte Unternehmenssteuerung – Ein kritischer Vergleich ausgewählter Konzepte, in: Rechnungswesen und Kapitalmarkt: Beiträge anlässlich eines Symposiums zum 70. Geburtstag von Prof. Dr. Dr. h. c. mult. Walther Busse von Colbe, Düsseldorf, S. 85-115.

Pfannschmidt, A. (1993): Personelle Verflechtungen über Aufsichtsräte: Mehrfachmandate in deutschen Unternehmen, Bonn.

Pfitzer, N./Oser, P./Orth, Ch. (2002a): Zur Reform des Aktienrechts, der Rechnungslegung und Prüfung durch das TransPubG – Darstellung und kritische Würdigung des Referentenentwurfs vom 26.11.2001, in: Der Betrieb, 55. Jg., Heft 4, S. 157-165.

Piaz, J.-M. (2002): Operational Risk Management bei Banken, Zürich.

Pieroth, B./Schlink, B.: Grundrechte, 20., neubearbeitete Auflage, Heidelberg.

Poddig, Th. (1999): Handbuch Kursprognose - Quantitative Methoden im Asset Management, Bad Soden/Ts.

Poddig, Th./Dichtl, H./Petersmeier, K. (2003): Statistik, Ökonometrie, Optimierung – Methoden und ihre praktischen Anwendungen in Finanzanalyse und Portfoliomanagement, 3., erweiterte Auflage, Bad Soden/Ts.

Pollanz, M. (1999): Konzeptionelle Überlegungen zur Einrichtung und Prüfung eines Risikomanagementsystems – Droht eine Mega-Erwartungslücke?, in: Der Betrieb, 52. Jg., Heft 8, S. 393-399.

Pollanz, M. (2001): Offene Fragen der Prüfung von Risikomanagementsystemen nach KonTraG, in: Der Betrieb, 54. Jg., Heft 25, S. 1317-1325.

Polster, R. (2004): Prüfungsstellen der Sparkassen- und Giroverbände, in: Wirtschaftsprüfung und Interne Revision, hrsg. v. G. Förschle und V. H. Peemöller, Heidelberg, S. 104-131.

Potthoff, E. (2003): Risiko- und Krisenbewusstsein der Aufsichtsratsmitglieder, in: Wirtschaftsprüfung und Unternehmensüberwachung, Festschrift für Prof. Dr. Dr. h. c. Wolfgang Lück, hrsg. v. P. Wollmert et al., Düsseldorf, S. 101-113.

Potthoff, E./Trescher, K. (2003): Das Aufsichtsratsmitglied: ein Handbuch der Aufgaben, Rechte und Pflichten, 6., neu bearbeitete Auflage, Stuttgart.

Potthoff, E. (1981): Zur Durchführung der Geschäftsführungsprüfung, in: Der Betrieb, 33. Jg., Heft 43, S. 2185-2188.

Power, M. (2003): The invention of operational risk, Discussion Paper No. 16, London School of Economics and Political Science, URL: http://www.lse.ac.uk/collections/CARR/pdf/ Disspaper16.pdf (20.6.2005).

Rappaport, A. (1986): Creating shareholder value: the new standard for business perfomance, 14. print, New York.

Rappaport, A. (1999): Shareholder Value: Ein Handbuch für Manager und Investoren, 2., vollständig überarbeitete und aktualisierte Auflage, Stuttgart.

Rat der Europäischen Gemeinschaften (1973): Richtlinie 73/183/EWG des Rates vom 28. Juni 1973 zur Aufhebung der Beschränkungen der Niederlassungsfreiheit und des freien Dienstleistungsverkehrs für selbständige Tätigkeiten der Kreditinstitute und anderer finanzieller Einrichtungen (Niederlassungs- und Dienstleistungsrichtlinie), in: ABl. der EG, 16.7.1973, Nr. L 194, S. 1-10.

Rat der Europäischen Gemeinschaften (1977): Erste Richtlinie 77/780/EWG des Rates vom 12. Dezember 1977 zur Koordinierung der Rechts- und Verwaltungsvorschriften über die Aufnahme und Ausübung der Tätigkeit der Kreditinstitute (Erste Bankrechtskoordinierungsrichtlinie), in: ABl. der EG, 17.12.1977, Nr. L 322, S. 30-37.

Rat der Europäischen Gemeinschaften (1983): Richtlinie 83/350/EWG des Rates vom 13. Juni 1983 über die Beaufsichtigung der Kreditinstitute auf konsolidierter Basis (Konsolidierungsrichtlinie), in: ABl. der EG, 18.7.1983, Nr. L 193, S. 18-20.

Rat der Europäischen Gemeinschaften (1986): Richtlinie 86/635/EWG des Rates vom 8. Dezember 1986 über den Jahresabschluß und den konsolidierten Abschluß von Banken und anderen Finanzinstituten (Bankbilanzrichtlinie), in: ABl. der EG, 31.12.1986, Nr. L 372, S. 1-17.

Rat der Europäischen Gemeinschaften (1989a): Richtlinie 89/299/EWG des Rates vom 17. April 1989 über die Eigenmittel von Kreditinstituten (Eigenmittelrichtlinie), in: ABl. der EG, 5.5.1989, Nr. L 124, S. 16-20.

Rat der Europäischen Gemeinschaften (1989b): Zweite Richtlinie 89/646/EWG des Rates vom 15. Dezember 1989 zur Koordinierung der Rechts- und Verwaltungsvorschriften über die Aufnahme und Ausübung der Tätigkeit der Kreditinstitute und zur Änderung der Richtlinie 77/780/EWG (Zweite Bankrechtskoordinierungsrichtlinie), in: ABl. der EG, 30.12.1989, Nr. L 386, S. 1-13.

Rat der Europäischen Gemeinschaften (1989c): Richtlinie 89/647/EWG des Rates vom 18. Dezember 1989 über einen Solvabilitätskoeffizienten für Kreditinstitute (Solvabilitätsrichtlinie), in: ABl. der EG, 30.12.1989, Nr. L 386, S. 14-22.

Rat der Europäischen Gemeinschaften (1992): Richtlinie 92/30/EWG des Rates vom 6. April 1992 über die Beaufsichtigung von Kreditinstituten auf konsolidierter Basis (Konsolidierungsrichtlinie), in: ABl. der EG, 28.4.1992, Nr. L 110, S. 52-58.

Rat der Europäischen Gemeinschaften (1993a): Richtlinie 92/121/EWG des Rates vom 21. Dezember 1992 über die Überwachung und Kontrolle der Großkredite von Kreditinstituten (Großkreditrichtlinie), in: ABl. der EG, 5.2.1993, Nr. L 29, S. 1-8.

Rat der Europäischen Gemeinschaften (1993b): Richtlinie 93/6/EWG des Rates vom 15. März 1993 über die angemessene Eigenkapitalausstattung von Wertpapierfirmen und Kreditinstituten (Kapitaladäquanzrichtlinie), in: ABl. der EG, 11.6.1993, Nr. L 141, S. 1-26.

Rat der Europäischen Gemeinschaften (1993c): Richtlinie 93/22/EWG des Rates vom 10. Mai 1993 über Wertpapierdienstleistungen (Wertpapierdienstleistungsrichtlinie), in: ABl. der EG, 11.6.1993, Nr. L 141, S. 27-46.

Reason, J. (1997): Managing the Risks of Organizational Accidents, Aldershot u.a.

Regierungskommission Deutscher Corporate Governance Kodex (2005): Deutscher Corporate Governance Kodex in der Fassung vom 2. Juni 2005, bekannt gemacht am 20.7.2005 im elektronischen Bundesanzeiger durch das Bundesministerium der Justiz, URL: http://www. corporate-governance-code.de (9.2.2005).

Reitz, M./Schroff, M. (2004): Risikoorientierte Prüfungsplanung in Kreditinstituten, in: Zeitschrift Interne Revision, 39. Jg., Heft 2, S. 68-73.

Riekeberg, M./Stenke, K. (2000): Zur Problemadäquanz rechtlicher Rahmenbedingungen, in: Banking 2000: Perspektiven und Projekte, Festschrift für Hermann Meyer zu Selhausen zum 60. Geburtstag, hrsg. v. M. Riekeberg, Wiesbaden, S. 99-119.

Ringleb, H.-M./Kremer, Th./Lutter, M./Werder, A. v. [Hrsg.] (2005): Kommentar zum Deutschen Corporate Governance Kodex, 2. Auflage, München.

Ringlstetter, M. (1988): Auf dem Weg zu einem evolutionären Management, München.

Rolfes, B. (1999): Gesamtbanksteuerung – Risiken ertragsorientiert managen, in: Reihe BWL aktuell des Instituts für Wirtschafswissenschaften der Universität Klagenfurt, Nr. 4/ 1999, hrsg. v. Hans-Joachim Bodenhöfer et al., Klagenfurt.

Rolfes, B./Kirmße, S. (2000): Risikomanagement in Banken, in: Praxis des Risikomanagements, hrsg. v. D. Dörner, P. und H. Kagermann, Stuttgart, S. 623-668.

Root, S. J. (1998): Beyond COSO – Internal Control to enhance Corporate Governance, New York u.a.

Rosner-Niemes, S. (2005): System-/Ablaufprüfungen im Rahmen eines prozessorientierten Prüfungsansatzes als Antwort auf neue Herausforderungen, in: Prüfungen in Kreditinstituten und Finanzdienstleistungsunternehmen, hrsg. v. A. Becker und M. Wolf, Stuttgart, S. 283-301.

Rückle, D. (1984): Externe Prognosen und Prognoseprüfung, in: Der Betrieb, 37. Jg., Heft 2, S. 57-69.

Rudolph, B. (1991): Gestaltungsformen bankaufsichtlicher Normen, in: Wirtschaftswissenschaftliches Studium, 20. Jg., Heft 8-9, S. 596-601.

Salzberger, W. (2000): Die Überwachung des Risikomanagements durch den Aufsichtsrat – Überwachungspflichten und haftungsrechtliche Konsequenzen, in: Die Betriebswirtschaft, 60. Jg., Heft 6, S. 756-773.

Samad-Khan, A. (2005): Why Coso is flawed, in: Operational Risk, Vol. 6, No. 1, S. 24-28.

Sanio, J. (1992): Art. "Kreditwesen, Bundesaufsichtsamt", in: Handwörterbuch der Revision, hrsg. v. A. G. Coenenberg und K. v. Wysocki, 2., neugestaltete und ergänzte Auflage, Stuttgart, Sp. 1153-1168.

Sanio, J. (2000): Rede von Jochen Sanio am 28. Juni 2000 anlässlich seiner Amtseinführung als Präsident des Bundesaufsichtsamts für das Kreditwesen, Berlin, URL:http://www.bafin.de/presse/reden/archiv_ba/r_280600_2.htm (15.1.2005).

Santos, J. A. C. (2000): Bank Capital Regulation in Contemporary Banking Theory: A Review of the Literature, BIS Working Papers, No. 90 – September 2000, ed. by the Bank for International Settlements, Basel.

Schäfer, J. G. (2001): Das Überwachungssystem nach § 91 Abs. 2 AktG unter Berücksichtigung der besonderen Pflichten des Vorstands, Lohmar, Köln.

Scharpf, P. (1999): Risikomanagement- und Überwachungssystem im Finanzbereich, in: Reform des Aktienrechts, der Rechnungslegung und Prüfung, hrsg. v. D. Dörner, D. Menold und N. Pfitzer, Stuttgart, S. 177-202.

Scheffler, E. (2000): Aufsichtsrat und Beirat als Teil des Risiko- und Überwachungsmanagements eines Unternehmens, in: Praxis des Risikomanagements, hrsg. v. D. Dörner, P. Horváth und H. Kagermann, Stuttgart, S. 837-860.

Scheffler, E. (2004): Controlling als Bindeglied zwischen Vorstand und Aufsichtsrat, in: Corporate Governance und Controlling, hrsg. v. C.-Ch. Freidank, Heidelberg, S. 97-112.

Scheffler, E. (2005): Corporate Governance – Auswirkungen auf den Wirtschaftsprüfer, in: Die Wirtschaftsprüfung, 58. Jg., Heft 9, S. 477-486.

Schewe, G./Littkemann, J./Beckemeier, P. O. (1999): Interne Kontrollsysteme – Verhaltenswirkungen und organisatorische Gestaltung, in: Wirtschaftswissenschaftliches Studium, 28. Jg., Heft 11, S. 1483-1488.

Schierenbeck, H. (2003a): Ertragsorientiertes Bankmanagement, Band 1: Grundlagen, Marktzinsmethode und Rentabilitäts-Controlling, 8., vollständig überarbeitete und erweiterte Auflage, Wiesbaden.

Schierenbeck, H. (2003b): Ertragsorientiertes Bankmanagement, Band 2: Risiko-Controlling und integrierte Rendite-/Risikosteuerung, 8., vollständig überarbeitete und erweiterte Auflage, Wiesbaden.

Schiller, B./Bitz, Ch. (2003): Ansatz zur Steuerung operationeller Risiken in Kreditinstituten, in: Betriebswirtschaftliche Blätter, 52. Jg., Heft 1, S. 36-40.

Schiwietz, M. (2005): Auswirkungen von Basel II auf die Interne Revision in Kreditinstituten, in: Prüfungen in Kreditinstituten und Finanzdienstleistungsunternehmen, hrsg. v. A. Becker und M. Wolf, Stuttgart, S. 243-262.

Schlömer, R. (1985): Das aktienrechtliche Überwachungssystem unter Berücksichtigung der Besonderheiten von Unternehmenskrisen, Köln.

Schmidt-von Rhein, A. (1996): Die Moderne Portfoliotheorie im praktischen Wertpapiermanagement, Bad Soden/Ts.

Schmidt, S. (2005): Geschäftsverständnis, Risikobeurteilungen und Prüfungshandlungen des Abschlussprüfers als Reaktion auf beurteilte Risiken, in: Die Wirtschaftsprüfung, 58. Jg., Heft 16, S. 873-887.

Schmitz-Lippert, Th./Schneider, A. (2005): Die qualitative Aufsicht der Zukunft – ein weiterer Schritt, in: Die Wirtschaftsprüfung, 58. Jg., Heft 24, S. 1353-1364.

Schneider, D. (1983): Kapitalanlagevorschriften und Verbraucherschutz, in: Kapitalanlageplanung mit Hilfe der Finanzierungstheorie bei Versicherungen und Bausparkassen, hrsg. v. P. Gessner, D. Schneider und A. Zink, Wiesbaden.

Schneider, D. (1997): Betriebswirtschaftlehre, Band 3: Theorie der Unternehmung, München und Wien.

Schneider, D. (2002): Wettbewerbswidrige Regulierung durch Basel II, in: Betriebs-Berater, 57. Jg., Beilage 3 zu Heft 14, S. 2-11.

Schneider, M. (1978): Praxis der Bankenaufsicht, Frankfurt am Main.

Schneider, M. (1987): Die internationale Zusammenarbeit der Bankenaufsicht, in: Zeitschrift für das gesamte Kreditwesen, 40. Jg., Heft 4, S. 144-148.

Schneider, U. H. (2000): Kapitalmarktorientierte Corporate Governance-Grundsätze, in: Der Betrieb, 53. Jg., Heft 48, S. 2413-2417.

Schruff, W. (2003): Zur Aufdeckung von Top-Management-Fraud durch den Wirtschaftsprüfer im Rahmen der Jahresabschlussprüfung, in: Die Wirtschaftsprüfung, 56. Jg., Heft 17, S. 901-911.

Schruff, W. (2005): Neue Ansätze zur Aufdeckung von Gesetzesverstößen der Unternehmensorgane im Rahmen der Jahresabschlussprüfung, in: Die Wirtschaftsprüfung, 58. Jg., Heft 5, S. 207-210.

Seibert, U. (2002): Im Blickpunkt: Der Deutsche Corporate Governance Kodex ist da, in: Betriebs-Berater, 57. Jg., Heft 12, S. 581-584.

Seidel, S. (2000): Der Shareholder Value-Ansatz zur Integration von Rentabilitäts- und Risikomanagement im ertragsorientierten Wertmanagementkonzept für Banken, Göttingen.

Semler, J. (1996): Leitung und Überwachung der Aktiengesellschaft: Die Leitungsaufgabe des Vorstands und die Überwachungsaufgabe des Aufsichtsrats, 2., völlig überarbeitete und erweiterte Auflage, Köln u.a.

Semler, J. (2001): Die Überwachung des Risikomanagement-Systems durch den Aufsichtsrat – Stellungnahme zum Beitrag von Wolfgang Salzberger: „Die Überwachung des Risikomanagements durch den Aufsichtsrat", in: Die Betriebswirtschaft, 61. Jg., Heft 3, S. 391-395.

Simons, R. (1998): Levers of Control: How Managers Use Innovative Control Systems to Drive Strategic Renewal, Boston.

Soll, R./Labes, H. W. (1999): Der Einfluss des KonTraG auf das Wechselspiel zwischen Interner Revision und Abschlussprüfer, in: Das Kontroll- und Transparenzgesetz – Herausforderungen und Chancen für das Risikomanagement, hrsg. v. B. Saitz und F. Braun, Wiesbaden, S. 195-205.

Steiger, M. (2001): Art. „Corporate Governance", in: Handwörterbuch des Bank- und Finanzwesens, hrsg. v. Wolfgang Gerke und Manfred Steiner, 3., völlig überarbeitete und erweiterte Auflage, Stuttgart, Sp. 530-540.

Steinmann, H./Oppenrieder, B. (1985): Brauchen wir eine Unternehmensethik?, in: Die Betriebswirtschaft, 45. Jg., Heft 2, S. 170-183.

Steinmann, H./Schreyögg, G. (2005): Management: Grundlagen der Unternehmensführung, 6., vollständig überarbeitete Auflage, Wiesbaden.

Stillhart, G. (2002): Theorie der Finanzintermediation und Regulierung von Banken, Bern u.a.

Stober, R. (2004): Allgemeines Wirtschaftsverwaltungsrecht: Grundlagen des Wirtschaftsverfassungs- und Wirtschaftsverwaltungsrechts, des Weltwirtschafts- und Binnenmarktrechts, 14., völlig neu bearbeitete Auflage, Stuttgart.

Stögbauer, Ch. (2002): Miss es oder vergiss es! Quantitative Operational-Risk-Modellierung, in: Handbuch Operationelle Risiken, hrsg. v. R. Eller, M. Reif und W. Gruber, Stuttgart, S. 179-203.

Strenger, Ch. (2001): Corporate Governance: Entwicklungen in Deutschland und internationale Konvergenz, in: Deutsches Steuerrecht, 39. Jg., Heft 51-52, S. 2225-2228.

Stützel, W. (1983): Bankpolitik heute und morgen, 3., unveränderte Auflage, Frankfurt am Main.

SZ (2.10.1997): Mister Money bleibt sich treu – Der Schneider-Prozeß oder wie man Geld von einer Hosentasche in die andere schaufelt, SZ, 2. Oktober 1997, S. 15.

Szagunn, V. (1997): Gesetz über das Kreditwesen, Kommentar, begr. v. V. Szagunn. Neu bearbeitete v. U. Haug und W. Ergenzinger, 6., vollst. überarbeitete Auflage, Stuttgart u.a.

Theisen, M. R. (1987): Die Überwachung der Unternehmungsführung: Betriebswirtschaftliche Ansätze zur Entwicklung erster Grundsätze ordnungsmäßiger Überwachung, Stuttgart.

Theisen, M. R. (1992): Art. „Geschäftsführungsprüfung", in: Handwörterbuch der Revision, hrsg. v. A. G. Coenenberg und K. v. Wysocki, 2., neugestaltete und ergänzte Auflage, Stuttgart, Sp. 649-663.

Theisen, M. R. (1995): Grundsätze ordnungsgemäßer Kontrolle und Beratung der Geschäftsführung durch den Aufsichtsrat, in: Die Aktiengesellschaft, 40. Jg., Heft 5, S. 193-203.

Theisen, M. R. (1999a): Zur Reform des Aufsichtsrats – eine betriebswirtschaftliche Bestandsanalyse und Perspektive, in: Reform des Aktienrechts, der Rechnungslegung und Prüfung, hrsg. v. D. Dörner, D. Menold und N. Pfitzer, Stuttgart, S. 203-251.

Theisen, M. R. (1999b): Vergabe und Konkretisierung des WP-Prüfungsauftrags durch den Aufsichtsrat, in: Der Betrieb, 52. Jg., Heft 7, S. 341-346.

Theisen, M. R. (2000): Der Konzern: Betriebswirtschaftliche und rechtliche Grundlagen der Konzernunternehmung, 2., vollständig überarbeitete und erweiterte Auflage, Stuttgart.

Theodore, S. (2002): Basel pulls operational risk into the spotlight, in: The Banker, 152. Jg., Nr. 916, S. 12.

Timmermann, M. (2004): Risikocontrolling, Risikomanagement und Risikoberichterstattung von Banken, in: Rechnungslegung, Steuerung und Aufsicht von Banken, Festschrift zum 60. Geburtstag von Jürgen Krumnow, hrsg. v. Th. A. Lange und E. Löw, Wiesbaden.

Traber, U./Schulte-Mattler, H. (2001): Aufsichtsrechtliche Anforderungen an das Risikocontrolling der Banken, in: Handbuch Bankcontrolling, hrsg. v. H. Schierenbeck, B. Rolfes, S. Schüller, 2., überarbeitete und erweiterte Auflage, Wiesbaden, S. 1075-1087.

Trouet, P. (1996): „Qualitative" Tendenzen im aktuellen Bankenaufsichtsrecht, in: Wertpapier-Mitteilungen, 50. Jg., Heft 48, S. 2188-2192.

Verwaltungsgericht Berlin (1996): Urteil vom 22. Januar 1996, in: Wertpapier-Mitteilungen, 50. Jg., Heft. 29, S. 1309-1314.

Volk, G. (2001): Deutsche Corporate Governance-Konzepte, in: Deutsches Steuerrecht, 39. Jg., Heft 10, S. 412-422.

Wagener, H. (2002): Art. „Kreditinstitute", in: Handwörterbuch der Rechnungslegung und Prüfung, hrsg. v. W. Ballwieser, A. G. Coenenberg und K. v. Wysocki, 3., überarbeitete und erweiterte Auflage, Stuttgart, Sp. 1395-1408.

Waldersee, Graf G./Ranzinger, Ch. (2003): Gestaltung und Bewertung des Internen Kontrollsystems, in: Deutscher Corporate Governance Kodex, hrsg. von N. Pfitzer und P. Oser, Stuttgart, S. 473-489.

Waring, A./Glendon, A. I. (1998): Managing Risk, London.

Waschbusch, G. (2000): Bankenaufsicht: Die Überwachung der Kreditinstitute und Finanzdienstleistungsinstitute nach dem Gesetz über das Kreditwesen, München, Wien.

Waschbusch, G./Lesch, S. (2004): Operationelle Risiken und Mitarbeiterkompetenzen, Wiesbaden.

Weber, J./Weißenberger, B. E./Liekweg, A. (1999): Ausgestaltung eines unternehmerischen Chancen- und Risikomanagements nach dem KonTraG, in: Deutsches Steuerrecht, 37. Jg., Heft 41, S. 1710-1716.

Welcker, J. (1978): Neuordnung der Bankenaufsicht, Frankfurt am Main.

Werder, A. von (1996a): Grundsätze ordnungsmäßiger Unternehmungsführung (GoF) – Zusammenhang, Grundlagen und Systemstruktur von Führungsgrundsätzen für die Unternehmungsleitung (GoU), Überwachung (GoÜ) und Abschlußprüfung (GoA), in: Schmalenbachs Zeitschrift für betriebswirtschaftliche Forschung (ZfbF), 48. Jg., Sonderheft 36, S. 1-26.

Werder, A. von (1996b): Grundsätze ordnungsmäßiger Unternehmensleitung (GoU) – Bedeutung und erste Konkretisierung von Leitlinien für das Top-Management, in: Schmalenbachs Zeitschrift für betriebswirtschaftliche Forschung (ZfbF), 48. Jg., Sonderheft 36, S. 27-73.

Werder, A. von (2002): Der Deutsche Corporate Governance Kodex – Grundlagen und Einzelbestimmungen, in: Der Betrieb, 55. Jg., Heft 16, S. 801-810.

Werder, A. von (2003): Ökonomische Grundfragen der Corporate Governance, in: Handbuch Corporate Governance, Leitung und Überwachung börsennotierter Unternehmen in der Rechts- und Wirtschaftspraxis, hrsg. v. P. Hommelhoff und D. Feddersen, Köln u.a., S. 3-27.

Wilson, D. (2000): Operational Risk, in: The Professional's Handbook of Financial Risk Management, ed. by M. Lore and L. Borodovsky, Oxford u.a., S. 377-412.

Winkler, H. (2004): Prüfungsbericht von Kredit- und Finanzdienstleistungsinstituten, Wiesbaden.

Wolbert, J. (1999): Die Früherkennung von Risiken mit Hilfe wertorientierter Unternehmensführung, in: Das Kontroll- und Transparenzgesetz. Herausforderungen und Chancen für das Risikomanagement, hrsg. v. B. Saitz und F. Braun, Wiesbaden, S. 99-114.

Wolfram, J. (2001): Corporate Governance in Deutschland, BDI-Drucksache Nr. 322, hrsg. vom Bundesverband der Deutschen Industrie e.V. und PwC Deutsche Revision AG, Berlin, Frankfurt am Main.

Wolz, M. (1998): Die Erwartungslücke vor und nach Verabschiedung des KonTraG, in: Wirtschaftsprüferkammer-Mitteilungen, 37. Jg., Heft 2, S. 122-135.

Wossidlo, P. R. (1970): Unternehmenswirtschaftliche Reservierung, Berlin.

Wulf, D. (1992): Der Verwaltungsrat öffentlich-rechtlicher Kreditinstitute, Köln u.a.

Young, B. (2003): Moody's Analytical Framework for Operational Risk Management of Banks, in: Advances in Operational Risk: firm-wide issues for financial institutions, 2. ed., Risk books, London, S.227-238.

Zentraler Kreditausschuss (2001): Stellungnahme des Zentralen Kreditausschusses zum Konsultationspapier des Baseler Ausschusses zur Neuregelung der angemessenen Eigenkapitalausstattung von Kreditinstituten vom 16. Januar 2001 (Basel II), URL: http://www.zentraler-kreditausschuss.de/upload/1038495204.ZKA-2001-05-28-Basel%20II.pdf (Stand 30.11.2005).

Zentraler Kreditausschuss (2005): Stellungnahme des Zentralen Kreditausschusses zum zweiten offiziellen Entwurf der Mindestanforderungen an das Risikomanagement (MaRisk), URL: http://www.zentraler-kreditausschuss.de/upload/1132751192.ZKA-Stn-2005-11-22-MaRisk.pdf (11.12.2005).

Ziener, M. (1985): Controlling im multinationalen Unternehmen, Landsberg am Lech.

Zimmermann, H. G. (1994): Neuronale Netze als Entscheidungskalkül, in: Neuronale Netze in der Ökonomie, hrsg. v. H. Rehkugler und H. G. Zimmermann, München, S. 1-87.

Zimmermann, H.G. (1997): Neuronale Netze als Prognosetool in der Ökonomie, in: Neue Ansätze der Prognostik, hrsg. v. E. Fulda und M. Härter, Frankfurt am Main, S. 61-77.

FSC
www.fsc.org
MIX
Papier | Fördert gute Waldnutzung
FSC® C083411

Kolibri 360 GmbH
Ferdinand-Jühlke-Straße 7
99095 Erfurt, Deutschland
produktsicherheit@kolibri360.de